# LEAD FREE MICRO-SOLDERING
# 무연 마이크로 솔더 실장 입문

(개론 · 전자기기 동향 및 실장기술)

한 국 산 업 기 술 협 회
(사) 한국마이크로조이닝 연구조합
장동규/신영의/최명기/정재필
임승수/박사옥/신현필/이어화 공저

도서출판 골드

# LEAD FREE MICRO-SOLDERING 무연 마이크로 솔더 실장 입문을 펴내며...

IMT(부품실장기술), SMT(표면실장기술) 및 PCB 관련자 여러분 안녕하십니까?
정해년 새해를 맞이하여 복 많이 받으시고 하시는 모든 일에 대하여 소원 성취하시기 바랍니다.

2006년 7월 1일부터 발효된 EU의 WEEE, RoHS 적용으로 인하여 현장에서 많은 애로점이 있을 것으로 생각됩니다. 2007년부터는 RoHS에 대하여 강력하게 규제가 될 것으로 전망되며 중국에서도 2007년 3월부터 RoHS 규제 적용을 실시한다고 하여 관련자 여러분께서는 사전에 만반의 준비를 하셔야 될 것으로 생각됩니다.

솔더링 기술은 약 5000년 전부터 사용되어온 가장 고전적인 접합기술입니다. 이러한 솔더링 기술이 20세기에 와서 접합원리가 밝혀지고, 21세기에 들어서는 지금 다시 한 번 그 기술의 개화기를 맞는 것을 보면 솔더링 접합기술의 우수성과 그 영속성을 깊이 느끼게 됩니다.

현대의 솔더링 기술은 인류기술의 총아라고 할 수 있는 전자기기와 이를 구성하는 전자 부품 및 반도체의 조립에 가장 효과적인 접합 수단이라고 할 수 있습니다. 보다 집적화, 소형화, 박형화 되어가고 있는 현대 전자통신기기에 대응하기 위해 재래의 솔더링 기술은 미세화 정밀화한 마이크로 솔더링 기술로 변화하고 있습니다. 솔더링 기술의 마이크로화를 비롯한 기술발전의 대립적 관계에 있으면서 또한 조화를 이루어 나아가야 할 분야가 인류의 생활환경 문제일 것입니다. 21세기에 들어서는 현대의 솔더링 기술에서 강력히 요구되는 것은 환경 친화적인 솔더링 기술이라고 할 수 있습니다. 즉, 깨끗한 지구환경을 유지하여 인류의 지속적인 발전과 생존을 도모하기 위하여 솔더링 기술도 환경을 고려하지 않으면 안 되게 되었습니다.

1990년대 초 미국에서 시작된 솔더 내의 납 규제 시도는 이후 약 10년간 무연 솔더 개발에 관한 국제적인 연구개발의 기폭제가 되었습니다. 즉, 세계의 각 단체와 기업에서 무연 솔더의 적용계획이 발표되고 폐가전 부품의 재활용에 관한 법률과 제한이 이어져 왔습니다. 이에 따라 전자제품에 대한 무연 솔더 적용이 2006년 7월 1일부터 적용되었습니다.

저자는 그동안 PCB 관련에 대해서는 4권으로 구분하여 기초부터 차세대 기술 내용까지 저술을 하여 공급하여 왔습니다. 모든 전기/전자 완성품이 PCB만 있으면 되는 것이 아니고 모든 전자 부품을 PCB에 실장한 후 SOLDERING을 얼마나 잘 하느냐에 따라 완성품의 신뢰성 여부가 딸려 있다는 것을 알고 이번에 (사) 한국마이크로조이닝 연구조합의 운영위원사님, 신영의 교수, 정재필 교수, 임승수 사장님께서 저술한 무연마이크로솔더링, 국내외 세미나자료, TAMURA사의 PRESENTATION자료, 일본지소의 표면실장 ROADMAP, 기타 기술자료 등을 종합하여 관련자 여러분들이 실무업무에 도움이 되도록 편집하였습니다.

무연 솔더 실장 입문의 구성 내용은 다음과 같습니다.

| No | 구분 | 내용 |
|---|---|---|
| 1부 | 무연 마이크로 솔더링 개론 | 1. 솔더링 기초/PCB 표면처리<br>2. SOLDER, FLUX, SOLDER PASTE<br>3. 무연솔더/자동 웨이브 솔더링<br>4. 자동웨이브 솔더링 머신의 선택, 설치, 운전, 보수<br>5. 자동리플로우 솔더링<br>6. 솔더 접합부의 결함 및 금후과제<br>7. 신뢰성분석, 고장, 시험 및 검사방법 |
| 2부 | 전자기기 동향 및 동양기술 | 전자기기 동향 |

무연 마이크로 실장 입문 기술서적의 특징은 그 동안 흩어져 있던 실무 자료를 종합하여 현장에서 발생하는 문제점에 대하여 즉시 대응할 수 있도록 편집을 하였습니다. 관련자 여러분들의 업무에 많은 도움이 되시리라 믿습니다.

한 권의 무연 솔더 실장 입문 기술 서적이 발행되기까지 아낌없이 자료를 주신 각 관련 관계자 여러분께 지면을 통하여 감사한 말씀드립니다. 특히 TS의 임승수 사장님의 배려와 격려, SMT KOREA의 이어화 사장님, 청솔 화학 환경의 신현필 사장님, 완성되기까지 자문을 주신 (사) KMJA 신영의 이사장님, 서울시립대학교 정재필 교수님, 한국산업기술협회 최명기 박사님께 감사를 드리며 기술서적을 출판해 주신 도서출판의 박승합 사장님께도 깊은 감사드립니다.
감사합니다.

저자 : 장동규 배상

# C•O•N•T•E•N•T•S

## ≪ 1부 무연 마이크로 솔더링 개론

### 솔더링 기초 제1장



### PCB 표면처리 제2장



### SOLDER, FLUX, SOLDER PASTE 제3장

C•O•N•T•E•N•T•S

## 제4장 무연 솔더



## 제5장 자동웨이브 솔더링



## 제6장 자동웨이브 솔더링 머신의 선택 설치, 운전, 보수

# C•O•N•T•E•N•T•S

## 자동 리플로우 솔더링 제7장



## 솔더 접합부의 결함 및 금후 과제 제8장



## 신뢰성 분석, 고장, 시험 및 검사방법 제9장

## ≪ 2부 전자 기기의 동향 및 실장 기술

*MEMO*

# 1부 무연 마이크로 솔더링 개론

# MEMO

# 제 1 장
# 솔더링 기초

솔더링(Soldering)은 흔히 납땜으로도 불리는데 전자부품의 기판 실장에 필수적인 기술로써 최근의 전자기기의 소형화, 경량화와 관련하여 그 중요성은 한층 더 높아지고 있다. 특히, 무연(Pb-free)솔더의 사용이라던가 프레온 규제 등 환경 규제와 맞물려 매년 새로운 기술들이 쏟아져 나오고 있어서 이에 대응하기 위해서는 솔더링 기술에 대한 근본적인 이해가 필요하리라고 본다.

## 솔더링이란? 01

솔더링은 융점 450℃ 미만의 용융된 연납(솔더 : solder)을 피접합재(모재)의 틈새에 침투, 퍼지게 하여 접합하는 방법이다. 솔더링은 재료의 접합기술 중 하나로 용접기술의 일종이다. 그러나 솔더링 중 모재는 녹지 않고 솔더만 녹아 접합되는 것이, 일반적인 용융용접(산소-아세칠렌 용접, 아크용접 등)과 다른 점이다. 또한 솔더링 된 모재와 솔더 사이에는 금속화학적 결합이 발생하므로 솔더링은 접착제를 이용한 접합과는 다르다. 그림 1-1은 전자 공업에 사용되는 접합기술의 종류들을 보인 것이다. 솔더링의 역사는 접합원리가 동일한 브레이징(납재의 융점이 450℃

이상)의 역사에서 그 기원을 찾아볼 수 있다. 세계적으로는 기원전 약 4000년 경 이집트, 그리스 등의 유적에서 찾아볼 수 있으며, 국내에서는 서기 약 260~480년 경 백제나 신라시대의 부장품에서 브레이징의 흔적을 볼 수 있다.

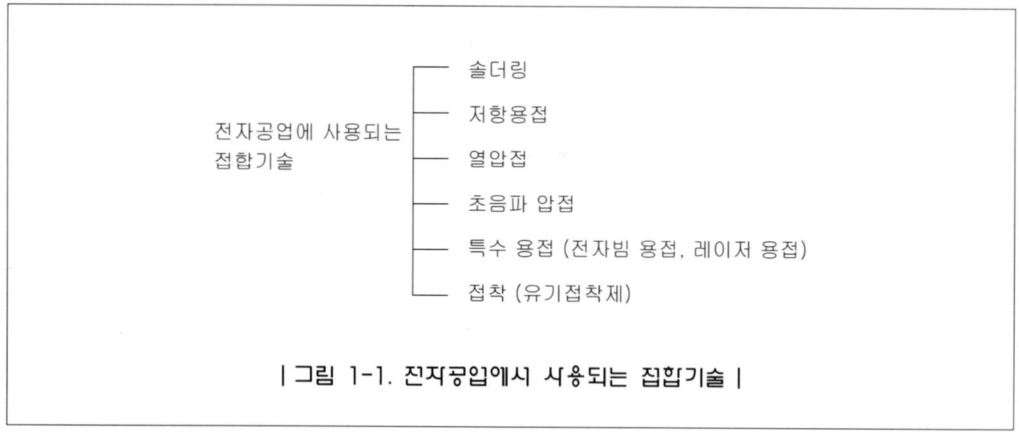


| 그림 1-1. 전자공업에서 사용되는 접합기술 |

## 솔더링 과정 02

솔더링 중에 용융된 솔더는 기판과 모재(전자부품, 기판 등 피접합물) 사이의 틈새에 침투하여, 솔더와 모재 사이에 금속간 화합물이 형성되면서 접합이 이루어진다. 이러한 솔더링 과정을 간단한 인두 솔더링 모델(그림 1-2 참조)을 이용하여 보다 상세히 설명하면 다음과 같다.

① 모재 금속 표면에 산화막이 덮여 있다가

② 플럭스를 도포하여 가열하면 산화막이 제거되며

③ 모재 금속에 솔더가 퍼지면서(wetting) 모재와 솔더 사이에 원자간 이동이 발생하여

④ 이동한 원자 간의 결합으로 금속간 화합물의 생성과 응고가 진행되면서 솔더링이 완료된다.

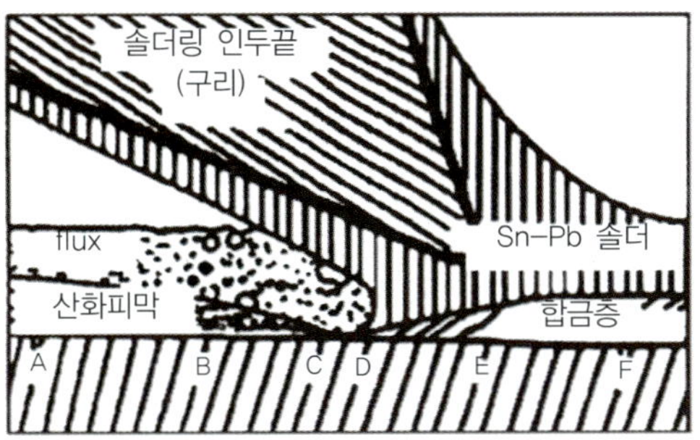


A : 플럭스(flux)는 산화피막 위에 덮인다.
B : 활성된 플럭스(flux)는 산화 피막을 환원시킨다.
C : 산화물이 제거된 모재 표면이 용융된 flux와 접촉한다.
D : 용융된 솔더는 플럭스(flux)를 밀어내고 모재 표면과 접촉된다.
E : 솔더는 확산에 의해 모재 표면과 반응한다.
F : 응고된 솔더

| 그림 1-2. 솔더링 과정의 설명도 |

## 솔더링성에 영향을 미치는 인자 03

전자부품의 솔더링성에 영향을 미치는 인자를 크게 나누면 재료인자와 공정(프로세스)인자로 나눌 수 있을 것이다(그림 1-3 참조). 이들 인자들 조합의 양, 불량이 솔더링 결과에 지대한 영향을 미친다. 이들 인자들에 대해 보다 자세히 살펴보면 다음과 같다. 먼저 재료인자로는 플럭스, 솔더, 모재, 기판 등이 있다.

모재는 솔더링 시에 접합될 피접합물인 전자부품이나 기판 등을 지칭하는데 전자공업에서는 통상 솔더링이 용이하게 일어나도록 모재 표면에 도금이나 금속층(metallizing)을 만든다. 솔더는 지금까지 Sn : Pb = 63 : 37가 일반적으로 사용되었으나 최근 무연 솔더(Pb-free Solder)의 적용이 시작되어 학계나 기업에서 관심이 높아지고 있으며 여기에 관해서는 추후 상세히 기술하기로 한다.

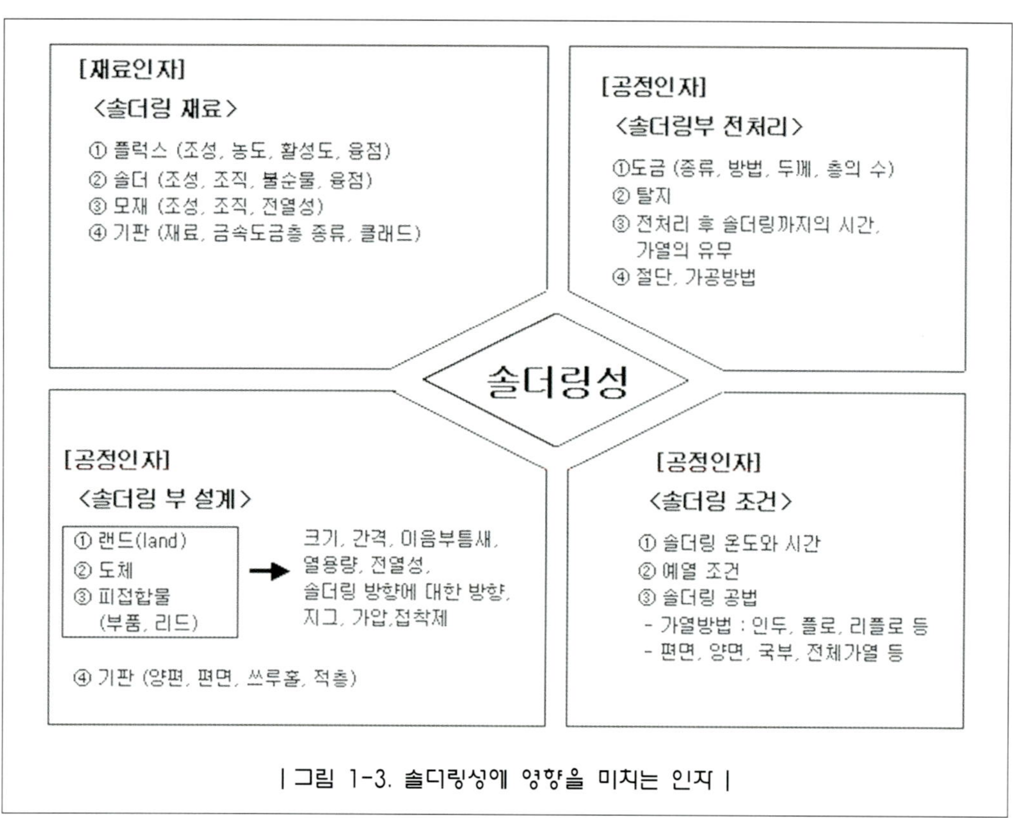

| 그림 1-3. 솔더링성에 영향을 미치는 인자 |

두 번째 공정인자로는 솔더링 시 직접관계가 있는 작업인자와 솔더링 이전의 설계, 전처리 등과 관련된 것으로 나눌 수 있다. 작업인자 중 가장 중요한 것은 솔더링 가열곡선과 솔더링 공법으로 예열과정을 포함한 가열 온도와 시간의 프로파일, 즉 가열곡선이 중요하다. 또한 솔더링 시 발생하는 결함의 약 60%를 유발하는 설계부분을 비롯하여 재료의 청결문제도 반드시 유념하여야 할 분야이다.

## 젖 음(wetting) 04

젖음이란 고체의 표면에 액체가 부착되었을 때 고체와 액체 원자간의 상호작용에 의해 액체가 퍼지는 현상을 말한다. 즉, 용융된 솔더가 금속 표면에 퍼지는 것이 젖음현상이며 솔더가 모재 표면에 젖지 않으면 솔더링이 불가능하다. 깨끗한 유리 표면에 물방울이 잘 퍼지듯 양호한 젖음이 일어나기 위해서는 우선 모재 금속이 깨끗하여야 한다. 즉, 모재 표면이 부식되거나 오염되지 않아야 하고 적절한 플럭스와 솔더, 가열온도가 필요하다. 이외에도 젖음성은 모재 금속의 종류, 표면상태, 분위기 등 여러 가지 요인에 의해 바뀌며 솔더링의 양·불량을 결정하는 가장 중요한 것 중의 하나이다.

그림 1-4는 젖음의 여러 가지 형태를 보인 것인데 젖음각(θ)이 작을수록 솔더링성이 좋으며 θ가 90° 이상인 조건에서는 솔더링이 어렵다. 일반적으로 잘 젖어 있다고 하는 기준은 θ가 20° 이하인 것을 말하고, 실제의 젖음은 θ가 20~60°정도이며 θ가 60-90°정도이면 잘 젖지 않은 것이며 θ가 90° 이상이면 젖지 않은 것으로 판단한다.

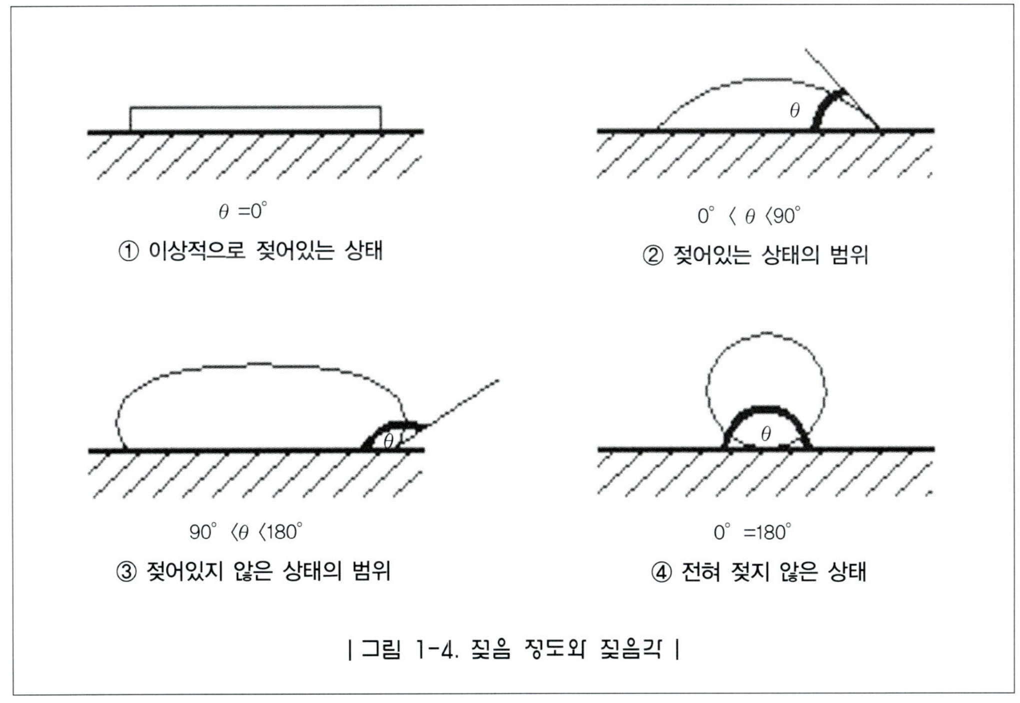


| 그림 1-4. 젖음 정도와 젖음각 |

그림 1-5는 리드 위에 솔더가 부착된 상태를 보인 것으로 젖음각 외에도 솔더의 양의 많고 적음도 솔더링 부의 접촉각에 어느 정도 영향이 있으며 솔더링 부의 양·불량에 영향을 미치는 것을 보이고 있다.

솔더 젖음성의 평가 방법으로는 메니스코그라프법이 가장 일반적이며, 퍼짐시험법, 글로뷸법이 사용되기도 한다.

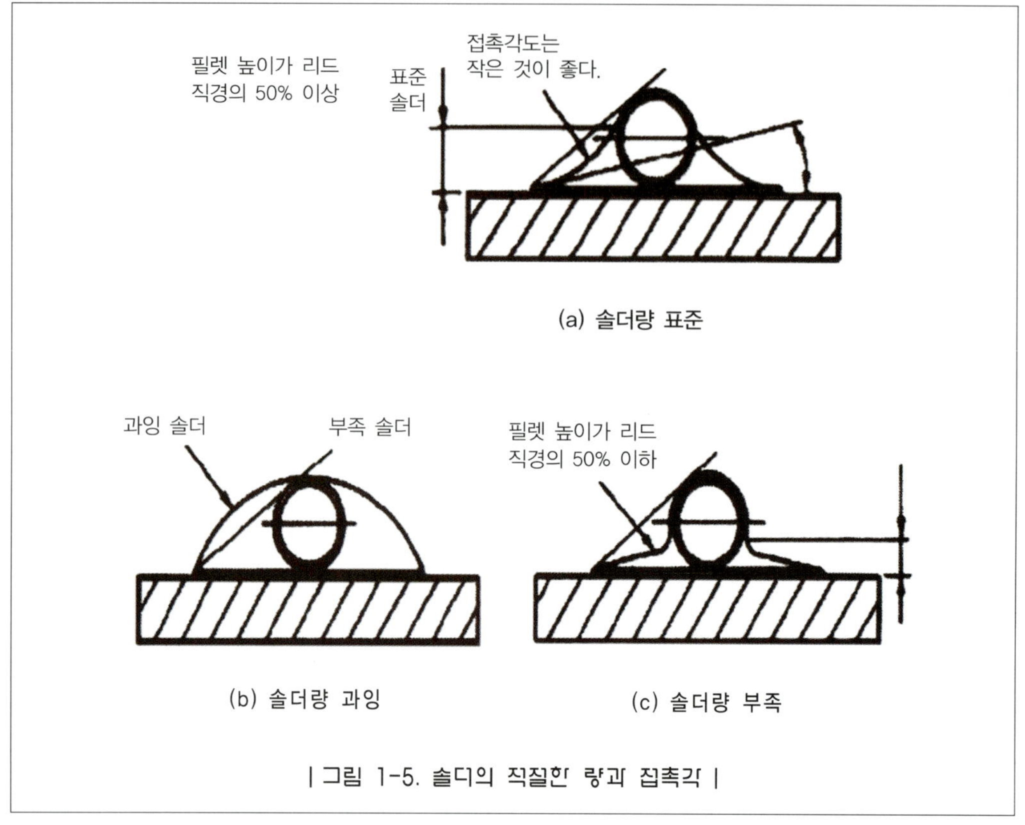


| 그림 1-5. 솔더의 적절한 량과 접촉각 |

## (1) 메니스코그라프(meniscograph)법(웨팅밸런스법)

규정온도로 가열된 용융 솔더 용기(bath) 중으로 시험편을 일정 속도로 일정 깊이까지 담구어 시험편에 가해지는 부력과 젖음력(젖음 개시 후의 표면 장력에 의해 시편에 작용하는 힘)을 측정하여 그 작용력 대 시간 곡선[그림 1-6(a)]을 해석하는 것에 의해 젖음성을 평가하는 방법이다. 양호한 솔더링을 얻기 위해서는 Fmax이 크고 시간에 따라 감소하지 않는 등 안정적인 것이 좋으며 $t_2$ 값(zero cross time)은 약 0.6초 이내인 것이 좋다. 최근에는 이 방법을 이용하여 표면장력이나 접촉각을 계산하기도 한다.

## (2) 퍼짐 시험법(Spreading test)

일정량의 솔더를 크기 약 20~50㎟ 모재상에 일정온도(ASTM 규격, 250℃±5℃)에서 용융시켜 솔더가 젖어 퍼진 면적, 퍼짐율, 접촉각을 평가하는 방법이다. 퍼짐율을 구하는 방법은 아래 식에 보인 바와 같다.

$$퍼짐율(\%) = \frac{(D-H)}{D} \times 100$$

단, H : 퍼진 솔더 높이(mm)

D : 실험에 사용한 솔더를 구(球)로 만들었을 경우의 직경(mm)

$D = 1.24V^{1/3}$(V : 구의 부피)

## (3) 글로뷸(globule)법

그림 1-6(b)에 보인 것처럼 용융 솔더 구에 시험편을 삽입하여 솔더가 2분할된 순간으로부터 구형의 솔더로 복원하기까지의 시간을 측정하여 평가한다.

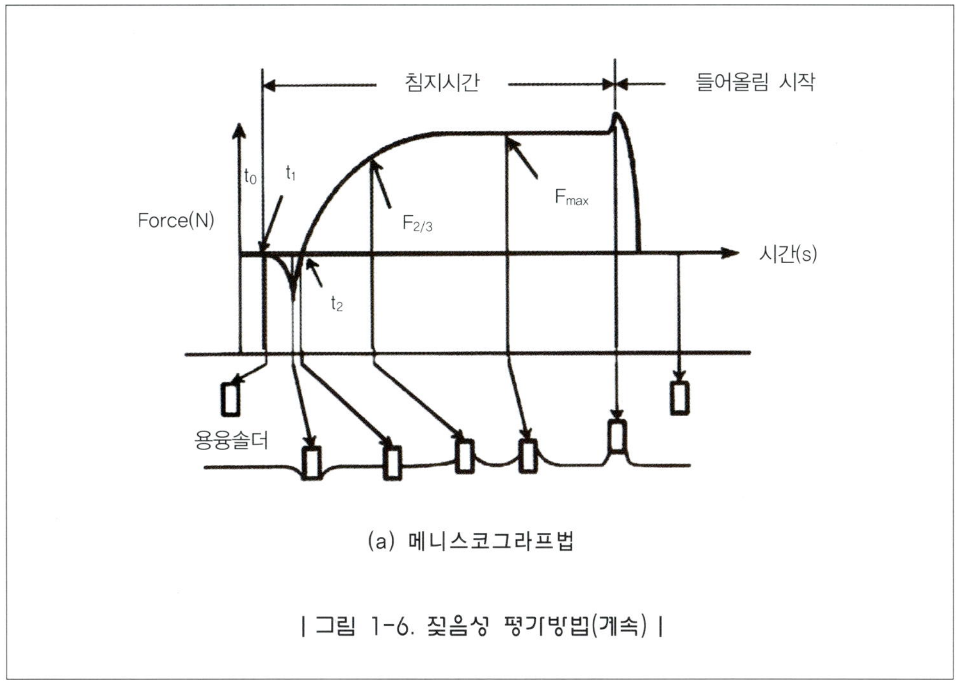


(a) 메니스코그라프법

| 그림 1-6. 젖음성 평가방법(계속) |

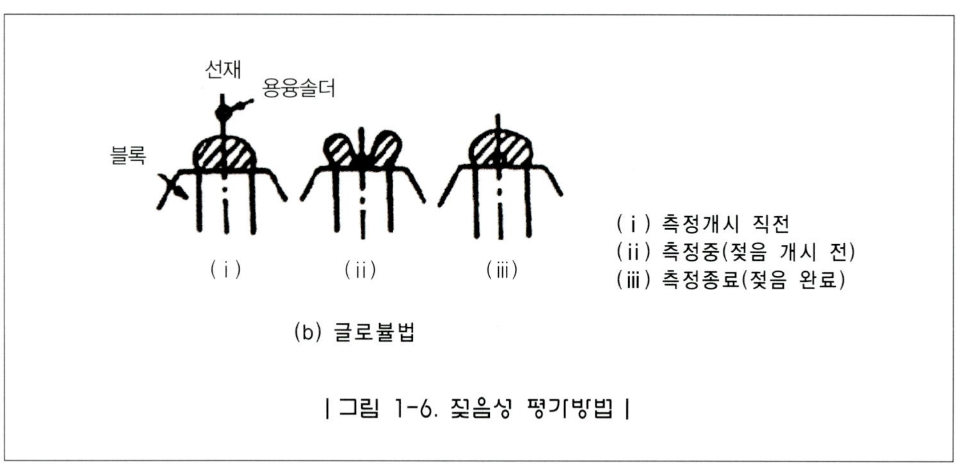


| 그림 1-6. 젖음성 평가방법 |

## (4) 모세관 현상

깨끗한 고체금속의 좁은 틈 사이에 용융된 솔더를 두면 솔더는 틈 사이로 빨려 들어간다. 이 현상을 모세관(毛細管)현상이라고 한다(그림 1-7 참조). 모세관 현상은 틈 사이뿐 아니라 금속표면의 미세한 연마선(研磨線)을 따라서도 일어난다. 일반적으로 모세관 현상은 단시간에 일어나며 모세관현상이 일어나기 양호한 상태에서는 틈새의 간격이 약 0.2mm일 경우 용융된 솔더는 2초에 약 3~4cm 정도로 틈새에 침투할 수 있다.

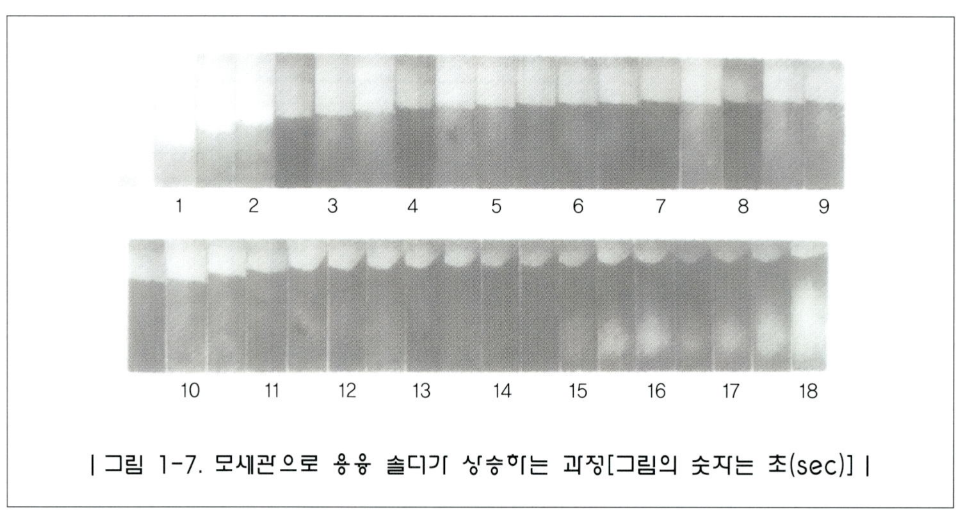


| 그림 1-7. 모세관으로 용융 솔더가 상승하는 과정[그림의 숫자는 초(sec)] |

모세관 현상은 특히, 웨이브 솔더링(플로 솔더링)에서 용융된 솔더가 기판의 홀(hole)과 리드사이를 침투하여 상승하는데 절대적인 영향을 미친다. 모세관 현상이 잘 일어나기 위해서는 틈새 간격이 중요하며 보통 0.1~0.3mm가 적당하다. 모세관 현상에 의한 용융 솔더의 상승 높이는 대략 다음의 식에 의해 구할 수 있다(그림 1-8 참조).

$$H = 2\gamma_L \cos\theta / D\rho g$$

H : 솔더의 상승높이

$\gamma_L$ : 용융솔더의 표면장력

$\theta$ : 용융 솔더와 금속면의 접촉각

D : 평행한 두 판 간의 간격

$\rho$ : 용융 솔더의 밀도

g : 중력가속도

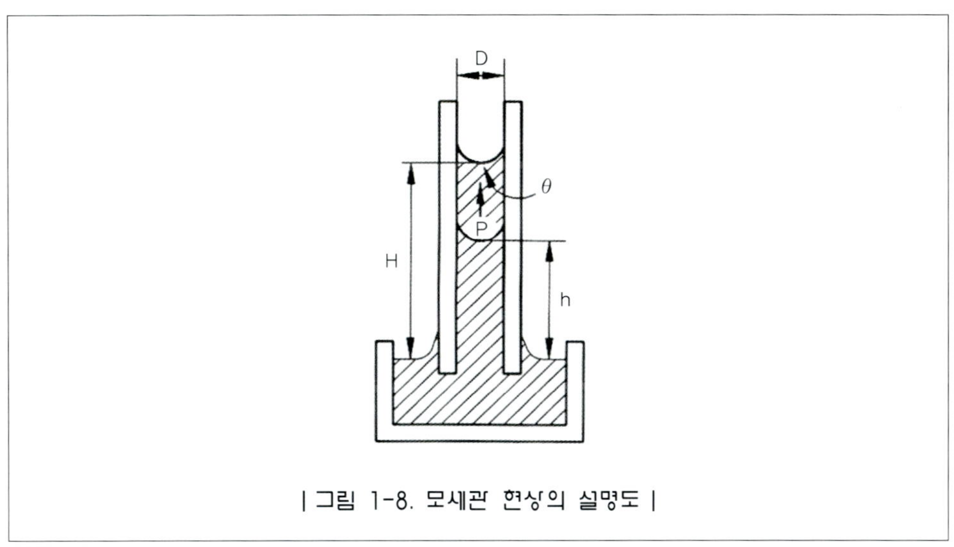


| 그림 1-8. 모세관 현상의 설명도 |

그림 1-9는 젖음 현상과 모세관 현상이 함께 작용하여 기판과 부품의 리드 사이로 용융된 솔더가 빨려 들어가는 현상을 보인 것이다.

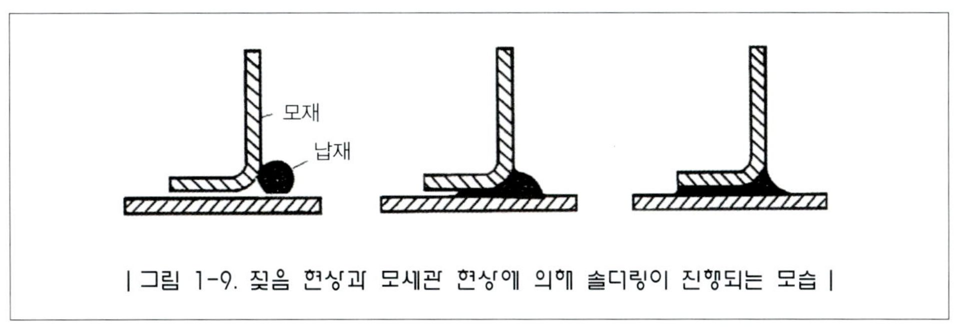


| 그림 1-9. 젖음 현상과 모세관 현상에 의해 솔더링이 진행되는 모습 |

### (5) 확산과 합금층의 형성

용융된 솔더가 리드나 기판의 패드 등 고체금속의 표면을 적시며 퍼질 때 액체금속의 원자와 고체금속의 원자는 서로 이동하면서 섞이게 된다. 이것을 확산이라고 한다. 확산에 의해 솔더와 모재 금속(리드나 기판의 패드 등) 간에는 이들 성분 금속들의 원자수 비율로 결합하는 금속간 화합물(합금층)을 만든다. 이 금속간 화합물은 적어도 두 종류의 원자로 이루어진 안정한 화합물이다.

예를 들면, Sn-Pb 솔더 혹은 주석(Sn)과 동(Cu) 모재 사이에는 $Cu_3Sn$($\varepsilon$상이라 부름), $Cu_6Sn_5$($\eta$상이라 부름), $Cu_{31}Sn_8$($\gamma$상이라 부름) 등의 금속간 화합물이 접합계면에 형성된다. 이들 중 $Cu_3Sn$, $Cu_6Sn_5$은 250~300℃에서 형성되고 $Cu_{31}Sn_8$은 300℃ 이상에서 형성된다. 따라서, 일반적인 솔더링 조건에서는 동 모재 쪽에 $Cu_3Sn$이 형성되고 솔더 쪽으로 $Cu_6Sn_5$가 형성된다. 그림 1-10은 Sn-37%Pb 솔더와 동(Cu) 모재 사이의 접합계면에 형성된 $Cu_3Sn$, $Cu_6Sn_5$을 보인 것이다.

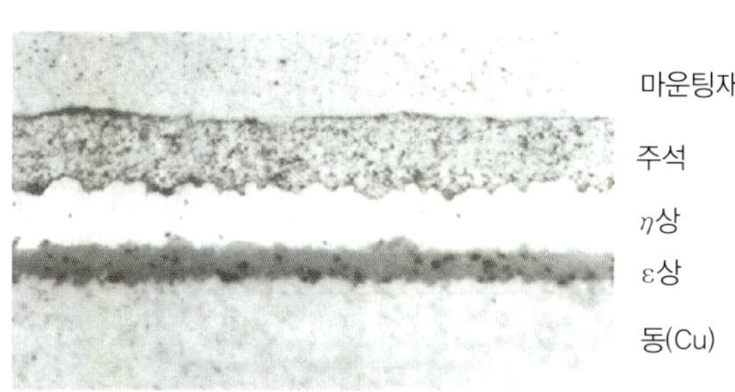


| 그림 1-10. Sn-37%Pb 솔더와 동(Cu) 모재 사이의 계면에 형성된 $Cu_3Sn$($\varepsilon$ 상)과 $Cu_6Sn_5$($\eta$ 상) |

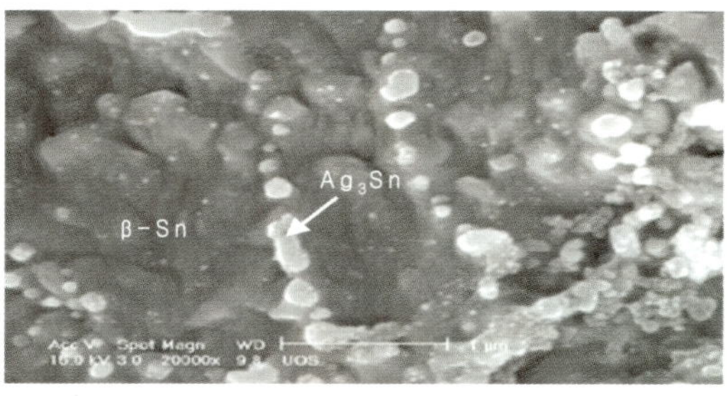


| 그림 1-11. Sn-3.5Ag 솔더 내부에 형성된 $Ag_3Sn$ 금속간 화합물 |

한편, 은(Ag) 도금층과 Sn-Pb 솔더 혹은 주석(Sn) 사이에는 $Ag_3Sn$ 금속간 화합물이 형성된다. 또, 납(Pb)이 함유되지 않은 무연 솔더 중 하나인 Sn-Ag계 솔더를 사용하면 솔더 내부에 $Ag_3Sn$ 금속간 화합물이 형성되어 솔더의 강도를 높이기도 한다(그림 1-11 참조).

Sn-Pb 솔더 혹은 주석(Sn)과 니켈(Ni)층 사이에는 $Ni_3Sn$ 금속간 화합물이 형성되며(그림 1-12 참조) 금(Au) 도금층과는 $AuSn_2$, $AuSn_4$가 형성된다(그림 1-13 참조).

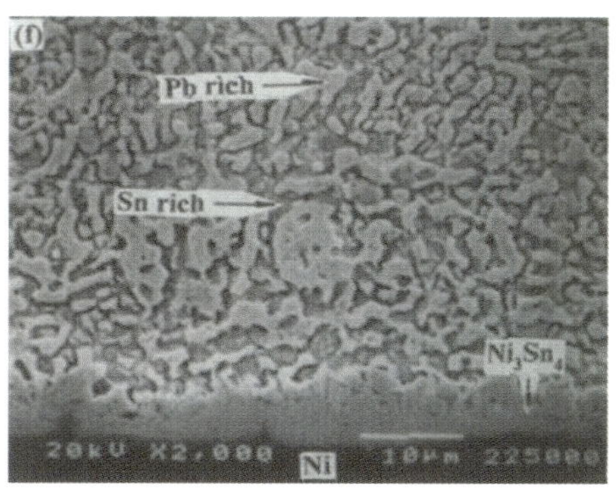


| 그림 1-12. 니켈(Ni)층과 Sn-37Pb 솔더 사이에 형성된 $Ni_3Sn_4$ |

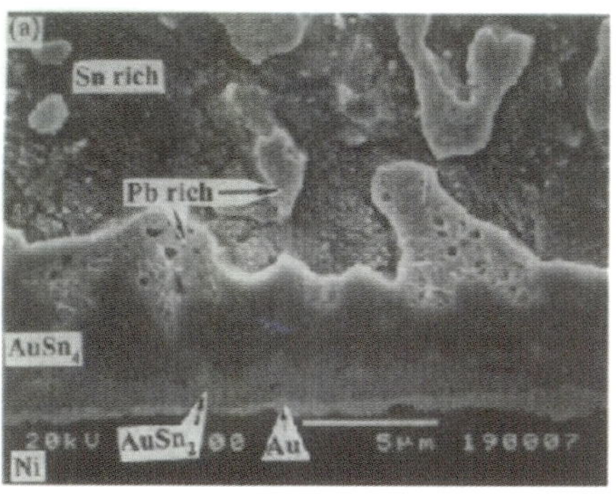


| 그림 1-13. 금(Au) 도금층과 Sn-37Pb 솔더 사이에 형성된 $AuSn_2$, $AuSn_4$ |

일반적으로 금속간화합물 층은 단단(硬)하고 취약하기 때문에 솔더링부의 강도를 저하시키고 전도성과 내식성도 떨어뜨린다. 또한, 금속간화합물 층은 융점이 높고 금속적 성질이 떨어지며 표면에 안정한 산화물을 만들기 쉽기 때문에

솔더의 젖음 불량을 유발한다.
금속간화합물 층의 두께는 온도가 높아질수록 고온에서 유지하는 시간이 길어질수록 두꺼워진다. 250℃ 정도의 보통의 웨이브 솔더링 조건하에서는 약 1㎛ 두께의 금속간화합물이 생성된다. 금속간화합물 층의 두께 X는 대략 아래 식과 같이 구할 수 있다.

$$X^2 = kDt$$

단, k : 상소 D : 확산계수 t : 솔더와 모재의 반응시간

따라서, 금속간화합물 층의 두께 X는 유지시간의 제곱근에 비례한다.

## (6) 모재의 용해

소금을 가열하여 녹이려면 많은 열이 필요하지만, 물속에 넣으면 상온에서도 쉽게 녹는다. 마찬가지로 250℃에서 솔더링한다고 할 때, 고체 상태인 리드나 패턴의 동 금속이 융점은 높지만(동의 융점 1083℃) 용융된 솔더 중에 녹아 나오게 되는데 이러한 현상을 용해(溶解)라고 한다.
용해현상은 전자산업의 미세 솔더링 작업 중에 얇은 동 회로나 은 도금층이 녹아 나와 소실되게 하는 등 무시할 수 없는 현상이다. Sn-37Pb 솔더 중으로의 동의 용해속도는 250℃에서 0.1㎛/초, 350℃에서 1.0㎛/초 정도이다.

## (7) 솔더링 성

솔더링 성(solderability)이란 좁은 의미에서는 용융된 솔더가 고체의 금속 표면에 물리·화학적으로 어느 정도로 잘 젖는가(wetting)를 말하는 것이다. 그러나 실질적으로는 젖음만으로는 솔더링의 양부를 판단하기 어렵고 솔더와 모재 금속 간에 적절한 금속간 화합물이 형성되어 양호한 접합강도를 얻는 것을 포함하는 의미로 사용되고 있다. 즉, 솔더링성이란 젖음성과 접합성을 포함하는 것으로 솔더링 작업의 척도로 사용된다.

솔더링성 = 젖음성 + 접합성

일반적으로 솔더링성이 우수하다고 판단되는 기준은

- 솔더의 젖음과 퍼짐속도가 빠를 것
- 솔더링 후 솔더와 모재표면의 접촉각이 작을 것
- 솔더의 표면이 매끈하고 백색의 금속광택이 있을 것

등이다.
솔더링성을 정량적으로 평가하기 위해서는 보통 젖음성 시험(wetting test)을 사용한다. 솔더링성에 영향을 미치는 인자로는 솔더, 모재, 플럭스, 가열조건 등이 있으며 이에 대해 간단히 설명하면 아래와 같다.

### ① 솔더

솔더의 주성분인 주석(Sn)은 많은 금속과 친화력이 우수하고 금속 모재의 표면에 잘 젖는다. 또, 솔더 중에 함유된 납(Pb)은 솔더의 융점을 저하시켜 낮은 온도에서 솔더링이 가능하게 한다.

### ② 플럭스

금속의 표면에는 산화막이 존재하여 솔더의 젖음성을 저하시키는데 플럭스는 이 산화막을 제거시킴으로써 솔더와 금속의 청정한 면을 직접 접촉하게 하여 솔더링성을 향상시킨다. 플럭스에는 유기계와 무기계가 있으며 유기계로는 로진(송진)이 예로부터 사용되어 왔고 무기계는 우수한 솔더링성을 필요로 할 때 사용하는데 부식성이 있으므로 사용 후에는 반드시 세정하여야 한다.

### ③ 모재

모재의 표면은 오염이나 부식되지 않고 플럭스에 의해 표면의 산화막이 쉽게 제거되는 것이 좋다. 솔더링 중에 모재가 솔더로 용해되면서 금속간화합물이 형성되는데 이 금속간화합물의 성질이나 두께의 적정성이 솔더링성의 척도가 된다. 공업적으로는 금(Au), 은(Ag), 주석(Sn), 솔더 등 솔더링성이 좋은 금속을 모재 표면에 도금하여 사용한다.

### ④ 솔더링 가열 조건

용융된 솔더가 양호한 솔더링성을 갖기 위해서는 솔더가 모재표면을 잘 적시고 퍼질 수 있도록 충분한 온도로 가열되어야 하며 가열 시간이 너무 늦거나 빠르지 않도록 하여야 한다. 웨이브 솔더링의 경우 용융 솔더 조(bath)에 리드가 잠기는 시간은 250℃를 기준으로 보통 2-5초 정도이다.

## (8) 열전달

솔더링 되는 대상물은 솔더링 온도까지 가열되지 않으면 안 된다. 이 가열 온도는 너무 높아도 너무 낮아도 양호한 솔더링을 얻을 수 없다. 가열을 위한 열원은 저항 발열, 적외선(IR), 레이저 등 여러 종류의 것들이 사용되고 있다. 이들 열원으로부터 받은 열이 전해져서 솔더 재료 및 솔더링 되는 재료가 가열된다. 열의 전달 방법은 재료의 종류, 크기, 열원에 의해 주어지는 열의 양 등에 의해서 달라진다. 이 때문에 적정한 온도로 가열하기 위해서는 열의 전달 방법을 충분히 이해해 둘 필요가 있다. 열은 기본적으로는 온도가 높은 쪽에서부터 낮은 쪽으로 전달된다. 열용량이 작고 열전달계수, 열원과 대상물의 온도차가 클 때 열전달이 빨라지고 단시간에 온도가 높아지게 된다. 재료가 결정되어 있는 경우 열이 수송된 표면적과 대상물의 체적에 의해 열전달 방법이 크게 달라진다. 결국, 솔더링의 경우 대상물의 크기를 고려하는 것이 필요하다.

# 제2장
# PCB 표면처리

실장 및 SOLDERING에서 PCB의 표면처리는 중요한 부분을 역할 한다.
PCB 설계에 따라서 표면처리 유형은 구분되며 일반적으로 PCB 공정의 PSR(PHOTO SOLDER RESIST) 또는 MARKING(식자) 공정까지 한 후 표면처리를 한다.
일부 표면처리는 외형 가공 또는 BBT(BARE BOARD TEST)까지 한 후 처리하는 경우도 있다.

| No. | PCB 공정 | 표면처리 유형 |
|---|---|---|
| 1 | PSR, MARKING 후 표면처리 | 유연/무연 HASL<br>금도금<br>TIN/Ag 도금 |
| 2 | 외형가공 BBT 후 표면처리 | OSP |

PCB 표면처리의 목적은 표면이 동박인 관계로 산화방지 및 SOLDERABILITY 향상을 위함이다. 표면처리에 따라 보관 기간이 다르며 전 PCB 종류는 진공포장 개봉 후 12시간 이내 사용하는 것이 바람직하다.
일반적으로 PCB의 보관조건은 온도 22°±2℃ 습도 45%±5%이며 햇빛이 있는 곳 또는 습기가 많은 곳의 보관은 금물이다.
보관 장소가 미흡할 경우는 SOLDERING에 악영향을 미친다.
PCB 표면처리의 종류는 다음과 같다.

- 무연/유연 HASL

- OSP
- 금도금(무전해, 전해 → SOFT, HARD)
- TIN도금
- 은도금

## 표면처리의 종류 01

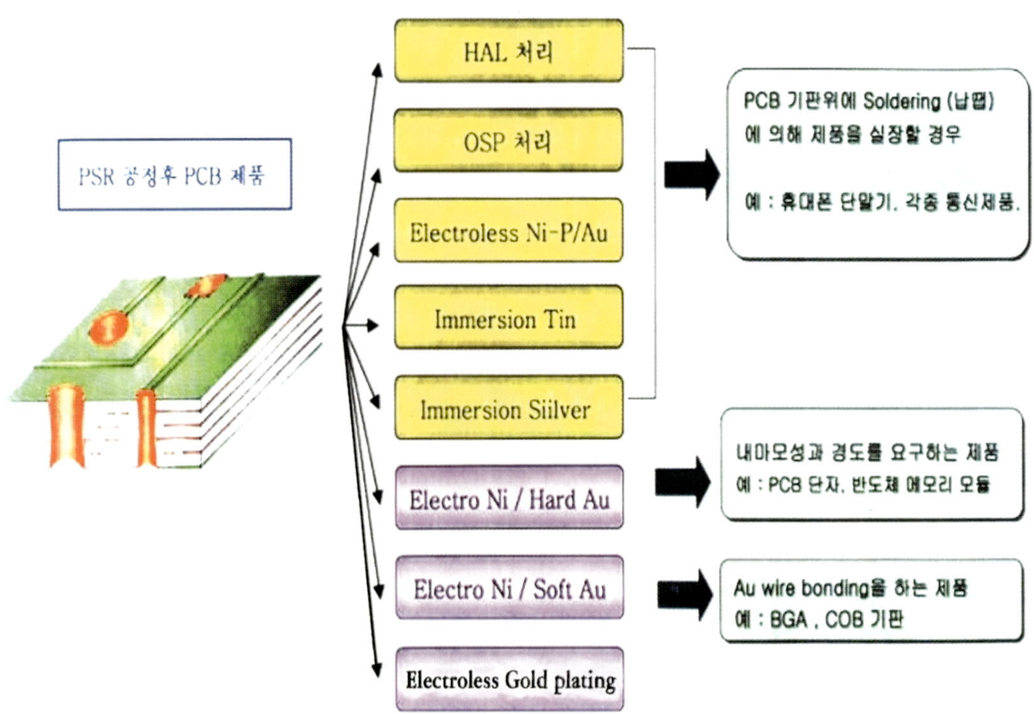

## PCB 무연도금 02

- 우수한 내 부식성 및 도전성
- 높은 가격
- 욕 관리 어려움
- BLACK PAD 및 CRACK 발생

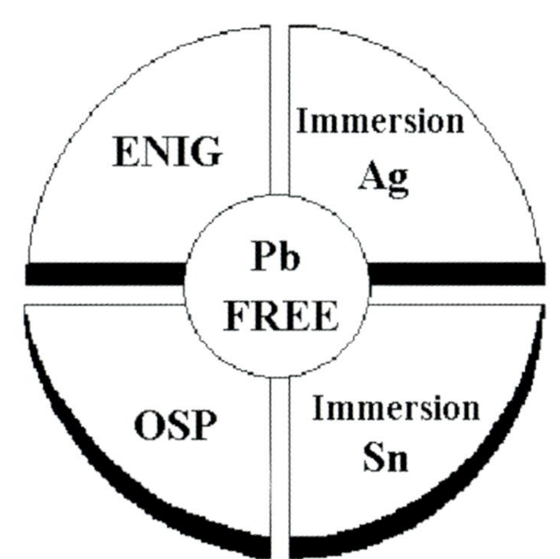


- 내 산화성/장기 보관성 우수
- 좁은 PROCESS WINDOW
- 비교적 높은 가격
- 욕 관리 어려움

- 낮은 가격
- 액 관리 용이
- 장기 보관성 한계
- 다단계 솔더링 한계
- 솔더 젖음성 저하

Advantages?

## 표면처리 별 특성 비교 03

| Property | HASL | ENIG | OSP | I-Sn | I-Ag |
|---|---|---|---|---|---|
| Cost | Low | High | Low | Medium | Medium |
| Wire Bonding | No | Yes | No | No | Yes |
| Multiple Solder Ability | Yes | Yes | Limited | Yes | Yes |
| Planarity | No | Yes | Yes | Yes | Yes |
| Fine Pitch Application | No | Yes | Yes | Yes | Yes |
| Maintenance | Medium | Medium | Low | Low | Low |
| Process Effort | Medium | High | Low | Low | Low |
| Operate Safety | Bad | Medium | Good | Good | Good |
| Thermal Stress | High | Low | Low | Low | Low |
| Rework Ability | Yes | No | Yes | Yes | Yes |
| Shelf Life | Long | Long | Medium | Long | Medium |

2004 Pb-Free Fair, Symposium on Pb-free practical application

# 표면처리의 종류 04

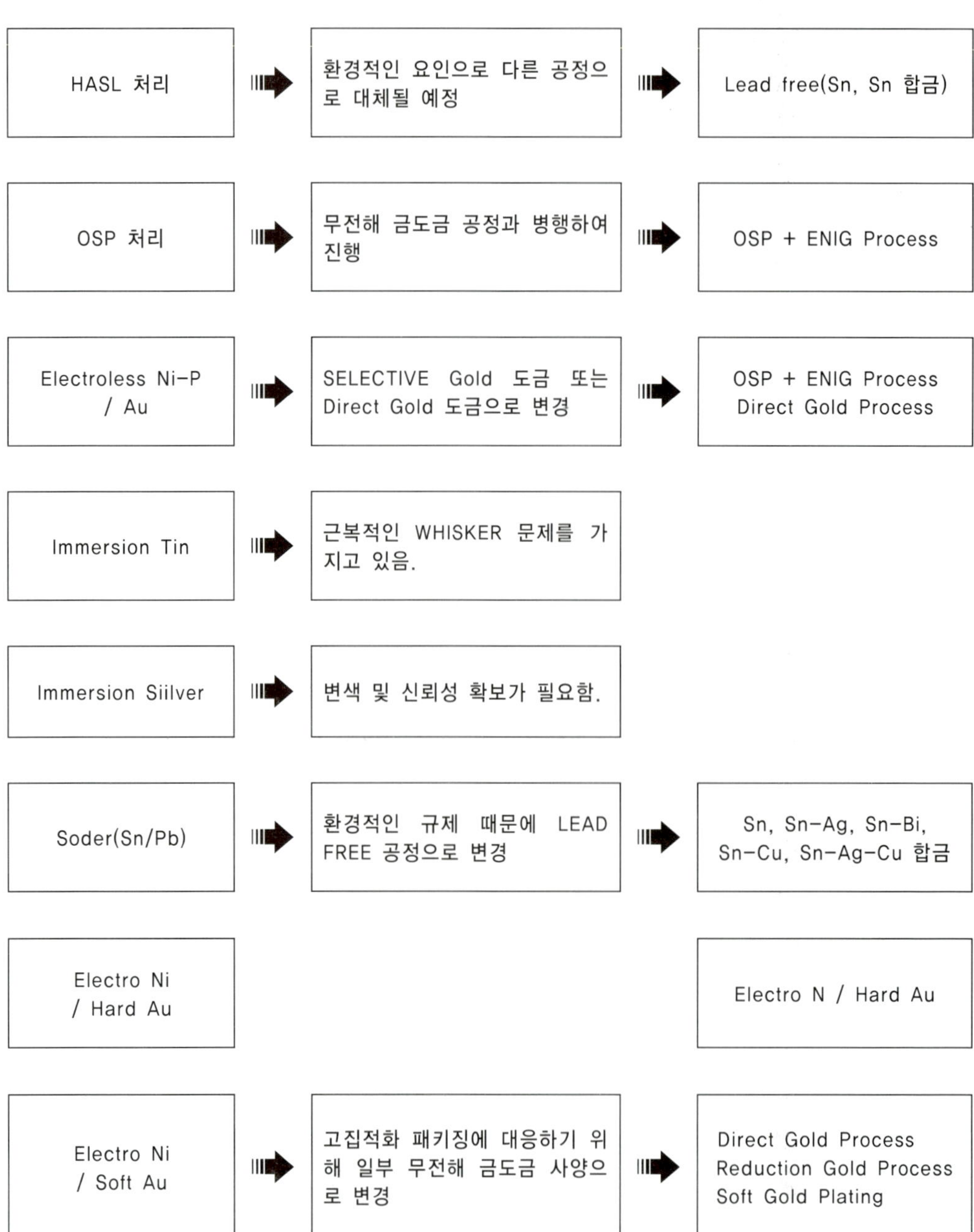
HASL 처리
환경적인 요인으로 다른 공정으로 대체될 예정
Lead free(Sn, Sn 합금)
OSP 처리
무전해 금도금 공정과 병행하여 진행
OSP + ENIG Process
Electroless Ni-P / Au
SELECTIVE Gold 도금 또는 Direct Gold 도금으로 변경
OSP + ENIG Process
Direct Gold Process
Immersion Tin
근복적인 WHISKER 문제를 가지고 있음.
Immersion Siilver
변색 및 신뢰성 확보가 필요함.
Soder(Sn/Pb)
환경적인 규제 때문에 LEAD FREE 공정으로 변경
Sn, Sn-Ag, Sn-Bi, Sn-Cu, Sn-Ag-Cu 합금
Electro Ni / Hard Au
Electro N / Hard Au
Electro Ni / Soft Au
고집적화 패키징에 대응하기 위해 일부 무전해 금도금 사양으로 변경
Direct Gold Process
Reduction Gold Process
Soft Gold Plating

# 표면처리 공정 별 현황 05

## (1) HASL

### ① 공정설명

HOT AIR SOLDER LEVELING으로 동박 표면에 SOLDER를 COATING 후 Air knife에 의한 열풍으로 표면을 평탄하게 하는 공정이다.

### ② Process

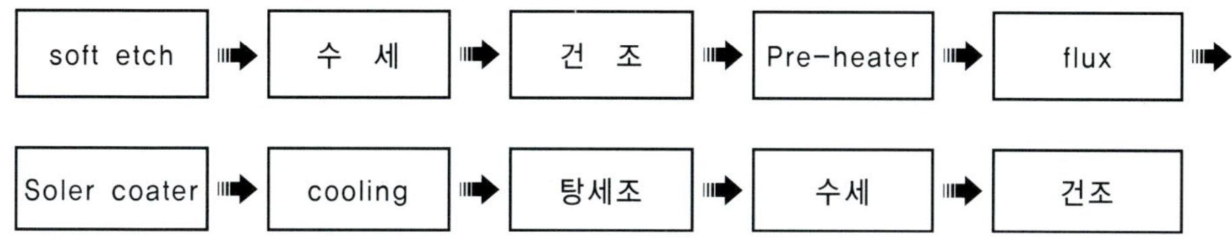


㉮ soft etch : 표면에 산화막 제거

㉯ 건조 : 제품 표면에 물기를 제거

㉰ pre-heater : 제품 표면에 예열을 가해줌.

㉱ flux : 제품 표면을 활성화 시켜주는 공정

㉲ solder coater : Sn/Pb(63:37)을 용융 표면처리 하는 공정

㉳ cooling : 제품을 식혀주는 공정

㉴ 탕세조 : flux 성분을 닦아주는 공정

㉵ 건조 : 제품 표면에 물기를 제거하는 공정

## (2) OSP(Organic Solderability Preservatives)

### ① 특징

㉠ 저가공정

㉡ 쉬운 작업 조건

㉢ 관리가 용이

㉣ Multiple Soldering 문제점

㉤ Self Life 문제점

㉥ 플럭스에 민감

㉦ 검사가 힘듦.

② Process Flow

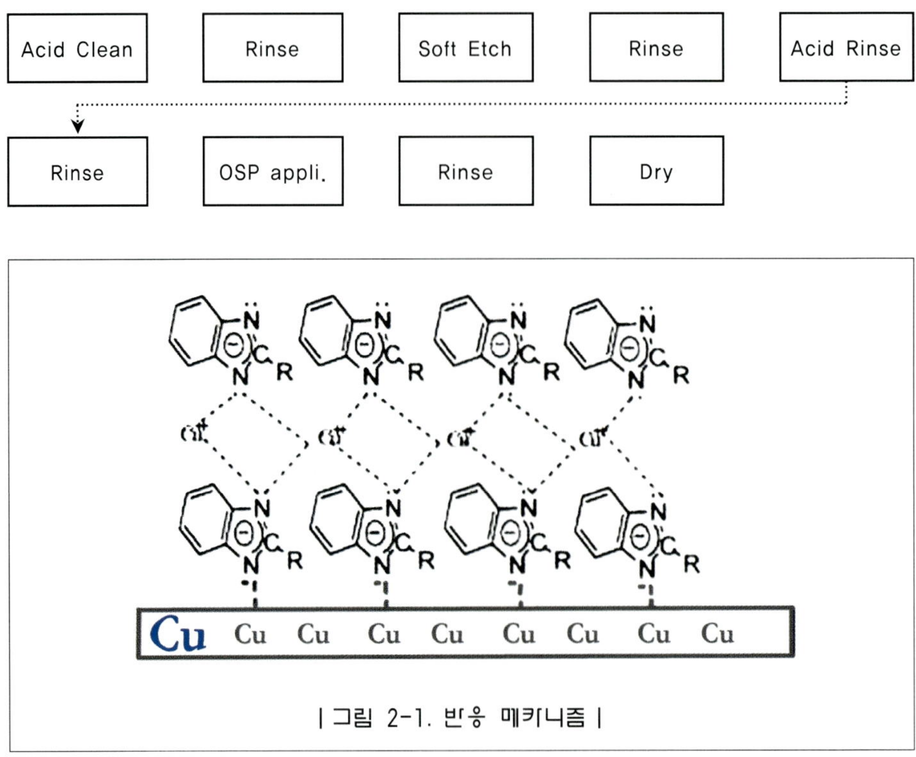


| 그림 2-1. 반응 메카니즘 |

## (3) 금도금 유형

- 알카리 시안성 금도금
- 산성 · 중성 시안 금도금
- Non 시안 금도금

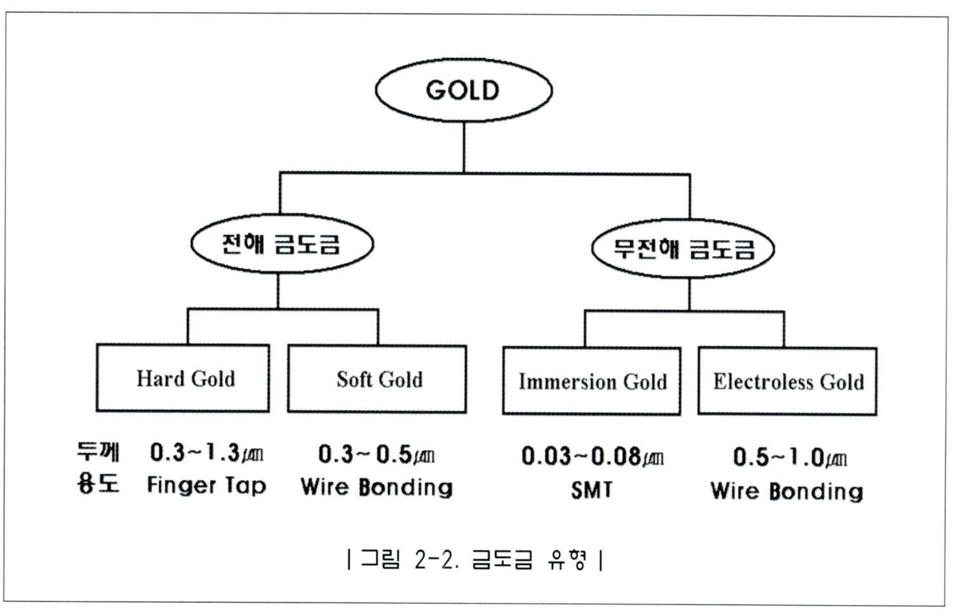


| 그림 2-2. 금도금 유형 |

## ① 반응 메카니즘

### ㉮ 특징

㉠ 표면접촉부분 적용

㉡ 장시간의 Self Life

㉢ 가격이 고가

㉣ 블랙패드 문제점

㉤ 재작업성 나쁨.

㉥ Ni의 Brittleness

### ㉯ Process Flow

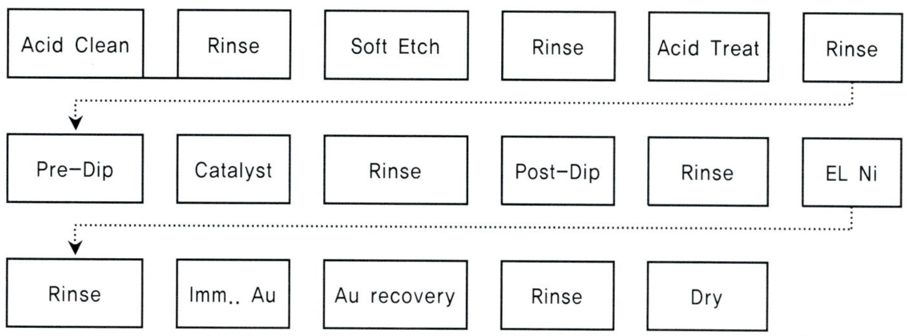

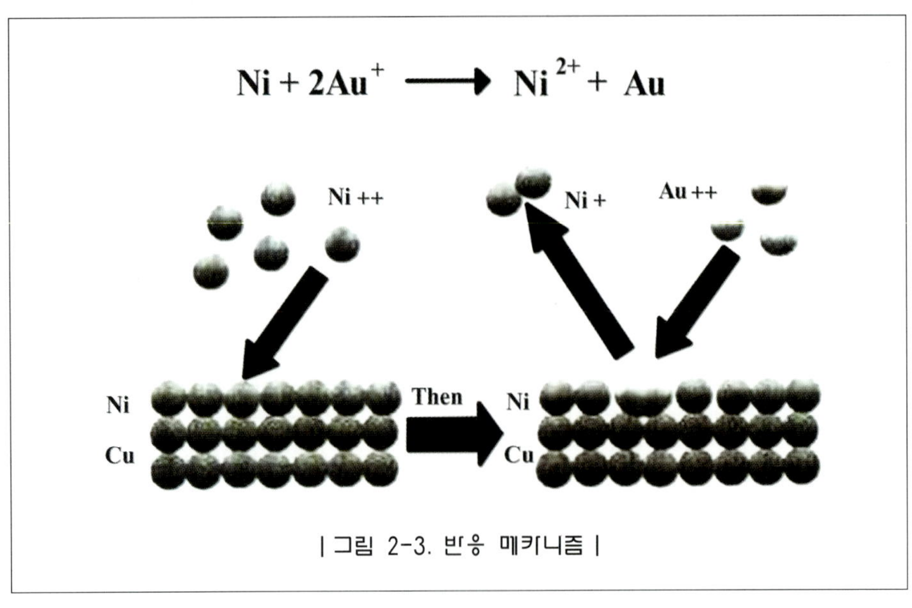


| 그림 2-3. 반응 메카니즘 |

② Electroless Ni-P/Au Plating Process

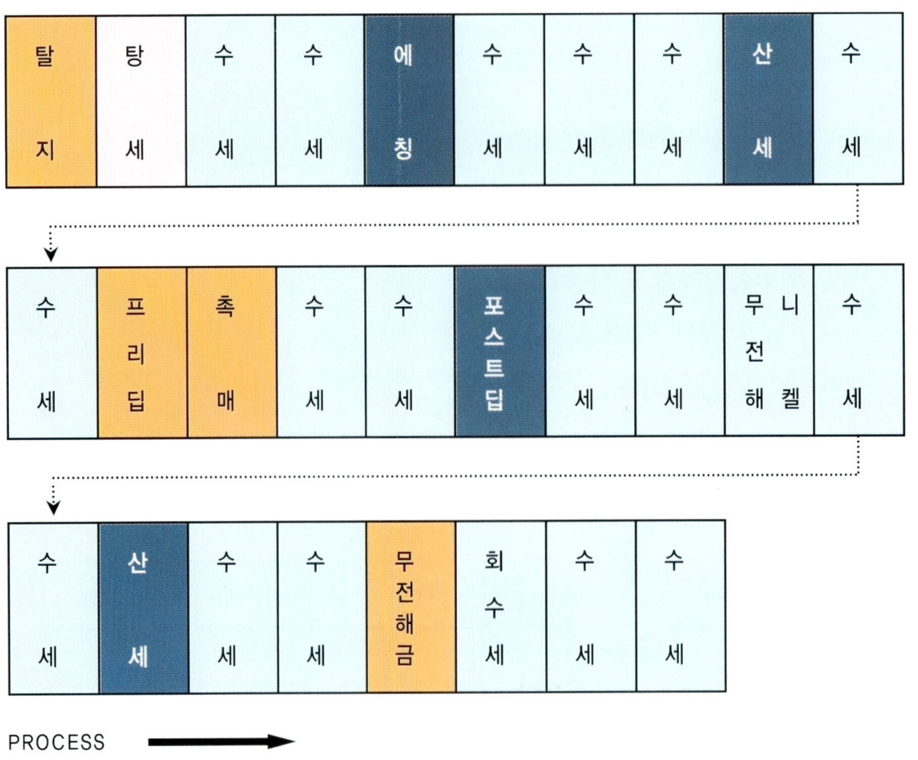

㉮ **무전해 금도금의 목적**

㉠ 납땜(Soldering)을 통한 부품실장

㉡ Au wire bonding

㉯ **무전해 금도금의 목적**

㉠ Ni-P층은 비정질 구조(Amorphous)로 내마모성이 우수하다.

㉡ 니켈층에 P(인)의 함유로 내식성이 우수하다.

㉢ Au의 순도는 99.99%, 전기전도도가 우수하다.

㉣ 제품 실장 시 여러 번 Reflow를 실시할 수 있다(4~5회).

㉰ **도금 두께 SPEC**

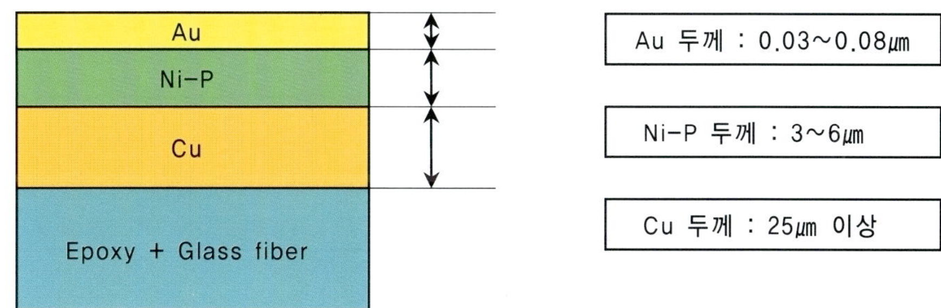


③ **금도금욕의 분류**

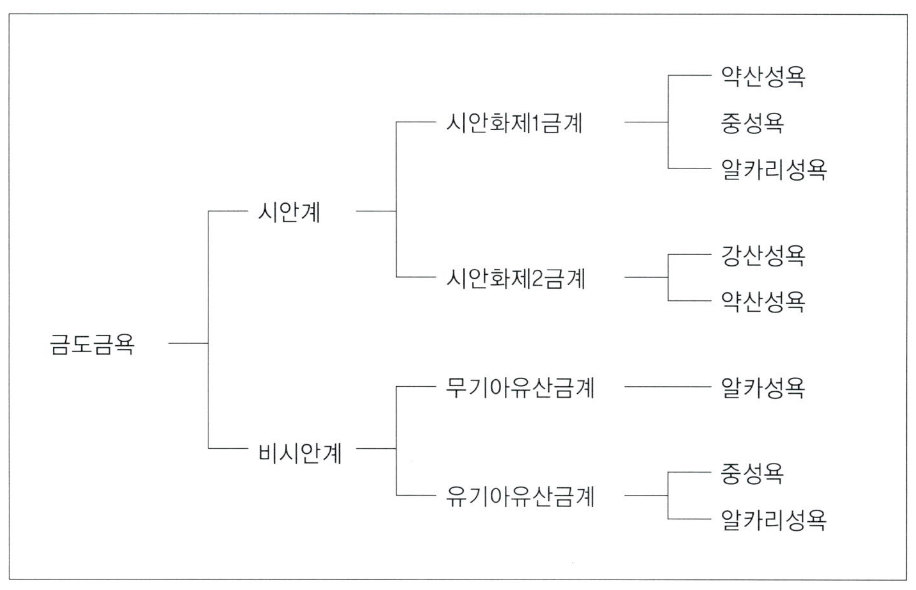

### ④ 시안화 금(金)과 아류산(亞硫酸) 금(金)의 비교

| | | 시안화금(化金) Base | 아류산금(亞硫酸金) Base |
|---|---|---|---|
| 금염 (金塩) | 구조식 | $KAu(CN)_2$ | $K_3Au(SO_3)_2$ |
| | 형상 | 백색 분말 | 무색 투명 수용액 |
| | 제조 공정 | 간단 | 복잡 |
| 안정성 | | 양(良) | 악(惡) |
| Resist Flake 성 | | 가(可) | 양(良) |
| 금속오염도 | | 강(强) | 약(弱) |
| COST | | 저(低) | 고(高) |
| 공해성 | | 유(有) | 무(無) |

### ⑤ 연질(軟質)금과 경질(硬質)금의 비교

| | 연질금(Soft Gold) | 경질금(Hard Gold) |
|---|---|---|
| 욕조성 | 시안화금칼륨<br>인산, 유기산염, 킬레이트제 | 시안화금칼륨<br>유기산염, 코발트, 니켈염 |
| PH | 6~7 | 3~5 |
| 조작 온도 | 50~70℃ | 20~40℃ |
| 석출 효율 | 90% 이상 | 20~50% |
| 전류 밀도 | 0.2~1A/d㎡ | 0.2~15A/d㎡ |
| 금 피막 외관 | 무광택 | 광택 |
| 경도(knoop 경도) | 50~80 | 130~240 |
| 순도 | 99.9% 이상 | 99% |
| 석출 중량 | 1.92~1.93mg/㎛, ㎠ | 1.7~1.8㎎/㎛, ㎠ |
| 접촉 저항 | 0.3mΩ | 0.6mΩ |
| 내마모성 | 불가 | 양호 |

### ⑥ 무전해 금도금

#### ㉮ 장점

㉠ 무전해 금도금은 전해 금도금과 비교해서 고립 된 회로 상에도 도금이 가능

㉡ 전류분포의 영향이 전혀 없으므로 균일한 두께의 도금이 가능

㉢ Pin hole이 적은 피막 및 순도가 높은 석출 얻어짐.

㉣ Bonding 용 배선판, print 배선판 등 광범위 분야에서 이용

#### ㉯ 종류

㉠ 치환형 도금액

ⓐ 소지 금속이 용액 중에 금속과 교체하는 것에 의해 도금이 행해지고 전기적으로 낮은 전위의 소지가 용해되고 높은 전위의 금속이 석출한다.

ⓑ 이 반응은 귀한 금속에서 표면 전체가 덮어지면 반응이 끝나고 그것 이상의 두께는 없게 된다.

ⓒ 통상 0.08~0.12㎛정도의 두께가 한계이다.

ⓓ 용도로는 print 배선판 등의 땜납 부착까지의 소재 표면의 산화방지, 납땜의 젖음성을 향상, 후부(厚付)금도금의 하지 도금으로 사용한다.

㉡ 환원형 도금액

ⓐ 욕 중에 환원제를 포함하여 환원제의 전자 공급에 의해 금이 석출된다.

ⓑ 이것은 수 10㎛의 도금(?)도 가능하다(실제로는 0.3~0.5㎛ 정도이다).

ⓒ 결점으로는 도금액의 안정성, 불순 금속에 의한 오염, 전처리 공정의 복잡 등이다.

⑦ 공정별 작업 목적

| (Process) | (목적) |
| --- | --- |
| 탈지<br>↓ 수세 | Cu패턴표면의 산화막,PSR잔사나 기타 오염물을 제거하고 Cu표면을 청정하게 해서 다음 공정인 에칭을 균일하게 행하기 위해 처리하고,산성,중성,약알카리형태 등의 약품이 있다. |
| 소프트에칭<br>↓ 수세 | 하지(下地) Cu와 무전해니켈도금막과의 밀착성을 얻기 위해서 약 1㎛정도 표면층을 에칭한다.과유산염,유산-과산화수소계의 약품을 적용할 수 있다. |
| 산세(디스멋)<br>↓ 수세 | 소프트에칭액중의 Cu농도가 높게 되면 처리한 Cu표면에 스멋(smut,얼룩)이 발생할 경우가 있고, 이 스멋을 제거하기 위해 10%정도의 황산이 이용되고 있다. |
| 프리딥 | 다음공정인 Pd활성화액의 욕안정성 확보와 Cu상 Pd활성화을 촉진한다. |

| (Process) | (목적) |
| --- | --- |
| Pd활성<br>↓ 수세 | Cu는 무전해니켈도금의 자기촉매성이 없기 때문에 Cu상에 Pd을 치환시켜 무전해니켈도금반응을 개시한다. |
| 포스트 딥<br>↓ 수세 | Cu패턴 이외의 부분(기판수지나 PSR표면)에 부착한 Pd핵을 제거한다. |
| 무전해니켈<br>↓ 수세 | 노금액중의 Ni이온을 차아인산염에 의해 금속Ni로서 환원석출시킨다.이때 도금막중에 P가 공석해서 Ni-P막이 형성한다. |
| 산침적<br>↓ 수세 | Ni-P층과 Au층과의 밀착성을 확보한다.생산라인상에서 무전해니켈도금-치환금도금간의 수세처리시간이 짧은 경우는 생략할 경우도 있다. |
| 치환금도금 | Ni-P상의 치환반응에 의해 Au막을 형성한다. |

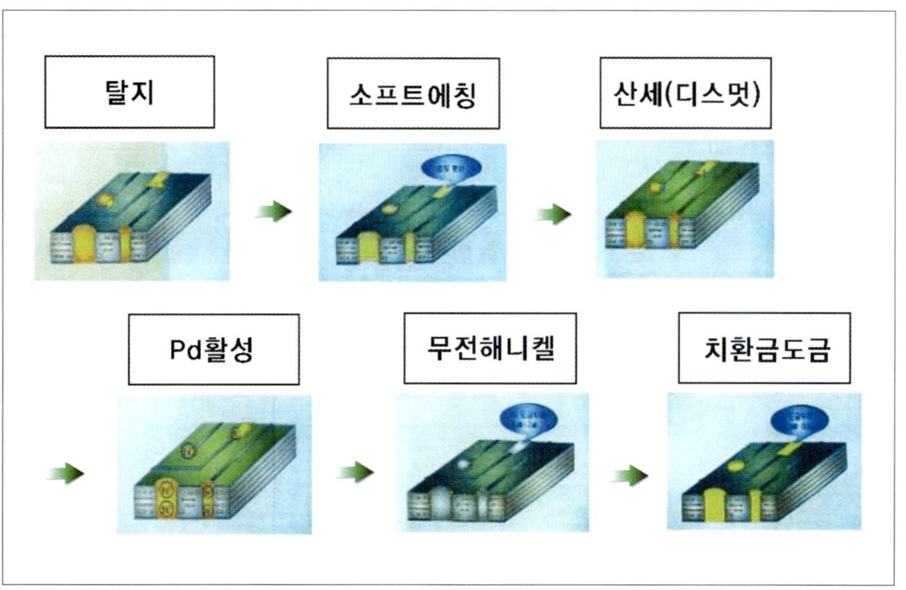


⑧ **무전해 Ni약품 특성 및 성분**

㉮ 특성

㉠ 레지스트의 경계 부분에 불필요한 석출 형성이 적다.

㉡ 액상 포토 레지스트 필름과의 밀착에 영향을 주지 않는다.

㉢ TURN 수가 늘어나도 니켈 도금층에 함유된 인 함유량의 변화가 적다.

㉣ 우수한 패턴 도금 효과가 있으며 치환형 금도금층과 밀착력이 우수하다.

㉯ 제품의 적용 및 성분

| 구성약품 | 용도 | 특성 |
|---|---|---|
| ICP NICORON GIB-M | 건욕용 | 킬레이트제, 환원제, 안정제 |
| ICP NICORON GIB-1 | 건욕용 · 보충용 | 금속 Ni 공급원, 착화제 |
| ICP NICORON GIB-2 | 보충용 | 차인산소다 공급원, 안정제 |
| ICP NICORON GIB-3 | 보충용 | Ph 조정제, 안정제 |

※ 약품은 일본 OKUNO사 기준

### ⑨ 무전해 Ni 욕조성 및 작업 조건

| 구 분 | 관 리 항 목 | 최 적 조 건 | 작 업 범 위 |
|---|---|---|---|
| 건욕조건 | ICP NICORON GIB-M | 100 ml/Lt | 90 ~ 110 ml/Lt |
| | ICP NICORON GIB-1 | 50 ml/Lt | 47 ~ 53 ml/Lt |
| 관리조건 | 니 켈 농 도 | 5.0 g/Lt | 4.7 ~ 5.3 g/Lt |
| | 환 원 제 농 도 | 25 g/Lt | 22 ~ 28 g/Lt |
| | PH | 4.5 | 4.3 ~ 4.8 |
| | 작 업 온 도 | 85 ℃ | 80 ~ 90 ℃ |
| | Loading Factor | 0.2 ~ 0.7 dm²/Lt | |
| | 교 반 | 공기 교반, 기계 교반, 제품요동 | |

※ 약품은 일본 OKUNO사 기준

### ⑩ 무전해 니켈 도금액의 구성

㉮ 니켈염 : 황산니켈, 염화니켈, 썰파민산니켈(니켈이온의 공급원)

㉯ 환원제 : 차인산 나트륨, 차인산 칼륨(니켈이온을 금속으로 환원함)

㉰ 착화제 : Lactic Acid, Citric Acid, Malic Acid, Glycolic Acid, Glucolic Acid(차인산 이온이 산화되어 아인산 이온 되면 니켈 이온과 반응하여 아인산 니켈로 침전하게 되는데 이것을 방지함. 그리고 PH완충제 작용을 한다)

㉱ 촉진제 : Acetic Acid, Formic Acid, Propionic Acid, Malonic Acid(PH완충작용 및 니켈의 석출을 촉진한다)

㉲ 안정제 : Heavy Metal, S-Compound(일반적으로 Pb가 많이 사용되며, 도금액의 분해를 방지하고 니켈의 반응속도를(활성화) 조절한다)

※ 약품은 일본 OKUNO사 기준

⑪ 무전해 니켈-인 반응 메카니즘

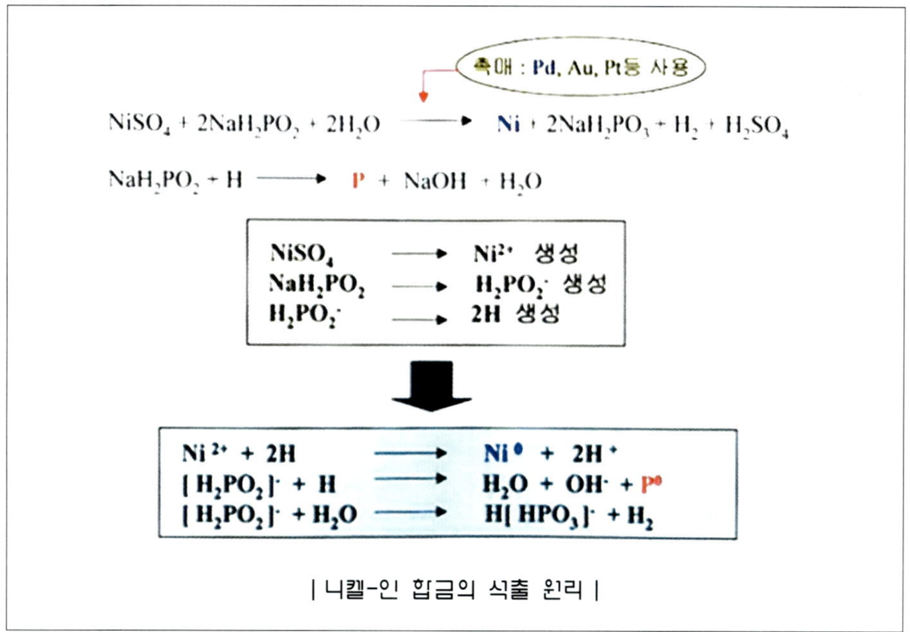

| 니켈-인 합금의 석출 원리 |

※ 약품은 일본 OKUNO사 기준

⑫ 무전해 니켈 석출 속도와 온도, pH와의 관계

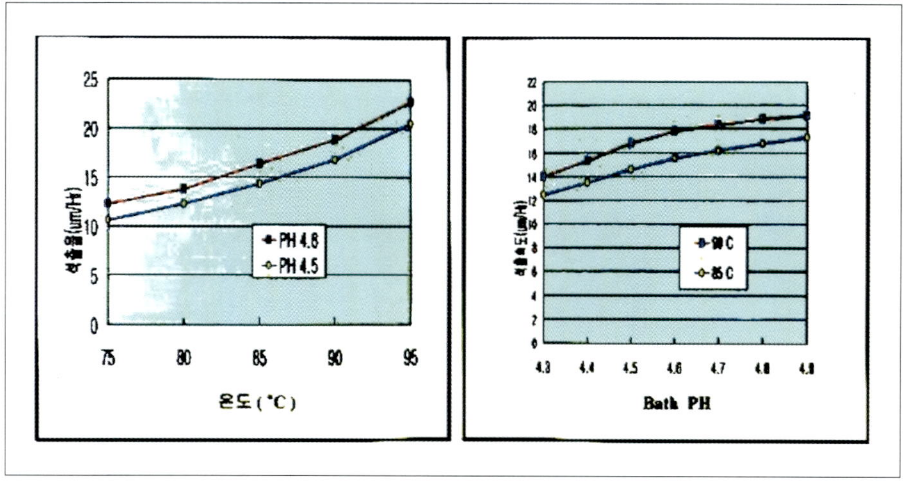


※ 약품은 일본 OKUNO사 기준

⑬ 무전해 니켈 Turn Over에 따른 인(P) 함유량 및 표면 상태

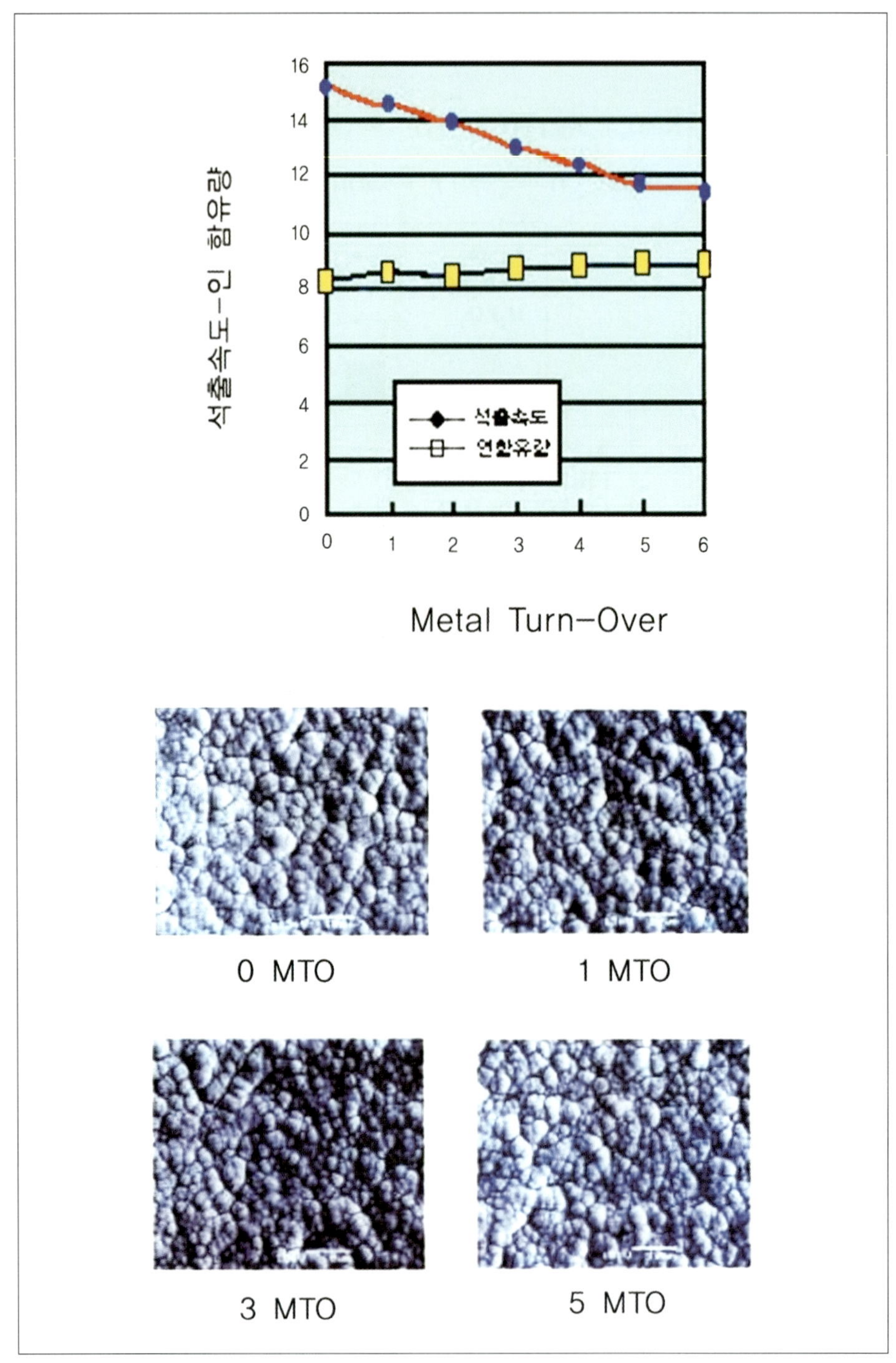

### ⑭ 무전해 금도금액의 특성 및 작업 조건

#### ㉮ 특성

㉠ IM-GOLD IB는 치환형 금도금액이다.

㉡ 하지층과의 밀착력이 우수하며 고순도 금도금층을 얻을 수 있다.

#### ㉯ 욕 조성 및 작업조건

| 관리항목 | 표준 | 작업범위 |
|---|---|---|
| 금농도 | 2g/Lt | 1~4g/Lt |
| 작업온도 | 85℃ | 80~90℃ |
| PH | 4.5(Cu 이온이 없을 때) | 4.0~5.0 |
| | 5.0(Cu 이온이 10ppm 이하) | 4.5~5.5 |
| | 5.5(Cu 이온이 50ppm 이하) | 5.0~6.0 |
| 비중 | 4.6Be | 3.5~6.0Be |
| 작업시간 | 필요한 도금 두께에 따라 변함(10~30분). | |

※ 약품은 일본 KOUJUNDO Chemical 기준

### ⑮ 무전해 금도금의 일반적 이해

#### ㉮ 무전해 금도금의 분류

㉠ 치환형 금도금 : 주로 Soderbility의 특성을 요구하는 0.03~0.08㎛의 금도금 피막을 얻는데 사용된다. 그리고 니켈 하지층의 산화방지에 효과가 있다.

㉡ 일정한 치환반응이 끝나면 더 이상 두께가 올라가지 않다.

#### ㉯ 금도금의 주반응식(예)

㉠ 치환형 금도금

$$Ni \rightarrow Ni^{2+} + 2e^-$$
$$2Au^+ + 2e^- \rightarrow 2Au^0$$

㉡ 환원형 금도금

$$Au(111) + 3SO_3^{2+} + 2S_2O_3^{2-}(+H_2O) \rightarrow$$

$$\left. \begin{array}{l} |Au(S_2O_3)_2|^{3-} + SO_4^{2-} \\ |Au(S_2O_3)_2|^{3-} + e^- \end{array} \right. \rightarrow Au + 2S_2O_3^{2-}$$

※ 약품은 일본 KOUJUNDO Chemical 기준

## ⑯ 무전해 Au 도금

### ㉮ 반응

$Au+ + Ni \rightarrow Au^0 + Ni^+$ (치환형 도금)

### ㉯ 무전해 Au액 조성

Au, $NH_3$, 구연산, 착화제, 안정제

### ㉰ 액 조건

| 온도 : 85±5℃ | pH : 5.0±1.0 | Au농도 : 0.4~2.0g/L |
|---|---|---|

※ 약품은 일본 KOUJUNDO Chemical 기준

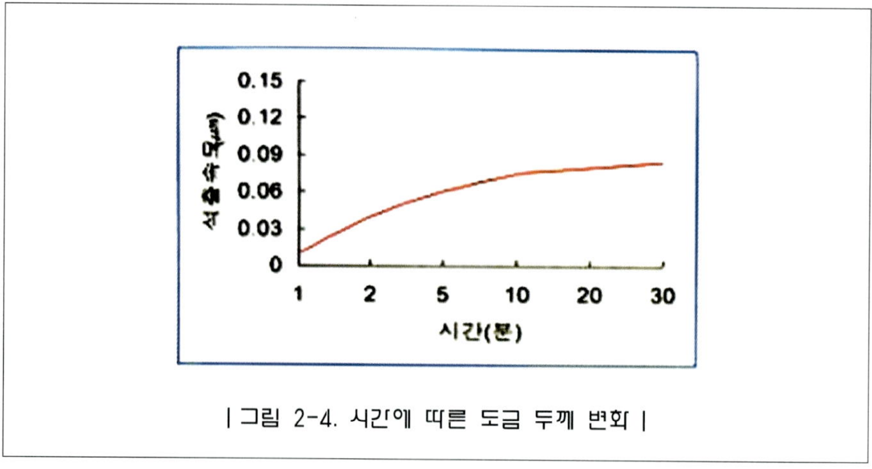


| 그림 2-4. 시간에 따른 도금 두께 변화 |

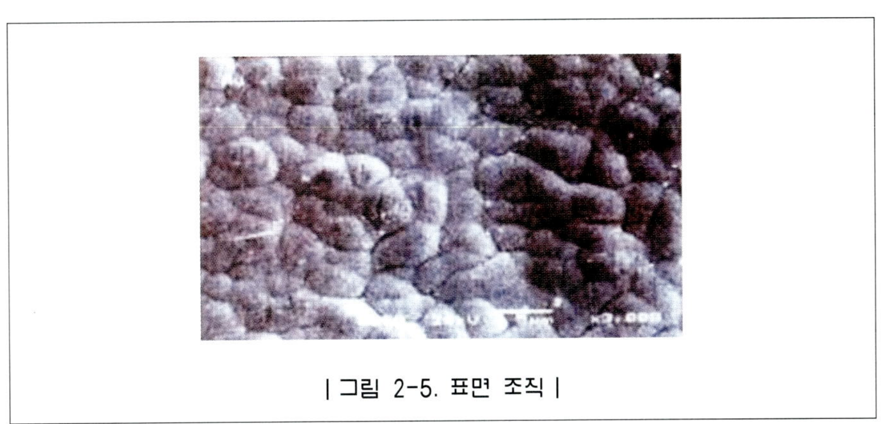

| 그림 2-5. 표면 조직 |

⑰ 환원형 무전해 금도금 석출 속도

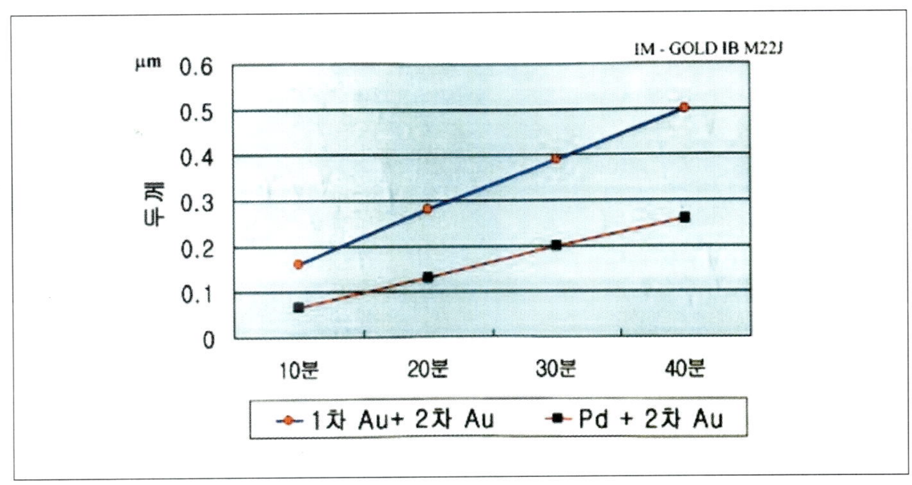


⑱ Soldering 접합의 원리

㉮ Solder 접합 시 Au층의 확산

㉯ Ni-p막 표면의 Ni, P 확산

㉰ 금속 간 화합물 $Ni_3Sn_4$의 생성

㉱ Ni-P막 표면층에서 P함량 증가($Ni_3P$의 형성)

㉲ 중간층 Ni-Sn-P의 형성

$$Ni_{88}P_{12} + 208/3\ Sn_4 \Rightarrow Ni_3P + 52/3\ Ni_3Sn_4$$

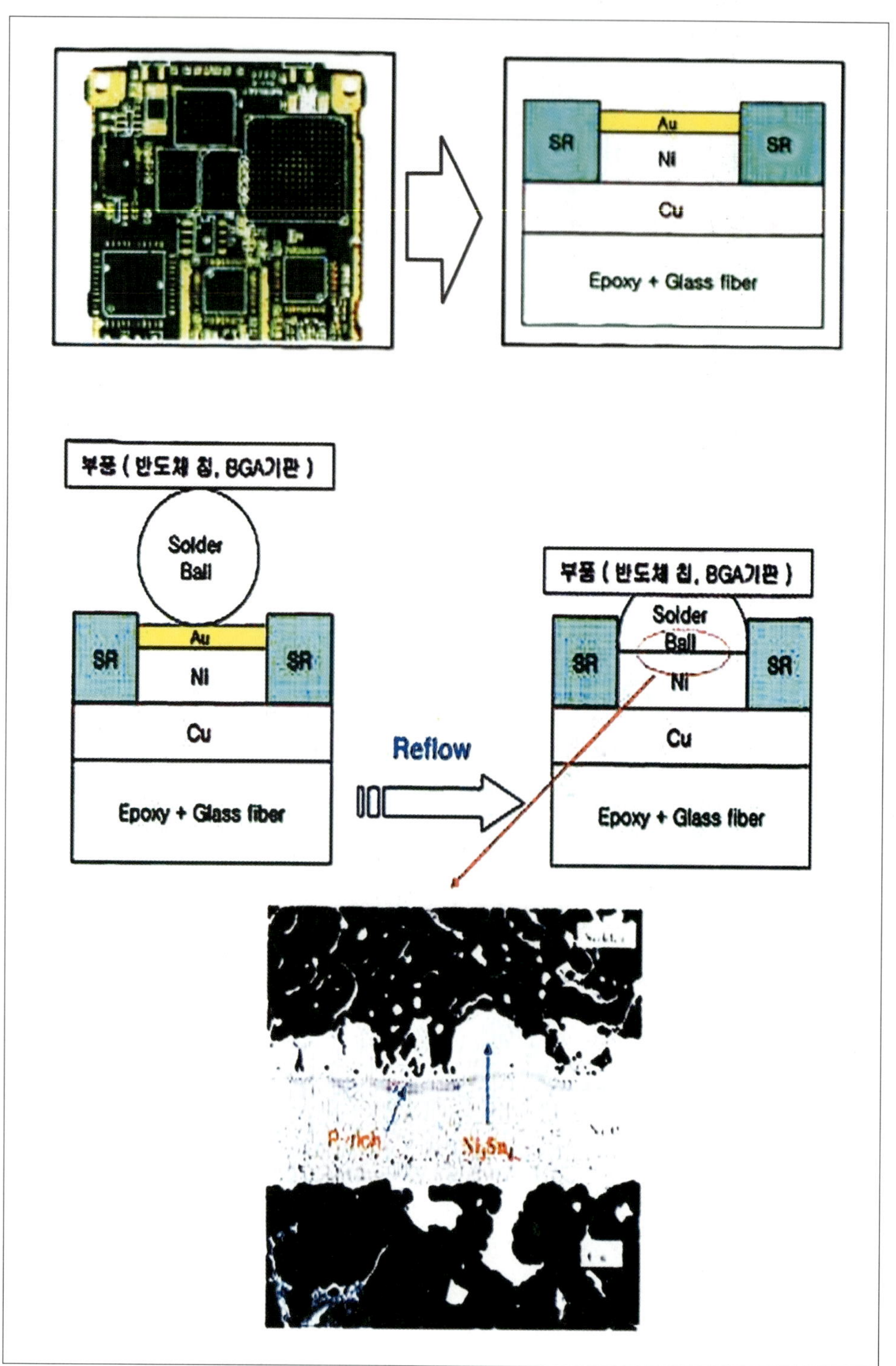
Au
SR
Ni
SR
Cu
Epoxy + Glass fiber
부품 ( 반도체 칩, BGA기판 )
Solder
Ball
Au
SR
Ni
SR
Cu
Epoxy + Glass fiber
Reflow
부품 ( 반도체 칩, BGA기판 )
Solder
Ball
SR
Ni
SR
Cu
Epoxy + Glass fiber

## ⑲ BLACK PAD

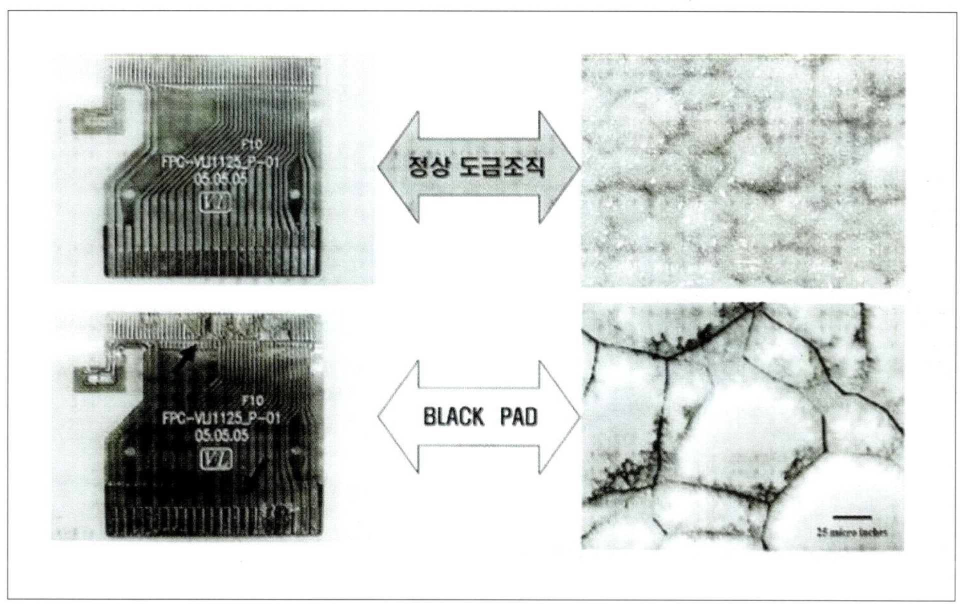


## ⑳ 무전해 금도금의 문제점 및 방안

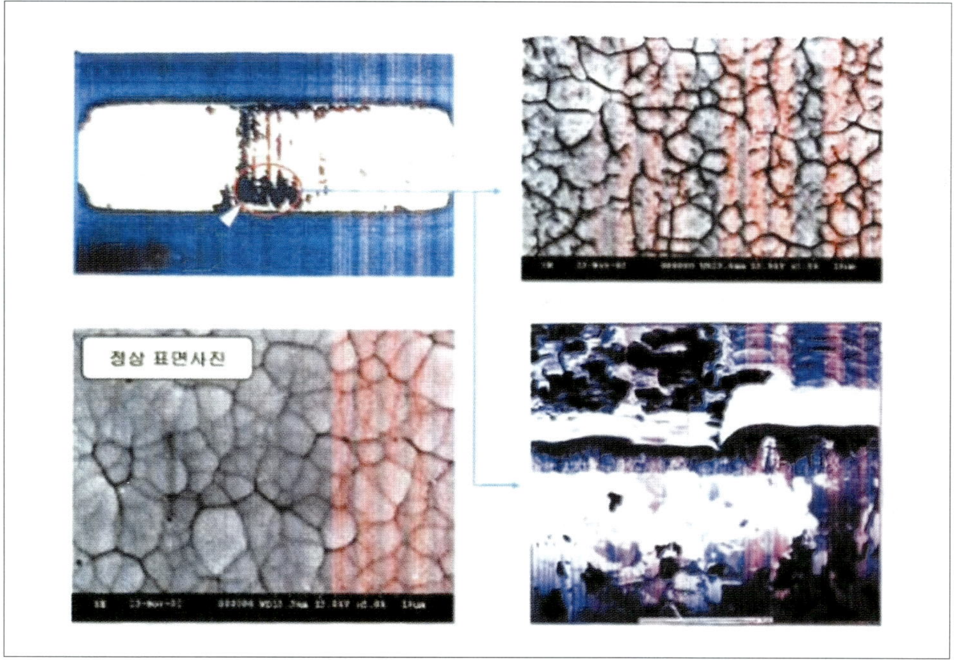

㉮ **무전해 금도금의 문제점**

㉠ 치환반응에 의한 Ni 표면의 침식

㉡ SR 잉크 용출에 의한 니켈 표면의 Black Pad화

ⓐ 납땜성에 악영향

ⓑ Solder 접합 강도 저하

ⓒ Solder 퍼짐성 저하

㉯ **향후 대응방안**

㉠ OSP+ENIG Process

㉡ 무전해 니켈+무전해 Pd+Immersion Au Process

㉢ Direct immersion Au Process

## ㉑ Hard Gold 도금 공정

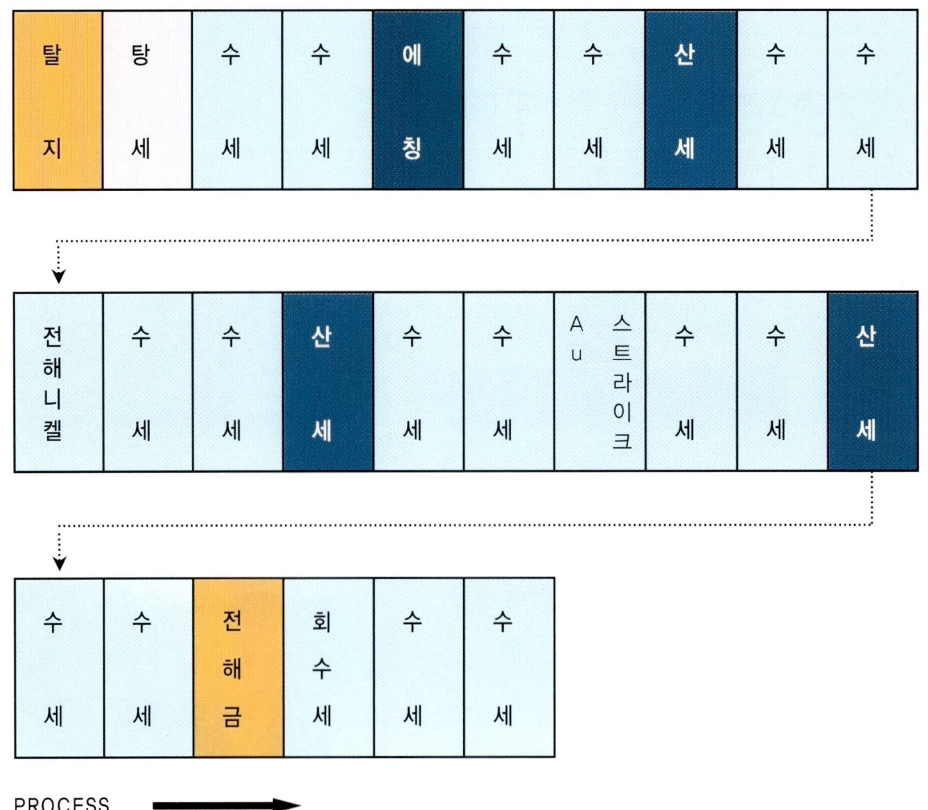

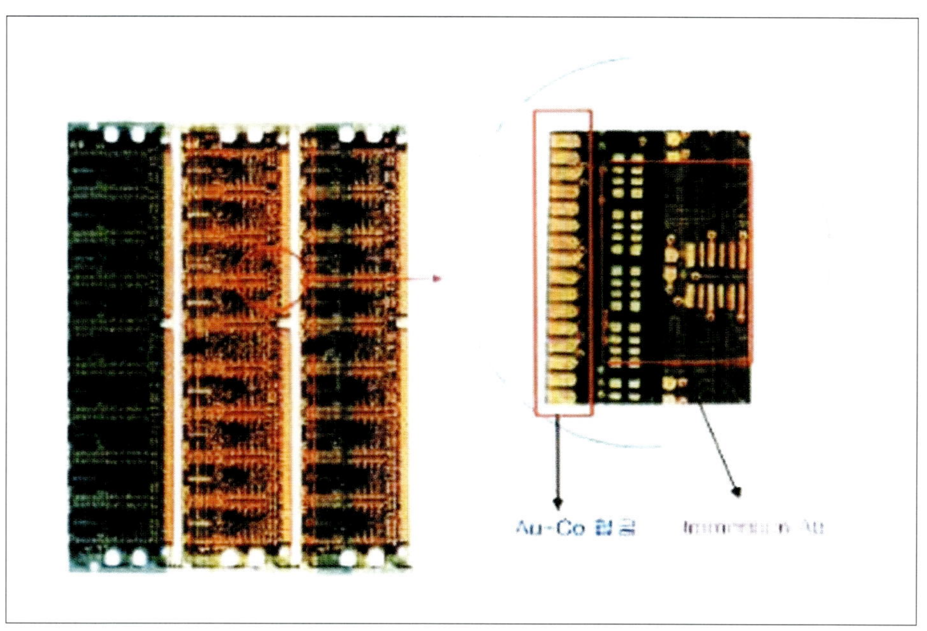


### ㉮ Hard Gold 도금의 특징

㉠ Hard Gold용 하지 니켈의 경우 광택도금을 함.

㉡ Au의 순도 : 99.7%, 결정 조직제로 미량의 코발트(Co)가 공석됨. → 경도 증가

㉢ Hard Gold는 내마모성을 요구하는 부분에 사용됨.

㉣ 경도 160~210Hv

㉤ 반도체 메모리 모듈, 단자 등의 제품이 주로 적용됨.

## ㉒ Soft Gold 도금 공정

### ㉮ Soft Gold 도금의 특징

㉠ Soft Gold용 하지 니켈의 경우 무광택 도금을 함.

㉡ Au의 순도 : 99.99%, 결정 조직제로 미량의 탈륨(TI)이 공석됨.

㉢ Soft Gold는 Au wire bonding을 목적으로 함.

㉣ 경도 100~160Hv

㉤ 주로 적용되는 제품은 BGA, COB, LED등의 제품.

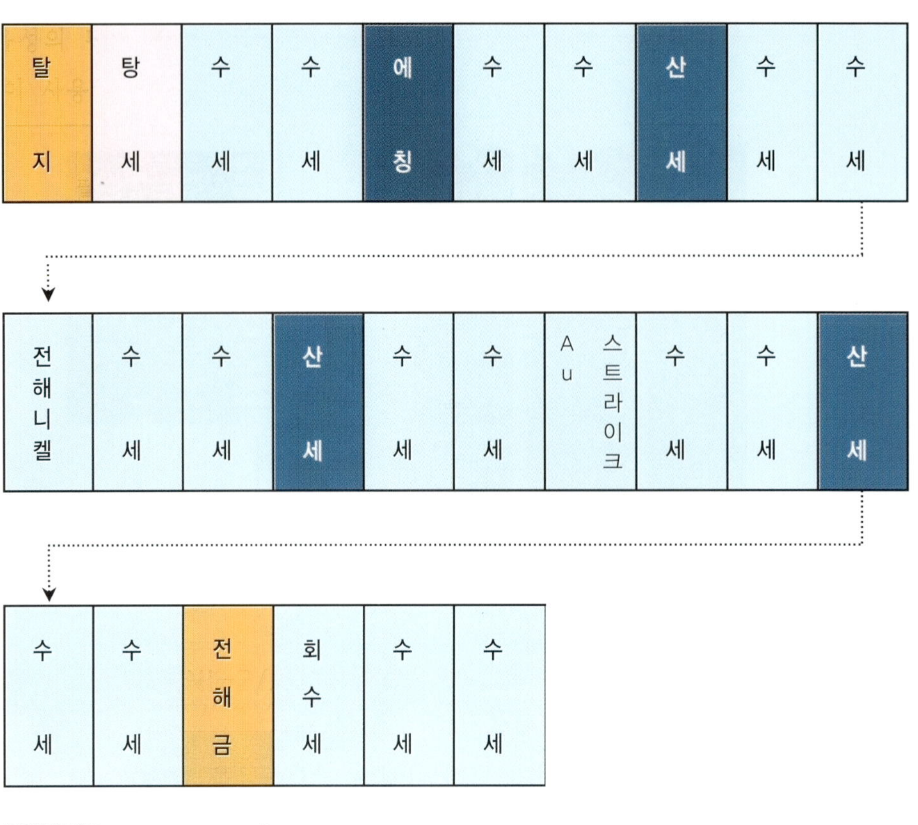
탈지
탕세
수세
수세
에칭
수세
수세
산세
수세
수세
전해니켈
수세
수세
산세
수세
수세
Au 스트라이크
수세
수세
산세
수세
수세
전해금
회수세
수세
수세
PROCESS

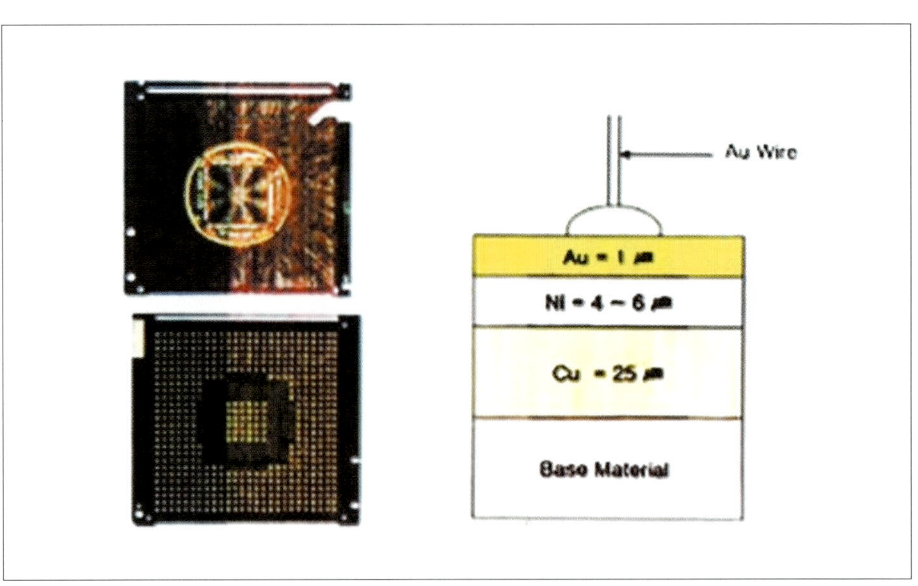
Au Wire
Au = 1 ㎛
Ni = 4 ~ 6 ㎛
Cu = 25 ㎛
Base Material

## (4) Immersion Tin 도금공정

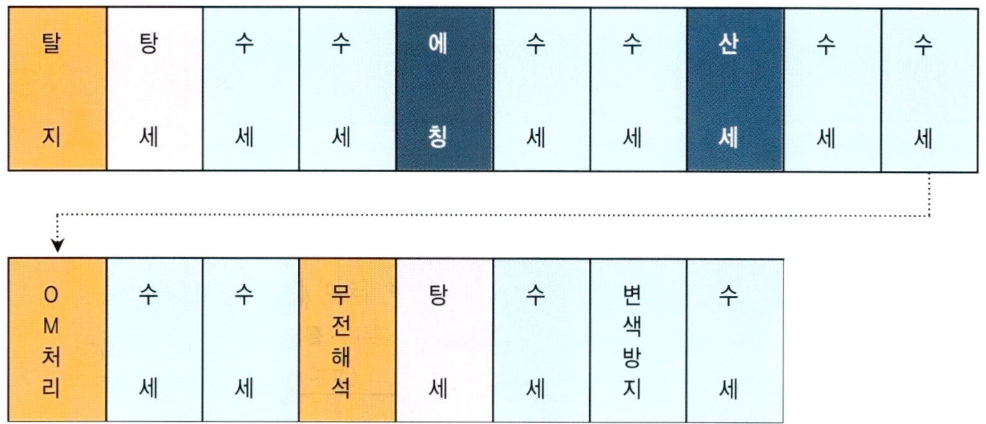


PROCESS

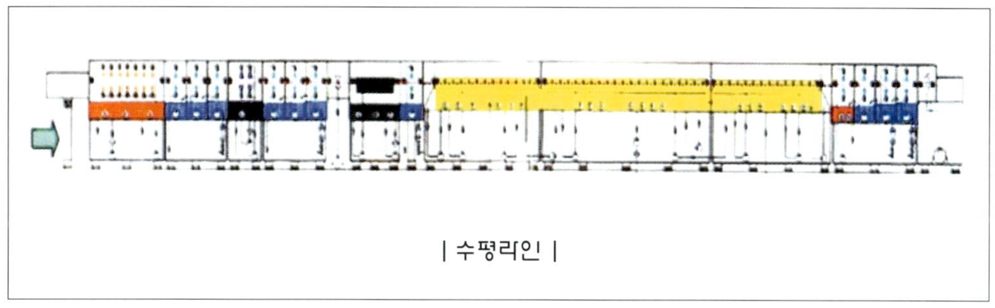

| 수평라인 |

### ① 무전해 석도금의 목적

납땜(Soldering) 통한 부품실장

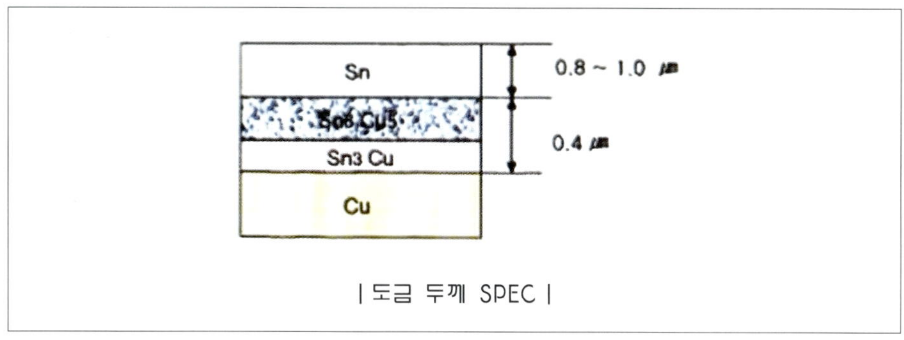


| 도금 두께 SPEC |

### ② 무전해 석도금의 특성

㉮ 공정 단순

㉯ 환경 친화적 공정(Lead Free)

### ③ 무전해 석도금의 문제점

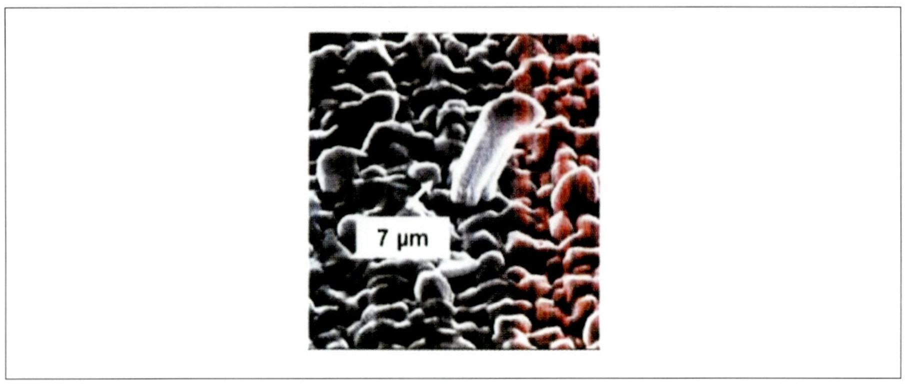


㉠ Whisker : Tin 조직의 일부가 물리적 Stress, 표면오염 등 여러 가지 원인으로 조직이 계속 성장하는 현상임.

㉡ Whisker가 성장함으로 좁은 회로에서 회로와 회로가 연결되어 문제가 발생함.

㉢ Cu층에서 Sn층으로 계속해서 확산이 일어나 순수 Sn층의 감소로 납 Eoa성에 영향을 미침.

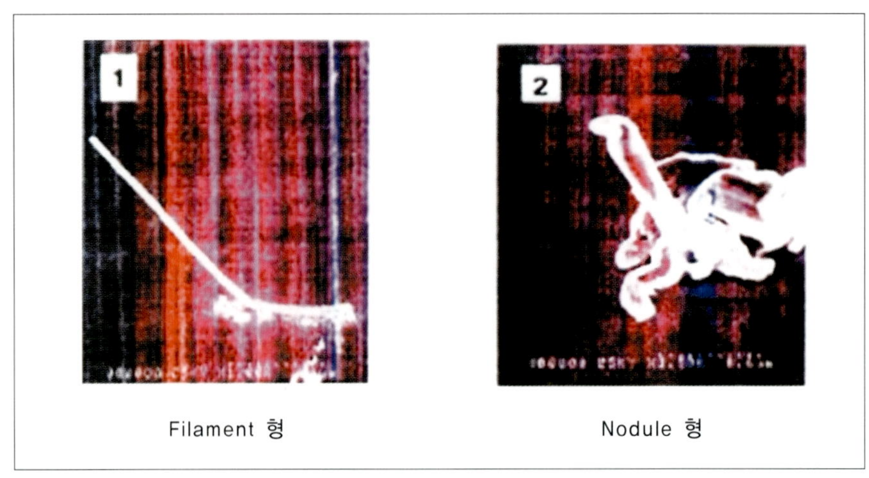


Filament 형　　Nodule 형

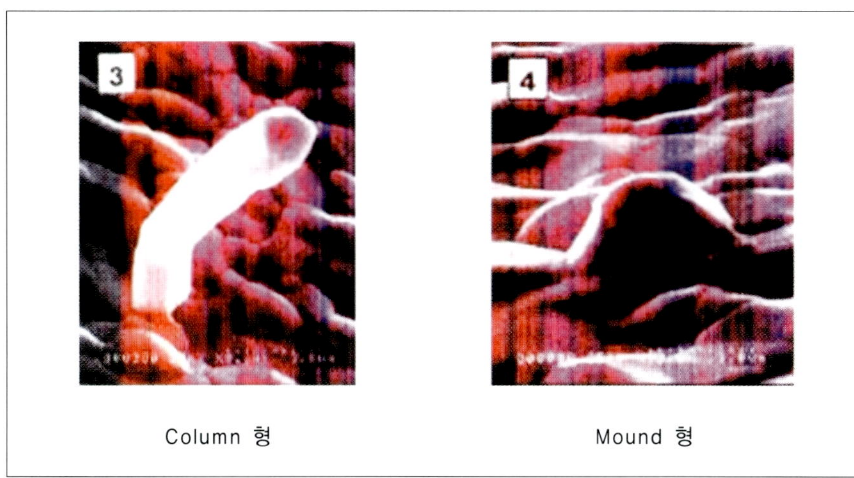


Column 형　　　Mound 형

### ④ 주석(Sn)의 특징

㉮ 우수한 납땜 성 제공

㉯ 가장 부식성이 적은 흔한 금속 중 하나의 물질

㉰ 보통의 대기조건에서 장시간 노출되어도 우수한 부식보호

㉱ 금속표면의 외형을 향상

㉲ 인체에 무해

㉳ 여타의 금속과 합금 용이

㉴ 염화철을 제외하고는 PCB에 사용되는 대부분의 부식 액 공격에 저항성

### ⑤ 주석(Sn)의 장점

㉮ 납땜성

㉯ 내 약품성

㉰ 내 부식성

㉱ 흔한 금속

㉲ 인체에 무해

㉳ 합금 용이

㉴ 외관 품질

㉵ 우수한 부식 보호

### ⑥ 무전해 주석 도금의 특징

#### ㉮ 특징

㉠ MULTIPLE SOLDERING 가능(4CYCLES)

㉡ SOLDERING전 재 도금 가능

㉢ LEVELING/WETTABILITY 우수

㉣ WHISKER 성장

㉯ **액 구성**

㉠ 주석 염 : 주석 메탈의 공급원

㉡ 산 (유기산) : 동(Cu)을 녹여내는 역할

㉢ 착화제 : 동과의 전위 역전 및 동과의 착화 물 형성

㉣ 산화 방지제 : 주석(Ⅱ)에서 주석(Ⅳ)로 산화 방지

㉤ 계면 활성제 : 도금조직 및 외관을 결정

㉰ **IMMERSION TIN 화학 반응**

㉠ 석출반응

$$2\,Cu^{0} + Sn^{2+} \dashrightarrow 2\,Cu^{+} + Sn^{0}$$

Nernst 식

$$E = E_0 + \frac{RT}{nF} \ln a_{Cu^+}$$

( Cu+ 농도 낮으면, E 값 최소화 ! )

㉡ 착화물형성

$$2\,Cu^{+} + 8\,TU \rightleftharpoons 2\,Cu(TU)_4^{+}$$

$$K(25℃) = 10^{-16}$$

㉢ 전체반응식

$$2\,Cu^{0} + Sn^{2+} + 8\,TU \dashrightarrow 2\,Cu(TU)_4^{+} + Sn^{0}$$

❖ 표 EMF SERIES(Electro Motive Force)

| | Electrode Reaction | Standard Electrode Potential ( V ) |
|---|---|---|
| ↑ | $Au^{3+} + 3e \rightarrow Au$ | + 1.420 |
| | $O_2 + 4H^+ + 4e \rightarrow 2H_2O$ | + 1.229 |
| | $Pt^{2+} + 2e \rightarrow Pt$ | + 1.2 |
| | $Ag^+ + e \rightarrow Ag$ | + 0.800 |
| | $Fe^{3+} + e \rightarrow Fe$ | + 0.771 |
| Increasing Inert ( Cathodic ) | $Cu^+ + e \rightarrow Cu$ | + 0.521 |
| | $O_2 + 2H_2O + 4e \rightarrow 4(OH)$ | + 0.401 |
| | $Cu^{2+} + 2e \rightarrow Cu$ | + 0.340 |
| | $2H^+ + 2e \rightarrow H_2$ | + 0.000 |
| | $Pb^{2+} + 2e \rightarrow Pb$ | - 0.126 |
| | $Sn^{2+} + 2e \rightarrow Sn$ | - 0.136 |
| | $Ni^{2+} + 2e \rightarrow Ni$ | - 0.250 |
| | $Co^{2+} + 2e \rightarrow Co$ | - 0.277 |
| Increasing Active ( Anodic ) | $Fe^{2+} + 2e \rightarrow Fe$ | - 0.440 |
| | $Cr^{3+} + 3e \rightarrow Cr$ | - 0.744 |
| | $Zn^{2+} + 2e \rightarrow Zn$ | - 0.763 |
| | $CuL_3^+ + e \rightarrow Cu$ | - 0.900 |
| | $Al^{3+} + 3e \rightarrow Al$ | - 1.662 |
| | $Mg^{2+} + 2e \rightarrow Mg$ | - 2.363 |
| | $Na^+ + e \rightarrow Na$ | - 2.714 |
| ↓ | $K^+ + e \rightarrow K$ | - 2.924 |

전위 역전

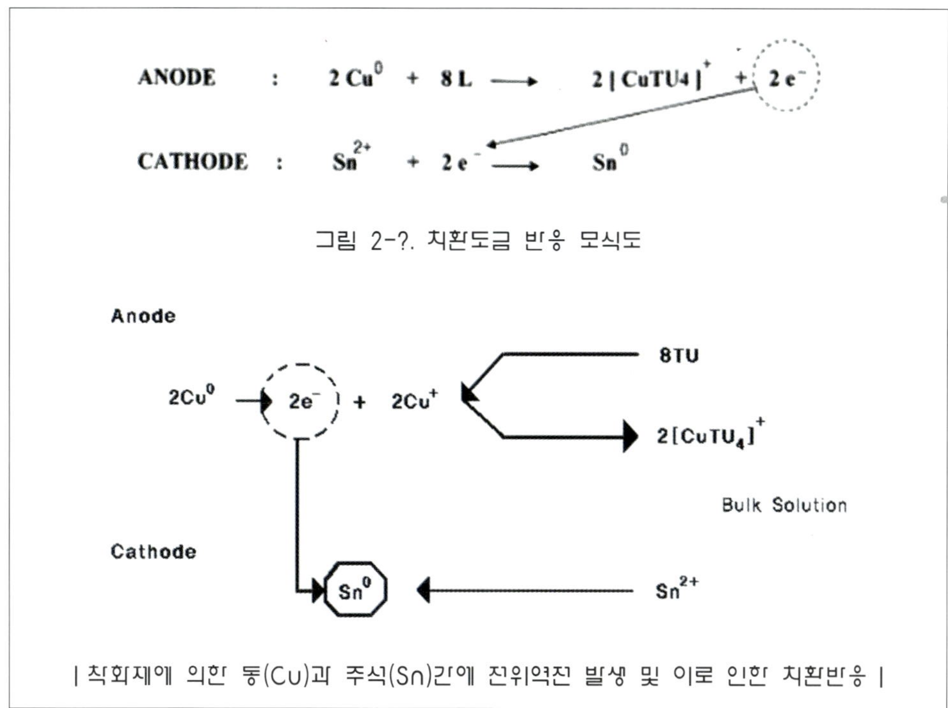


그림 2-?. 치환도금 반응 모식도

| 착화제에 의한 동(Cu)과 주석(Sn)간에 전위역전 발생 및 이로 인한 치환반응 |

⑦ 도금 석출 구조

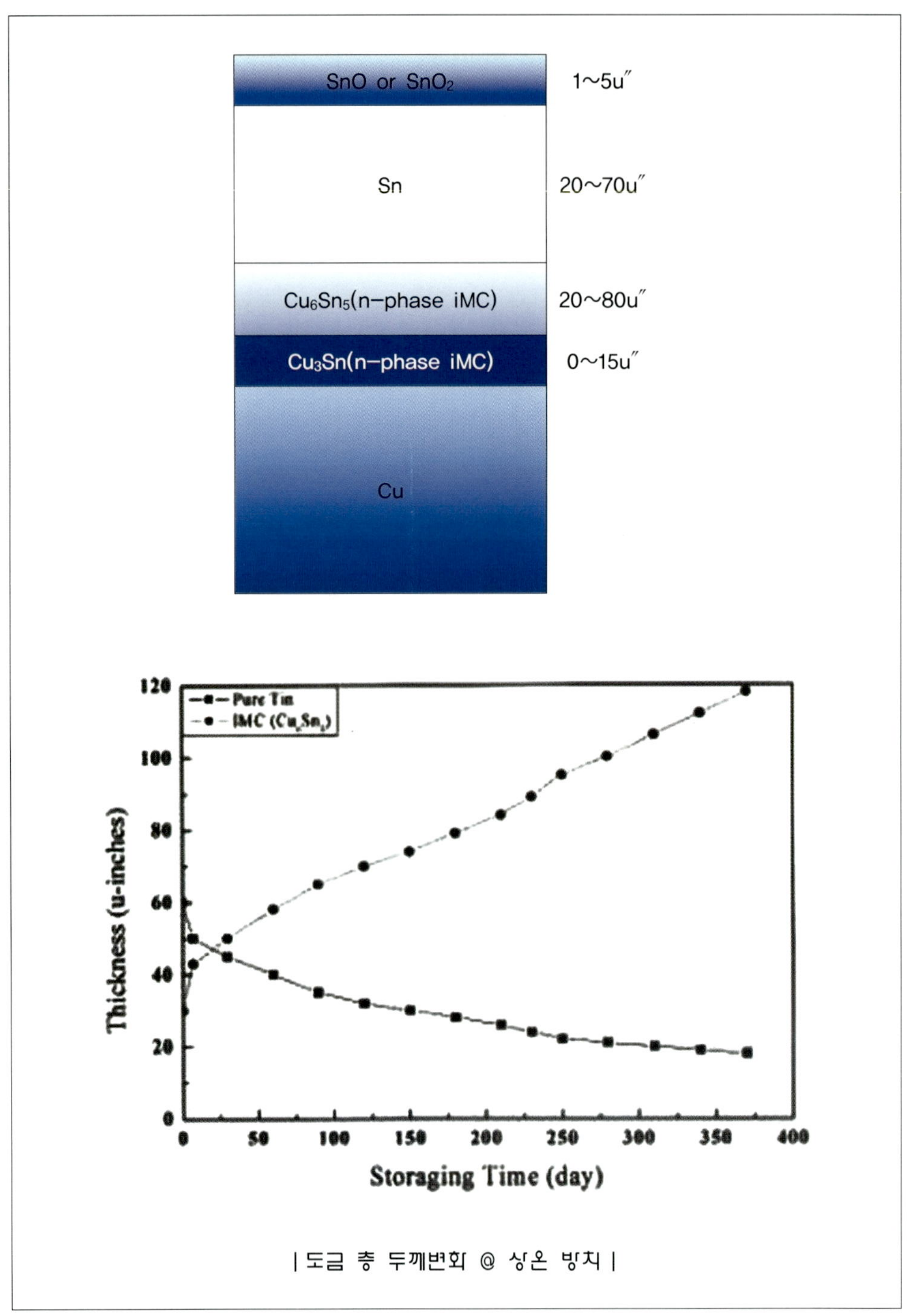


| 도금 층 두께변화 @ 상온 방치 |

㉮ Pure Tin(Sn) 두께 감소 : 2~5u″(0.05~0.125um)/month

㉯ n-phase IMC(CU6Sn5) 두께 증가 : 5~10u″(0.125~0.25um)/month

㉰ 최소 pure Tin(Sn) 두께 요구 조건 : min 5u″(0.125um)

㉱ SOLDERING 후 pure Tin 두께 감소 : 8~15u″ (0.200~0.375um)/soldering step

### ⑧ WHITE TIN vs. GRAY TIN

| WHITE TIN | GRAY TIN |
|---|---|
| • SHINY & WHITE COLOR<br>• 입자가 크고 치밀한 조직<br>• 젖음성 양호<br>• 납땜성 양호<br>• n-phase IMC($Cu_6Sn_5$)<br>• 얇은 산화층(SnO) | • DULL & GRAY COLOR<br>• 입자가 작고 다공성 조직<br>• 젖음성 불량<br>• 납땜성 불량<br>• ε-phase IMC($Cu_3Sn$)<br>• 두꺼운 산화층($SnO_2$) |

| | WHITE TIN | GRAY TIN |
|---|---|---|
| 색상/조직 | | |
| 구조 | SnO / Sn / $Cu_6Sn_5$ / Cu | $SnO_2$ / Sn / $Cu_3Sn$ / Cu |

## ⑨ 도금시간 vs. 두께변화

도금액 : High-TIN ELSN-200, 측정장비 : SERA

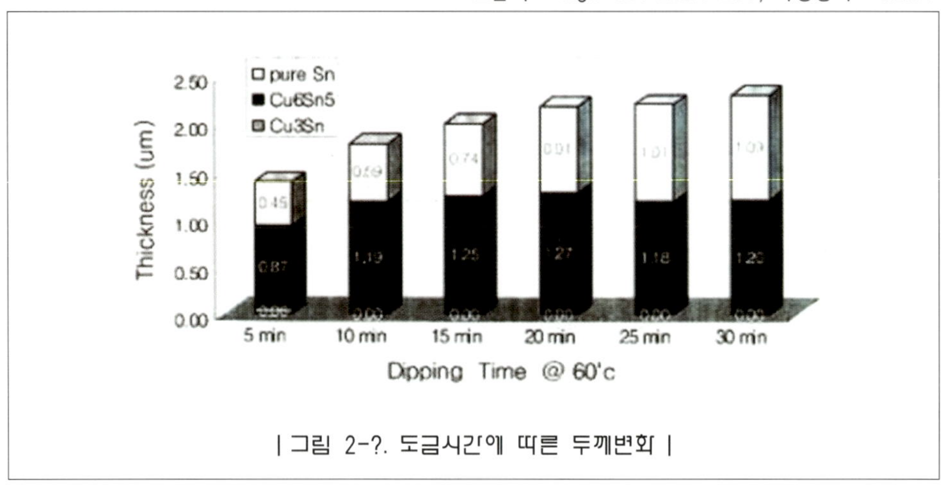


| 그림 2-?. 도금시간에 따른 두께변화 |

㉮ pure Sn 두께는 도금시간에 비례하여 증가

㉯ n-phase IMC($Cu_6Sn_5$)는 1.20±0.05um에서 더 이상 증가 없음.

㉰ ε-phase IMC($Cu_3Sn$)는 미 검출

## ⑩ 도금 밝기 vs. 특성치 비교

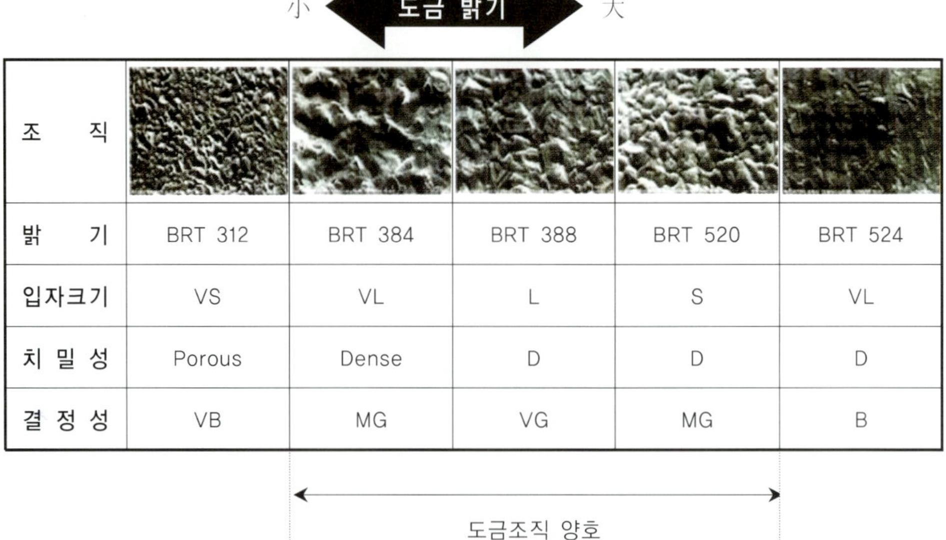


| 조　　직 | | | | | |
|---|---|---|---|---|---|
| 밝　　기 | BRT 312 | BRT 384 | BRT 388 | BRT 520 | BRT 524 |
| 입자크기 | VS | VL | L | S | VL |
| 치 밀 성 | Porous | Dense | D | D | D |
| 결 정 성 | VB | MG | VG | MG | B |

### ⑪ 무전해 주석도금장비 비교

| | 수평식(HORIZENTAL) | 수직식(VERTICAL) |
|---|---|---|
| 장점 | • 빠른 도금속도<br>• 높은 생산성<br>• 작업의 용이성(판넬 크기에 무관)<br>• 안정적인 도금 품질<br>• Micro via 작업성 | • 도금용액의 안정성(주석 산화)<br>• 도금초기 얼룩 미 발생<br>• Small Space |
| 단점 | • 도금용액의 안정성 저하<br>• 도금초기 얼룩 발생 가능성<br>• Big Space | • 느린 도금속도(장시간 침적)<br>• 용액소모 과다<br>• PSR Attack 및 기타 육안불량<br>(GRAY & Spotty TIN)<br>• 작업성 저하<br>(PANEL 크기에 맞게 JIG 제작) |

### ⑫ 공정 소개

| | |
|---|---|
| ACID CLEAN<br>(산 탈지) | • 금속표면에 부착되어 있는 이물질 제거<br>• 유지성분의 오염 또는 PCB 前 단계에서 미 세척된 오염 |
| MICRO ETCH | • 소재표면에 잔존하는 알칼리를 중화<br>• 소재표면의 산화 막 제거 및 표면 활성화<br>• 도금의 밀착성을 향상 목적 |
| PRE-DIP | • 소재표면 활성화 및 도금 결정성장 향상<br>• 도금액 오염 방지 |
| E-TIN | 무전해 주석도금 |
| POST-CLEANING | 도금액의 중화처리 또는 도금피막의 변색방지 |

A/C → CTR → M/E → CTR → PREDIP → High-Tin → HTR → HDR

| | Station 1 | Station 2 | Station 3 | Station 4 |
|---|---|---|---|---|
| | Acid Clean | Micro-Etch | Pre-Dip | E-TIN |
| Chemistry | ACS-100 | ME-120 | High-TIN ELSN-200PREDIP | High-TIN ELSN-200 |
| Make-Up Concentration | 10% | 12% | 100% | 100% |
| Dwell Time | 2min | 1min | 1min | 5~15min |
| Temperature | 45℃ | 30℃ | Ambient | 65℃ |

### ⑬ 수평식 무전해 주석 도금장비

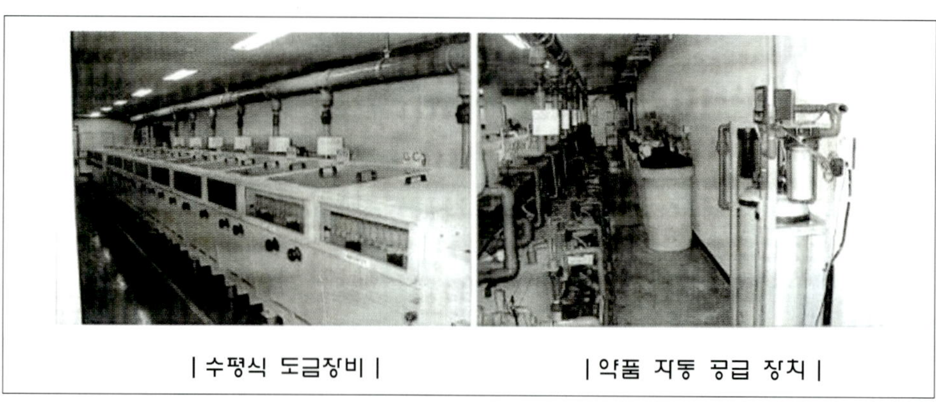

| 수평식 도금장비 |　| 약품 자동 공급 장치 |

### ⑭ 공정 별 표면조직 사진

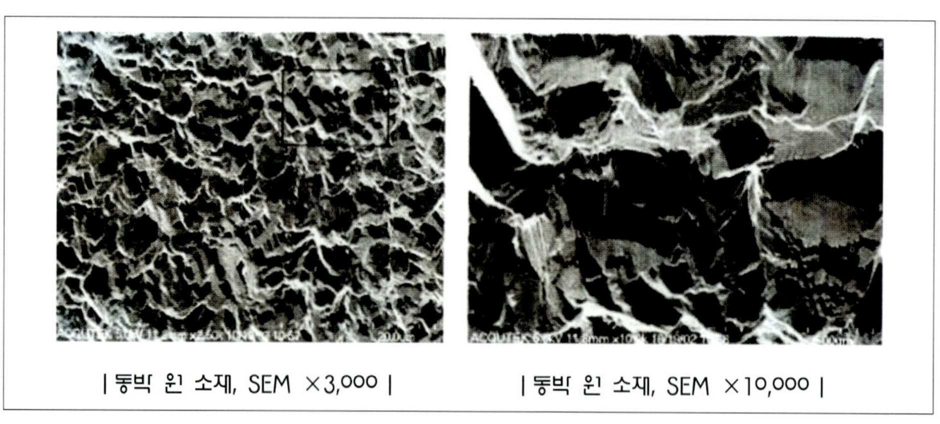

| 동박 원 소재, SEM ×3,000 |　| 동박 원 소재, SEM ×10,000 |

| M/E 후 소재, SEM ×1,000 |

| E-TIN 후 도금조직, SEM ×1,000 |

⑮ 동(Cu) 농도의 영향

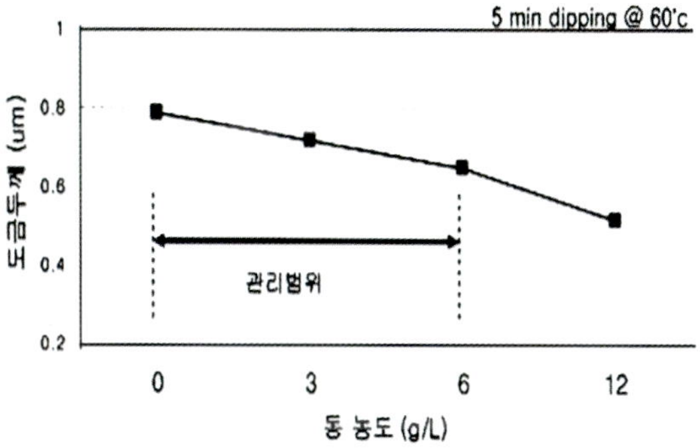

| 동 농도 vs. 도금두께 |

| 도금 두께 vs. 온도, 시간 |

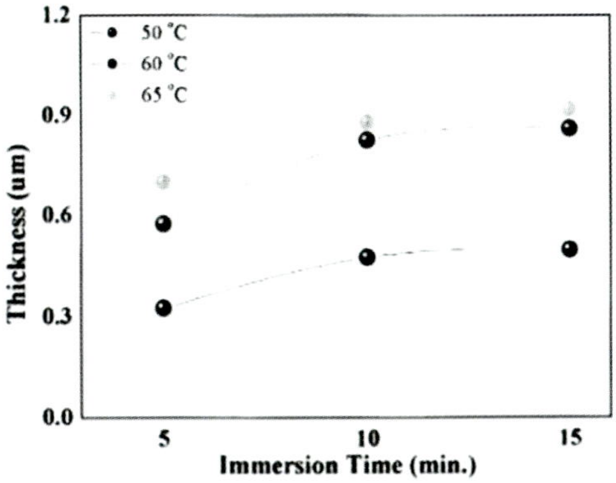

⑯ M/E 처리시간 vs. 동 소재 표면

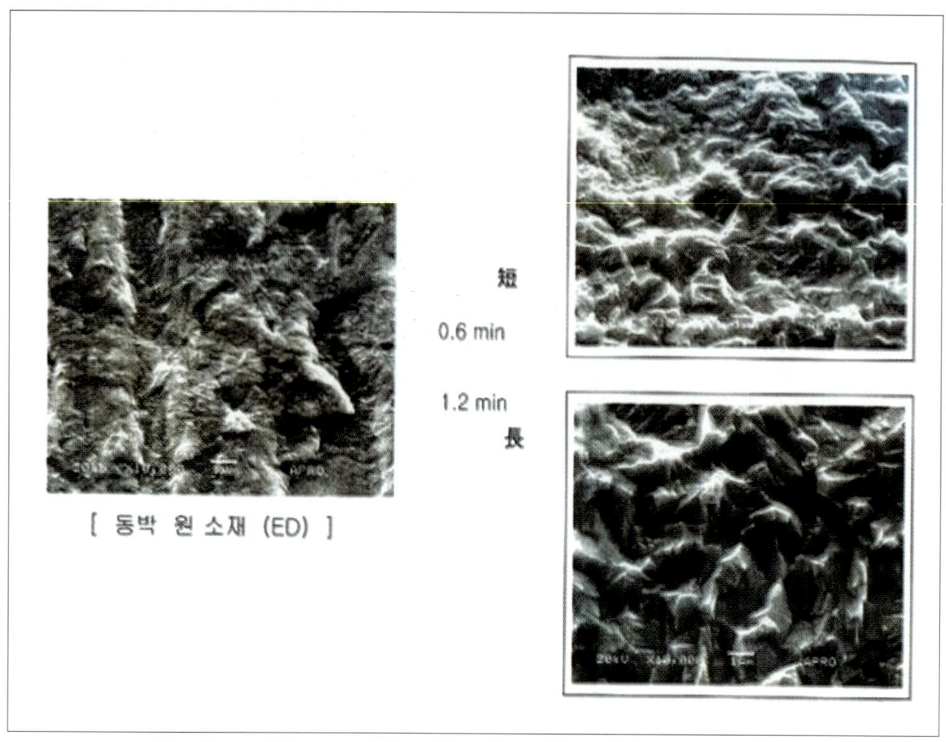


⑰ M/E 처리 시간 vs. 도금 두께/밝기

압연 표준 동박 기준

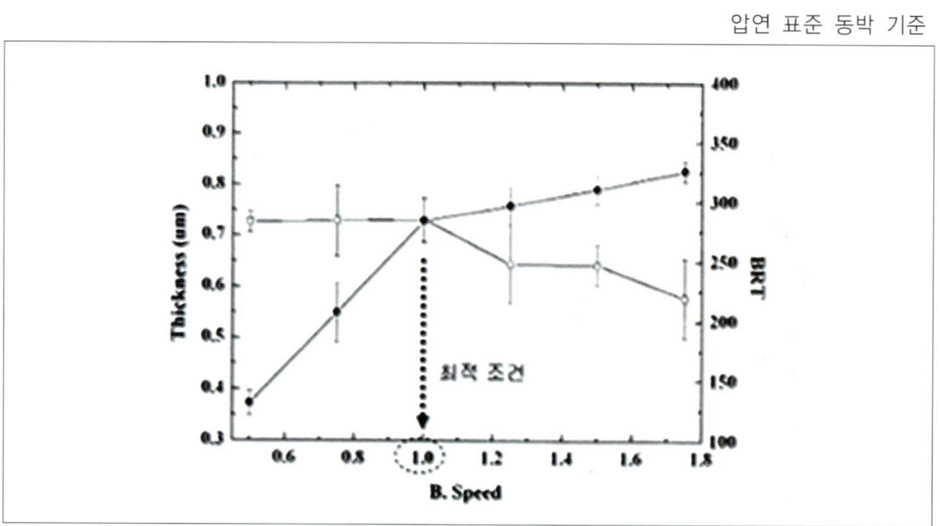

## ⑱ THICKNESS DISTRIBUTION

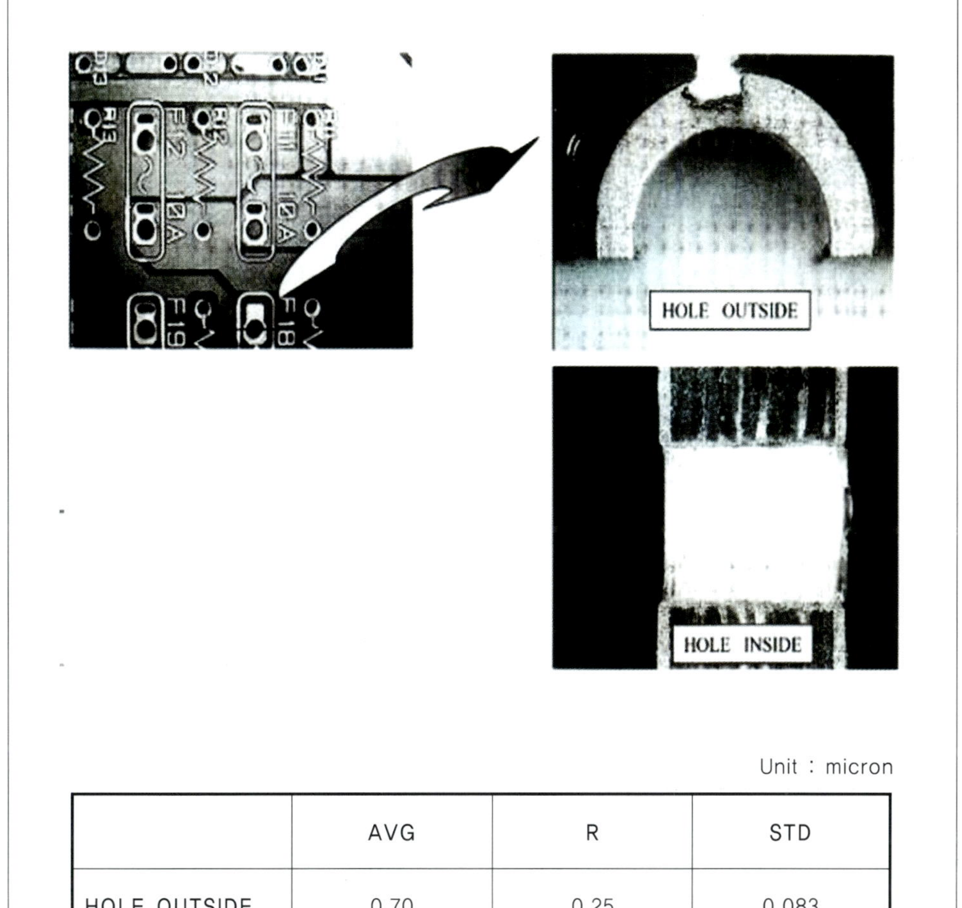


Unit : micron

| | AVG | R | STD |
|---|---|---|---|
| HOLE OUTSIDE | 0.70 | 0.25 | 0.083 |
| HOLE INSIDE | 0.86 | 0.21 | 0.089 |

## ⑲ PSR ATTACK

[PSR ATTACK]

- 도금 시간에 비례
- 도금액 산도에 비례

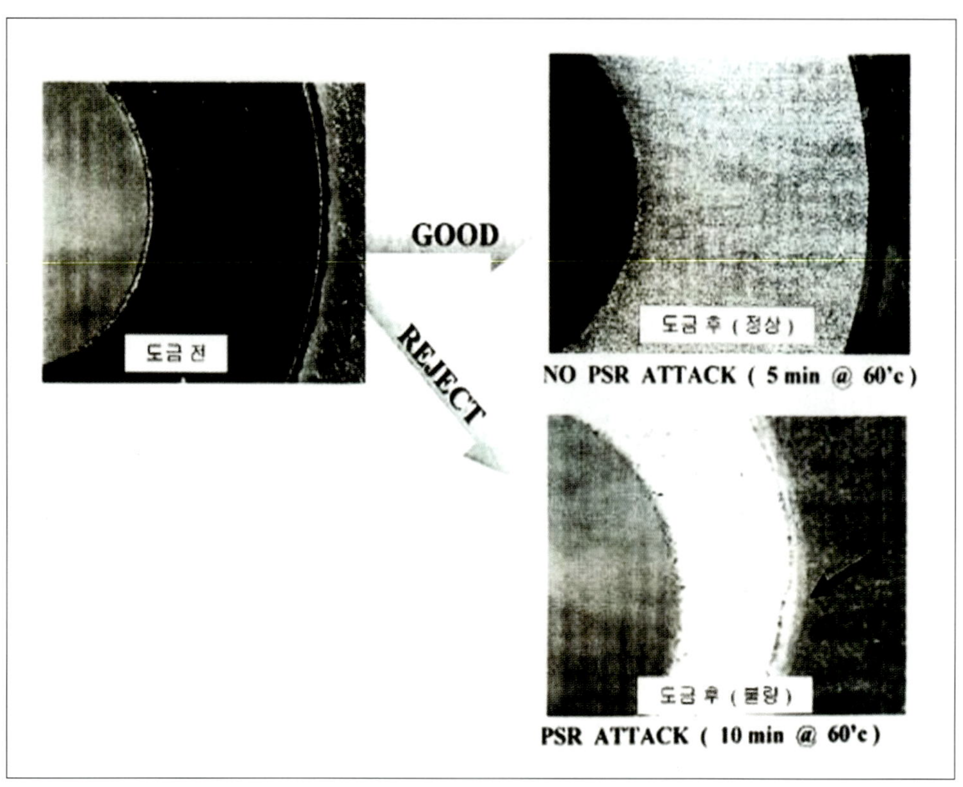


⑳ 도금 표면조직의 다양성

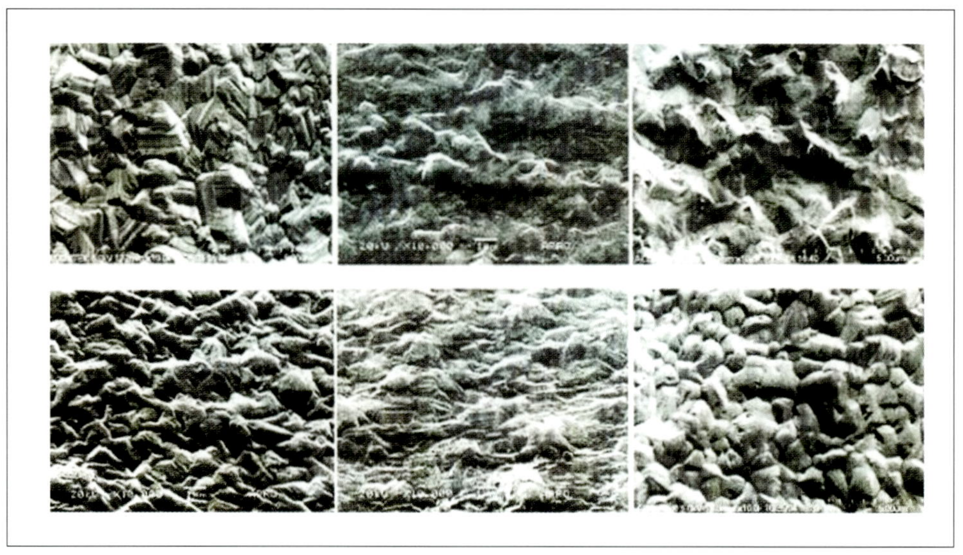

㉑ PSR ATTACK 발생 모식도

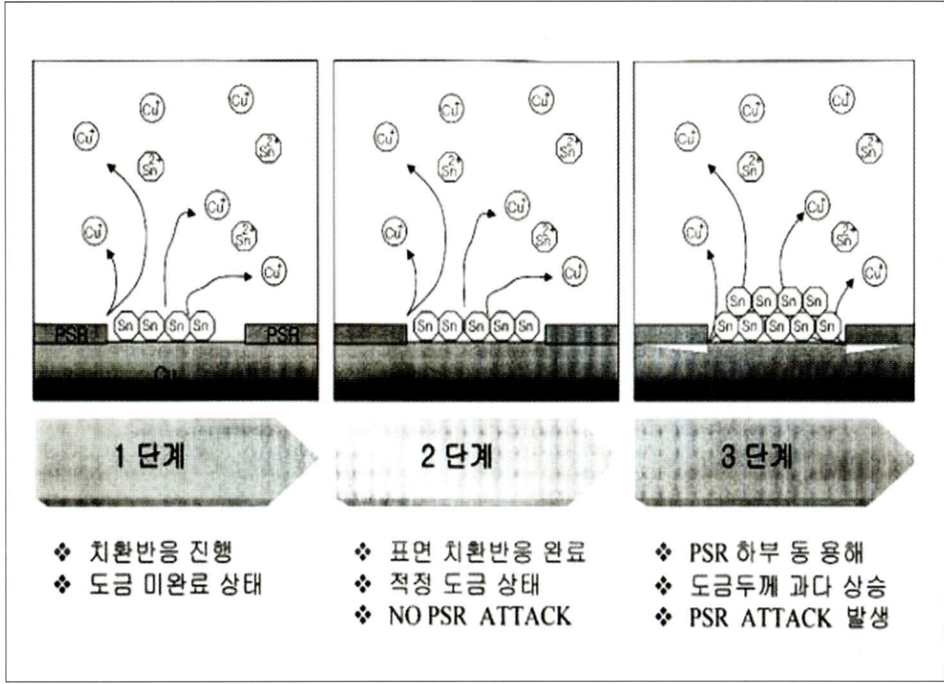


㉒ 도금 조직 기여 인자

㉮ 도금액의 약품 종류 및 조성

㉯ 동 박 소재의 종류(전해, 압연)

㉰ 전처리 조건 및 상태(정면, M/E, P/D)

㉱ 도금액의 관리방법(용액보충, 교체주기 등등)

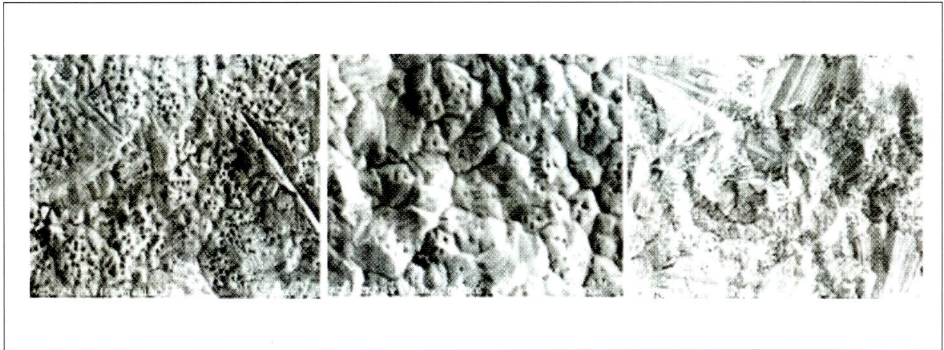

## ㉓ 도금액 노화 현상

### ㉮ 도금 조직 POROUS화

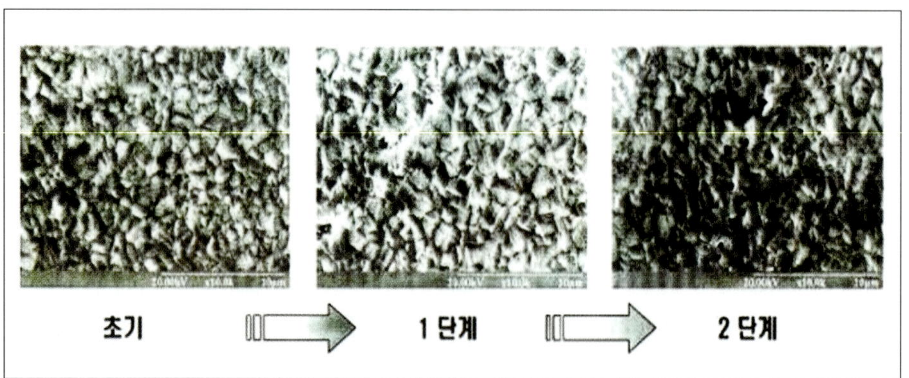


### ㉯ 도금 조직 치밀성 저하

## ㉔ 도금 변색 및 SOLDERABILITY

| 정상 표면 조직 | 비정상 표면 조직[Porous] |
|---|---|
| Steam Aging 後 미약한 표면변색 | |
| 변색 정도는 Aging Time 에 비례 | Steam Aging 後 심한 표면변색 |
| FUT(Solderability) 문제 없음 | FUT(Solderability) 문제 야기 |

[SOLDERABILITY 비교]

- Solder : Sn37Pb
- Flux : α-100
- Temp : 245℃
- Dipping : 5sec

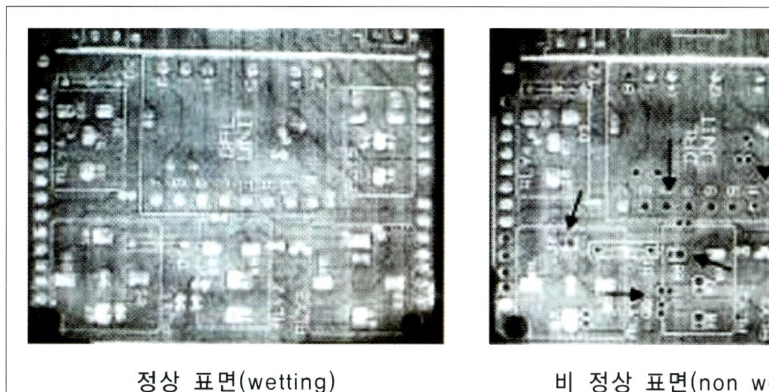

정상 표면(wetting) 비 정상 표면(non wetting)

㉕ 도금 조직 결정성 저하

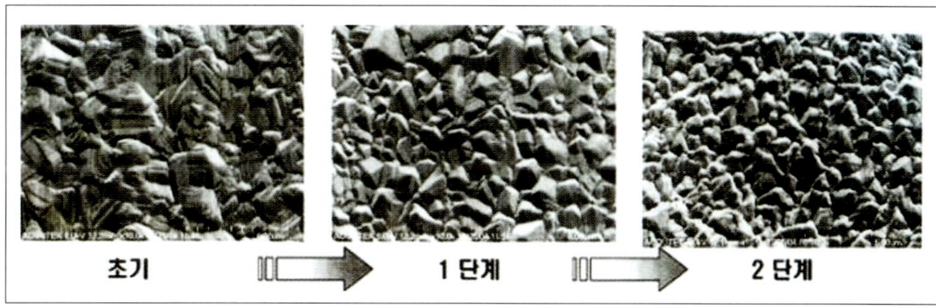


[주석의 산화 과정]

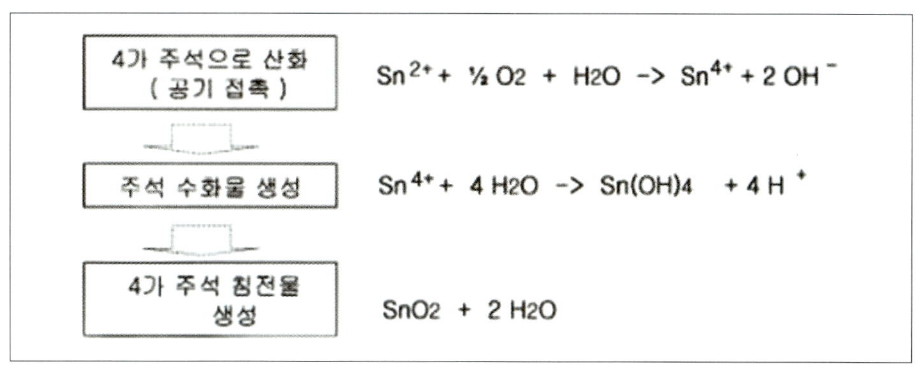

## ㉖ Steam Aging Condition vs. SOLDERABILITY

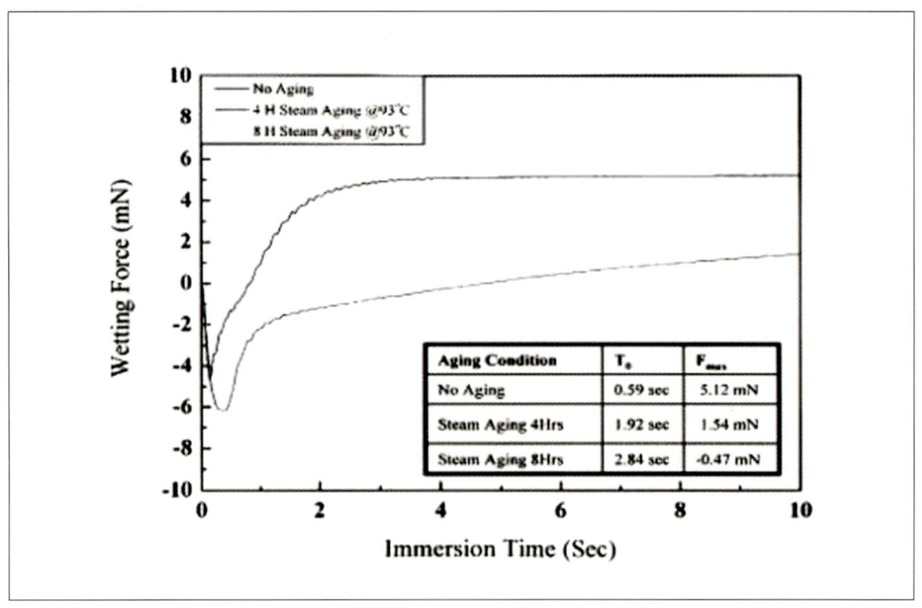


| Aging Condition | $T_0$ | $F_{max}$ |
|---|---|---|
| No Aging | 0.59 sec | 5.12 mN |
| Steam Aging 4Hrs | 1.92 sec | 1.54 mN |
| Steam Aging 8Hrs | 2.84 sec | -0.47 mN |

## ㉗ SOLDERABILITY

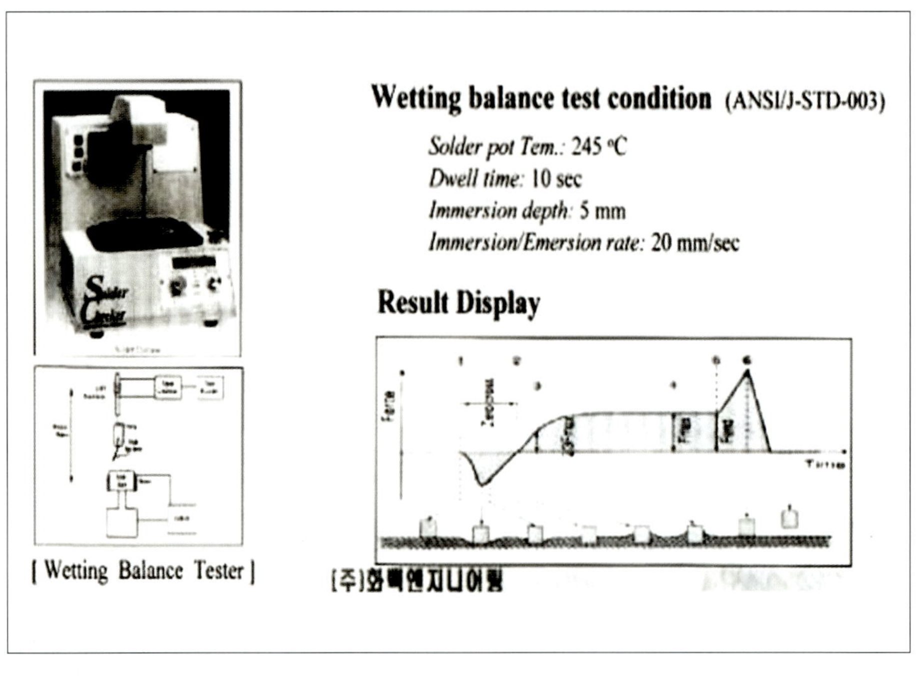

- 기여 인자
- IMC 성장으로 인한 pure Sn 두께 감소
- 유기물 과량 공석
- 표면 산화

---

**참고**

☞ 최소 납땜 가능 순수 주석 도금두께 : 5 ㎛-inches(0.13㎛)
☞ 1회 Soldering Step 時 Sn 두께 감소 : 8~15inches(0.2~0.38㎛)

---

## ㉘ Baking Condition vs. SOLDERABILITY

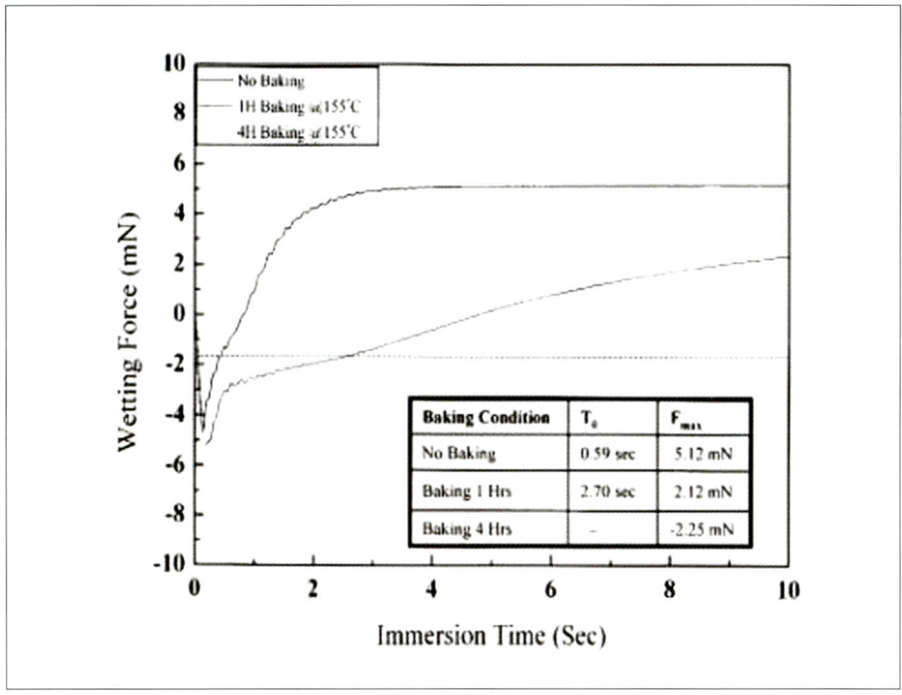


## ㉙ 습도에 의한 SOLDERABILITY 영향

| 영향 | 습도에 민감 |
|---|---|
| 불량 형태 | SOLDER 젖음성 불량 |

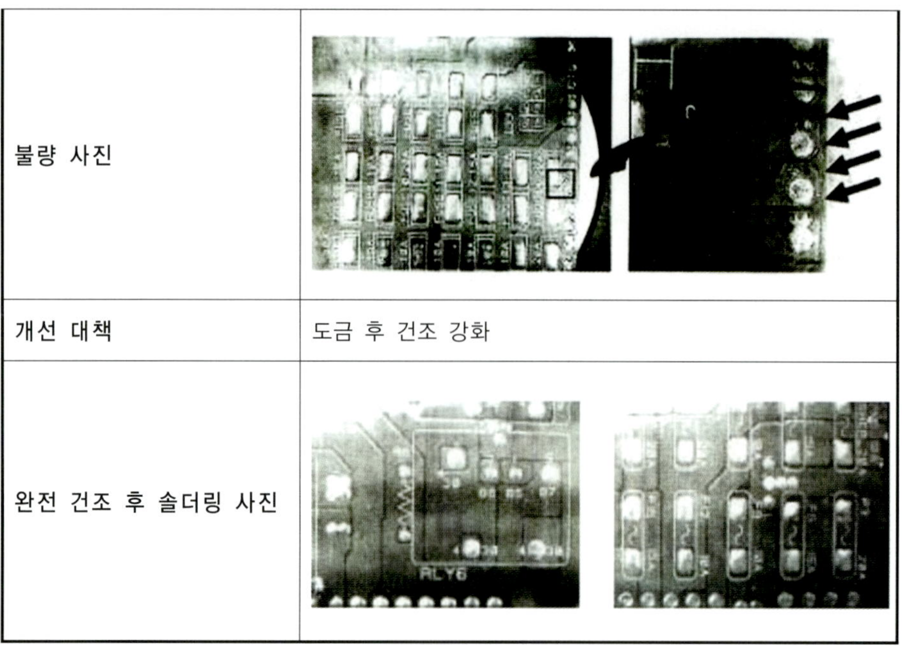

| 불량 사진 | |
|---|---|
| 개선 대책 | 도금 후 건조 강화 |
| 완전 건조 후 솔더링 사진 | |

### ㉚ 핵심 관리 인자

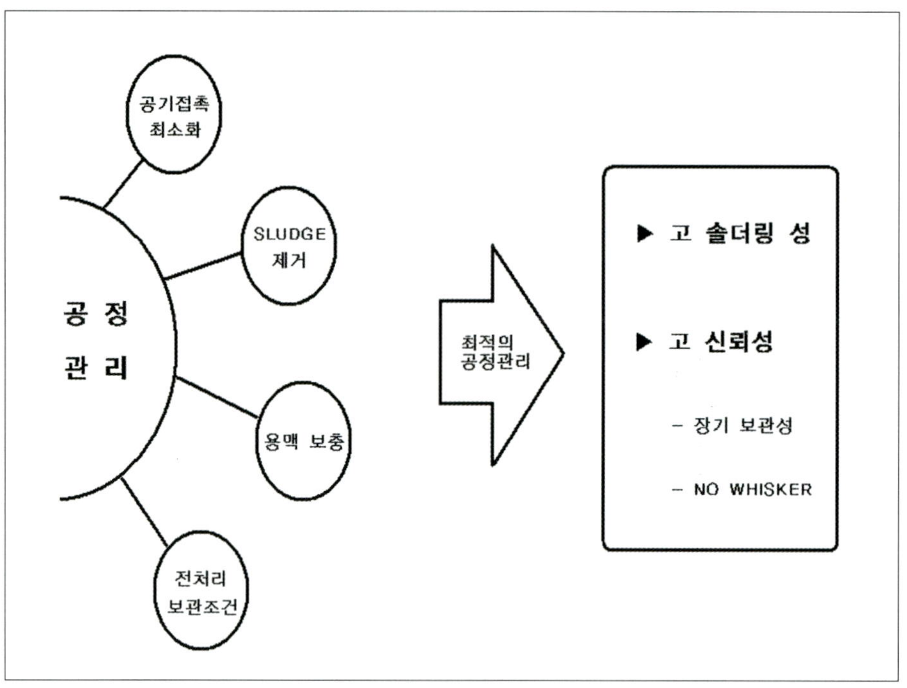

## ㉛ High-TIN ELSN-200의 특징

[HIGH-TIN ELSN-200(무전해 주석 도금액)]

㉮ 치환 및 환원반응에 의한 도금속도 향상

㉯ 치밀한 도금조직 및 WHISKER 최소화

㉰ IMC 성장 억제 및 장기 솔더링성 우수

㉱ SOLDER MASK ATTACK 최소화

㉲ 약품 보충에 의한 장기간 액 사용

㉳ 수평/수직 도금 장비에 모두 적용

## ㉜ RELIABILITY TEST

| TEST | CONDITION | RESULT |
|---|---|---|
| 열충격 시험 | 85±5℃(10분)~-55±5℃(10분), 1,000Cycles | NO WHISKER |
| 항온항습 시험 | 60℃, 93% RH, 1,000 시간 | NO WHISKER |
| 상온방치 시험 | 30℃, 60% RH, 1,000 HRS | NO WHISKER |
| 염수분무 시험 | 35℃, 5% NaCl, 48 HRS | ACCEPTABLE |

| 시험명 | 열 충격 | 항온항습 |
|---|---|---|
| 시험조건 | 85±5℃(10분)~-55±5℃(10분), 1,000 Cycles | 60℃, 93% RH, 1,000 시간 |
| 시험결과 | NO WHISKER | NO WHISKER |

## (5) 무전해 은도금(IMMERSION Ag PLATING)

### ① 반응 메카니즘

$$Ag^{+}(aq) + 1/2Cu(s) \rightarrow Ag(s) + 1/2Cu^{2+}(aq)$$

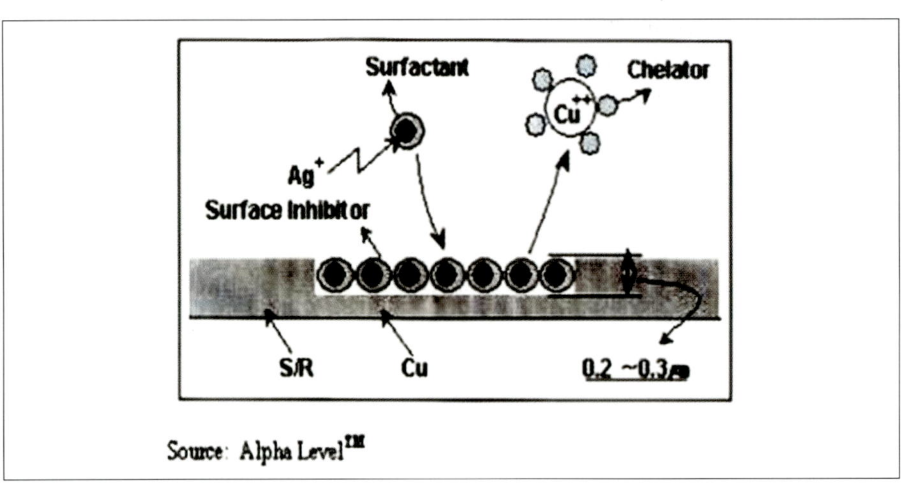


㉮ 특징

ㄱ 산성 욕으로 인한 액 안정성 저하

ㄴ NARROW PROCESS WINDOW

ㄷ Cu/Ag 금소간 화합물 미 성장

ㄹ 장기 보관성 우수(12개월)

ㅁ 도금 변색에 취약(S, CI 환경)

ㅂ Potentially Silver Migration

ㅅ 도금두께 0.2um

㉯ PROCESS FLOW

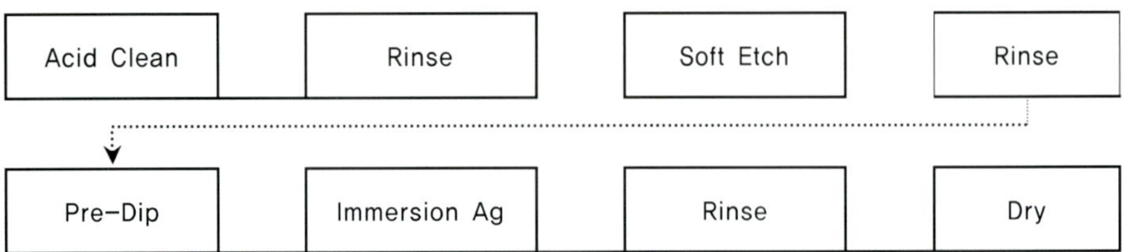

② LOW COST

AU(무전해 금) 전해 금도금, 대비 저렴한 원가를 구성한다.

③ FREE RoHS

환경 유해 물질과 무관하며 무독성, 무공해성 물질(STERLING SILVER) 이다.

④ LONG SHELF LIFE

㉮ 기존의 은도금이나 IMMERSION TIN (주석) 도금 제품에 비해 취급이 용이하며 스크러치나 외부 충격에 강하다.

㉯ 일반 보관(온도 20~30℃, 습도 40~70%) 시 6개월 진공 포장 보관 시 6개월 이상 보관 가능하다.

⑤ FLAT SURFACE FOR ASSEMBLY

㉮ 표면 실장 시 평탄하고 균일한 표면 제공으로 FINE PATTERN 작업이 가능하다.

㉯ 미세 피치 S.M.D 솔더링 수율 향상, 와이어 본딩 사양 적용이 가능하다 (0.2μ~1μ까지 도금 두께 조절이 가능).

⑥ SIMPLE OPERATION PROCESS

ENIG나 IMMERSION TIN(주석) 도금에 비해 단순한 작업 공정(CU+AG)으로 낮은 공정 불량률을 가지며 WHISKER 불량 발생이 없다.

⑦ LOW S.C.R(SURFACE CONTACT RESISTANCE)

현존하는 금속 중 가장 높은 전기 전도성(은 : 100%/금 : 67%)으로 낮은 표면 접촉 저항을 가져 高효율을 요구하는 마이크로 기계장치에 적합하다.

⑧ Why Immersion Silver?

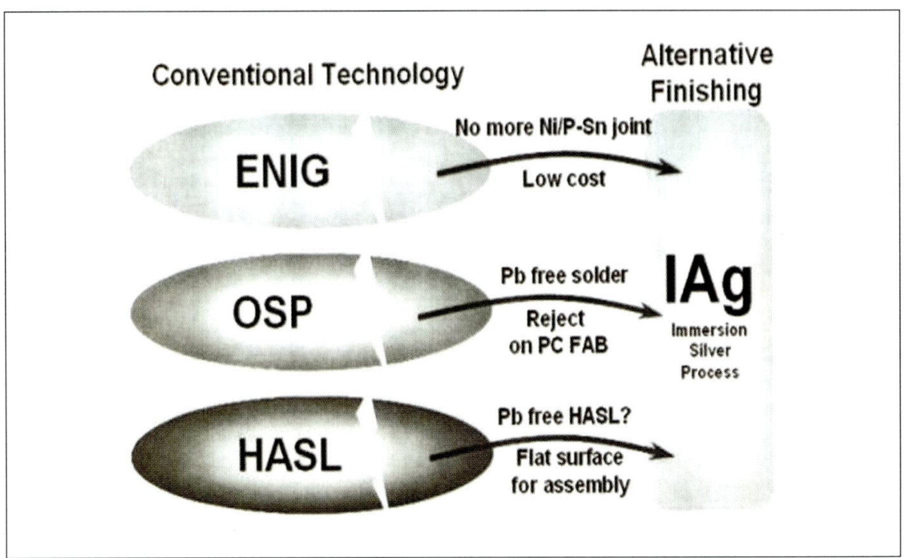


⑨ PROCESS

㉮ CHEMICAL RINSE

SRC-930(C. UYEMURA CO., LTD)

㉯ D.I RINSE

D.I WATER

㉰ MICRO ETCHING

TCP-50M(C. UYEMURA CO., LTD)

㉱ D.I RINSE

D.I WATER

㉲ PRE-DIP

RGA-14(C. UYEMURA CO., LTD)

㉳ IM-SILVER

RGA-14(C. UYEMURA CO., LTD)

RGA-SA(C. UYEMURA CO., LTD)

㉳ **D.I RINSE**

D.I WATER

㉴ **U.S RINSE**

D.I WATER

㉵ **ANTI-TARNISHI**

MGA-29(C. UYEMURA CO., LTD)

㉶ **D.I RINSE**

D.I WATER

㉷ **HEATING DRYING**

㉸ **COLD DRYING**

### ⑩ AGING CONDITION

**[SILVER PLATING THICKNESS 0.2 MICRON]**

㉮ BAKING : 155℃×4HOUR

㉯ REFLOW : 3TIMES

㉰ STEAM : 8HOUR

㉱ HUMIDITY : 85℃×85%×24HOUR

### ⑪ CHEMICAL SILVER PLATING TREATMENT

### ⑫ CAPACITY

DAILY : 30㎡ PER HOUR

### ⑬ EQUIPMENT

㉮ **SILVER PLATING HORIZONTAL MACHINE**

1SET(T.T.M CO., LTD IN TAIWAN)

㉯ PLATING THICKNESS MEASUREMENT USING X-RAY FLUORESCENSE 1SET(FISCHER IN GERMANY)

## ⑭ Wetting Balance Test

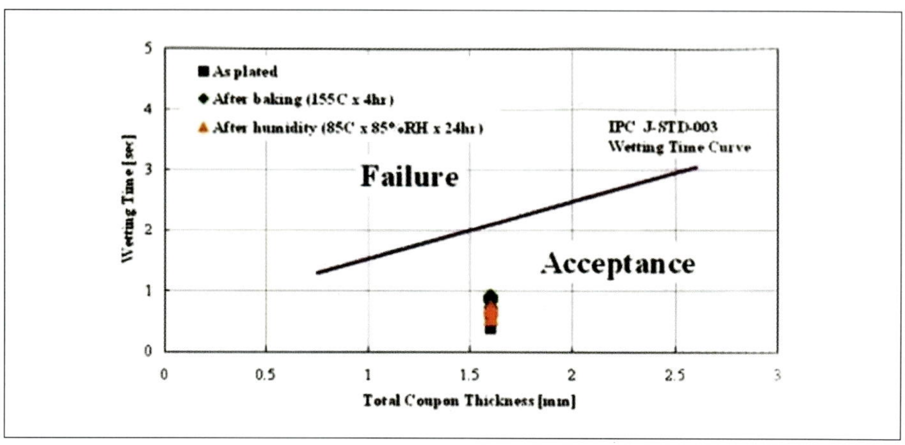


**Note** We measured WT by Tarutin Kester apparatus according to IPC J-STD-003. But we could not increase the an dipping rate over 8mm/sec. If 20 to 25mm /sec according to IPC, WT will be shorter as an arrow showing in a graph.

## ⑮ Edge dip test(J-STD-003 Test A/ipc-003-3b)

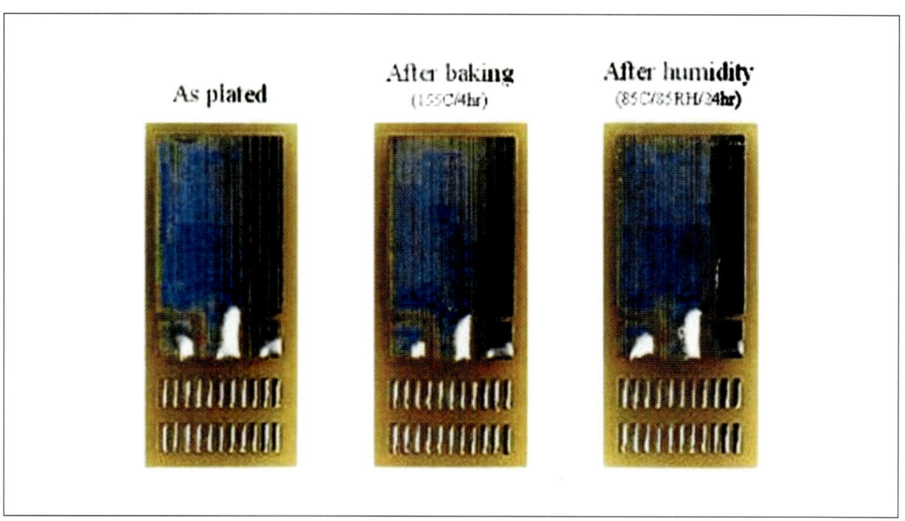


**Note** All samples are evaluated without antitarnish MGA-29

## ⑯ Solder float test

This test is for plated through-holes. We have evaluated whether solder rose in all plated through-holes or not. The below coupon has soldered successfully(Conditions : Sn037Pb, 250C, 3sec, R-flux).

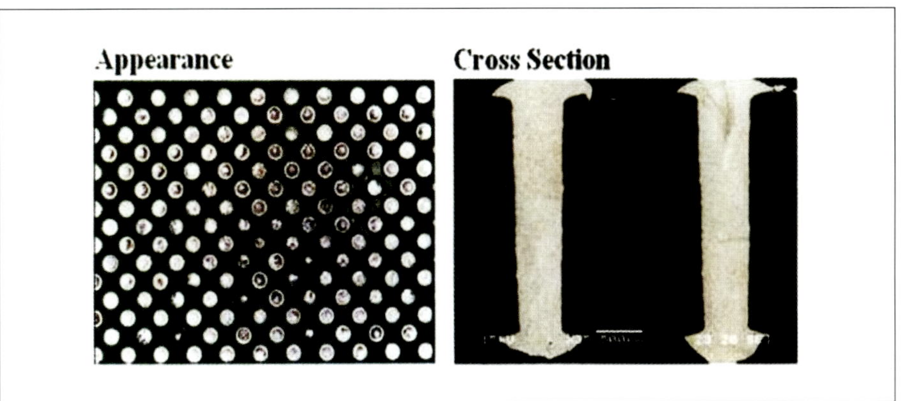


## ⑰ Sir chart/UL-796 section 23 strawman

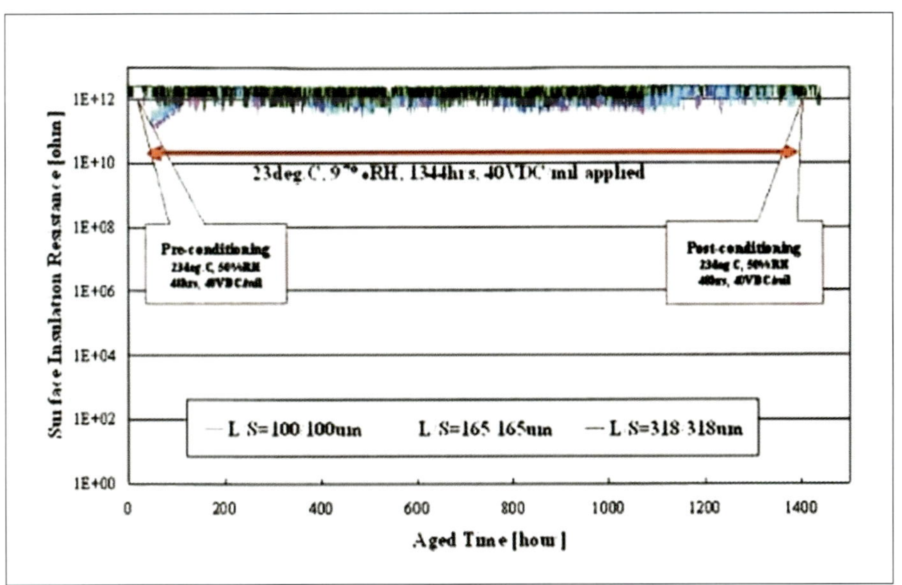


**Camber** 23C/50%RH/48hr then 23C/97%RH/1344hr then 23C/50%RH/48hr

**Equipment** ETAC SIR-12/applied 118VDC(40V/mil)/real time short circuit detection

## ⑱ Solvent Extract Conductivity

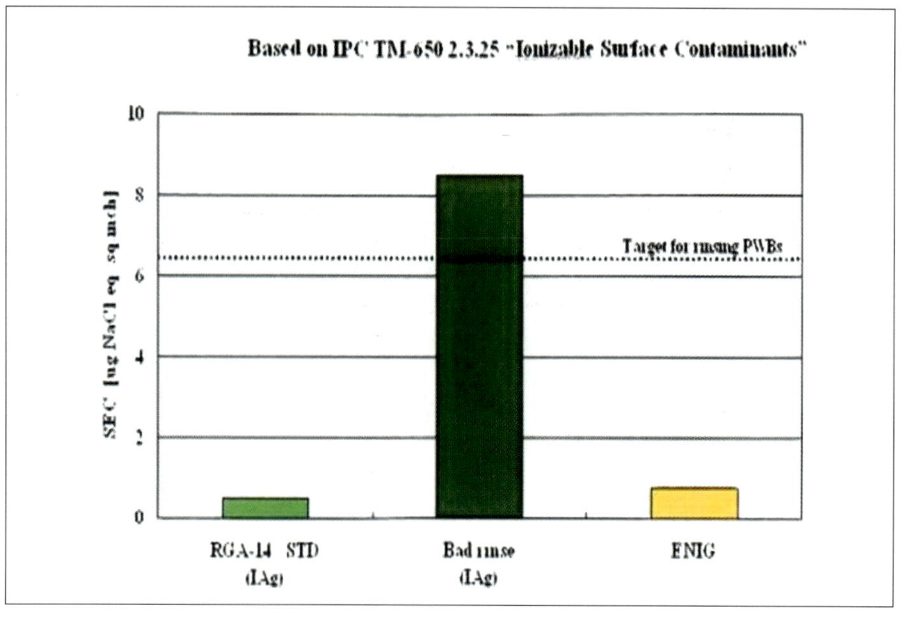


## ⑲ Void Issue at Solder Joints

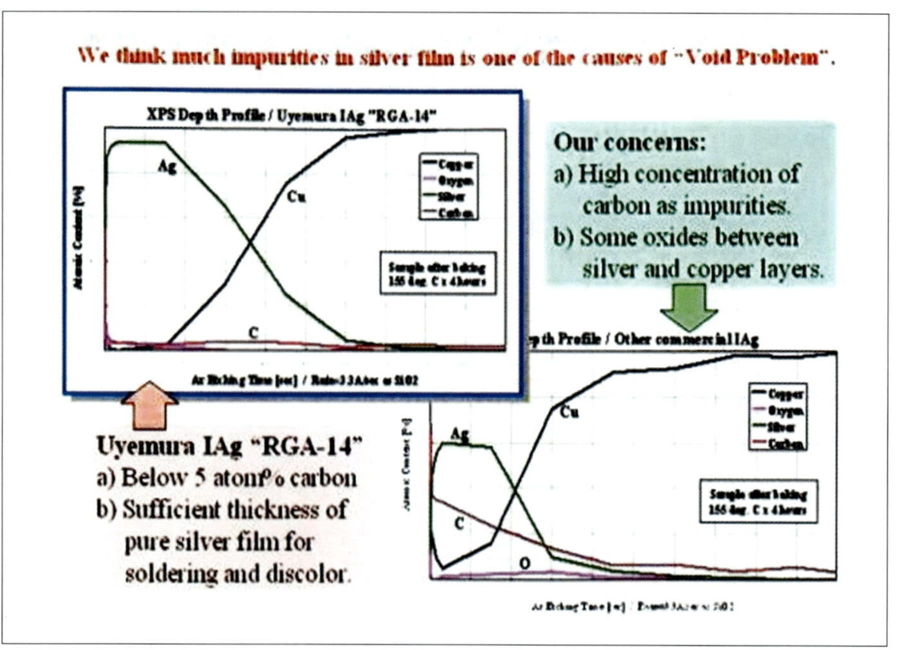

## (6) Electroless Gold Plating

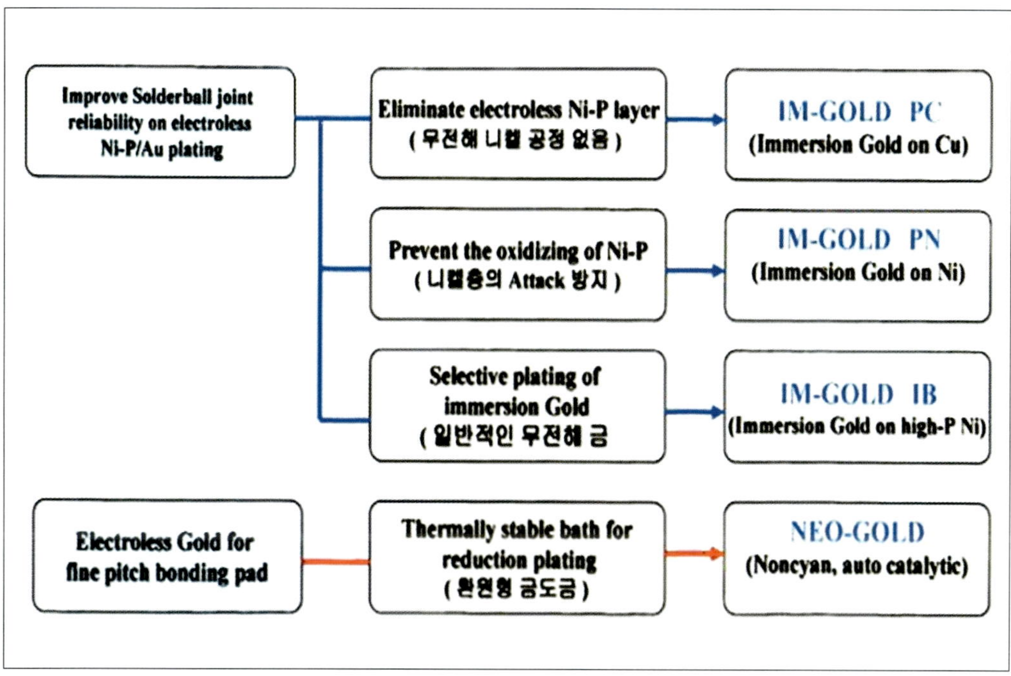

MEMO

# 제 3 장

# SOLDER, FLUX, SOLDER PASTE

## 개요 01

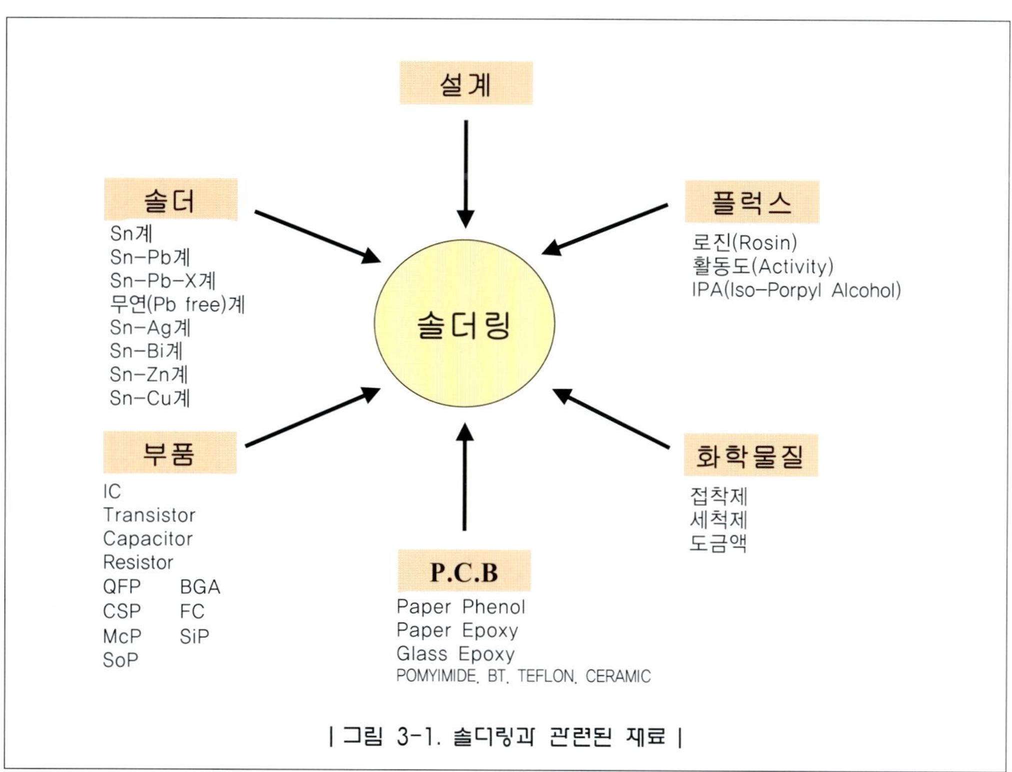


| 그림 3-1. 솔더링과 관련된 재료 |

솔더링과 관련된 재료는 솔더, 플럭스, 기판, 화학재료(접착제, 세척제, 도금액), 전자부품 등이 있는데, 이들 재료의 성분과 형상은 솔더링 과정과 품질에 지대한 영향을 미친다. 그림 3-1은 솔더링과 관련된 재료를 보인 것이다.

## 솔더 02

### (1) 솔더의 특성

본 절에서는 Sn-Pb계 유연(有鉛)솔더에 관해서만 기술하고 무연(無鉛)솔더에 관해서는 제4장에서 언급하기로 한다. 솔더(solder)는 주석(Sn)을 주성분으로 하는 연납(융점 450℃ 이하)이 주종을 이루며 Sn계 이외에 Pb, Au, In을 주 성분으로 하는 솔더도 있으나 그간 (60~63)Sn-(40-37)Pb 성분 범위의 합금인 유연(有鉛)솔더가 주로 사용되어 왔다.

솔더는 일반적으로 융점이 낮고 용융솔더의 표면장력, 점성, 유동성이 적절하여 모재와 잘 젖어야 한다. 또 솔더링 후에는 접합부의 강도나 전기 전도도 등이 사용목적에 부합되어야 한다.

Sn-37Pb 용융솔더의 표면장력은 약 0.48~0.52N/m 정도로 알려져 있다. 표면장력은 QFP, MLCC, 칩부품 등 전자부품이 솔더링 될 때 자기위치를 이탈하는 미끄러짐이나 맨허턴 현상(tombstone 현상)을 유발하기도 한다. 그러나, 부품이 가벼운 경우에는 표면장력에 의해 바른 위치로 돌아가는 셀프 어라인먼트(self-alignment)를 기대 할 수도 있다.

Sn-Pb계 솔더는 전기, 전자기기, 일반 공작용 등으로 가장 폭 넓게 사용되어 왔으나 Sn-Pb계 솔더에 포함된 Pb가 환경오염 물질이기 때문에 규제 대상화되고 있다. 이로 인하여 무연 솔더에 관한 관심과 적용이 급속히 증대되고 있다(Eu RoHS 2006년 7월 1일자 발효시행, CHINA RoHS 2007년 3월 1일자 발효 예정).

## (2) 솔더의 종류

### ① 형상에 따른 분류

솔더의 형상에는 바(bar), 와이어(wire), 페이스트(paste, 크림솔더), 볼(ball), 테입(tape) 등 여러 가지가 있다. 표 3-1은 여러 가지 형상의 솔더와 용도를 보인 것이다.

#### ㉮ 바 솔더(bar solder)

봉상의 주형에 솔더를 주조하거나 압출 성형한 것이다. 바 솔더의 형상이나 크기에 관해서는 특별히 규정되어 있지 않지만 납조(solder bath)에 공급되는 것은 보통 한 개의 무게가 약 400~500g, 길이 400mm, 폭 18~20mm, 두께 6~7mm 정도가 많다.

❖ 표 3-1 형상에 따른 솔더의 분류와 용도

| 구분 | 용도 | 형상 |
|---|---|---|
| 바 솔더<br>(bar solder) | - 납조(solder-pot)용<br>- 웨이브(wave) 솔더링 | |
| 와이어 솔더<br>(wire solder) | - 플럭스가 함유되어 사용이 편리<br>- 전자기기 조립 배선용<br>- 인두 솔더링 | |
| 페이스트 솔더<br>(cream solder) | - 솔더 분말을 용제나 플럭스에 섞어 사용<br>- 인쇄 배선판에 도포<br>- 리플로 솔더링 | |
| 테입 솔더<br>(tape solder) | - 자동기기에 공급되는 솔더링<br>- 특수용도의 솔더링 | |
| 볼 솔더<br>(ball-type solder) | - BGA(ball grid array)용 | |

㉯ **와이어 솔더 (wire solder)**

와이어 상의 솔더 중심에 수지계 플럭스를 작은 구멍(심, 芯) 속에 충전시킨 것이다. 심(芯)의 수는 1개에서 복수개(3심, 5심 등), 단면 형상이 다양한 것까지 있으며(그림 3-2 참조), 플럭스를 별도로 사용할 필요가 없는 장점이 있다. 주로 전기 전자부품의 리드, 단자접합, PCB의 솔더링 수정용으로 사용된다. 와이어의 직경은 0.3~3.0mm가 있지만, 보통은 0.6~1.2mm 와이어가 많이 사용된다. 와이어에 충전된 플럭스는 젖음성이나 잔사의 전기 절연성, 내식성 등이 우수한 것이 좋다.

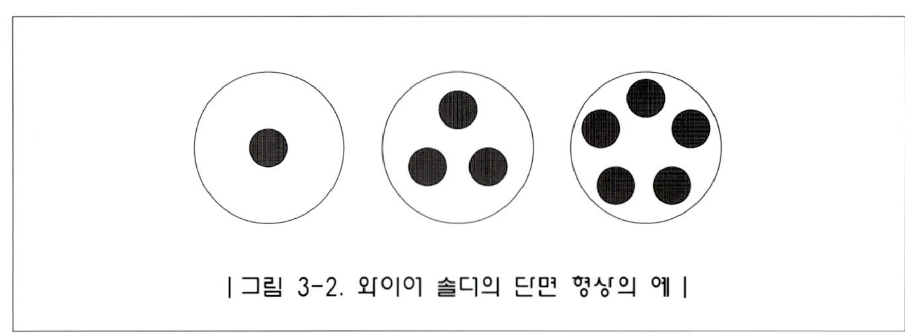

| 그림 3-2. 와이어 솔더의 단면 형상의 예 |

㉰ **페이스트 솔더 (paste solder)**

솔더 페이스트(혹은 크림 솔더)는 크기 20~40㎛ 정도의 솔더 분말 80~90wt%, 플럭스 10~20wt%가 균일하게 혼합된 것이다. 플럭스는 수지(로진), 활성제, 왁스류, 용제 등으로 이루어져 있다. 이 중 수지는 금속표면의 청정화 및 부품 마운팅을 위한 접착성을 주는 역할을 하고, 활성제는 금속표면의 청정화, 왁스류는(칙소제) 인쇄형상의 유지, 용제는 솔더 분말과 수지류를 균일하게 혼합하는 역할을 한다. 솔더 페이스트를 가열하면 플럭스가 활성화되고, 솔더 분말이 용융되어 피접합 금속(리드나 기판의 랜드 등)에 퍼지면서 솔더링 된다. 솔더 페이스트가 갖추어야 할 조건은 다음과 같다.

㉠ 인쇄성

ⓐ 인쇄 시에는 점도가 감소하여 스텐실을 부드럽게 통과하여, 원하는 양과 형상을 공급할 수 있을 것

ⓑ 인쇄 후 스텐실에서 기판을 분리시킬 때 잘 빠져야 하며, 패턴에

번지지 않을 것

ⓒ 인쇄 후에는 점도가 상승하여, 예열 시까지 인쇄패턴이 쳐지지 않을 것

ⓓ 점도의 시간에 따른 변화가 적고, 도포 조건이 일정할 것

ⓔ 인쇄 후 점착성을 장시간 유지하여 전자부품의 탑재가 가능할 것

㉡ 솔더링 성

ⓐ 모재에 잘 젖을 것

ⓑ 솔더 볼이나 브리지 등 결함이 발생하지 않을 것

㉢ 신뢰성

ⓐ 리플로 후 플럭스 잔사가 주변의 물질을 부식시키지 않을 것

ⓑ 리플로 후 플럭스 잔사를 가습 분위기 중에서 장시간 방치하여도 높은 절연저항성을 유지할 것

ⓒ 솔더 자체의 강도, 내환경성(耐環境性)이 충분할 것

**㉣ 볼 솔더(ball solder)**

구형의 솔더로 크기는 0.76~0.3mm가 많이 사용되며, 0.2mm, 0.1mm도 있다. BGA(Ball Grid Array), CSP(Chip Size Package) 용으로 쓰인다. 납조에 솔더를 자동으로 공급하거나 솔더 도금용 전극재로 사용되는 직경이 큰 솔더 볼도 있다.

### ② 조성에 따른 분류

가장 일반적으로 사용되고 있는 솔더는 주석-납(Sn-Pb)계 솔더인데 표 3-2와 표 3-3에 Sn-Pb계(일반용) 및 Sn-Pb-Ag계(은용식 방지용)의 솔더와 그 특성을 보였다. 솔더의 융점, 강도, 모재와의 반응성을 고려하여 여러 가지 다른 조성의 솔더가 실용화되어 있는데 Sn-Pb계 외에 Sn계, Pb계, Au계, In계, Bi계 등이 있다.

그림 3-3은 Sn-Pb의 2원 상태도를 보인 것으로, 합금성분과 용융온도와의 관계를 알 수 있다. 즉, 순수 납(Pb)의 융점은 327.5℃이고, 순수 주석(Sn)의 융점은 약 232℃이다. Sn에 Pb가 첨가되면 융점이 점차 저하되어 38.1wt% Pb가 될 때 183℃로서 가장 낮아지며, 이 조성(61.9Sn-38.1%Pb)이 공정조성

이다. 솔더 중 가장 많이 사용되는 것은 용융온도가 가장 낮은 공정조성 합금(일반적으로 63%Sn-37%Pb)이다. 이 조성의 솔더를 상온으로 냉각하면 솔더(혹은 솔더링부)는 Pb-rich상과 Sn-rich상이 혼합된 공정 미세 금속조직을 갖는다.

❖ 표 3-2 Sn 및 Pb를 주체로 한 각종 솔더의 조성, 용융온도 범위 및 강도

| 합금계 | 표준 화학 조성 (mass%) 조성원소 Sn | Pb | Ag | Sb | In | Bi | JISZ 3282의 기호 | 용융온도범위 고상선 | 액상선 | 인장강도 (MPa) 실 온 | 전단강도(MPa) 20℃ | 100℃ |
|---|---|---|---|---|---|---|---|---|---|---|---|---|
| Sn-Pb | 100 | | | | | | H63S,A,B | 232 | 232 | | 22.1 | 19.0 |
| | 63 | 37 | | | | | H60S,A,B | 183 | 183 | 53.1~51.5 | 37.9 | |
| | 50 | 40 | | | | | H50S,A,B | 183 | 188(189) | 28.6~52.4 | 33.6~38.6 | 21.6 |
| | 50 | 50 | | | | | H40S,A,B | | 216 | 32.2 | 18.4~30.0 | 24.0 |
| | 40 | 60 | | | | | H10A,B | | 234 | | 34.3 | 13.7 |
| | 10 | 90 | | | | | H5A,B | 275(268) | 302 | | 28.9 | 14.7 |
| Sn-Pb-Ag | 62 | 36 | 2 | | | | H62Bi58A | 179* | 197* | | 43.1 | 18.6 |
| | 10 | 88 | 2 | | | | | 268~275 | 290~300 | | | |
| | 5 | 93.5 | 1.5 | | | | | 296 | 301 | | 23.8 | 15.7 |
| | 2 | 95.5 | 2.5 | | | | | 299 | 304 | | | |
| Sn-(Pb)-Bi | 42 | | | | | 58 | H42Bi58A | 139* | 139 | 72.6+ | 50.0 | 19.6 |
| | 15 | 33 | | | | 52 | | 96* | 96 | | | |
| | 34 | 42 | | | | 24 | | | 146 | 44.1 | 34.3 | 17.7 |
| | 43 | 43 | | | | 14 | H43Bi14A | 143 | 163 | 48.1 | | |
| | 52 | 10 | | | | 7.5 | | | 183 | 50.0 | | |
| Sn-Pb-Sb | 35.5 | 62.7 | | 1.8 | | | | | 243 | | | |
| | 30.5 | 67.9 | | 1.6 | | | | | 250 | | | |
| | 20.5 | 78.5 | | 1.0 | | | | | 270 | | | |
| | 5 | 92 | | 3 | | | | | 285 | | | |
| | | 98 | | 2 | | | | 300 | 314 | | | |
| Sn-Ag | 98.5 | | 1.5 | | | | | (309) | (309) | | | |
| | 96.5 | | 3.5 | | | | H96Ag3.5A | 221* | 221 | | 37.8 | 22.6 |
| | 96 | | 4 | | | | | 221 | (221) | 61.4 | 31.7 | |
| | 95 | | 5 | | | | | 221 | 250(245) | 55.1 | | |

❖ 표 3-3 Sn-Pb-Ag solder의 조성과 용융온도

| NO. | 화학성분 (Wt%) | | | 용융온도 (℃) | | 비중 |
|---|---|---|---|---|---|---|
| | Sn | Pb | Ag | 액상온도 | 고상온도 | |
| 1 | 1 | 97.5 | 1.5 | 309 | 304 | 11.3 |
| 2 | 1.5 | 96 | 2.5 | 304 | – | 11 |
| 3 | 8 | 87 | 5 | 397 | 294 | – |
| 4 | 50 | 48 | 2 | 216 | 178 | 8.9 |
| 5 | 60 | 39.5 | 0.5 | 190 | 178 | 8.5 |
| 6 | 60 | 37 | 3 | 179 | 178 | 8.5 |
| 7 | 62 | 36 | 2 | 178 | 178 | 8.3 |
| 8 | 63 | 36 | 1 | 192 | 178 | 8.4 |
| 9 | 96.5 | – | 3.5 | 221 | 221 | 7.4 |

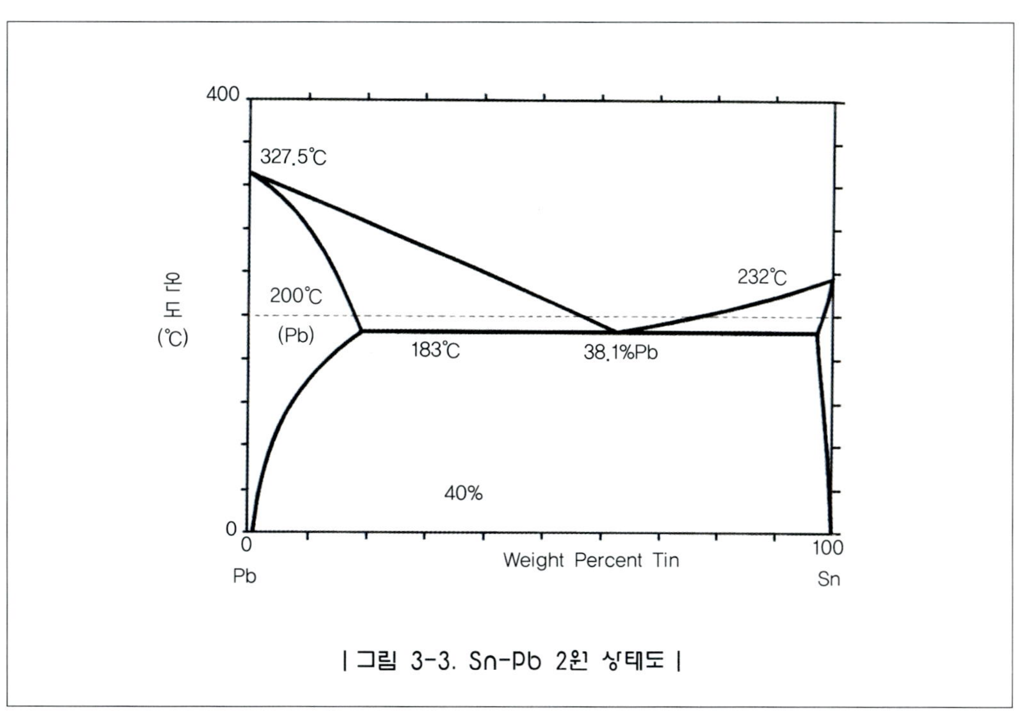


| 그림 3-3. Sn-Pb 2원 상태도 |

그림 3-4는 Sn-37Pb 솔더의 미세조직을 보인 것이다. 이 그림에서 흰 부분은 Pb가 많은 Pb-rich상이고, 검은색 부분은 Sn이 많은 Sn-rich상이다. 솔더링 후 냉각속도가 느리거나 전자제품의 사용 중 발열에 의해 솔더링부의 온도가 높아지면 솔더의 미세조직인 흰색의 상(相)과 검은색의 상(相)의 크기가 성장한다. 이로 인해 솔더링부가 연화되며 강도가 감소되기도 한다. 예를 들어 직경 0.76mm인 Sn-37Pb BGA 솔더 볼을 230℃-0.6m/min로 솔더링 했을 때 솔더링 직후의 솔더볼 경도는 약 14.6Hv이었다. 그러나, 이 솔더볼을 100℃에서 1000시간 유지한 후에는 경도가 13.7Hv로 감소하였다. 또한 솔더볼의 접합강도(전단강도)는 약 10% 감소하였다.

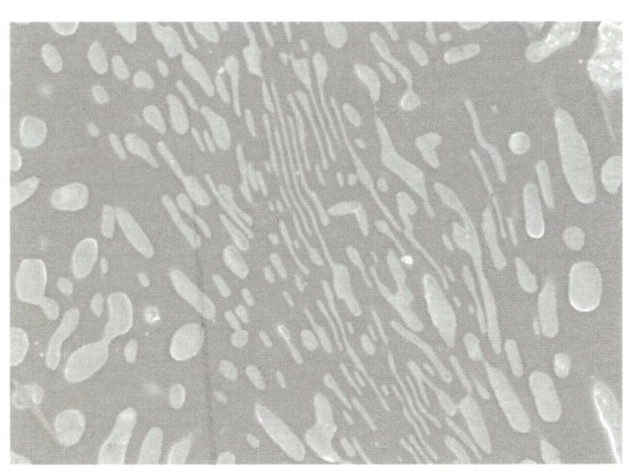

| 그림 3-4. Sn-37Pb의 미세조직(흰 부분 : Pb-rich상, 검은 부분 : Sn-rich상) |

## (3) 금속간 화합물의 형성과 성장

Sn계 솔더는 솔더링 공정 동안 기판 및 리드(lead)와 반응하여 금속간 화합물을 형성한다. 금속간 화합물은 솔더링 및 시효온도 증가나 유지시간 증가에 따라 그 두께가 증가하는데, 두께가 증가할수록 금속간 화합물의 취성으로 인해 접합강도가 저하된다. 또한 금속간 화합물은 솔더의 젖음성 저하, 전기저항 증대 등을 유발하기도 한다.

### ① Cu-Sn계 금속간 화합물

그림 3-5는 Cu-Sn계 2원계 상태도로서, 솔더와 동(Cu)간에 형성되는 금속간 화합물을 파악할 수 있다. Cu-Sn계에서 생성되는 금속간 화합물은 두 가지로 나눌 수 있는데, Sn의 양이 많을 때 우선적으로 생기는 $Cu_6Sn_5$($\eta$ 상)과 Cu의 양이 많을 때 생기는 $Cu_3Sn$($\varepsilon$ 상)이다. 솔더링시 솔더 쪽에 $Cu_6Sn_5$상이 생기고, $Cu_3$ Sn상은 $Cu_6Sn_5$상이 임계 두께로 성장한 후 $Cu_6Sn_5$상을 소모하면서 성장하는 것으로 알려져 있다.

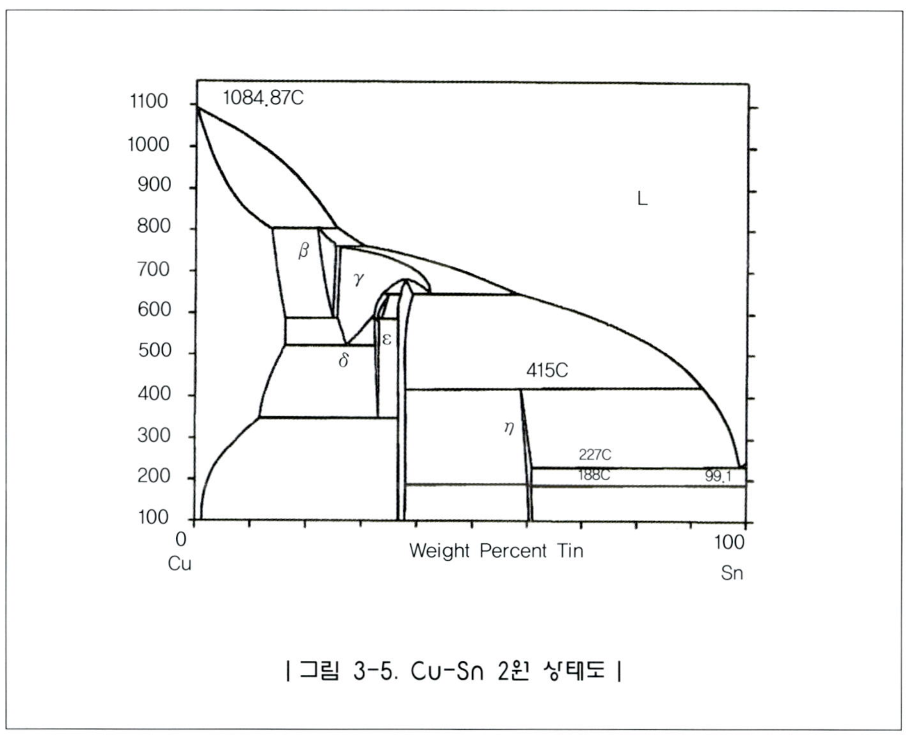


| 그림 3-5. Cu-Sn 2원 상태도 |

$Cu_3Sn$은 사방정(斜方晶, orthorhombic) 구조로서 등축 결정립으로 강하게 정합계면을 이루는 경향이 있고 $Cu_6Sn_5$는 육방정(六方晶, hexagonal) 구조로서 솔더로 파고 들어가 부채꼴 모양(scallop)을 형성한다. 솔더와 기지의 계면에 형성된 $Cu_6Sn_5$ 등의 금속간 화합물로 인해 금속간 화합물 주위의 솔더에 존재하는 Sn이 소모될 수 있다. 이렇게 되면 금속간 화합물 인접부에 Sn량은 적고 Pb량은 많은 소위 Pb-rich 영역이라는 연화(軟化)된 조직이 형성된다.

### ② Ni-Sn계 금속간 화합물

Ni은 솔더와 동(Cu) 모재 간에 형성되는 Cu-Sn계 금속간 화합물의 형성을 저지하기 위해, Cu와 Sn계 솔더 사이에 방해(barrier)층으로 사용된다. 즉, Ni은 솔더 중으로 동 모재가 녹아나서 동 패턴 등이 소실되거나, 지나치게 두꺼운 Cu-Sn계 금속간 화합물이 형성되는 것을 방지한다.

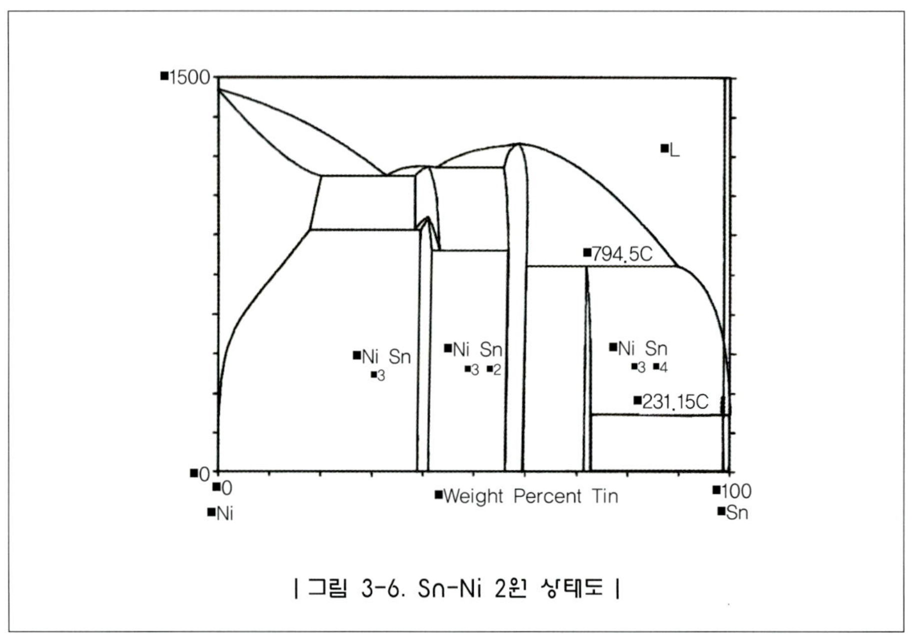


| 그림 3-6. Sn-Ni 2원 상태도 |

Ni은 Cu와 2원계의 완전고용체를 형성하여 서로 화학적 반응을 하지 않지만, Sn계 솔더와는 반응하여 그림 3-6의 상태도에서 보는 바와 같이 $Ni_3Sn$($\beta'$상), $Ni_3Sn_2$($\gamma$상), $Ni_3Sn_4$($\delta$상)의 금속간 화합물을 형성한다. 솔더의 확산속도(diffusivity)는 Cu 내에 비해 Ni 내에서 더 작기 때문에, 동일한 조건 하에서 생성된 Ni-Sn계 금속간 화합물의 두께가 Cu-Sn계에 비해 더 작다. 기판에 Ni 도금층을 사용하는 PBGA의 솔더링시 접합부에서 일반적으로 관찰되는 금속 간 혼합물은 $Ni_3Sn_4$로 알려져 있다.

금속간 화합물의 두께는 시효시간의 제곱근에 직선적으로 비례하며, 확산에 의해 제어를 받는다. 금속간 화합물의 성장 두께(d)는 식 (1)과 같이 나타낼 수 있다. 이 식들로부터 솔더링 시에 유지시간(t)이 길어지거나, 솔더링 온도(T)가 높아지면 금속간 화합물의 두께(d)가 증가됨을 알 수 있다.

Sn-40Pb와 Cu간에 형성되는 금속간 화합물의 두께는 170℃에서 약 6nm/$\sqrt{sec}$, 100℃에서 약 1.5nm/$\sqrt{sec}$라는 보고도 있다.

$$d = k\sqrt{Dt} \quad \text{……… 식 (1)}$$

d : 금속간 화합물의 두께　D : 확산계수　t : 유지 시간　k : 반응속도 상수

단,

$$D = D_0 e^{-\frac{Q}{RT}} \quad \text{……… 식 (2)}$$

$D_0$ : 확산계수　Q : 활성화에너지　R : 기체상수　T : 절대온도(K)

일반적으로 솔더링시에 Cu-Sn간에 형성되는 금속간 화합물의 두께는 2~3 ㎛ 이내가 보통이다.

### (4) 솔더중의 불순물

솔더중으로의 불순물 혼입은 솔더를 정제하는 과정에서 불순물이 제거되지 않고 섞여 들어간 것과 솔더링 과정에서 다른 금속의 용해에 의해 섞여 들어가는 것 등 두 가지 원인이 있다. 정제 과정 중 불순물이 혼입되면 솔더의 성질이 변할 수 있어서 큰 문제가 되지만, 일반적으로는 KSD 6704등에 불순물의 허용한도가 정해져 있기 때문에 통상은 후자가 문제가 된다. 또 전자에서는 이들 불순물 중에서 솔더링성이나 작업성에 해가 없는 것이나, 또 함량에 따라서 솔더의 특성을 유리하게 개선하는 것이 있기도 하여, 단순히 불순물로 취급할 수 없는 것도 있다.

솔더중의 불순물은 솔더의 젖음성 저하, 표면광택 저하, 브리지 발생, 솔더 산화물 (드로스 dross)증가 등의 악영향을 미치는 경우가 많다. 예를 들어 알미늄(Al), 아연(Zn), 카드뮴(Cd) 등은 젖음성 저하, 드로스의 증가, 브리지, 고드름을 형성시키며, 안티몬(Sb), 비쓰무스(Bi) 등도 고드름 형성 외에 젖음성과 퍼짐성(spreadability)을 저하시킨다. 또한, 동(Cu), 은(Ag), 금(Au), 니켈(Ni)

등은 주석(Sn)과 금속간 화합물을 형성하여 솔더링 부의 광택을 저하시키고 표면을 까칠까칠하게 만든다. 표 3-4는 솔더 내의 불순물과 이에 의한 악영향을 보인 것이다.

❖ 표 3-4 솔더의 불순물과 악영향

| 불순물 | 솔더의 불순물과 악영향 |
|---|---|
| Cu(동) | 강도를 증가시킨다. 0.2%로 불 용해성 화합물을 만든다. 점성을 증가시키고, 프린트 배선판에 브리지, 고드름을 만든다. |
| Zn(아연) | 미량으로도 솔더의 유동성이 저하되고 광택이 없어진다. 프린트 배선판에서 브리지, 고드름을 만든다. |
| Al(알루미늄) | 미량으로 솔더의 유동성이 저하되고 광택이 없어진다. 특히 산화성이 강하게 된다. Zn과 유사한 증상을 보인다. |
| Au(금) | 기계적 인성, 충격치가 저하되고, 마무리 외관이 흰색을 띤다. |
| Sb(안티몬) | 인장강도는 증가되지만, 취성이 생기고 전기저항이 증가된다. 경도를 증가시키기 때문에 4% 이하로 첨가하는 경우가 있다. |
| Bi(비쓰무쓰) | 경(硬)하고 취성이 있으며, 융점이 떨어지고 광택이 나빠진다. 내한성(추위를 견디는 성질)을 증가시키기 위해 미량 첨가하는 경우가 있다. |
| As(비소) | 솔더 표면이 검게 된다. 유동성이 저하된다. |
| Fe(철) | 미량으로도 포화되어 솔더중에 용해되기 어렵다. 자성을 띤다. |
| P(인) | 솔더링 부를 경화(硬化)시키고 취성이 있으며, 유동성이 증가된다. |
| Cd(카드뮴) | 취화되고 광택과 유동성이 저하된다. |

솔더중의 불순물의 함량에도 보통 추천되는 허용치가 있는데, 이것은 솔더링 공법에 따라 달라진다. 표 3-5는 웨이브 솔더링 시 솔더 내의 불순물의 허용 함량을 보인 것이다.

Sn-Pb계 솔더에 첨가된 불순물들 중 젖음성을 개선시키는 것은 없는 것으로 알려져 있으며, Cu, Au, Ag, P 등은 미량 존재할 때 악영향을 미치지 않는다. 또한 Sn-Pb 솔더의 젖음 시간을 크게 단축시키는 불순물도 없는 것으로 알려져 있다.

❖ 표 3-5 웨이브 솔더링 시 솔더중 불순물의 허용량

| 불순물 원소 | 허용량(%) | 불순물 원소 | 허용량(%) |
|---|---|---|---|
| Al | 0.006 | Fe | 0.02 |
| Bi | 0.25 | As | 0.03 |
| Cu | 0.3 | Sb | 0.5 |
| Ni | 0.01 | P | 0.002 |
| Cd | 0.005 | Zn | 0.005 |

## (5) 드로스(dross)

드로스(dross)는 용융된 솔더의 표면에 생성되는 산화물이나 황화물과 같은 비금속 혼합물을 말하는데 웨이브 솔더링시 용융된 솔더 표면이 공기와 접촉하면서 산화되어 드로스를 형성한다. 드로스의 성분은 90%가 금속이며 1% 정도가 산소인데 Sn-Pb계 솔더 드로스의 주된 산화물은 SnO이다. 드로스의 외관은 회색이며 광택이 없는 산화 막으로 둘러싸인 작은 입자 덩어리들이다.

용융솔더의 산화속도가 크면 납조내의 드로스 양이 증가하는데 솔더의 온도가 높을수록 시간이 길어질수록 용융솔더의 표면이 증가될수록 드로스 양은 증가한다.

드로스는 솔더링성을 저하시키고 솔더링부를 변색, 까칠까칠하게 하며 산화물을 솔더링부에 유입시키고 과잉의 솔더를 솔더링 필렛부에 부착시킨다. 또한 필요 이상의 플럭스를 소모하거나 납조속의 솔더를 과도하게 묻히고 나가 소모시킨다.

납조속의 드로스를 억제하기 위해서는 용융솔더에 산화방지 오일을 사용하거나 질소($N_2$)가스 분위기를 사용할 수 있으며 웨이브 형상을 변경하거나 P를 미량 첨가할 수도 있다.

## FLUX 03

### (1) 플럭스의 역할

플럭스의 역할은 다음과 같다.

① 화학적으로 산화막(Tarnish)의 제거작용

$$MO + 2HCOOH \rightarrow M(COOH)_2 + H_2O$$

$$M(COOH)_2 \xrightarrow{\Delta} M + 2CO_2 + H_2O$$

$$MOn + 2nHX \rightarrow MXn + nH_2O$$

ex $Cu_2O + 2HCl \rightarrow CuC_2 + Cu + H_2O$

② 산화방지작용
③ 표면장력 감소작용
④ 열전달 기능
⑤ 제거된 산화막을 물리적으로 이동시키는 기능
⑥ 모제금속에 대한 치환석출 도금효과

### (2) 플락스의 구비 조건

① 화학적 활성(Chemical Activity)
② 열 전달성(Thermal Stability)
③ 젖음성, 발포성, 유동성
④ Flux 잔사
⑤ 안정성(Safety)
⑥ 경제성(Economics)

## (3) 일반 플럭스의 구성성분

하기는 Pb-Free Flow용 Flux의 조성의 예이다.

① 수지분 : 중합 Rosin, 수첩 Rosin

② 활성제 : Amine, 카르복실산, 아민할로겐화수소산염

③ 용 제 : 알코올계용제(I.P.A) 등

## (4) Flux 평가 방법 - 절연저항

| | JIS Z 3197 | KS C 2509 |
|---|---|---|
| 조 건 | 온도 40±2℃, 상대습도 90~95%, 168시간<br>온도 85±2℃, 상대습도 85~90%, 168시간 | 온도 40±2℃, 상대습도 90~95%, 96시간 |
| 시험편 | • 1003℃에 설정한 건조기 내에서 5분간 건조한다.<br>• 온도 235 3℃에 설정한 납조에 3±1초간 납땜을 한다. | 약 100℃로 30분간 건조 |
| 결 과 | 100V로 약 1분 후 측정 | 100V로 약 1분 후 측정 |

▶ **시험기판**

- 도체나비 : 0.318mm
- 도체간격 : 0.318mm
- 겹침 : 15.75mm
- 기판치수 : 50 × 50 × 1.0~1.6mm

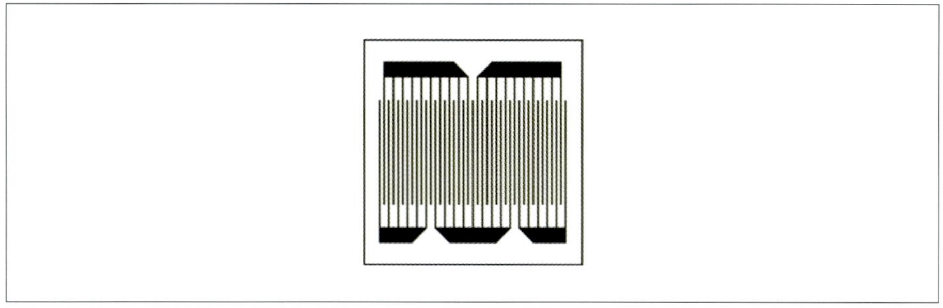

## (5) Flux 평가 방법 - 동판부식방법

| | JIS Z 3197 | KS C 2509 |
|---|---|---|
| 조건 | 온도 40±2℃, 상대습도 90~95%<br>72시간 또는 96시간 | 온도 40±2℃ 상대습도 90~95%<br>96시간 |
| 방법 | • 동판(50mmX50mmX0.5mm)<br>• 고형분 함량을 측정하여 0.035~0.040g의 고형분을 함유한다.<br>• 적량 플럭스를 움푹 팬 곳의 납에 더한다. 만일 고형분 함유량이 낮아 요구된 고형분량이 만족하지 않는 경우는 움푹 팬 곳에 플럭스를 놓고 60±2℃ 오븐에 10분간 증발 후액상선보다 40~50℃ 높은 온도에서 용융시킨다. | • 동판(30mmX30mmX0.3mm)<br>• 실납 0.3g을 중앙에 놓고 플럭스 0.1g<br>• 도포액상선보다 40~50℃ 높은 온도에서 용융시킨다. |

## (6) Flux 평가 방법 - 납퍼짐법

| | JIS Z 3197 | KS C 2509 |
|---|---|---|
| 조 건 | 용융 : 납의 액상선 온도보다 50±2℃ 높은 온도로 설정 | 용융 : 납의 액상선 온도보다 50±2℃ 높은 온도로 설정 |
| 시험편 | • 동판(50mmX50mmX0.5mm)<br>• Sn63Pb37A-W1.6의 선 납을 직경<br>• 3.2mm의 봉에 감아 강은 납 시료로 한다(0.3g±0.03g).<br>• 시료로 0.05±0.005ml로 동판중앙에 도포한다.<br>• 납 시료를 그 중간에 놓고 시험편으로 한다. 시험편은 5매로 한다. | • 동판(0.3mmX50mmX0.5mm)<br>• Sn63Pb37A-W1.6의 선 납을 직경<br>• 3.2mm의 봉에 감아 강은 납 시료로 한다(0.3g±0.03g).<br>• 시료로 0.05±0.005ml로 동판중앙에 도포한다.<br>• 납 시료를 그 중간에 놓고 시험편으로 한다. 시험편은 5매로 한다. |
| 결 과 | $S_R = \frac{D-H}{D} \times 100$ | $S_R = \frac{D-H}{D} \times 100$ |

## (7) Flux 평가 방법 - 건조도 시험

| | JIS Z 3197 | KS C 2509 |
|---|---|---|
| 조 건 | 235±5℃ 용융 후 다음에 5초간 가열을 계속 한 후 약 30분간 상온에서 방치한다. | 땜납의 40~50℃ 높은 온도로 가열 직 후부터 약 5초간 융해시킨 후 상온에서 고화 후 상온에서 30분간 방치한다. |
| 시험편 | • 동판(50mmX50mmX0.5mm)<br>• 고형분 0.035~0.047g을 포함하여 액체플럭스의 적량을 납과 놓는다. | • 동판(30mmX30mmX0.3mm)<br>• 납 0.3g을 올려놓고 플럭스 0.1g를 도포한다. |
| 결 과 | 분말 초크를 충분히 뿌린다. 부드러운 털로 분말 초크를 뿌린 표면을 동일 방향으로 가볍게 2회 제거, 떨어뜨리려 그 정도로 검사한다. | 흰색 분필가루를 퍼트려 부드러운 붓의 가벼운 솔질로 제거되는가 여부를 살핀다. |

## (8) Flux 평가 방법 - 염소함유량 시험방법

| | JIS Z 3197 | KS C 2509 |
|---|---|---|
| 방 법 | • 플럭스 5.0 0.1g을 300ml 비이커에 Jpa 200ml 넣는다.<br>• 상온에서 완전 용해한다.<br>• 플럭스 완전히 추출한 후 분액 깔대기 통과한다.<br>• 플럭스 추출한 칩 형의 납은 100 5℃에 설정된 건조기에 1시간 건조 냉각 후 0.001g 감도로 질량을 측정 비이커에 전극을 넣고 질산은 표준용액으로 적정 | • 플락스 2-3g을 비커(100 ml)에 넣고 이소프로필알콜을 10ml 가하여 플락스 분을 용해시켜서 이것을 시험액으로 한다.<br>• 0.02N 질산은 용액을 뷰렛 또는 피펫으로 정확히 25ml 가한다.<br>• 질산(비중 : 1.42)와 KS-M-8236에 규정하는 니트로벤젠 5ml을 가하여 충분히 휘저어 생성된 염화은의 침전을 응집시킨다.<br>• 철명반 포화용액 1ml을 지시약으로 가하여 0.02N-티오시안산칼 용액으로 적정하고 용액이 엷은 황적색으로 착색했다 없어지는 점을 종말점으로 한다. |
| 결 과 | H = 3.55×Mn×Vn/M<br>H = 염소함유량(WT%)<br>Vn = 질산은 용액량(ml) | $\text{염소함유량} = \frac{\text{C X (D} - \text{EXG)}}{\text{플락스무게(g)}} \times 100$<br>C : 0.02N-질산은 용액 1ml에 상당하는 염소(g). |

|  | Mn = 질산은 용액의 농도(molℓ)<br>Fn = 질산은 용액의 역가<br>M = 시료의 량(g) | D : 0.02N-질산은 용액(25ml)<br>E : 적정된 0.02N-티오시안산칼륨용액 의 량<br>G : 0.02N-티오시안산칼륨용액 1ml에 상당하는 0.02N-질산은용액의 비 |
|---|---|---|

## SOLDER PASTE 04

### (1) 솔더페이스트 합리적 사용방법

① 사용전의 교반 시에는 상온에서 2분 이내가 적당하다.

② SOLDER PASTE는 밀봉한 상태로 1~5℃ 항온 보관하여야 한다.

③ 용기내부와 외부의 온도차에 의해 발생하는 미세한 습도에 의해 SOLDER PASTE의 점도가 변하고 납 볼이 발생하므로 사용하기 전에는 작업장의 온도에서 6시간 이상 충분히 두었다가 사용한다.

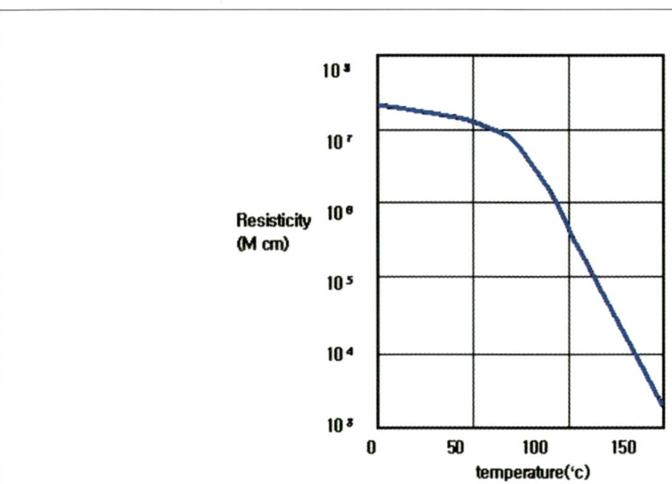


| Electrical resistivity of colophony versus temperature. The curve was obtained using a conductivity cell with gauze electrodes of 1㎠, 1㎠ apart(cell constant 0.2) |

## (2) 수세척 이론

① 극성용매에 용해되는 물질을 사용하거나 세척을 도울 수 있는 제3의 물질을 함유

② 작업공정에서 영향을 주는 인자

㉮ peak temp 및 시간

㉯ 세척수 온도 및 물리적 제거 시스템

③ 제품, 기계, 설비의 세척 방법

㉮ 플락스 잔사성분이 극성일 경우

↳ 극성용매(물, alcohol)

ex 무기산 유기산 Glycol 등

㉯ 플락스 잔사성분이 비극성일 경우

↳ 비극성용매(TCE, ether, freon 등 탄화수소계)

ex Rosin, Resin 등

㉰ 플락스 잔사 성분이 극성, 비극성 모두 포함한 경우

↳ 혼합

ex Rosin, Organic acid계 Flux

④ Freon TMS = (85% Freon 113 + 15% Metanol) 혼합액

$$\underset{\text{(Rosin)}}{C_{19}H_{29}COOH} + \underset{\text{(Mono ethanolamine)}}{H_2NCH_2CH_2OH} \rightarrow \underset{\text{(amine salt)}}{C_{19}H_{29}COOCH_2CH_2NH_2} + H_2O$$

⑤ SnPb계 soldering에서 Pb대신 Ag, Cu, Zn, Bi, In 등으로 교체 시 요구되는 플락스의 특성

㉮ 일반적 특성

㉠ Spread rate 저하

㉡ 수세척력 저하

㉢ Activator 제한

㉯ Pb Free Flow Solder용 Flux

Pb Free Flow Solder용 Flux는 왜 필요한가?

Sn-Ag-Cu계 Solder는 납땜작업성에서 다음과 같이 기존 사용되었던 Sn37Pb 공정 Solder와 차이점이 있다.

㉠ Solder의 젖음성이 떨어진다.

동판에서의 퍼짐성을 생각하면 Pb Free Solder는 종래의 Sn-Pb공정 Solder와 비교하여 약 80%정도 밖에 퍼지지 않는다. 또한, Through Hole기판의 젖음성도 현저히 떨어진다.

㉡ Solder의 용융온도가 높다.

종래의 Sn-Pb 공정 Solder의 용융 온도 183℃와 비교하여 대표적인 Pb Free Solder인 Sn3.0Ag0.5Cu는 용융온도는 약 220℃이므로 약 40℃ 가까이 용융온도가 높다.

반면에 Flow Soldering에서의 납땜온도는 종래보다 약간 높은 250~255℃에서 사용되고 있는 것이 현실이다.

이렇게 다른 Pb Free Solder를 종래 Flux을 사용하여 Soldering을 하면 납땜작업성(젖음성, 퍼짐성, Solder 타오름 부족, Bridge, 미납 등)에 문제가 많다. 그 때문에 Pb Free용 Flux가 필요하게 되어 수년 전부터 각 Flux Maker로 부터 Pb Free Flow Solder용 Flux가 개발되어 실장 Maker에서 적용되어 지고 있다.

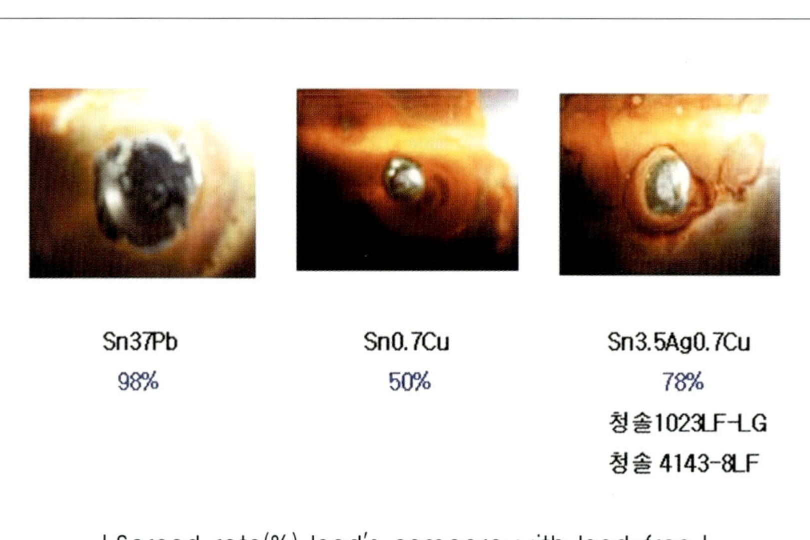


| Spread rate(%) lead's compare with lead-free |

⑥ SnPb계 soldering에서 Pb 대신 Ag, Cu, Zn, Bi, In 등으로 교체 시 금속의 화학적 변화

㉮ 표면산화에 따른 납땜성 저하(퍼짐성 불량으로 적색눈 발생)

㉯ 표면산화에 따른 표면 변색

㉰ 산화막 제거 energy 변화

㉱ 위스커(whisker)

㉲ Paste Dry Time 짧아짐.

㉳ Paste Flux 잔사 문제 다양화

⑦ 위스커(whisker)

Sn의 도금면에서 성장하는 결정질 PCB회로단락, OVER-BRIDGE의 원인의 발생경향과 방지대책은 다음과 같다.

㉮ 발생경향

㉠ Sn 도금에 하지(下地)금속이 Cu인 경우

㉡ 저온과 고온이 반복적으로 작용할 때

㉯ 방지대책

㉠ 도금 후 열처리 또는 용융처리

㉡ 황동 〉 동 〉 니켈 〉 철

⑧ Solder Paste Alloy 구성

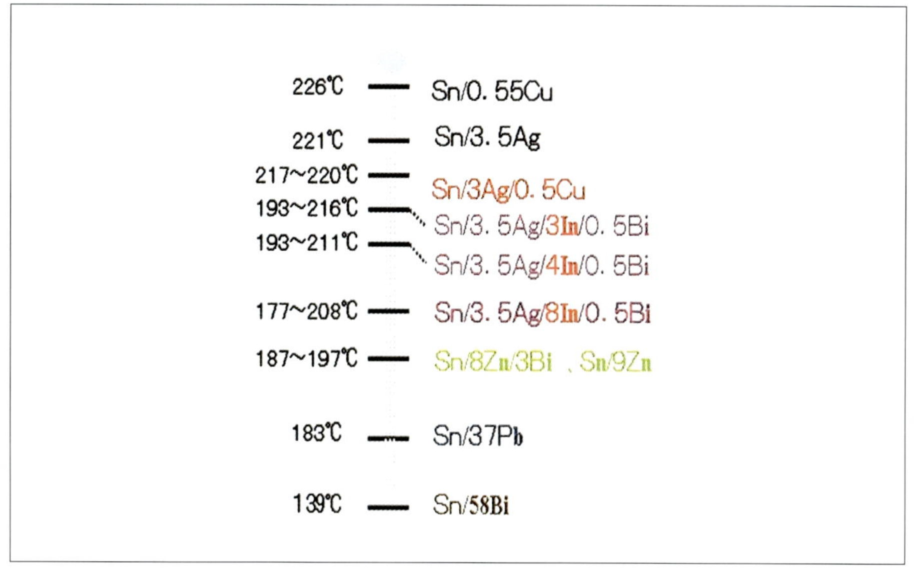

⑨ Solder Paste 합금 특성 비교

❖ Composition & Characteristics of Available Lead-Free Alloy

| No. | Alloy composition | Melting point (°C) | Specific gravity | Tensile strength (Kgf/mm²) | Elongation (%) |
|---|---|---|---|---|---|
| 1 | Sn-5.0Sb | 243/236 | 7.3 | 5.1 | 35 |
| 2 | Sn-0.7Cu | 227/227 | 7.4 | 3.4 | 28 |
| 3 | Sn-3.5Ag | 221/221 | 7.4 | 3.2 | 30 |
| 4 | Sn-3.0Ag-0.5Cu | 219/217 | 7.4 | 3.6 | 38 |
| 5 | Sn-3.5Ag-3.0In-0.5Bi | 214/190 | 7.4 | 5.1 | 33 |
| 6 | Sn-3.2Ag-2.7In-2.7Bi | 210/190 | 7.5 | 7.8 | 17 |
| 7 | Sn-3.5Ag-6.0In-3.0Bi | 206/165 | 7.5 | 7.6 | 21 |
| 8 | Sn-3.5Ag-4.0In-0.5Bi | 211/190 | 7.4 | 5.2 | 32 |
| 9 | Sn-8.8Zn | 199/199 | 7.3 | 4.6 | 37 |
| 10 | Sn-8.0Zn-3.0Bi | 197/187 | 7.3 | 7.1 | 23 |
| 11 | Sn-58Bi | 138/138 | 8.7 | 7.0 | 12 |
| 12 | Sn-37Pb | 183/183 | 8.4 | 4.3 | 32 |

✎ 출처 : SEMI 발표 자료

⑩ Solder Paste 합금 접합강도 비교

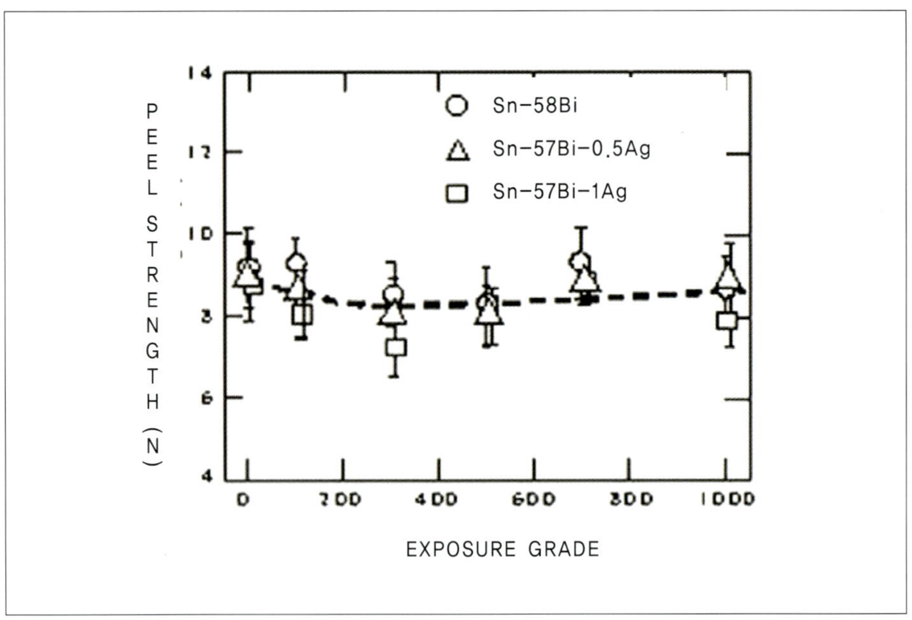

⑪ Solder Paste 당김 강도 비교

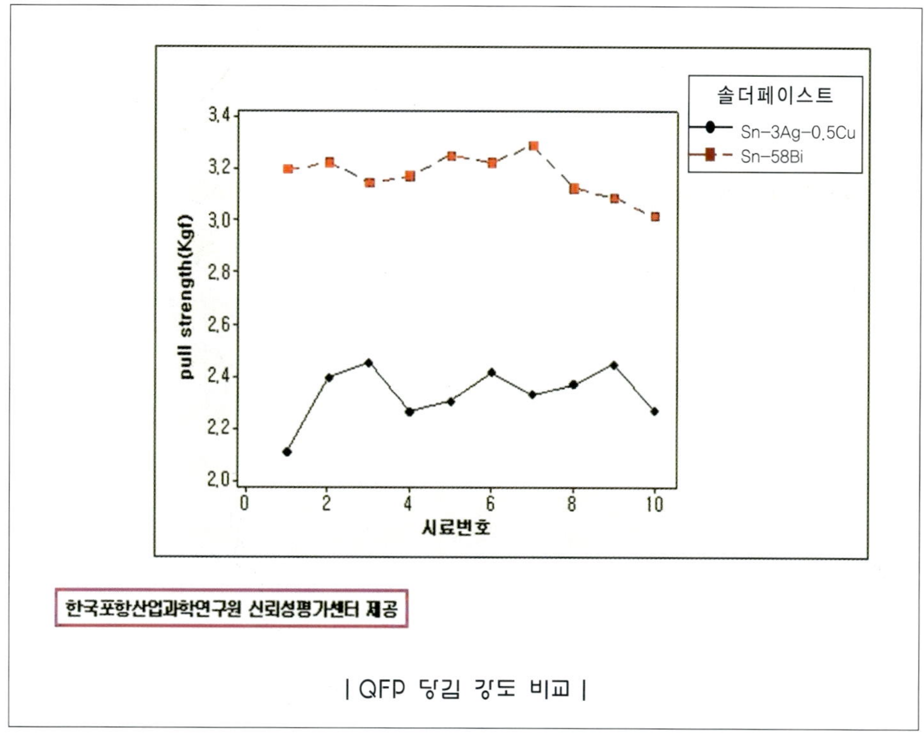


| QFP 당김 강도 비교 |

⑫ Solder Paste 평가방법 : JIS Z 3284 & KS D 6773 방법에 준함.

㉮ 분말 형상 : 본 Solder Paste에 적용된 분말의 SEM 사진으로 판독한다.

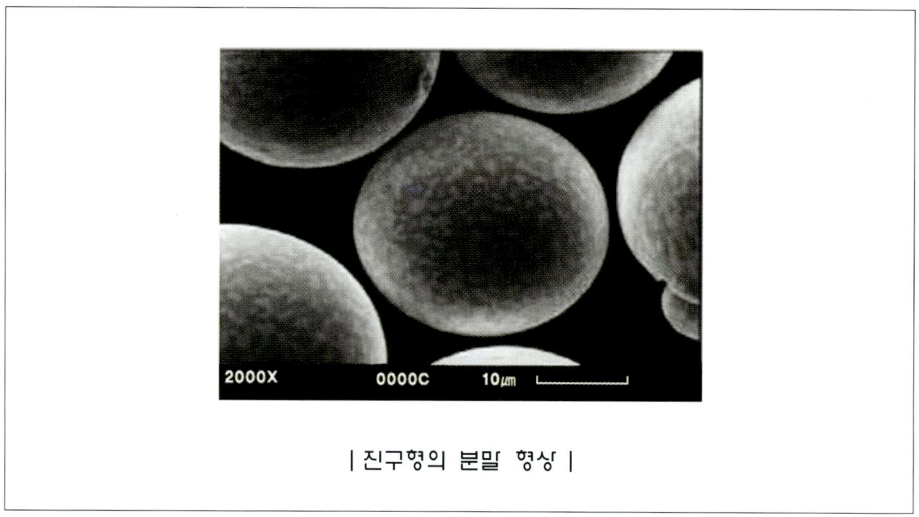


| 진구형의 분말 형상 |

㉯ 분말 입도 : 평균 입도분포가 20~40㎛가 집중되어 있다.

㉰ 유동특성 : 말콤사의 PCU형 점도계를 사용하여(스파이랄 방식) 회전수를 변화하면서 점도를 측정한다.

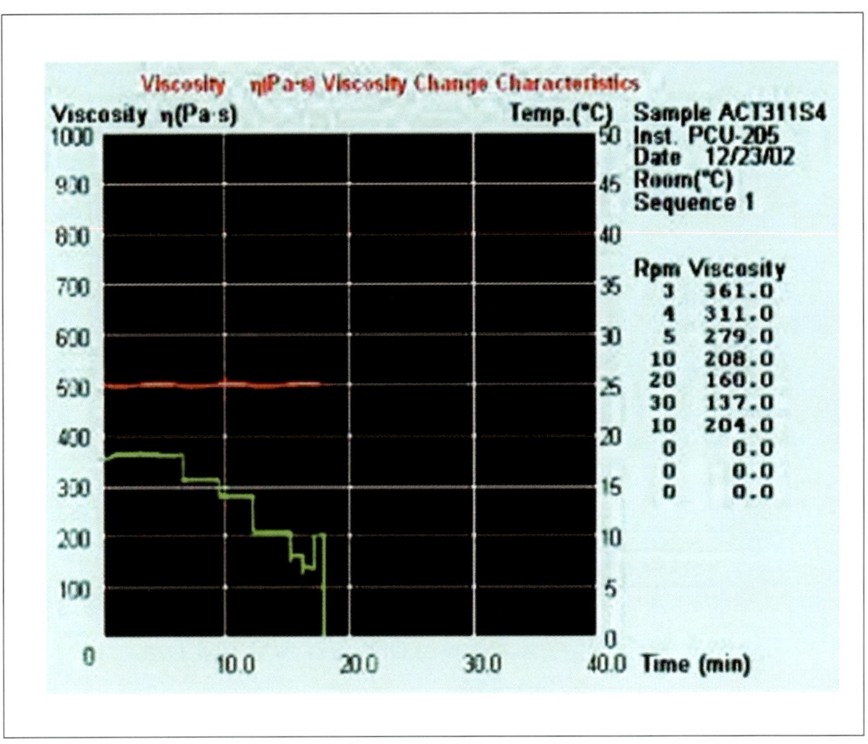


❖ 칙소지수와 점도 비회복률

| 항목 | 측정치 |
|---|---|
| 점 도 | 208Pa.s |
| 칙 소 지 수(TI) | 0.420 |
| 점도 비회복률(R) | 1.92% |

㉱ 솔더볼 : JIS Z 3284에서는 젖음이 일어나지 않는 알루미나 판위에SOLDER PASTE를 인쇄하여 SOLDER의 용융점 이상의 온도에(40~50℃) 의해 용융시킨 후에 큰 솔더볼 주위에 75㎛ 수준 위작은 볼의 발생 정도에 따라 1~4단계의 등급으로 분류하고 있다.

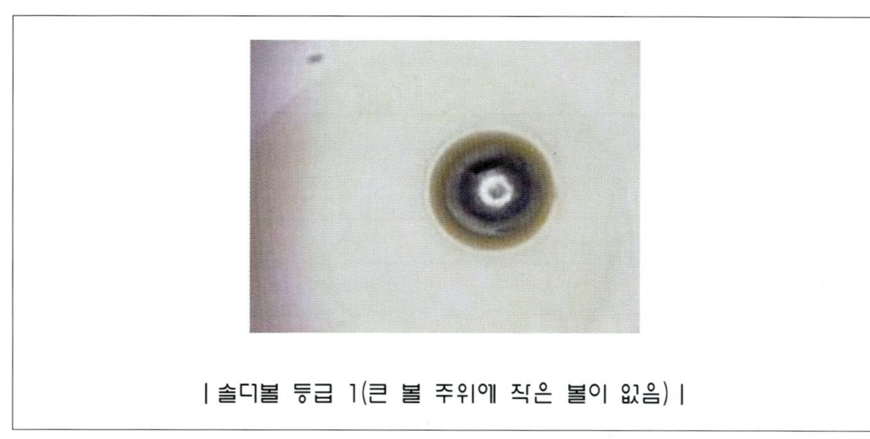

| 솔더볼 등급 1(큰 볼 주위에 작은 볼이 없음) |

㉮ 인쇄성 실험 : 연속 인쇄 15매 째의 0.4 PITCH에서의 인쇄 상태이다.

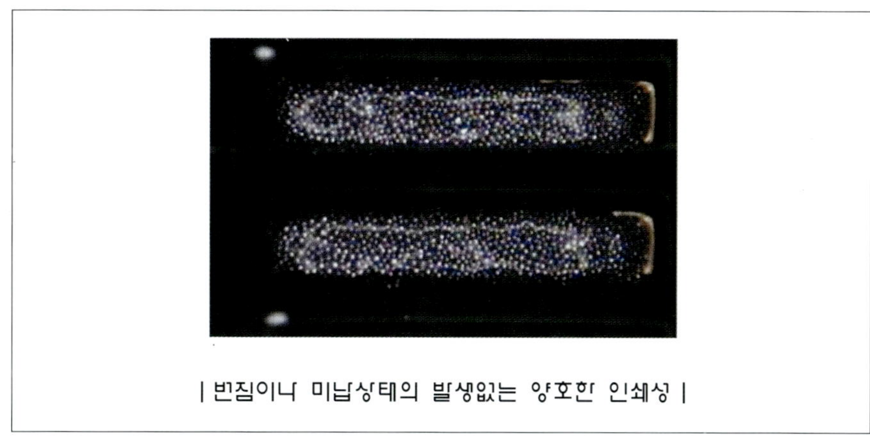

| 번짐이나 미납상태의 발생없는 양호한 인쇄성 |

㉯ 열 SLUMP : 예열 구간에서의 SLUMP을 관찰하기 위한 실험으로 150℃에서 3min 방치 후의 상태를 관찰한다.

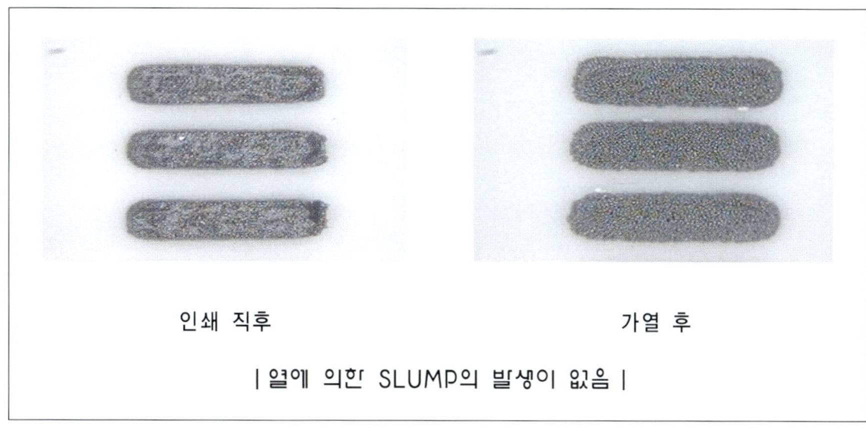

인쇄 직후 가열 후

| 열에 의한 SLUMP의 발생이 없음 |

㉦ 점착력 : 점착력이100(g.f) 이상에서는 인쇄 가능한 유동성 및 부품 부착 능력을 유지 할 수 있다.

| 방치시간(hr) | 0 | 1 | 2 | 4 | 8 | 16 | 24 | 36 | 48 |
|---|---|---|---|---|---|---|---|---|---|
| 점착력(g.f) | 173.5 | 185 | 183.7 | 180.3 | 168 | 160.8 | 137.6 | 115.3 | 99.7 |

※ 36시간까지 양호한 점착특성을 나타내고 있다.

**주의!**

상기 DATA는 실험실에서 SODER PASTE를 인쇄한 후 상온에서 방치하면서 측정한 값이며 실제 SMT LINE에서는 약 1/2 수준 정도로 점착력 수치가 떨어지는 경향이 있다.

㉧ 할로겐 함유량 : 프럭스 중에 함유되어 있는 할로겐 성분을 전위차 적정장치에서 적정하여 염소 환산치로 환산한다.

㉨ 동판부식 : 고온 다습 조건하에서의 솔더링 후의 솔더페이스트 잔사에 의한 동판에서의 부식 발생 유무의 관찰 실험(조건 : 40℃, 95RH%, 168시간)이다.

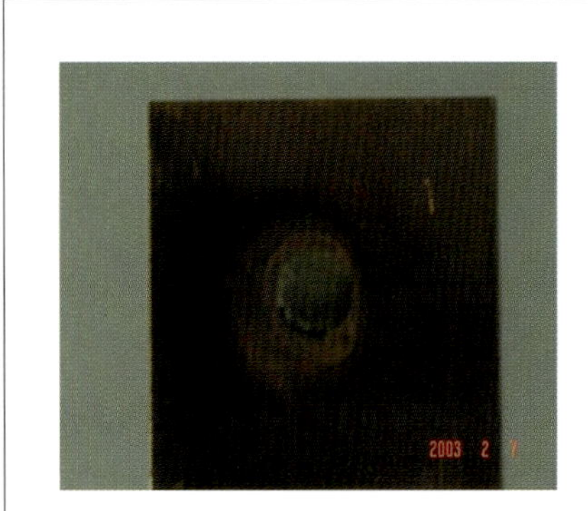

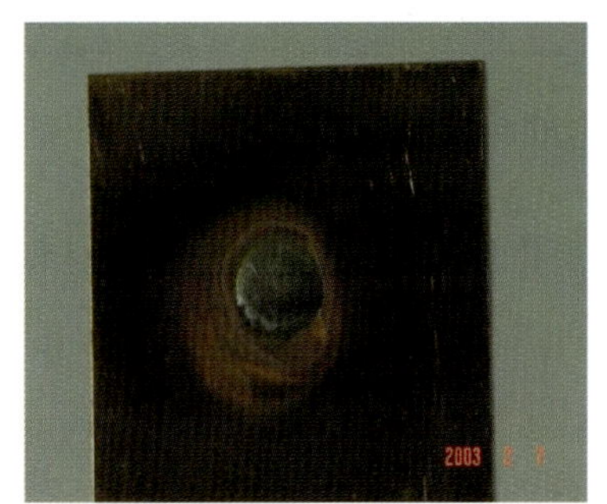


| 동판 부식 발생하지 않음 : 프럭스 잔사에 의한 부식 없음 |

㉩ 수용액의 저항 : 수용성의 도전성 성분의 유무를 확인하기 위한 실험이다.

#### 수용액 저항의 환산 방법

▶ 비전도도의 역수가 비저항(수용액저항)이다.

$\int$ = 1/K (단위 : ·cm)

$\int$ : 수용액저항(비저항)　　　　K : 비전도도(S/Cm)

| 비전도도 | 수용액저항(비저항) |
|---|---|
| 9.8(μs/cm) | $\int = 1/(9.8\times10^{-6}) = 1.02\times10^{5}(\Omega \cdot cm)$ |

㉮ 절연저항(가습 후) : (조건 - 40℃, 95RH%, 168시간)

| | |
|---|---|
| A-C | $1.1X10^{12}\Omega$ |
| A-D | $2.0X10^{12}\Omega$ |
| B-D | $1.4X10^{12}\Omega$ |
| B-E | $1.3X10^{12}\Omega$ |
| 평균 | $1.4X10^{12}\Omega$ |

※ 일반적으로 $10^{11}\Omega$ 이상일 경우 부도체로서 판단하므로 잔사에 의한 절연성은 우수하다.

㉻ 전압인가 마이그레이션(가습 후) : (조건 - 40℃, 95RH%, 1000시간)

| A-C | 1.2X10$^{11}$Ω |
|---|---|
| A-D | 1.0X10$^{11}$Ω |
| B-D | 1.4X10$^{11}$Ω |
| B-E | 1.1X10$^{11}$Ω |
| 평균 | 1.17X10$^{11}$Ω |
| 마이그레이션 발생 없음. | |

※ 고온 다습 조건 하에서의 금속이온 석출에 의한 마이그레이션 없음.

# 제4장 무연 솔더

## 도입의 배경 01

Sn-Pb계 유연(有鉛)솔더는 오랜 기간 동안 전자기기의 가장 유효한 접합재료로 사용되어 왔다. 그러나, 근년 솔더를 사용한 전자기기의 폐기 시에 산성비에 의해 솔더 중에 함유된 납(Pb) 성분이 용출되어 지하수를 오염시키고 이것이 인체에 흡수되면 지능저하, 생식기능저하 등 인체에 해를 미치는 환경오염 물질로 지적되고 있다(그림 4-1 참조).

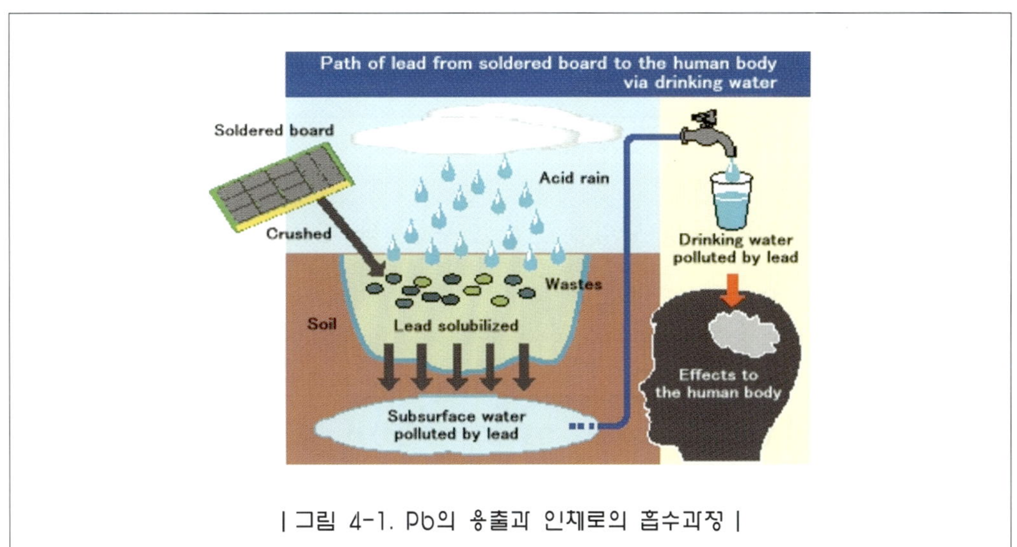


| 그림 4-1. Pb의 용출과 인체로의 흡수과정 |

Sn-Pb계 솔더 중에 함유된 납은 아래와 같은 반응에 의해 용출되는 것으로 알려져 있다. 즉, 솔더 중의 납은 대기 중에서 PbO로 산화된 후 산성비 속에 포함된 황산($H_2SO_4$)이나 질산($HNO_3$)에 의해 $PbSO_4$, $Pb(NO_3)_2$로 용출된 후 지하로 스며들어 지하수에 유입되고 이것을 우리들이 마시게 되는 것이다.

$$Pb + 1/2O_2 \rightarrow PbO$$

$$PbO + H_2SO_4(\text{산성비}) \rightarrow PbSO_4 + H_2O$$

$$PbO + HNO_3(\text{산성비}) \rightarrow Pb(NO_3)_2 + H_2O$$

이러한 문제점으로 인해 1990년 미국에서 전기전자용 솔더 중의 납 규제에 관한 검토를 발단으로 무연 솔더에 관한 연구가 세계적으로 진행되었다. 무연 솔더의 개발과 관련된 연구는 먼저 미국에서 NCMS 프로젝트(1992~96)로 진행되었으며 유럽에서는 IDEALS 프로젝트(1996~99)로 진행되었다. 일본에서는 이보다는 늦었지만 무연 솔더의 기초 및 적용 기술에 관하여는 유럽이나 미국보다 앞서 나가고 있는 것으로 평가된다.

## 무연 솔더의 적용 동향 02

그림 4-2는 일본에서의 무연 솔더에 관한 연구진행과 대표적인 기업의 무연 솔더 폐지 일정을 보인 것이다. 그림에서 보듯이 1999년 1월에 무연 솔더에 관한 국가 프로젝트인 NEDO(신에너지·산업기술 종합개발기구) 프로젝트가 시작되어 2000년 3월말에 완료되었다. 이와 관련하여 무연 솔더의 기초 특성은 일본용접협회가 맡고, 무연 솔더의 응용특성은 일본전자공업진흥협회가 맡아서 연구하였다.
일본에서는 이미 가전제품이나 노트 북 등의 생산에 무연 솔더를 적용하고 있으며, 그림 4-2에서 보듯이 향후 1~2년 이내에 조사된 9개 대기업 중 6개 기업이 유연

솔더를 전폐할 계획이다. 이와 관련하여, 일본에 전자부품이나 제품을 수출하는 국내기업은 무연 솔더에 대한 제품화 계획을 이미 일본 측으로부터 요구받고 있다. 한편, 미국에서는 2004년, 유럽에서는 2008년에 전자전기기기의 유연 솔더를 전폐할 계획이다. 이처럼, 국가별로 시기적으로 약간의 차이는 있으나 무연 솔더의 사용은 세계적인 추세이다.

국내 관련기업에서도 최근 1~2년 사이에 무연 솔더링에 관한 관심이 일기 시작하고 있으나, 실질적으로 생산에 적용한 경우가 보고되고 있지 않기 때문에 시기적으로 늦은 감이 없지 않다. 무연 솔더링 기술이 솔더 자체로는 작은 문제일지라도 솔더를 사용하여 제조된 전자제품을 생각하면 그 파급 효과는 상상하기 어려울 정도로 크다고 할 것이다. 무연 솔더링은 기존의 Sn-37Pb 솔더링과 많은 차이가 있기 때문에 이의 도입과 관련하여서는 솔더 외에 기판의 설계기술, 솔더링 장비, 공정기술 등의 변화, 시험검사, 특허문제, 작업자의 재교육 등 풀어야 할 숙제가 산적해 있다. 특히, 선진국에서는 자국에서의 유연 솔더 제품 생산 규제뿐 아니라 유연 솔더를 사용한 제품의 수입도 규제하려고 하므로 전자부품이나 제품을 수출하고 있는 기업들은 이에 대한 대응이 시급한 실정이다.

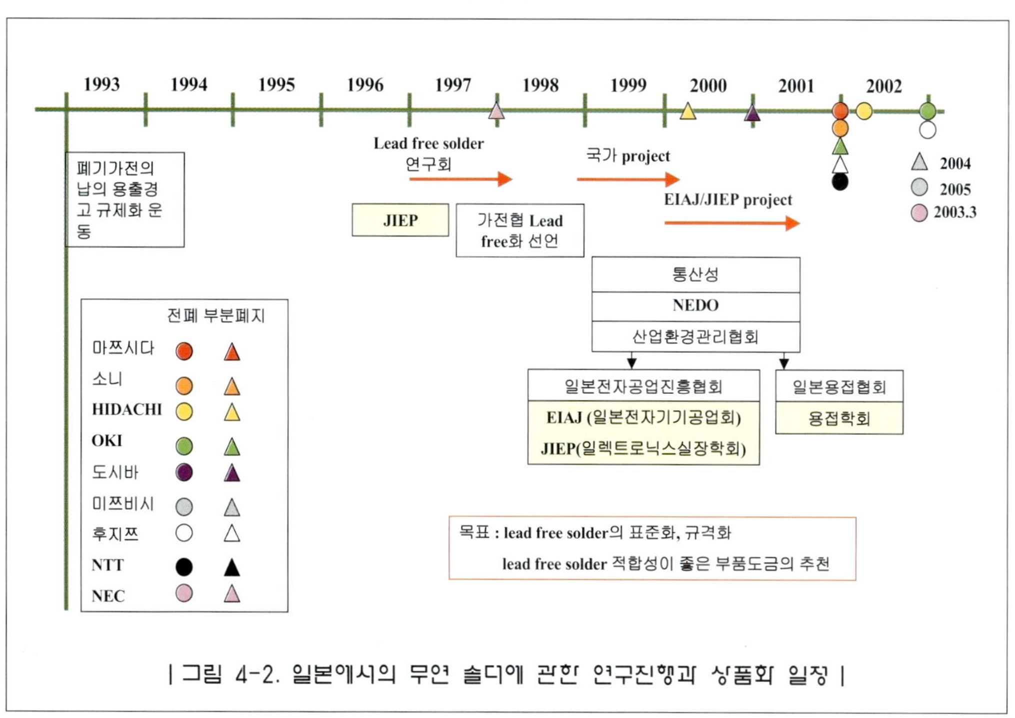


| 그림 4-2. 일본에서의 무연 솔더에 관한 연구진행과 상품화 일정 |

무연 솔더의 사용은 지구환경의 보호라는 큰 목표가 있지만 현실적으로 기술 장벽의 역할을 할 수 있다는 점도 기업으로서는 간과해서는 안 될 것이다. 즉, 기존의 솔더링에 비해 무연 솔더링은 작업이 어려워서 작업조건이 엄격히 관리되지 않으면 도입 초기에 불량이 급증할 수 있다. 또, 솔더와 패드의 박리(lift off)나 기판과 패드의 박리, 위스커 문제 등 기존의 솔더에는 발생하지 않았던 결함들이 나타날 수 있으므로 신뢰성 문제에 대해서도 철저히 대비해야 한다. 이외에도 셀프 얼라인먼트(self alignment) 특성이나 솔더 볼 발생량, 페이스트 솔더 인쇄 후의 빠짐성 등 여러 특성들이 Sn-37Pb 솔더에 비해 좋지 않기 때문에 보다 정확하고 엄격한 작업조건을 확보하여야 한다. 이와 같이 무연 솔더는 기존의 유연 솔더에 비해 여러 가지 문제점이 있음에도 불구하고 생산라인에의 적용은 계속 확대되고 있으며 적용 단계에서는 이들 무연 솔더들도 Sn-Pb 공정 솔더에 버금가는 적절한 융점과 양호한 접합성이 요구된다.

## 종류와 특성 03

종래의 Sn-37Pb 공정합금(융점 183℃) 부근의 융점을 갖는 무연 솔더로는 Sn-8.8Zn(공정 온도 199℃), Sn-3.5Ag(221℃ 공정), Sn-0.75Cu(227℃ 공정) 등이 있다. 이들 합금 중 젖음성과 신뢰성이 높은 Sn-3.5Ag와 Sn-0.7Cu 합금은 융점이 다소 높기 때문에 융점강하를 위해 Bi, In을 첨가한 것이 무연 솔더의 대표적인 후보합금으로 검토되어 왔다.

그림 4-3은 대체적인 무연 솔더 합금계의 종류와 융점, 솔더링 프로세스와의 관계를 보인 것이다. 그림에서 보듯이 웨이브(혹은 flow) 솔더링의 경우 부품의 내열한계는 약 260℃, 리플로 솔더링의 경우 약 240℃로 보고 있다. 웨이브 솔더링에 적절한 솔더로는 Sn-Cu-(Ni)계와 Sn-Ag-Cu계가 있으며, 리플로용으로는 Sn-Ag-Cu계, Sn-Ag-Bi-(In)계, Sn-Zn-Bi계가 있다.

Sn-0.75Cu 공정 솔더는 무연 솔더 중 융점이 높아서 리플로 솔더링용으로는 부적절하며 저가가 요구되는 편면 기판의 웨이브 솔더링용으로 주로 검토되었다.

Sn-Zn계는 융점이 기존 솔더와 비슷하고 기계적 성질도 비교적 양호하며 가격이 싸다는 장점이 있다. 그러나, 젖음성이 아주 나쁘기 때문에 웨이브 솔더링에 부적합하며 리플로 솔더링에 사용되는 솔더 페이스트(크림 솔더)에서도 솔더 분말과 플럭스의 반응속도가 빠른 단점이 있다. 또한, 페이스트의 보존성과 성능의 안정성이 나쁜데다 구리와의 반응성이 높아서 실용화에 어려움이 있었다. 그러나, 점차 그 성능이 개선되면서 최근 일본에서는 Sn-Zn계에 Bi를 첨가한 솔더 페이스트를 사용하여 노트북 PC를 제조하기도 하였다(그림 4-4 참조).

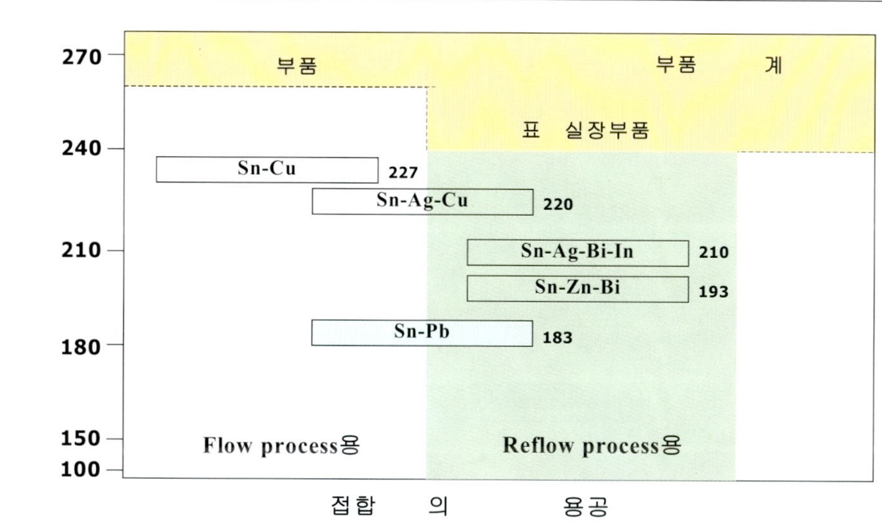


| 그림 4-3. 무연 솔더 합금계의 종류와 융점, 솔더링 프로세스와의 관계 |

| 그림 4-4. NEC에서 Sn-8Zn-3Bi 솔더를 사용하여 제작한 노트북 PC |

현재 실용화에 가장 근접하여 있으며 일부 실용화되기 시작한 것으로 Sn-Ag계가 있다. Sn-Ag계는 Sn-37Pb 솔더와 비교하여 우수한 열피로 특성을 가지고 있으며, 마이그레이션 감수성이 낮으므로 솔더링 후 이음부 신뢰성이 우수하여 제품의 수명을 늘리게 된다. 따라서 Sn-Ag계 무연 솔더는 이미 BGA, CSP용으로 적용이 개시되었다.

그림 4-5는 이러한 Sn-Ag 무연 솔더 합금계에 다른 원소를 첨가한 삼원계 혹은 사원계 솔더합금의 특징 및 문제점을 도식화한 것이다. Sn-Ag계에 Bi가 첨가된 합금은, 강도는 높아지지만 연신율이나 내시효성은 떨어진다. 또, Bi와 In이 첨가된 합금은 강도와 연신의 균형은 이루어지지만 In이 고가이고 웨이브 솔더링용으로는 적절치 않다. In만이 첨가된 합금도 유사한 문제점을 가지고 있다. 한편, Cu가 첨가된 Sn-Ag-Cu계는 융점이 약간 높고 솔더링시 브리지가 다소 발생하기 쉬운 단점은 있지만 제반 솔더링 특성과 신뢰도가 양호하므로 가장 유력한 무연 솔더 중의 하나로 평가되고 있다.

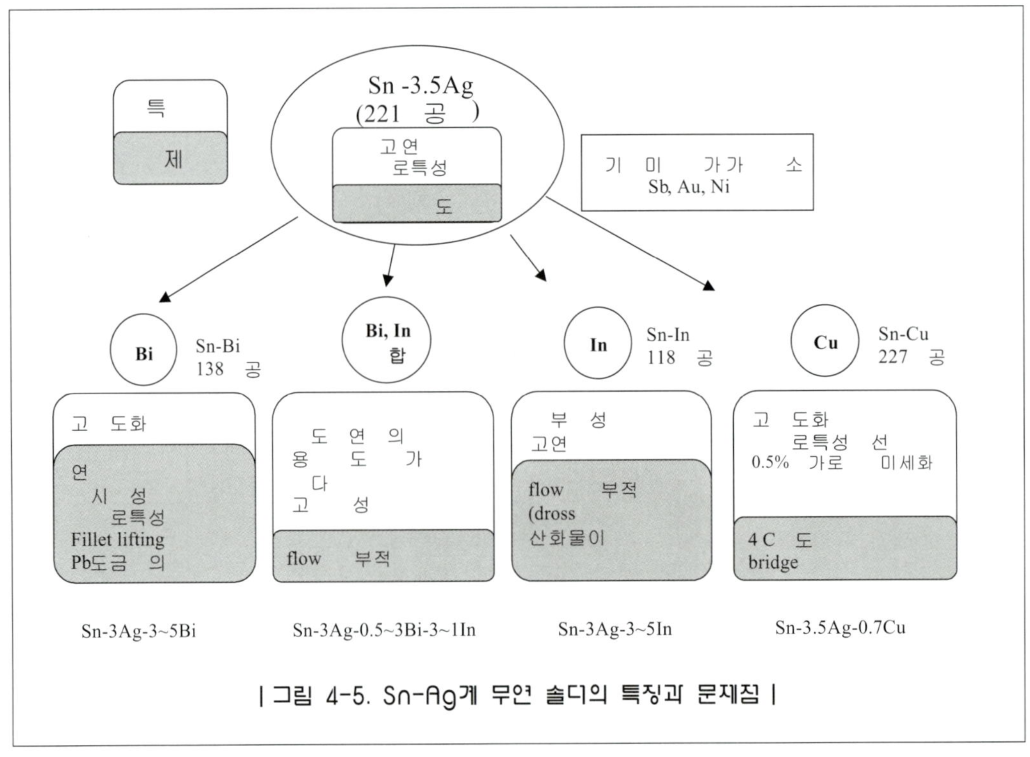


| 그림 4-5. Sn-Ag계 무연 솔더의 특징과 문제점 |

표 4-1은 많은 연구를 통해 선정된 실용화를 위한 무연 솔더의 후보합금을 나타낸 것이며, 이 중 일부는 실용화되었다.

❖ 표 4-1 실용 가능한 무연 솔더 후보합금의 분류

| 합금계 | 조성(wt%) | 용융온도 구간 | 젖음성 | 강도/열피로 | 비고 (실용화 등) |
|---|---|---|---|---|---|
| 기존 Sn계 | Sn-5Sb(공정) | 최고 온도계 (고상선 227℃ 이상) | 불량 | 고강도, 저연신 /우수 | |
| | Sn-0.7Cu(공정) | | 보통 | 양호/보통 | Northern Telecom, NEDO-2 |
| | Sn-3.5Ag(공정) | 고온계(고상선 217℃ 이상) | 보통 | 양호, 고연신 /우수 | NCMS, ITRI, NEDO |
| Sn-Ag -Cu계 | Sn-3.5Ag-0.7Cu | | 보통 | 양호 /우수 | ITRI, NEDO |
| Sn-Ag -Bi계 | Sn-3Ag-(2~3)Bi | 중온계(액상선 217℃ 이하) | 양호 | 고강도, 저연신 /우수 | ITRI, NEDO |
| | Sn-3.4Ag-4.8Bi | | | 고강도, 극저연신 /좋지 않음 | NCMS, ITRI, NEDO |
| Sn-Ag-Bi-In계 | Sn-3Ag-(0.5~3)Bi -(3~1)In | | 보통 | 양호(Bi에 의존) /양호 | NCMS, ITRI, NEDO |
| Sn-Bi계 | Sn-58Bi(공정) | 저온계(고상선 약 139℃) | 보통 | 저연신/ 좋지 않음 | NEDO |
| | Sn-58Bi-1Ag | | | Sn58Bi보다 양호 | NCMS |
| Sn-Zn계 | Sn-8Zn-3Bi | Sn-37Pb와 유사 | 매우 불량 | 양호/보통 | 실용화에 문제 있음. |
| 기존 Sn-Pb계 | Sn-37, 40Pb(공정) | 고상선 183℃ | 매우 양호 | 고연신/우수 | |

해외의 각 단체에서 추천하고 있는 무연 솔더는 단체마다 다른데 표 4-2는 각 단체에서 현시점에서 추천하고 있는 무연 솔더를 정리한 것이다.

그러나, 여기에 표시한 무연 솔더는 절대적이 아닌 일부를 소개한 것일 뿐이며, 솔더링 프로세스나 부품의 내열성, 도금, 가격, 장비 등에 따라 사용 솔더는 달라질 수 있다. 결국, 무연 솔더는 기존의 Sn-Pb합금과 같이 어떤 조건에서도 사용할 수 있는 만능의 솔더를 기대하기 어려우며 경우에 따라 적절한 것을 선택하여야 한다.

❖ 표 4-2 각 단체에서 현시점에서 추천하고 있는 무연 솔더

| 단체명 | 추천 무연 솔더 |
|---|---|
| NEDO 프로젝트 | Sn-3.0Ag-0.5Cu |
| NEMI 프로젝트 | Sn-3.9Ag-0.6Cu |
| IDEALS 프로젝트 | Sn-3.8Ag-0.7Cu<br>Sn-3.8Ag-0.7Cu-0.5Sb |
| ITRI | Sn-(3.4~4.1)Ag-(0.45~0.9)Cu(Sn-4.0Ag-0.5Cu) |

Sn-Ag-Cu계에는 일본의 센쥬(千住), 미국의 Iowa대학 등 여러 곳에서 출원한 수많은 특허가 복잡하게 얽혀 있는데, 2001년 2월 일본의 센쥬, 미국의 Iowa 대학 간에 특허의 상호 사용(cross licence)이 합의되어 일본과 미국 간에는 어느 정도 문제가 해결되어 가고 있다.

표 4-3은 각 기업에서 적용을 추진하고 있는 무연 솔더들을 정리한 것이다.

❖ 표 4-3 각 기업에서 적용을 추진하고 있는 무연 솔더

| 합금계 | 회사, 기관(국가) | 합금조성(mass%) | 용융 온도범위* | 비고# |
|---|---|---|---|---|
| Sn-Ag-Bi-In | Matushita(Japan) | Sn-Ag-3Bi-In | 중온계 | 미니 디스크 |
| | Toyota(Japan) | Sn-2.5Ag-3Bi-1In-0.2Cu | | |
| | Mtsui(Japan) | Sn-3.5Ag-2.5Bi-2.5In | | |
| Sn-Ag-In-Bi | Toshiba(Japan) | Sn-3.5Ag-3In-Bi | | |
| Sn-Cu | IEC electronics corp.(USA)<br>Matushita(Japan) | Sn-0.7Cu<br>Sn-0.7Cu-X | 최 고 온도계 | Northem Telecom용 |
| Sn-Bi | Fujitsu(Japan) | Sn-58Bi(-1Ag) | 저온계 | 특수용도 |
| Sn-Ag | NEC(Japan) | Sn-3.5Ag(-Cu) | 고온계 | |

| | Oki(Japan) | Sn-3.5Ag(-0.7Cu) | | |
|---|---|---|---|---|
| | Iowa State Univ.(USA) | Sn-4.7Ag-1.7Cu | | 특허가 Sn-Ag-Cu의 광범위하게 포함. |
| | Cookson Technol.(USA) | Sn-3.2Ag-0.5Cu | | |
| | AIM Inc.(USA) | Sn-2.5Ag-0.8Cu-0.5Sb | | |
| Sn-Ag-Bi | Hitachi(Japan) | Sn-Ag-Bi | 중온계 | 캠코더, PC, 오디오 보드 |
| | **Sony(Japan)** | **Sn-2Ag-4Bi-0.5Cu-0.1Ge** | | |
| | Sandia National Lab.(USA) | Sn-3.4Ag-4.8Bi | | NCMS 추천합금 |
| | Cookson Technol.(USA) | Sn-2Ag-7.5Bi-0.5Cu | 중온계 (저융점 공정 존재) | Alloy H |

* 용융온도범위 : 최고 온계(고상선온도 약 227℃ 이상), 고온계(고상선 약 217℃ 이상), 중온계(액상선 약 217℃ 이하), 저온계(고상선 약 139℃).

# 실용화품과 좌측 조성은 반드시 일치하지 않음.

**주** 굵은 글씨는 실용화 끝난 합금

## 융점과 젖음성 04

### (1) Sn-Cu계

Sn-Cu계의 공정 조성은 전술한 바와 같이 Sn-0.75Cu이다. 공정점이란 합금이 마치 하나의 원소처럼 용융 범위가 없이 하나의 융점(221℃)을 갖게 되는 온도를 말한다. Sn-0.75Cu 공정에 미량의 Ni을 첨가한 것이 웨이브 솔더링용으로 유력시되고 있다. 그러나, Sn-Cu계의 젖음성은 순수 주석과 가깝게 그다지 좋지 않으며 양면기판의 웨이브 솔더링에 적용하면 작업조건에 따라 다르겠지만 용융 솔더가 충분히 쓰루 홀로 채워 올라오기 어려운 단점도 있다.

### (2) Sn-Ag계

Sn-3.5Ag는 융점이 221℃이고 공기 중에서의 표면장력은 431mN/m, 질소분위기에서는 493mN/m이다. 표면장력은 솔더의 젖음성에 큰 영향을 미친다. Sn-3.5Ag의 Cu 기판에 대한 젖음 특성은 다른 솔더에 비해 좋지 않고, 불활성 분위기에서도 크게 개선되지 않는다. 그러나, Ni에 대해서는 Sn-Pb보다는 못하지만 다른 무연 솔더에 비해 좋은 특성을 보인다.

웨팅 밸런스 시험(wetting balance test)법에 의하여 솔더의 젖음력을 측정하면 솔더의 온도가 증가할수록 표면장력 및 접촉각이 모두 감소하는 경향을 보인다. Sn-Ag 솔더의 표면장력은 Sn-Pb에 비해 높고, 접촉각은 낮다. 이것은 Sn-Ag솔더가 Sn-Pb 솔더에 비해 젖음 특성이 떨어진다는 것을 의미한다. 이에 관하여서는 연구자에 따라 약간의 차이가 있지만 대략 10%정도의 젖음 특성 차이가 있다.

Sn-3.5Ag의 조성을 가지는 합금이 공정점에서 벗어나면 액상선과 고상선으로 나뉘게 되는데 액상선과 고상선의 중간영역을 머쉬 존(mushy zone)이라 부르며, 머쉬 존에서는 고상과 액상이 공존하게 된다. 최근에는 이러한 머쉬 존에서의 솔더링에 관해서도 보고된 바 있다.

### (3) Sn-Ag-Cu계

Sn-Ag-Cu계 솔더는 실용화가 가장 유력한 무연 솔더로서 공정온도가 대략 217℃ 정도로 보고되고 있다. 그러나, 아직 정확한 공정 조성이 밝혀져 있지 않으며, 최근에는 Sn-3.5Ag-0.7Cu라는 보고가 있었다.

Sn-Ag계 솔더에 동을 첨가하면 젖음성이 향상되며 Cu의 첨가량에 의해 현저한 차이가 있다. Sn-Pb 공정 솔더와 비교할 때 웨팅 밸런스 시험을 실시한 결과 젖음시간(zero-cross time)이 길어지는 경향을 보였지만 최대 인출력은 대체로 비슷한 값을 보인다.

### (4) Sn-Ag-Bi계

Sn-Ag-Bi계 솔더에 있어서 Bi가 첨가되면 융점이 낮아지는 효과가 있으며 젖음성이 다소 개선되는 경향이 있다. Sn-Pb 공정 솔더와 비교할 때 웨팅 밸런스 시험을 실시한 결과 Bi 첨가량이 적은 경우는 젖음 시간이 길어지지만 Bi량이 7% 이상일 때에는 표면장력이 증가하게 된다. Bi 첨가 시 액상선이 낮아지는 효과도 있지만 동시에 고상선도 저하되어 결국 리프트 오프(lift-off 또는 fillet lifting) 불량을 일으키는 원인이 되기도 한다. Bi의 첨가량은 약 3%를 경계로 하고 1% 이내에서 첨가하면 Cu 판에 대해 젖음성이 향상되기도 한다.

### (5) Sn-Ag-Bi-In계

In의 첨가는 솔더의 융점 저하에 크게 기여하는데 Sn-Ag계에 In을 약 6% 첨가하면 10℃ 정도의 융점이 저하된다. 그러나, Sn-Ag-Bi-In계에서 In량을 증가시키더라도 젖음성은 극히 조금 개선된다. Sn-Ag-Bi-In계의 퍼짐율(sprading ratio)은 약 85%정도이다. 이 합금계의 가장 단점은 In이 고가인 것이며 이 때문에 수 % 이하를 첨가한 것을 실용화하고 있다.

### (6) Sn-Zn계

Sn-8.8%Zn는 198.5℃의 공정온도를 지닌 것으로 내열온도가 낮은 전자부품을 채용하고 있는 전자제품에 적용 가능하다. Sn-Zn계에 Bi를 3% 내외로 첨가한 솔더의 융점은 187-197℃ 정도이다. Sn-Zn계는 Sn-37Pb 공정 솔더와 용융점이 가장 유사하여 종래의 설비와 공법을 이용하여 솔더링이 가능한 것으로 평가되는 후보 합금이다.

Sn-Zn계는 Zn이 대기 중에서 쉽게 산화되기 때문에 종래의 플럭스를 사용할 때에는 젖음성이 나쁘다. 그러나, 최근 플럭스가 개량되어 젖음성이 많이 개선되었으며230-250℃에서 솔더 페이스트의 퍼짐율(sprading ratio)이 약 70% 정도이다. 이는 Sn-37Pb 공정 솔더의 퍼짐율(약 90%)에는 미치지 못하지만 Sn-3.5Ag-0.7Cu의 퍼짐율(약 75%)에는 근접한 수치이다. Sn-Zn계 솔더 페이스트는 현재 빠른 속도로 발달하고 있으며 대기 중에서도 솔더링이 가능한 수준이다. 그림 4-6은 일본의 소화전공에서 Sn-8Zn-3Bi를 사용하여 대기 중에서 리플로 솔더링한 예를 보인 것이다.

| 그림 4-6. Sn-8Zn-3Bi를 사용하여 대기 중에서 리플로 솔더링한 예 |

Zn은 활성화되어 안정한 산화물을 형성하므로 웨이브 솔더링 등의 산화되기 쉬운 조건에서는 질소분위기에서 사용해야 한다. Sn-Zn계의 젖음성을 개선하기 위해 In을 첨가하기도 한다(Sn-8.8Zn-5In).

## (7) Sn-Ag-Zn계

Sn-Ag-Zn계 중에서 개발된 솔더의 조성은 Sn-3.5Ag-1Zn가 있으며 용융점은 약 217℃ 이다. Sn-Ag에 Zn을 첨가하면, Zn이 솔더 표면으로 나와 대기중에서 강한 산화막을 형성하여 젖음성을 떨어뜨린다. 또한 Zn을 첨가한 솔더는 내식성이 약하기 때문에 솔더링에서의 사용이 제한되어 왔다. 그러나 플럭스와 질소 분위기의 솔더링 기술이 점차 발달하고 있어 젖음성의 문제는 점차 해결될 수 있을 것이다.

## (8) Sn-Bi계

Sn-58Bi는 139℃의 비교적 낮은 공정온도를 지닌 저온 솔더 합금이다. Sn-Bi계 합금의 퍼짐율(sprading ratio)은 220~250℃ 범위에서 약 78~80% 정도이며, 접촉각은 약 18℃정도이다. Sn-Bi계 합금의 실용화에 있어서 가장 큰 문제점은 139-190℃ 범위에 걸쳐 있는 넓은 응고 범위이다. 이것은 솔더링시 고상/액상 공존영역(mush zone)을 상당히 커지게 하며, 솔더가 응고할 때 편석으로 나타나 lift-off를 발생시키는 요인이 된다. 이에 관하여는 추후 기술하기로 한다.

## (9) Sn-In계

Sn-In계는 In-49.1Sn이 공정조성이며, 공정온도는 117℃로 융점이 아주 낮다. 이 솔더는 연성과 젖음성이 우수한 저온용 솔더이나 고가인 것이 단점이다.
이상의 사항을 종합하면, 무연 솔더는 Sn-37Pb와 비교하여 젖음성이 떨어진다. 무연 솔더가 젖음성이 좋지 않은 이유는 다음과 같다.

### ① 솔더의 표면장력

무연 솔더의 표면장력이 Sn-Pb 공정에 비해 크다. 결과적으로 용융솔더/플럭스의 계면장력이 크다.

### ② 솔더의 산화특성

Sn, Bi, In, Zn 등은 Pb에 비해 안정한 화합물을 형성하는 원소로 구성되어 있다. 따라서, 플럭스에 의한 산화막의 제거성이 떨어진다.

### ③ 솔더/모재간의 전위차

무연 솔더의 전극전위가 모재 Cu와 비교해서 좋지 않다. 따라서, 안정한 산화피막을 형성하는 원소가 선택 용해되지 않고 특정 원소만이 우선 용해된다.

### ④ 솔더/모재간의 금속간화합물 형성

계면에 형성되는 금속간 화합물이 달라 솔더/모재간의 계면장력이 크게 된다. 이와 같은 문제점을 해결할 수 있는 대책으로는 ①에 대해서는 플럭스의 개발, ②에 관해서는 질소 등을 사용하여 저산소 분위기의 유지, ③, ④에 대해서는 표면처리를 하는 방법 등이 있다.

무연 솔더는 기존의 Sn-Pb 솔더에 비해 융점이 높기 때문에 솔더링 온도가 높아져야 한다. 또한, 젖음성이 나쁘기 때문에 솔더링 시간도 더 길어져야 한다. 그림 4-7은 여러 외국기업에서 제시한 무연 리플로 솔더링 가열곡선의 한 예를 보인 것이다.

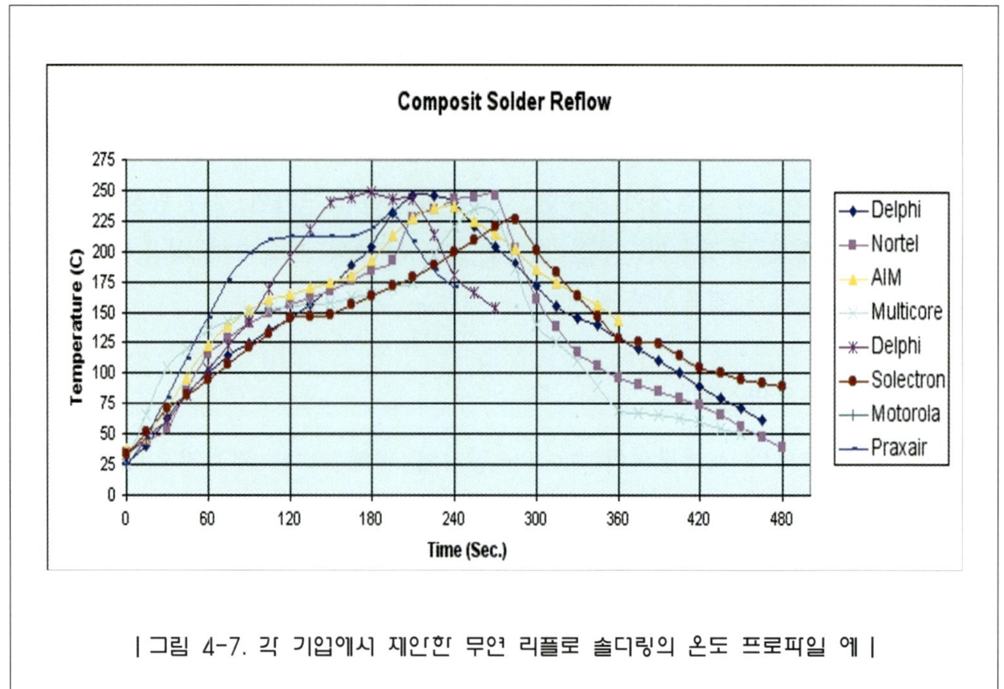


| 그림 4-7. 각 기업에서 제안한 무연 리플로 솔더링의 온도 프로파일 예 |

# 미세조직 05

## (1) Sn-Cu계

Sn-Cu계 합금의 조직은 β-Sn 초정과 $Cu_6Sn_5$-Sn 공정조직으로 구성되어 있다. Sn-0.7Cu는 응고 시 $Cu_6Sn_5$와 $Cu_3Sn$과 같은 금속간화합물이 생성되며, $Cu_3Sn$은 $Cu_6Sn_5$보다 안정하기 때문에 고온 접합부에서 일반적으로 관찰할 수 있다. 그림 4-8은 Sn-Cu계 합금으로 솔더링한 예를 보인 것이다.

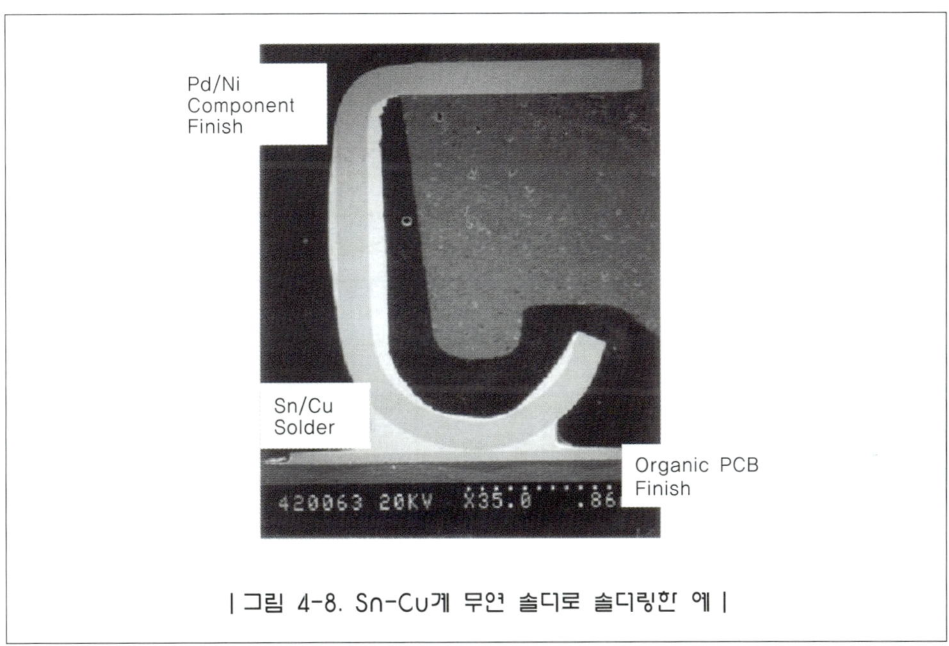


| 그림 4-8. Sn-Cu계 무연 솔더로 솔더링한 예 |

## (2) Sn-Ag계

Sn-Ag계의 대표격인 Sn-3.5Ag 공정 솔더는 서냉 시에 0.04% 이하의 Ag가 함유된 거의 순수한 Sn상과 ε상($Ag_3Sn$)의 공정 미세조직으로 구성되어 있다(그림 4-9, Sn-Ag 2원계 합금의 상태도 참조). 그러나, 급냉되면 β-Sn 초정과 Sn 및 ε상의 공정조직이 혼재되어 있다.

Sn 기지 상에 생성된 침상형태의 ε상은 Sn-Pb에서 관찰되는 층상 형태를 보이지 않고 응고방향을 따라 성장한다. 또한, 솔더링 공정 중에 받게 되는 열의 강도가 높고 냉각속도가 빠르면 핵생성은 촉진되지만 ε상의 성장이 방해되어 미세하게 분산된 조직을 나타내며 반대의 경우는 침상 형태로 성장하게 된다.

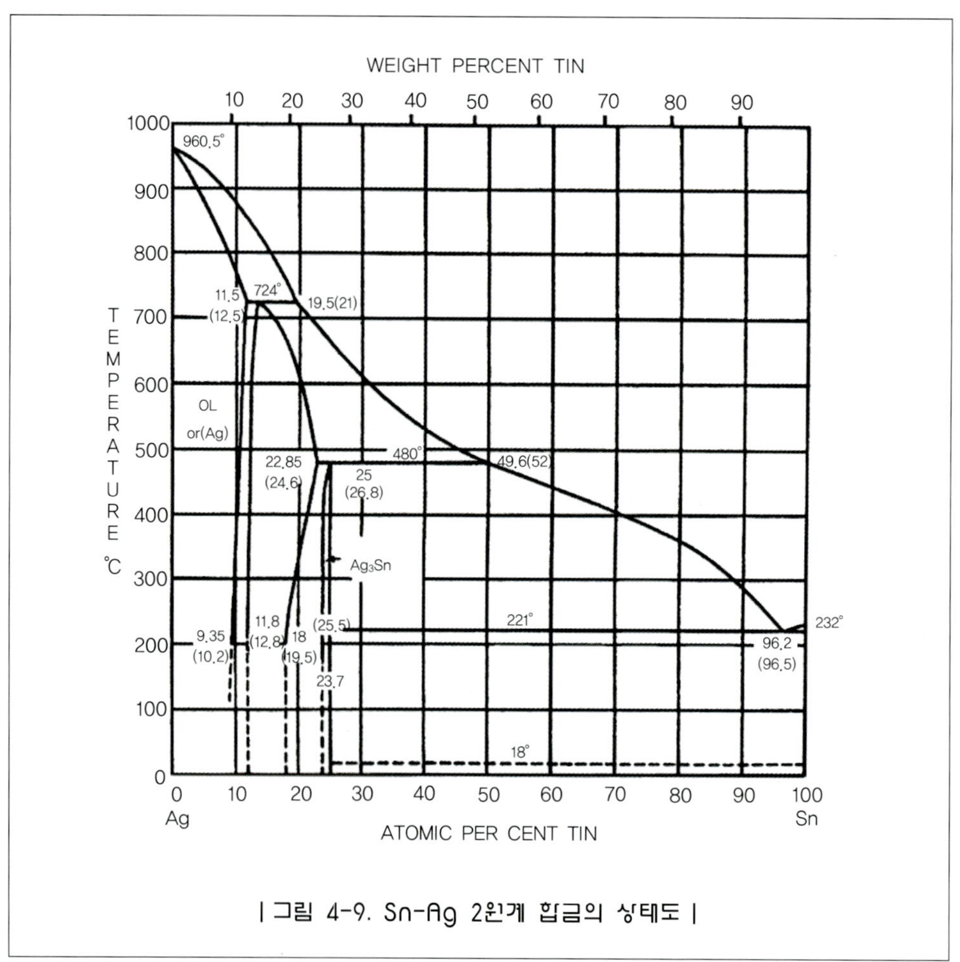


| 그림 4-9. Sn-Ag 2원계 합금의 상태도 |

또, 과열이 되면 기판에 있는 Cu의 용해를 촉진하여 솔더 부위에 보다 많은 양의 Sn-Cu 금속간화합물이 생성된다. Sn-Cu 금속간 화합물은 Sn-Ag 금속간 화합물에 비해 취성이 있기 때문에 계면 두께가 얇아지면 솔더부의 강도및 피로수명이 증가하게 된다. 즉, 레이저 솔더링과 같이 비교적 높은 열을 주사하게 되면 Cu를 고르게 퍼뜨리고 계면의 두께를 줄임으로서 여러 열적 기계적

성질을 향상시키는데 도움이 된다. 전자제품 사용 중 발열에 의한 시효(aging) 효과는 온도와 시간이 중요한 변수인데 온도가 높을수록 입자 크기가 증가되고 확산 성장 기구에 의해 계면의 변화(금속간 화합물의 두께 증가 등)가 생긴다. Sn-3.5wt%Ag 공정 합금은 순수한 Sn에 가깝기 때문에 Sn에서 볼 수 있는 위스커성장(whisker growth)과 tin pest(주석이 -50℃ 정도에서 분말상으로 붕괴하는 현상)가 일어날 수 있다. Sn-3.5wt%Ag 공정 합금은 그림 4-9의 상태도에서 볼 수 있듯이 융점이 221℃로 비교적 높고 인장강도 및 전단강도 등의 기계적 성질이 우수하여 자동차용 전자부품과 같은 고온 분위기에 적용 가능하다. Sn-Ag계 솔더의 저항은 약 10-15$\mu\Omega$㎝이다.

그림 4-10은 250℃-0.7m/min과 290℃-0.4m/min 조건에서의 Sn-3.5Ag의 접합초기 상태와 시효 후의 솔더 내부의 미세조직을 보여주는 SEM 사진이다.

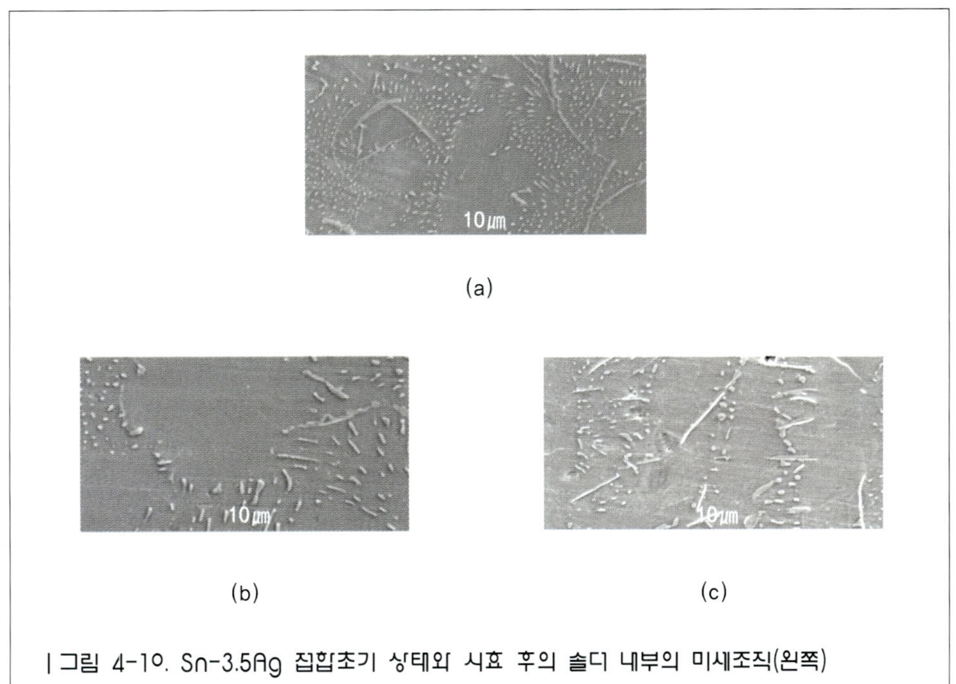


| 그림 4-10. Sn-3.5Ag 접합초기 상태와 시효 후의 솔더 내부의 미세조직(왼쪽) : 250℃-0.7m/분으로 리플로(오른쪽) : 290℃-0.4m/분으로 리플로(위쪽) : 시효(aging) 않음(아래쪽) : 100℃~600시간 시효 |

250℃-0.7m/min 조건에 비해 290℃-0.4m/min 조건에서 또 초기접합 상태보다는 시효 후의 솔더 내부에서 $Ag_3Sn$상이 더 크게 성장하였음을 관찰할 수 있다.

그림 4-11은 그림 11과 동일한 조건에서의 접합부 계면을 보인 것이다. 계면에는 패드부의 금속 위에 금속간 화합물의 다중 이종 핵 생성(multi hetero-geneous nucleation)에 의해 형성된 부채꼴(scallop) 형태의 금속간 화합물이 존재한다. 금속간 화합물의 두께는 접합 초기의 경우 250℃-0.7m/min에서는 0.6~0.9㎛, 290℃-0.4m/min 조건에서 1.6~2.0㎛의 값을 나타내고 있다.

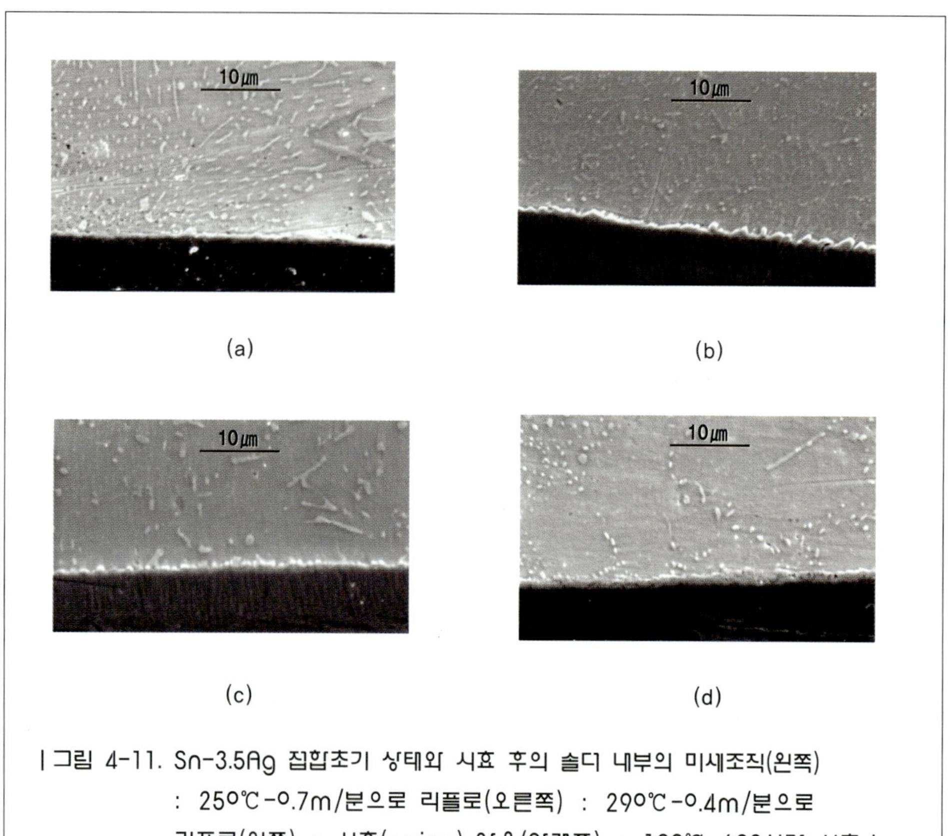


| 그림 4-11. Sn-3.5Ag 접합초기 상태와 시효 후의 솔더 내부의 미세조직(왼쪽) : 250℃-0.7m/분으로 리플로(오른쪽) : 290℃-0.4m/분으로 리플로(위쪽) : 시효(aging) 않음(아래쪽) : 100℃-600시간 시효 |

한편, 시효 후의 시편에서는 250℃-0.7m/min의 경우 1.2~1.4㎛, 290-0.4m/min 경우 1.8~2.2㎛으로 성장한 것을 관찰할 수 있다. 부채꼴 형태의 금속간 화합물은 접합 초기 상태의 시편일 경우 250℃-0.7m/min 조건에서는 거의 반구형(hemi-spherical)로 존재하는 반면 290℃-0.4m/min 조건과 시효 후의 시편에서는 반경이 작아지면서 전체적으로 하나의 부드러운 경계 형태를 보인다. 한편, 동일한 리플로 공정 조건에서 용융된 솔더를 각기 다른 냉각속도에서 응고시

키면, 냉각속도가 빠른 수냉(water cooling)조건인 경우 로냉(furnace cooling)에 비해 크기는 작고 반구형의 형상을 갖는 부채꼴 형태가 나타난다.

### (3) Sn-Ag-Cu 솔더

무연 솔더의 대표적 후보 합금인 Sn-3.5Ag-0.7Cu는 Sn-3.5Ag 합금과 유사한 미세조직을 보인다.

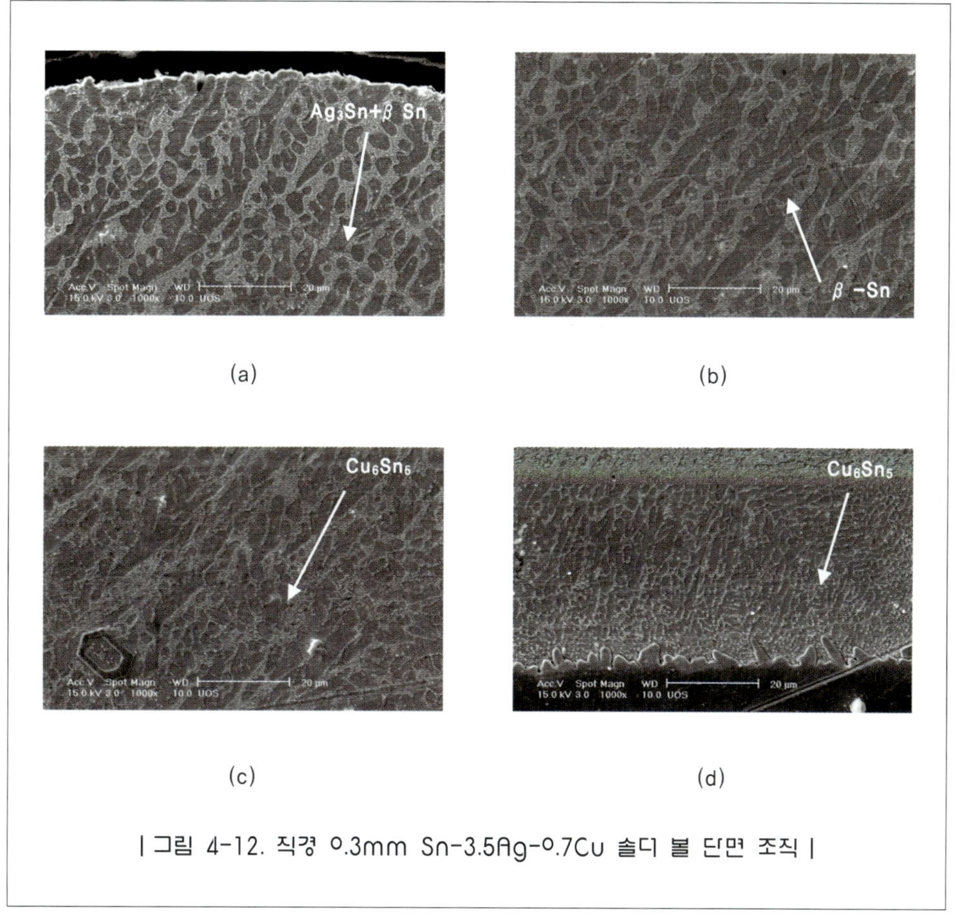


| 그림 4-12. 직경 0.3mm Sn-3.5Ag-0.7Cu 솔더 볼 단면 조직 |

그러나, Sn-Ag 2원계 합금과 다른 점은 극히 미세한 $Ag_3Sn$상 외에 $Cu_6Sn_5$ 화합물이 존재하고 또 $\beta$-Sn상의 크기도 보다 작아지는 경향을 보인다. Cu 함유량이 증가하면 $Cu_6Sn_5$ 화합물이 조대화 되는 경향이 있다.

그림 4-12는 직경 0.3mm Sn-3.5Ag-0.7Cu 솔더 볼 단면 조직을 보인 것이다. 솔더 내부에 육각형의 금속간 화합물이 존재하고 있으며 솔더 볼과 Cu-패드 사이의 계면에 솔더 쪽으로 성장한 침상(針狀)의 금속간 화합물 $Ag_3Sn$이 존재한다. Sn-3.5Ag-0.7Cu 솔더와 Cu 패드 사이의 접합계면의 금속간 화합물의 두께는 250℃-0.7m/min에서 4.2㎛, 260℃-0.6m/min에서 약 4.4㎛ 정도였다(그림 4-13 참조). 이 값은 Sn-37Pb의 금속간 화합물 두께 약 1.13㎛ (220℃-0.9m/min) 및 1.45㎛(240℃-0.6m/min) 보다 약 3㎛정도 두꺼웠다. 이러한 현상의 원인은 Sn-3.5Ag-0.7Cu의 경우 Sn-37Pb에 비해 주석의 함량이 많고 솔더링 온도가 높기 때문에 Cu-패드가 용융솔더로 용해되어 나오는 양이 많을 것이기 때문이다. 금속간 화합물의 두께가 증가하면 일반적으로 솔더링부의 강도는 감소된다.

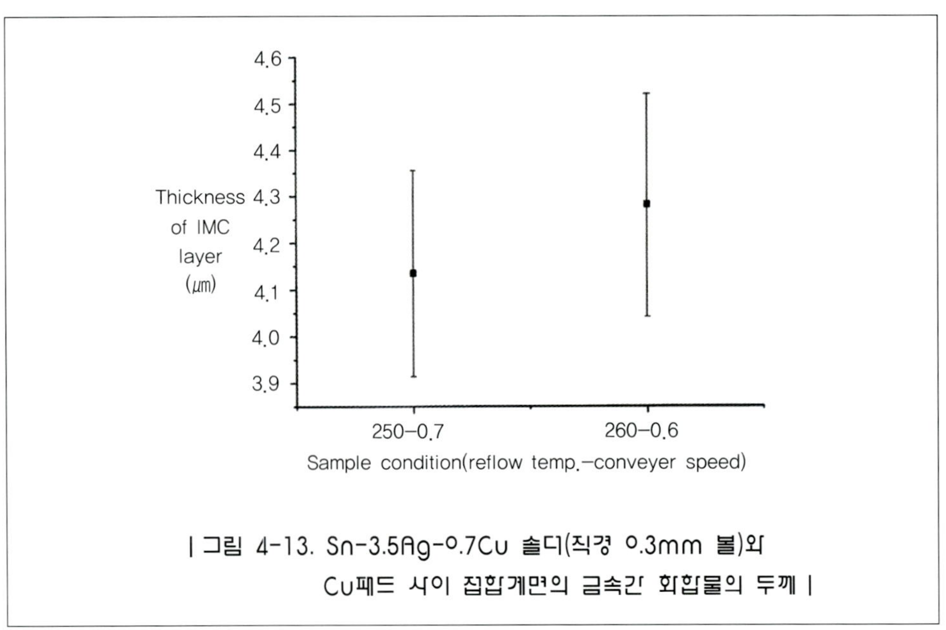


| 그림 4-13. Sn-3.5Ag-0.7Cu 솔더(직경 0.3mm 볼)와 Cu패드 사이 접합계면의 금속간 화합물의 두께 |

## (4) Sn-Ag-Bi계

Sn-Ag-Bi계 솔더의 미세조직은 Bi 농도가 고용한도 2% 이하의 경우 β-Sn상이 꽤 작아지는 것을 제외하고는 Sn-3.5Ag합금의 조직과 크게 다르지 않다.

이에 반해 Sn-3Ag-(3~15)%Bi 합금계의 경우 Bi 농도가 높기 때문에 고용되지 않은 Bi상이 미세하지만 불균일하게 정출된다. 또, 불규칙한 모양의 $Ag_3Sn$상이 미세한 $Ag_3Sn$ 입자를 함유한 $\beta$-Sn 상의 주위에서 관찰된다. 이처럼 불규칙한 형상의 제2상은 솔더의 기계적 성질과 연성을 떨어뜨리는 요인이 된다. Bi의 첨가량이 증가함에 따라 $Ag_3Sn$상이 조대화되고 Bi가 편석된다. Bi 첨가량이 3% 이상 높은 경우 Sn 내에 고용되지 못한 Bi는 냉각 중 솔더 내에 미세하게 석출되고 취성이 증가되어 솔더의 소성가공이 곤란해진다.

## (5) Sn-Ag-Bi-In계

Sn에 고용되는 In양은 상온에서 약 8%이다. Sn-Ag-Bi-In 솔더의 조직은 Sn-Ag-Bi계 3원 합금과 유사한데 $\beta$-Sn 상중에 미세한 $Ag_3Sn$입자와 소량의 Bi 입자상이 존재한다.

## (6) Sn-Zn계

Sn-Zn 이원계 상태도에 의하면 Sn과 Zn은 상호 고용도가 거의 없어 Sn상과 Zn상으로 분리된다. 그러나, Zn은 취성이 없기 때문에 기계적 성질을 떨어뜨리지는 않는다. 미세조직은 Sn-rich 상과 Zn-rich상으로 구성된 층상(lamellar)으로 구성된다.

Zn은 기판상의 Cu 패드와 반응하여 Cu쪽으로부터 Sn-Zn계 솔더쪽으로 CuZn 화합물, 얇은 $\beta$-CuZn, $Cu_5Zn_8$ 등 3층의 금속간화합물을 차례로 형성한다. 이처럼 다른 Sn계 무연 솔더와는 달리 계면에 CuSn계 금속간화합물 대신 CuZn계 금속간화합물이 먼저 형성되는 것은 Sn에 고용되지 않은 반응성 높은 Zn이 Cu보다 먼저 Sn과 반응하기 때문인 것으로 판단된다.

그림 4-14는 Cu 위에 Ni이 도금된 상태에 Sn-8Zn-3Bi 페이스트를 사용하여 솔더링하였을 때의 조직을 보인 것이다. 그림 4-14 (a)는 솔더링된 상태 그대로의 조직사진이고 그림 4-14 (b) 1,000회의 열 사이클(-40℃×30분 및 -125℃

×30분) 후의 솔더링부 조직 사진이다. 그림에서 보듯이 솔더링한 상태에서는 아연(Zn) 결정이 침상으로 존재하고 있으며 열 사이클 시험 후에는 아연(Zn) 결정이 구상으로 변화하였다. 그러나, 신뢰도 측면에서는 큰 문제가 없는 것으로 판단되었다.

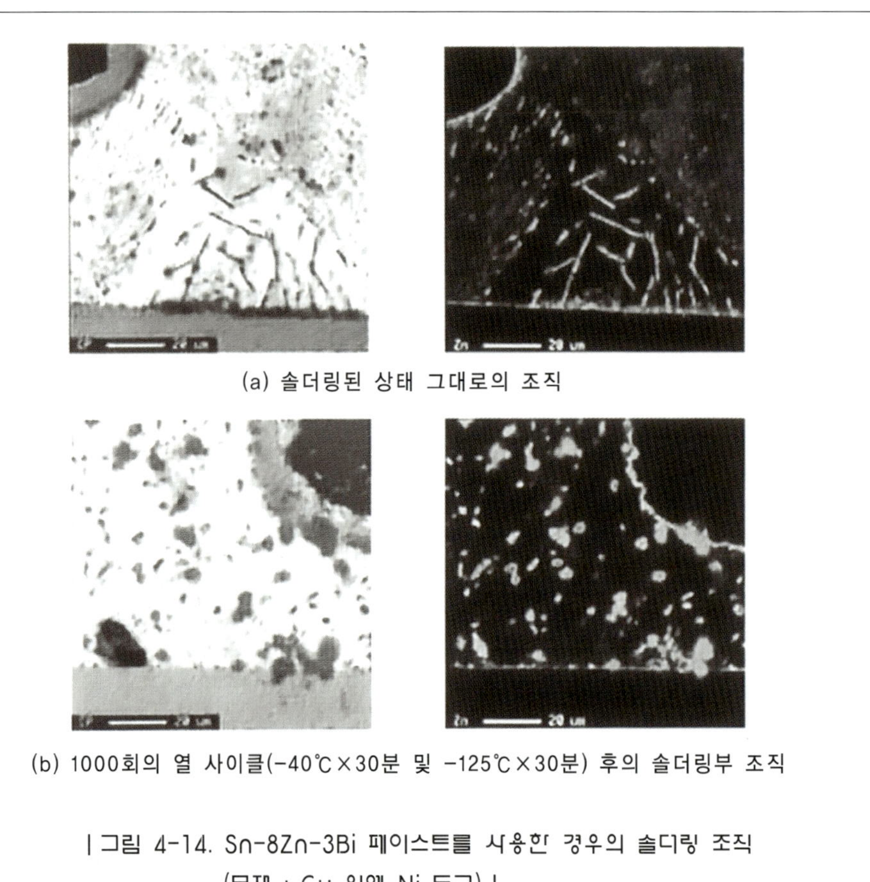

(a) 솔더링된 상태 그대로의 조직

(b) 1000회의 열 사이클(−40℃×30분 및 −125℃×30분) 후의 솔더링부 조직

| 그림 4-14. Sn-8Zn-3Bi 페이스트를 사용한 경우의 솔더링 조직 (모재 : Cu 위에 Ni 도금) |

## (7) Sn-Ag-Zn계

Sn-Ag 솔더 내에 Sn에는 잘 고용되지 않으나 Ag에 잘 고용되는 원소를 첨가하면 강도 및 내크립성을 증가시킬 수 있다. 이와 같은 조건에 부합하는 원소 중 하나인 Zn은 그간 젖음성 및 내식성이 좋지 않기 때문에 솔더링에서의 사

용이 제한되어 왔으나, 질소 분위기의 솔더링 기술 발달로 젖음성의 문제가 어느 정도 해결되었다. Sn-Ag계에 Zn이 첨가되면 수지상(dendrite)조직의 형성을 억제하고 Ag3Sn을 미세화 시키는 역할을 한다.
따라서, 젖음력이 Sn-3.5Ag와 유사하면서 최대 인장응력이 48%정도 향상되는 장점이 있다.

## (8) Sn-In계

Sn-In계의 공정조성은 In-49.1%Sn이고, 표면실장에 응용되는 조성은 대체로 In-48Sn이다. Sn-In 합금계는 In-rich(44.8wt%Sn)의 $\beta$상과 Sn-rich(77.6wt% Sn)의 $\gamma$상과 같은 금속간화합물이 생성된다.

## (9) Sn-Bi계

Bi는 무연 솔더에 사용되는 다른 첨가원소와는 달리 Sn에 많은 량이 고용(139℃에서 21% 고용)된다. 공정조성은 Sn-58Bi이며 $\beta$ -Sn과 Bi의 공정조직을 갖는다. Bi가 21% 이하인 범위에서도 솔더 중의 Bi는 응고 시 농축된다. 이로 인해 Bi의 편석이 일어나서 공정조직이 나타나기 쉬우며 공정점(139℃) 용융현상이 일어나기도 하므로 주의하여야 한다. 또한, Bi는 전자부품 표면의 Sn-Pb 도금층과 반응하여 Cu 패드와 솔더 사이가 제대로 접합되지 않고 틈이 벌어지는 이른바 리프트 어프(lift-off 혹은 fillet lifting) 현상을 일으키므로 Sn-Pb 도금층과는 함께 사용하지 말아야 한다.
Sn에 대한 Bi의 최대 고용도는 21%로 높기 때문에 응고 시 Bi가 조대한 석출물을 형성하여 기계적 성질에 악영향을 미칠 수 있다. 따라서 솔더링 특성 등을 고려할 때 Bi의 첨가량을 5% 이하로 하거나 제3원소의 합금화로 조대한 석출물을 미세 분산시킬 필요가 있다.
Sn-Bi계 솔더는 Sn-Bi계와 마찬가지로 Cu 패드와 반응하여 Cu쪽으로부터 Sn-Bi계 솔더 쪽으로 $Cu_3Sn$, $Cu_6Sn_5$화합물을 차례로 형성한다.

## 무연 도금 06

무연 솔더링의 구현을 위해서는 전자부품에 대한 무연 도금도 필수적이다.

현재, 무연 도금재는 무연 솔더와 접합성 측면에서 큰 문제는 없는 것으로 알려져 있다.

전자부품의 무연 도금에는 Pd, Au, Ag, Sn, Sn-Ag, Sn-Bi, Sn-Cu 등이 대표적인데 이들 중 Au나 Pd의 적용이 확대될 것으로 보이며 Sn계 중에서는 현 시점에서 Sn과 Sn-Bi계가 유력해 보인다.

Sn 도금은 1608 크기의 적층세라믹 콘덴서 외부 전극에 적용된 경우가 있는데 솔더의 젖음성이나 고온 방치시험 후의 강도, 온도 사이클 시험 후의 접합 강도 등이 기존의 Sn-Pb와 대등한 수준으로 평가되고 있다.

Sn 도금층의 단점은 표면에 발생하는 위스커이다. 위스커는 정도의 차이는 있으나 Sn계 무연 도금층에서 모두 발생한다. 위스커에 대해서는 뒤에 별도로 기술하였다.

그림 4-15는 Sn-Bi, Sn-Ag, Ni/Pd/Au, Sn-Pb 도금을 하였을 때 Sn-3.5Ag-0.75Cu, Sn-2Ag-3Bi-0.75Cu, Sn-37Pb 솔더에 대한 온도별 젖음 특성 중 제로 크로스 시간을 보인 것이다.

그림에서 보듯이 Sn-Ag계가 230℃ 이하에서 젖음성이 나쁘고 Sn-Bi, Ni/Pd/Au 도금층은 Sn-Pb 도금층과 대등한 수준이다.

그림 4-16은 무연 도금과 솔더링을 행한 후 -40~+125℃에서 열사이클 시험을 행한 뒤 강도를 평가한 것인데 Sn-Ag 및 Sn-Bi 도금의 경우 Ni/Pd/Au, Sn-Pb 도금에 비해 다소 떨어지지만 크게 저하하지는 않는다.

이와 같이 Sn-Bi계에 대하여도 젖음성, 강도, 필렛 형상 등을 검토한 결과 실용상 문제는 없는 수준인 것으로 평가되고 있다.

무연 솔더링 적용과정에서 일거에 모든 도금층을 무연화 하기 어려울 수 있다. 종래의 Sn-Pb 도금층을 사용하여 무연 솔더링 할 경우나 Bi, In가 함유된 솔더를 사용하여 양면 쓰루 홀 웨이브 솔더링을 할 때에는 리프트 어프(lift off 혹은 fillet lifting) 현상이 발생하기 쉽다.

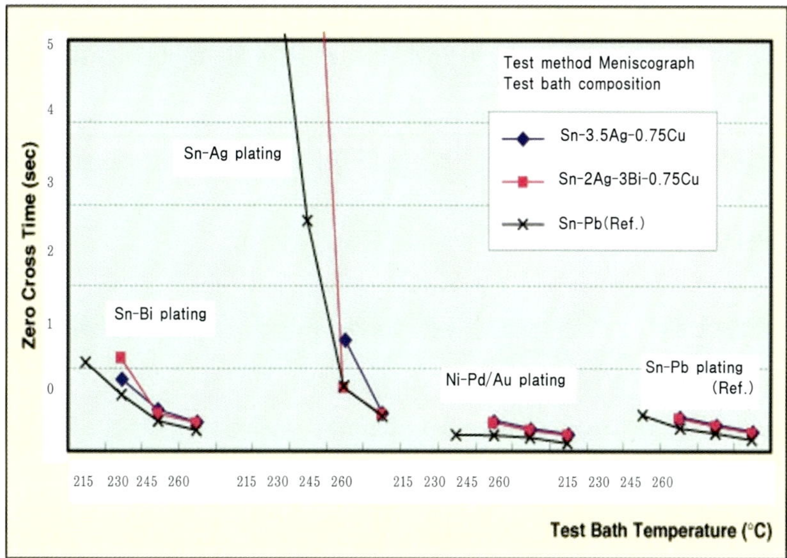


| 그림 4-15. 무연 도금의 온도별 젖음 특성(제로 크로스 시간) |

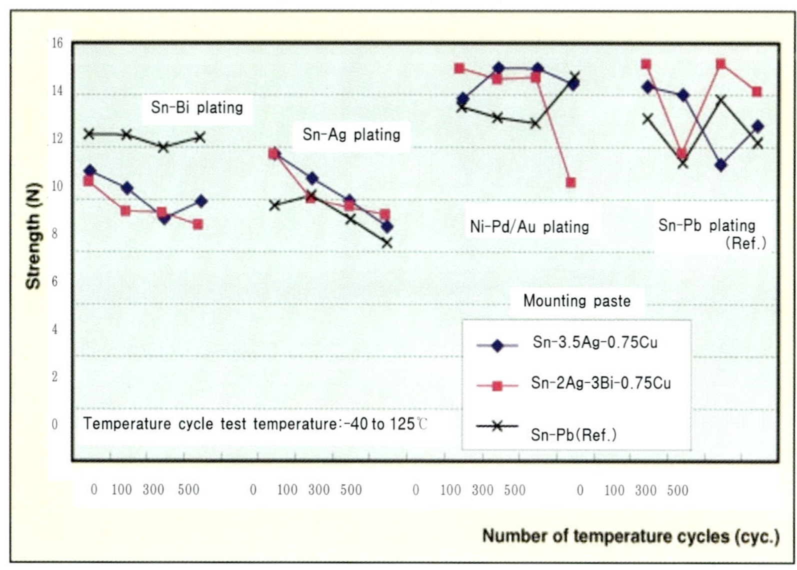


| 그림 4-16. 무연 도금-솔더링부의 -40~ + 125℃ 열사이클 시험 후 강도) |

리프트 어프는 솔더와 동(Cu) 랜드간의 박리 현상으로 특히 Sn-Pb 도금층과 약 3% 이상의 Bi를 함유한 솔더를 함께 사용할 경우에는 리프트 어프 현상이 현저하다. 따라서, Sn-Pb 도금층과 수 % 이상의 Bi를 함유한 솔더는 가급적 함께 사용하지 말아야 한다.

### (1) 위스커(Whisker)

전자공업에서의 위스커는 Sn 혹은 Sn의 조성에 가까운 합금의 도금면에서 성장하는 단결정에 가까운 수염 같은 결정질을 말한다(그림 4-17 참조). 위스커의 직경은 약 1~3㎛, 길이는 0.1~5mm의 섬유상이며 빠른 경우 1개월에 약 1mm 성장한다. Sn 도금의 경우 하지(下地) 금속이 Cu인 경우 특히 현저하며 온도 사이클 시험과 같이 저온(※ -45℃)과 고온(※ +85℃)이 반복적으로 작용될 때에도 용이하게 성장한다. 그림 4-17은 Sn 혹은 Sn에 조성에 가까운 합금의 도금면에서 성장하는 위스커의 예를 보인 것이다. 위스커는 PCB의 회로 단락이나 오버 브리지(over bridge)의 원인이 된다.

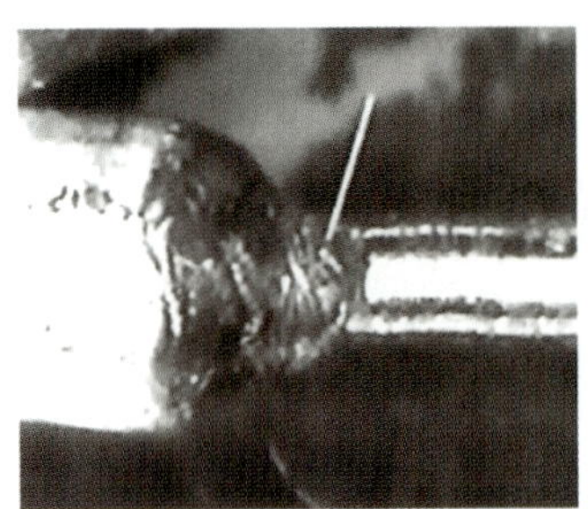

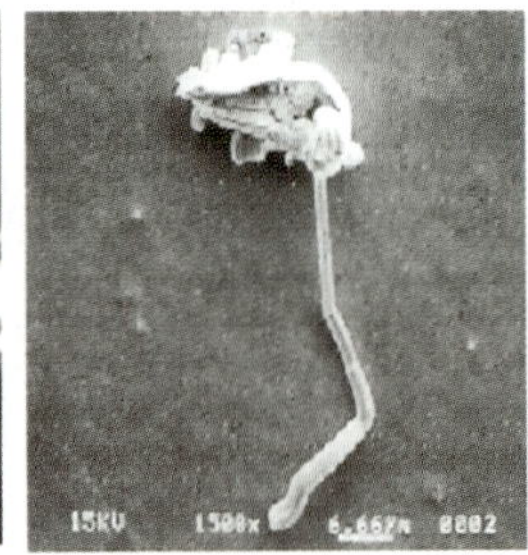

| 그림 4-17. Sn 혹은 Sn에 조성에 가까운 합금의 도금면에서 성장하는 위스커의 예 |

위스커의 방지 대책은 아직 충분히 알려져 있지 않지만, 실험적으로는 다음과 같은 것들이 알려져 있다.

① 도금 후 열처리를 하거나 용융처리를 한다.

② 발생경향은 도금부의 하지(下地)에 따라 달라지는데, 발생 경향은 황동>동>니켈>철 순서이다.

### (2) 리프트 오프(lift-off 혹은 fillet lifting)

Bi가 수 % 함유된 Sn계 솔더를 사용하여 양면 쓰루 홀 솔더링을 하면 솔더부에는 수 ㎛에서 십 수 ㎛ 크기로 Bi가 미세 편석된다. 특히, 랜드와 솔더의 계면을 따라 쓰루 홀 쪽으로의 편석이 심해진다. 편석된 Bi는 저융점 합금을 형성하여 솔더가 응고될 때 액상으로 잔류하다가 솔더의 응고 수축 및 리드의 열수축에 의해 솔더가 들어 올려 지면서 강도가 약한 솔더와 랜드와의 계면에 박리가 발생한다. 이것을 리프트 오프라 한다. 그림 4-18은 리프트 오프가 발생한 예와 발생 기구를 보인 것이다. 리프트 오프는 고상과 액상의 용융범위가 넓은 솔더와 Bi의 함량이 많은 솔더에서 발생하기 쉽다. 즉, Sn-Bi계에서는 Bi함량 5-10% 범위에서 Sn-Pb계에서는 Pb함량 수 %에서 Sn-In계에서는 In 함량 10% 정도에서 발생이 현저하다. 또한, 두께가 두꺼운 기판에서도 발생하기 쉽다. 그러나, 리프트 오프는 모든 솔더링법에서 발생하는 것이 아니며 양면 쓰루 홀 기판을 웨이브 솔더링 할 때만 발생한다.

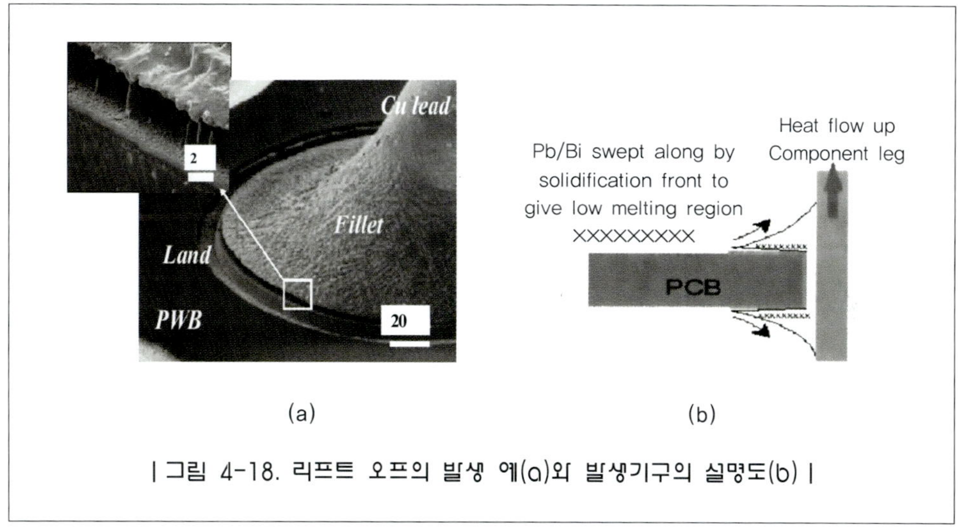


| 그림 4-18. 리프트 오프의 발생 예(a)와 발생기구의 설명도(b) |

리프트 오프의 방지 대책으로는

① 고액공존 영역이 작은 솔더를 택할 것
② 편면 기판을 사용할 것
③ 솔더링 시 급냉할 것

등이 있다.

## 기계적 특성 07

### (1) Sn-Cu계

Sn-0.7%Cu는 기계적인 인장강도나 크리프 특성이 종래의 솔더에 비해 떨어지나 경제적이라는 장점이 있다. 그러나 공정온도가 높아 솔더링 온도 역시 높으므로 웨이브 및 와이어용으로 한정된다.

### (2) Sn-Ag 솔더

Sn-3.5Ag 합금의 인장강도는 25℃에서 약 35MPa(Sn-37Pb 약 41MPa), 연신율은 약 53%(Sn-37Pb 약 32%) 정도이다. 또한, 120℃ 에서의 Sn-3.5Ag 합금의 인장강도는 20MPa(Sn-37Pb 약 14MPa), 연신율은 약 47%(Sn-37Pb 약 80%) 정도이다. 인장강도는 변형 속도에 따라 다소 차이가 있는데 저변형 속도에서는 Sn-3.5Ag의 강도가 Sn-37Pb보다 높다. 120℃에서 500시간 정도의 열처리를 행하면 상기 25℃에서의 값에 비해 Sn-3.5Ag 합금의 인장강도는 약 10% 감소하고 연신율은 약 15% 증가한다.

그림 4-19는 직경 0.76mm인 Sn-3.5Ag BGA용 솔더 볼을 사용하였을 때, 솔더링 피크온도 변화에 따른 솔더 볼의 전단 접합강도 변화 결과를 시효처리 유무에 따라 보인 것이다.

그림 4-19 (a)에서 Sn-3.5wt%Ag는 솔더링 온도가 240~280℃ 범위에 있을 때, 260℃에서 1727gf로 높은 값을 나타내었다. 이러한 경향은 그림 4-19 (b)에서 보였듯이 1000시간 시효 후에도 유사하였다. 즉, 260℃에서 평균 약 1700gf의 전단강도 값을 나타내었다.

Sn-3.5Ag를 Sn-37Pb와 비교하면 접합 초기와 1000 시간 시효 후 시편에서 모두 Sn-3.5Ag가 전체적으로 약 30% 정도 높은 강도 값을 나타내었다.

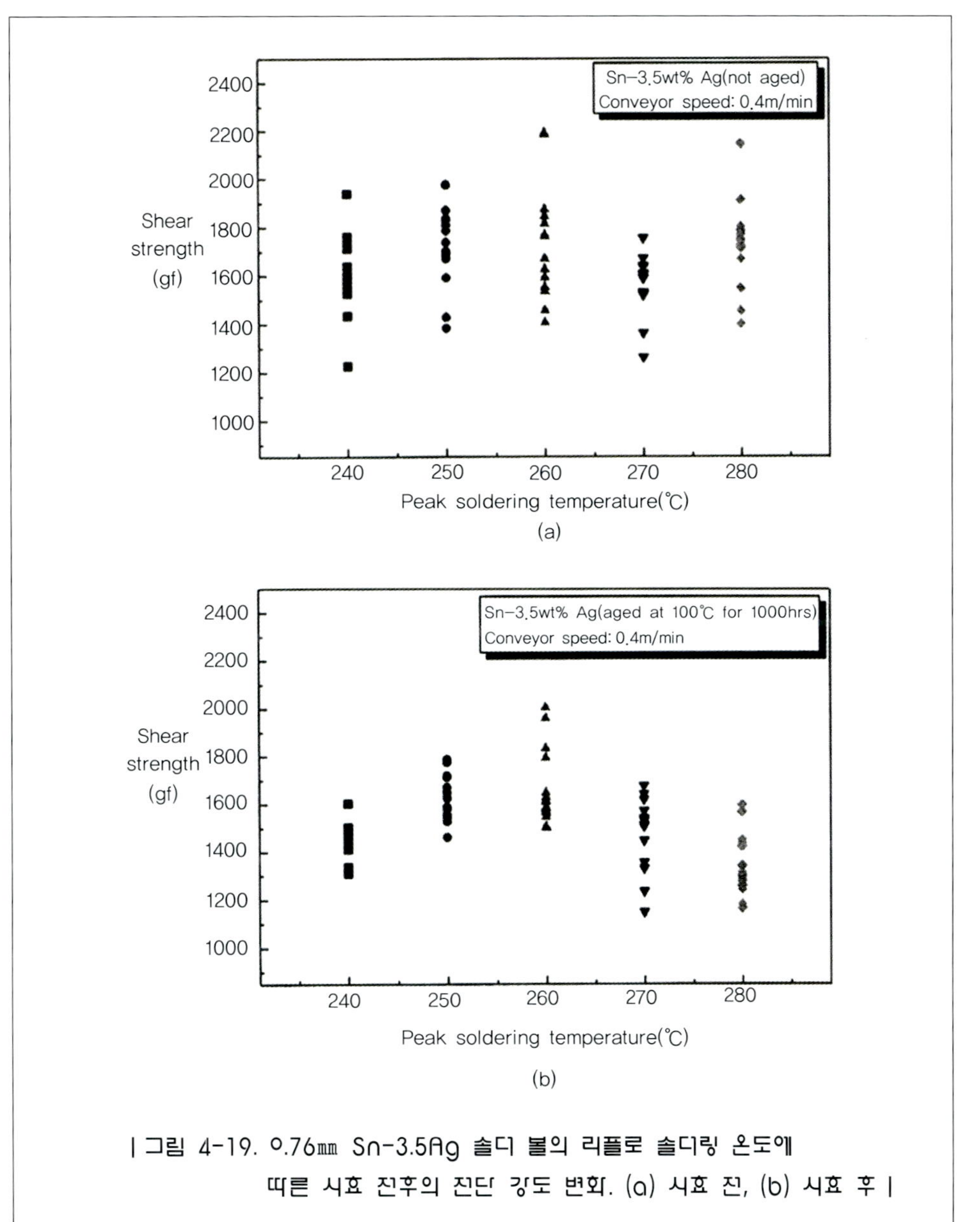


| 그림 4-19. 0.76㎜ Sn-3.5Ag 솔더 볼의 리플로 솔더링 온도에 따른 시효 전후의 전단 강도 변화. (a) 시효 전, (b) 시효 후 |

## (3) Sn-Ag-Cu 솔더

Sn-3.5Ag-0.7Cu 합금의 인장강도는 25℃에서 약 40.5MPa, 연신율은 약 55%

정도이다. 또한, 120℃ 에서의 Sn-3.5Ag-0.7Cu 합금의 인장강도는 21MPa, 연신율은 약 44% 정도이다.

Sn-3.5Ag 합금에 Cu를 첨가하더라도 실온 강도의 향상은 적은데 Cu를 2% 첨가한 경우 20% 정도만 실온 강도가 상승한다. 반면, 연신율 감소는 커서 약 53%에서 26%로 감소한다.

Cu 첨가에 따른 실온 강도의 상승 폭이 적은 것은 Sn에 대해 Cu의 고용강화 효과가 적고 Cu와 Sn간의 금속간화합물($Cu_6Sn_5$)이 생성되어도 그 크기가 커서 분산강화 효과가 적기 때문인 것으로 사료된다.

그림 4-20은 직경 0.3mm의 Sn-3.5Ag-0.7Cu 솔더 볼을 사용하여 컨베이어 속도를 0.6m/min로 고정시키고 솔더링 피크온도 변화에 따른 전단강도 변화를 나타낸 그림이다.

리플로 피크 온도를 230℃에서 260℃로 증가시킴에 따라 전단강도는 227gf에서 603gf로 증가하였으며 최고 강도는 250℃에서의 617gf이다.

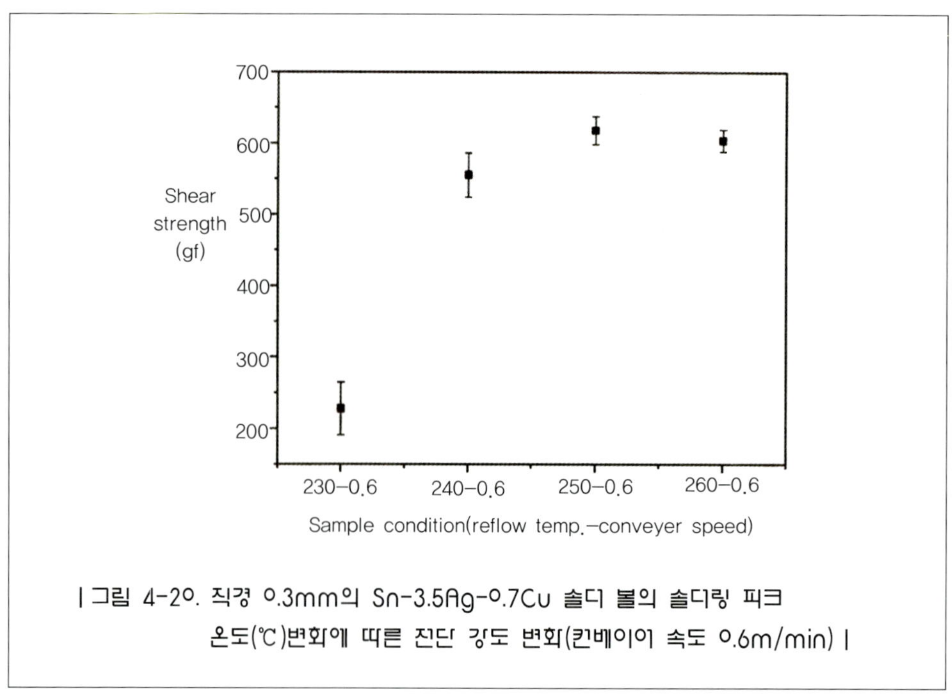


| 그림 4-20. 직경 0.3mm의 Sn-3.5Ag-0.7Cu 솔더 볼의 솔더링 피크 온도(℃)변화에 따른 전단 강도 변화(컨베이어 속도 0.6m/min) |

그림 4-20으로 부터 솔더링의 최적온도는 250℃인 것으로 판단되어 피크 온도를 250℃로 고정시키고 컨베이어 속도를 변화시키며 솔더볼의 접합실험을

행한 결과 Sn-3.5Ag-0.7Cu 솔더볼의 접합부 전단강도는 컨베이어 속도를 0.6m/min에서 0.9m/min으로 증가시킴에 따라 617gf에서 189gf로 감소하였다. 이것은 솔더 볼이 받는 열량이 적어짐에 따라 솔더가 충분히 패드와 반응할 만큼 용융되지 못하여 접합강도가 떨어지는 것으로 판단된다.

### (4) Sn-Ag-Bi계

Bi가 첨가되면 솔더의 강도는 대폭 증가하지만 취성을 띄기 때문에 연신율은 크게 낮아지는 결점이 있다. 예를 들어, Sn-3.0Ag에 5%의 Bi를 첨가하면 인장강도는 약 40MPa에서 80Mpa로 2배가량 증가되지만 연신율은 약 50%에서 25%로 반감된다. Bi의 다량 첨가는 피로특성과 내시효특성을 감소시키므로 주의해야 한다.

### (5) Sn-Zn계

Sn-9Zn의 인장강도는 및 연신율은 Sn-37Pb 공정 합금보다 우수하다. 즉, Sn-9Zn의 인장강도는 25℃에서 약 60Mpa 정도이고, 120℃ 에서는 약 20Mpa 정도이며, 연신율은 각각 약 60%, 65% 정도이다. 또한, 피로강도는 Sn-Pb 공정 합금보다 약 3~4배 우수하다. 그러나, 결정적으로 Cu에 대한 젖음성이 좋지 않으며, 브리지(bridge), 공공(void) 등의 결함이 발생한다. Sn-Zn계의 크립 변형속도를 감소시키기 위하여 In을 첨가하기도 한다(Sn-8.8Zn-5In). Sn-Zn계에 Bi를 첨가하면 융점이 낮고 비용이 저가이므로 비내열 부품에 응용 가능하다(Sn-8Zn-3Bi).

### (6) Sn-Ag-Zn계

Sn-Ag-Zn계에서 개발된 합금조성은 Sn-3.5%Ag-1%Zn인데 Sn-Ag 솔더 내에

Sn에는 잘 고용되지 않으나 Ag에 잘 고용되는 원소를 첨가하면 강도 및 내크립성을 증가시킬 수 있다. Sn-Ag에 Zn을 첨가하고 질소분위기를 유지하면 젖음력이 Sn-3.5Ag와 유사하면서 최대 인장응력이 48%정도 향상되는 장점이 있다.

## (7) Sn-In계

Sn-In계는 연성이 우수하나 In의 가격이 비싸고 전단강도가 낮으며 드로스(dross) 발생률이 높아 Sn-Pb의 공정솔더의 대용으로 상용화되기에는 어려움이 있다.
이상에서 무연 솔더의 종류와 특성에 관하여 살펴보았다. 이들 합금들은 아직 Sn-37Pb 솔더 합금과 동등한 수준은 아니라고 할지라도 대체용 솔더로서 유력한 것들이라고 할 수 있을 것이다. 유력한 무연 솔더 중 Sn-Ag계는 가격이 Sn-37Pb에 비해 다소 비싼 것이 결점이지만 페이스트 솔더의 경우 가격의 상승정도가 10~15% 내외라는 보고가 있다. 또한, 무연 솔더 사용시 질소가스 장입으로 인해 질소가스 비용이 들지만, 로의 보수비용 절감, 플로우 솔더링의 경우 드로스(dross)의 감소로 비용 상승을 줄일 수 있으리라는 추측도 있다. 무연 솔더 및 솔더링에 관한 문제는 전자산업에 미치는 영향이 지대하므로 금후에도 지속적인 연구·개발이 필요하리라고 생각된다.

## (8) 무연솔더($P_b$ FREE)

### ① 가능 무연($P_b$-Free) 솔더

| 합금 | 용융 범위 | Metal Cost per Pound (as of 1/2/97) | 25℃에서 밀도 (pound per Cubic Inch) | Metal Cost Per Cubic Inch | Patented Alloy (Yes/No) |
|---|---|---|---|---|---|
| 1) 63Sn/37Pb(standard) | 183 | $2.67 | 0.318 | $0.85 | NO |

| 2) 42Sn/58Bi | 138 | $3.54 | 0.316 | $1.12 | NO |
|---|---|---|---|---|---|
| 3) 77.2Sn/20In/2.8Ag | 179~189 | $23.47 | 0.267 | $6.27 | YES |
| 4) 85Sn/10Bi/5Zn | 168~190 | $6.70 | 0.273 | $1.01 | NO |
| 5) 91Sn/9Zn | 199 | $3.63 | 0.263 | $0.95 | NO |
| 6) 90Sn/7.5Bi/2Ag/0.5Cu | 186~212 | $5.19 | 0.273 | $1.42 | NO |
| 7) 96.3Sn/3.2Ag/0.5Cu | 217~218 | $6.03 | 0.268 | $1.62 | NO |
| 8) 95Sn/3.2Ag/1.5In | 218 | $7.51 | 0.268 | $2.01 | NO |
| 9) 96.2Sn/2.5Ag/0.8Cu/0.5Sb | 213~218 | $5.55 | 0.267 | $1.48 | YES |
| 10) 96.5Sn/3.5Ag | 221 | $6.24 | 0.368 | $1.67 | NO |
| 11) 98Sn/2Ag | 221~226 | $5.25 | 0.266 | $1.40 | NO |
| 12) 99.3Sn/0.7Cu | 227 | $3.92 | 0.264 | $1.03 | NO |
| 13) 97Sn/2Cu/0.8Sb/0.2Ag | 226~228 | $3.99 | 0.265 | $1.06 | YES |
| 14) 95Sn/5Sb | 232~240 | $3.80 | 0.263 | $1.00 | NO |

### ② 선별 무연($P_b$-FREE)솔더

| 합금 (제외된 합금) | 합금 (적용 가능한 합금) | 용융범위 (℃) | Metal Cost per Pound (as of 1/2/97) | Metal Cost Cubic Pound (as of 1/2/97) | 제외 이유 |
|---|---|---|---|---|---|
| 1) 63Sn/37Pb (standard) | | 183 | $2.67 | $0.85 | Pb 함유 |
| 42Sn/58Bi | | 138 | $3.54 | $1.12 | Bi 함유<br>동일적용을 위하여 융점이 너무 낮음. |
| 77.2Sn/20In/2.8Ag | | 179~189 | $23.47 | $6.27 | In 함유<br>(코스트와 유효성) |

| 85Sn/10Bi/5Zn | | 168~190 | $6.70 | $1.01 | Zn와 Bi 함유<br>(젖음성 불량)<br>넓은 냉각 범위 |
|---|---|---|---|---|---|
| 91Sn/9Zn | | 199 | $3.63 | $0.95 | Zn 함유<br>(젖음성 불량) |
| 90Sn/7.5Bi/2Ag/0.5Cu | | 186~212 | $5.19 | $1.42 | Bi 함유<br>4원계 합금<br>넓은 냉각범위 |
| | 96.3Sn/3.2Ag/0.5Cu | 217~218 | $6.03 | $1.62 | |
| 95Sn/3.2Ag/1.5In | | 218 | $7.51 | $2.01 | In 함유 |
| 96.2Sn/2.5Ag/0.8Cu/0.5Sb | | 213~218 | $5.55 | $1.48 | 4원계 합금<br>2원계와 비교<br>장점 없음. |
| | 96.5Sn/3.5Ag | 221 | $6.24 | $1.67 | |
| | 98Sn/2Ag | 221~226 | $5.25 | $1.40 | |
| | 99.3Sn/0.7Cu | 227 | $3.92 | $1.03 | |
| 97Sn/2Cu/0.8Sb/0.2Ag | | 226~228 | $3.99 | $1.06 | 4원계 합금<br>2원계와 비교<br>장점 없음. |
| | 95Sn/5Sb | 232~240 | $3.80 | $1.00 | |

### ③ 예상 무연($P_b$-FREE)솔더

❖ 4-4 가능성이 높은 무연($P_b$-Free)합금

| 수(Hand)&웨이브 솔더링 후보재 | 솔더 페이스트 후보재 |
|---|---|
| ▷ 99.3Sn/0.7Cu | ▷ 96.5Sn/3.5Ag |
| | ▷ 96.2Sn/3.2Ag/0.5Cu |

④ $P_b$-Sn 솔더링재

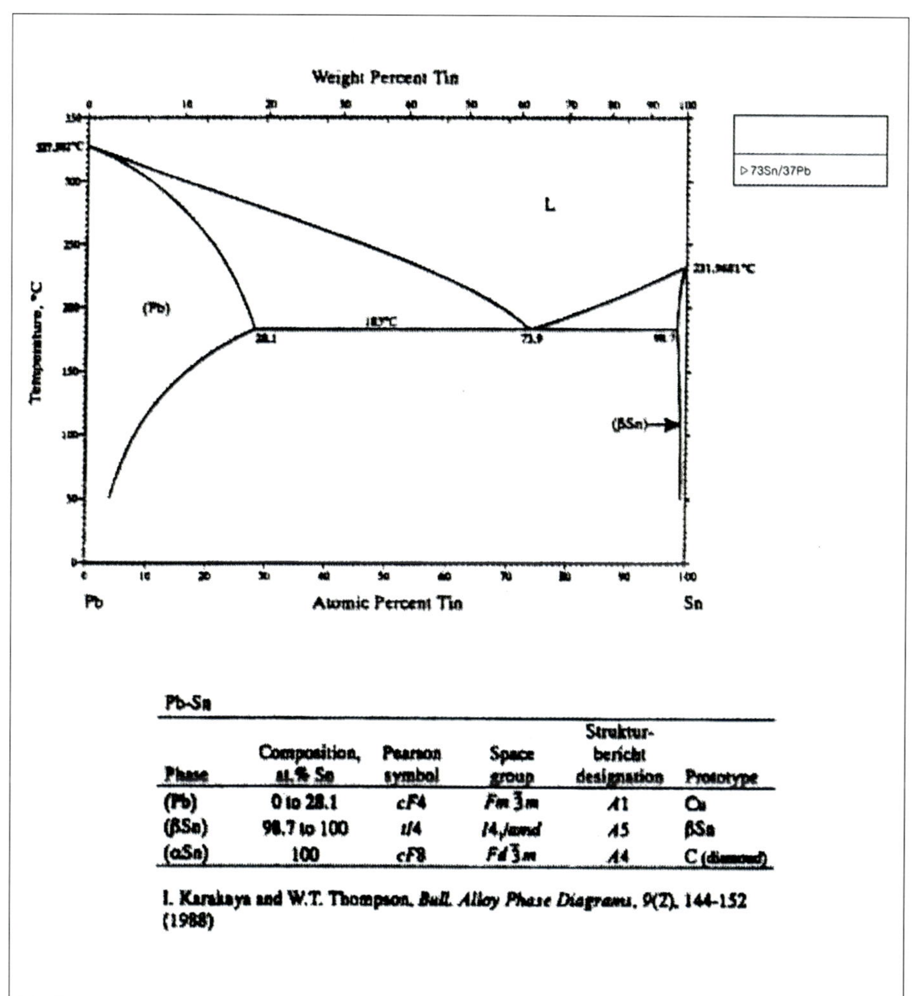


Pb-Sn

| Phase | Composition, at.% Sn | Pearson symbol | Space group | Strukturbericht designation | Prototype |
|---|---|---|---|---|---|
| (Pb) | 0 to 28.1 | cF4 | $Fm\bar{3}m$ | A1 | Cu |
| (βSn) | 98.7 to 100 | tI4 | $I4_1/amd$ | A5 | βSn |
| (αSn) | 100 | cF8 | $Fd\bar{3}m$ | A4 | C (diamond) |

I. Karakaya and W.T. Thompson, *Bull. Alloy Phase Diagrams*, 9(2), 144-152 (1988)

⑤ **무연 솔더 합금 특허**

㉮ 지난 3년 동안 일본에서는 특허에 대한 노력을 기울였다.

㉯ 특허는 문제를 일으킬 만한 부분이나 응용분야에 대하여 광범위하게 권리화 되어 있다.

㉰ 현재는 특허에 대한 권리 분쟁이 하나도 없었다.

㉱ 무연납에 대한 특허 자료의 기본 연구가 수행되어야 한다.

| 특허번호 | 구성 | 소유자 | 출원 년도 |
|---|---|---|---|
| JP 3027441 | Sn-87~99, Ag-0~5, Cu-0.5~3, Sb-0~5(optional) | Matsushita/ Senju | 2000 |
| JP 09326554 | Sn-92~97, Ag-3~6, Cu-0.1~2 | Matsushita | 1996 |
| US 6231691 | Sn, Ag-4.7, Cu-1.7+(Ni and/or Fe⟨1) | Iowa State University R. F. | 2001 |
| US 5863493 | Sn-91.5~96.5, Ag-2~5, Ni-0.1~3, Cu-0~2.9 | Ford Motor Co. | 1999 |

## ⑥ 무연 리플로 공정 비교

| 공정 | NEMI 제안 (J-STD020A) | 에릭슨 (Sn 3.8Ag 0.7Cu) | 소니 | 후지쯔 |
|---|---|---|---|---|
| 가열 속도 | 50~100℃ 최소 2℃/sec 190~225℃ 최소 2℃/sec | 최소 1℃/sec 최대 4℃/sec | | 평균 1℃/sec~4℃/sec |
| 예열 | 125±5℃ 최소 60sec | 150~200℃ 60~120℃ | 150±10℃ 90±60℃ | 150~190℃ |
| 액상선위에서 유지 | 217℃ 이상에서 60~150sec | | | 220℃ 이상에서 최대 40sec |
| 실제 최고 온도 5℃ 내에서의 시간 | 10~20sec | 30~40sec | 10sec at 255±5℃ | 100℃ 또는 그 이상에서 최대 10sec |
| 최고 온도 영역 | 260(+5/0)℃ 또는 250℃ | 238~245℃ | 최대 260℃ | 최대 260℃ |
| 냉각속도 | 최대 6℃/sec | 1℃/sec | | 자연 냉각 또는 강제 냉각 |
| 가열온도에 대한 시간 | 50℃에서 최대온도 가지 최대 3.5분 | | | |

### ⑦ 국내기업의 분석 수준과 외국의 요구 수준

#### ㉮ 국내기업의 고장 분석 수준

㉠ 분석장비의 부족 : 대부분 OM 수준

㉡ 불량 분석 전문가의 부족

ⓐ 불량에 맞는 장비 선택을 못함.

ⓑ 분석 데이터의 해석을 못함.

㉢ 중소기업의 경우는 경영진의 소극적인 자세

ⓐ 사장, 상무, QC 부장 등 핵심 경영진의 소극적인 자세 : 분석 비용에 인색함.

ⓑ 중소기업의 경우 대부분 Claim이 발생하면 대처하지 못함.

ⓒ 실제로 Claim 대책보다는 고장 예방이 더 중요함.

Claim 발생 후 대처 비용은?

#### ㉯ 외국의 Buyer가 국내 기업에 요구하는 사항

㉠ 데이터에 기초한 제품 생산

데이터란 설계, 원자재검사, 공정관리, 환경시험 결과, 기타 각종 시험 관련 데이터를 의미함.

㉡ 지속적인 품질관리

불량품이나 고장이 발생하지 않는 경우가 더 중요함.

㉢ 지속적인 제품의 신뢰성 추구

끊임없는 공인된 시험분석 결과를 토대로 제품의 MTBF, MTTF등 수명예측 유도함.

### ⑧ 신뢰성의 필요성

시장 환경의 변화에 따른 신뢰성 보증의 중요성이 증대한다.

#### ㉮ 소비자

㉠ 제품선택의 기회 확대

ⓐ 시장 개방

ⓑ 요구 품질 수준의 향상

㉡ 품질기준의 변화

ⓐ Maker → Customer

ⓑ 요구 조건의 일치 → CS

㉢ 소비자 권리/보호 강화

PL 법 시행예정

㉯ **기업**

㉠ 개발기간의 단축

ⓐ 시간적 제약

ⓑ 기술개발 속도의 증가로 미지의 요소 증가(초기고장 다발, 신부품, 신소재, 신개념 설계 신뢰성 보증에 어려움)

㉡ Field 고장에 의한 손실증대

서비스 처리 비용의 지속상승(매출액 대비 5%)

㉰ **경쟁사**

㉠ 선진업계의 동향

ⓐ 협력업체에 대한 책임한계의 명확화(PL 대응)

ⓑ 신뢰성 차별화를 통한 경쟁력 강화

㉡ 선진업체의 품질향상 프로그램

ⓐ 6σ 활동

ⓑ Ford R 101 신뢰성 추진 프로그램

㉢ 국내기업

ⓐ 신뢰성 보증 Process의 확립

ⓑ 독자적 신뢰성 기술 확보에 주력

㉱ **다국적 기업의 부품 신뢰성 인증제도(HP)**

㉠ STEP 1 : 요구조건 명확화(성능, 신뢰성, 안정성)

㉡ STEP 2 : 후보체크 리스트 작성(자사 QPL)

㉢ STEP 3 : 적합성 분석(부품의 환경조건 시험)

㉣ STEP 4 : 재료/부품 리스트 작성

**신뢰성 공인 인증 체계 추진**

㉤ **BUYER의 요구사항**

㉠ 수명 자료 시험　　㉡ MTBF

㉢ 품질 인증제도　　㉣ 신뢰성 인증 절차

㉥ **국산 부품의 신뢰성 부족**

㉠ 시스템 업체의 사용기피　　㉡ 품질/가격/납기

㉢ 신뢰성/신뢰성 평가 방법　　㉣ 국가표준 규격(KS)

⑨ **신뢰성 문제**

㉠ 수명(Life)의 측정 또는 추정

㉡ 왜 고장이 나는가?

㉢ 제품 수명을 어떻게 개선할 것인가?

설계 PROCESS의 개선, 제조 PROCESS의 개선

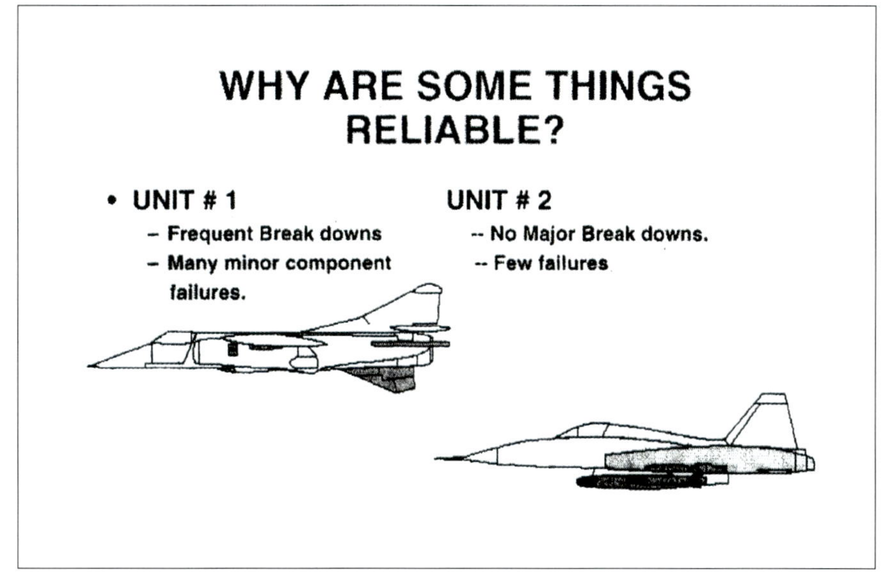

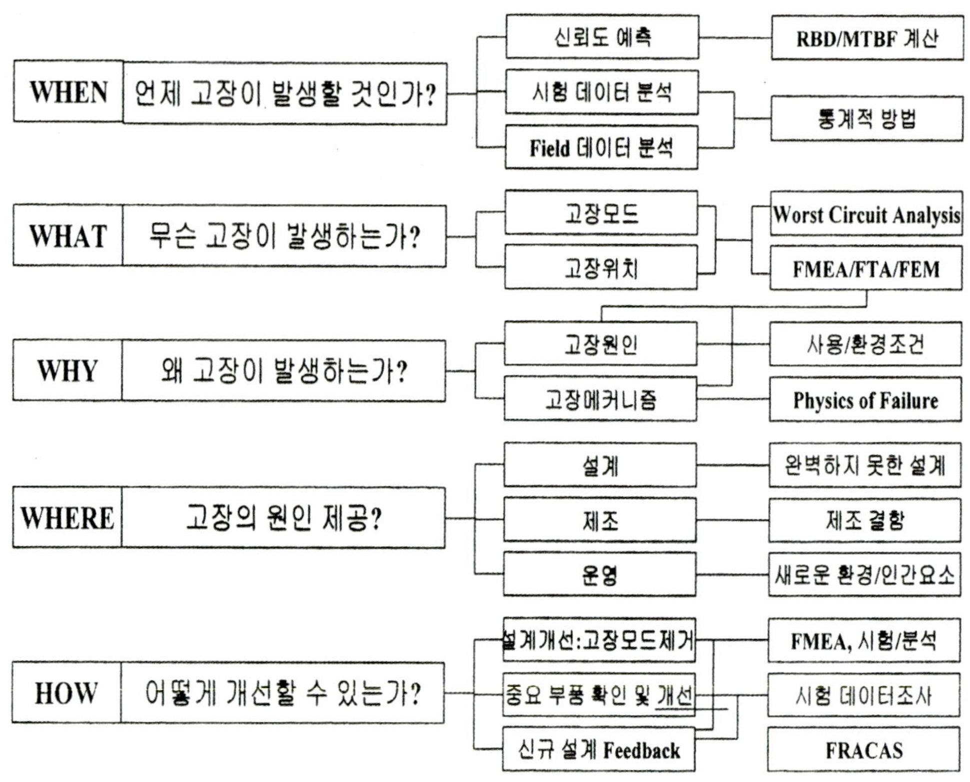


### ⑩ 양산성 및 신뢰성

| 평가 분야 | 평가 항목 | 시험법 | 평가기준 |
|---|---|---|---|
| 양산성/<br>작업성 평가 | 납 무너짐성 | Slump 시험 | Cream : IPC-TM-650 |
| | 점착력 | 점착력 시험 | Cream : JIS-Z-650 |
| | 젖음성 | 접촉각 측정 | JIS-Z-650 |
| | 퍼짐성 | 퍼짐 면적 측정 | Bar : IPC-TM-650,<br>Cream : 퍼짐 길이 비교 |
| | 내(耐) Solder Ball성 | Solder Ball 유무시험 | IPC-TM-650 |
| | 내(耐) Bridge 성 | Bridge 유무 검사 | 각 사업부 해당 규격 |
| | 내(耐) Manhattan 성 | Chip 섬 유무 검사 | 각 사업부 해당 규격 |

| | | | |
|---|---|---|---|
| | Soder Up 성 [Through Hole 한] | 퍼짐 면적 측정 | 각 사업부 해당 규격 |
| | 내(耐) Lift up 성 | 단면 분석 | IMD, Chip, QFP 단면 lift up (무) |
| | 기본 물성 | 점도 측정 | JIS-Z-3284 |
| | 외관상태[Flux 잔사, 부식] | 건조도 측정 | JIS-Z-3284 |
| 신뢰성 평가 | IMD(Insert Mount Device) | Lead 인장 시험 | JIS-C-0051 |
| | Chip | Push 강도 시험 | JIS-C-0051 |
| | QFP(Quad Flat Package) | Pull 강도 시험 | QFP 접합강도 비교 |
| | 기계적 Stress 영향 | 굴곡 시험 | JIS-C-0051 |
| | 열적 Stress 영향 | 열충격 시험 | 각 사업부 해당 규격 |
| | | Creep 시험 | 각 사업부 해당 규격 |
| | 전기화학적 Stress 영향 | 마이그레이션 시험 | JIS-Z-3284 및 사업부별 기준 [최소 Pitch] |
| | | 휘스커 시험 | 마이그레이션 시험과 병행 |
| | | 이온 오염도 측정 | 각 사업부 해당 규격 |

## ⑪ Pb FREE 실장 시 발생하는 VOID

**[자료 : 실장 기술세미나, (재)경도산업 21 실장 기술]**

### ㉮ 개요

2005년도에 실시되어지는 자동차 관계의 리사이클 법에 맞추어 CAR ELECTRONICS 실장품에 $P_b$ FREE화가 요구되어 지고 있다. 그 $P_b$ FREE에는 금속, 조성에 관해서의 연구는 되어 지고 있으나 중요한 플럭스에 관해서는 별로 진행되어있지 않아 $P_b$ FREE화 제품의 양상 시에 여러 가지문제점이 발생되어지고 있는 상황이다. 현재까지 발표되어진 $P_b$ FREE 연구 성과는 그 대부분이 금속의 융점에 대한 문제에서 납땜의 온도를 높여서 대응하는 것을 제안하고 있다. 그 때문에 플럭스의 내열성을 개선하여 대응하여도 실장의 현장에서는 내열성이 낮은 부품이나 얇은 기판 또는 BGA 패키지의 실장이 문제시 되고 있다. 또한 열량을 많이 주면 내열성이 높은 플럭스라도 그 효력이 감퇴하여 젖음성이나 실장 후의 표면광택도 종래와 달라져 유동성의 발생으로 판정기준이 명확하지 않아 현행의 검사 SYSTEM에서는 충분한 대응이 되어 지지 않고 있다.

종래와 같이 안이하게 수리공정으로 돌려버리면 수리 후에 고온의 인두로 기판패턴을 상하게 하거나 TOP면이나 탄화한 플럭스라인에서 오염시키는 등 단순히 수리하면 OK 라고 할 수는 없다. 또한 인두의 소모도 심하여 작업 COST도 무시할 수 없는 것이다. 내열성이 높은 부품이나 기판에서의 실장이라도 온도 프로필의 설정이나 사용하는 플럭스에 따라서는 보이드가 상당히 발생하고 있으나 주목되어지지 않고 있다.

$P_b$ FREE는 $P_b$ HASL과 비교해서 금속이 없으므로 한계를 넘어섰을 때 유동성 과 혼돈하여 일제히 갈라짐이 발생할 가능성이 있다. 온도 프로필은 사용하는 플럭스의 특성에 맞추어 변화시키는 것이 정상적인 사용법이지만 현장에서는 될 수 있는 한 동일한 프로필에서 관리하고 싶어해 나아가 MAKER가 플럭스의 사용조건을 충분히 제안하지 못하는 현 상황에서는 제조라인에서의 검사관찰능역을 향상 시키는 것보다 다른 대처방법이 없다. X선 검사장치에서 관찰하는 방법도 있지만 이것으로는 전 보이드의 확인을 하지 않으면 의미가 없고 현실적인 방법이라고는 할 수 없다. 외관 검사장치에 의한 관찰에서는 플랫형상이나 광택에서 몇 포인트의 열 밸런스를 판단하여 전체의 상태를 추정하는 것이 가능하다. 플럭스에 대하여 열콘트롤이 정상적으로 행하여지면 $P_b$ FREE는 종래의 납보다 표면장력이 강하여 브릿지나 솔더볼이 발생될 소지가 적어져 셀프 얼라이먼트가 강하게 작용한다.

㉯ **외관 검사 POINT**

㉠ 외관 관찰할 때에는 기판(부품)을 움직이지 않고 광학렌즈가 회전하는 로터리 렌즈에 의해 리드외각부에 대해서의 대각에서 접합부를 관찰한다. 기판을 움직이면 빛의 조건이 틀려지므로 미세한 크랙이나

유동성 플럭스의 잔사의 형태에 의해 상당히 틀린 이미지가 되어 지기 때문이다.

㉡ 특히 플럭스 잔사의 관찰에서 그 특성을 이해하고, 콘트롤하면 불량을 감소시킬 수 있다.

㉢ 기본적으로는 $P_b$ FREE 납도 공창납과 같은 정도의 온도에서의 실장이 가능하므로 리플로에서도 플로에서도 필요 이상으로 온도를 올릴 필요는 없다. 실납에서는 작업순서와 인두를 변경하여 인두의 온도를 올리지 않고 납땜이 가능하다.

㉰ **사례**

무연납은 유동성이 떨어져서 기판 표면이나 부품도금으로부터 나오는 GAS가 FLAT내부에 어울러 있어서 VOID가 되기 쉽다.

| 그림 4-21. POWER TRANS |

PREHEAT 온도가 높고 PREHEAT 시간이 길면 FLUX가 노화되어 FLAT 광택을 VOID 발생이 높아진다.

| 그림 4-22. POWER TRANS LEAD 부분 |

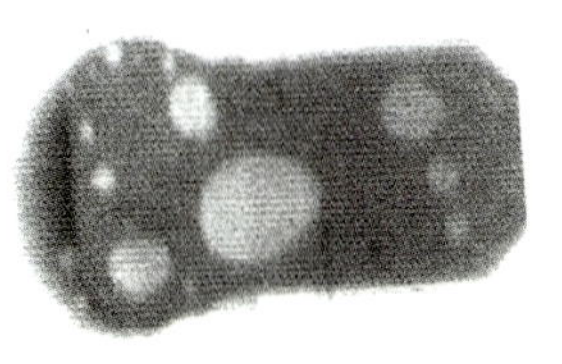

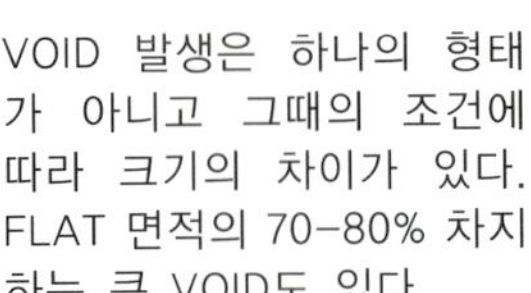

VOID 발생은 하나의 형태가 아니고 그때의 조건에 따라 크기의 차이가 있다. FLAT 면적의 70-80% 차지하는 큰 VOID도 있다.

| 그림 4-23. TRANS |

기판상태가 좋으면 납 선정과 조합해서 개선 가능한 경우도 있다.

| 그림 4-24. 온도 PROFILE 변경 후 상태 |

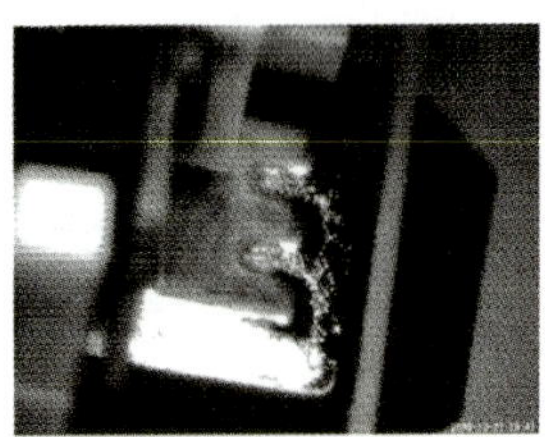

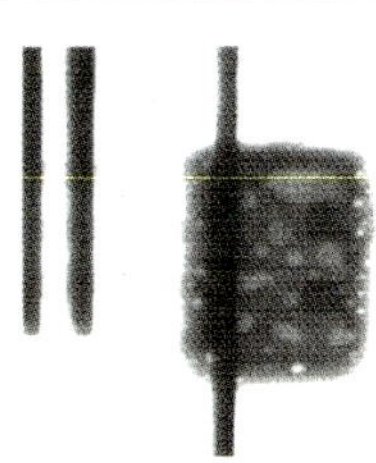

납량이 많고 CONNECTOR 적응성이 좋지만 PREHEAT 시간이 길기 때문에 표면광택이 없고 VOID도 많다.

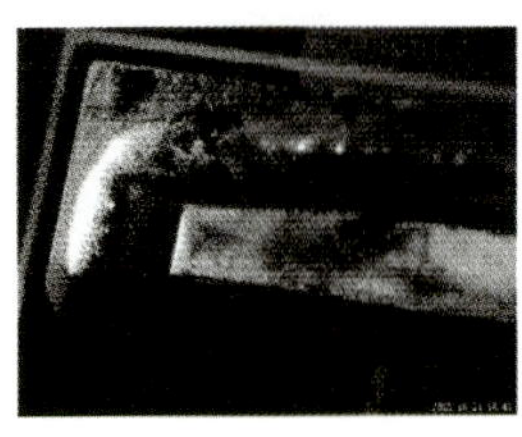

LAND가 산화 되어 있다. 내열성이 높은 FLUX가 남아 퍼짐성이 부족하다.

VOID 발생장소와 크기가 제각각이다. CONTROL이 불가능하다. 납에 따라 내열팽창성이 없는 무연납 VOID 접합강도에 대한 영향은 불분명하다.

광택이 부족하지만 젖음성이 확보되어 있음.

VOID는 비교적 좁은 형태이지만 장소에 따라 문제가 된다.

납 부족, LEAD가 산화 되서 납 볼도 보임.

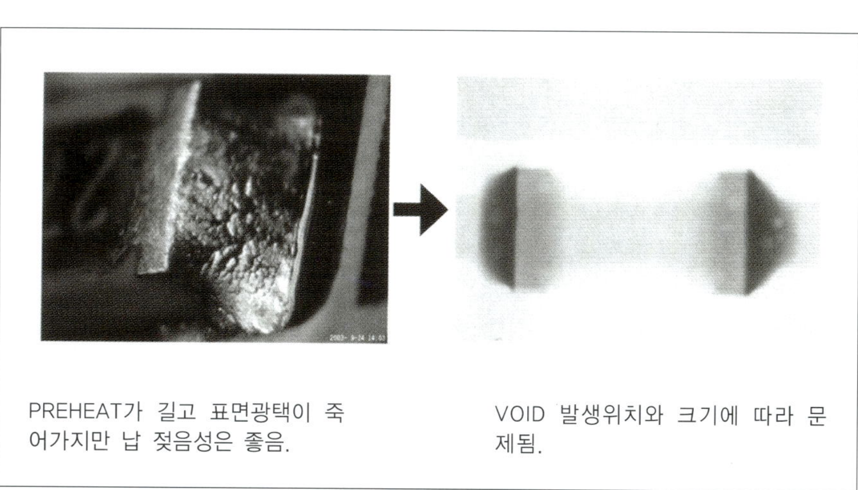

PREHEAT가 길고 표면광택이 죽어가지만 납 젖음성은 좋음.

VOID 발생위치와 크기에 따라 문제됨.

㉣ **결론**

보이드 발생은 리플로에 있어서 기본적으로 기판이나 부품의 표면상태가 큰 요인이다. 하지만, 온도프로필에 의한 영향도 큼으로, 어느 정도는 외관관찰에 의한 판단으로 조절을 행하는 것도 필요하다. 리플로에서 행하여져야 할 실장을 $P_b$ FREE 납에서도 리플로 방식에 의한 스크홀 기판실장을 연구하고 있는 공장이나 2m 전후의 플로조에서 $P_b$ FREE 실장을 하고 있는 공장, 대형기판의 필랫 광택을 내고 있는 공정이 현실적으로 가동하고 있다. 그리고 그 불량률은 공정납과 거의 차이가 없다. $P_b$ FREE 납일지라도 표면광택이 양호한 것은 불량발생률도 적다는 결과가 나와 있어 보이드의 발생과 더불어 외관 관찰력을 향상시켜 현장 작업자가 초기에 불량분석이 가능한 검사시스템을 만드는 것이 중요하다고 생각되어진다. 렌즈가 부품주변을 회전하여 동영상으로 보이드를 확인하는 것이 가능하다면 현장의 작업자도 양/불의 판정이 가능하다. 이것에는 특별한 기술이 필요치 않다. 플럭스는 초기 젖음 반응이 빨라 지속성이 있는 제품이 $P_b$ FREE납이라도 무리 없이 실장 가능하여 대부분은 종래의 장치를 사용할 수 있다. 또한, 부품이나 기판에 있어서 열영향이 적고 사용이 용이한 것이 된다. 인두는 끝부분의 형성과 도금의 코팅부위가 중요하다.

## ⑫ $P_b$ FREE 외관검사 POINT

### ㉮ QFP

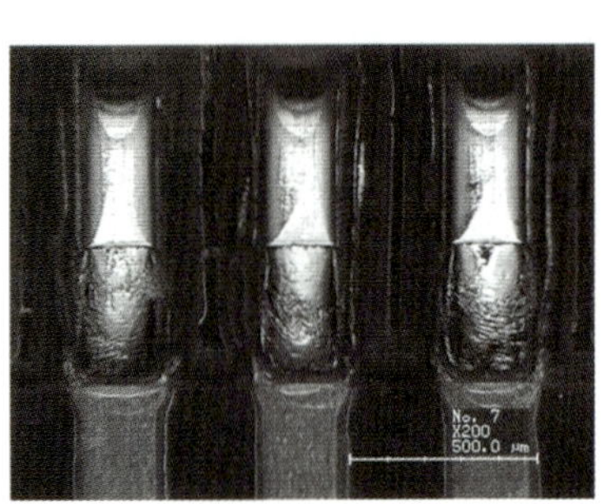


양호(0.5㎜ PITCH)

측면검사 → SIDE 및 백FLAT이 젖음성 부족(0.5㎜ PITCH)

㉯ THROUGH-HOLE LIFT OFF

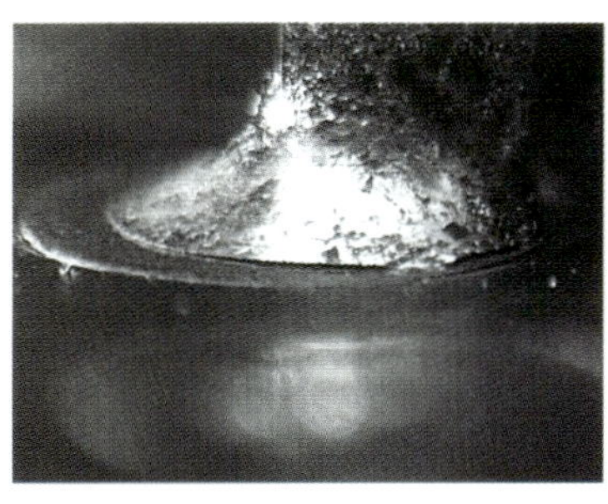

실체 현미경이나 종래의 VIDEO MICRO SCOPE에는 관찰 불가능한 리프트 OFF가 전용 아답터에 의해 가능해 진다.

㉰ BGA

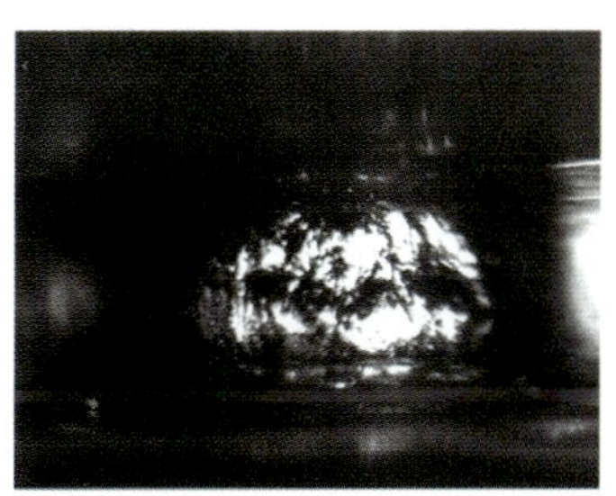

| 그림 4-25. HOLE 표면산화물 |

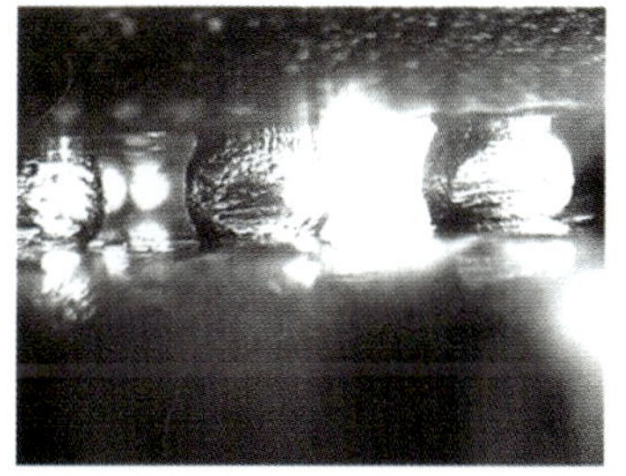

| 그림 4-26. HOLE 표면 깎임 |

| 그림 4-27. PROFILE MISS에 의한 부품의 휨 |

공정 내의 도통 X선 검사에서는 양품으로 판정되지만, 강도 부족에 의해 시장에서 부적합 발생의 위험이 있다.

## ❖ 표 4-5 Pb FREE Solder Trouble 및 Pb FREE 전용장비의 대체 동향

| NO | 항 목 | Pb Free Solder 적용 시 공정 Solder 장비의 문제점 | Pb Free 전용장비 기술동향 |
|---|---|---|---|
| 1 | Per-Heater | 1. IR Pipe Heater의 열 그늘 현상으로 인한 예열부족현상<br>2. 예열 Zone길이 1000mm | 1. IR 세라믹 패널 Heater로 열 균열도가 우수 예열효과 30% UP<br>2. 2블록 컨트롤 방식으로 구간별로 온도를 달리하여 컨트롤<br>3. 예열 Zone길이 1200mm으로 대용량 PCB도 안심 생산  |
| 2 | Finger | 1. 재질 : SUS304 주조물로 Pb Free 납이 다량으로 부착되어 PCB 반송 Trouble 발생<br>2. 장시간 사용 시 열 변형 발생  | 1. 재질 : 엔지니어링 특수 플라스틱으로 Pb Free 납이 부착되지 않음<br>2. 열 변형이 없으므로 장시간 사용하여도 Finger간의 직진도가 우수하여 납땜 불량을 줄였음 |
| 3 | 납 조 | 1. 재질 : SUB304로 Pb Free 납 적용 시 부식발생 <br>2. 직접 가열식인 납조 Heater 부식 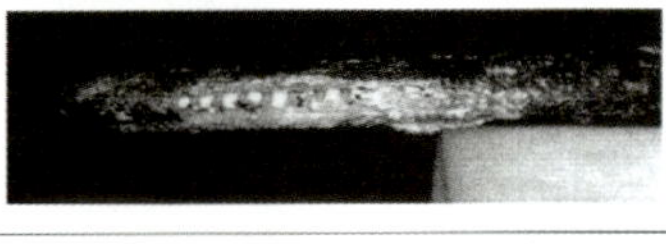 | 1. 재질 : 대체금속인 SUS316L도 부식이 진행됨 <br>2. SUS316L에 특수표면코팅처리로 납조 부식방지<br>코팅두께 :25μ 경도: 1200Hv <br>3. 납조는 간접가열 Heater(저면, 측면) 채용으로 Wave 시 납의 온도안정성은 ±1.0℃ 유지 및 Heater 부식이 되지 않음 |
| 4 | Through Hole Up | 1차, 2차 노즐 간의 간격 150mm는 -30℃의 온도 Drop현상을 유발시켜 Through Hole PCB 생상 시 납땜불량의 원인이 됨 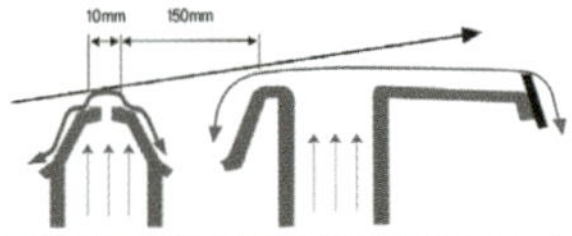<br>10mm 150mm 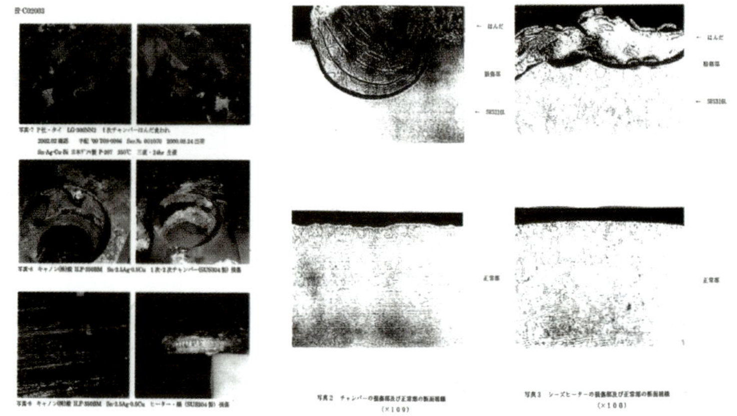 | 1차, 2차 노즐간격을 35mm로 축소하여 온도 Drop문제를 극복하여 충분한 납 퍼짐과 유동성을 확보하여 양호한 납땜성을 얻을 수 있음 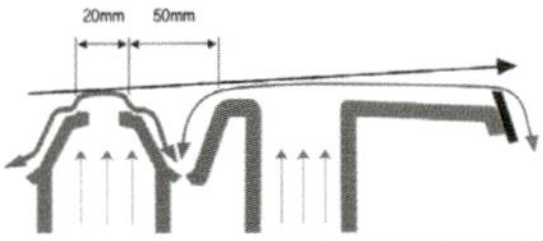<br>20mm 50mm |

| NO | 항 목 | Pb Free Solder 적용 시 공정 Solder 장비의 문제점 | Pb Free 전용장비 기술동향 |
|---|---|---|---|
| 5 | 납땜 조건설정 | 1. 점성이 있는 무연납에서는 다품종 PCB 생산 시 납땜 조건설정이 매우 어려움<br>2. 기계 내부에서 NOZZLE의 조정 BOLT를 풀어서 WAVE 형태를 조정하므로 납땜 조건을 맞추기가 매우 어려우며 불편함 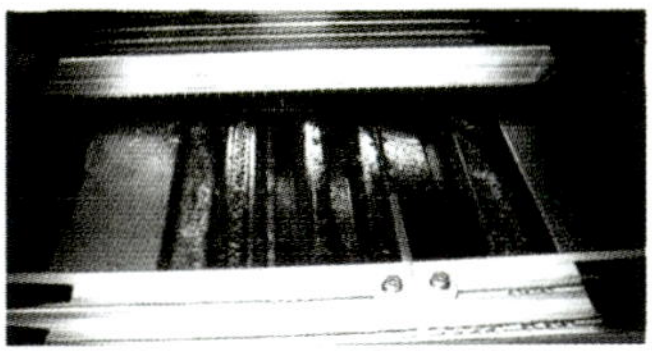 | 1. PELL BACK POINT를 외부 조작기구에 의해서 기계를 멈추지 않고 WAVE 형태를 가변 할 수 있기 때문에 최상의 납땜성을 눈으로 확인해 가면서 맞출 수 있음  <br>2. FILLET의 형태를 UP, DOWN 할 수 있도록 NOZZLE 조정이 가능함   |
| 6 | 추후 $N_2$ 대응 | 1. 현장비를 $N_2$로 개조하기가 매우 어려우며, 개조가 되더라도 구조상 충분한 $N_2$ 농도를 유지시키기가 어려움 | 신 설계 $N_2$ DOME 구조를 간단히 설치 할 수 있음  |
| 7 | Cooling | 일반 대기 Fan으로 냉각효과가 떨어짐 | 급냉방식으로 SMT 부품의 이탈 및 떨어짐 방지 |
| 8 | 납 Dross 대책 | 현재 각도 및 Nozzle 방식으로는 산화량이 다량 발생됨 | 납조 간섭과 열히터의 채용에 의해 히터 주위의 Dross 발생 억제와 반송C/V각도 3~5° 각에 맞춘 Nozzle 설계에 의하여 Wave시 떨어지는 양을 최소로 낮게 해 납 Dross 발생을 최대한 억제해야 함 |
| 9 | 대표적인 Wave Mode | 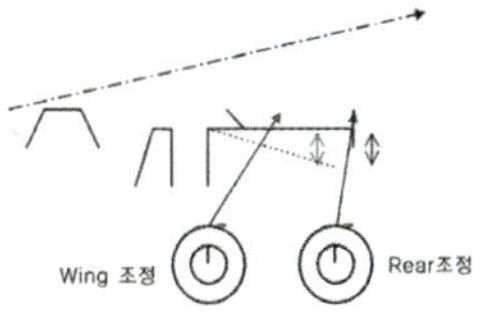 Wing 조정<br>Rear조정 | 1. IC 브릿지 방지 목적으로 한 파형<br>2. IC, SOP, QFP의 브릿지 방지를 목적으로한 파형<br>3. FILLET UP을 목적으로 한 파형<br>상기의 여러 가지 목적으로 WAVE 형태를 쉽게 바꿀 수 있어야 함 |
| 10 | 예비 납조 | 공정 납과 무연 납을 병영하여 사용 할 수 있도록 예비납조를 간단히 교환 가능하게 할 수 있어야 함. | 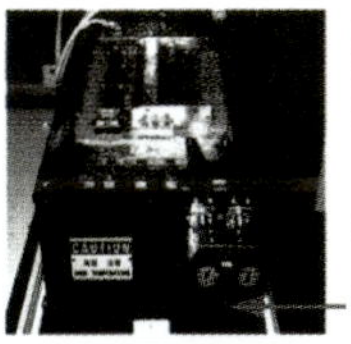 예비 납조는 메탈 커넥터식의 접속방식에 의해 히터 및 센서 선의 잘못된 접속을 방지함.<br>교환시간 20분 내외<br>WAVE형태 외부조작기구 |
| 11 | 최적상태 기억장치 | Data가 기록이 되지 않으므로 매번 모델별 별도관리가 필요함. |  반송 C/V SPEED, 예열온도 1, 2, 납조온도 각각의 조건을 150개의 FILE로 저장 할 수 있으므로 다품종 생산 시 매우 편리하다. 또한 자기 진단능력 보유로 에러 내용이 화면에 표시되고 데이터가 남아서 누구라도 간단하게 관리 할 수 있어야 함. |
| 12 | 현장관리에서 유연 · 무연 실무관리 | 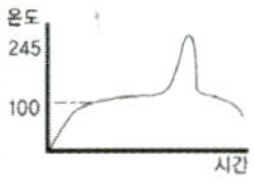 온도 245 100 시간<br>**유연 솔더**<br>융점 : 183℃<br>비중 : 8.3(부력이 강함)일 때<br>1. Pre-Heater<br>Pre-Heater의 급격온도상승( 90℃~110℃ PCB 밑면기준) 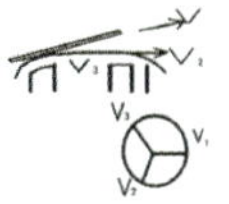<br>$V_1$ $V_2$ $V_3$<br>2. Solder의 Pellpack Point<br>1) 납 온도 245℃ ±5 유동성이 빠름 PCB 진행속도 납의 운송 PCB에서 납이 이탈되는 속도가 일정하다<br>2) 납 Touch 발생<br>납의 유동성이 약하기 때문에 산화물이 되로 떨어지지 못하므로 PCB에 묻어나감 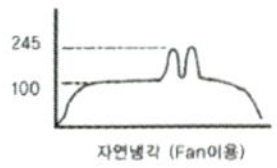<br>245 100 자연냉각 (Fan이용)<br>3) 납땜시간 - 퍼짐성이 100% 기준( 1sec 잠김 시간이 필요)<br>4) 냉각 - 자연냉각(Fan 이용) | PCB의 휨으로 인해 온도를 서서히 올림 (120℃ PCB밑면기준) 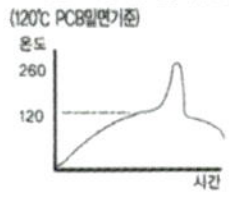<br>온도 260 120 시간<br>**무연솔더**<br>융점 : 217℃(Sn Ag:3% Cu:0.5%) 227℃ (Sn Cu:0.5%)<br>비중 : 7.3(부력이 약함)일 때<br>납 온도 260℃ ±5 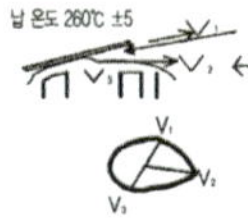<br>$V_1$ $V_2$ $V_3$<br>이 시점에 Fillet이 형성됨<br>PCB 진행속도 보다 납의 운송, 납의 이탈 각도가 커야 한다.<br>퍼짐성이 200%~250% (2~2.5sec 잠김시간이 필요) 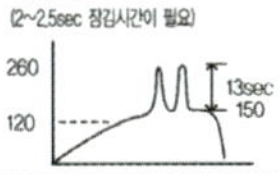<br>260 120 13sec 150<br>납의 유동성이 약하지만 유속이 빠르고 각도가 크기 때문에 산화물이 뒤로 빠져나감<br>13sec 이내로 냉각시킨다 |

⑨ 무연 SOLDER 비교

㉮ Sn-Ag-Cu/저가용 Sn-58Bi 비교

| | Sn-Ag-Cu | Sn-58Bi | 기타 |
|---|---|---|---|
| 가격 (분말 기준) | 35000원/kg (종래대비2.3배) | 22000원/kg (종래대비1.5배) | 종래 Sn-37Pb (15,000원/kg) |
| 특허 | 로열티 지불 | 특허 없음 | |
| 주위 환경 개선 | 고융점(217도)으로 고온용 PCB재질 등 설계 및 설비 개선 필요 | 저융점(139도)으로 PCB재질 등 설계 및 설비개선 불필요 | Sn-37Pb(183도) |
| 신뢰성 | 종래 Sn-Pb 대비 우수성 입증 | 신뢰성관련 자료가 부족했으나 최근 Data에 의하면 SnAgCu계에 비하여 인장강도, 퍼짐성이 더 우수한 것으로 나타남. | |
| 적용 대상 | 고신뢰성 부품 | 저융점으로 온도를 올릴 수 없는 제품이나, 범용제품에 급속도로 확대 적용되고 있음. | |

※ 2006. 7. 1. 이후 무연 솔더 본격적용 시점에서는 대량 더 수용 급증 예측(중국시장에서는 이미 적용 확대)

㉯ Sn/3.0Ag/0.5Cu

㉠ [장점]

ⓐ Pb-Free Solder 중 가장 보편적인 표준제품

ⓑ 고 신뢰성을 요구하는 전장품에 사용되고 있다.

ⓒ Pb-Free Solder 중 85% 의 비중을 차지하고 있다.

㉡ [단점]

ⓐ 고 융점

- 비교적 융점이 높아 CPU와 같은 열에 약한 부품에 사용이 어렵다.
- 열에 약한 부품의 개선이 완료되면, Sn/Ag/Cu계는 선호되는 Pb-Free이다.

ⓑ 가격이 비싼 편이다.

㉢ [비고]

Ag 함유량이 2% 이하인 예를 들면, Sn1Ag0.5Cu 또는 Sn0.3Ag0.7Cu

로 대체되어 가고 있다.

ⓐ Setting temperature

A : 20~30℃, B: 130~140℃, C: 180~190℃, F(peak) : 235~245℃

ⓑ Setting time A ⇛ B : 40~60sec

B ⇛ C(D Section) : 80~120sec

Over 220℃ : 40~60sec

ⓒ Slope A ⇛ B : 2~4℃/sec

C ⇛ F : 1~3℃/sec

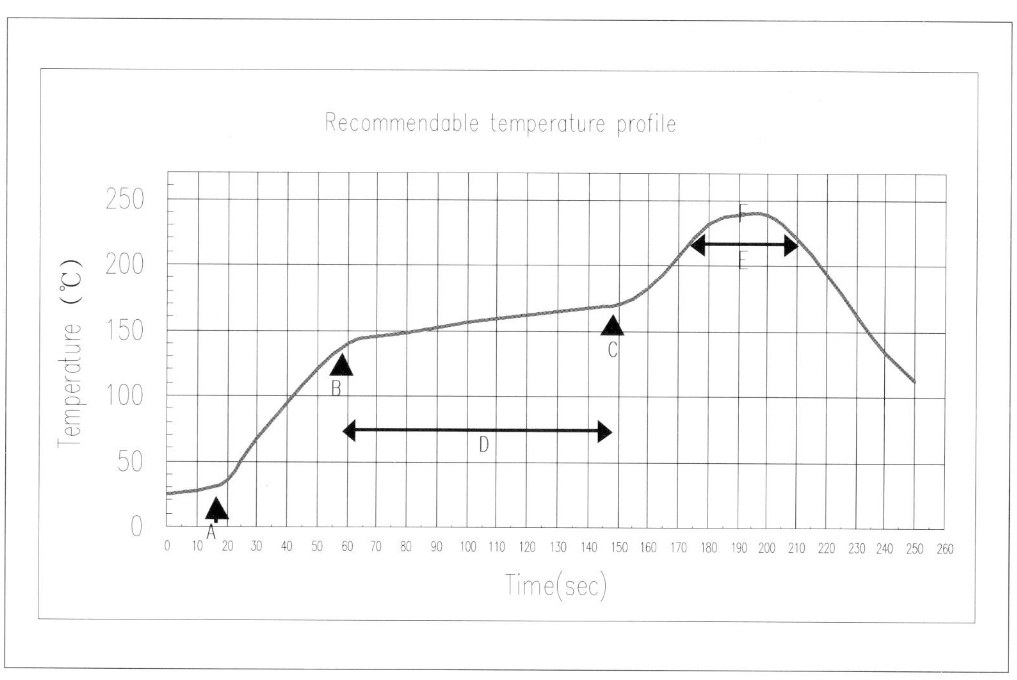


㉰ **Sn/3.5Ag8In0.5Bi**

㉠ [장점]

ⓐ Sn/3.0Ag/0.5Cu 보다 낮은 온도에서 사용 할 수 있다.

ⓑ Sn/Zn/Bi의 단점인 고온고습에서의 신뢰성(접합강도 등)이 좋다.

㉡ [단점]

In 은 희귀 금속이기 때문에 가격이 비싸다.

**참고!**

가격은 비싸지만 Pb-Free solder 계의 중온계로써 현재 추천되고 있는 제품이다.

㉢ [비고]

ⓐ Setting temperature

A : 20~30℃, B : 120~140℃, C : 180~190℃, F(peak) : 220~235℃

ⓑ Setting time　A ⋙ B : 40~60sec

B ⋙ C(D Section) : 60~120sec

Over 210℃ : 60~120sec

ⓒ Slope　A ⋙ B : 2~4℃/sec

C ⋙ F : 1~3℃/sec

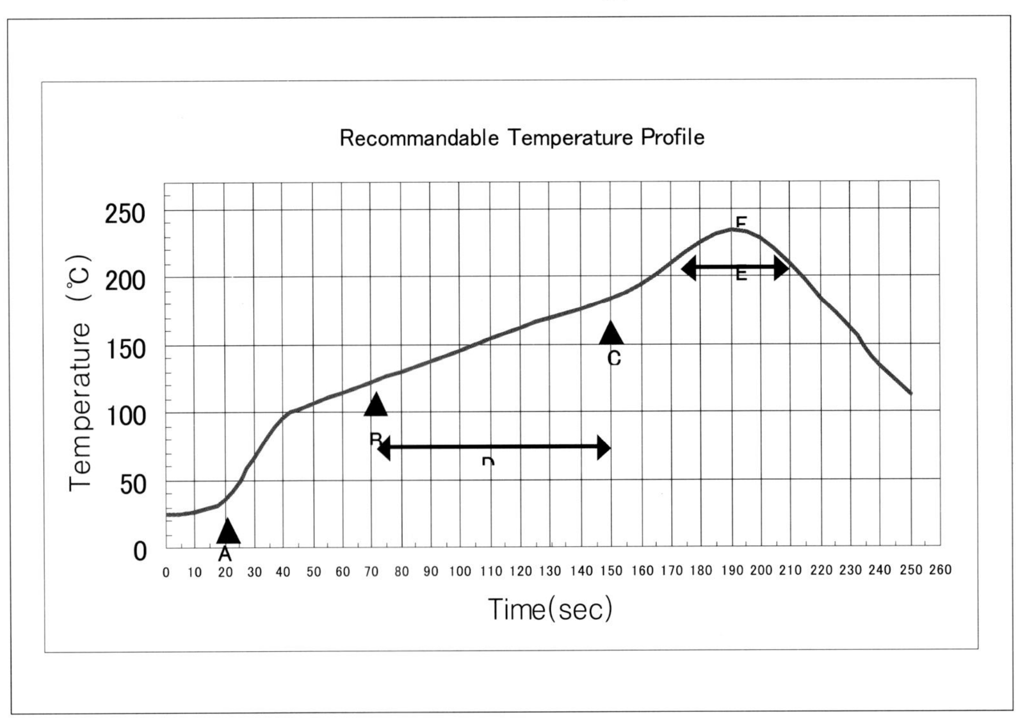

㉣ **Sn8Zn3Bi and Sn9Zn**

㉠ [장점]

ⓐ Pb-Free중 저온에서 사용 가능하다(187℃~197℃).

ⓑ CPU와 같은 약내열성 부품적용에 사용 가능하다.

㉡ [단점]

ⓐ solder paste만 제조 가능하다(Solder Wire제조 불가).

ⓑ 장시간 사용 시 경시변화가 금속의 특성상 빠르다.

ⓒ 고온·고습 방치 시에 제품 신뢰성에 문제발생이 우려된다(단, Au Coating은 제외).

※ 사용 조건의 충분한 검토요망

㉢ [비고]

ⓐ Setting temperature

A : 20~30℃, B : 130~140℃, C : 150~170℃, F(peak) : 220~230℃

ⓑ Setting time A ⋙ B : 30~40sec

B ⋙ C(D Section) : 80~120sec

Over 200℃ : 20~40sec

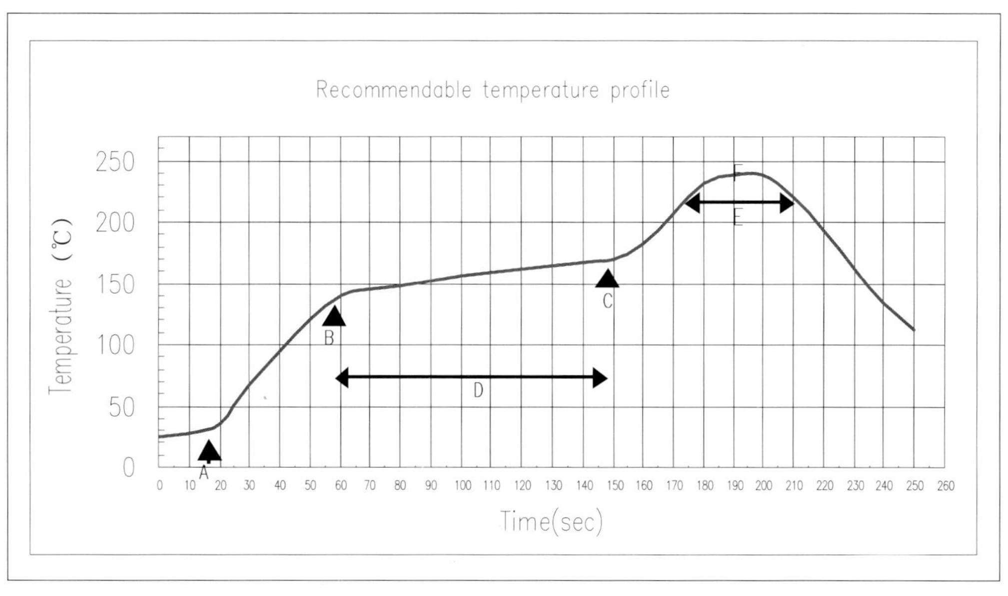

ⓒ Slope A ⋙ B : 2~4℃/sec

C ⋙ F : 1~3℃/sec

㉮ **Sn3.0Ag0.5Cu(Ni/Ge) ➡ Fuji 전기 특허조성물**

㉠ [장점]

ⓐ Pb-Free Solder중 가장 보편적인 표준제품에 속한다.

ⓑ Ni/Ge를 미량 첨가함에 따라 접합성, 내열성향상으로 나뉜다.

ⓒ 산화억제력에 의해 Dross 발생이 적다.

㉡ [단점]

고 융점(용융온도 : 217℃~220℃)

㉣ [비고]

ⓐ Setting temperature

A : 20~30℃, B : 130~140℃, C : 180~190℃, F(peak) : 235~245℃

ⓑ Setting time A ⋙ B : 40~60sec

B ⋙ C(D Section) : 80~120sec

Over 200℃ : 40~60sec

㉰Slope A ⋙ B : 2~4℃/sec

C ⋙ F : 1~3℃/sec

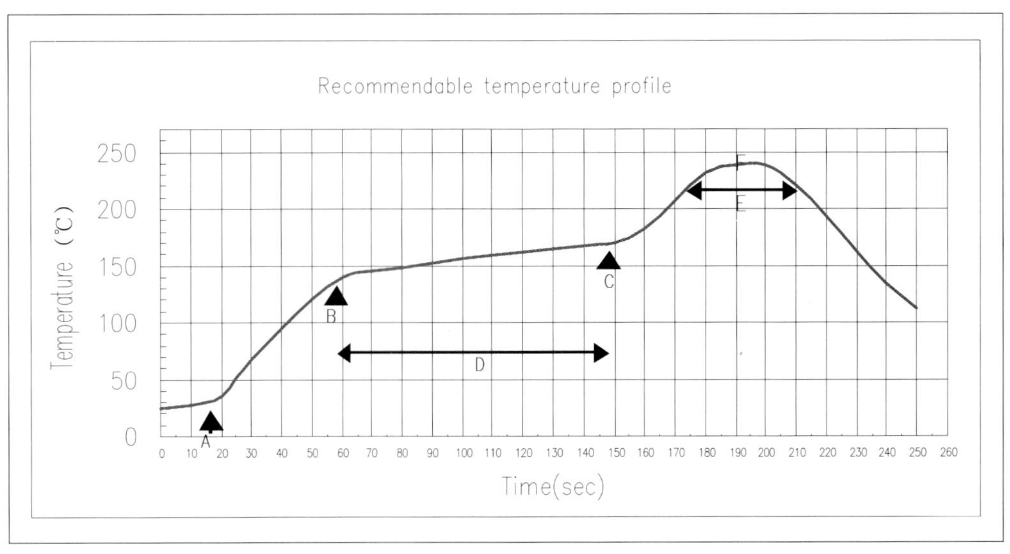

# 제 5 장
# 자동웨이브 솔더링

자동 웨이브 솔더링 머신은 PCB에 장착된 전자부품의 리드와 PCB LAND 사이를 솔더링하는 기계이다. 솔더링 과정은 부품이 실장된 PCB를 컨베이어에 올려 일정 속도로 이동시키면서 플럭스 도포, 예비가열, 솔더링, 냉각으로 이루어져 있다. 웨이브 솔더링 머신에는 여러 가지 모델이 있지만 기본적으로는 모두 유사한 구조를 갖고 있다. 즉, 웨이브 솔더링 머신은 보통 다음과 같이 5가지 부분으로 구성되어 있다.

☑ 플럭서(fluxer)
☑ 프리히터(pre-heater)
☑ 솔더포트(solder-pot)
☑ 컨베이어(conveyor)
☑ 제어장치

이외에 부대 장치로 리드선 절단 장치를 갖추고 있다.

## 플럭서 01

인쇄 회로기판(PCB)에 플럭스를 도포하는 방법에는 여러 가지가 있다. 이러한 여러 가지 방법의 목적은 회로기판 밑면에 어떻게 엷은 플럭스를 균일하게 도포하는 것이다. 플럭스를 도포하는 장치를 플럭서라 하며 플럭서에는 발포식과 스프레이식이 대표적이다.

### (1) 발포식 플럭서(foam fluxer)

이 방법은 가장 일반적으로 사용되고 있으며 장치가 간단하다. 즉, 발포 튜브 속에 콤프레셔의 공기압을 가하여 튜브 표면으로부터 기포를 발생시켜 발포 노즐의 윗부분에서 플럭스 거품을 형성하게 된다. 이 거품에 PCB의 밑면을 침지시켜 플럭스를 도포한다. 발포식 플럭서의 단점은 도포막의 조절이 어려워 플럭스가 두껍게 도포되고 플럭스의 사용량도 많아져서 기판 윗면에 플럭스가 녹아 나오기도 한다. 발포식 플럭서는 컨베이어 속도에는 둔감하나 플럭스의 점도에는 민감하므로 점도관리가 중요하다. 발포식 플럭서는 대기 중에서 증발되기 때문에 플럭스가 열화되고 최적의 발포상태를 유지하기 위해서 공기압의 안정, 발포관의 청결이 중요하다. 그리고 온도에 따라 플럭스의 비중관리도 필요하게 되며 보수점검 등의 노력이 필요하다. 더욱이 플럭스액을 발포시켜 기포상으로 하기 때문에 솔더링시 기판의 상면까지도 플럭스가 올라오고 접촉 불량이 많이 발생할 수 있다.

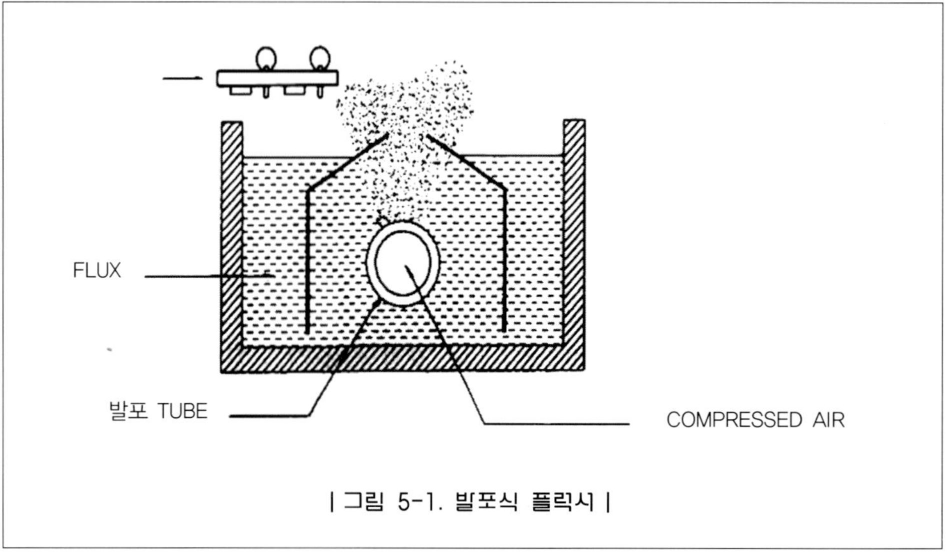


| 그림 5-1. 발포식 플럭서 |

## (2) 스프레이식 플럭서

스프레이식은 회로기판에 플럭스를 분무하는 방식으로 여러 가지 장점이 있다. 매우 엷고 균일한 플럭스 도포를 할 수 있으며 플럭스의 농도를 관리해야 하는 어려움이 없다.

### ① 특징

㉮ 피도포면에 엷고 균일한 플럭스 막을 형성할 수 있다.

㉯ 플럭스액은 원액을 사용한다(도포량 조절이 가능하다).

㉰ 플럭스 액은 원액 그대로 사용하기 때문에 플럭스의 비중관리가 필요 없다.

㉱ 후 공정이었던 스위치, 커넥터, volume 등이 전공정이어도 가능하다.

㉲ 균일한 도포가 가능하기 때문에 저잔사 무세정 플럭스를 사용하는 것에 의해 무세정화를 도모하는 것이 가능하다. 스프레이식 플럭서 장치는 플럭스 사용량의 절감과 기판 윗면에 플럭스의 올라옴이 없게 된다. 더욱이 플럭스의 노화를 촉진하는 수분의 혼입과 침적이 적고, 증발량도 적기 때문에 제품의 품질 향상과 작업 공수를 적게 하는 것이 가능하다. 스프레이 플럭스(spray flux)장치에는 air 방식과 airless(PCM 방식)방식이 있다 .PH 4.8 이하의 Flux를 사용할 경우 특히 부식에 주의하여야 한다.

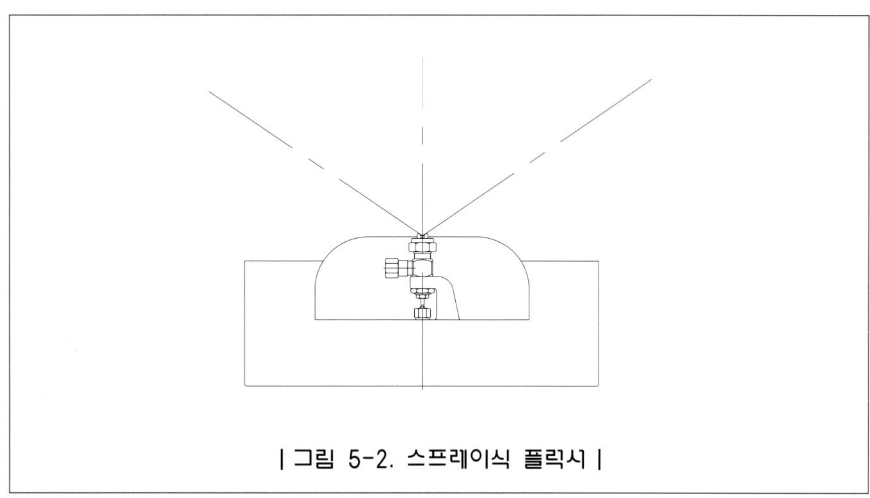

| 그림 5-2. 스프레이식 플럭시 |

# 예비 가열 02

## (1) 예열의 목적

① 플럭스가 PCB의 패턴 및 리드와 반응해서 활성을 갖기 위해서는 일정 온도로 충분한 시간동안 예열되어야 한다.

② 활성을 갖는다는 것은 플럭스가 패턴 및 리드 표면의 산화층과 반응해서 산화층을 제거하여 순수 금속 표면을 회복하고 금속 표면의 산화를 막기 위해 플럭스가 순수 금속 표면을 덮어서 완전히 솔더링 준비가 되어 있는 일련의 과정을 의미한다.

③ 예열 시간과 온도는 사용하는 플럭스와 모재(PCB리드)에 따라 다르다.

④ 예열의 필요성은 다음과 같이 요약할 수 있다.

☑ PCB 제조 과정에서 솔더링하면 도금액이나 습기가 끓어 솔더가 튀거나 내부에 기포가 발생하여 솔더링 불량이 나타난다. 이를 방지하기 위해 일반적으로 PCB 제조 시 프리 플럭스(pre flux) 적용과정에서 PCB를 105℃에서 2시간 정도 건조시킨다.

☑ 플럭스 적용과 솔더링 작업 사이에 플럭스 매개물이나 희석제를 증발 · 제거하므로서 솔더링 시 솔더가 튀거나 가스가 형성되는 것을 방지할 수 있다.

☑ 온도에 민감한 재질은 솔더링 시 열 충격에 의해 손상을 입거나 파괴되기도 하고 변형도 수반하게 되므로 완만한 예열로 이런 부작용을 줄일 수 있다.

## (2) Pre-Heater의 관리 기준

### ① Pre-Heater 조절 방법

㉮ 예열온도는 100±10℃로 하고 작업 개시 20분전에 작동 power S/W를 ON시켜 사전에 준비 상태를 점검한다.

㈏ 예열온도 점검은 PCB 동박면 기준으로 Glass Epoxy인 경우 100±10℃로 하며 PCB 상부측 정시에는 디지털 온도계 또는 자동온도 기록장치(reflow checker) 등의 표면온도 측정 장치를 이용하여 90~100℃의 기준으로 측정 관리한다.

㈐ 칩(chip)이 있는 경우 부품면을 기준 하여 100±10℃로 하여야만 예열 부족으로 인한 균열을 방지할 수 있다.

### ② Pre-Heater 관리 방법 및 주의사항

㈎ Pre-Heater의 발열부는 플럭스가 떨어져서 화재의 원인이 될 수 있으므로 청결을 유지한다.

㈏ Pre-Heater 발열부의 효율을 높이기 위해 발열 반사판은 항상 이물질 및 기타 먼지 등이 없도록 청결을 유지한다.

㈐ 휴식 시간이라도 pre-heater 상부에는 PCB가 정지되어 있지 않도록 하여 화재 발생의 위험을 사전에 제거한다.

### ③ 파이프 히터(pipe-heater)의 관리

이들은 막대 모양의 열 소자들로 이루어져 있는데 일반적으로 이 열 소자들 뒤에 반사판이 가까이 있다. 이 방식은 판 히터보다 빨리 반응하며 더 높은 온도에서 작동된다. 어떤 종류의 플럭스 방울이 떨어져도 태워 버린다. 반사판은 자주 닦아야 되므로 부엌용 알루미늄 호일로 반사경을 덮어 씌워 더러워지면 쉽게 교체하도록 한다.

### ④ 기판온도 관리

솔더 웨이브에 도달하기 직전에 PCB assembly의 온도는 일정해야 한다. 이는 근본적으로 프리히터 온도와 컨베이어 속도에 따라 좌우된다. 예열하는데 영향을 미치는 주요한 요인을 열거하면 기판, 도포된 플럭스의 양 및 삽입된 부품의 수량이다. 이러한 사항은 솔더링 불량 제로의 공정을 위한 중요한 포인트이다. 기판의 예열은 약 100℃에서 1분간 예열이 가장 이상적이다. 기판이 히터로부터 1㎜ 멀어질 때 기판 온도가 1℃씩 떨어진다.

Glass Epoxy의 PCB기판은 Phenol수지 PCB기판보다 열전달 속도가 빠르기 때문에 설정 온도가 달라야 한다. 약 10℃의 차이가 있다.

## 솔더 포트 및 펌프 03

### (1) 솔더 포트의 설계 및 재질

솔더 포트(납조)는 솔더의 용융온도 이상에서 장기간 견디어 내는 재질로 만들어져야 한다. 보통 230~300℃에서 견딜 수 있어야 하고 고융점 솔더 합금의 경우에는 370℃ 이상에서 견딜 수 있어야 한다. 솔더 포트의 재질은 납이나 플럭스, 솔더 표면에 생기는 찌꺼기(산화된 솔더, dross)에 영향을 받지 않아야 한다. 또한 솔더 포트는 무거운 솔더의 중량을 지지할 수 있어야 하는데 특히 솔더 포트가 큰 경우에는 매우 중요한 문제이다. 또한 고온의 경우에는 휘거나 찌그러지지 않아야 한다.

솔더나 플럭스에 의한 영향을 받지 않아야 하는 특성 때문에 사용되는 철판 재질은 극히 제한된다. 가장 일반적으로 사용되는 재질은 오스테나이트계 스테인레스 강이다.

### (2) 히터(heater)

솔더 포트는 대부분 전기 히터로 가열하는데, 가열 방식은 대개 아래와 같이 분류된다. 이 방식들 간에는 성능이나 효율상 약간의 차이가 있는데 청소나 정비 시 편리함을 고려하여 선택한다. 또 히터는 높은 생산 부하량을 감안하여 일정한 온도를 낼 수 있는 적합한 크기이어야 한다.

① **외부 연결식 히터(external heater)**

외부 연결식 히터는 솔더 포트 내부에 히터가 부착되어 있지 않아 청소 시에는 쉬우나 절연체와 솔더 포트 구조물을 떼어내지 않고서는 분해 조립이 어렵다. 이 형태의 히터는 최근 무연 솔더링에 사용되기 시작하고 있다.

② **잠금식 히터(immersion heater)**

잠금식 히터는 교체가 용이하며 솔더 포트를 깨끗이 할 수 있다. 그러나, 솔더가 일단 응고되어 버린 상태에서 히터에 문제가 발생하면 교환하기 어렵다.

③ **관식 히터(tube heater)**

관식(파이프 식) 히터는 교환이 용이하다. 이 방식은 튜브들 때문에 솔더 포트 내부 청소 시 불편하다는 커다란 단점이 있다.

### (3) 펌프(pump)

솔더는 간단한 원심력을 이용하는 임펠라(impeller)로 퍼 올려 진다. 솔더 포트의 특수 환경 관계로 기름칠된 베어링을 사용하지 못하며 설계 시 모든 베어링 표면이 솔더 위에 위치하도록 한다.

## 솔더 웨이브 04

Wave는 열역학과 유체역학을 응용한 분류식 솔더링의 혁신적인 발명이며 각국에서 마이크로 고기능 기판으로부터 TV, VTR 등 민생용 기판까지 각 분야에서 절대적인 성능을 발휘하고 있다.

## (1) 웨이브의 기능

### ① 진입부

분류 솔더의 대부분은 기판의 방향과는 역으로 흘러 가스를 쫓아오지 못하게 하고 여분의 플럭스(flux)를 씻어 흘리는 기능을 가지며 기판 부품에의 열전달 매체의 역할을 하고 있다.

### ② 침지부

평활한 솔더면에서 솔더링이 이루어지는 부분이다. 솔더 포트의 용량이 크기 때문에 안정된 웨이브가 형성된다.
분류식 포트는 밑으로부터의 밀어 올리는 힘에 의해 작은 칩부품과 다층 기판의 쓰루홀로 솔더를 최적조건으로 밀어 올린다.

### ③ 탈출부

표면은 기판의 진행 방향으로 기판과 동일한 속도로 흐르기 때문에 기판은 솔더면으로부터 수직으로 탈출하는 것과 같은 조건이 되어 최고의 솔더링을 할 수 있다. 솔더 웨이브는 솔더링 공정의 심장이 되는 부분이므로 좀 더 상세히 설명하고자 한다. 여러 가지 형상의 웨이브에 대해 이론적인 배경을 충분히 이해하므로서 특정한 목적이나 솔더링 수정 작업에 따른 정확한 웨이브 형상을 조절할 수 있다.
최초의 솔더 웨이브는 솔더가 평탄하게 트인 노즐을 통하여 올라와서 양쪽으로 자연스럽게 다시 흘러내리는 간단한 구조이었다. 그 때에는 기판에 삽입된 부품수가 그렇게 많지 않아 별문제 없이 솔더링을 할 수 있었으나 솔더링 속도가 느린 점과 브리지 현상이 많이 발생하는 두 가지 문제점이 있었다. 솔더링 속도가 느린 것은 회로 기판과 웨이브 접촉 면적이 좁았기 때문이었고 브리지 현상이 많이 생긴 원인은 회로 기판이 웨이브로부터 이탈되는 시점에서 기판과 솔더면 사이의 각도가 크기 때문이다. 이러한 문제를 해결하기 위한 시도로 컨베이어를 수평으로 하던 것을 각도를 조금 주게 되었다. 이렇게 함으로써 기판과 웨이브 사이의 각도와 접촉 면적을 크게 할 수가 있었다. 또한 기판은 솔더 흐름 속도가 낮은 기점에서 솔더 표면으로부터 이탈시킬 수 있었다. 웨이브는 노즐의 간격을 조절할 수 있도록 하여 넓게 퍼져 흘러내리도록 함으로써 훨씬 개선되었으며 접촉 면적도 넓힐 수 있었다. 또 기판이 솔더 표면을 이탈하는 순간의 각도뿐만 아니라 솔더의 흐름과 컨베이어의 각도를 정확히 맞추게 되면 기판이동 속도와 솔더 흐림 속도가 일치하게 되어 솔더 과다 현상과 솔더 부족 현상을 방지할 수 있다. 솔더링 품질 면에서나 경제적인 측면에서 바람직한 솔더 포트 관리는 다음과 같다.

① 가능한 한 고순도의 솔더로 채울 것(Sn 63%-Pb 37% solder)
② 작업이 용이한 범위에서 가능한 한 낮은 온도를 택할 것
③ 솔더링이 필요치 않는 부위는 가능한 한 철저하게 솔더 레지스트(solder resist)를 입힐 것(PCB 설계 단계에서 PCB 제조 때까지 관리가 필요함).
④ 솔더의 보충은 최상의 것으로 할 것
⑤ 작업 후 기판에 묻어 나온 솔더 방울이나 부품 리드에 덩어리로 붙어 나오는 솔더를 다시 솔더 포트에 넣지 말 것. 이렇게 묻어 나온 솔더는 금속적으로 아주 심하게 오염되어 있기 때문에 다시 집어넣으면 경제적인 측면에서도 더 큰 손해를 본다. 오염된 솔더는 모아두었다가 스크랩(scrap-폐솔더)으로 팔 수 있다.

## (2) 웨이브 솔더링(wave soldering)

여기서는 주로 웨이브 솔더링을 중심으로 한 주변 공정, 작업 방법에 대해서만 언급한다. 그림 5-3에서 여러 가지방법을 나열했다. 삽입 후 절단이나 굽힘없이 그대로 솔더링하는 공정은 사후 수리에 유리하고 랜드에 스트레스 분산효과와 제조 경비 절감 측면에서 유리하다. 예열은 플럭스의 화학적 활성 목적 외에 솔더링 전에 온도를 올림으로서 작업온도에 빨리 도달시키고 웨이브 접촉시간 단축, 작업속도를 증가시키며 용융솔더와 금속적 접촉을 적게 해서 솔더링부의 수명을 길게 한다. 이밖에 기판과 부품의 열적 손상을 경감시키는 역할을 한다.

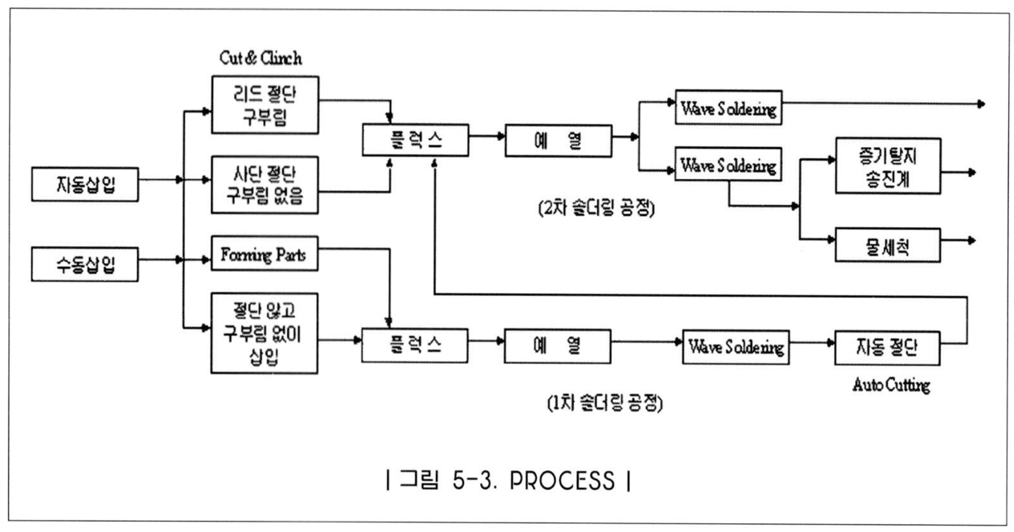


| 그림 5-3. PROCESS |

예열 직후 측정한 부품측 기판 온도는 다음과 같이 되도록 관리한다.

☑ 단면 기판 80~90℃

☑ 다층 기판 4층까지 105~120℃

☑ 양면 기판 100~120℃

☑ 다층 기판 4층 이상 110~130℃

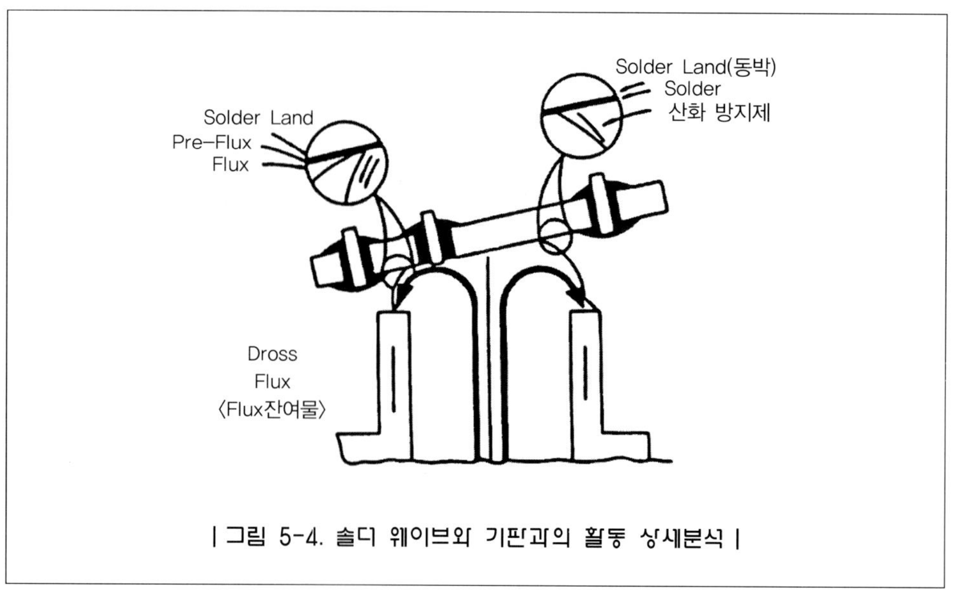


| 그림 5-4. 솔더 웨이브와 기판과의 활동 상세분석 |

웨이브 솔더링 장비를 사용하여 솔더링을 할 경우 솔더링의 불량은 사용되는 플럭스의 종류, 컨베이어 속도 및 예열온도 등에 영향을 받게 된다. 그림 5-4~8은 이러한 영향인자들에 따른 솔더링 불량율을 보인 것이다. 여기에서 사용된 플럭스는 고형분 15%의 세정용 플럭스 A(RMA-type)와 고형분 3.3%의 무세정용 플럭스 B(R-type)이다.

그림 5-4~5는 세정용과 무세정용 플럭스에 대하여 예열온도를 50, 110, 140℃로 변화시켰을 때의 컨베이어 속도에 따른 고드름 결함수를 보여준다. 그림 5-4에서는 고드름 결함이 세정용 플럭스 A를 사용하는 경우 컨베이어 속도가 0.3m/min에서 1.0m/min으로 될 때까지 점점 작아져서 컨베이어 속도가 1.0m/min일 때 가장 적게 발생하며 1.0m/min 이상으로 증가할 때 고드름 결함은 다시 점점 많아지는 것을 볼 수 있다. 그림 5-5는 무세정용 플럭스 B를 사용하는 경우 컨베이어 속도와 고드름 결함의 관계를 나타낸다.

컨베이어 속도가 0.3m/min에서 2.0m/min로 증가함에 따라 고드름 결함은 점차 감소하고 특히 세정용 플럭스에 비해 컨베이어 속도 1.0m/min 이상에서는 고드름 결함이 발생하지 않는 것을 볼 수 있다.

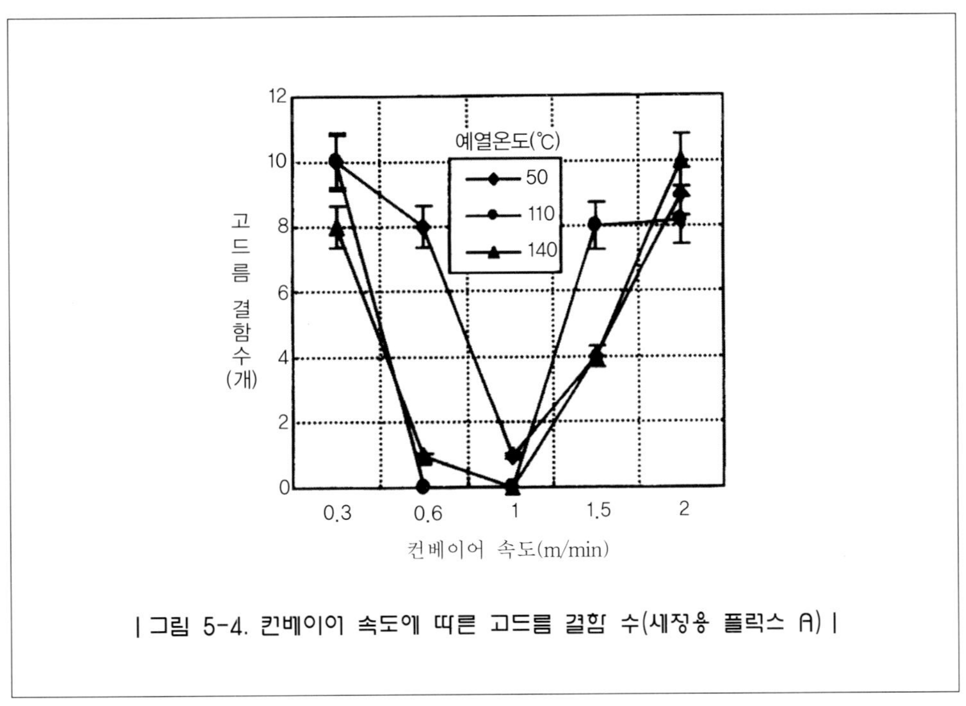


| 그림 5-4. 컨베이어 속도에 따른 고드름 결함 수(세정용 플럭스 A) |

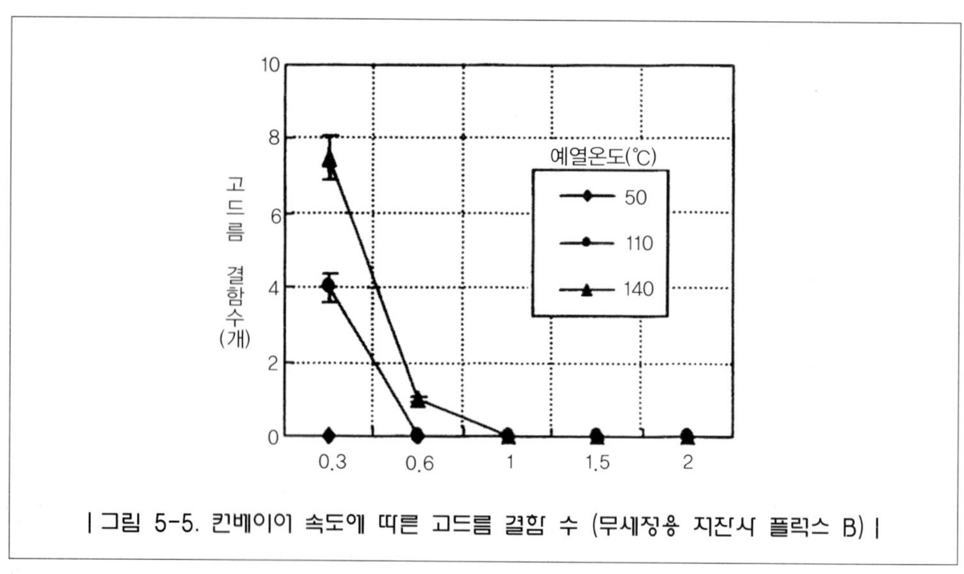


| 그림 5-5. 컨베이어 속도에 따른 고드름 결함 수 (무세정용 저잔사 플럭스 B) |

그림 5-6~7은 세정, 무세정용 플럭스를 사용하는 경우 각각 예열온도가 변화되었을 때의 컨베이어 속도에 따른 미납 결함수를 보여준다. 그림 5-6에서는 세정용 플럭스를 A를 사용하는 경우 컨베이어 속도와 미납결함과 관계를 나타낸다. 미납결함은 컨베이어 속도가 1.0m/min일 때 상대적으로 적게 발생한다. 그림 5-7은 무세정용 저잔사 플럭스 B를 사용하는 경우, 컨베이어 속도와 미납결함과의 관계를 보인다. 그림 5-6의 세정용 플럭스와는 달리 컨베이어 속도와 예열온도의 영향을 크게 받지 않고 미납결함이 그다지 발생하지 않는 것을 볼 수 있다.

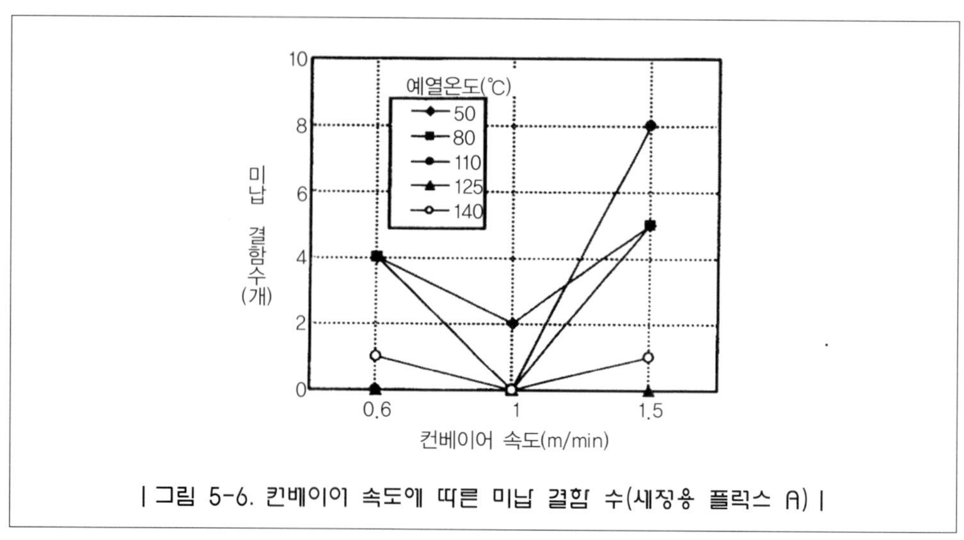


| 그림 5-6. 컨베이어 속도에 따른 미납 결함 수(세정용 플럭스 A) |

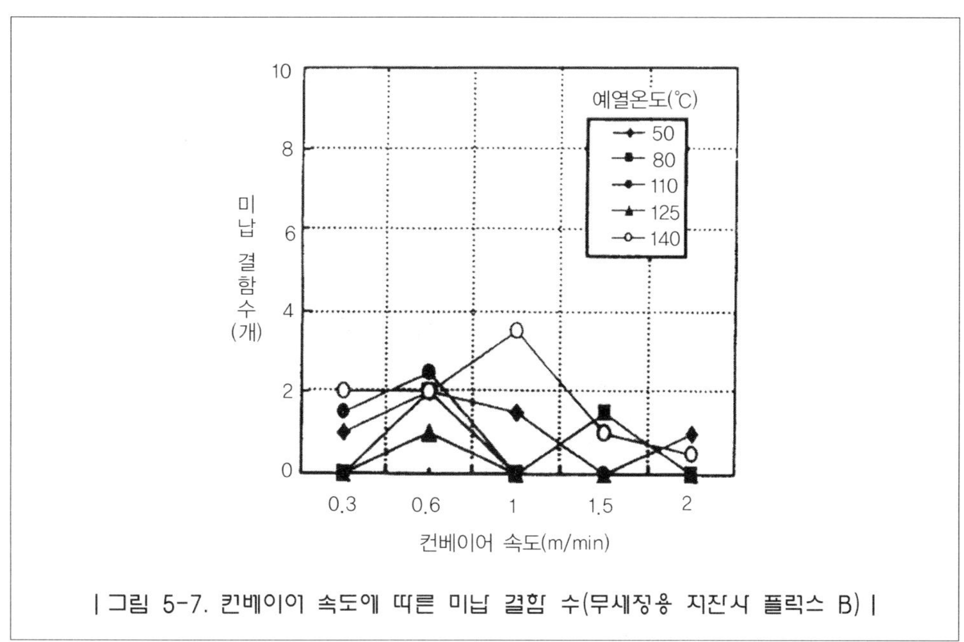


| 그림 5-7. 컨베이어 속도에 따른 미납 결함 수(무세정용 저잔사 플럭스 B) |

그림 5-8은 무세정용 저잔사 플럭스를 사용하는 경우 컨베이어 속도와 브릿지 결함과의 관계를 보인다. 브릿지 결함은 컨베이어 속도가 0.3m/min에서 2.0m/min으로 증가할수록 감소하는 경향을 보이며, 예열온도에 대해서는 거의 영향을 받지 않는 것을 볼 수 있다.

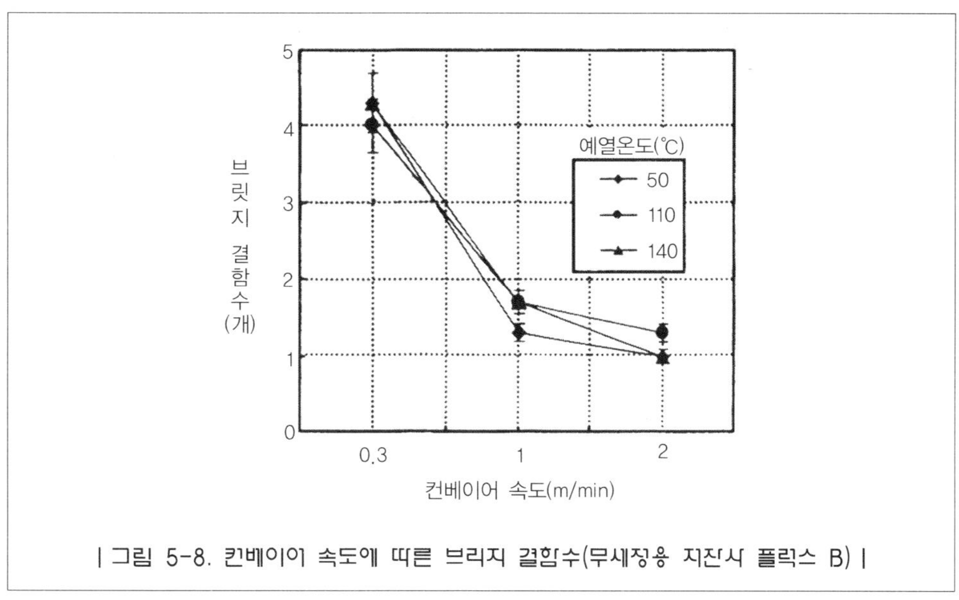


| 그림 5-8. 컨베이어 속도에 따른 브리지 결함수(무세정용 저잔사 플럭스 B) |

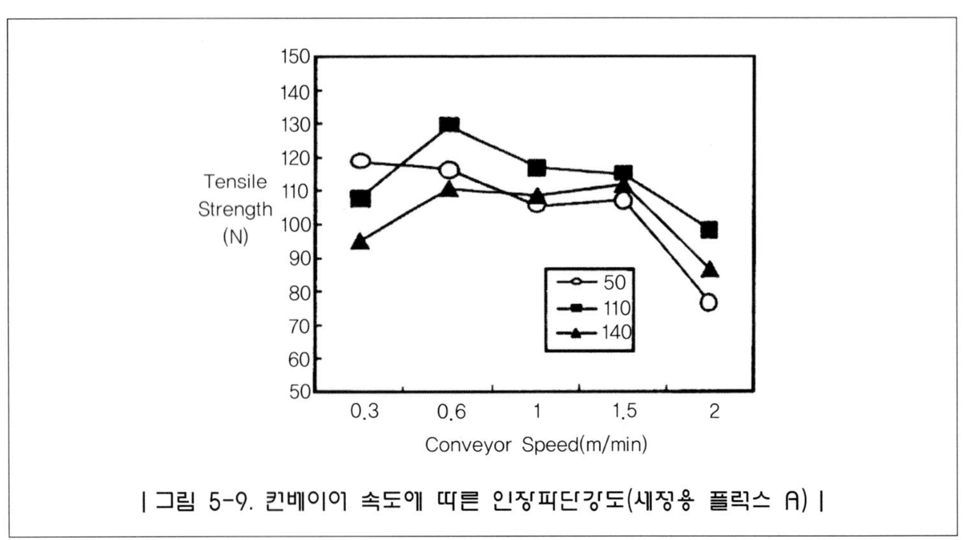


| 그림 5-9. 컨베이어 속도에 따른 인장파단강도(세정용 플럭스 A) |

그림 5-9~10은 세정용 플럭스 A와 무세정용 저잔사 플럭스 B를 사용하는 경우, 이송속도에 따른 인장파단강도의 변화를 나타낸다. 세정용 플럭스 A를 사용하는 경우 그림 5-9에서 보는 바와 같이 컨베이어 속도 0.6~1.5m/min에서 100N 이상의 비교적 높은 인장파단 강도를 보인다. 무세정 저잔사 플럭스 B를 사용하는 경우에는 그림 5-10에서 보는 바와 같이 컨베이어 속도 0.6~1.0m /min에서 125N (약 13kg) 이상의 높은 파단강도를 보인다. 컨베이어 속도가 0.3m/min로 지나치게 낮거나 1.5~2m/min로 높은 경우에는 상태적으로 낮은 파단강도를 나타낸다.

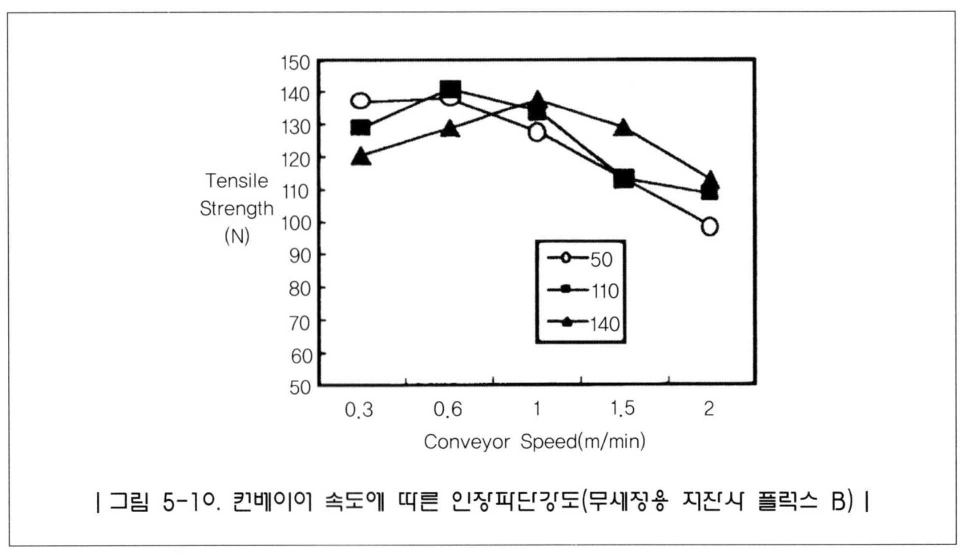


| 그림 5-10. 컨베이어 속도에 따른 인장파단강도(무세정용 저잔사 플럭스 B) |

### (3) 가변 웨이브

솔더가 넓은 노즐을 통해 올라옴으로서 유속이 감소된다. 따라서 입구 쪽으로 흘러내리는 솔더 표면의 웨이브는 매우 잔잔하게 된다. 드로스 슈트(dross chute)를 조절하여 솔더 유량을 조정함으로서 드로스의 발생을 감소시킨다. 솔더 유량의 90% 가량이 솔더 포트 입구쪽으로 흘러내리게 한다. 후면 쪽으로의 유량은 아주 적어 최초 전원을 넣을 때는 솔더의 표면장력에 의해 전혀 흘러내리지 못하다가, 맨 처음의 기판이 밀고 지나감으로서 이 표면장력이 깨지며 미세량이 흐르게 된다. 어떻게 하여 훌륭한 솔더링을 하게 되는지 검토해 보자.

기판은 이송되는 방향과 서로 반대되는 방향으로 흘러내리는 잔잔한 솔더 웨이브와 솔더 포트 입구에서부터 접촉하게 된다. 이 때문에 솔더링이 될 포인트는 빨리 열을 받게 되고 접촉되어 지나가는 동안 솔더가 솔더링될 틈새에 흡수될 수 있는 충분한 시간을 가지게 된다. 솔더와 기판은 충분히 넓은 접촉면을 가지게 되어 솔더링 공정을 매우 빠르게 할 수 있다. 이어서 기판은 접촉 이탈 지점으로 도달하게 된다. 이 지점에서 기판은 솔더 표면을 누르는 상태로 후면의 솔더쪽으로 이동한다. 이때 솔더 표면은 기판의 이동 속도와 같아서 기판과 솔더 흐름의 상대 속도는 거의 제로가 된다.

웨이브 시스템은 셋업(set-up)하는데 주의를 요하며 일단 셋업을 하게 되면 웨이브 높낮이는 납조(solder pot)전체를 올렸다 내렸다함으로서 조절이 가능하다. 웨이브의 높이가 변하면 후면부의 댐 높이도 조절해야 한다. 이렇게 함으로서 웨이브 시스템으로 훌륭한 솔더링이 가능해진다.

조그만 칩(chip) 부품 등이 서로 다른 방향으로 복잡하게 달려 있는 기판의 경우에 이 웨이브를 사용하게 되면 어떤 포인트에는 솔더링이 전혀 되지 않는 경우가 발생한다. 이 현상은 주위에 위치한 부품 때문에 솔더링 되어야 할 포인트 부분에서 솔더 흐름의 방향이 전환되어 버리기 때문에 생긴다. 이를 그늘효과(shadowing effect)라 한다. 이를 방지하기 위해서는 웨이브 솔더링 시에 웨이브를 이중으로 하는데 첫 번째 웨이브에서는 비교적 거친 웨이브를 내게 하여 그늘 효과를 제거하고 두 번째 부위에서는 잔잔한 웨이브를 내게 하여 과다한 솔더를 제거한다(그림 5-11).

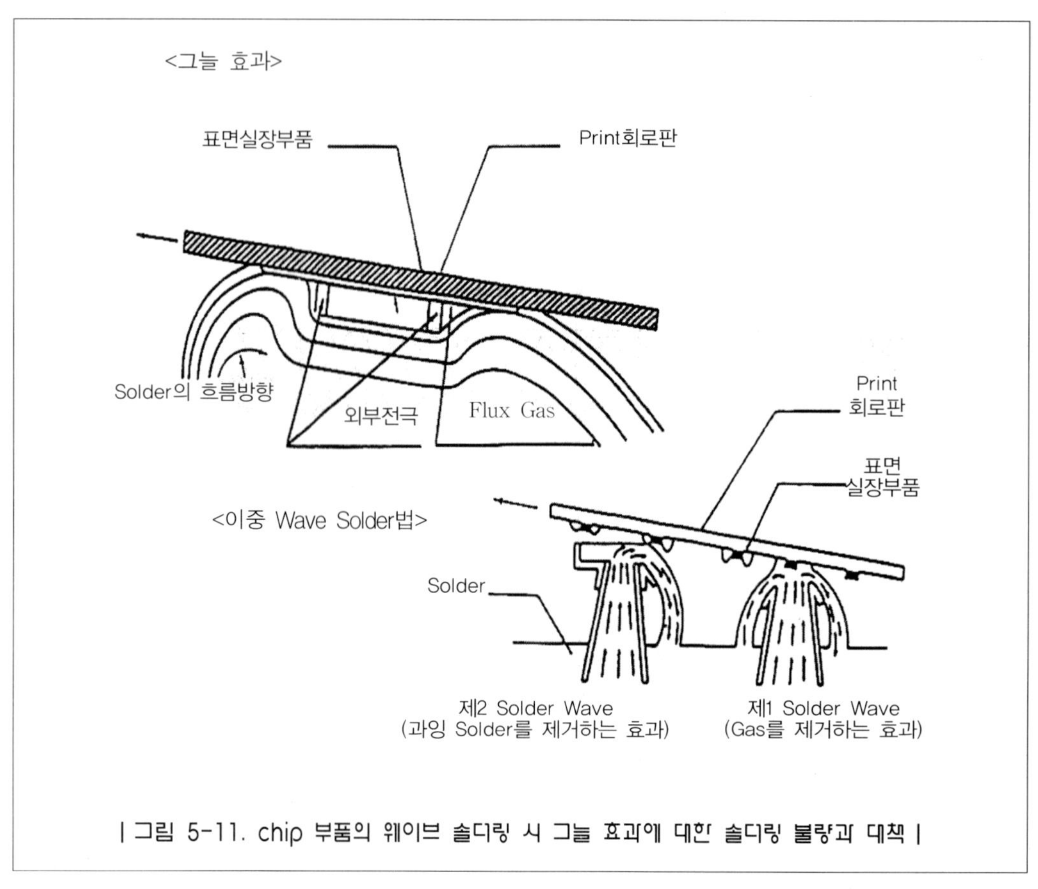


| 그림 5-11. chip 부품의 웨이브 솔더링 시 그늘 효과에 대한 솔더링 불량과 대책 |

## (4) 온도프로파일

웨이브 솔더링 시 부품과 기판이 가열, 냉각되는 온도프로파일은 양호한 솔더링부를 얻기 위해서 아주 중요하다. 온도프로파일은 부품의 종류와 수, 크기, 기판에 따라 달라진다. 그림 5-12는 웨이브 솔더링 시 온도프로파일을 참고로 보인 것이다. 기판과 부품은 용융된 솔더 웨이브와 만나면 급격히 가열되면서 피크온도에 도달하게 되는데 피크온도는 약 240~250℃ 정도이다.

그림 5-13은 더블 웨이브 솔더링시의 가열곡선의 예를 보인 것이다. 피크온도는 약 240℃이고 1차 웨이브에서 약 2초, 2차 웨이브에서 약 3초 동안 용융된 솔더와 기판이 접촉한다.

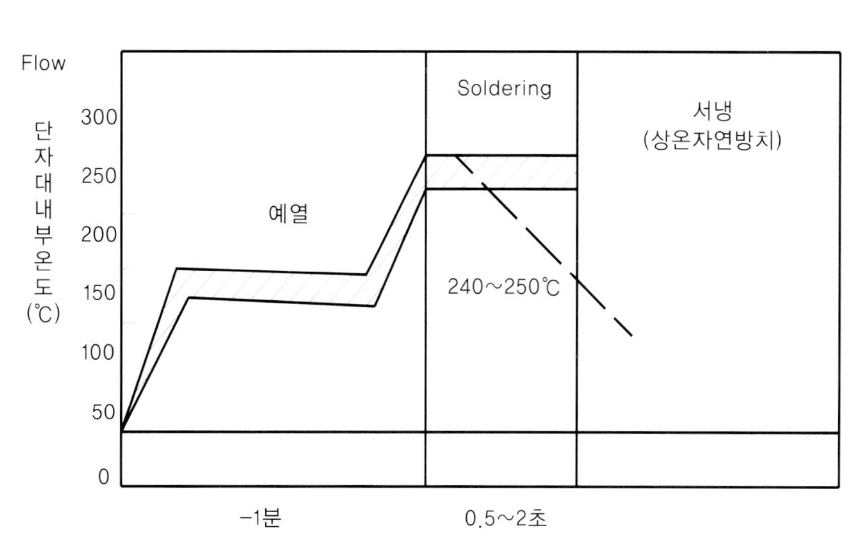


| 그림 5-12. 웨이브 솔더링 시 온도프로파일의 예 |

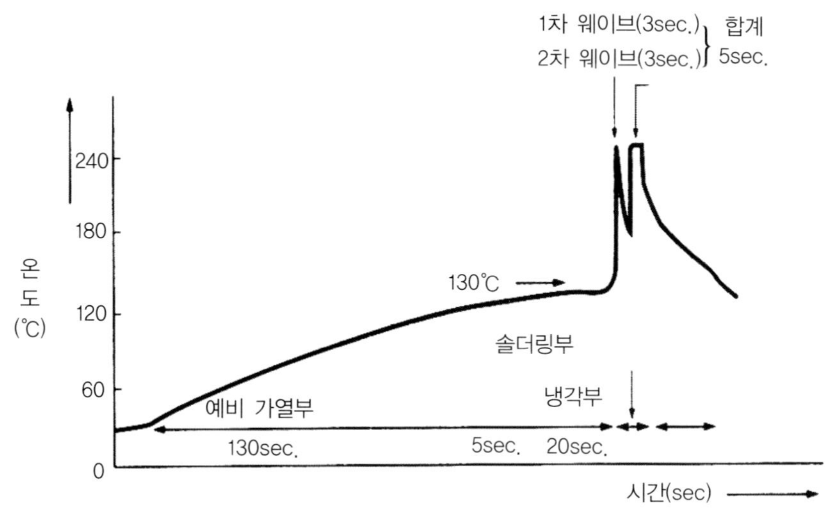


| 그림 5-13. 더블 웨이브 솔더링 시 온도프로파일의 예 |

그림 5-14는 웨이브 솔더링 시 결함을 유발시키는 나쁜 온도프로파일의 예 [5-14 (a)]와 개선 후 정상적인 온도프로파일의 예를 보인 것이다. 나쁜 온도프로파일은 가열 및 냉각 중 온도변화가 불규칙하다.

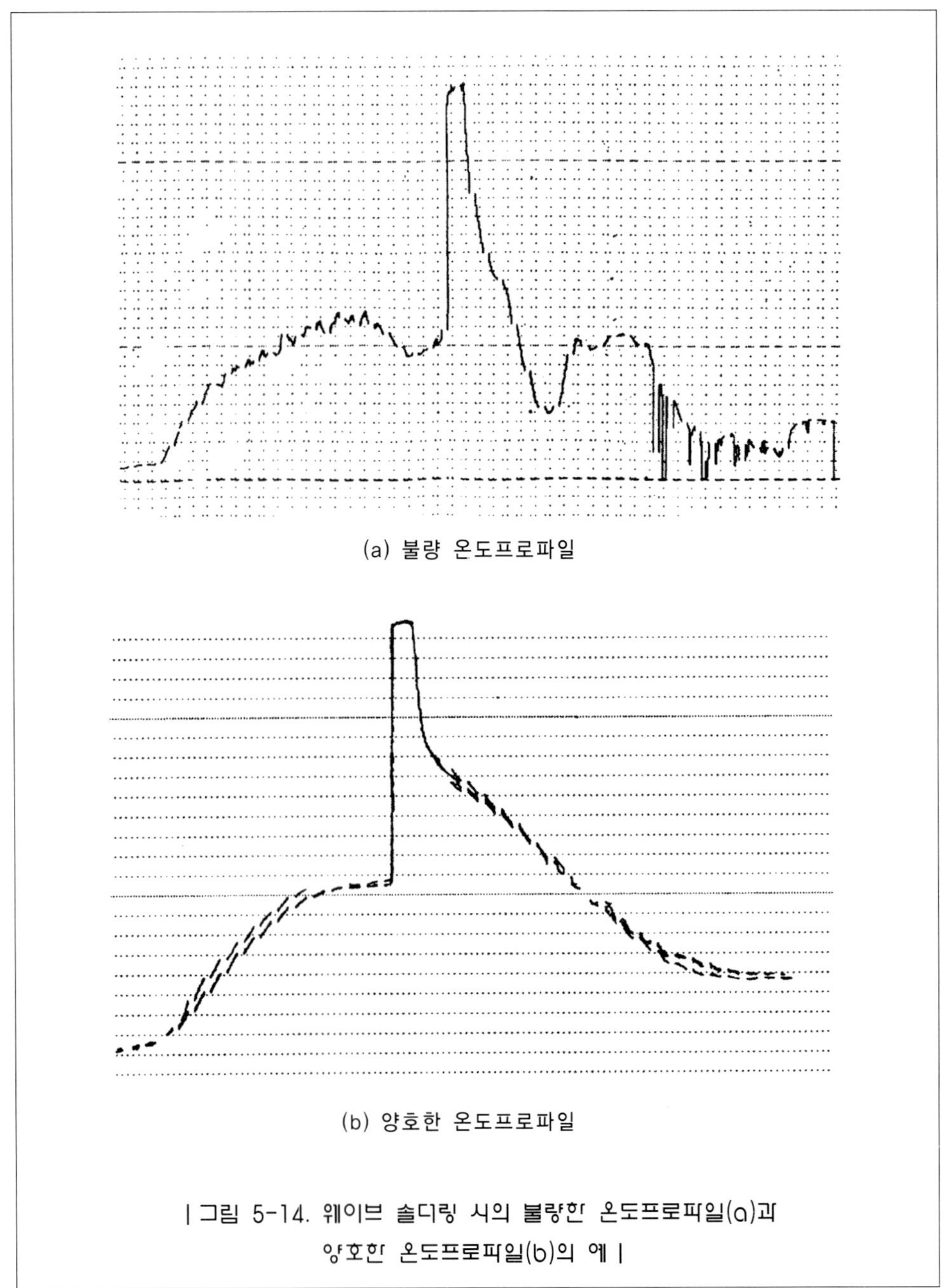

(a) 불량 온도프로파일

(b) 양호한 온도프로파일

| 그림 5-14. 웨이브 솔더링 시의 불량한 온도프로파일(a)과 양호한 온도프로파일(b)의 예 |

## (5) 납조 관리 방법 및 주의 사항

① 작업개시 2시간 전에 가동시켜 납조가 정상 상태를 유지토록 한다.

② 납조는 항상 청결을 유지하고 솔더 찌꺼기(dross)는 제거하며 제거 시 화상에 주의한다.

③ 솔더 찌꺼기(dross)를 제거 시 반드시 스테인레스강제 제거용 도구를 사용한다.

④ 솔더 포트 내에 동(Cu) 함유량이 0.3% 이상 혼입 시 솔더 포트내의 솔더를 전량 교환하여야 한다. 웨이브 솔더링 장치에 핵심적인 기술을 정리한 것이다.

❖ 표 5-1 soldering m/c 핵심 기술

| NO | 기술명 | 기술 내역 |
|---|---|---|
| 1 | 플럭스(Chemical) 기술 | • 플럭스 성분선택, 플럭스 도포 방법 선택<br>• 플럭스 비중관리, 플럭스 사용관리 |
| 2 | 전기적 기술 | • 시스템 제어 방법 프리 히터 배열과 용량<br>• 솔더 포트의 배열과 용량, 전기 자재의 사용방법(인증품 사용) |
| 3 | 기계적 기술 | • 프레임의 구조(하부 개폐) 알루미늄 레일의 변형 방지<br>• 각도조절의 방법 예열의 방법 솔더 포트의 형태<br>• 휭거의 형태 휭거 세척방법 |
| 4 | 전자적 기술 | • PCB의 설계 및 예비 솔더 도금<br>• 전자부품의 도금 및 예비 솔더 도금<br>• 자재의 보관 기간 및 방법 자재의 리드 사양<br>• PCB에 정착 및 삽입 방법 |
|  | 열유체적 기술 | • 프리 히터의 온도관리 및 크기<br>• 솔더 포트의 온도관리 및 크기(솔더 용량)<br>• M/C의 내부온도 관리 |
| 6 | 솔더 포트 웨이브 형성 기술 | • 하부흡입방법으로 안정된 웨이브의 지속적 유지 가능(맥동 현상 없을 것)<br>• 1차 칩 웨이브의 특수성으로 가스 빼기와 구멍 막힘 방지로 미납 불량 최소화시킴<br>• 솔더 포트 내부의 단순구조로 솔더 포트내의 산화물 제거가 편리하고 솔더 산화량 최소화시킴. |

| 7 | 접촉면 조정 기술 | • 레일의 각도 조절을 손잡이를 이용하여 조정함.<br>• 솔더 포트내의 높 · 낮이 조절은 핸들을 이용하여 조정함.<br>• 솔더 포트내의 노즐의 높이를 조절하여 조정함. |
|---|---|---|
| 8 | Solder Pot의 동(Cu)제거 기술 개발 | • 솔더의 교체로 발생되는 비용을 절약할 수 있음.<br>• 솔더 포트내에 용융된 동(Cu)을 온도 강하법을 사용하여 결정체로 만들어 석출함.<br>• 결정체 Cu를 적출함.<br>• Cu 함유량을 0.1%로 유지하여 최적의 솔더링 조건을 유지함. |

### (6) 솔더 마스크(solder mask)

여러 가지 유사한 기판을 솔더링 할 때 솔더링 되지 않아야 할 부위가 있는 경우 적용할 수 있는 방법은 여러 가지가 있다. 일반적으로는 테이프, 마스킹, 티타늄 클립 및 치구판을 이용한다. 그러나 이러한 방법은 부수적으로 바르거나 끼우는 등의 작업을 요하며, 특히 휭거 컨베이어(finger conveyor)방식의 경우에는 솔더링 원가가 증가된다.

## 냉각 공정 05

프린트 기판에 흡수된 열량은 그대로 두면 프린트 기판이나 전기, 전자부품을 열화시키므로 빨리 열을 방출하여야 한다. 프린트 기판의 온도가 솔더링의 고상선 이하로 되면 재빨리 냉각시켜야 한다(그림 5-15 참조).
자동솔더링시 운반속도와 솔더링 포트부터 냉각기까지 거리를 충분히 확인하여 불량 발생이 없도록 한다. 압축공기를 사용하여 냉각할 때에는 수분이나 기타 불순물의 부착 여부를 조사하여야 한다.

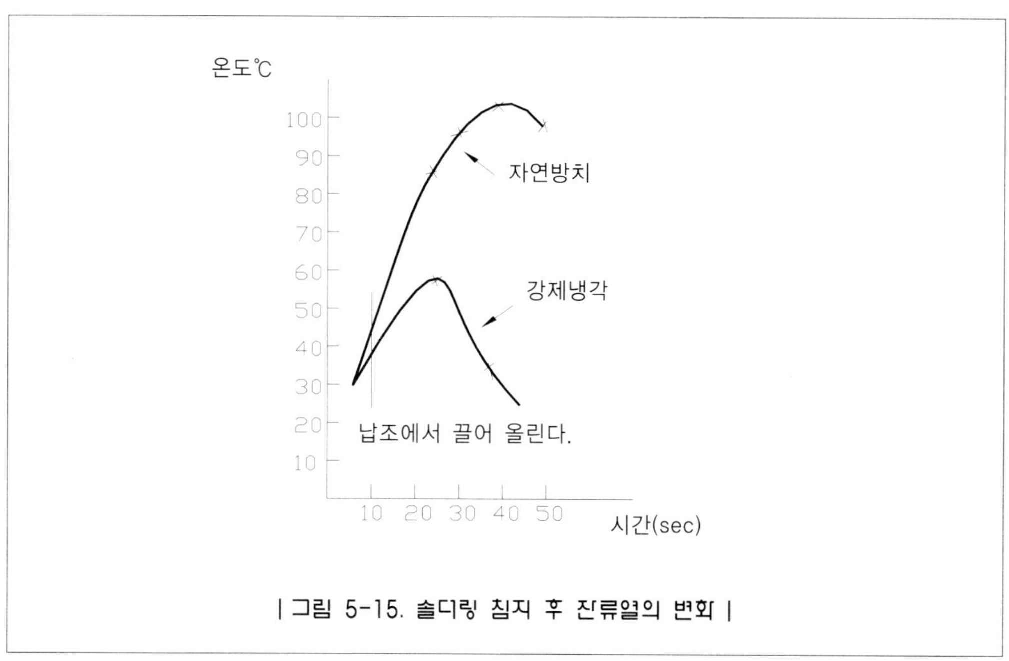


| 그림 5-15. 솔더링 침지 후 잔류열의 변화 |

## 리드선 절단 공정 06

리드선 절단 공정에는 프린트 기판에 부품을 장착한 후 여분의 리드선을 그대로 두고 솔더링한 다음 한 번에 잘라내는 방법과 가솔더링으로 고정한 다음 여분의 리이드선을 절단한 후 솔더링 하는 두 가지 방법이 있다.

주의할 점은 먼저 프린트 기판의 휨 교정은 되어 있는지 절단기의 칼날조건 등은 어떠한지 사전에 확인하는 것이 중요하다. 또 프린트 기판면으로부터 리드선의 절단 길이는 지정된 길이인지의 여부를 확인하여 조정해 둔다.

절단 길이는 접합 부분의 강도를 유지하는 것과 함께 전기 저항을 적게 할 목적으로 반드시 1.5㎜ 이상이 남도록 한다. 절단할 때에는 접합부분에 진동을 주지 않도록 하고 절단 후에는 리드선 절단면의 끝불량이 남지 않도록 한다.

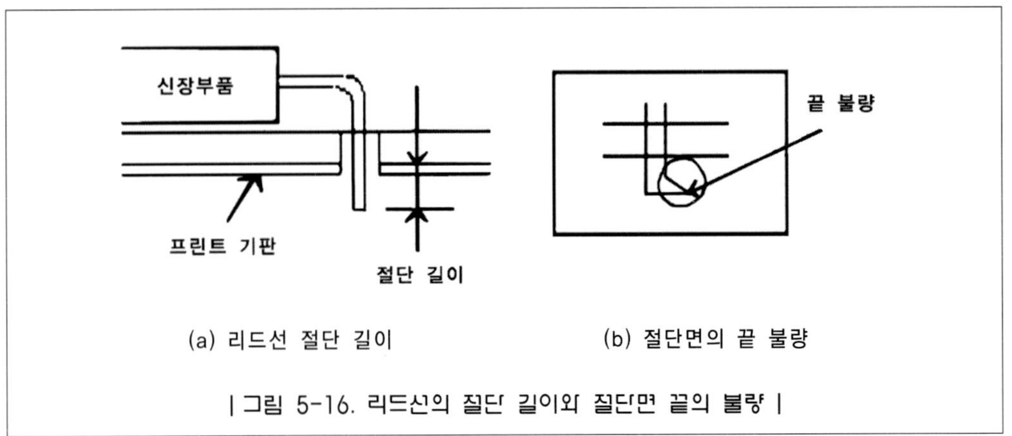

(a) 리드선 절단 길이 (b) 절단면의 끝 불량

| 그림 5-16. 리드선의 절단 길이와 절단면 끝의 불량 |

절단면이 깨끗하지 못할 때에는 칼날이 무디게 된 것이므로 칼날을 교체하도록 한다. 내인성, 내마모성 등 제반특성이 훌륭한 초경합금제(※ tungsten carbide)으로 제작된 고성능 blade는 안정성이 매우 높고 뛰어난 절단능력을 발휘하며 수명이 길어 경제적이다.

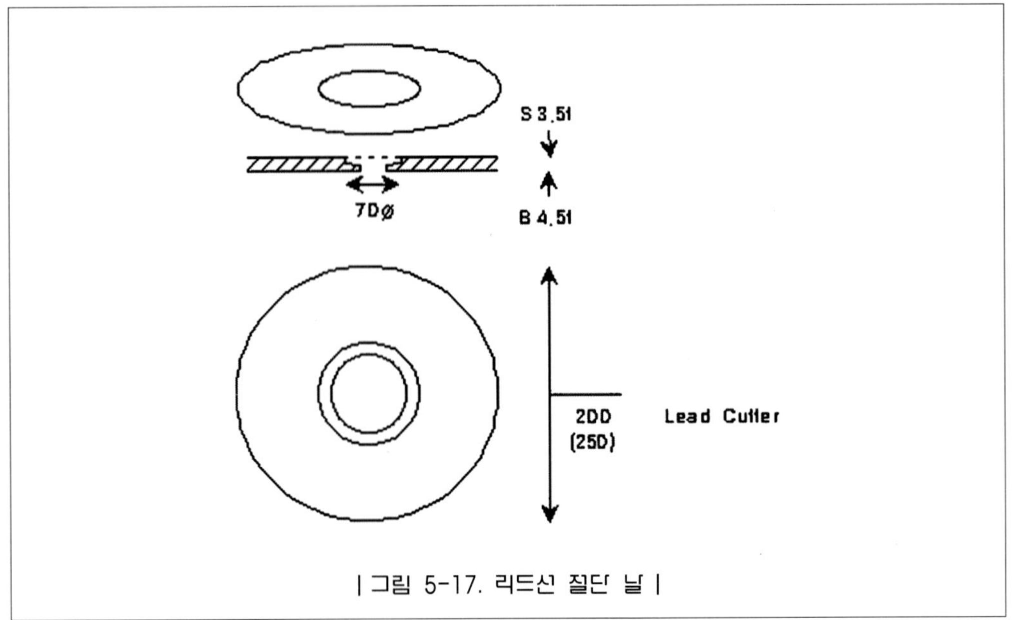

| 그림 5-17. 리드선 절단 날 |

**참고!**

Blade는 전용 연마기를 이용 수시로 재 연마하여 사용하는 것이 품질 관리에 좋다.

## 환기 장치 07

솔더링 품질과 직접관계는 없으나 솔더링 장치에서 발생하는 열의 방출, 플럭스나 산화 방지제의 연기, 세정제 등의 배기 설비는 작업자의 환경과 위생을 위해 반드시 필요한 것이다. 플럭스가 열분해하여 발생하는 연기 중에는 미량의 유해가스가 함유된 경우가 있고 또 세정용 용제에도 유해가스가 함유된 경우가 있다. 환기 장치는 국소 환기장치와 전체 환기장치가 있으며 자동 솔더링 장치에는 보통 국소 환기장치가 사용된다. 이들 장치의 배출구에서 나오는 배출 가스의 규제가 엄해지므로 이에 대한 대책이 필요하다. 솔더링 머신의 하부전체는 밀폐되어 있으므로 솔더링 머신 입구와 출구 측에서 공기가 흡입되고 환기 닥트(duct)를 통해 배기가스가 배출되어야 한다(솔더링 머신의 하부 전체가 밀폐되지 않으면 솔더링 머신 입구와 출구쪽으로 유해가스가 배출되어 실내공기가 오염된다).

## 질소 분위기 웨이브 솔더링 장치 08

환경문제 대응을 위해 솔더링 장치는 무세정 플럭스, VOC(Volatile Organic Compound, 휘발성 유기화합물) free 플럭스, 무연 솔더화에 대응해오고 있다. 무세정 플럭스를 사용할 경우에 대기분위기 중에서도 충분히 솔더링이 가능하지만 세정 플럭스를 사용한 경우와 동일한 외관을 얻고 싶을 때에는 저활성 플럭스를 쓰면서 질소분위기의 납조를 사용한다.

질소분위기의 솔더링을 사용하면 아래와 같은 장점이 있다.

① 솔더 산화방지에 의한 드로스(dross) 감소

② 솔더링부 품질 향상

③ 솔더의 표면 장력 저하
④ 솔더의 점성 저하
⑤ 솔더의 젖음성 향상
⑥ 솔더의 광택성 향상

그러나 질소분위기의 웨이브 솔더링 장비를 사용하면 다음과 같은 단점이 있다.

① 질소소비에 의한 유지비용 증가
② 흄의 처리

질소분위기하의 산소농도는 500~1000ppm이 일반적이지만 500ppm 이하 100 ppm까지 산소농도를 저하시키는 장비도 있다. 최근 웨이브 솔더링 장비 전체가 아닌 납조만 질소분위기로 만든 장비도 실용화 되었다. 또, 질소소비량을 줄이기 위해 질소발생장치를 내장한 장비도 실용화되고 있다.

# 제6장

# 자동웨이브 솔더링 머신의 선택, 설치, 운전, 보수

## 선택과 설치 01

어떤 특정한 솔더링 목적을 위하여 어떤 설비가 가장 적합한가를 결정하는 데는 고려하지 않으면 안 될 여러 가지 사항이 있다. 또 차후에 필요하게 될 사항까지 고려하면 더욱 많아진다. 이들을 검토하다 보면 이 설비로 솔더링 품질이 완벽하게 될지, 생산량은 충분하게 될지 하는 문제를 놓고 의견이 분분하기 쉽다. 따라서 의사결정은 여러 가지 사항들을 고려하여 논리적인 방법으로 이루어져야 한다(표 6-1 참조). 본장에서는 실제 생산현장의 관점에서 기술한다.

❖ 표 6-1 자동 솔더링 머신의 선택시 고려 사항

| 항 | 고려사항 | 비고 |
|---|---|---|
| 1 | 솔더링 품질<br>(soldering quality) | • 솔더링 방식에 따라 솔더링 품질의 차이가 많이 난다. 또한 적용 PCB의 용도에 따라 솔더링 품질을 달리 할 수 있다.<br>• 통신 마이크로용, 일반산업용, 민생용 등 |

| | | |
|---|---|---|
| 2 | 생산성(productivity) | • 전용라인, 범용라인<br>• 1일 생산량 : 대량생산, 다품종소량<br>• PCB 형태, 최소/최대 Size, 특수형태 |
| 3 | 유연성(felxibility) | • Layout 변경 용이성<br>• 증설, 기능 추가의 용이성<br>• 전후 장치와 연결 가능성 |
| 4 | 공정(process) | • 생산라인의 작업 공정에 맞는가?<br>• 생산공정의 연결 가능성 |
| 5 | 배치(layout) | • 공장 Space와 장치의 크기<br>• 방향(좌 → 우, 우 → 좌)<br>• 전후 연결조건 |
| 6 | 가격(cost) | • 솔더링 품질<br>• 생산성<br>• 투자에 대한 손익분기점 고려 |
| 7 | 보수유지성<br>(maintenance) | • 기기 보수 유지로부터, 운전, 유지 관리<br>• 주요부품의 신뢰성 및 교환성<br>• 운전비용 |
| 8 | A/S | • 공급처로 하여금 신속한 A/S(24시간 이내 조치 여부)가 가능한가?<br>• B/S(before service)가 가능한가?<br>• A/S 비용은? |
| 9 | 장치신뢰성<br>(M/I reliability) | • 내용연수<br>• 장치구조<br>• 사용부품<br>• 납품실적<br>• 제조시설 및 기술정도(신뢰성 : 설계에서 품질 보증) |
| 10 | TPM(total productive maintenance) | • 설비 투자 계획 과정(조사 검토)<br>• 취득과정(설계, 제작, 설치)<br>• 설비 보전과정(사용보전, 폐기) |

## (1) 선택 기준

설비능력은 주로 속도, 생산량 및 품질의 측면에서 평가한다. 일단 이 세 가지 사항이 만족되면 어느 제품이 편리하고 견고한지, A/S는 잘되는지 등을 검토해야 한다.

### ① 생산량

제품 생산량은 고려할 사항 중 가장 중요하다. 물론 군용의 전자장비를 만든다거나, 특히 고신뢰성을 요하는 통신장치 혹은 산업용 전자장치일 경우에는 품질을 가장 중요한 사항으로 검토하는 것이 타당하다. 여기에서 주된 관점은 필요한 컨베이어 속도에서 충분한 예열(pre-heater)을 할 수 있는가이다. 이 점은 특히 다층기판(multi layer boards)이나 열용량이 큰 기판을 작업할 때는 매우 중요한 사항이 된다. 다음으로 검토해야 할 사항은 솔더링 속도 문제로서, 회로기판과 솔더 웨이브와의 접촉 폭이 영향을 미친다. 예를 들면, 짧은 대칭 웨이브는 접촉 면적이 큰 비대칭 웨이브에서 보다 빨리 솔더링 할 수 없다는 점이다. 어떤 자동 솔더링 장치라도 도입을 결정하기 전에 컨베이어(conveyor)의 속도를 변경하면서, 기판 사이의 간격은 10㎝ 정도로 하여 샘플로 몇 개의 시험 작업을 해 보아야 한다. 이 결과 PTH(plated through hole)안에 솔더가 충분히 흡수되어 기판 위의 패드(pad)에 필렛(fillet)이 잘 형성되었는지 확인하고 솔더가 잘 퍼져 내렸는지 관찰한다.

### ② 비교 시험가동

솔더링 장치를 정확하게 선택하기 위한 최종적인 시험은 몇 가지의 비교시험을 해보는 것이다.

#### ㉮ 기판 수량

설비를 set-up하는데 5~6개의 기판이 소요되고, 작업결과를 얻기 위해서는 최소한 10~15개의 기판이 소요된다. 시스템을 시험 평가하기 위해서는 20~25개의 기판이 소요된다.

#### ㉯ 기판의 형태

여러 가지 기판 종류 중 선택해서 시험해야 할 경우에는 가장 솔더링하기 어려운 기판을 선정한다. 어려운 기판이란 주로 부품이 많고 랜드가 가깝게 밀집되어 있는 것을 말한다. 매번 기판 종류를 바꾸어 시험하고자 할 경우에는 매번 설비 set-up을 다시 해야 하며 이때에는 매번 5~6개의 기판이 소요된다.

㉰ **시험 절차**

생산할 기판 종류와 요구사항을 솔더링 장치 제조 또는 판매 업체에게 충분히 설명해 준다. 만일 캐리어(carrier)가 필요하다면 시험을 위한 충분한 양의 대여를 부탁한다. 특별한 치수가 필요한 경우에는 값을 지불하지 않는 한 제작 의뢰를 하지 않는 것이 예의이다. 솔더링 장치 판매업체에는 설비를 set-up하도록 충분한 시간을 주고 정확히 조정 될 때까지 기다린다. 샘플 시험작업에 들어가기 전에 직접 set-up 변수를 물어보고 조심스럽게 기록해 두며 자신이 직접 설비를 체크해본다. 솔더링 장치 판매업체와 사용할 플럭스 준비에 대한 협의를 한다. 판매업체측에서 플럭스 비용을 부담하지 않는 경우에는 그 경비를 아까워하지 말고, 시험에 충분한 플럭스 양을 채우도록 한다. 고객은 이 시험 결과에 따라 수 천만 원짜리 설비구입을 결정하기 때문이다. 기판이나 부품은 솔더링성(solderability)이 좋은가를 조립 전에 반드시 확인해야 하며 시험 솔더링을 할 때까지 깨끗하게 보관해야 한다. 샘플 테스트(sample test)에는 기판의 솔더링 표면 상태만을 확인하도록 한다. 작업한 기판들은 깨끗하게 세척하고 주의하여 표시하며 자사의 QC 담당자에게 보내 검토를 받도록 한다.

㉱ **판매업체와 협조**

선정한 판매업체에게 테스트 결과에 따라서 장비 구입을 결정할 것이라는 것을 설명해 둔다. 그들에게 시험 가동한 설비를 잘 정리하도록 여유를 주고 자사에서 생산 취급하는 기판의 종류, 사용하고 있는 플럭스 및 기타 관련 데이터를 알려주어 그들이 가장 적합한 설비와 기타 기자재를 추천해 줄 수 있도록 하고 계획대로 set-up하도록 한다.

## ③ 설치

㉮ **접지 및 전자장치**

솔더링 장치는 반드시 접지가 되어야 한다. 모든 전자 장치에는 접지가 필요하며 안전의 측면에서도 반드시 적절한 접지연결이 되어야 한다. 시스템 안에 전자 제어장치가 들어 있으면 접지 상태는 완벽해야 한다. 그렇지 않으면 노이즈가 발생하여 수치 값이 잘못 표시되거나 간헐적으로 동작할 수도 있다. 또한 접지가 불완전할 때에는 약간의 절연불량으로 감전현상을 일으킬 수도 있다. 접지가 안 되어 있을 때에는 장치에서 생긴 정전기 때문에 전자 부품이 손상될 수도 있다.

㈏ **청결유지**

자동 솔더링 장치는 특히 청소를 정기적으로 하지 않으면 제 기능을 오랫동안 발휘할 수가 없다. 때때로 끈적끈적하며 때때로 부식성이 있는 플럭스가 사용되므로 매일 작업이 끝나면 깨끗이 청소해야 한다. 장시간 동안 가동을 하였으면 더욱 철저히 청소해야 한다. 설비 내의 조명 장치나 유리창, 철 구조물은 솔벤트나 뜨거운 세척제로 닦아 내야 한다. 이 작업장은 처음부터 깨끗하고 밝게 만들면 계속 유지하기가 쉽다.

㈐ **위생과 안전문제**

솔더링 장치 운전에 있어서 3가지 안전 고려사항으로는

㉠ 납독
㉡ 화상과 화재
㉢ 신체재해의 위험

등이 있다.
납독의 위험은 주의하면 별로 문제가 되지 않는다. 설비에 환기장치만 잘되어 있으면 거의 오염에 대한염려는 없으나, 기계 내부를 들여다보아야 할 필요가 있을 때에는 마스크를 착용해야 한다. 플럭스로 인하여 솔더가 튀겨져서 공기 중에 작은 분진을 형성할 수 있기 때문이다. 솔더포트로부터 납찌꺼기(드로스, dross)를 제거할 때는 마스크를 착용하고, 납찌꺼기는 반드시 지정된 용기에 넣는다. 솔더를 취급할 때 피부에 묻지 않도록 반드시 장갑을 착용하고, 취급 후에는 손을 깨끗이 씻는다.

☑ 솔더링 작업장에서는 절대 금연
☑ 솔더링 작업장에서는 음식물 금지

상기 규정들을 잘 지킴으로서 납 중독을 예방할 수 있다. 솔더링 장치는 이러한 점에서 안전하게 만들어져 있다. 용융된 솔더는 뜨거울 뿐만 아니라 의복과 피복을 손상시키고, 화상을 유발한다. 뜨거운 솔더 포트 상에서 작업할 때에는 반드시 장갑을 끼고 한다. 또한 솔더링한 직후의 기판은 매우 뜨겁다는 사실에 유의한다. 가끔 솔더를 냉각시킬 때 솔더 포트 속에 에어포킷이 생기는 수가 있는데 이를 다시 용융시키게 되면 도중에 팽창되면서 공기가 솔더 포트 위로 뿜어 나오면서 솔더를 튀길 수 있다. 따라서 솔더를 다시 용해시킬 때에는 솔더 포트에 커버를 덮어두는 것이 좋다. 일단 용융이 되면 이러한 염려는 없다.

### ㉣ 기타 설비

솔더링 작업을 하기 위해서는 부대시설이 필연적으로 필요하게 된다. 작업자에게는 유니트를 분해하여 정비작업을 할 수 있는 작업대가 필요하고, 스페어 부품, 공구 및 청소용 도구, 솔더 등을 보관 비치하기 위한 선반대도 필요하다. 플럭스, 신나, 용제 등은 일반적으로 가연성이고, 인체에도 해로우므로 내화 케비넷에 보관해 두어야 한다. 또한 솔벤트를 닦을 걸레나 휴지를 버릴 수 있는 큰 철재통도 필요하다. 산화납 등의 찌꺼기를 솔더 포트에서 주기적으로 걷어내야 하며, 이를 위해 스테인레스 강으로 된 주걱이나 스푼 모양의 도구를 준비해야 한다. 찌꺼기도 고가로 처분이 가능하므로 찌꺼기 용기를 따로 준비해야 한다.

솔더 증기 및 플럭스 가스 등은 호흡기에 대단히 해로우므로 마스크의 준비도 잊지 말아야 한다. 솔더 성분을 분석하기 위해 정기적으로 납조 속의 솔더 샘플을 채취해야 한다. 이를 위해서는 솔더 샘플을 퍼서 담을 스테인레스 강으로 만든 국자와 용기가 필요하고, 용기에 붙일 라벨도 필요하다. 솔더 샘플을 채취하는 도구들은 다른 목적에는 사용하지 말아야 하며 채취된 솔더 용기에는 채취날짜, 채취자, 설비 번호 등을 기재한 라벨을 즉시 부착하여 샘플을 혼동하지 않도록 한다. 무결점 솔더링(zero-defect-soldering)을 위해서는 관리가 필요하며, 차트나 각종 기록을 작성하거나 매뉴얼 및 작업지침서 등의 책자를 보관할 책상, 게시판 등도 필요하다. 솔더링 장치 주변은 항상 밝고 청결하게 유지해야 하며 일단 set-up시 잘 정돈하면 관리자는 청결 상태를 유지해 나가는데 익숙해져야 한다. 무결점 솔더링의 이행은 정확한 설비를 선정할 때와 같이 얼마나 최선을 다 하는가의 마음가짐에 달려 있으며 관련되는 사람들이 모든 사항을 치밀하고 정확하게 추진해야 한다.

**ASSEMBLY SYSTEM**

영상, 음향관계는 물론 자동차, 사무기기, 컴퓨터, 제어관련 각종 전자기기의 심장부인 프린트 기판(PCB)의 조립 시스템을 통합시킨 설계이념으로 제작된 웨이브 솔더링 장치((주)티에스 모델)

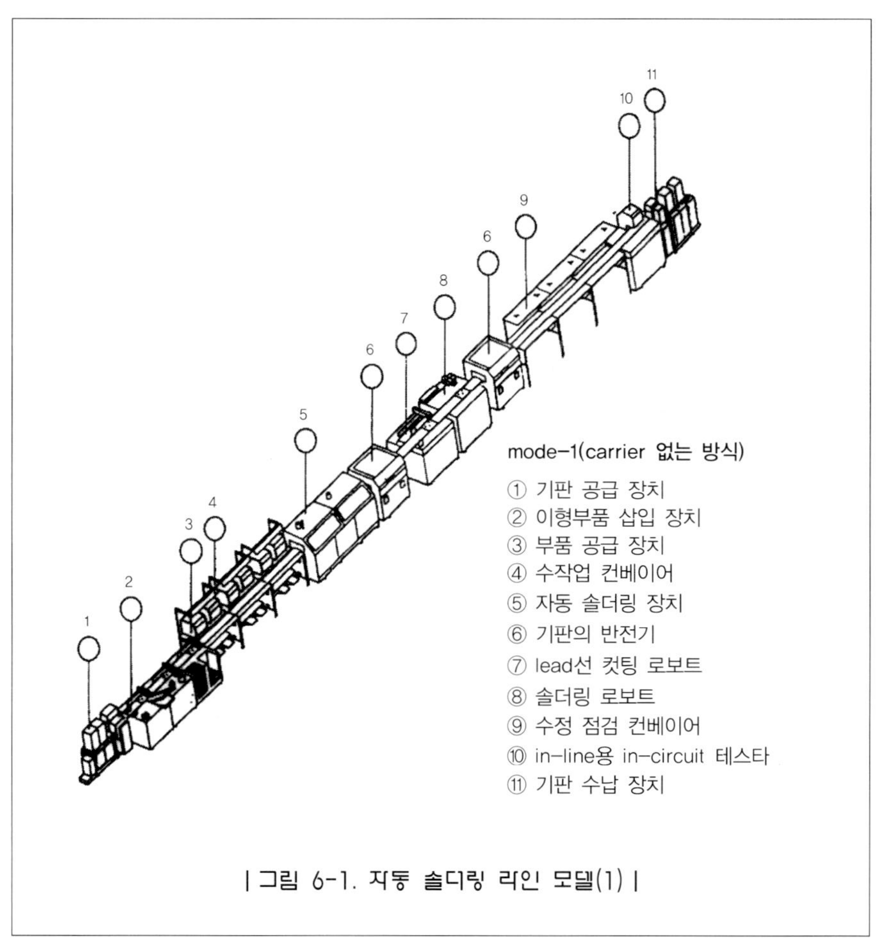


| 그림 6-1. 자동 솔더링 라인 모델(1) |

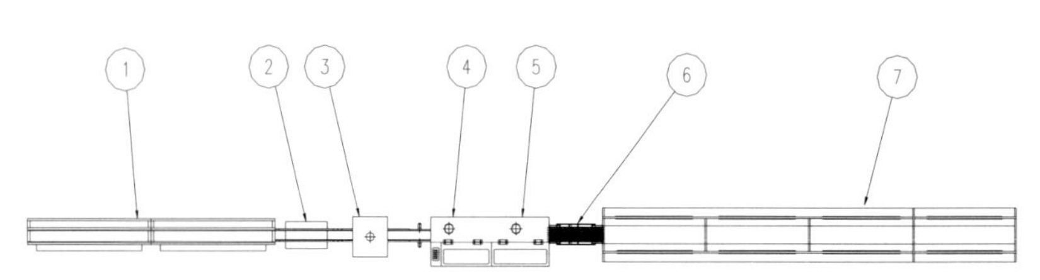


mode-2(carrier 없는 방식)

① Insert Conveyor : 부품 삽입 line
② Pre-Heater : 예열
③ Spray Flux : 부품에 flux 도포
④ Pre-Heater(Soldering M/C 내) : 예열
⑤ Soldering
⑥ Out Conveyor
⑦ 조립 Conveyor : 부품(PCB) 조립 line

| 그림 6-2. Pb-Free 자동 솔더링 라인 모델(2) |

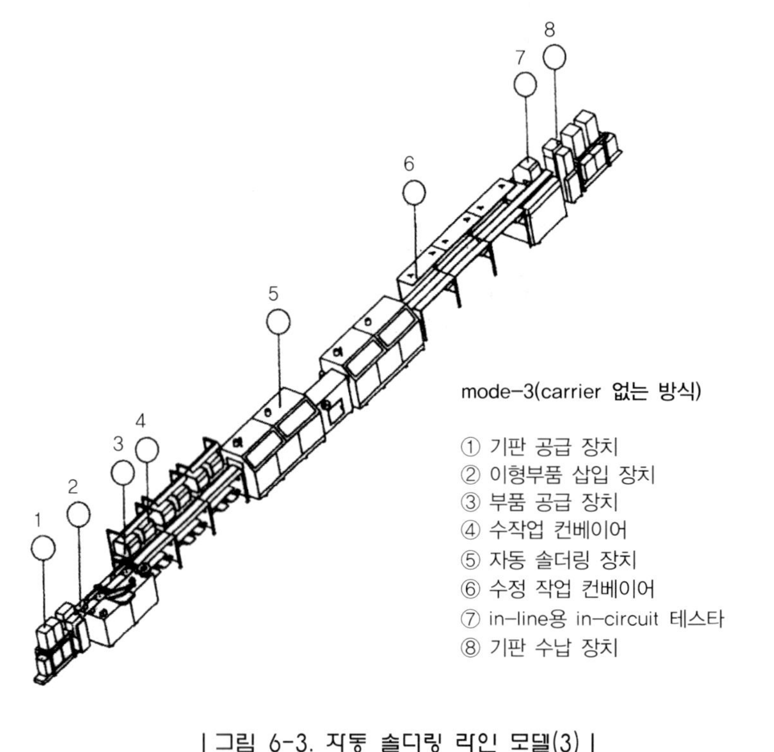


| 그림 6-3. 자동 솔더링 라인 모델(3) |

## 조작 운동 02

여기에서는 시스템을 작동시키기 위한 마지막 단계로서 실패 없는 컨트롤과 품질 산포가 없는 안정한 공정 유지에 대하여 설명하고자 한다. 완벽한 작업을 위해서는 논리적인 이행이 필요하며 이제는 실패를 거치는 시기는 지났다.

### (1) 변수 셋업(Parameter set-up)

① 설비를 세팅하기 전에 먼저 장비운용 지침서로 장비 사양을 확인한다.

② 솔더 온도는 별도의 온도계로, 컨베이어 속도는 스톱위치로 체크하여 차후 QC 체크를 위해 데이터를 기록해 둔다.

③ 플럭서를 가동시켜 기판을 흘려보고 플럭스가 기판에 일정하게 전체적으로 묻어 있는지 확인한다.

④ 컨베이어 속도는 생산성을 최고로 올릴 수 있는 위치에 둔다(약 1.2m/min). 기판을 플럭서와 예열기 위로 흘리고 솔더 웨이브에 들어가기 전에 기판 윗 표면의 최고 온도를 측정한다. 이 온도 측정을 위해 열전대(thermo-couple)가 사용되나 온도지시용 크레용이나 라벨도 실용상 문제가 없다.

⑤ 예열 온도는 기판 위 표면온도가 90~100℃까지 올라가도록 한다.

⑥ 제조업체에서 만든 설비 운용 지침서에 따라 웨이브를 조절하고 PCB ASS'Y를 흘린다.

⑦ 결과를 체크하고 두 번째 기판을 흘린다.

⑧ 필렛(fillet) 형성이 적당한지, 브릿지가 생기지 않았는지를 검사한다.

⑨ PTH기판의 경우에는 기판 위까지 필렛이 잘 형성되었는지 스루홀(through hole)에 완전히 솔더가 채워졌는지 살펴본다.

☑ 기판이나 부품리드의 솔더링성 문제로 생긴 솔더링 불량은 일단 무시한다.

☑ 결과에 따라 설비를 재 조절하여 다시 시험해 본다.

☑ 정확한 set-up이 되었으면 그 데이터를 정확히 공정 지침서에 기록해 둔다.

☑ set-up 데이터는 동일 기판을 솔더링할 때마다 다시 사용한다.

☑ 결과에 따라 어떠한 차이가 생기면 공정상에 무엇인가 바뀐 요인이 있는데 이 요인을 찾아내면 결점을 제거할 수 있다.

## (2) 관리

공정을 관리한다는 것은 결과에 영향을 미치는 데이터를 관리해 나가는 것을 의미한다. 이는 단지 솔더링 장치의 데이터뿐만 아니라 기타 다른 요소도 관리한다는 것을 의미한다.

☑ 부품의 솔더링성, 기판 조립 시

☑ 부품의 저장 방법, 기판과 조립관계

솔더링 장치보다 상기 요소 때문에 더 많은 문제가 발생한다. 설비 자체에서는 컨베이어 속도, 플럭스 농도, 공기 압력, 솔더 웨이브 조절 기능 뿐이다. 이러한 요소에 대한 정확한 표준을 만들어 같은 기판을 작업할 때는 반드시 이 표준을 세팅시켜야 한다.
플럭스와 솔더는 규격서에 의해서 수입검사를 실시해야 하며, 기판과 부품의 청결도와 솔더링성은 반드시 확인해야 한다. 완벽한 솔더링을 위해서는 이러한 부분에 대한 전반적인 컨트롤이 필수적이다.

## (3) 품질 감시 이행

작업이 정확히 이루어지고 있는지, 공정 결과가 집계되고 있는지, 개선한 조치가 이루어지고 있는지를 파악하는 시스템이 되어야 한다. 작업자가 솔더링 장치에 취한 조치 내용에 대하여 정확한 기록을 유지해 가는 제도도 확립되어야 한다.

플럭스나 솔더의 보충, 희석제 등 장치 set-up에 관련된 모든 변경사항이 이에 포함된다. 장치를 항상 미리 정해둔 데이터에 의거 확인하는 것이 QC의 역할이며 QC는 정기적으로 설비의 교정관계를 체크해야 한다.

작업자와 검사자는 장치에서 솔더링 되어 나오는 기판 상태를 계속적으로 감시해야 하며 문제점이 발견되면 신속히 조치를 취해야 한다. 불량이 발견된 경우 간헐적인 문제인가, 아니면 공정을 중지시키고 요인 파악해야 할 정도의 연속된 문제인가를 판단한다.

☑ 장치의 세팅치를 절대로 건드리지 않는다.
☑ 무엇이 변경되었는지 찾아낸다.

웨이브 솔더링장치를 사용하는 경우, 품질이 좋은 솔더링 접합부를 얻기 위해서는 표 6-2에 나타낸 조건 및 재료의 설정 관리가 필요하다.

❖ 표 6-2 웨이브 솔더링의 조건설정 · 관리

| | 항목 | 조건 설정 관리의 중요점 |
|---|---|---|
| 플럭서 | 기포의 크기 | 규정치(1㎜ø) 이하의 기포가 만들어지도록 공기 양을 조절한다. |
| | 발포의 높이 | 기판 뒷면의 리드가 통과할 수 있는 높이로 조정하여 오차가 없도록 한다. |
| | 기판면과의 위치 | 기포 윗면과 기판면과의 위치를 규정치로 한다(기판 두께의 1/2). |
| | 비중 | 비중계에 의하여 제조업체가 지정한 농도치를 관리한다(2회/일 정도). |
| | 사용공기 | Dry air를 사용한다. |
| | 발포관의 세정 | IPA에 침적시켜 dry air로 건조시켜, 노즐부를 세정한다(1회/월 정도). |
| | 포트의 세정 | 플럭스를 제거하고, IPA로 밑면의 먼지나 오염물을 세정한다.(1회/월 정도) |

|  |  |  |
|---|---|---|
|  | 비중계의 교정 | 교정법을 기준으로 정확하게 실시한다. |
| 예열기 | 기판뒷면의 온도 | 기판의 밑면에 열전대를 부착하여 예열 온도를 측정한다.<br>최근에는 예열 온도, 포트 온도, 침지 시간의 측정을 reflow checker (열전대와 기록장치)를 이용하여 측정하는 방법이 주류가 되고 있다.<br>온도계는 1년/1회 검교정 한다. |
| 솔더포트 | 솔더 성분 | 사용 중에 성분이 서서히 변하기 때문에 성분을 분석하여 교체한다. |
|  | 솔더 높이 | 분출 높이, 파형, 솔더포트 높이를 조정한다. |
|  | 솔더면 형태 | 분출면은 기포나 난류가 없이 매끄러울 것 |
|  | 유량, 유속 | 흐름이 정지하지 않도록 nozzle guide로 높이를 조정한다. |
|  | 솔더 온도 | 표준 온도계로 측정하여 솔더 온도를 조정한다(2회/일 정도).<br>온도계는 1년/1회 검교정한다. |
|  | 침지 시간 | Reflow Checker로 측정하여 컨베이어 스피드를 조정한다(2회/일 정도). |
|  | Dross 제거 | Dross 제거 기구를 사용하여 정기적으로 제거한다(1회/일 정도). |
|  | Center-Bar | 기판 휘어짐 방지용으로 nozzle 상부에 고정시킨다. |
|  | 경사각도 | 경사형 솔더포트는 일반적으로 4~6° 기울게 한다. |

## 보수와 안전 점검 03

### (1) 구동부와 컨베이어의 보수 점검

체인의 청소는 주 1회 실시하고, 체인에 기계유를 반드시 주유한다. 감속기나

변속기에는 주 1회 그리스를 공급하고 운반체 레벨의 조정은 정성을 들여 정확히 하며 레일은 항상 청결하게 유지한다. 프린트 기판을 빼내는 장치의 동작과 위치를 확인하고 반출 벨트는 마모 점검과 충분한 청소를 실시하며 1개월에 1회는 정기적으로 체인의 늘어짐을 조정한다.

## (2) 발포 플럭서의 보수와 점검

발포 플럭서의 점검 사항은 먼저 플럭서의 발포 상황이 적정인지의 여부를 확인하고 발포관에 흠이나 막힘이 없는가를 점검한다. 1일 1회 플럭서의 주변을 깨끗이 청소하고, 발포관이나 플럭서 통은 적어도 1주에 1회 정기점검을 한다.

## (3) 예열 히타의 보수와 점검

예열 부분의 반사판은 알콜이나 벤젠 등의 용제를 걸레에 적셔서 닦아내고 히터 블럭의 발열상태, 열풍의 풍량과 온도 등을 확인한다. 반사판용 알루미늄은 오염되면 새것으로 교환하고 가열판과 기판의 거리가 정확한지 확인한다.

## (4) 솔더 포트의 보수와 점거

솔더 포트에 혼입된 산화물은 제거하여 솔더링에 악영향을 미치지 않도록 한다. 솔더 포트의 온도가 설정치와 맞는 정확한 온도인지를 확인한다.
솔더 웨이브 분류구는 스테인레스 청소도구로 깨끗이 청소하고 솔더 흐름의 웨이브(파) 상태를 확인한다.
펌프 구동부와 벨트 늘어짐 등도 확인 점검하고, 펌프는 정기적으로 분해 검사한다. 가열부분의 절연이나 단선의 점검은 주 1회 정기적으로 행하고 솔더 중에 용해되어 있는 불순물의 분석도 정기적으로 행해서 솔더의 품질관리를 철저히 한다. 온도계는 1년에 1회 검교정한다.

### (5) 리드선 컷터의 보수와 점검

먼저 칼날의 소모정도와 결함유무를 점검하고, 칼날의 부착이 정확하면 레벨의 경사각을 확인한다. 칼날을 회전시키는 벨트가 손상되었는지 벨트의 늘어짐 등이 없는지도 점검한다.

# 제 7 장
# 자동 리플로우 솔더링

리플로우 솔더링 장치에는 IR(infrared, 적외선)이나 열풍, 각종 빛을 이용하는 것 등 여러 가지가 있다. 이 중에서 가장 많이 사용되는 IR 가열식 연속로를 이용한 방법은 다수의 부품을 일괄하여 리플로우 솔더링 함으로서 연속 대량 생산에 적당하다.

그림 7-2는 열풍 가열식 연속로를 이용한 자동 리플로우 장치의 전형적인 형상을 보여준다[(주)티에스 생산 모델]. 로내의 분위기는 대부분 대기이나 최근 전자 부품의 미세화 경향에 따라 질소분위기의 사용이 증가하고 있다.

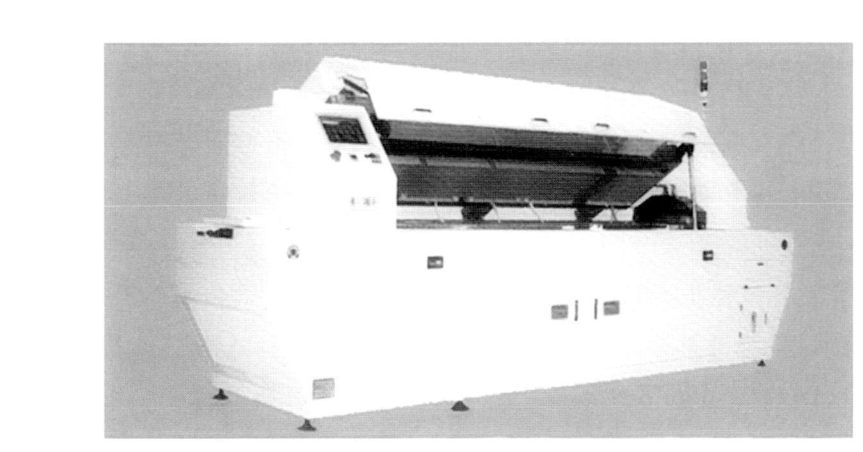

| 그림 7-1. 리플로우 솔디링 시스템 |

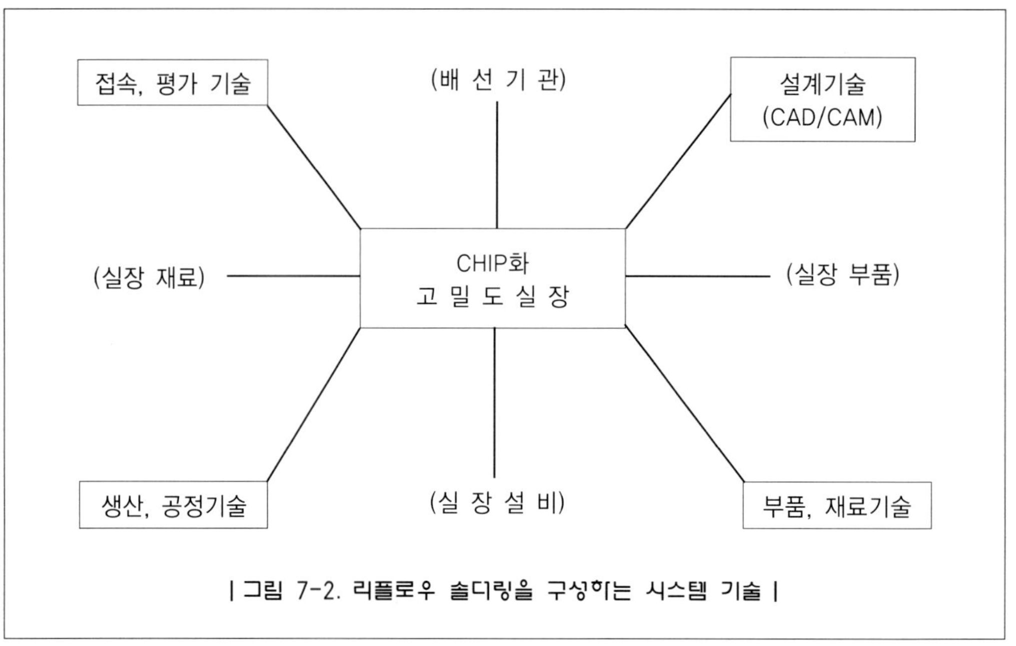


| 그림 7-2. 리플로우 솔더링을 구성하는 시스템 기술 |

## 리플로우 솔더링의 요소 기술 01

오늘날 전자 공업의 추세는 제품의 경박 단소화이며, 이에 따라 전자 부품과 회로의 마이크로화가 강력히 추진되고 있다. 그러나 반도체 소자나 전자 제품이 아무리 미세화 되어도, 그 접속 기술인 마이크로 솔더링 등 접합기술이 확립되지 않으면 기기의 소형화는 불가능하다.

이러한 소형화 및 경제적인 요구에 부응하기 위하여 전자 제품의 표면실장(SMT, surface mounting technology)화가 추진되어 왔다.

표면실장은 리플로우 솔더링법으로 이루어지는데, 리플로우 솔더링법은 솔더링 재료, 전자부품, 실장설비, 설계, 생산, 평가 기술이 모두 합해진 종합 시스템 기술이라 할 수 있다.

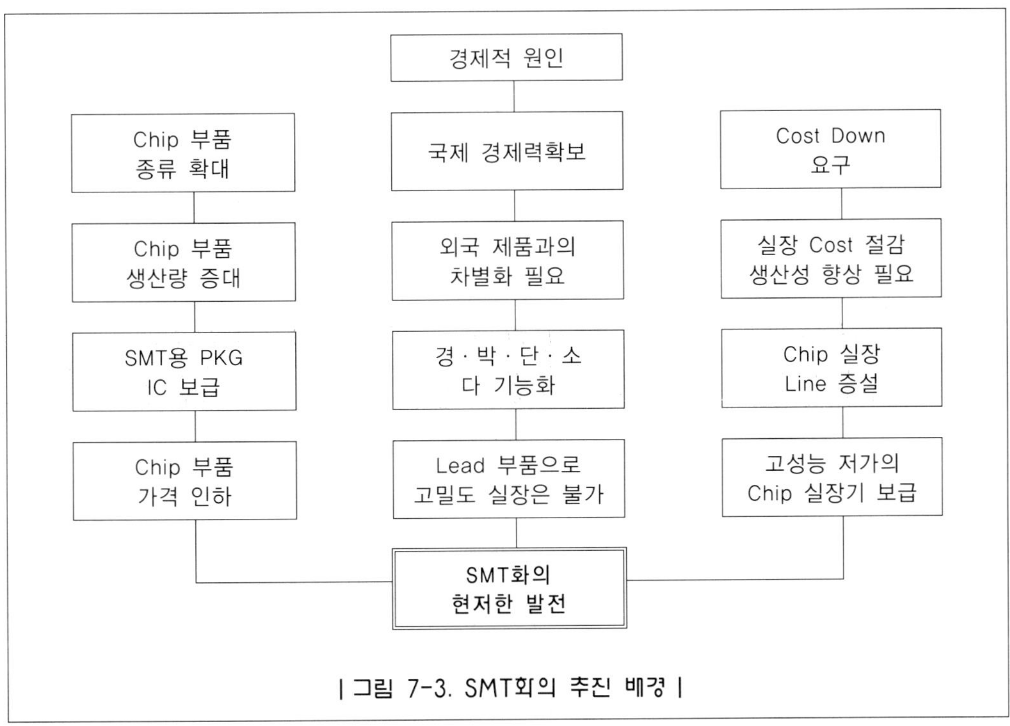


| 그림 7-3. SMT화의 추진 배경 |

❖ 표 7-1 SMT와 IMT의 비교

| 구분 | SMT 방식 | IMT 방식 |
|---|---|---|
| 실장 형태 | | |
| LAND 형상 | | |
| 기판 | Hole 없음. | Hole 있음. |
| 부품 | Lead 없음. | Lead 있음. |
| 실장 | 표면 실장 | Hole 삽입 실장 |
| 솔더링 | Reflow soldering | Wave soldering |
| 특징 | 경박 · 단소 | 전용 면적이 크다. |

## 솔더 페이스트 02

크림 솔더(솔더 페이스트)는 솔더 합금 분말과 플럭스의 혼합물로 스크린 인쇄, 스텐실 인쇄, 디스펜서 토출, 핀 등에 의해 기판상의 솔더링부에 공급된다. 통상 75~92 질량 %의 솔더 합금 분말을 함유하고 있고 나머지는 바인더로 플럭스(고형분, 용매, 활성제), 점도 증가제 및 윤활제이다. 표면실장용으로 사용되는 솔더페이스트는 솔더링 작업성, 결합 발생, 품질에 큰 영향을 끼친다. 따라서 적절한 페이스트의 선택이 무결점 솔더링에 중요하다.

### (1) 크림 솔더에 요구되는 조건

① 제조후의 시간변화가 적을 것
장시간 방치→고정도화 → soldering에 악영향

② 인쇄성, 토출성이 양호할 것
Screen의 막힘이 없어야 한다.

③ 인쇄 후 시간에 따른 성능 변화가 적을 것
인쇄 후 장시간 방치 → 점착성, soldering성이 양호할 것

④ 플럭스와 분말 솔더가 분리되지 않을 것

⑤ Cream solder 제조 후, 표면이 고체화되지 않을 것
표면고화 → screen 막힘.

⑥ 인쇄 후, 퍼짐이 크지 않을 것
Solder ball이 발생됨.

### (2) 특징

#### ① 장점

㉮ Screen 인쇄로 균일한 두께가 얻어짐.

㉯ 자동화, 양산화

② **단점**

㉮ Solder ball 발생함.

㉯ 분말 solder의 산화, 플럭스의 기화, solder의 처짐.

㉰ 미소 패턴(pattern)은 어려움.

㉱ 장기보존이 곤란함.

㉲ 재료 비용이 높음.

## 접착제 03

### (1) Chip 접착제에 대한 요구

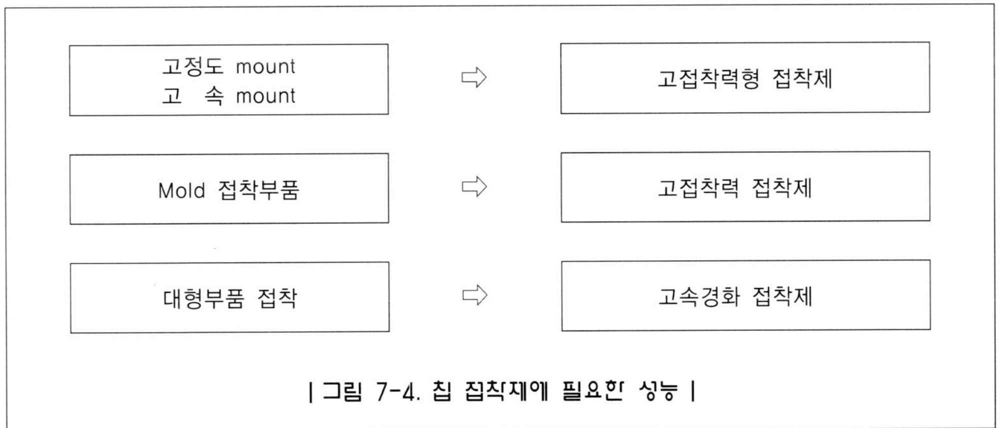


| 그림 7-4. 칩 접착제에 필요한 성능 |

### (2) 기능

① 칩(chip) 부품의 이탈 방지　　② 처짐 방지

## (3) 특성

① 경화시간이 짧음.
② 도포특성이 좋고 안정되어 있음.
③ 솔더 흐름에도 좋고 고착력이 강해 부품 낙하가 되지 않음.
④ 접착력이 커서 반송 공정 시에도 부품의 이동이 없음.
⑤ 저장 안정성이 좋음.
⑥ 적은 도포량으로도 고착력이 큼.
⑦ 어떤 기판 재질에도 사용 가능하고 부작용이 없음.
⑧ 물리적 특성, 전기적 특성이 안정되어 있음.

# 패턴설계 04

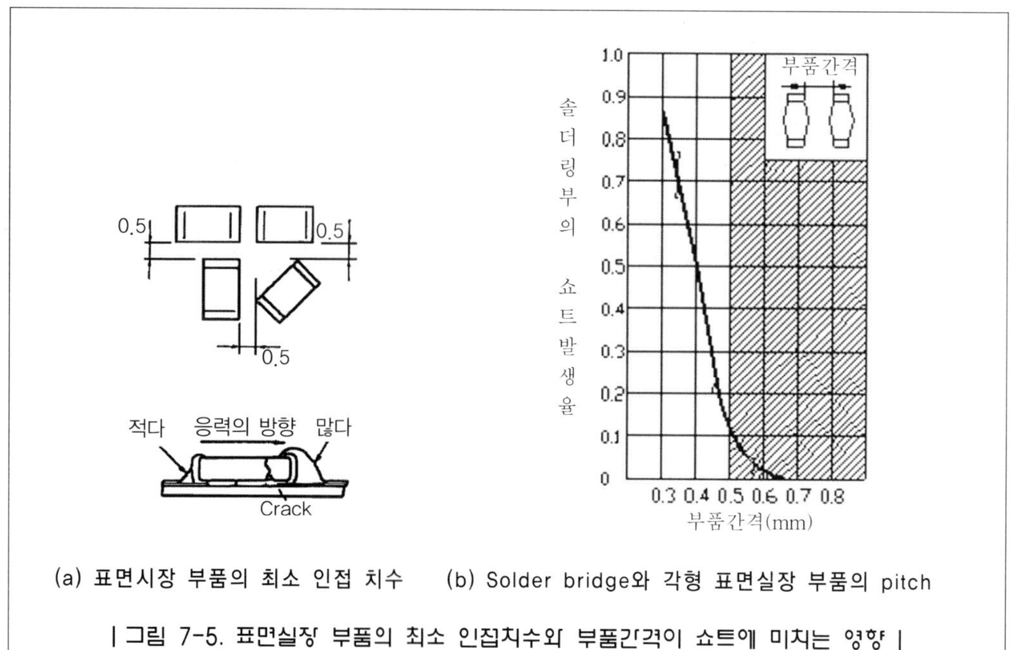


(a) 표면시장 부품의 최소 인접 치수 (b) Solder bridge와 각형 표면실장 부품의 pitch

| 그림 7-5. 표면실장 부품의 최소 인접치수와 부품간격이 쇼트에 미치는 영향 |

## (1) 실장밀도와 부품간격

❖ 표 7-2 솔더 레지스트 유무에 따른 솔더링 결과 예

| 좋은 예(Solder-Resist가 있는 경우) | 나쁜 예(Solder-Resist가 없는 경우) |
|---|---|
| Solder-Resist<br>Solder-Resist<br>Solder-Resist | |

## (2) Land 치수

### ① 각형 표면실장 부품의 예

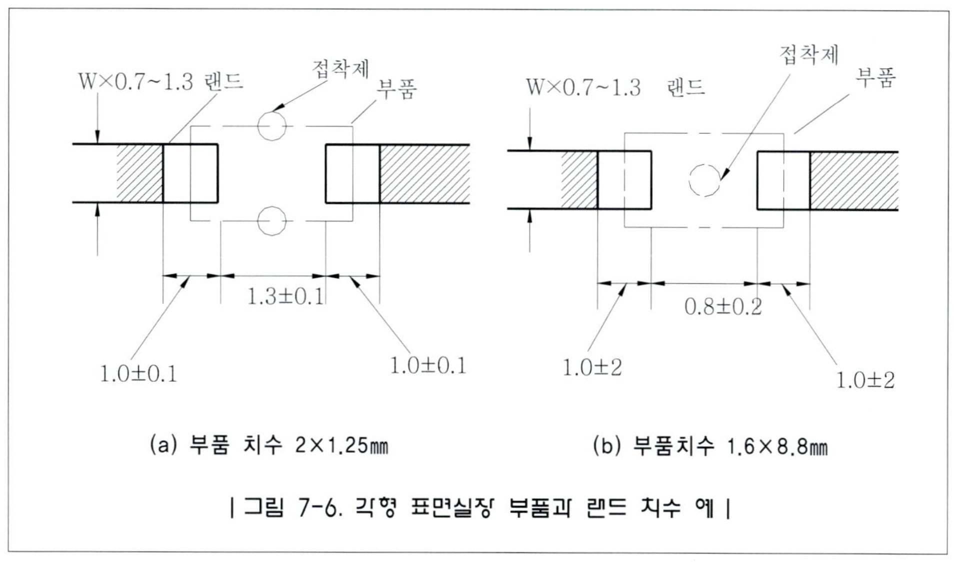


(a) 부품 치수 2×1.25㎜

(b) 부품치수 1.6×8.8㎜

| 그림 7-6. 각형 표면실장 부품과 랜드 치수 예 |

② 원통형 표면실장 부품의 예

㉮ 부품치수 $\phi$1.35×3.45㎜

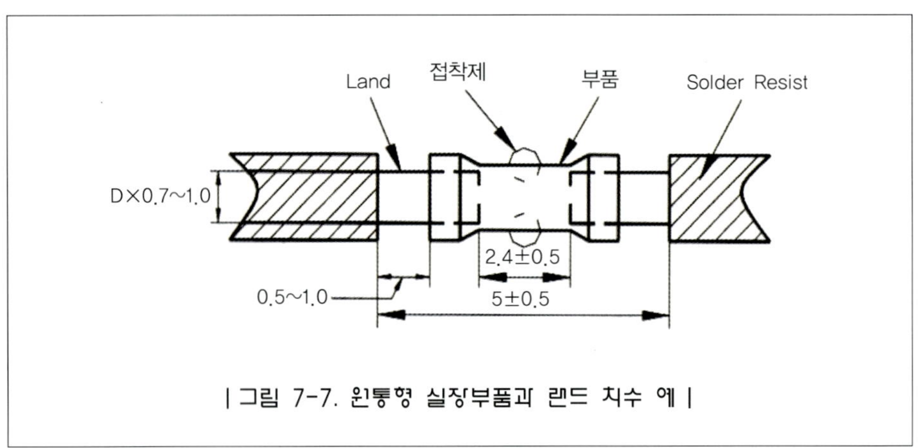


| 그림 7-7. 원통형 실장부품과 랜드 치수 예 |

## (3) 부품의 배치

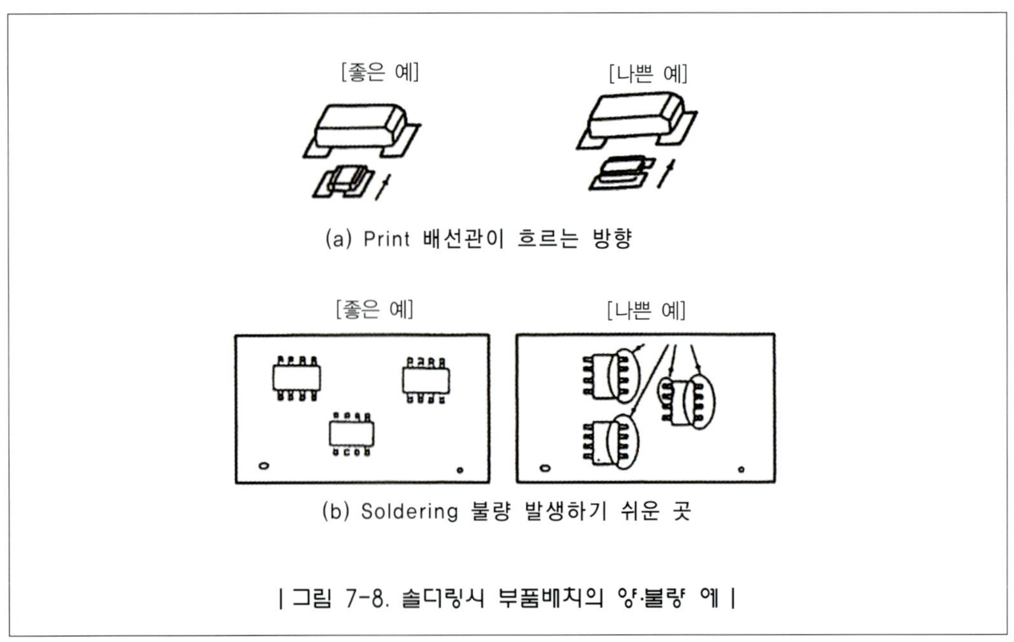


| 그림 7-8. 솔더링시 부품배치의 양·불량 예 |

# 솔더링 공정 05

## (1) 표면실장 부품의 솔더링 방법과 그 특징 비교

❖ 표 8-3 표면실장 부품의 솔더링 방법과 그 특징

| 방식 | 적용 | 특징 | 평가 | | | | |
|---|---|---|---|---|---|---|---|
| | | | 경제성 | 생산성 | 납땜성 | 가열 정도 | 열 stress |
| Flow | Wave solder | Lead 부품을 soldering한다. | ○ | | × | ○ | × |
| 전체가열 reflow | 적외선 열풍 | 복사에 의한 전체가열 + 열풍 | ◎ | ○ | ○ | ○ | △ |
| | Hot plate | 열전도에 의한 stress는 적다. | △ | △ | ○ | △ | ○ |

## (2) 온도프로파일

리플로 솔더링시 전자부품과 기판은 컨베이어에 의해 이송되면서 가열, 냉각되는 온도프로파일을 갖게 된다. 솔더링 부위가 가열되면 솔더중의 플럭스(용제)가 증발되고 플럭스에 의해 산화막이 제거되는 청정과정을 거친다. 이어서 솔더가 용융되어 모재와 상호 확산되고 마침내 냉각에 의해 솔더링부가 응고되면서 솔더링이 완료된다. 이러한 솔더링 과정의 온도프로파일의 구간별 기능과 프로파일 예를 그림 7-9에 보였다. 그림 7-10은 PCB에 Sn-37 Pb 볼을 사용관 BGA를 탑재하여 리플로 솔더링하는 온도프로파일의 예를 보인 것이다. 예열은 약 130~160℃에서 50~90초간 실시하고 솔더의 융점인 183℃ 이상에서 약 60~70초 유지한다. 이 경우 상하의 히터는 5존(zone) 이상이면 양호한 결과를 얻을 수 있다.

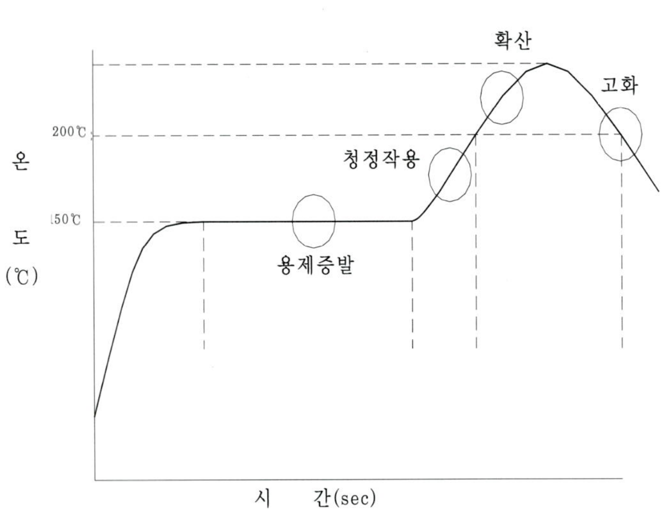


(a) 온도 PROFILE의 구간별 기능

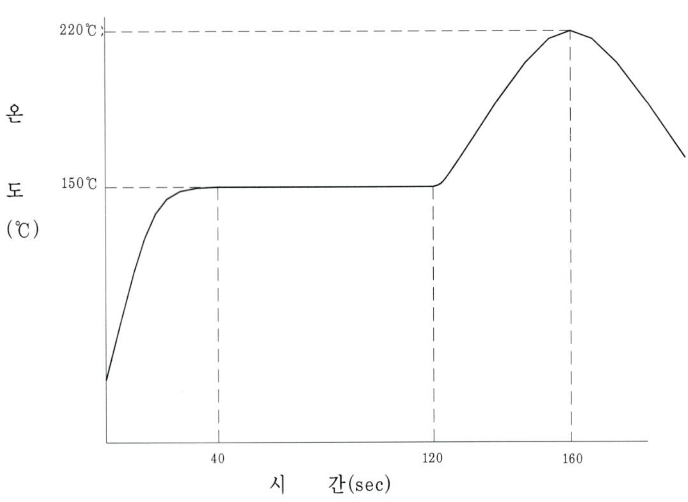


(b) 온도 PROFILE의 시간

| 그림 7-9. 리플로 솔더링시의 온도프로파일의 구간별 기능과 프로파일의 예 |

그림 7-10은 무연솔더용 온도프로파일의 예를 보인 것이다. 기판상의 각 위치에 따른 온도 차이는 10℃ 이내로 하고, 예열은 150~180℃에서 약 60~120초간 실시한다. 솔더링 시의 피크온도는 약 235~240℃로써 Sn-37Pb의 경우보다 높다. 실제 온도프로파일은 솔더의 종류, 부품의 종류와 크기, 개수, 기판의 형태 등에 의해 달라지기 때문에 최적 솔더링 온도프로파일은 실제 제품에 맞추어 작성되어야 한다.

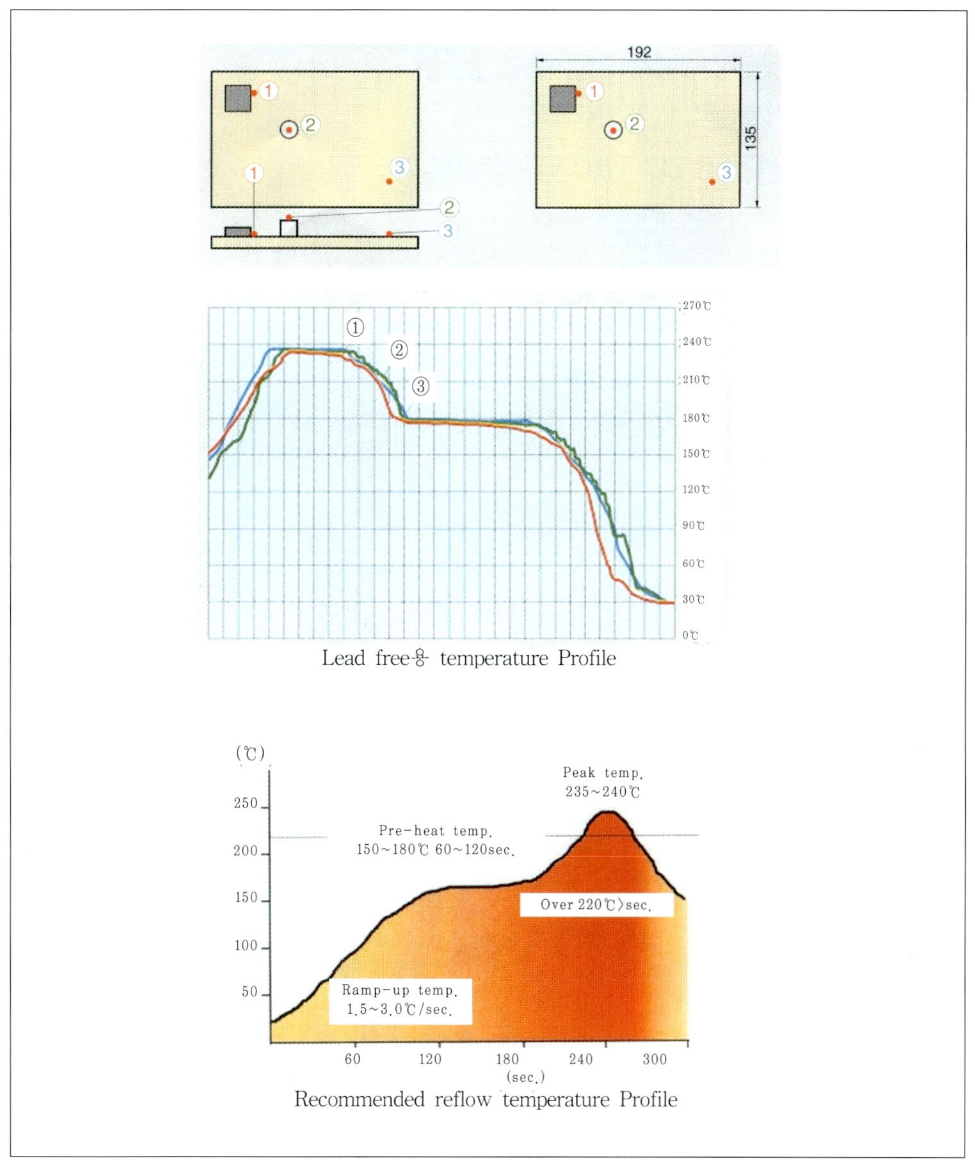

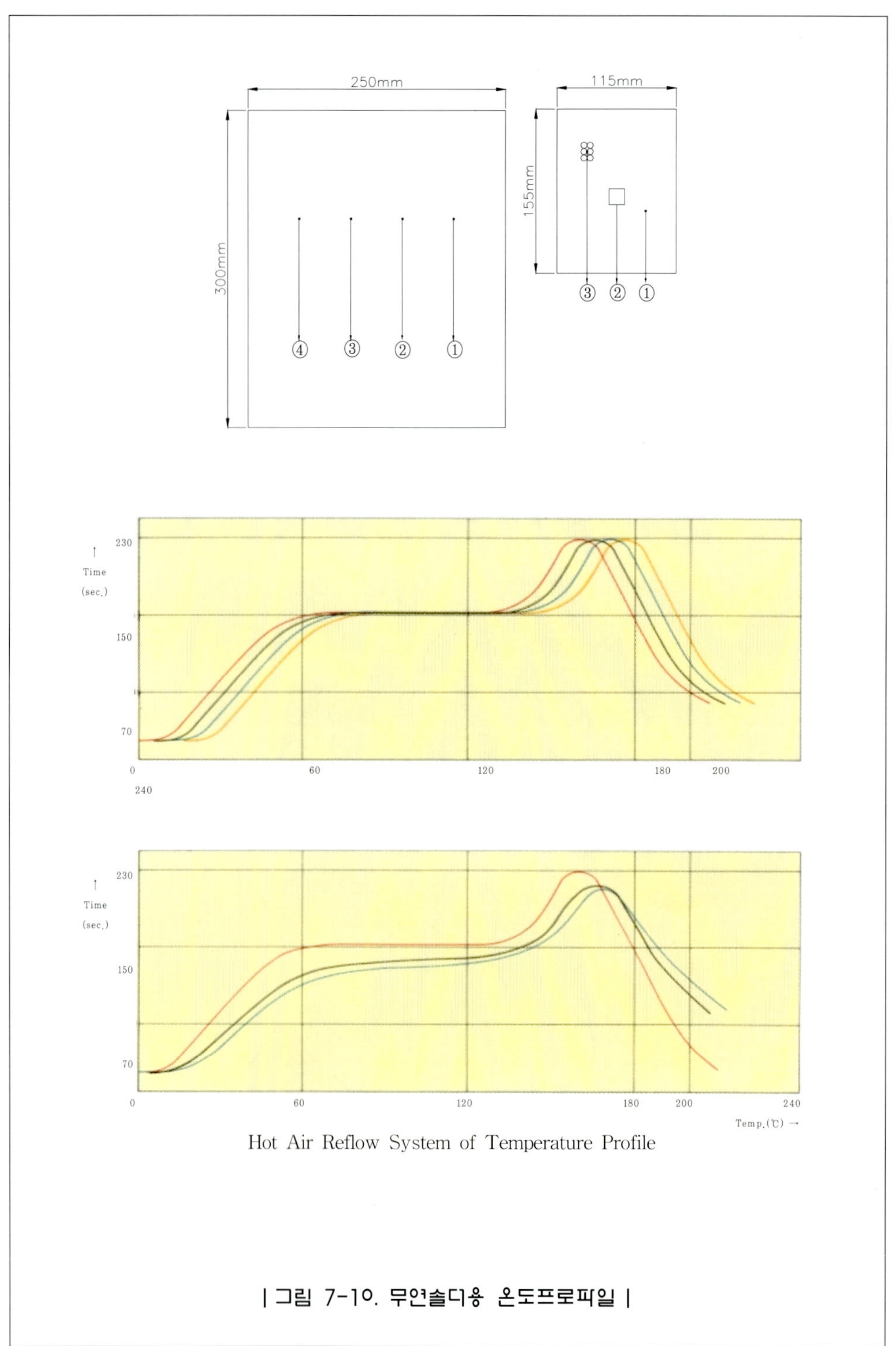


Hot Air Reflow System of Temperature Profile

| 그림 7-10. 무연솔더용 온도프로파일 |

## (3) SMT 실장 사례

### ① SMT 실장 사례 1

- 양면 표면 실장 Lead 표면실장 부품 탑재
- 표면실장 부품 선 부착
- Flow/Reflow Soldering 방식

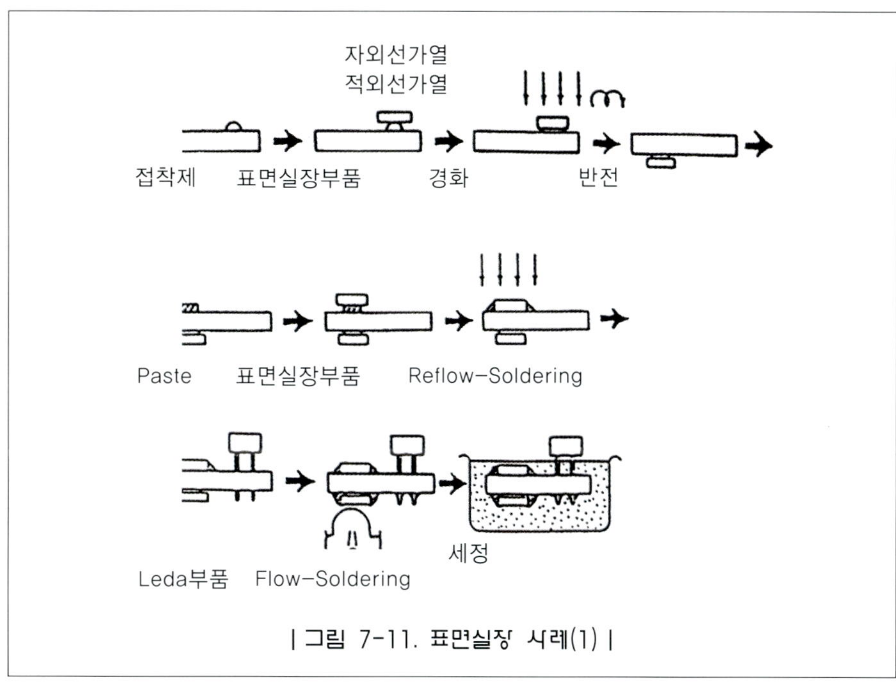


| 그림 7-11. 표면실장 사례(1) |

### ② SMT 실장 사례 2

개요 ▶▶

- 양면 표면 실장 Lead 표면실장 부품 탑재
- Flow/ Reflow Soldering 방식
- QFP Laser-Reflow

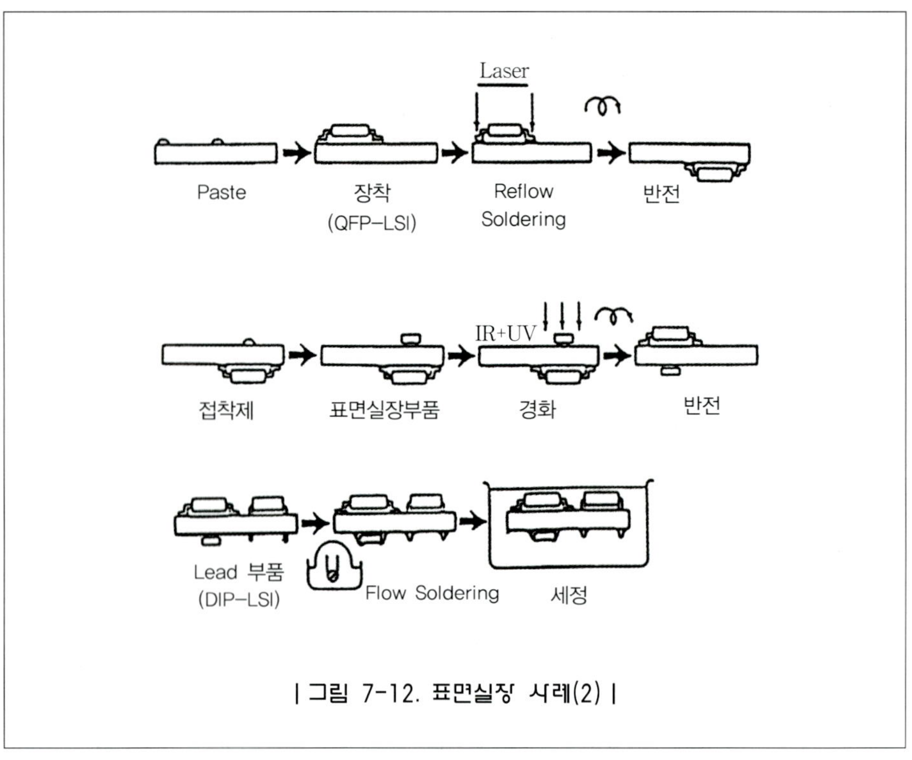


| 그림 7-12. 표면실장 사례(2) |

## 질소분위기 리플로 솔더링 06

무연솔더화에 대응하기 위해 최근 질소분위기의 리플로 솔더링 장비들이 실용화되고 있다. 무연솔더의 경우 기존의 Sn-37Pb 합금에 비해 융점이 약 30~40℃ 높아지고, 젖음성(werrability)은 약 20% 감소된다. 따라서 리플로 솔더링 온도를 증가시킬 필요가 있으나 그렇게 되면 전자부품의 내열온도를 초과하게 된다. 이러한 문제점 때문에 기존의 리플로 솔더링 장비를 그대로 사용하기 곤란한 점이 있다. 무연솔더링에 대응하기 위한 리플로 솔더링장비는 보통 다음과 같은 성능이 필요하다고 보고되고 있다.

① 부품과 솔더링부의 부품과 부품간의 온도차이 최소화 : 무연솔더링시 솔더링 온도가 솔더의 융점보다 충분히 높지 못한 것이 일반적이므로, 양호한 솔더링을 위해서는 부품 간, 또는 부품과 솔더링부와의 온도 차이를 최소화해야 한다.

② 온도조절이 기존의 장비보다 엄격해야 하기 때문에 설정된 온도곡선에 대한 재현성(再現性)이 뛰어나야 한다.

③ 솔더링 온도에서의 시간을 충분히 확보 : 기존의 Sn-37Pb의 경우 솔더링 온도는 솔더의 융점+30~50℃ 정도였다. 그러나 무연솔더링의 경우, 이런 방식으로 하면 솔더링 온도가 약 250~270℃가 되어 부품의 내열온도를 초과한다. 따라서 솔더의 융점에 가까운 리플로 온도에서 충분한 시간을 확보하여 완전한 솔더링을 행할 수 있도록 해야 한다. 이때 예열온도와 시간을 잘 제어하는 것도 염두에 두어야 한다.

④ 젖음성의 개선 : 무연솔더의 경우 젖음성이 Sn-37Pb의 80% 수준이기 때문에 솔더의 젖음성을 개선하여야 한다. 이를 위해서는 전자부품이나 기판의 표면처리를 개선하거나 질소분위기의 리플로 솔더링을 할 수도 있다. 무연솔더에 대응하기 위해 개발되고 있는 리플로 솔더링 장비의 성능 예를 들면 다음과 같다

㉮ 부품과 솔더링부의 온도 차이를 최소화하기 위해 열풍가열과 원적외선 가열(IR)방식을 병용하고, 열풍가열의 풍량을 종래보다 증가시킨다.

㉯ 솔더의 융점부근에서 솔더링을 가능하게 하기 위해 가열존을 6개 이상으로 하고 냉각존의 성능을 향상시킨다.

㉰ 솔더링 시 부품간의 온도 차이는 10℃ 이내로 한다.

㉱ 젖음성을 개선하기 위해 질소분위기 중에서 리플로 하며 이때 리플로부의 산소($O_2$)농도는 1000~100ppm 이하로 한다.

그러나 무연솔더링시에도 질소분위기를 사용할 것인가, 말 것인가에 관해서는 아직 이견(異見)이 있으며 부품에 따라 대기 중에서도 솔더링이 가능하다.

# MEMO

# 제8장

# 솔더 접합부의 결함 및 금후 과제

## 마이크로 솔더접합부의 결함 01

### (1) 솔더 브릿지(solder bridge)

브릿지의 발생 메커니즘은 그림 8-1에 보인 것처럼 솔더의 물성에 의해 솔더의 퍼짐이 생겨 그 상태에서 가열, 용융시킨 경우, 열 단자 간에 솔더가 단락하는 현상이다. 또한 스크린 인쇄기의 인쇄평행도등 작업 조건의 잘못으로 브릿지가 발생하는 경우도 있으므로 각별한 주의를 기울여야 한다.

더욱이 패키지의 크기가 줄어들고 패드간격이 좁아질수록 브릿지의 발생은 증가하게 된다.

브릿지의 발생을 줄이기 위해 작업 공정에 알맞은 솔더페이스트를 선택하고, 적절한 솔더페이스트의 양을 인쇄하며, 정확한 부품의 장착하는 노력을 기울여야 한다. 이 밖에도 솔더페이스트의 점도를 높여주거나 솔더페이스트의 솔더의 함량을 높여주던지, 솔더 인쇄 조건을 조정하여 브릿지의 발생을 줄일 수 있다.

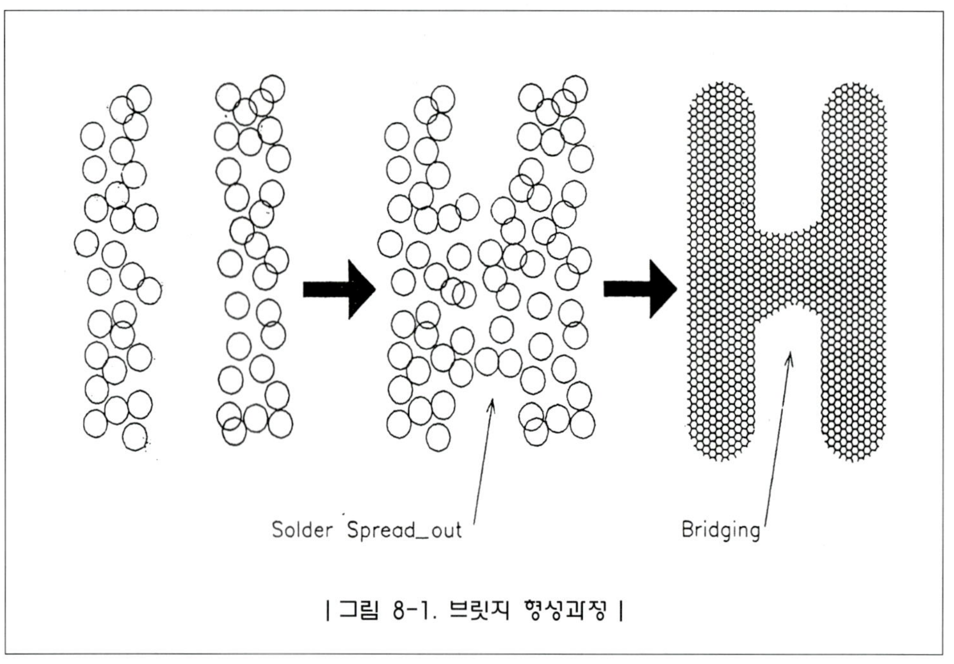


| 그림 8-1. 브릿지 형성과정 |

## (2) 솔더 볼(solder ball)

솔더 볼 현상이란 리플로우 과정 중에 작은 솔더 입자가 본 솔더 접합부에 떨어져 나가는 현상이다(그림 8-2). 솔더 볼은 그림 8-3에 보인 것처럼 급가열에 의해 솔더의 퍼짐이 생겨 회로 패턴으로부터 솔더 입자가 이탈함으로써 발생하게 된다. 과도하게 생성된 솔더 볼은 사용 기간 동안 전기적 단선의 가능성을 가지고 있다. 또한 솔더 접합부의 체적이 줄어들게 됨으로써 좋은 솔더 필렛 형상을 만들지 못한다. 더욱이 마이크로 솔더 접합부에 사용되는 작은 솔더 분말을 함유한 솔더 페이스트는 리플로우 중에 솔더 볼 생성을 더욱 더 촉진시킨다.

솔더 볼 형성을 방지하기위해 회로 패턴이나 솔더마스크의 설계 단계에서 솔더 입자의 퍼짐을 막는 설계가 필요하다. 솔더의 퍼짐이 없이도 솔더입자의 산화에 의한 솔더 볼이 발생하는 경우가 있어 솔더 페이스트의 선정과 공정관리가 중요하게 된다.

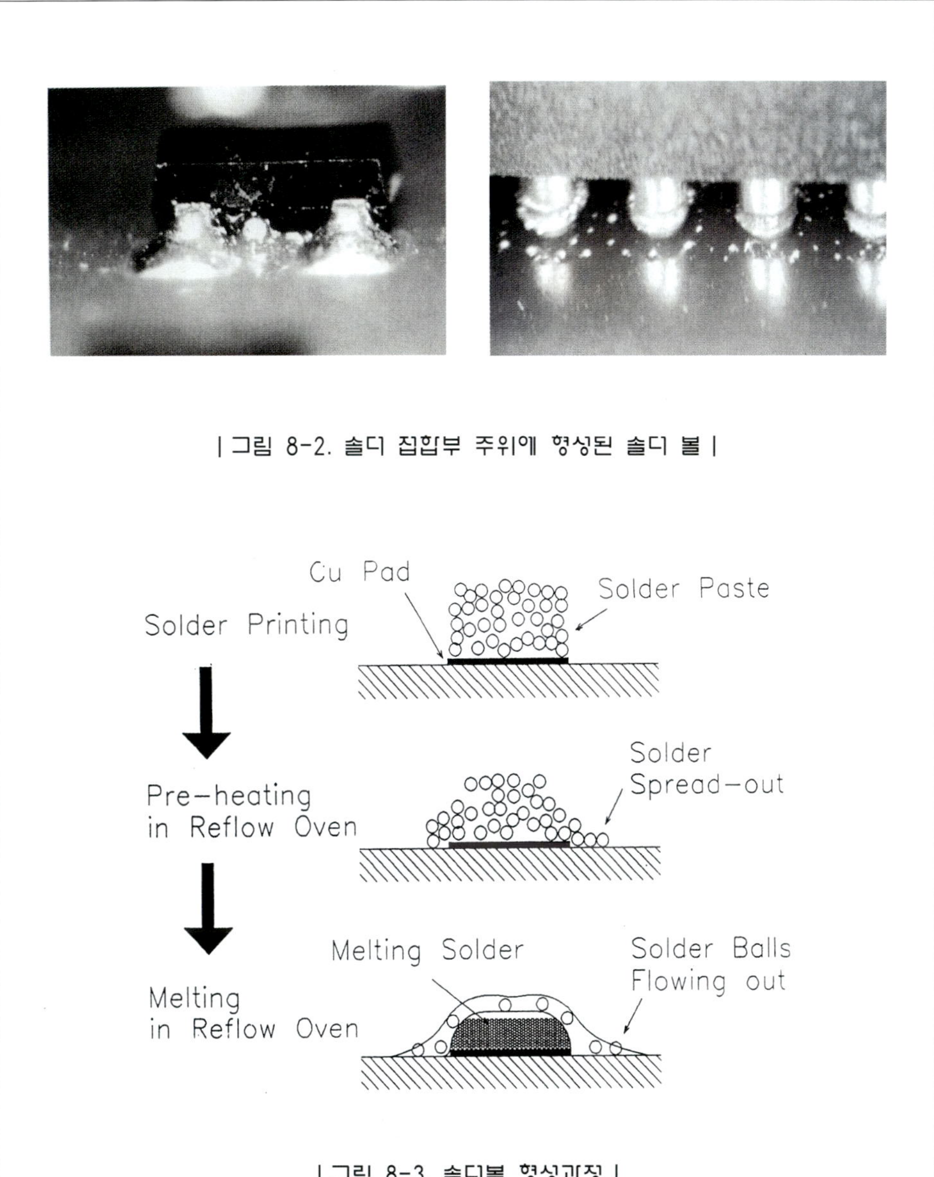


| 그림 8-2. 솔더 집합부 주위에 형성된 솔더 볼 |

| 그림 8-3. 솔더볼 형성과정 |

이밖에도 솔더 볼의 형성을 줄이기 위해 적정한 페이스트의 양을 도포하고 부품을 정확하게 탑재하고 예비가열의 온도를 감소시키거나 예비 가열 시간을 연장 시키는 방법을 사용한다. 또한 산화에 의한 솔더 볼의 방지를 위해 $N_2$와 같은 불활성 분위기에서 작업하기도 한다.

## (3) Open joint

마이크로 솔더링에서의 open joint는 패키지 리드의 균일성(coplanarity)의 부족, 플럭스 활성도의 부족, 부품의 부정확한 장착, 솔더 양의 부족과 같은 이유로 발생한다.

## (4) 기공(void)

열, 전기 전도도를 떨어뜨리며 솔더 접합부 파괴의 시점이 되는 솔더 접합부의 기공(그림 8-4)은 젖음 불량이나 과도한 금속간 화합물의 성장, 입계에서의 공동의 생성, 가스의 불완전한 배출, 부적절한 솔더의 양과 같은 이유로 형성된다. 기공의 형성을 줄이기 위해 최적의 젖음 조건을 갖는 플럭스를 사용하고 높은 유동성을 가지며 과도한 금속간 화합물의 생성을 억제하는 솔더 조성을 가진 솔더 페이스트를 사용하여야 하며 충분한 예비가열과 본 가열을 유지하는 것이 좋다.

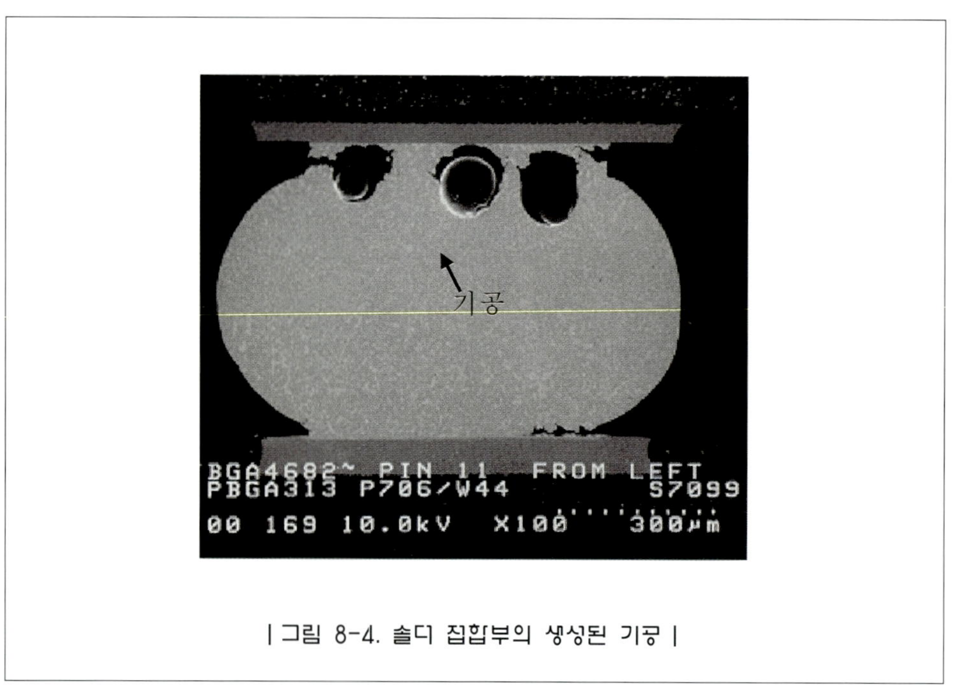


| 그림 8-4. 솔더 접합부의 생성된 기공 |

이 외에도 젖음불량, 위킹등과 같은 솔더링 결함이 있다.

## 마이크로 접합의 향후전망 02

현재 마이크로 솔더링 기술은 주변단자 형태에서 면적단자 형태로 바뀌면서 급속한 미소, 경량화의 추세로 나아가고 있다. 국내에서 BGA(Ball Grid Array)는 이미 실용화 단계에 있으며, BGA와 CSP(Chip Scale Package)등이 상용화 혹은 그 직전 단계에 있다. 1980년대에 개발된 BGA는 높은 열적 손실을 요구하는 특별한 응용부품으로 컴퓨터 내부의 주요한 부분으로서 고속도 디지털 응용부품 등에 쓰이고 있고 1990년대 초반에 시장에 등장한 CSP는 향후 21세기를 주도할 주요한 기술로써 자리 잡게 되었다. 반도체 칩과 완제품의 크기가 거의 같을 정도로 얇고 작게 패키징하는 CSP 기술은 반도체의 경박 단소화 추세에 힘입어 빠르게 신장하고 있다. CSP는 차세대 고속 메모리인 Direct Rambus DRAM의 주력 패키지로 채택됨으로써 이동전화나 디지털 카메라, 디지털 비디오 캠코더 등 휴대용 정보통신기기와 노트북 PC, PC 카드 및 워크스테이션 등의 컴퓨터 영역까지 대폭 확대될 전망이다.

영국의 조사 기관인 BPA의 세계수요 예측 결과를 보면 BGA, CSP의 신장이 주목된다. 이에 따르면 1996년도에 약 1억 개이던 세계 시장 규모가 2001년에는 2억 개로 2006년에는 76억 개까지 증가할 것으로 기대되고 있다. 즉, 양적으로 주류인 IC 패키지는 변함없이 SOP와 QFP이지만 BGA와 CSP의 신장율이 다른 패키지와 비교해서 대단히 높을 것으로 예측된다.

마이크로 접합은 접합부 치수의 한계를 초월한 접합 공학 및 기술 개발이 요구되며 이러한 마이크로 접합부 치수의 소형화 이외에도 전자 기기 및 부품의 금후 발전을 지원하기 위해서는 다음과 같은 과제에 관하여 연구 개발의 성과를 올릴 필요가 있다.

① 접합 반응층의 치수 및 성질의 제어 기술
② 접합 재료 공급량의 제어 기술
③ 접합 계면의 분석 기술

④ 부품 치수 및 위치 결정의 제어 기술
⑤ 저온 접합 기술 및 보수 기술
⑥ 소재의 국산화 및 신소재 이용 기술
⑦ 평가 기술의 확립

# 제 9 장

# 신뢰성 분석, 고장, 시험 및 검사방법

## LEAD FREE 신뢰성 분석 현황 01

**[불량명 → REFLOW 후 PAD 윗부분 BLACK PAD(흑화) 발생]**

### (1) 목적

전기 전자 제품의 실장 유형의 유연 솔더에서 무연 솔더로 전환되면서 현장에서는 여러 가지 형태의 부적합 현상이 발생되고 있으며 그 중에서도 2006년 4/4분기부터 작업 현장에서 HOT ISSUE로 떠오르고 있는 REFLOW 후 PAD 윗부분 BLACK PAD(흑화) 발생에 대한 원인 규명을 하는데 있다.

### (2) 발생 경위

BARE BOARD PCB 상태에서는 발생이 안 되나 표면부품실장(SMT) 후 REFLOW 과정에서 부분적으로 PAD에 발생한다.

## (3) 적용

① PCB 표면처리

| NO | 공정 | 표준두께 |
|---|---|---|
| 1 | • ENIG(ELECTROLESS Ni<br>• IMMERSION GOLD | • Ni : 3~5㎛<br>• GOLD : 0.03~0.08㎛ |
| 2 | PURE TIN | 0.3~0.8㎛ |

② SMT → LEAD FREE 적용

## (4) BLACK PAD(흑화) 현상

① 시료 1

㉮ TEST 조건

㉠ Solder : Maker(니혼 혼다), Model(PF305), 성분비(Sn96.5%+Ag3% +Cu0.5%)

㉡ Solder paste: Solder 88.5% + Flux 11.5%

㉢ 교반 : 60초 교반 후 30분 방치(표준 교반 및 방치 시간)

㉣ Reflow peak 온도 : 약 240℃

㉯ TEST 방법 및 결과

(단위 : KIT)

| 주차 | 금도금 | 보관처 | 수세처리 | Solder paste 도포 | | Solder paste 도포 | |
|---|---|---|---|---|---|---|---|
| | | | | 시료수 | 발생수 | 시료수 | 발생수 |
| 0628 | 1사 | A사 | Baking 후 초음파 수세 | 10 | 10 | 2 | 0 |
| | | B사 | 그대로 | 9 | 9 | 2 | 0 |
| 0635 | A사 | A사 | Baking 후 초음파 수세 | 8 | 0 | 2 | 0 |
| | | – | – | – | – | – | – |

※ 1. 0628 주차는 100% 불량 발생됨.
2. 0635 주차는 불량 발생 없음.

(0628 A사)

(0628 B사)

(0635A사)

② 시료 2

㉮ TEST 조건

㉠ Solder paste maker : KOKKI

㉡ 구성비 : Sn(96.5%) + Ag(3%) + Cu(0.5%)

㉢ Peak 온도 : 250℃(설비 세팅치이므로 제품에 닿는 온도는 이보다 낮음)

㉯ Test 결과

| 표면 처리 조건 | 시료 NO | PAD 흑화 발생 유무 | 비고 |
|---|---|---|---|
| ① JET | 1 | 유 | - TOP면추가 3KIT 추가 Test 결과 3KIT 전량 발생<br>- 불량이 양면에 모두 발생 |
| | 2 | 유 | |
| | 3 | 유 | |
| | 4 | 유 | |
| | 5 | 유 | |
| ② JET+금도금 재처리 | 6 | 유 | - JET 처리시료와 동일한 현상을 보임. |
| | 7 | 유 | |
| | 8 | 유 | |
| | 9 | 유 | |
| | 10 | 유 | |
| ③ 박리 + JET + 금도금 재처리 | 11 | 무 | - PAD 흑화 현상 보이지 않음. |
| | 12 | 무 | |
| | 13 | 무 | |
| | 14 | 무 | |
| | 15 | 무 | |

㉮ **시료사진**

㉠ JET 처리 시료

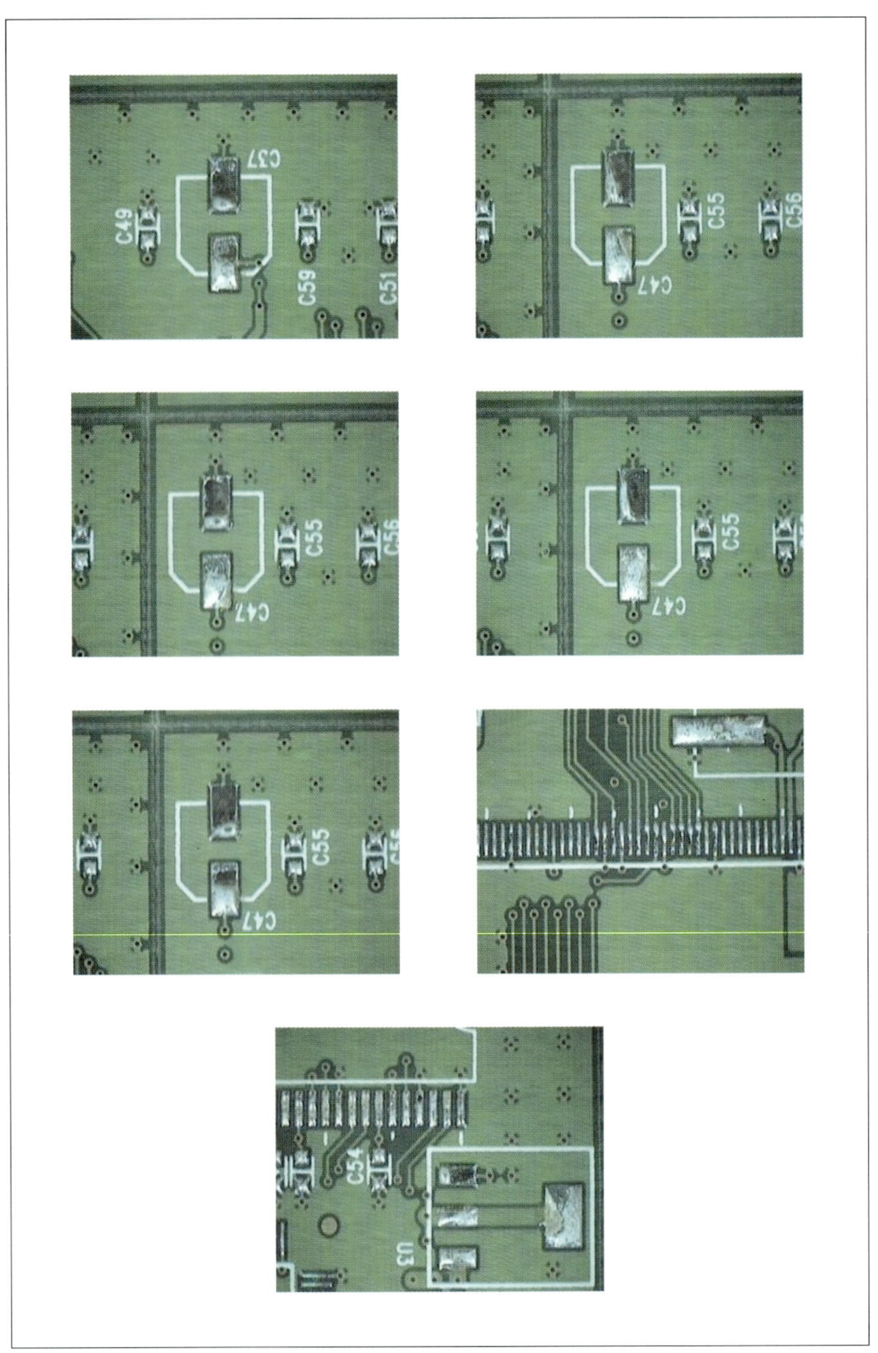

㉡ JET재처리(금도금 박리 작업 Skip)

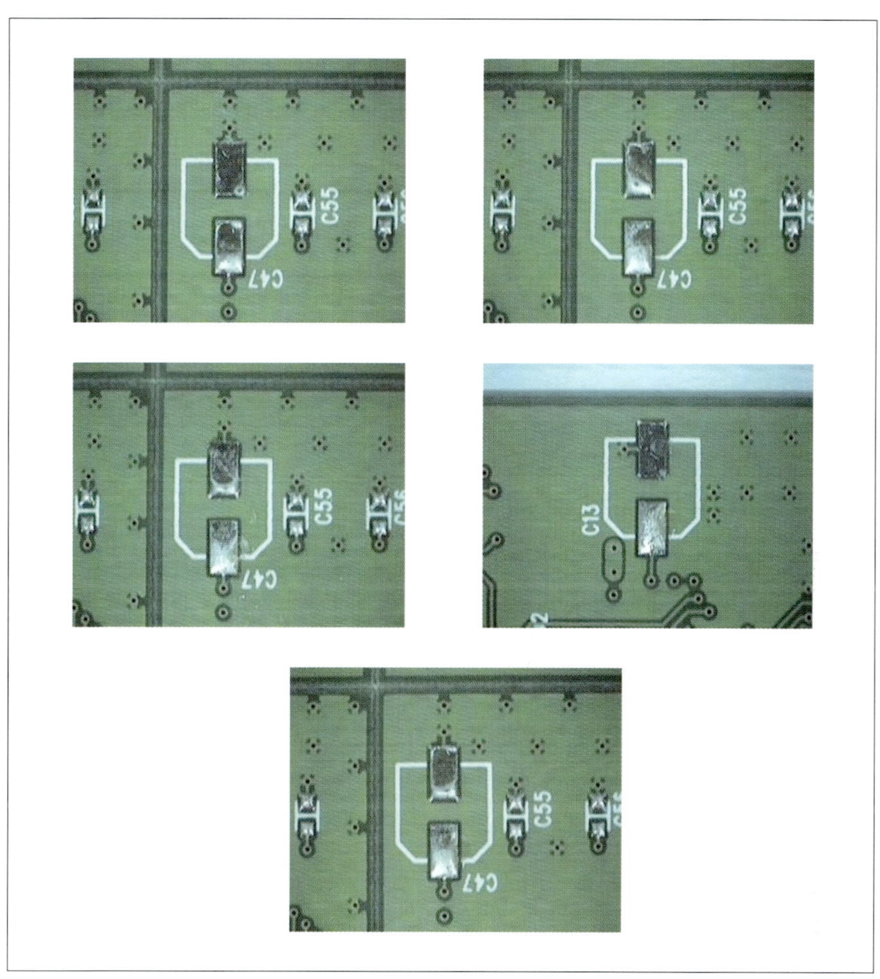


㉢ 금도금 박리+JET+금도금 재처리

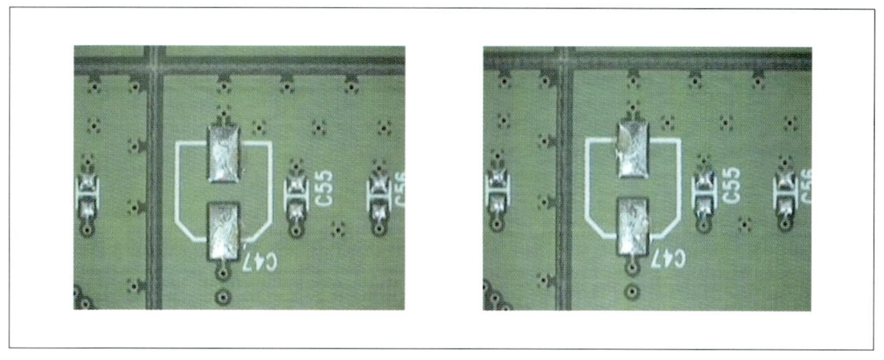

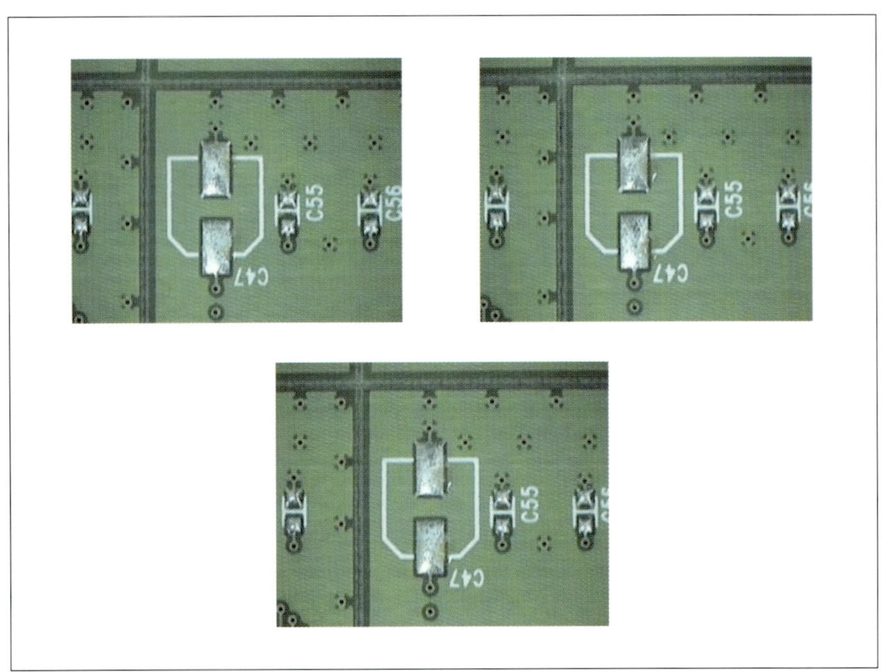


㉣ **결론**

㉠ TEST 표면처리조건 ①, ②는 PAD흑화가 100% 발생 된 것으로 미루어 보아 금단자 표면의 이물질은 PAD 흑화의 원인이 아닌 것으로 판단됨(JET와 금도금 재처리 시 이물질은 제거되었다고 판단).

㉡ TEST ③번에서 PAD 흑화 발생이 0%인 것으로 보아 금도금 박리 후 재처리 시에는 PAD 흑화의 원인이 부분적으로 제거된다고 판단됨(재현 TEST).

③ **시료 3**

㉮ **PCB 사양**

㉠ 주기 : 0627

㉡ 모델명 : U&I_137122-PRT-PR01A(GF)

㉢ Lot No. : 20606730D-01, 2706주기

㉣ 층수 : 8Layer

㉤ 두께 : 1.6mm

ⓑ 표면처리 : ENIG

ⓢ Lay-up Spec

적 층 스 펙

| No | 형식 | 스펙 기술 |
|---|---|---|
| 3 | | 1/2 OZ COPPER |
| 2 | | 0.10 P.P |
| 1 | | 0.2T 1/1 |
| 2 | | 0.10 P.P |
| 2 | | 0.18 P.P |
| 1 | | 0.2T 1/1 |
| 2 | | 0.18 P.P |
| 2 | | 0.10 P.P |
| 1 | | 0.2T 1/1 |
| 2 | | 0.10 P.P |
| 3 | | 1/2 OZ COPPER |

ⓞ Poor Soldering, 납품수량 : 305pcs발생수량 : 105/150(70%)

㉢ 재현성 테스트

ⓐ 장비 : SAMSUNG Techwin RF2082C 8 Zone

ⓑ Reflow Profile

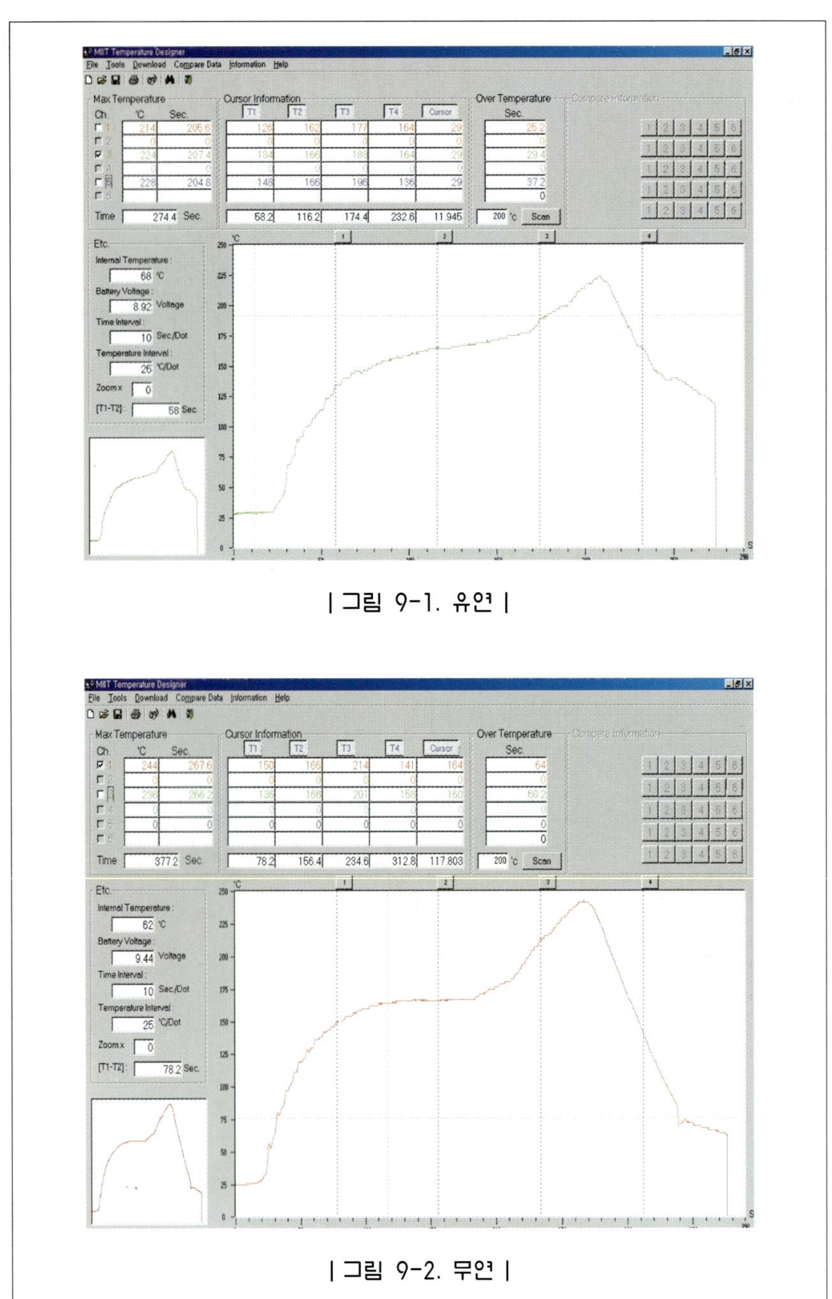


| 그림 9-1. 유연 |

| 그림 9-2. 무연 |

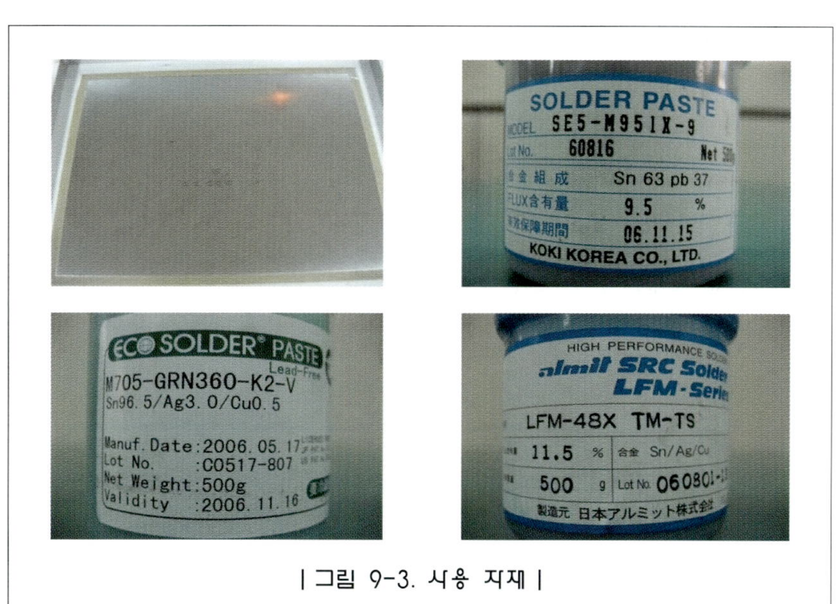


| 그림 9-3. 사용 자재 |

❖ 표 9-1 시험 방법 및 결과 종합

| NO | 구분 | Solder Maker | Flux 함유량 (%) | PCB Maker | 시료 번호 | 시료 수량 | 1차 | 2차 : Baking | 3차 : Cleaning |
|---|---|---|---|---|---|---|---|---|---|
| 1 | 유연 | KOKI SE5-M951X-9 Sn63/Pb37 | 9.5 | A사 | #1-1-①~③ | 3 | 양품 | – | – |
| | | | | B사 | #1-2 | 1 | 양품 | – | – |
| 2 | 유연 | | | A사 | #2-1-①~③ | 3 | 양품 | – | – |
| | | | | B사 | #2-2 | 1 | 양품 | – | – |
| 3 | 무연 | NIHON ALMIT LFM-48X TM-TS Sn96.5/Ag3.0/Cu0.5 | 11.5 | A사 | #3-1-①~⑤ | 5 | 80% (4/5) 불량 | 100% (5/5) 불량 | – |
| | | | | B사 | #3-2-①~② | 2 | 양품 | – | – |
| 4 | 무연 | Senju Metal M705-GRN360-K2_V Sn96.5/Ag3.0/Cu0.5 | 11.5 | A사 | #4-1-①~⑤ | 5 | 40% (2/5) 불량 | – | 100% (5/5) 불량 |
| | | | | B사 | #4-2-①~② | 2 | 양품 | – | – |

※ 2차 : 135℃ 1Hr Baking
3차 : 묽은 황산(5%) 1분간 침적 → 이소프로필알콜(IPA) 세척 → 순수

| 그림 9-4. 시험방법에 따른 상세 사진(NIHON Solder 부적합 사진) |

| 그림 9-5. 시험방법에 따른 상세 사진(SENJU Solder 부적합 사진) |

| 그림 9-6. 시험방법에 따른 상세 사진(Baking 후 NIHON Solder 부적합 사진 #1) |

| 그림 9-7. 시험방법에 따른 상세 사진(Baking 후 NIHON Solder 불량 사진 #2) |

| 그림 9-8. 시험방법에 따른 상세 사진(Baking 후 NIHON Solder 부적합 사진 #3) |

| 그림 9-9. 시험방법에 따른 상세 사진(Baking 후 NIHON Solder 부적합 사진 #4) |

| 그림 9-10. 시험방법에 따른 상세 사진(Baking 후 NIHON Solder 부적합 사진 #5) |

ⓩ SEM/EDS 측정

그림 9-11. 검은색 부분

그림 9-12. Bot면 Reflow 통과 후 Top면에 형성된 흰색의 물때 형상 부분

Spectrum processing :
No peaks omitted

Processing option : All elements analyzed (Normalised)
Number of iterations = 4

Standard :
C CaCO3 1-Jun-1999 12:00 AM
O SiO2 1-Jun-1999 12:00 AM
Al Al2O3 1-Jun-1999 12:00 AM
Br KBr 1-Jun-1999 12:00 AM
Sn Sn 1-Jun-1999 12:00 AM

| Element | Weight% | Atomic% |
|---|---|---|
| C K | 59.61 | 78.64 |
| O K | 18.50 | 18.32 |
| Al K | 0.09 | 0.06 |
| Br L | 1.20 | 0.24 |
| Sn L | 20.60 | 2.75 |
| Totals | 100.00 | |

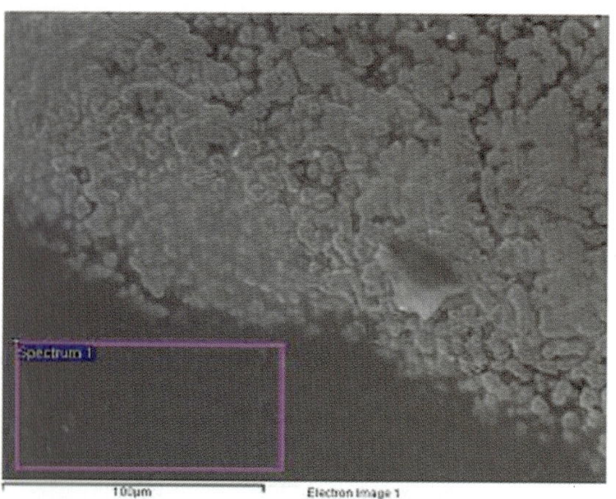


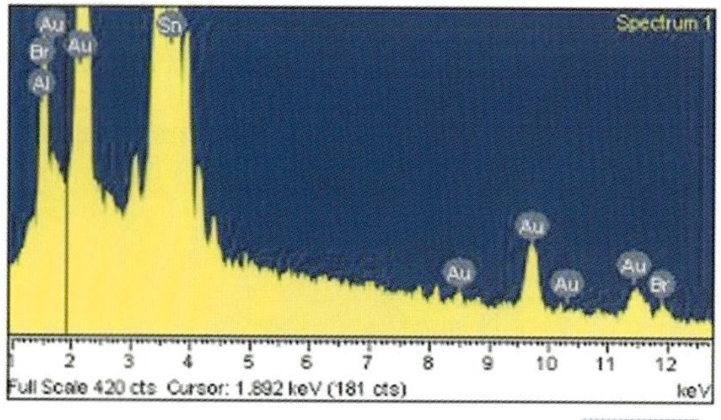


| 그림 9-13. 검은색 부분 |

Spectrum processing :
No peaks omitted

Processing option : All elements analyzed (Normalised)
Number of iterations = 4

Standard :
C CaCO3 1-Jun-1999 12:00 AM
O SiO2 1-Jun-1999 12:00 AM
Al Al2O3 1-Jun-1999 12:00 AM
Ca Wollastonite 1-Jun-1999 12:00 AM
Ag Ag 1-Jun-1999 12:00 AM
Sn Sn 1-Jun-1999 12:00 AM
Sb Sb 1-Jun-1999 12:00 AM

| Element | Weight% | Atomic% |
|---|---|---|
| C K | 39.43 | 67.21 |
| O K | 19.68 | 25.18 |
| Al K | 0.40 | 0.30 |
| Ca K | 0.95 | 0.49 |
| Ag L | 0.67 | 0.13 |
| Sn L | 36.34 | 6.27 |
| Sb L | 2.54 | 0.43 |
| Totals | 100.00 | |

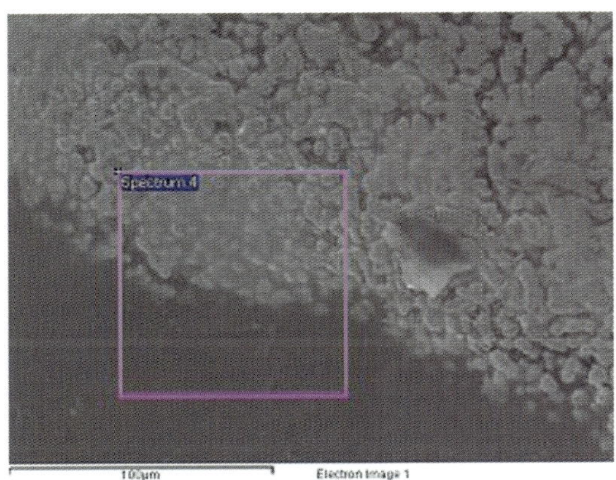


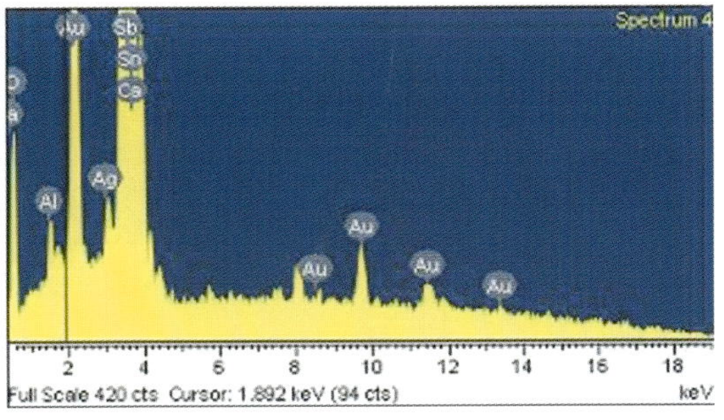


| 그림 9-14. 검은색 부분(+솔더와의 중첩 부분) |

Spectrum processing :
Peak possibly omitted : 1.049 keV

Processing option : All elements analyzed (Normalised)
Number of iterations = 4

Standard :
C CaCO3 1-Jun-1999 12:00 AM
N Not defined 1-Jun-1999 12:00 AM
O SiO2 1-Jun-1999 12:00 AM
Si SiO2 1-Jun-1999 12:00 AM
Cl KCl 1-Jun-1999 12:00 AM
Ca Wollastonite 1-Jun-1999 12:00 AM
Ag Ag 1-Jun-1999 12:00 AM
Sn Sn 1-Jun-1999 12:00 AM
Sb Sb 1-Jun-1999 12:00 AM

| Element | Weight% | Atomic% |
|---|---|---|
| C K | 23.32 | 52.80 |
| N K | 1.57 | 3.05 |
| O K | 17.82 | 30.28 |
| Si K | 0.26 | 0.26 |
| Cl K | 0.16 | 0.12 |
| Ca K | 1.04 | 0.70 |
| Ag L | 0.47 | 0.12 |
| Sn L | 53.24 | 12.20 |
| Sb L | 2.12 | 0.47 |
| Totals | 100.00 | |

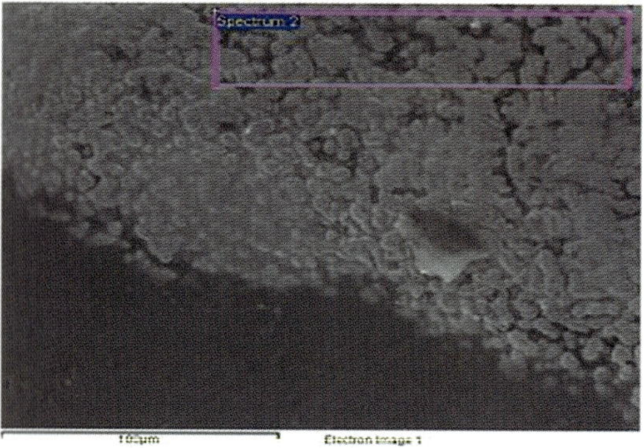


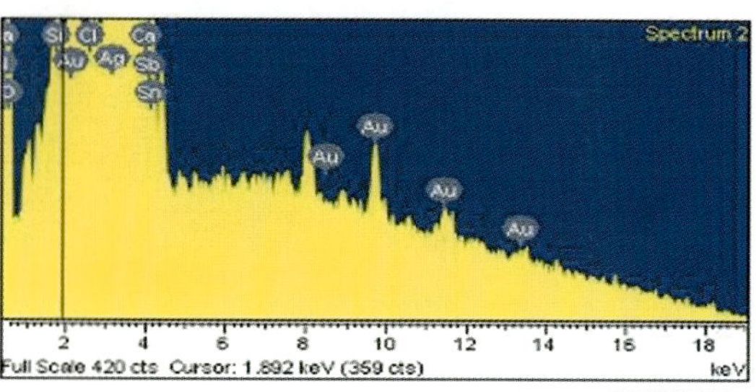


| 그림 9-15. 솔더 부분 중(Grain이 많은 부분) |

Spectrum processing :
No peaks omitted

Processing option : All elements analyzed (Normalised)
Number of iterations = 4

Standard :
C CaCO3 1-Jun-1999 12:00 AM
N Not defined 1-Jun-1999 12:00 AM
O SiO2 1-Jun-1999 12:00 AM
Ca Wollastonite 1-Jun-1999 12:00 AM
Sn Sn 1-Jun-1999 12:00 AM
Sb Sb 1-Jun-1999 12:00 AM
I Not defined 1-Jun-1999 12:00 AM

| Element | Weight% | Atomic% |
|---|---|---|
| C K | 17.93 | 48.29 |
| N K | 0.43 | 0.98 |
| O K | 15.95 | 32.25 |
| Ca K | 1.15 | 0.93 |
| Sn L | 60.04 | 16.36 |
| Sb L | 3.49 | 0.93 |
| I L | 1.02 | 0.26 |
| Totals | 100.00 | |

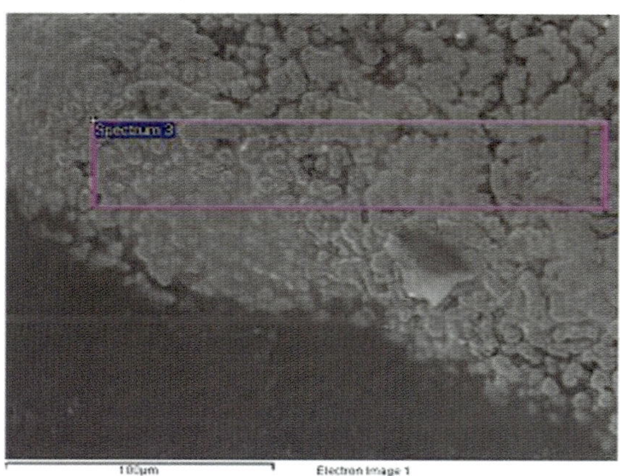


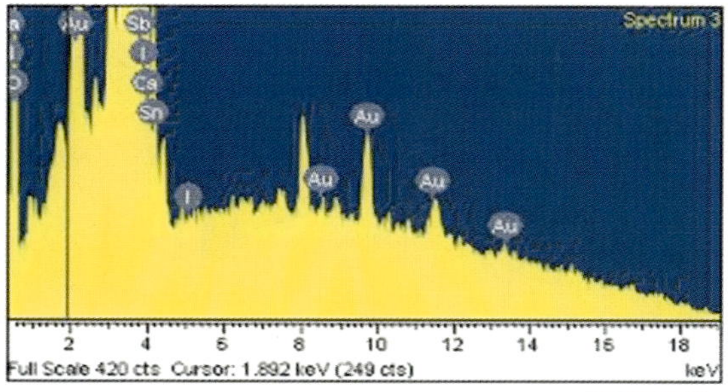


| 그림 9-16. 솔더 부분 |

Spectrum processing :
No peaks omitted

Processing option : All elements analyzed (Normalised)
Number of iterations = 4

Standard :
C CaCO3 1-Jun-1999 12:00 AM
Ni Ni 1-Jun-1999 12:00 AM
Tc Not defined 1-Jun-1999 12:00 AM
Pt Pt 1-Jun-1999 12:00 AM

| Element | Weight% | Atomic% |
|---|---|---|
| C K | 17.48 | 52.35 |
| Ni K | 74.92 | 45.89 |
| Tc L | 2.03 | 0.74 |
| Pt M | 5.56 | 1.03 |
| Totals | 100.00 | |

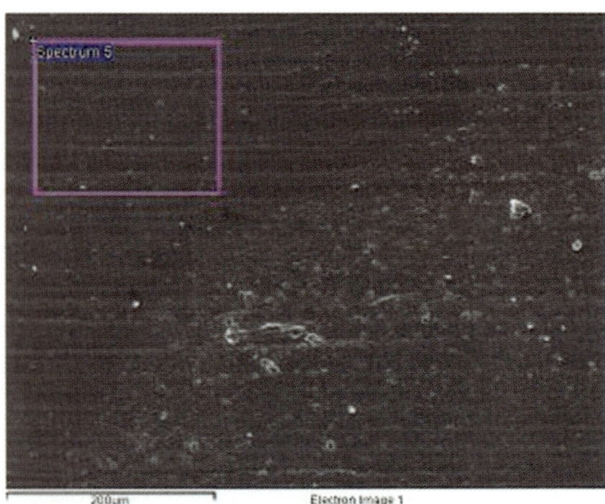


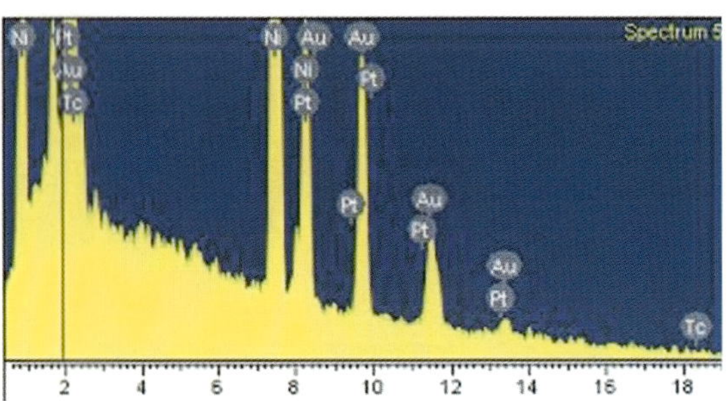


| 그림 9-17. 물떼 부분과 양호한 패드접합 부분 小 |

Spectrum processing :
No peaks omitted

Processing option : All elements analyzed (Normalised)
Number of iterations = 4

Standard :
C CaCO3 1-Jun-1999 12:00 AM
Ni Ni 1-Jun-1999 12:00 AM
Pt Pt 1-Jun-1999 12:00 AM

| Element | Weight% | Atomic% |
|---|---|---|
| C K | 19.73 | 55.86 |
| Ni K | 74.44 | 43.12 |
| Pt M | 5.83 | 1.02 |
| Totals | 100.00 | |

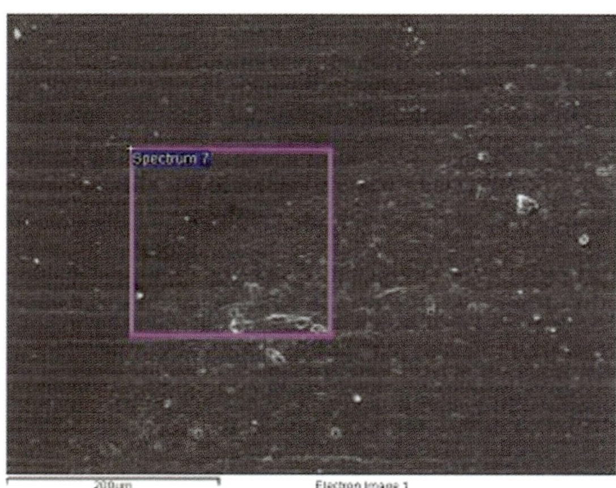


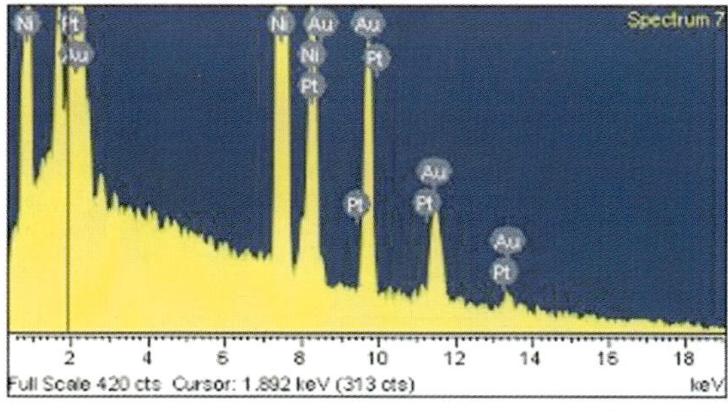


| 그림 9-18. 물때 부분과 양호한 페드집합 부분 小 |

Spectrum processing :
No peaks omitted

Processing option : All elements analyzed (Normalised)
Number of iterations = 4

Standard :
C CaCO3 1-Jun-1999 12:00 AM
Ni Ni 1-Jun-1999 12:00 AM
Pt Pt 1-Jun-1999 12:00 AM

| Element | Weight% | Atomic% |
|---|---|---|
| C K | 20.33 | 56.69 |
| Ni K | 74.30 | 42.38 |
| Pt M | 5.36 | 0.92 |
| Totals | 100.00 | |

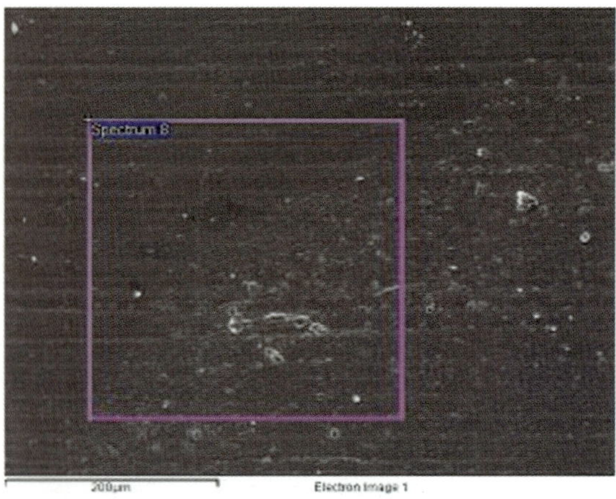


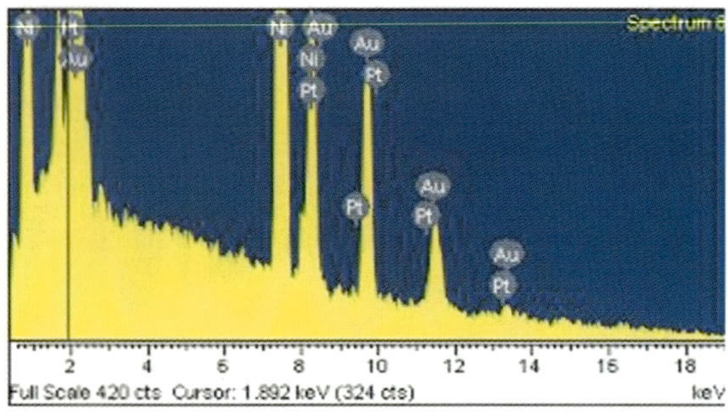


| 그림 9-19. 물때 부분과 양호한 패드접합 부분 大 |

Spectrum processing :
No peaks omitted

Processing option : All elements analyzed (Normalised)
Number of iterations = 4

Standard :
C CaCO3 1-Jun-1999 12:00 AM
Ni Ni 1-Jun-1999 12:00 AM
Pt Pt 1-Jun-1999 12:00 AM

| Element | Weight% | Atomic% |
|---|---|---|
| C K | 18.86 | 54.38 |
| Ni K | 75.74 | 44.67 |
| Pt M | 5.39 | 0.96 |
| Totals | 100.00 | |

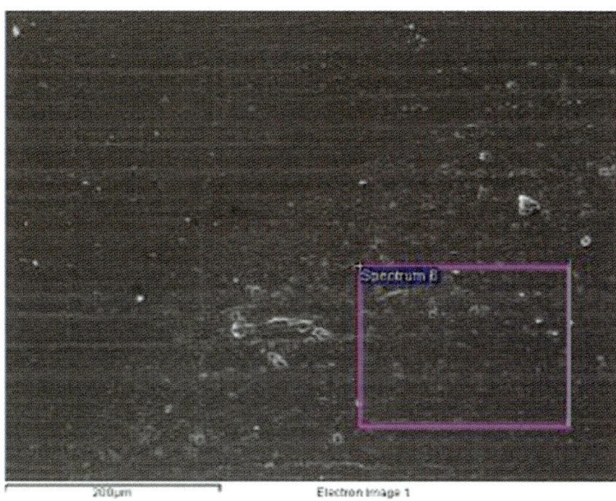


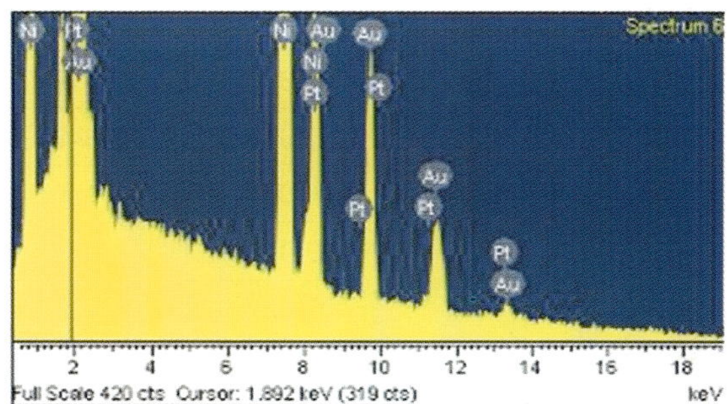


| 그림 9-20. 물때 부분 |

㉠ ENIG 두께측정

ⓐ 측정 부분 : 냉땜이 주로 발생되는 2 포인트씩 측정

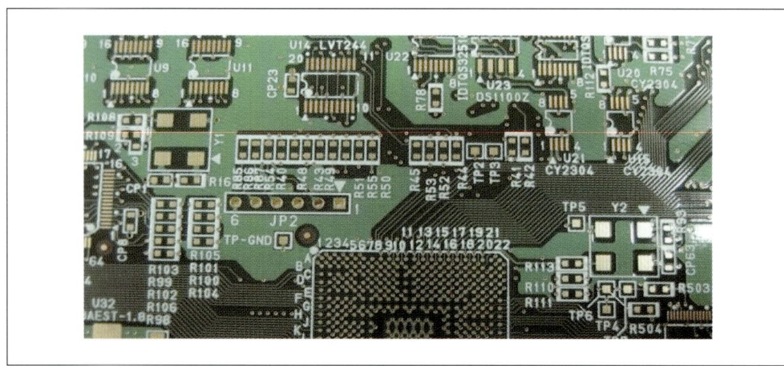

《ENIG SPEC》

- NI : 3.0~7.0㎛
- AU : 0.04~0.08㎛

㉡ 두께측정 결과

❖ 표 9-2 씨엠아이 스마트링크 FP 측정값

(a) App Name : 무전금(060520).app

| E | 측정값 | ㎛ Au | ㎛ NIP | 날짜/시간 |
|---|---|---|---|---|
| ① | 1 | 0.067 | 4.077 | 2006-09-18 12:39 |
| | 2 | 0.067 | 4.217 | 2006-09-18 12:40 |
| ② | 3 | 0.060 | 3.996 | 2006-09-18 12:42 |
| | 4 | 0.062 | 4.177 | 2006-09-18 12:44 |
| ③ | 5 | 0.065 | 3.619 | 2006-09-18 12:47 |
| | 6 | 0.058 | 3.648 | 2006-09-18 12:48 |
| ④ | 7 | 0.061 | 3.956 | 2006-09-18 12:50 |
| | 8 | 0.064 | 4.222 | 2006-09-18 12:52 |
| ⑤ | 9 | 0.062 | 3.816 | 2006-09-18 12:54 |
| | 10 | 0.056 | 4.098 | 2006-09-18 12:56 |

《PCB》

- NI : 3.61~4.22㎛
- AU : 0.058~0.067㎛

⇒ SPEC IN

(b) App Name : 무전금(060520).app

| E | 측정값 | ㎛ Au | ㎛ NIP | 날짜/시간 |
|---|---|---|---|---|
| ① | 1 | 0.062 | 7.069 | 2006-09-18 12:58 |
| | 2 | 0.067 | 7.373 | 2006-09-18 13:00 |
| ② | 3 | 0.063 | 8.718 | 2006-09-18 13:02 |
| | 4 | 0.070 | 8.889 | 2006-09-18 13:03 |
| ③ | 5 | 0.068 | 8.788 | 2006-09-18 13:05 |
| | 6 | 0.056 | 9.001 | 2006-09-18 13:06 |
| ④ | 7 | 0.070 | 8.717 | 2006-09-18 13:09 |
| | 8 | 0.066 | 8.988 | 2006-09-18 13:10 |

《PCB》

- NI : 7.06~9.00㎛
- AU : 0.056~0.070㎛

NI 두께가 대부분 상한치이며 일부 시료에서 SPEC OUT 발생
당사 PCB와 비교할 경우, NI 층이 약 2배 정도 두꺼움.

ⓔ 박리

ⓐ 시안화칼륨(KCN)을 이용하여 AU만을 박리함.

ⓑ B사 PCB의 경우 NI층에 이상이 없었으나, A사 PCB의 경우 전체적으로 NI층이 이미 산화되있음.

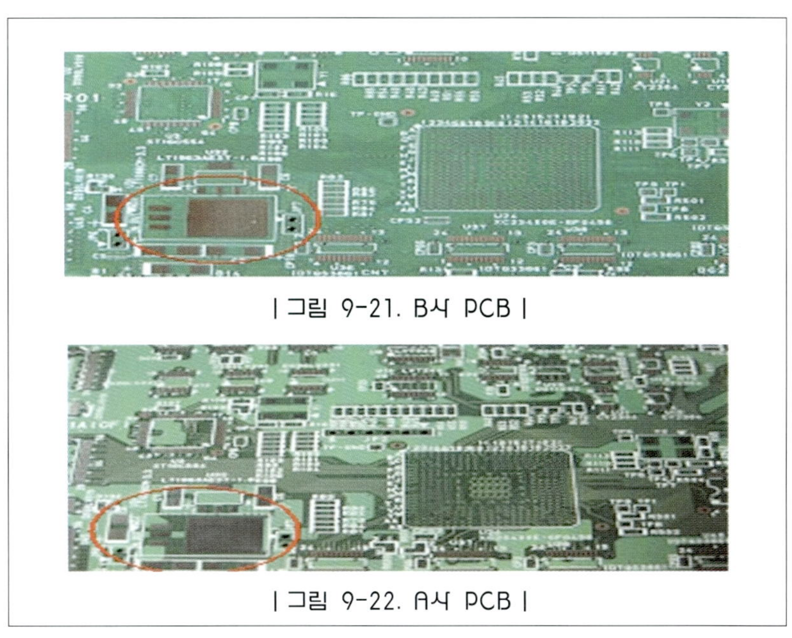

| 그림 9-21. B사 PCB |

| 그림 9-22. A사 PCB |

Ⓔ 결론

ⓐ 유연 솔더에서는 A사와 B사 PCB 모두 Reflow 통과시 정상적으로 솔더링 진행됨.

ⓑ 무연 솔더의 경우 B사는 정상적으로 솔더링이 되나 A사 PCB의 경우 N사 솔더 사용시 80%(4/5PCS), S사 솔더 사용시 40%(2/5PCS)가 냉땜 발생함.

ⓒ A사 PCB를 Baking 또는 Cleaning 후에 Reflow를 통과시 모두 100%(5/5) 냉땜 발생함.

ⓓ SEM/EDS 측정시 냉땜 부위의 검은 부분에서 Al, Si, Br, Cl, Ca 등의 비금속 원소가 미량이나마 검출되나, 일반적인 PCB 제조공정상에 검출 될수 있는 성분이고, 이 미량의 원소가 영향을 미쳤다고 보기는 어려움.

ⓔ ENIG 두께 측정 시, B사 PCB는 NI 두께가 7~9㎛으로 PCB 표면처리 A사에 비해 약 2배 이상 두꺼움.

ⓕ ENIG의 AU 박리 시, 당사 PCB의 경우 NI층이 전체적으로 산화되었음.

ⓖ 잠정 결론

- 무전해 금도금 라인 트러블로 인하여 NI층에 산화가 진행되었고, 이 제품이 무연 솔더의 높은 온도 조건하에서 냉땜을 유발하여 검게 변한 것으로 판단됨. ⇒ NI 산화 발생 요인에 대해선 재확인 필요

ⓗ 추가 검증이 필요한 사항

- NI 두께 및 산화에 따른 무연, 유연 솔더에서의 Wetting 능력 비교
- Pad 오염에 따른 무연, 유연 솔더에서의 Wetting 능력 비교
  - 인쇄 및 최종수세 공정에서의 오염
  - 습기와 같은 환경적인 요인
- 인쇄 및 마킹 공정에서의 미현상과 Wetting에 대한 영향성

④ **시료 4**

㉮ **TEST 조건**

㉠ PCB 표면처리 : PURE TIN

㉡ SEM×EDX 분석

㉯ **결과**

㉠ SEM/EDX 분석 Point

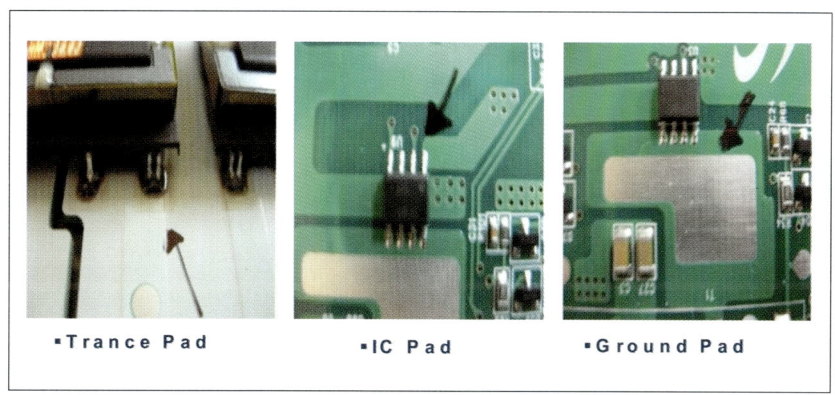

▪Trance Pad ▪IC Pad ▪Ground Pad

㉡ S 기술대 분석 Trance 부위

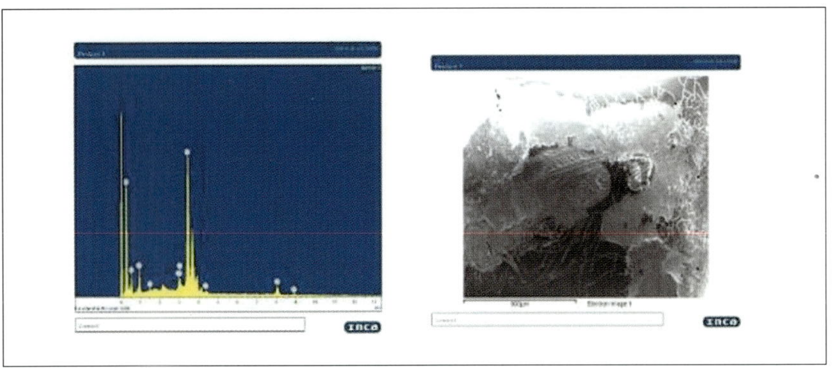

㉢ S 기술대 분석 IC Pad 부위

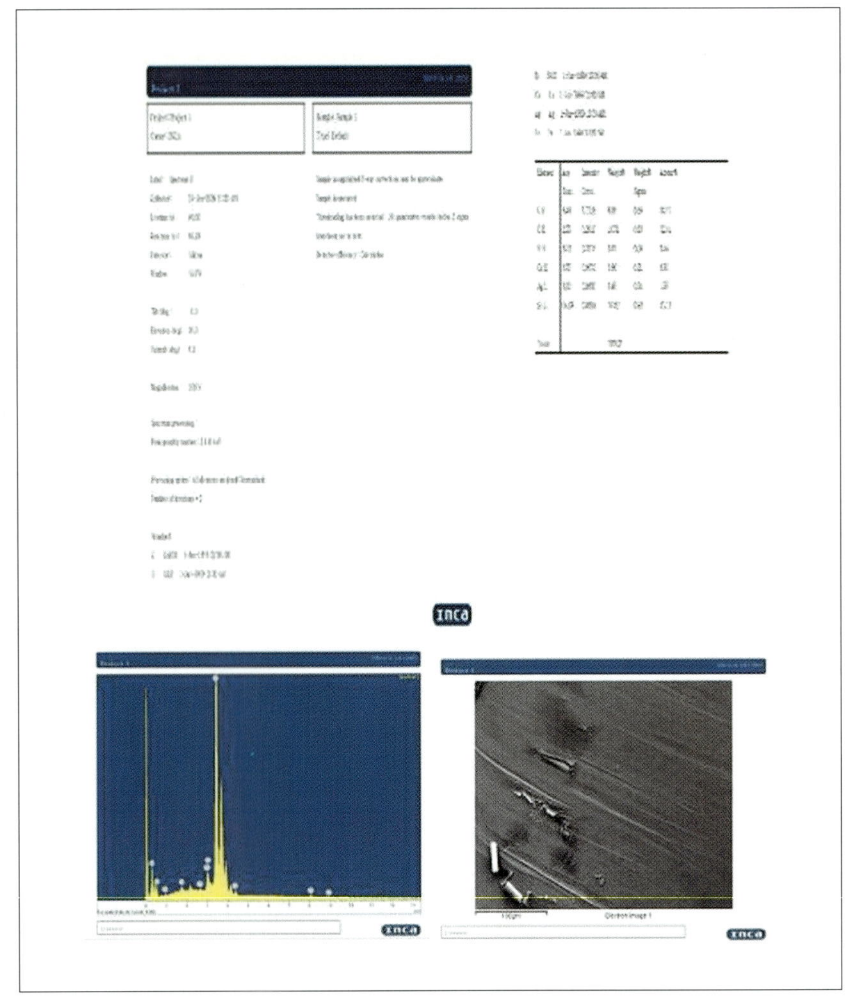

㉣ S 기술대 분석 Ground Pad 부위

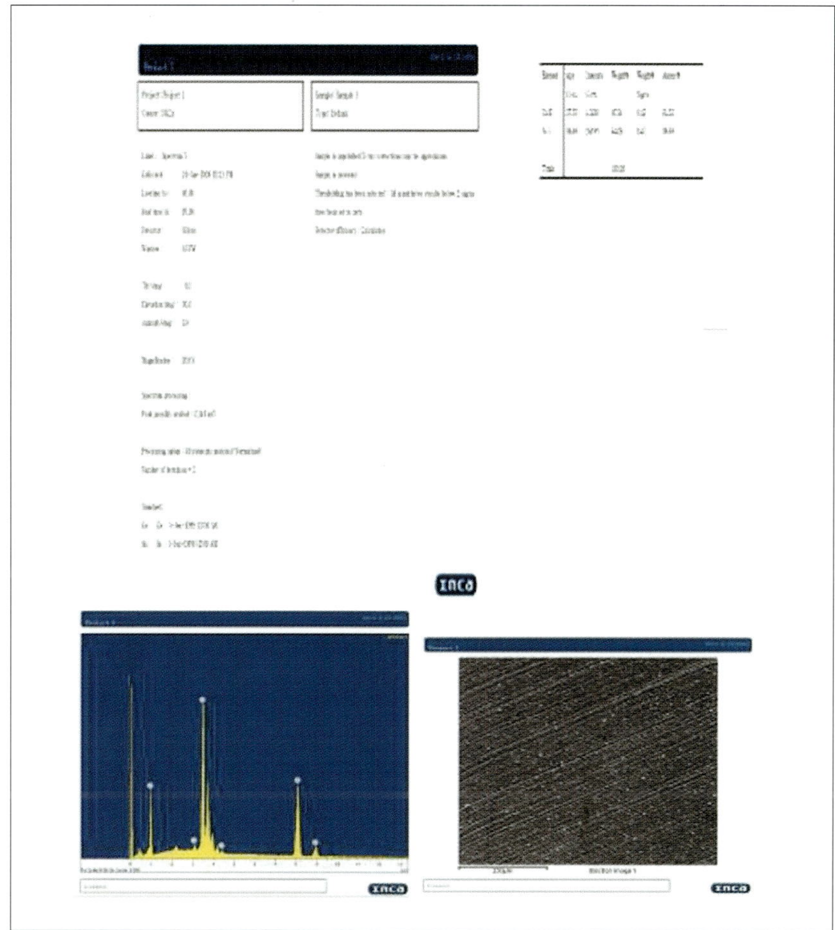

㉤ M사 TECH 분석 Trance 부위

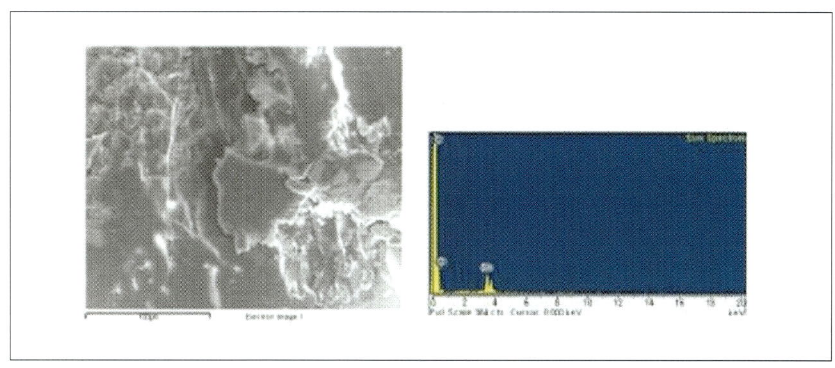

Spectrum processing :
No peaks omitted

Processing option : All elements analyzed (Normalised)
Number of iterations = 2

Standard :
C CaCO3 1-Jun-1999 12:00 AM
O SiO2 1-Jun-1999 12:00 AM
Sn Sn 1-Jun-1999 12:00 AM

| Element | Weight% | Atomic% |
|---|---|---|
| C K | 43.51 | 71.13 |
| O K | 18.39 | 22.57 |
| Sn L | 38.10 | 6.30 |
| Totals | 100.00 | |

Comment:
500배 확대

ⓑ M사 TECH 분석 IC Pad 부위

Spectrum processing :
No peaks omitted

Processing option : All elements analyzed (Normalised)
Number of iterations = 1

Standard :
Sn Sn 1-Jun-1999 12:00 AM

| Element | Weight% | Atomic% |
|---|---|---|
| Sn L | 100.00 | 100.00 |
| Totals | 100.00 | |

Comment:
500배 확대

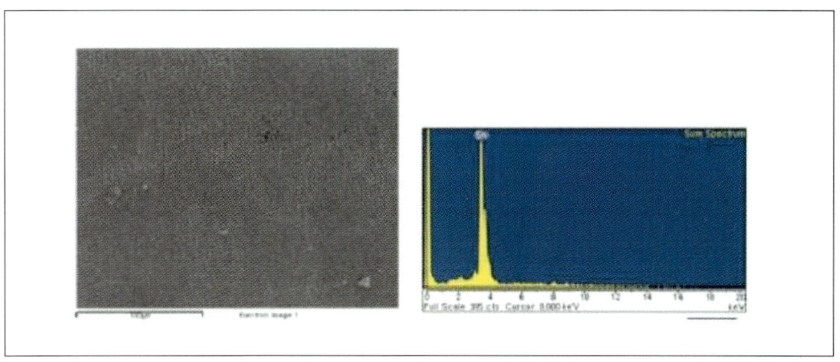

㉦ M사 TECH 분석 Ground Pad 부위

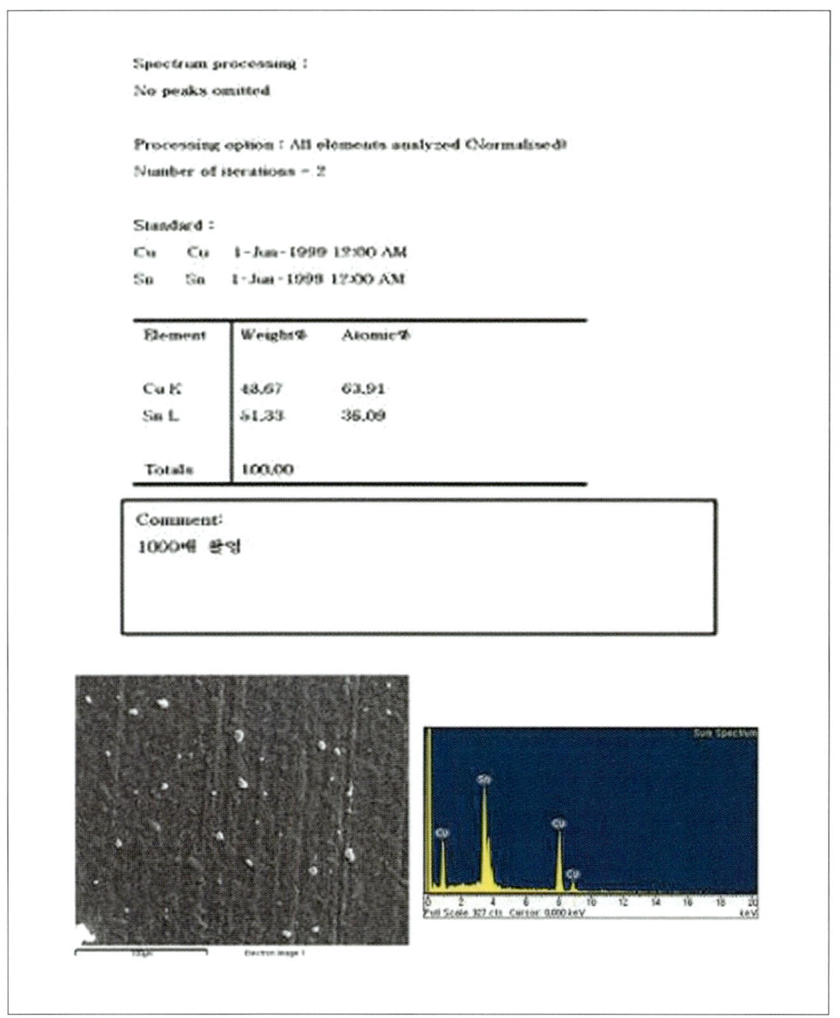

Spectrum processing :
No peaks omitted

Processing option : All elements analyzed (Normalised)
Number of iterations = 2

Standard :
Cu Cu 1-Jun-1999 12:00 AM
Sn Sn 1-Jun-1999 12:00 AM

| Element | Weight% | Atomic% |
|---|---|---|
| Cu K | 48.67 | 63.91 |
| Sn L | 51.33 | 36.09 |
| Totals | 100.00 | |

Comment:
1000배 촬영

❖ 표 9-3 S 기술대 & M사 TECH 비교 분석 Data

| 분석부위 | 한국산업기술대 | | MK Tech | | 비 고 |
|---|---|---|---|---|---|
| | 검출성분 | 함량 (Atomic %) | 검출성분 | 함량 (Atomic %) | |
| 불량품 Trance 부위 | C | 66.48 | C | 71.13 | |
| | O | 22.08 | O | 22.53 | |
| | Al | 0.21 | Sn | 6.3 | |
| | Cu | 1.91 | | | |
| | Ag | 0.56 | | | |
| | Sn | 8.75 | | | |
| | Total | 100.0 | Total | 100.0 | |
| 불량품 IC Pad 부위 | C | 33.71 | C | 0 | |
| | O | 32.41 | Sn | 100 | |
| | Si | 0.54 | | | |
| | Cu | 0.65 | | | |
| | Ag | 1.55 | | | |
| | Sn | 31.13 | | | |
| | Total | 100.0 | Total | 100.0 | |
| 불량품 Ground Pad 부위 | Cu | 61.32 | Cu | 63.91 | |
| | Sn | 38.68 | Sn | 36.09 | |
| | Total | 100.0 | Total | 100.0 | |

1. S 기술대와 M사 TECH 에서 분석을 의뢰한 결과 Solder Surface의 성분 분석시 외관상 밝게 보이는 Solder 와 어둡게 보이는 Solder 관계없이 모두 Sn과 C가 검출되었다. C(탄소)는 Solder Surface의 Flux 잔류로 인한 영향으로 추정된다. 밝게 보이는 Solder Surface이 상대적으로 어둡게 보이는 Solder Surface보다 C함량이 상당히 작다.
2. 외관상 밝게 보이는 Solder는 Surface 관찰시 Surface의 입자가 작고 오밀조밀하게 형성되어 있으나 어둡게 보이는 Solder Surface 의 경우 입자 Size가 크고 밋밋한 형태를 띠고 있다.
3. PCB Surface상에 오염물질이 있는지 확인을 하고자 불량시료를 Ground Pad 부위 분석을 하였으나 Sn & Cu 이외의 성분은 검출이 되지 않았다.

⑤ 시료 5

표면 BLACK PAD(흑화현상) SEM/EDS 측정현황

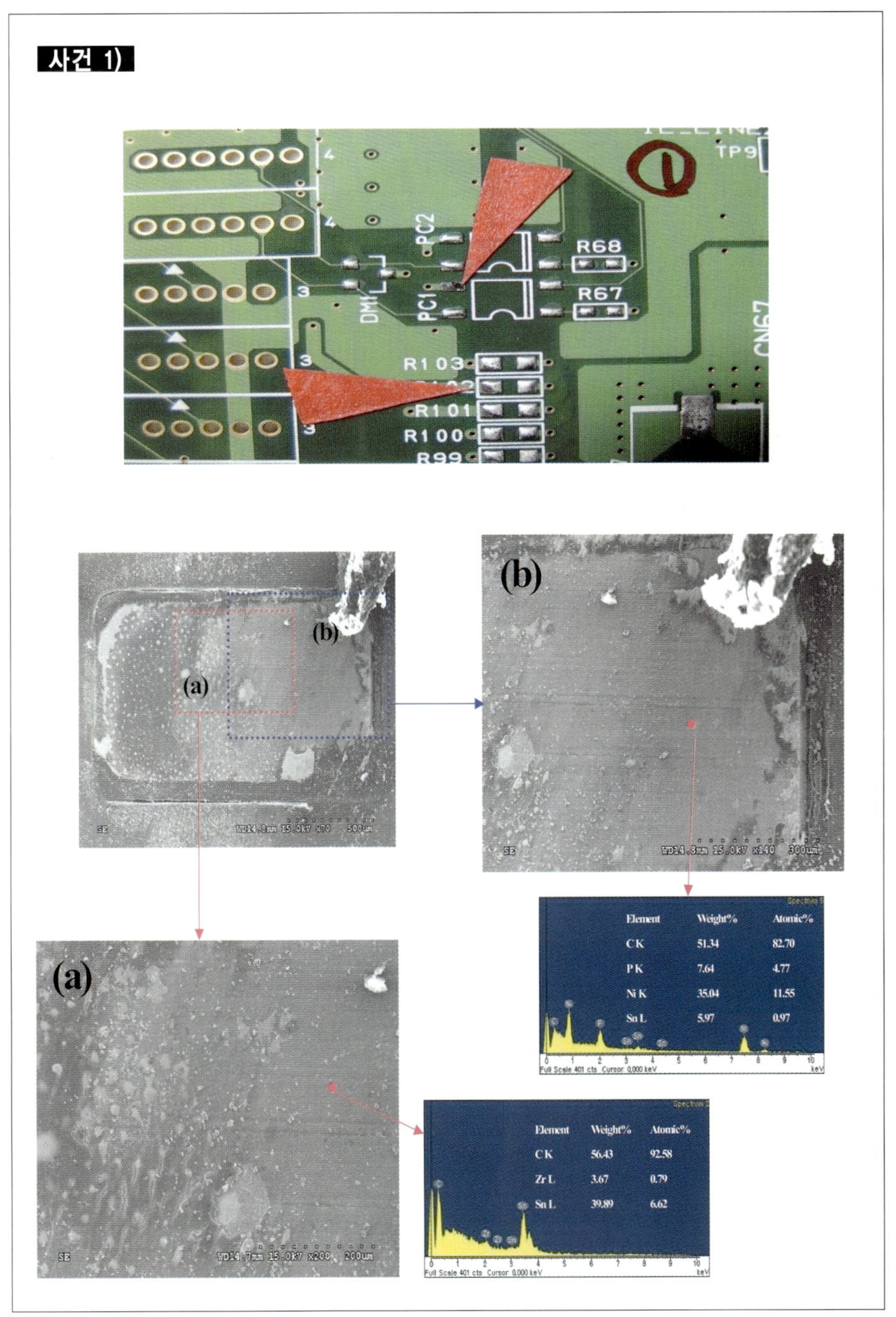

## 사건 2)

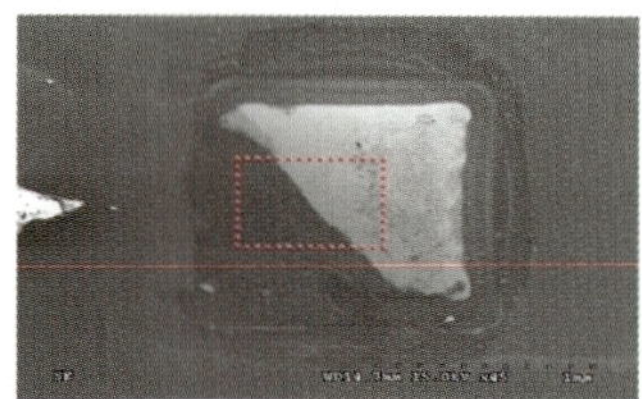

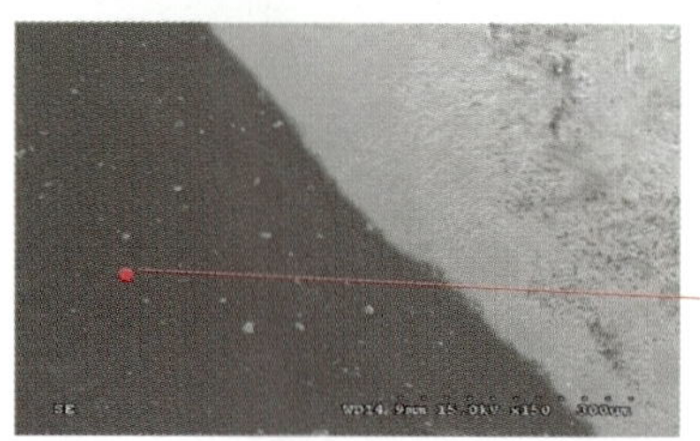

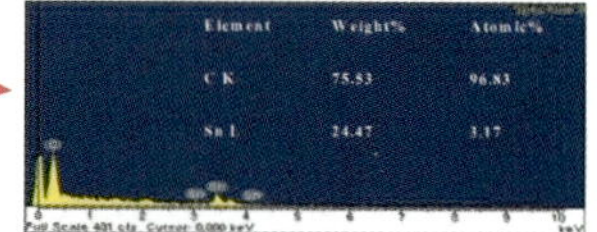
Element Weight% Atomic%
C K 75.53 96.83
Sn L 24.47 3.17

Pb-free

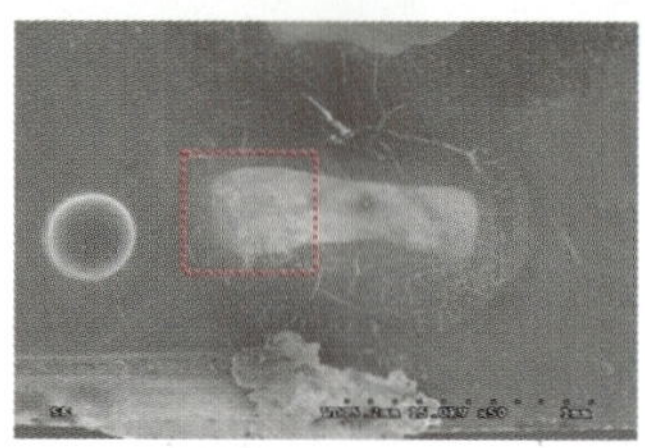

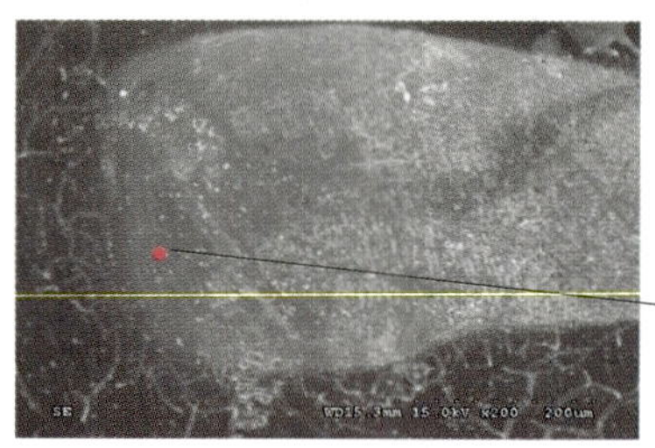

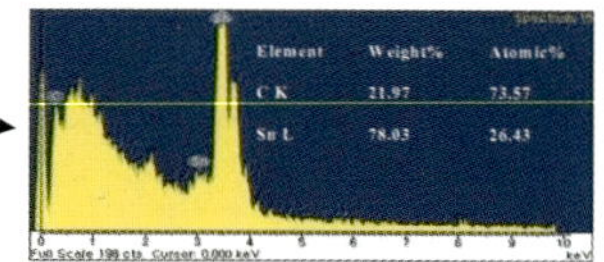
Element Weight% Atomic%
C K 21.97 73.57
Sn L 78.03 26.43

**사건 3)**

13.0FO
SIWARD

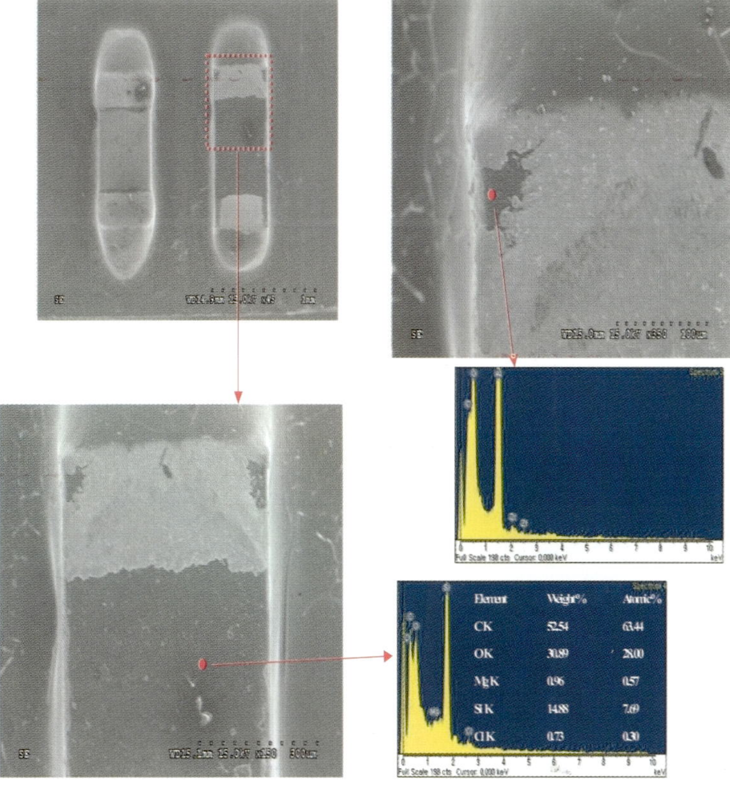
Element Weight% Atomic%
CK 52.54 63.44
OK 30.89 28.00
MgK 0.96 0.57
SiK 14.88 7.69
ClK 0.73 0.30
Full Scale 198 cts Cursor: 0.000 keV
Full Scale 198 cts Cursor: 0.000 keV
keV

**사건 4)**

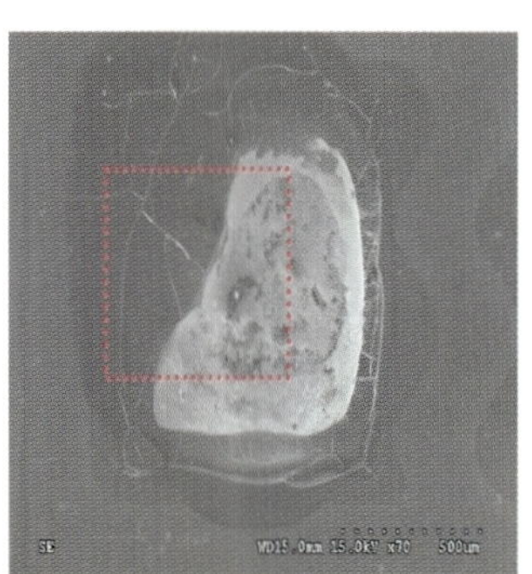

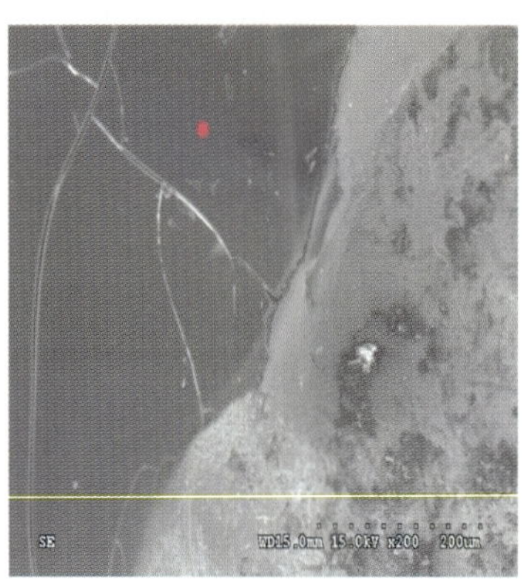

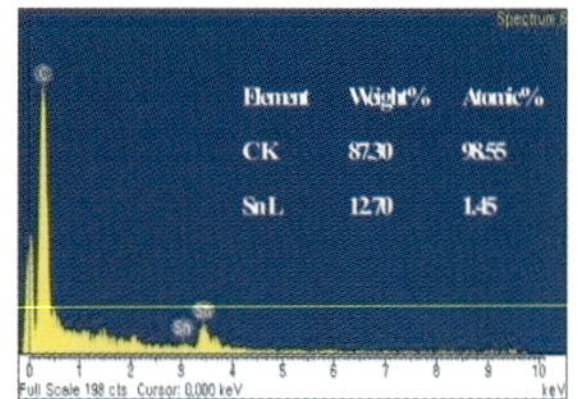

**사건 5)**

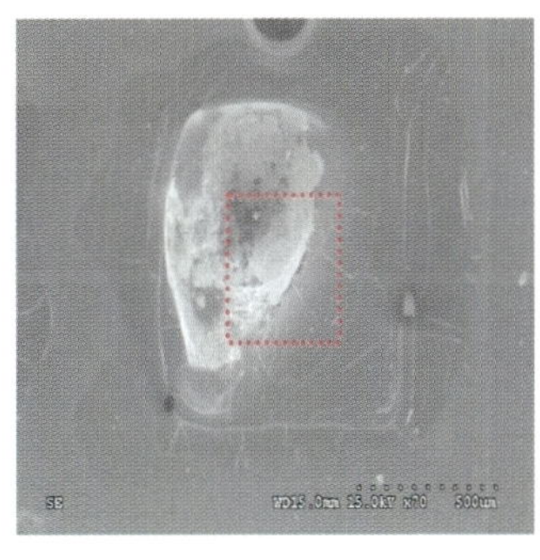

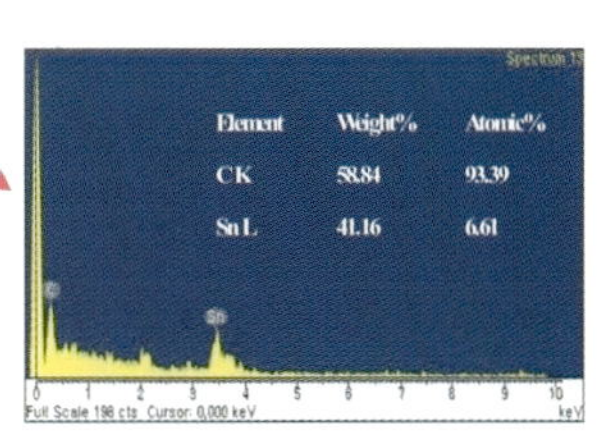
Element Weight% Atomic%
C K 58.84 93.39
Sn L 41.16 6.61
Full Scale 198 cts Cursor: 0.000 keV
keV

**사건 6)**

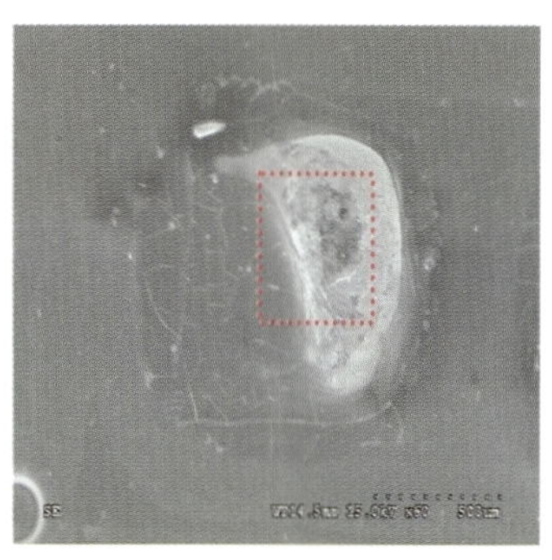

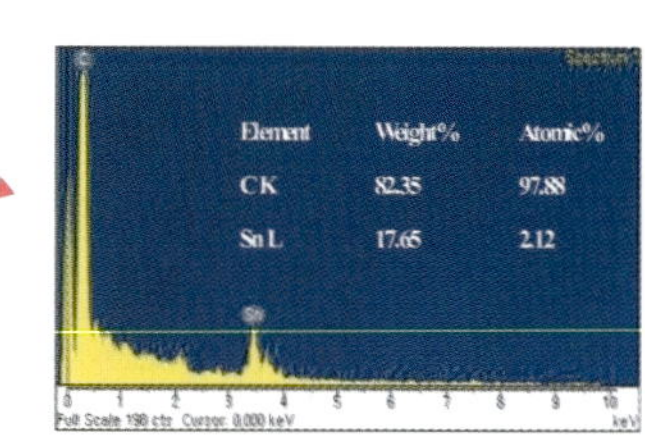

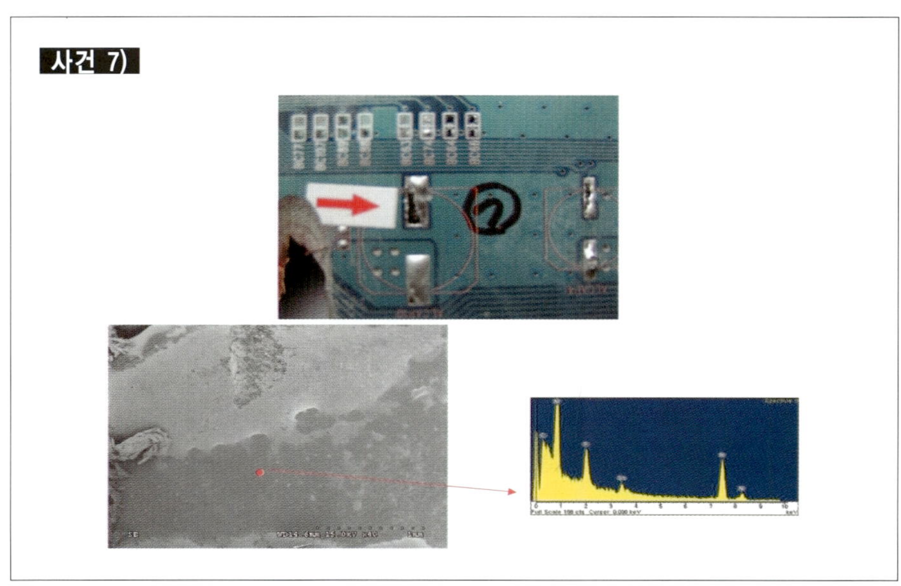


※ 니켈 도금조의 인(Phosphorus)의 농도 관리를 잘못하게 되면 니켈이 산화가 되어 Black Pad라는 현상이 생기게 되는데 블랙패드가 형성된 부위에서는 금이 안올라가 능동, 수동 실장시 문제를 불러일으킬 수가 있다.

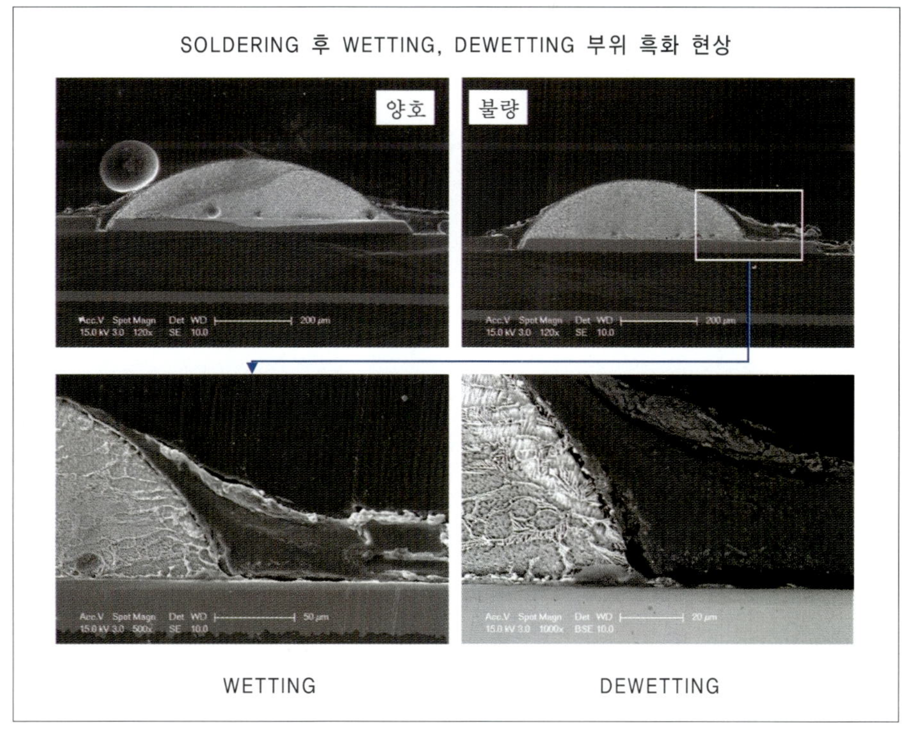

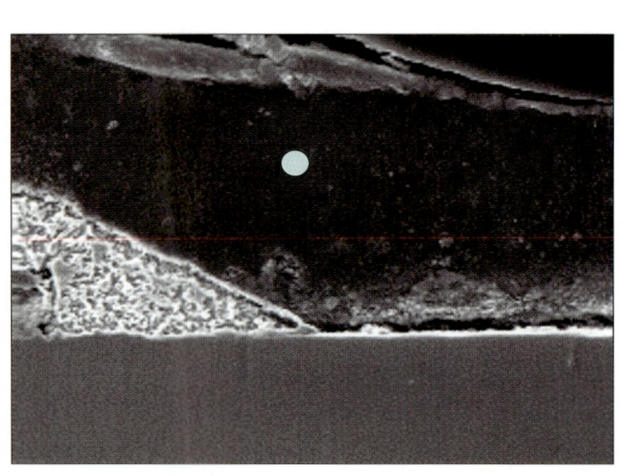

| Element | Wt% | At% |
|---|---|---|
| C K | 49.13 | 71.28 |
| O K | 20.85 | 22.71 |
| AlK | 03.21 | 02.07 |
| SnL | 26.81 | 03.94 |

Pt coating peak

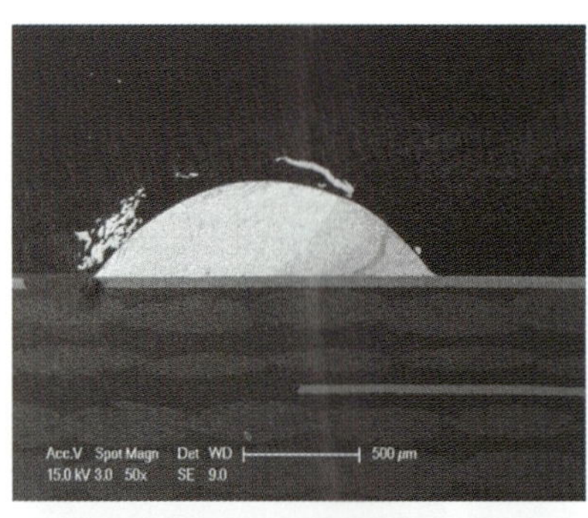


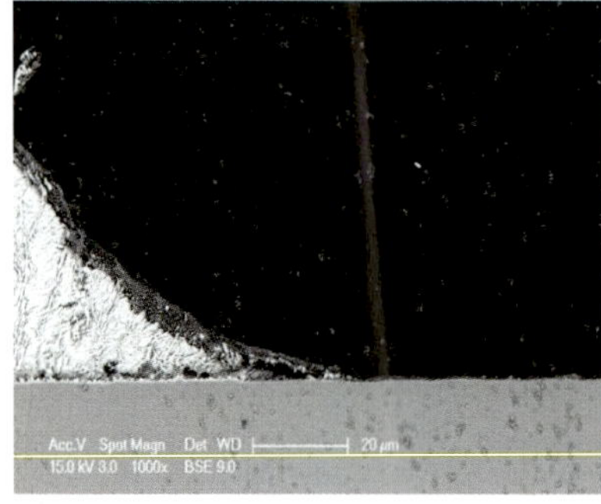


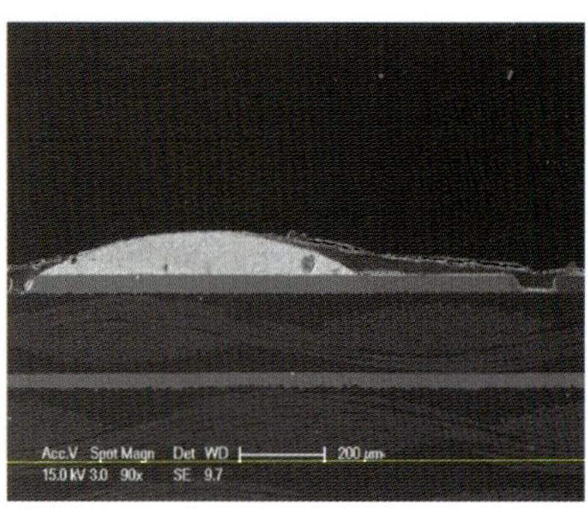

### (4) 신뢰성 분석 현황

① 표면 결손부위 현미경 관찰(100×200×500×등)
② REFLOW후 제품에 대한 양품/결손부위 현미경 관찰
③ 표면 결손 부위 SEM/EDS 측정
④ 표면 오염 내용 현미경 관찰
⑤ 표면 오염 물질과 무연 SOLDER PASTE간 성분 동일성 FTIR(적외선 분석 장치) 시험
⑥ 무연 SOLDERING 후 발생 가능한 불량유형, 원인, 대책에 관한 기술자료 참고

### (5) 기술자료 참고 내용

① DOUGLAS J · PECK ➡ ACIC INC
② PATRICK McCALL ➡ PACK INC
③ RICHAR BURKE ➡ SPEED LINE TECHNOLOGIES
④ GERALD PHAM-VAN ➡ SPEED LINE TECHNOLOGIES-DIPE, Ph D
⑤ UMUT TOSUN, M.S.Ch.E ➡ ZESTRON HARALD WACK Ph D ➡ ZESTRON
⑥ HARALD WACK Ph D ➡ ZESTRON
⑦ SPINIVASA ARAVAMUD, LHAN ➡ JOE BELMONTE

### (6) 불량원인 추정

① PCB 표면처리에 상관없이 발생(ENIG, PURE TIN)
② 무연 솔더 작업시 고온으로 인하여 주석 산화물이 발생 되었다가 표면에 젖어드는 능력 상실로 ETCH부위
③ DEWETTING이 발생되는 부위에 발생
④ SEM/EDS 측정결과 솔더링 대상 영역주변으로부터 산소가 잔류되므로 산

화물이 형성

⑤ FTIR(적외선 분석장치) 시험결과 표면 BLACK PAD 물질과 SOLDER PASTE에 함유하고 있는 FLUX와 동일물질 발견

⑥ 표면의 BLACK PAD(흑화) 현상은 무연솔더 조건에 의한 FLUX 잔유물로 추정

### (7) 대책

① 무연 SOLDERING PROCESS 재정립(SOLDER PASTE선정, 온도 PROFILE, 설비조건 등)

② PCB 재질 선택 (HALOGEN FREE 제품)

③ 무연 전자 부품에 대한 관리 보강

④ SOLDERING MACHINE 검토(질소 LINE)

⑤ SOLDER 합금제품 선택 시 일원화

⑥ SOLDERING 완료 후 세정 방법 연구

### (8) FTIR(적외선 분석장치) 시험결과

#### ① FTIR란?

㉮ 물질에서 FUCTION GROUP을 찾아내는 장치

㉯ 시료와 건조 → PICK TIME시 특정 파장에 대해서 자외선 영역의 빛을 흡수하는 것

#### ② 목적

BLACK PAD 발생 PCB에 대한 PCB표면 이물질(FLUX 잔사)과 SOLDER PASTE내의 FLUX물질과 동일성 관계 시험

## ③ 시험시료

| PCB BOARD | SOLDER PASTE |
|---|---|
| PCB 표면처리 ENIG 제품 중<br>BLACK PAD발생 2 POINTS | ECO SOLDER PASTE<br>M 705-GRN360-K2-V<br>SN 96.5/Ag3.0/Cu0.5 |

## ④ 방법

| PCB BOARD | SOLDER PASTE |
|---|---|
| 표면의 BLACK PAD 부위를<br>직접 FTIR분석 | 1. PASTE를 250℃ 20분 가열<br>TIN과 // FLUX물질분리<br>2. FLUX만 긁어서 FTIR분석 |

## ⑤ 결론

㉮ IR CHART 표와 같이 같은 파장 때 같은 PICK를 나타나므로 PCB BOARD의 BLACK PAD물질과 SOLDER PASTE에서 분리 된 물질(FLUX)은 동일물질로 판단

㉯ REFLOW시 발생한 표면의 BLACK PAD는 SMT작업조건 부족으로 인하여 발행한 현상으로 판단

## ⑥ 참고

### ㉮ PCB와 SOLDER CLEAM FTIR 분석표

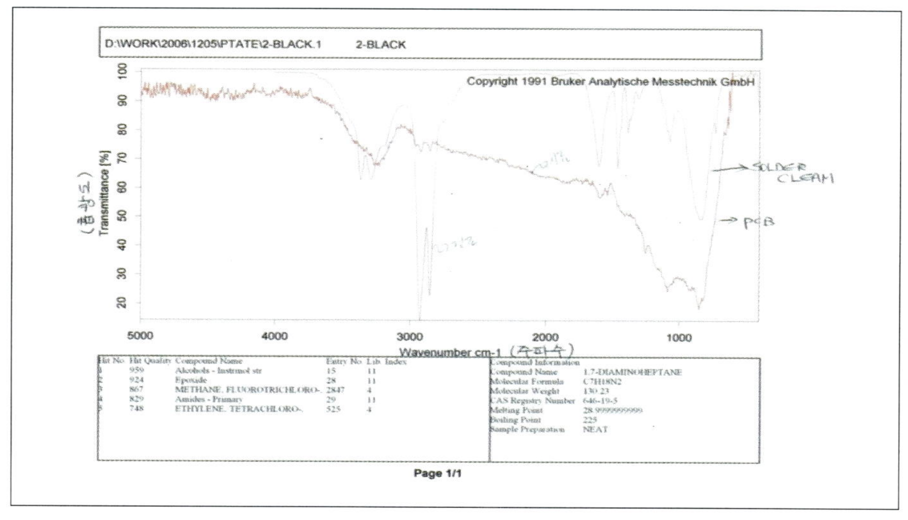

## ㉯ PCB BLACK PAD 발생 비교 분석 FTIR표

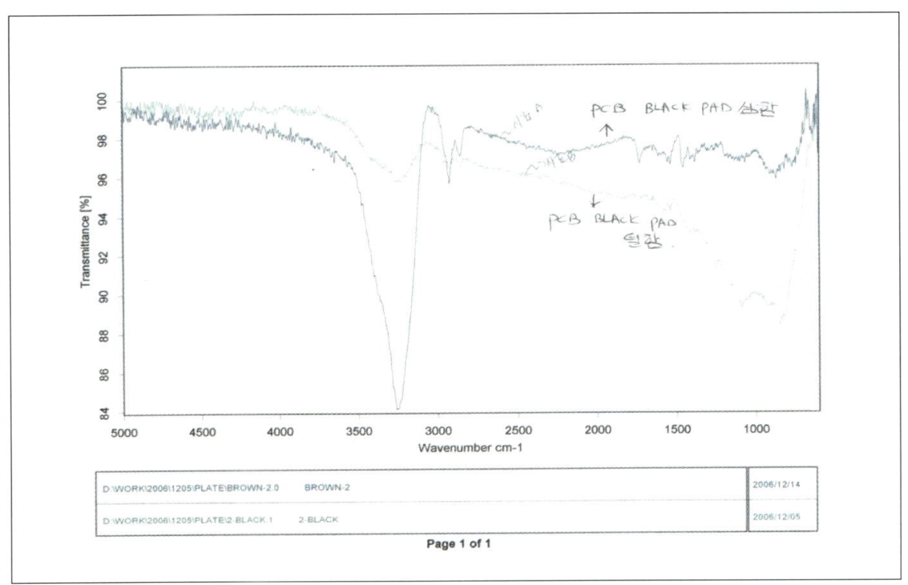


## ㉰ TIN과 FLUX 물질분리 사진

## (9) 무연 SOLDER 기술자료

### ① Pb FREE (무연 SOLDER)

㉮ 일반적으로 95% 이상의 Sn(주석)을 함유하고 있다.

㉯ Sn은 다른 금속을 부식 시킨다.

㉰ 무연 SOLDER는 납 함유 합금을 전자 부품 ASS'Y 업계의 표준 합금으로 군림하게 만들었던 여러 가지 좋은 물리적 특성들을 갖고 있지 않다. 납함유 공융 솔더 합금을 간단히 바꿔치기 할 수 있는 대체무연 합금이 없다는 사실 때문에 무연규정을 준수하는 일이 더욱더 어렵다.

㉱ 빠른 속도로 산화되기 때문에 솔더 대상 표면을 청결하게 유지하고 산화작용 없는 상태로 유지해야 한다. 산화작용이 없는 상태를 유지하기 위해서는 좀 더 강력하면서도 더 오래 견딜 수 있는 플럭스를 사용해야 한다. 무세정 플럭스를 사용할 경우 → 무세정 플럭스의 공정창이 작은 경우가 많기 때문에 어려움이 뒤 따를 수도 있다 무세정 플럭스가 고열에 타버리면 산화물이 즉시 형성되기 시작하며 그 결과 불량 솔더 조인트가 형성 된다.

무연솔더를 사용할 때 로진이 함유된 플럭스는 로진이 함유되지 않은 플럭스를 사용할 때 보다 작업하기가 훨씬 더 쉽다 더 높아진 온도도 산화촉진의 원인이 될 수 있다.

### ② 무연 재료상의 문제점

재료와 공정 면에서 많은 변화가 무연 재작업과 수리 작업을 수행할 경우에 발생한다.

CCL 중 FR-4는 가격과 열 특성 면에서 유리하기 때문에 PCB제조에 사용되는 표준재료로 자리 잡았다.

PCB 재료의 등급은 재료의 유리전이 온도($T_g$)에 의해 결정된다. 기판을 $T_g$ 이상으로 가열하면 기판의 기계적 특성은 급격히 저하 된다. 단단하고 부서지기 쉬운 재료는 변화되어 부드러운 고무처럼 바뀐다.

235℃~245℃의 피그 무연 REFLOW 온도는 개량형 FR-4 재료의 Tg를 훨

씬 상회하기 때문에 기판은 열 손상을 받을 수 있는 모든 취약성 아래 놓이게 된다.

따라서 REFLOW 도중이나 나중에 재작업과 수리 작업 도중에도 기판이 열에 의해 손상을 받지 않도록 각별히 주의가 필요하다.

### ③ 무연부품현황

㉮ 짧은 수명주기(5년) 제품에 사용되는 무광택 주석 니켈 보호층에 도금된 무광택 주석

㉯ SOLDER BALL 부품에 사용되는 Sn 3Ag 0,5Cu 주석-구리, 주석-은 등이 있다

㉰ 그 외 주석-비스무트, 주석-은, 니켈-팔라듐, 니켈-팔라듐-금

㉱ PTH 부품에는 주석도금 또는 주석 침지 기법 사용 예정

### ④ RoHS 지침의 의무적 이행으로부터 면제 받는 항목

㉮ 면제 항목 14개

㉯ 면제 여부를 검토 중인 항목 8개

㉰ 면제 신청 계류 중인 항목 19개

### ⑤ 무연합금들 중 인정된 무연합금

㉮ Sn/Cu

㉯ Sn/Ag/Cu

㉰ Sn/In/Cu

㉱ Sn/Ni/Cu

### ⑥ 무연체제로 전환방법

㉮ 전 방향/후 방향 중 선택

㉯ 컴퓨터 및 관련 제품의 제조회사 → 후 방향 호환경로 선택 가능

㉠ 초기에는 기존의 주석/납을 종전처럼 그대로 사용

㉡ SERVE, STORAGE ARRAY SYSTEM, 네트워크 백본 시스템의 제

조회사들은 RoHS 규정을 준수하는 것을 2010년까지 면제 받는다.

㉰ 대부분의 무연처리는 전 방향/후 방향 호환이 가능하다. 그러나 SAC 합금을 사용하는 BGA는 후 방향 호환이 안 된다.

**이유** SAC SOLDER BALL은 낮은 SnPb REFLOW 온도에 서는 완전히 REFLOW 되지 않기 때문이다. SAC BGA에 적용할 프로 파일을 수정해야 할 필요가 있을 수 있다. 프로 파일을 수정하지 않는다면 SAC BALL을 제거해서 주석/납 볼로 대체해야 한다.

㉱ 전 방향 호환 경로에 의한 무연으로의 전환은 수많은 장애를 제공한다. 무연솔더를 사용한다는 것은 비록 부품과 기판에 주석/납을 사용 할지라도 모든 재작업과 수리 작업에 요구되는 솔더링을 높은 무연 리플로 온도에서 수행해야 한다는 것을 의미한다.

높은 온도의 REFLOW는 주석/납 SOLDER BALL에 과도한 VOID가 형성 될 수 있음을 의미 할 수 있다.

전 방향 호환경로에 의한 무연으로의 전환 방법을 채택할 경우 재작업 검사 시에 작업자는 솔더 젖음과 외관상의 변화를 추적하고 이에 대처 할 수 있어야 한다. 재작업 키트를 구성할 때 해당 솔더 유형을 정확하게 식별해야 한다.

무연으로의 전환 과정에 BOM을 개발해야 한다. 납 또는 기타 납 함유 재료에 의해 무연 솔더가 오염될 가능성이 존재하기 때문에 오염 발생을 방지 할 수 있는 세부 재작업 절차를 마련해야 한다.

### ⑦ 질소의 보조를 받는 SOLDERING SYSTEM

㉮ 질소는 가열 장치를 통과하거나 우회한 다음에 작업 부위에 전달된다.

㉯ 가열 장치는 작업 부위 주변을 예열시킴으로써 부품과 리드에 대한 열 손상을 감소시킨다.

㉰ 예열은 솔더링 팁을 좀 더 낮은 온도에서 좀 더 안전하고 효율적으로 사용할 수 있게 한다.

㉱ 질소 공급방법

㉠ TANK의 질소를 사용하는 방법 : 순수하다.

㉡ 질소 수집기 사용방법 : 특수 필터를 사용해서 공기로부터 질소를 분리 한다. 즉, 공기 중에 다른 원자들은 필터를 통과해서 강제로 빠져 나가도록 조치하고 순수한 질소만이 남도록 한다.

㉴ 질소를 사용하지 않을 경우

무연의 높은 솔더링 온도로 인해 산화작용이 촉진 된다.

### ⑧ 현장의 문제점

**㉮ 서로 다른 무연 합금을 채택함으로써 합금들 간의 호환성 문제 초래**

㉠ PCB의 재작업에 임하는 작업자가 자신에게 주어진 PCB에 사용된 합금의 유형을 육안으로 식별이 불가능

㉡ 초기 제조에 사용된 솔더 합금

㉢ 작업대에서 사용된 솔더 합금

㉣ 부품 리드 도금에 사용된 합금

㉤ 인두팁에 사용된 합금

위의 사항이 모두 서로 호환성을 유지해야 한다.

**이유** 미지의 양이 미지의 솔더 합금들이 혼합될 경우 이러한 혼합 합금을 관리 할 수 있는 방법이 없기 때문

**권고사항** PCB와 부품에 LABEL 부착

**㉯ 기존 장비의 호환성**

무연솔더가 솔더링도구와 재작업 장비에 특히 인두팁의 수명에 부정적인 영향을 미칠 것임은 의심할 여지가 없다.

무연솔더는 높은 비율의 주석을 함유하고 있는데 용해된 주석이 철과 접촉하면(즉, 솔더링 팁을 보호하고 있는 단단한 보호층인 철과 접촉하면) 철 자체가 마모되는 것 보다 또는 납 함유 솔더를 사용할 경우보다 더 빨리 마모되는 금속간화합물이 형성된다.

보호층인 철이 용융주석에 의해 분해되면서 인두팁의 철 코팅의 수명이 단축된다.

산화물이 빨리 형성되며 인두팁의 고온이기 때문에 산화물이형성은 가속된다. 주석 산화물이 일단 형성되면 인두팁은 솔더에 의해 젖어지는 능력을 상실한다.

㉰ **질소는 도움이 되는가?**

질소의 보조를 받는 솔더링 장비를 사용하면 무연솔더를 사용할 때 발생하는 일부 문제들이 경감된다.

㉠ 질소는 솔더링팁 주위에 비활성적 환경을 조성함으로써 팁의 산화 가능성을 감소시킨다.

㉡ 질소는 솔더링 대상영역 주변으로부터 산소를 몰아냄으로써 작업 부위에 산화물이 형성되는 것을 방지해준다. 즉, 플럭스의 사용량도 감소하며 젖음성과 퍼짐성이 개선되고 표면은 좀 더 밝은 빛을 띠게 되며 표면에 입자들이 퍼져있는 듯이 보이는 현상이 감소된다.

## ⑧ PCB 표면의 무연처리

PCB표면의 무연처리 선택은 선택에 따라 납땜성, 젖음성, 열특성은 무연재 재작업과 수리작업을 수행하는데 중요한 요소를 작용한다.

❖ 표 9-4 표면처리별 주요 문제점

| NO | 종류 | 문제점 |
|---|---|---|
| 1 | ENIG | • Cu 표면에 무전해 Ni 처리를 한 것<br>• Ni은 Cu 마이그레이션을 방지 해주는 장벽의 역할을 하며 Cu 표면을 산화작용 으로부터 보호해준다 Ni 표면에 도금된 Au는 기판공정이 끝날 때까지 Ni의 산화를 방지해준다. 만약 Ni-Sn 금속간 화 |

| 2 | | 합물 층이 SOLDERING 도중에 부스러지거나 균열이 일어나면 BLACK PAD 현상이 발생 할 수도 있다.<br>• BLACK PAD는 회색 또는 흑색 계통의 다양한 농도의 색상을 나타낸다. |
|---|---|---|
| 2 | Im Sn | • 주석 도금의 사용으로 발생하는 현상은 주석 위스커의 형성이다.<br>• 지난 수십년간 주석 위스키는 항공기 및 위성에서 수많은 전기 공장의 원인이 되고 있다. 주석 위스키는 대부분의 주석 도금층에서 최대 10㎜의 길이까지 성장 할 수 있으며 또는 1-2㎛의 포도송이 형태로 옆으로 성장할 수 도 있다.<br>• 주석 WHISKER는 주석 도금층에서 발생하는 압축 응력이 도금층의 약한 부분의 주석을 바깥 방향으로 밀어내기 때문에 형성 되는 것이다.<br>• 납도금에 사용되는 주석은 두가지 상태로 존재한다. 주석은 13.2℃ 이상의 온도에서는 백색을 띠기 때문에 백색주석이라고 불린다.13.2℃ 미만으로 냉각되면 백색 주석은 회색 주석으로 바뀌면서 원래 밀도의 20%를 점진적으로 상실한다. 좀더 오랜 시간동안 낮은 온도에 노출되면 회색 주석의 표면에 육안으로 볼 수 있는 혹이 발생되며 주석균 (TIN PEST)이라 불리는 회색 분말이 생긴다. |

### ⑩ 무세정 플럭스세정

#### ㉮ 문제점

무연 합금의 REFLOW 및 WAVE SOLDERING 온도는 더 높아졌고 WAVE에서 요구되는 접촉 시간도 더 길어졌기 때문에 FLUX가 고온에 그을려서 누러 붙을 가능성이 커졌다.

이문제로 플럭스를 제거하기가 더 어려워졌고 세정하지 않을 경우에는 미관상의 문제가 과거보다 더 많이 제기 된다.

#### ㉯ 무세정 플럭스 제조 과정

전통적인 수용성(유기산) 플럭스와 비수용성(로진) 플럭스와는 달리 무세정 플럭스는 세정해야 한다는 전제 조건 아래서 제조 된 것이 아니라는 점 무세정 플럭스를 세정에 의해 제거하기가 다른 재료들보다 더 어렵다는 점 때문이다.

#### ㉰ 표면 플럭스 잔사

무연솔더로 가면서 예상된 잔사이다. 그러나 잔사가 수용성인지 또는 잔사를 제거하기 위해 화학세정제의 도움이 필요한지 등은 더 검토를 해야 한다.

㉣ **세정기계**

세정매체가 결정되고 장비요구 사항들이 결정되기 때문에 중요하다. 단지 물만을 사용하는 세정공정은 화학 세정제를 사용하는 세정공정과는 아주 다르다. 일괄 세정은 세정 물량이 적고 대상 제품의 유형이 다양한 애플리케이션에 가장 적합한 방법이다 일괄 세정에 사용되는 장비는 일반적으로 저렴한 편이지만 보통 물량 내지 많은 물량의 세정 공정에는 적합하지 않다. 인라인 공정, 좀더 구체적으로 말해서 스프레이-인-에어 인라인 세정 공정은 전자 어셈블리의 세정 및 건조에 성공적으로 사용되는 융통성 있는 공인된 방법이다. 그 밖의 세정 방법으로는 초음파 일괄 처리 기법, 증기에 의한 기름 제거 기법, 반수성 원심력 기법이 있다 이들은 흔히 사용되는 방법은 아니지만 적합한 솔루션이 되어줄 수도 있다.

㉤ **세정이유**

㉠ 청결해 보이기 위한 미관상의 이유

㉡ 제품의 장기적 신뢰성을 높이기 위한 이유

㉢ 공정 면에서 요구사항(예를 들면, 표면 접착성이 매우 중요한 언더필 및 컨포멀 코팅 단계 같은)

㉥ **방법**

| 제1단계 | 제2단계 | 제3단계 | 제4단계 | 제5단계 | 제6단계 |
|---|---|---|---|---|---|
| 예비세척 | 순환세척 | 화학적격리 | 순환헹굼 | 최종헹굼 | 건조 |

㉦ **결론**

㉠ 세정 장치 공급회사들과 플럭스, 페이스트, 세정제 공급회사들은 끝없이 발전하는 재료들과 세정 장치들이 특히 무연시대에 서로 호환성을 유지하면서 업계에서 효과적으로 사용될 수 있도록 긴밀히 협조하면서 연구 개발을 진행 시켜야 할 것 이다. 장비 제조 회사들은

세정 기술, 건조 기술, 폐쇄 루프 기술을 더욱 발전시켜서 효율성을 극대화해야 할 것이다 화학 세정제 공급 회사들은 세정 공정과 환경에 더욱 친화적인 세정제들을 개발해야 할 것이다.

㉡ 세정과 관련해서 해결해야 할 문제들은 아직도 남아 있다. 그러나 업계는 실증된 솔루션들을 오늘도 그리고 미래에도 제공할 수 있을 것이다.

㉢ 안정된 통합 세정 공정은 저비용과 신뢰성 외에도 다른 많은 장점들을 제공한다. 솔더링은 신뢰성 있는 연결 부위를 만드는 역할을 한다. 세정 공정 단계를 새로 추가할 경우 솔더 페이스트 및 플럭스의 활성화를 통한 유연성을 갖게 된다. 유연성이 확대 되면 솔더링 공정 창이 확대된다. 즉, 솔더링 프로파일은 단축되며 공정 변화에 대한 허용오차는 개선된다. 솔더링이 제대로 되었는지를 점검하는 것도 중요하지만 어셈블리의 청결 수준을 점검하는 것은 무세정 공정에서는 두 번째로 중요한 일이다. 여러 가지 방법들을 비교해 볼 때 통합된 세정 공정을 채택한 세정 방법은 더 큰 유연성을 제공한다는 사실을 알게 된다. 여기서 중요한 것은 각 공정 단계별로 출력은 증가시키고 불필요한 재작업은 감소시킬 수 있는 능력이다.

## ⑪ 유연/무연의 인쇄 정확성

### ㉮ 정의

무연솔더 PASTE 인쇄공정이 주석/납 인쇄공정보다 더 정확해야 할 필요성이 있다.

### ㉯ 무연솔더 PASTE의 문제점

리플로우 도중에 무연솔더 페이스트의 젖음성이 주석/납 솔더 페이스트의 젖음성보다 떨어진다는 점이다. 작은 크기의 개구를 제공하는 스텐실을 사용하거나 패드에서 약간 벗어난 위치에 페이스트를 인쇄 했을 경우에는 무연 솔더 페이스트가 PCB 패드를 완전히 덮지 못한다.
다양한 공급 회사들이 다양한 무연 솔더 페이스트를 제공하기 때문에 무연솔더 페이스트들인 젖음 성능 면에서 다양한 차이를 보일 수 있다.

질소 분위기에서 수행되는 리플로우 공정에서도 무연솔더 페이스트는 주석/납 페이스트에 비해 PCB 패드 젖음 면에서 차이를 보인다.

㉰ 결론

㉠ 무연 솔더 페이스트는 납 함유 솔더 페이스트보다 인쇄 변위에 더욱 민감하게 반응하는 듯하다. 이러한 사실은 무연 페이스트는 인쇄 오류에 대한 관용성이 주석/납 페이스트보다 더 적다는 것을 말해준다.

㉡ 주석/납 페이스트 솔더 마스크처럼 젖음성 없는 표면에 인쇄 했을 때 리플로우 과정에 페이스트는 패드를 향해 흘러가지 않았다는 사실이다. 그러나 소량의 주석/납 페이스트가 젖음성 있는 표면(즉 패드)과 접촉하자 리플로우 과정에 페이스트는 패드 쪽으로 끌려들어가면서 젖음성 있는 표면(즉, 패드) 전체를 젖게 만들었다. 이것은 BGA 부품의 불량률이 더 높은 이유를 설명해 줄 수 있다. 무연 페이스트를 사용했을 때는 이러한 현상이 반대 방향으로 발생했다.

㉢ 무연 합금을 사용했을 때 인쇄 변위에 대한 민감성은 인쇄 대상 부품의 유형에 따라 좌우 된다. BGA는 민감성이 거의 없는 것으로 밝혀진 반면에 QFP는 가장 많은 불량을 생산했으며 인쇄 정확성을 위한 추가 조치가 요구된다. 리플로우 평가 결과 특정 무연 솔더 페이스트는 리플로우 및 젖음 특성의 개선을 위해 질소 분위기를 요구한다는 사실이 밝혀졌다.

## ⑫ FLOW 솔더 실장 접합성 비교 평가 결과

㉮ 재료

| PCB | 부품 | SOLDER |
|---|---|---|
| FR-4 S/S, D/S<br>표면처리 : 내열 FLUX<br>SIZE : 120*120*1.0mm | SOP - 6PIN<br>도금 - Sn 3.5Ag<br>Sn - 2.0Bi<br>Sn - 10 Pb | Sn 3.0Ag - 0.5Cu<br>Sn 2.5Ag -0.5Cu-1.0Bi<br>Sn - 37Pb |

㉯ 조건/평가

| 합금 | 무연 | 유연 | CONVEYOR SPEED | 평가 |
|---|---|---|---|---|
| 조건<br>(용융조온도) | 255℃ | 245℃ | 1m/MIN | 열 CYCLE시험<br>−40℃ ~ 100℃<br>각 30분 1000 CYCLE |

㉰ 균열 발생 상황

0 : 균열 없음/× : 균열 있음

| | | | 부품 단자 도금 | | | | | | |
|---|---|---|---|---|---|---|---|---|---|
| | | | Sn 3.5Ag | Sn 2Bi | Sn 10Pb | Sn 3.5Ag | Sn 2Bi | Sn 10Pb | 비고 |
| 솔더 | Sn 3Ag 0.5Cu | S/S | ○ | ○ | ○ | ○ | ○ | ○ | |
| | | D/S | ○ | ○ | ○ | ○ | × | ○ | |
| | Sn 2.5Ag 0.5Cu 1.0Bi | S/S | ○ | ○ | ○ | ○ | ○ | ○ | |
| | | D/S | ○ | ○ | ○ | ○ | × | ○ | |
| | Sn 37Pb | S/S | ○ | ○ | ○ | ○ | ○ | × | |
| | | D/S | ○ | ○ | ○ | × | × | × | |
| 구분 | | | 초기 | | | 신뢰성 평가 후 | | | |

㉱ 접합성 비교 평가 결과

| 접합 품질 | 솔더 | Sn 3Ag 0.5Cu | | | Sn 2.5Ag 0.5Cu 1.0Bi | | | Sn 37Pb | | |
|---|---|---|---|---|---|---|---|---|---|---|
| | 부품단 도금 | 3.5Ag | 2Bi | 10Pb | 3.5Ag | 2Bi | 10Pb | 3.5Ag | 2Bi | 10Pb |
| 리프트 오프 | | ○ | ○ | × | ○ | ○ | × | ○ | ○ | |
| 솔더 젖음성 | | △ | △ | ○ | △ | △ | ○ | ○ | ○ | |

| | | | | | | | | | | |
|---|---|---|---|---|---|---|---|---|---|---|
| 빠짐 정도 | 초기 | ○ | ○ | ○ | ○ | ○ | ○ | ○ | ○ | |
| | 신뢰성 평가후 | ○ | ○ | ○ | ○ | ○ | ○ | ○ | ○ | |
| 응고 수축 | 초기 | △ | △ | △ | △ | △ | △ | ○ | ○ | |
| | 신뢰성 평가후 | △ | △ | △ | △ | △ | △ | ○ | ○ | |
| 균열 | 초기 | ○ | ○ | ○ | ○ | ○ | ○ | ○ | ○ | |
| | 신뢰성 평가후 | ○ | △ | ○ | ○ | △ | ○ | × | × | |

### ⑬ REFLOW 솔더실장 접합성 비교 평가 결과

#### ㉮ 재료

| PCB | 부품 | SOLDER |
|---|---|---|
| FR-4 S/S<br>표면처리 : 내열 FLUX<br>SIZE 120*120*1.0mm | SOP - 6PIN<br>도금 - Sn 3.5Ag<br>Sn 2.0Bi<br>Sn 1.0Pb | Sn 3.0Ag - 0.5Cu<br>Sn 2.5Ag -0.5Cu-1.0Bi<br>Sn - 37Pb |

#### ㉯ 조건/평가

| 합금 | 무연 | 유연 | 실장 | 평가 |
|---|---|---|---|---|
| 조건<br>(피크온도) | 252℃<br>(230℃<br>이상에서 35초) | 234℃<br>(200℃<br>이상에서 55초) | 대기분위<br>중 실장 | 열 CYCLE시험<br>(-40℃ ~ 100℃<br>각 30분 1000 CYCLE) |

#### ㉰ 균열 발생 상황

㉠ 초기 제품 - 모든 조합에서 균열 발생 안 됨.

㉡ 신뢰성 평가 후 - Sn 2.5Ag 0.5Cu 1.0Bi 및 Sn 2Bi에서 균열 발생 균열은 Sn 2Bi 단자 도금 근처에서 발생하고 있으며 Bi가 조직을 비대화 시키는 요인이 되고 있는 것으로 판단

㉱ **접합성 비교 평가 결과**

| 접합 품질 | 솔더 | Sn 3Ag 0.5Cu | | | Sn 2.5Ag 0.5Cu 1.0Bi | | | Sn 37Pb | | |
|---|---|---|---|---|---|---|---|---|---|---|
| | 부품단자 도금 | 3.5Ag | 2Bi | 10Pb | 3.5Ag | 2Bi | 10Pb | 3.5Ag | 2Bi | 10Pb |
| 솔더 젖음성 | | △ | △ | △ | △ | △ | △ | ○ | ○ | |
| 빠짐 정도 | 초기 | ○ | △ | ○ | ○ | △ | ○ | ○ | △ | |
| | 신뢰성 평가후 | ○ | △ | ○ | △ | △ | △ | ○ | △ | |
| 응고 수축 | 초기 | △ | △ | △ | △ | △ | △ | △ | △ | |
| | 신뢰성 평가후 | △ | △ | △ | △ | △ | △ | △ | △ | |
| 균열 | 초기 | ○ | ○ | ○ | ○ | ○ | ○ | ○ | ○ | |
| | 신뢰성 평가후 | ○ | ○ | ○ | ○ | △ | ○ | ○ | ○ | |

### ⑭ ENIG도금시 니켈 변색 이유

㉮ 용액 중 불순물 잔존(잉크잔사, 유기물오염)

㉯ 용액 농도 바란스 깨짐(차인산 농도와 안정제 농도). - 불균일

㉰ 금을 너무 두껍게 올렸을 때 0.1$\mathcal{M}$ 이상(Au 농도 저하시 발생 0.5g/Lt 이하)

㉱ 니켈 정상인 8% 고인, 저인으로 문제

㉲ 니켈 이후 케리어 사고 Ni 후 수세 시간 3m/m 이내 - 공기 중 노출

㉳ 작업 환경(실내 환경 좋지 않음) 배기가 제대로 되지 않음 Gas에 의한 불량

㉴ 질산막 처리 중의 Gas 발생과 Carrier 사고로 인한 정체시간 길어짐.

⑮ **기타**

㉮ NEMI의 추천

| SOLDERING 방법 | REFLOW | WAVE |
|---|---|---|
| 추천내용 | Sn 3.5Ag 0.6Cu | Sn 3.5Ag<br>Sn 0.7Cu |

㉯ SAC 합금은 217℃에서 REFLOW됨

㉰ 무연의 경우 부품과 PCB의 온도보다도 더 높아진다.
온도상승 - 재작업과 수리작업에 큰 영향을 미친다.

㉱ 무연 솔더 연결 분위는 질량비 0.1% 이상의 납을 함유해서는 안 된다.
- RoHS 지침.

㉲ 무연 솔더는 그 중심부에 RMA 무세정 수용성 플럭스가 내장되어 있는 다양한 직경의 전통적인 와이어의 형태로 제공 그러나 10MIL 직경의 무연솔더 와이어는 부스러지기 쉬우며 사용하기 어렵고 가격이 비싸다.
선택 - 15MIL 무연 와이어

㉳ 무연 솔더링에 RMA 무세정 수용성 플럭스 및 플럭스 펜을 사용할 것을 권장

㉴ REFLOW시 피크온도

| Sn/Pb | 무연후보합금 | 무연솔더 |
|---|---|---|
| 205-215 | 217-221 | 235-245 |

㉵ WICKING 또는 다시 주석을 입힘으로써(RETINNING) PAD/LAND를 수리하는 것은 성공 할 수도 있고 못 할 수도 있다.

㉶ HAND SOLDERING의 핵심 구성

㉠ 솔더 공급원

㉡ 플럭스 공급원

㉢ 열 공급원

## 초기 불량과 잠재적 불량 02

### (1) 초기불량 : 초기단계에서 판명된 불량

| 검사 | 특성 | 불량 내용 | 직접요인 | 근본요인 |
|---|---|---|---|---|
| 육안검사 | 외관 | 젖음 불량, 양 과부족 | 사용 환경 | 설계, 공정, 모재재료, 보관성 |
| 전기검사 | 특성 | 특성불량, 특성열화 | 온도, 습도, 정전기, 자기 | 설계, 공정, 관리 |
| 두들김 시험 | 기능 | 쇼트, 전류가 흐르지 않음. | 플럭스잔사, 균열, 단선 | 설계, 공정, 보관성 |
| | | 세정도 | 부식 | 공정, 관리 |

### (2) 잠재적 불량 : 시간이 경과하고 나서 발생되는 불량

| 구분 | 근본원인 | 직접원인 | 현상 | 결과 | 고장 |
|---|---|---|---|---|---|
| 실장, 세정 | 잔류변형 | 습도 | 응력부식 | 균열 | 끊어지거나 단락 |
| | 이온화 물질 | 습도 | 화학부식 (Migration) | 화학부식 | |
| | | 전압인가 | 이행현상 | 전해부식 | |
| 처리, 재료 | 확산 | 고온 | 편석 | 편석균열 | |
| | 얇은 페이스트 | 저온 | 결정격자변형 | 파괴 | |
| | 내부변형 | 위스커 (Wisker) | 단결정 성출 | 침상결정 | |
| 구조, 설계 | 잔류응력 | 정하중 | 크립(Creep) | 미끄러짐 파괴 | |
| | 열응력 | 확장, 수축 | 금속피로 | 피로파괴 | |
| | 반복응력 | 진동, 충격 | | | |

## 불량 유형 03

| Mechanical (기계) | Thermal (열) | Electrical (전기) | Chemical (화학) | Radiation (방사) |
|---|---|---|---|---|
| Fatigue (피로) | Interfacial de-adhesion (계면분리) | Electromigration (일렉트로 마이그레이션) | Interdiffusion (상호확산) | Radiation Damage (방사선 손상) |
| Creep (크리프) | Thermal Deformation (열적변형) | Dielectric Breakdown (절연파괴) | Corrosion (부식) | |
| Wear (마멸) | Thermal Relaxation (열적 이완) | EOS(Electrical Overstress) (전기적과부하) | Hydrogen Cracking (수소균열) | |
| Fracture (파괴) | thermal Breakdown (순열파괴) | ESD(Electrostatic Discharge) (정전기방전) | Degradation (열화) | |
| Bucking (좌굴) | Thermal Crack (열적균열) | Electromagnetic Interference Damage | | |
| Yield (항복) | thermal Overstress (열적과부하) | Electromagnetic Interference Susceptibility Single Event Upset | | |

## 신뢰성에 영향을 미치는 요인 04

솔더링의 신뢰성에 가장 영향을 미치는 것에는 환경영향이 있다. 이 요인 중에서 내부온도, 습도, 진동은 특별히 설계상의 주의가 필요하다.

| 환경 | | 요인 |
|---|---|---|
| 제조공정 | 설계 | 접합 강도의 대소,Noise 발생 |
| | 제조공정 | 접합 품질의 좋고 나쁨, 접합내부 응력 발생 |
| | 검사공정 | 일반적, 잠재적 불량을 못보고 빠트림 취급 잘못 |
| 반송 | 취급 | 낙하충격, 정전 파괴 |
| | 수송 | 진동 피로 발생, 충격에 대한 강도 저하 |
| 제품 사용 단계 | 온도 | 열팽창 차이, 반복응력의 발생 |
| | 습도 | 부식, 절연 열화 촉진, 각종 누전(leak) |
| | 진동 | 진동피로 발생, 충격에 의한 강도 저하 |
| | 염기 | 금속 부식 발생, 절연열화촉진 |
| | 기압 | 열 방사성 저하 |
| | 전압 | 과전압에 위한 파괴, 열응력의 발생 |
| | 전류 | 과전류에 의한 파괴, 열응력의 발생 |
| | 방사선 | 메모리 소프트 에러 ($\beta$ 선에 의함) |

## 솔더링 접합부에 미치는 인자 05

솔더링 접합부의 열화 파단에는 어떤 것이 있는가?

| | | |
|---|---|---|
| (1) 열기계적 신뢰성 | (A) 정적 파괴 | 전기적 접촉시험이나 제품 조립 시에 과대한 하중이 기판에 가해지면 변형되어 접합부에 응력이 가해져서 발생 |
| | (B) 열피로 파괴 | 구성부재에 커다란 열팽창차가 있어서, 환경 온도 변화나 발열 냉각을 반복할 경우 접합부에 소성변형이 일어나서 발생 |
| | (C) 크립(Creep) 파괴 | 접합부에 중량부품에 의한 큰 하중이 항상 작용하는 경우 시간의 경과에 따라 발생 |
| | (D) 진동파괴 | 이동형 전자기기(자동차, 비행기 등)에서 고주파 진동이 반복하여 접합부에 가해지는 경우에 발생 |
| (2) 전기화학적 신뢰성 | (E) 부식 | 고온 고습 하에서 플럭스 잔사에 할로겐 이온이 함유되어 있는 경우에 발생 |
| | (F) Migration | 고온, 고습 환경 하에서 고밀도 미세피치화의 고전계 강도의 환경인 경우, 금속이온이 음극 측에 발생되어 양극 측으로 금속이 수지상태에서 성장하여 패턴쇼트(단락)의 원인이 된다. |
| | (G) Electro – Migration | |
| (3) 복합인자의 신뢰성 | (1) 또는 (2)의 복합, 교차 | 예를 들어 열피로 파괴와 부식이 함께 진행하는 경우 |

# 분석방법 06

| Destructive Evaluation(파괴평가) | Nondestructive Evaluation (비파괴평가) | 소재 분석 |
|---|---|---|
| Tensile(인장시험) | Ultrasonic NDE | 화학조성<br>표면특성<br>제조공정 |
| Compressive Test(압축시험) | Acoustoelasticity | |
| Bening test(굽힘시험) | SAM(Scanning Acoustic Microscope) | |
| Impact test(충격시험) | LU(Laser-Ultrasonic) | |
| Hardness test(경도시험) | EMAT(Electromagnetic Acoustic) | |
| Fatigue test(피로시험) | Acoustic Emission | |
| Creep test(크리프시험) | Acoustic-Ultasonic | |
| Metallographic Examination<br>(금속조합시험) | ECT(Eddy Current Testing) | |
| | Remote Field ECT | |
| | RT(Radiographic Testing) | |
| | Neutron Radiography | |
| | X-ray Diffraction | |
| | Microfocus X-ray | |
| | MT(Magnetic Particle Testing) | |
| | MFLT(Magnetic Flux Leakage Testing) | |
| | PT(LIguid Penetrant Testing) | |

## 솔더링 신뢰성 확인 수단 07

❖ 표 9-? 신뢰성 요인으로부터의 평가 확인 방법 예

| 신뢰성 요인 | 평가확인방법 | | |
|---|---|---|---|
| 자기발열 | • Power Cycle | | • Heat Cycle 통전 |
| 사용 환경으로부터의 외부응력 | • 온도Cycle | • 열 충격 | • 응력해석 |
| 사용부품의 내습성 | • 솔더 내열+PCT | | • 내습바이어스시험 |
| 부품조립 후 봉지재료의 내습성 | • PCT | | • 내습바이어스 시험 |
| 사용자 공정상의 응력 | • 내약품성확인<br>• 실장확인(프린터 배선판의 휨 등) | | • 제세정성확인 |
| 작업 동작시의, 수송 응력 | 진동시험에서 확인 | | |

## 신뢰성 시험 장비 08

| 장비명 | 용도 |
|---|---|
| 항온 항습기 | 온도는 -75℃~+180℃,습도는 10%~98%RH로 변화시키면서 항온 항습을 유지하며 각종 부품 및 기기의 내습시험 및 기타시험을 지원하는 장비 |
| 온도 사이클 챔버 | -75℃~+180℃까지 온도를 변화시켜서 각종 부품 및 기기의 내한/내열성 시험 |
| 저압 챔버 | 고도 100,000Feet 상공의 분위기를 재현하는 장비 |
| V.P.S | soldering을 재현하는 장비 공정 중 발생하는 불량을 재현하는 장비 |
| Oven | +25℃~300℃까지 가열하여 각종 부품 및 기기의 내열성을 시험하는 장비 |
| Convection Oven | |
| PCT Chamber | 180℃,100%3기압 상태에서 부품 및 기기의 잠재적 불량을 찾아내는 장비 |
| HAST Chamber | 105~165℃, 65%~100%RH, 2~4기압 상태에서 부품 및 기기의 잠재적 불량을 찾아내는 장비 |
| Steam aging M/C | 도금상태의 안전성을 확인하는 장비 |
| 땜납 붙임성 시험기 | 납땜성을 확인하는 장비 |

## 고장과 고장 분석 09

### (1) 고장(Failure)이란?

Stress(물리, 화학 또는 환경 등)가 제품에 영향을 주어 제품이 규정된 성능을 벗어나 기대하는 기능을 발휘, 수행할 수 없는 모든 상태
→ 소비자가 제품사용 시에 느끼는 모든 불편한 상태

### (2) 고장분석(Failure Analysis)이란?

Stress가 제품 또는 부품에 영향을 주어 예상치 못한 고정과 불량이 발생하였을 경우, 그 원인을 규명하여 가는 일련의 모든 과정

### (3) 고장분석의 목적

① 부품업체와 조립업체의 품질 향상으로 인한 매출 증대
② 공정 문제 해결을 통한 생산 공정의 표준화 및 자동화
③ Field 불량분석을 통한 제품과 기업의 신뢰성 제고
④ 신제품 개발 시 불량 분석 자료를 이용 가능하며 이에 따른 비용 절감
⑤ Claim에 신속하게 대처 및 Marketing 확대.
→ 부품 및 System의 신뢰도 예측자료 가능
→ Claim예방, 기업 이미지 향상 기대, 6시그마 획득

# 고장의 원인 10

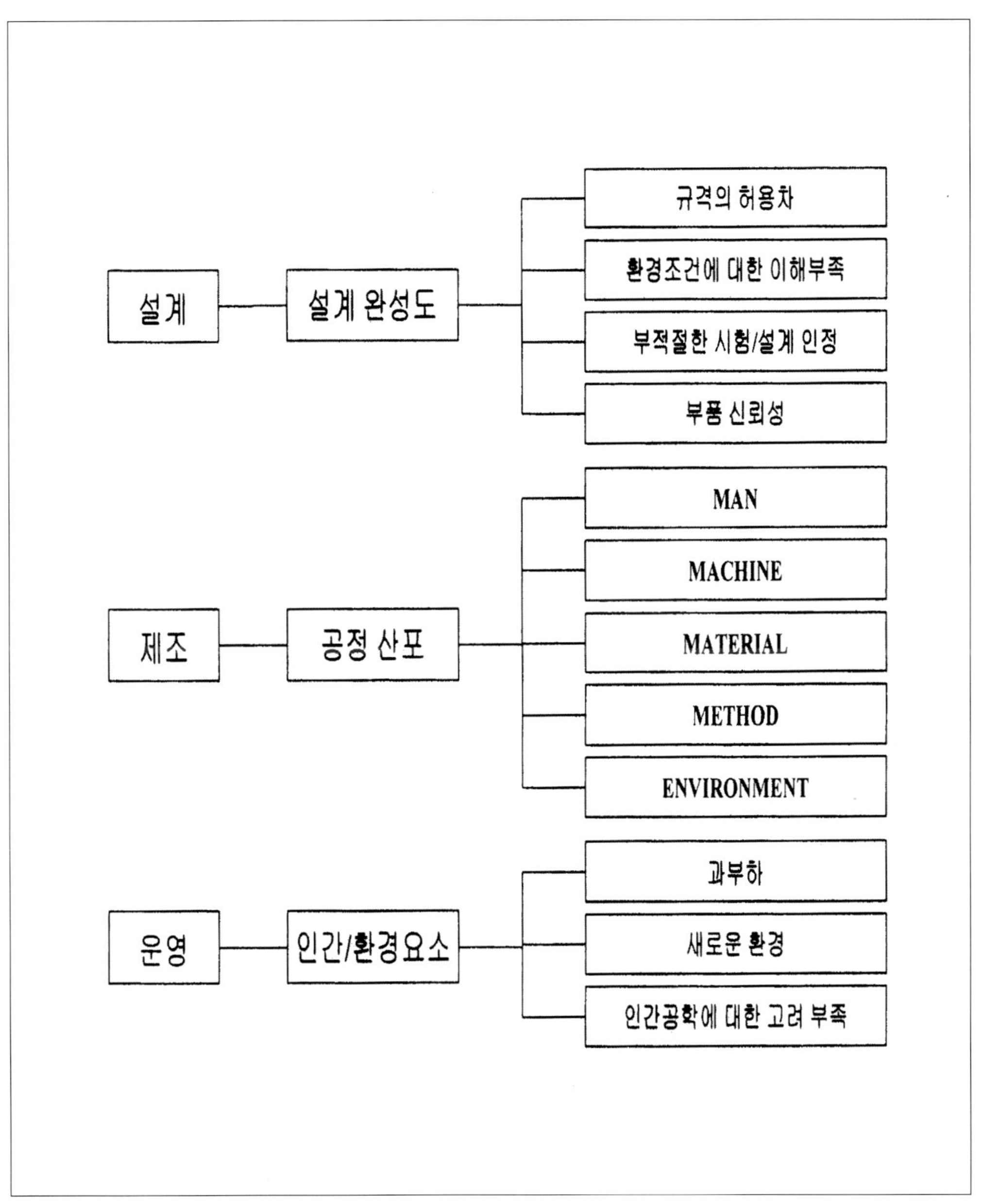
설계
설계 완성도
규격의 허용차
환경조건에 대한 이해부족
부적절한 시험/설계 인정
부품 신뢰성
제조
공정 산포
MAN
MACHINE
MATERIAL
METHOD
ENVIRONMENT
운영
인간/환경요소
과부하
새로운 환경
인간공학에 대한 고려 부족

# 고장 분석 절차 11

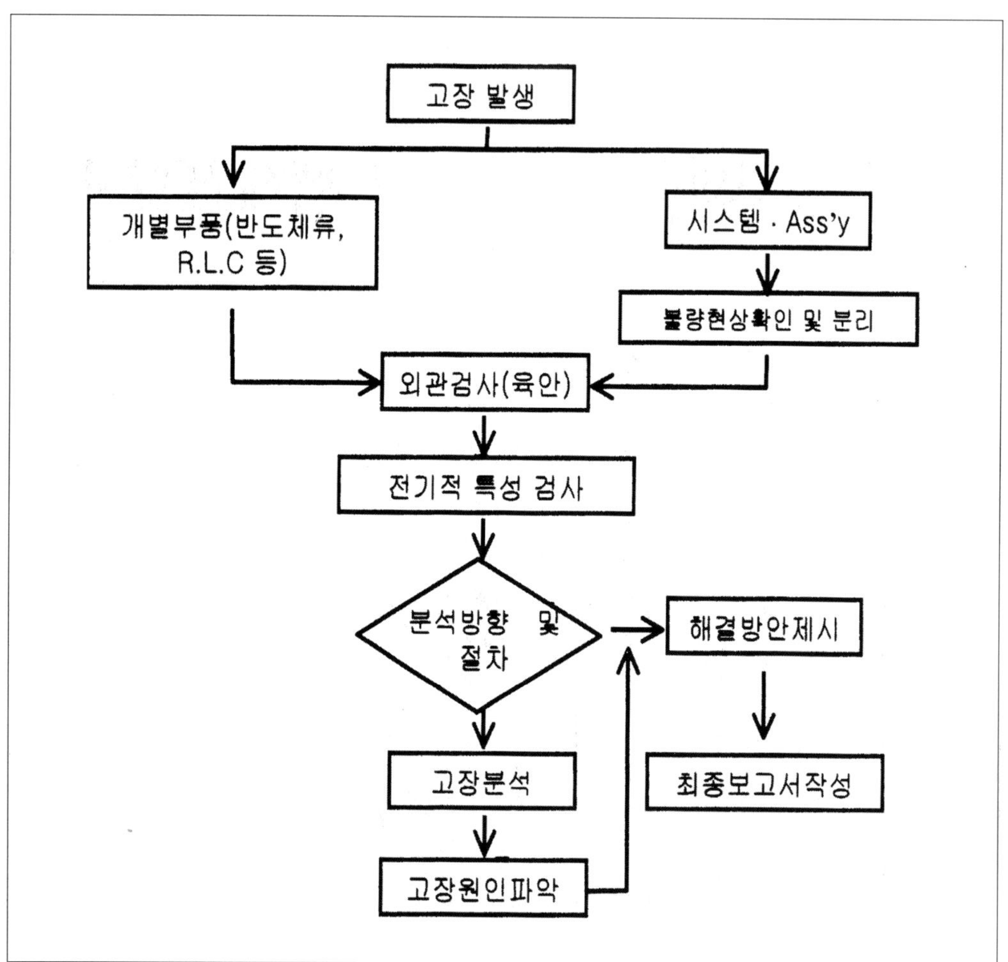


## (1) 불량시료에 관련된 자료 수집

① 불량관련자료 : 원자재, 디자인(설계), 공정도, 공정 환경, 신뢰성시험 또는 Field 환경 등

② 불량시료확보 : 시료의 이력(History)에 따라 각 공정별 시료가 확보되어야 함.

### (2) 불량시료의 기계 및 전기, 전자적 특성 검사

① 양품과 불량품 사이의 기계 및 전기, 전자적 특성 검사
② AM(Analysis Method) 1~2를 통하여 FA(Failure Analysis)방향 설정

### (3) 외관 및 표면 검사 : 각종 확대경, 광학 현미경, LSM 등

표면결함, Leak, 표면구조, 표면 조도 등 분석

### (4) NDT Analysis : 비파괴분석

방사선(X-ray), 초음파 등 이용하여 내부구조 비파괴분석, PDA 분석 시 참고 자료로 이용

### (5) 1단계 파괴검사 : 시료를 파괴하면서 정보 수집.

가능하다면 기계 및 전기, 전자적 특성 검사 수행

### (6) 2단계파괴검사 : PDT(Physical Destructive Test)Analysis

① 재료분석, 성분분석, 접촉분석 등
② SEM, EDX, WDS, XRD, ICP, AES, XRF, XPS, AFM, TEM, RBS 등 이용

### (7) M1~6의 결과를 종합하여 불량원인 도출 및 재발방지 대책 수립

## SEM 사진의 의미 12

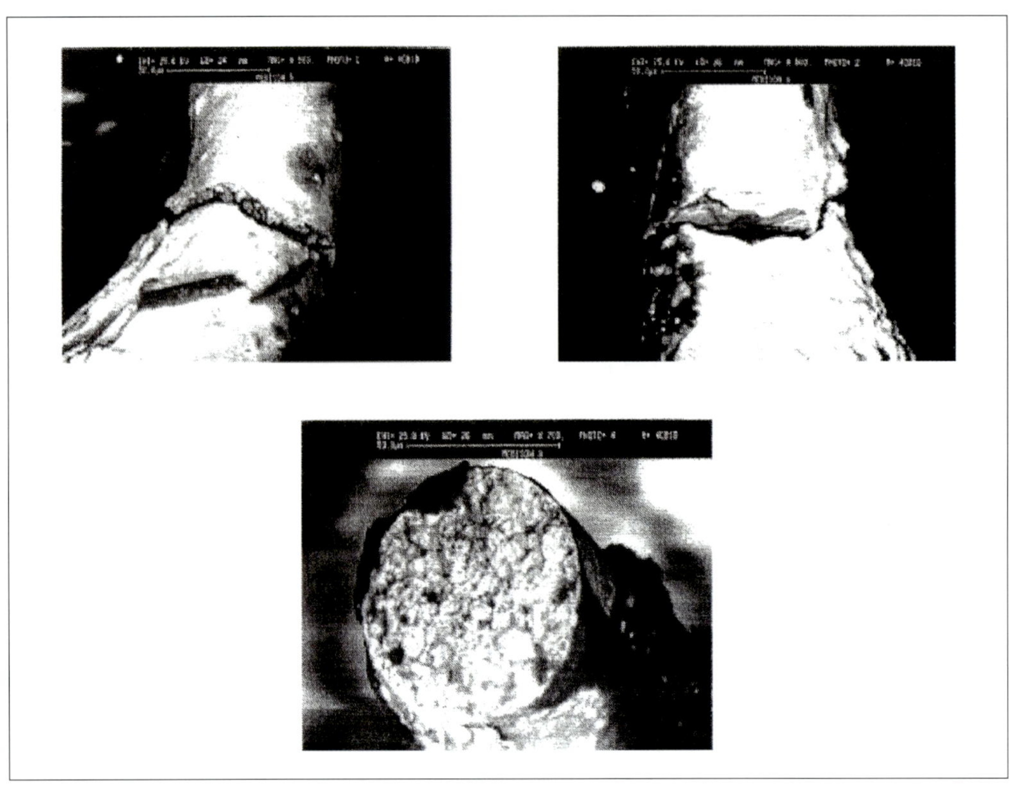

## 고장 분석가의 자세와 분석 장비 13

### (1) 고장 분석가의 자세

① 불량이 발생하면 관련 자료를 최대한 수집하라.

- 원자재, 디자인, 공정, Field, 신뢰성 및 환경 관련 자료 회사의 사정 등

② 불량원인은 대부분 복합적이므로 가능한 불량을 모두 정의하라.

③ 선입견을 갖지 말아라.

- 관계자의 진술은 항상 자기중심적임에 유의하라.

④ 사고는 논리적이고 합리적으로 하라.

⑤ 각 분석 단계에서 분석 결과에 따라 방향을 결정해야 한다.

⑥ 가능한 경우 재현시험을 반드시 해야 한다.

⑦ 불량분석 시 분석비용에 좌우되지 말아라.

- 만약에 Claim이 발생했다면, "Claim 비용은 얼마인가?"를 생각해보라.

## (2) 고장 분석 장비

① 시료의 기계 및 전기, 전자적 특성 검사 : 각종 시험장비 및 계측기

② 시료의 표면검사 : 확대경, 실체현미경, 3D OM, LSM 등

③ NDT(비파괴)분석 장비 : 방사선(X-ray), 초음파 자분탐상 등

㉮ 성분분석 장비

- 가장 기본 장비 : SEM, EDS 등
- 전문 분석 장비 : XRD, TEM, EPMA, XPS(ESCA), Auger, AES, SIMS. FT-IR, NMR, AAS,ICP-AES, MRI, PL, RBS 등
- 열 분석기 : TGA, DSC or DTA 등

④ 특성시험 : 시밀성 시험기, 납땜성 시험기 등

⑤ 내환경성 시험 : 열충격 시험기, 항온 항습기, 저압시험기, PCT, 고온 또는 저온 시험기, 진동시험기 등

제일 중요한 것은 Thinking & Know-how

# 고장 분석 장비 14

| | | |
|---|---|---|
| 미세 구조 분석 | · 표면미세구조의 관찰<br>· 미소영역의 화학분석<br>· 재료 내부구조의 관찰<br>· 원소분포 mapping | · 광학현미경/화상분석기<br>· 주사전자현미경(SEM/EDS)<br>· Environmental SEM(FE-ESEM/EDS)<br>· In-Lens SEM(FE-SEM, 40kV)<br>· 투과전자현미경(REN, 300kV)<br>· 분석전자현미경(AEM/STEM/EDS, 100Kv)<br>· X-선 회절분석기(XRD)<br>· Rutherford Backscattering Spectrometer(RBS) |
| 표면 분석 | · 표면화학조성분석<br>· 표면 및 단면의원 소분포 분석<br>· Depth-profiling<br>· 표면조도의 분석<br>· 표면구조의 분석<br>· 다층박막재료의 분석 | · X-ray Photoelectron Spectrometetr(XPS)<br>· Auger Electron Spectrometer(AES, SAM)<br>· Secondary Ion Mass Spectrometer(SIMS)<br>· Electron Probe X-ray Microscope(STM)<br>· Automic Force Microscope(STM)<br>· Magnetic Force Microscope(MFM)<br>· electric Force Microscope(EFM)<br>· Lateral Force Microscope(LFM)<br>· Ion Scattering Spectrometer(ISS) |
| 물성 분석 | · 기계적 특성분석<br>· 전자기적특성 분석<br>· 열분석 | · Indentation Hardness Tester<br>· Universal Materials<br>· Differential Scanning Calorimeter(DSC)<br>· Differential Thermal Analyzer(DTA)<br>· 전기적함/유전상수 측정기<br>· 전자파 측정기 |
| 무기 분석 | · 불순물 분석<br>· 무기원소 조성 분석<br>· 환경평가 | · Atomic Absorption Spectrometer(AAS)<br>· ICP-Mass Spectrometer(ICP-MS)<br>· X-ray Fluorescence Spectrometer(XRF)<br>· UV-VIS Spectrophotometer |
| 유기 분석 | · 유기물의 화학조성분석<br>· 미량성분의 정량분석 | · Gas Chromatograph(GC)<br>· GC-MS<br>· High Performance Liquid Chromatograph<br>· Nuclear Magnetic Resonance(NMR)<br>· Element Analyzer(EA)<br>· Fourier Transform Infrared Spectrometer |

# 표면 관찰 기기 15

| 실체 현미경 |

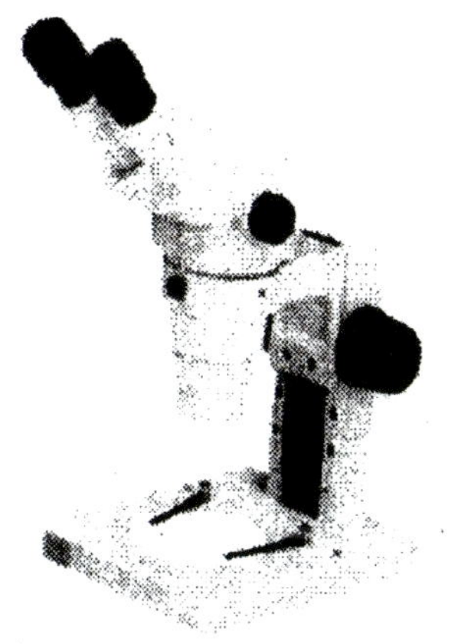

• agnification : X18~110
• 용도 : 집적회로, 정밀기기 분야

| 금속 현미경 |

• Magnification : X50~2500
• 용도 : 산업용/연구용

| 주사전자 현미경 |

• Magnification : X15~500000 • 용도 : 산업용/규격용

## 투과 관찰 기기 16

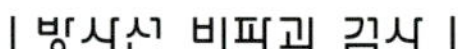


| 투과 전자 현미경 |

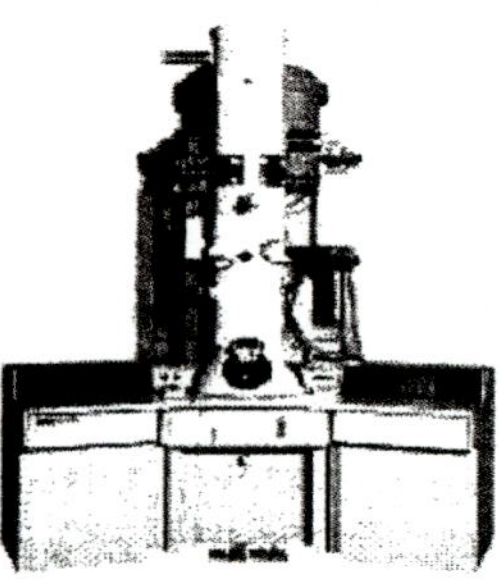

피시험체에 X-선, 방사선 동위원소를 투과시켜 Film, 화면 등에 그 상을 재상하여 결함의 유·무를 판단한다.

- JEM-3000F
- Accelerating voltage -100, 200, 300kV
- Magnification(steps) -X5,000~1,500, 000

## 분석 장비의 원리(전자와 시료사이의 상호 작용) 17

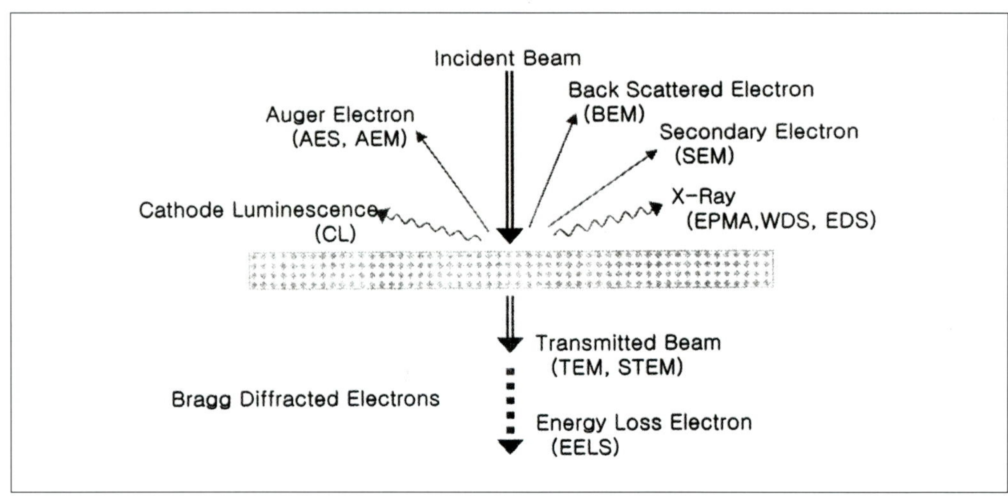

## 솔더링 전의 검사 18

솔더링 이후의 신뢰성에 영향을 미치는 솔더, 플럭스(flux), 구리패턴(Cu pad) 등을 솔더링 작업하기 전에 사전 검사를 한다.

### (1) 솔더의 검사

#### ① 솔더의 규격

❖ 한국산업규격(KS) 의한 무연 솔더의 종류 및 등급

| 무연 솔더 계 | 종류 | 등급 | 기호 | 참고 | | |
|---|---|---|---|---|---|---|
| | | | | 고상선 온도℃ | 액상선 온도℃ | 비중 |
| Bi–Sn | Bi58Sn | A | S42Bi58A | 약 139 | 약 139 | 약 8.7 |
| Sn–Ag | Sn96.5Ag | A | S96Ag3.5A | 약 221 | 약 221 | 약 7.4 |
| Sn–Sb | Sn95Sb | A | S95Sb5A | 약 235 | 약 240 | 약 7.3 |

#### ② 각국의 솔더링 시험규격

| 구 분 / 국 명 | Solder | Flux |
|---|---|---|
| 한 국 | KSC 2508, KSD 1980 | KSC 2509 |
| 일 본 | JISZ 3282 | JISZ 3282 |
| 미 국 | QQ–S–571 D | QQ–S–571E, MIL–F–14256 |
| 독 일 | DIN 1707 | DIN 8516 |
| 영 국 | BS 219 | BS 441, DTD 81, DTD 599 |
| 소 련 | GOST 1499 | |

## (2) 솔더페이스트(solder paste)에 함유된 플럭스(flux) 함량 검사

균일하게 저어 섞은 솔더페이스트 속에서 시료 약 30g을 채취하여, 정확히 무게를 측정하고, 이것을 W1(g)로 한다. 이어서 KS M 2708에 규정하는 글리세린 속에 시료를 넣고 가열 용융시켜 솔더와 플럭스가 완전히 분리된 후 공냉하여 응고시킨다.

다음에 응고된 솔더를 꺼내어 물로 세척하고 다시 알콜 등에 약 5분간 담근 후 세척하고, 상온에서 건조시킨 후, 정확한 무게를 측정하고 이것을 W2(g)로 하고 아래식에 의해 플럭스 함유량을 산출한다.

$$\text{플럭스 함유량}(\%) = \frac{W_1 - W_2}{W_1} \times 100$$

## (3) 구리패드의 부식검사

### ① 시험판 제작

약 0.3×50×150㎜의 KS D 3512에 규정된 강판에 아래와 같은 동도금 욕을 이용하여 전류 110㎃, 시간 80초로 동도금을 하여 시험판으로 한다.

| 황산동 | 20g /ℓ |
|---|---|
| 황산 암모늄 | 30g /ℓ |
| 타르타르산 칼륨 나트륨 | 30g /ℓ |
| 암모니아수 혹은 황산 | ~10%(pH 조정용) |
| pH | 7.7 |

## (2) 시험방법

시료 약 0.05㎖를 (a) 또는 (b)의 시험판 위에 떨어뜨려 시험편으로 하고 이것을 5분 이내로 온도 23±2℃, 상대습도 45~55%의 항온항습조 속에 넣고 24시간 경과 후 KS M 8027에 규정하는 이소프로필알콜로 플럭스분을 제거하고 시험편에 대한 부식정도를 로진 35wt% 이소프로필알콜 용액에 의할 때와 눈으로 비교한다.

## 솔더링 후의 검사 19

솔더링 후의 접합부 검사로는 크게 비파괴검사, 파괴검사, 신뢰성 검사로 나눌 수 있으며 세부사항은 그림 9-23에 나타내었다.

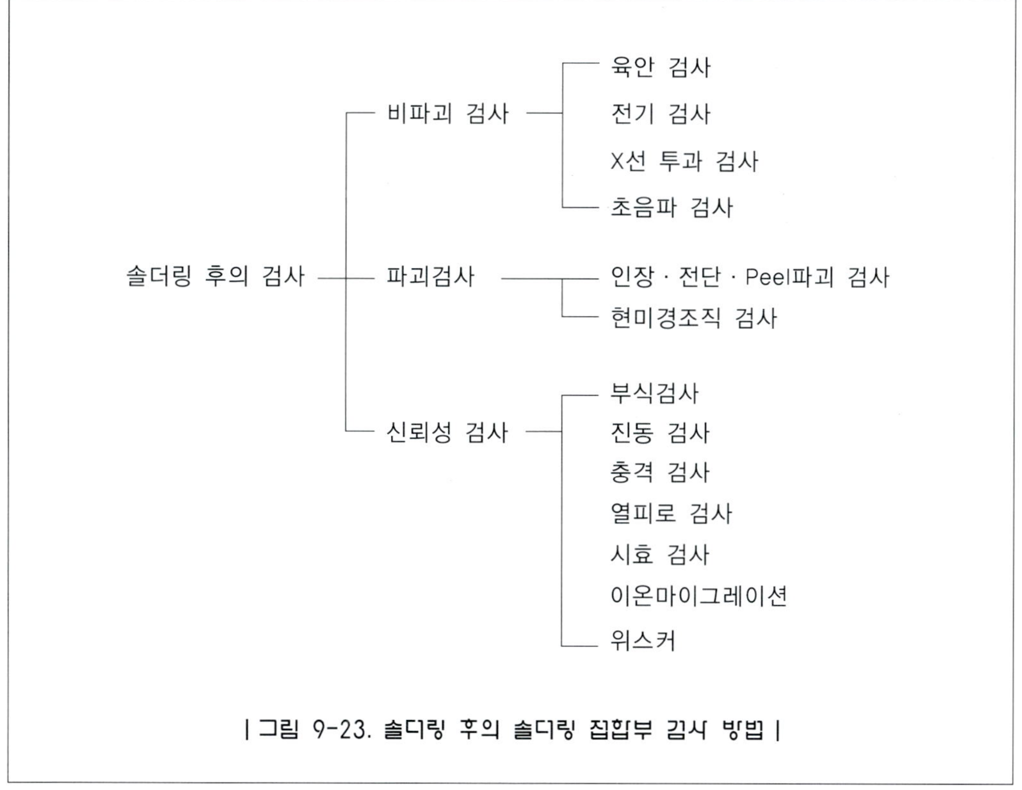


| 그림 9-23. 솔더링 후의 솔더링 접합부 검사 방법 |

## (1) 검사 방법

### ① 육안검사

육안검사는 일반적으로 가장 많이 사용되며, 검사할 항목으로는 솔더 접합부의 외관형상, 배선의 이상, 부품의 열화 등이 있다.

| 현상 | 시험 요구 사항 |
|---|---|
| ① 솔더가 잘 흐르며 원하는 형상을 하고 있는가? | 솔더의 젖음 상태를 나타내고, 금속표면의 청정도와 가열온도와 관련이 있는 항목 |
| ② 광택이 있으며 매끄러운가? | 확산이나 합금의 진행상황으로 가열온도와 관련되는 항목 |
| ③ 솔더의 두께가 얇으며 리드선이 잘 나타나 있는가? | 솔더의 양과 관련이 있으며, 이것 또한 청정도, 가열온도, 가열 시간과 관련이 있는 항목 |
| ④ 균열이나 핀홀 등의 결함이 있는가? | 접합면의 외관 현상의 불량을 나타내며, 잔류응력, 온도상승의 불균형, 청정도 등이 주요인이다. |

### ② 전기검사(electrical inspection)

**㉮ 솔더링 후 회로에 전기를 통하여 작동조건에 만족하는지를 검사한다.**

| 검사항목 | 불량 내용 | |
|---|---|---|
| 미소균열 | 통전 불량 | · 미소 bridge<br>· 리드선의 솔더 부착<br>· 플럭스 부착 |
| 미소 bridge | 실장부품의 열적손상 (Thermal Shock) | · 과열에 의한 부품의 특성노화<br>· 플럭스의 분해가스에 의한 부품의 부식 및 변질 |

**㉯ BGA(Ball Grid Array), CSP(Chip Scale Package)의 보드레벨 테스트**

QFP 패키지 타입 등과 같은 디바이스들은 핀 주변에 via나 홀을 생성시켜 테스트 포인트를 만들어 PCB 상에서 발생할 수 있는 결선 상태 오류나 디바이스회로설계상의 불량 유무 등을 손쉽게 파악할 수 있다. 그러나 BGA의 경우 리드가 디바이스 밑에 부착되어 보드 실장 이후에는 테스트가 거의 불가능하다. BGA의 출현으로 보드레벨 테스트의 관심을 증폭시켰고 이중 최근 JTAG(Joint Test Action Group) 바운더리 스캔 기술이 부각되고 있다.

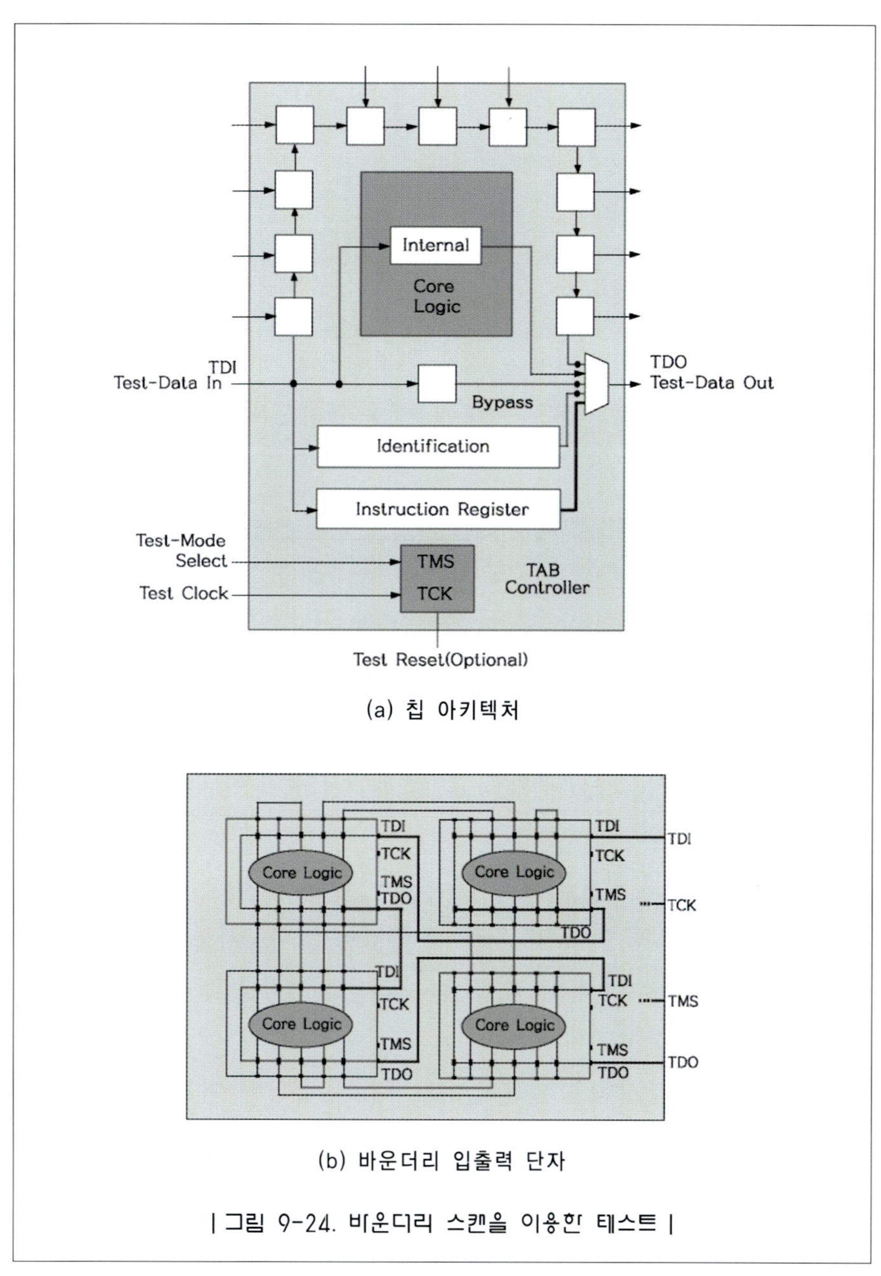


(a) 칩 아키텍처

(b) 바운더리 입출력 단자

| 그림 9-24. 바운더리 스캔을 이용한 테스트 |

바운더리 스캔방식을 간단히 설명하면 PCB상의 모든 소자들의 입력과 출력들을 TDI(Test Data Input)와 TDO(Test Data Out)를 이용하여 직렬로 연결하고 나머지 TMS(Test Mode Select)와 TCK(Test Clock)는 모든 소자에 연결한다. 그리고 첫 번째 소자의 TDI에 시험값을 입력한 뒤 TCK를 인가하면 이 값이 모든 직렬연결을 통과하여 마지막 소자의 TDO 출력으로 배출되는 것이다. 이를 통해 PCB상의 고장탐지 및 소자의 불량 유무를 확인할 수 있다.

㈐ **X선 투과검사**

최근 실장 밀도가 급격히 높아지는 BGA(Ball Grid Array) 및 CSP(Chip Scale Package)가 장착된 PCB 검사에 있어서 기존의 외관검사 한계를 극복한 검사 방법이다. X선 투과원리와 영상처리기술을 응용하여 자동으로 고속검사를 함으로서 내부결함을 검사한다.

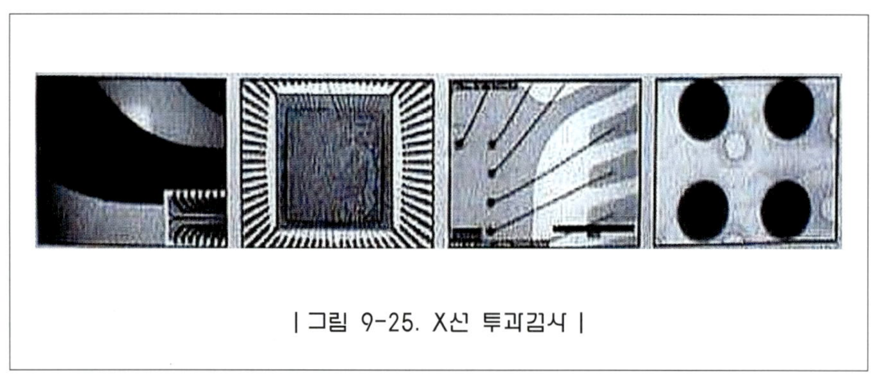

| 그림 9-25. X선 투과검사 |

㈑ **기계적인 파괴검사(mechanical destructive inspection)**

접합부의 형상 및 응력 상태에 따라 인장시험, 전단시험, Peel시험을 함으로서 기계적 강도 또는 파단면의 결함을 검사한다.

㉠ 인장강도

인장시험은 일반적으로 제품과 동일한 견본을 제작하여 수행하게 된다. 각각의 규격에 따라 인장 강도의 목표값을 설정하여 평가한다. 그림 9-26은 BGA(Ball Grid Array) 또는 CSP(Chip Scale Package)와 같은 패키지의 솔더 볼 접합부의 인장시험 방법을 보여주고 있다.

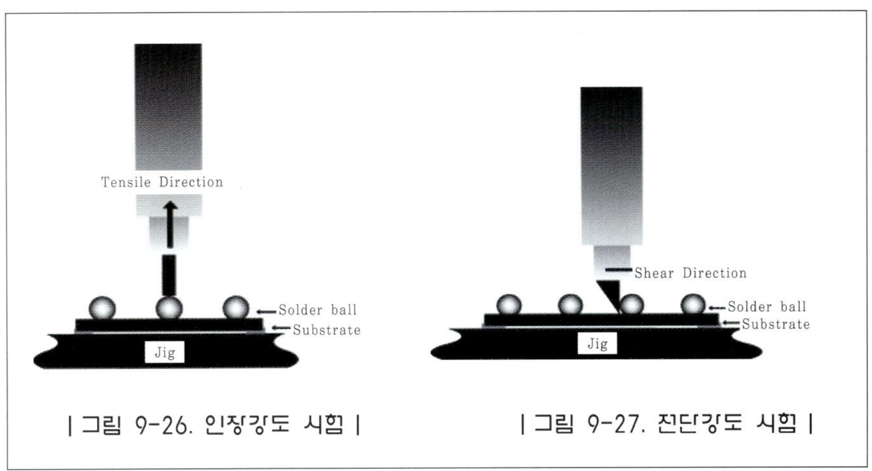

| 그림 9-26. 인장강도 시험 |

| 그림 9-27. 전단강도 시험 |

㉡ 전단강도

전단시험은 솔더링 이후 접합계면의 특성 파악과 접합성 평가에 적합한 시험법이다. 이 전단강도 시험으로 접합계면상태를 파악하고 접합계면의 기공(Void) 존재 등을 파악할 수 있다.

㉢ 인장전단시험

인장 전단 시험은 외관상으로는 인장시험과 동일하지만 접합부에서는 전단응력이 작용하게 된다. 단, 접합부의 응력분포를 고려하면 접합부의 가장자리(edge)에서 전단응력 및 인장응력이 최대가 되어 인장응력이 전단응력보다 커지는 경우도 있다. 따라서, 이 시험법은 파단형태가 인장모드와 전단모드 중에서 어느 쪽이 지배적인가에 따라 접합부의 특성을 판정하게 된다. 그림 9-27에 인장전단시험 방법을 개략적으로 나타내었다.

㉣ Peel강도

솔더링된 품질을 정량적으로 평가할 수 있는 방법으로 솔더접합부의 접합계면의 박리상태 등을 파악하는데 사용되는 시험법이다. IC 패키지 솔더 접합부의 응력분포는 리드의 형상과 환경 조건에 따라 달라지지만, 대부분의 경우 필 하중 방향으로 부하가 걸리게 된다. 그림 9-28은 필(peel)시험방법을 나타낸 것이며 응력이 박리부분에 집중하게 되므로 계면의 접합상태를 파악하는데 유효한 시험법이다.

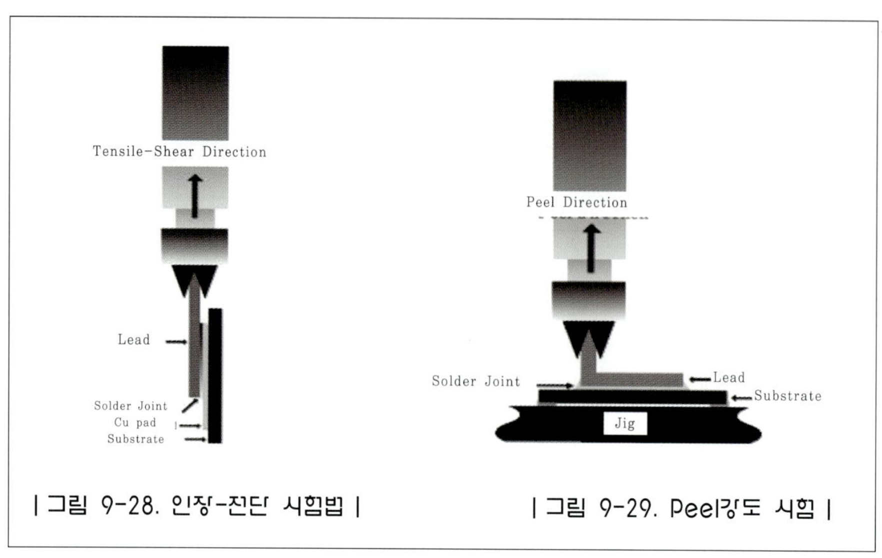


| 그림 9-28. 인장-전단 시험법 |

| 그림 9-29. Peel강도 시험 |

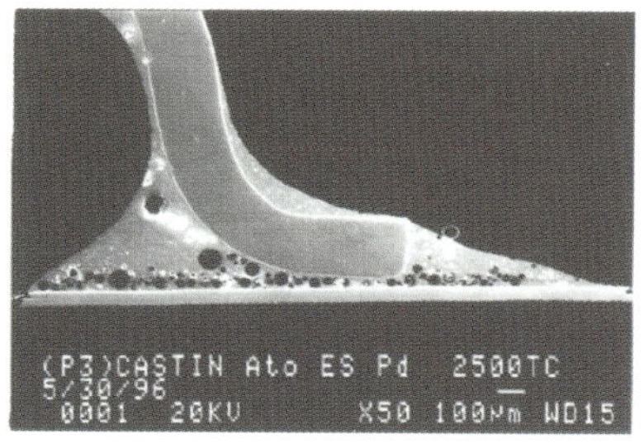


(a) Gull Wing Lead 타입 패키지의 솔더링 이후에 기공을 관찰

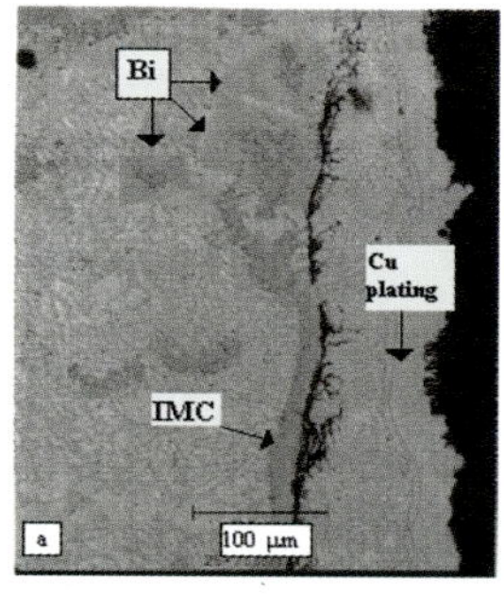


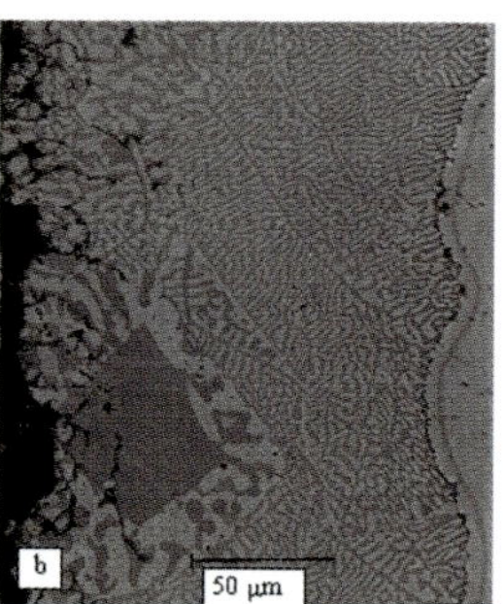


(b) Sn-58Bi 무연솔더를 2000 thermal cycle 전(a)과 후(b)의 조직 조대화 변화 관찰

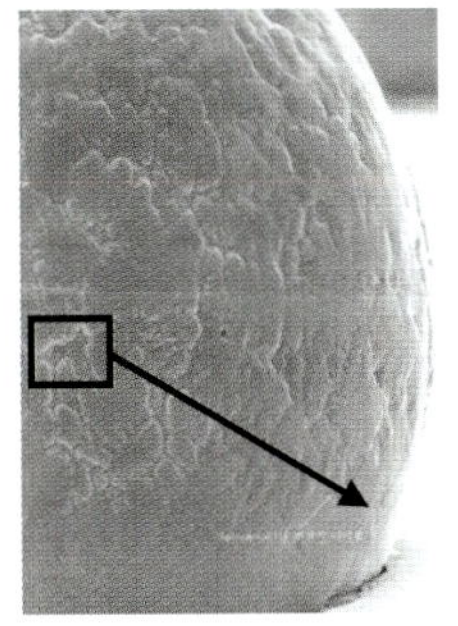

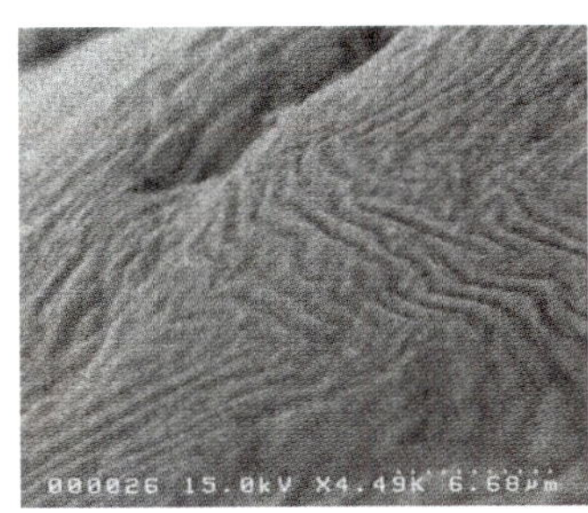


(c) Micro BGA의 ball 표면 관찰

| 그림 9-30. 전자현미경을 이용한 검사의 예 (a) 단면검사, (b) 조직검사, (c) 표면검사 |

㉮ **현미경 조직검사**

금속의 특성을 이해하기 위해서는 먼저 금속을 구성하고 있는 구성요소 즉 금속조직을 알아야 한다. 조직검사를 위해서는 금속시편의 절단면을 잘 연마한 후 조직을 관찰하는데 이때 관찰하는 방법에 따라 육안조직, 현미경 조직 등으로 분류한다. 현미경조사에는 대개 50~1000배의 배율을 이용하며 조직을 구성하는 합금원소나 불순물 등의 층을 관찰할 수 있다. 금속조직을 좀 더 자세히 관찰하는 데는 광학현미경 이외에도 전자현미경을 이용하는데 이때의 배율은 약 100,000배까지 사용되고 있으며, 솔더의 미세한 불순물 혼입, 솔더에 의한 용식, 합금층의 형성, 미소 균열, 기공(void), 젖음(wetting) 불량 등을 검사한다.

㉯ **장기 신뢰성검사**

솔더 접합부의 장기신뢰성을 확보하는 차원에서 이루어지는 시험은 열 피로 시험, 크립 시험, 진동 시험, 열 충격시험 및 전기·화학적 시험 그리고 고온 유지 시험 등이 있다. 기계적인 장기신뢰성시험은 솔더 자체의 초기 접합 강도와도 관련성이 있으며, 대부분의 솔더는 소성변형을 수반하여 접합계면에 응력이 집중하여 계면에서 파괴를 일으키는 경우가 많다. 또한, 완전히 파괴하지 않아도 솔더나 접합계면에 미세균열이 발생하여 그

후의 신뢰성을 극단적으로 떨어뜨리는 위험성이 있다. 따라서 각 공정에서 충분한 주의를 하여 미세균열의 발생을 막아야 한다.

㉠ 열 피로 파괴 강도

열 피로 파괴는 구성 재료의 열팽창계수 차이로 인해 발생하며 전기·전자재료의 부품은 대부분 이종재료로 구성되어 있기 때문에 접합부에 응력이 집중하여 파괴하게 된다. 즉, 환경의 온도변화나 전자회로의 발열, 냉각의 반복으로 인해 솔더 접합부에 응력이 집중하여 소성변형하게 된다. 이것이 미세균열을 발생시켜 균열로 성장하여 최종적으로 파단하게 된다.

ⓐ 열 피로 파괴 기구

열 피로 파괴는 구성 재료의 열팽창계수 차이로 인해 발생하는 것으로 그림 9-?에 나타낸 바와 같이 전기·전자재료의 부품은 대부분 이종재료로 구성되어 있기 때문에 접합부에 응력이 집중하여 파괴하게 된다. 즉, 환경의 온도변화나 전자회로의 발열, 냉각의 반복으로 인해 솔더 접합부에 응력이 집중하여 소성변형하게 된다. 이것이 미세균열을 발생시켜 균열로 성장하여 최종적으로 파단하게 된다.

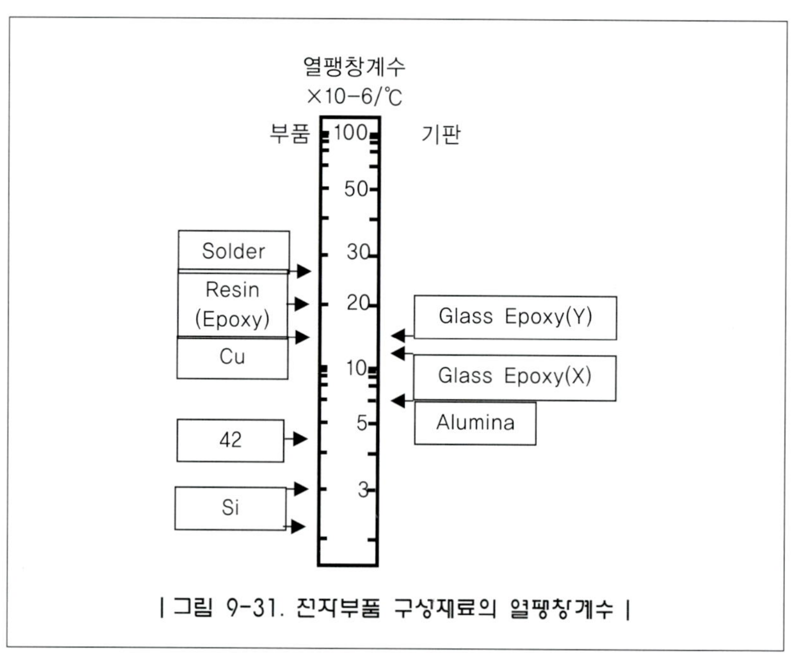


| 그림 9-31. 전자부품 구성재료의 열팽창계수 |

ⓑ 열 피로 수명

솔더 접합부의 열 피로에 관한 연구는 접합부에서 발생하는 최대 전단변형($\lambda_{max}$)을 파라미터로 한 Coffin-Manson에 의한 Low Cycle 피로 수명식을 이용하여 열 피로의 수명을 구하고 있다. 파단까지 이르는 시간, 즉 파괴수명($N_f$)은 접합부의 형상에 의존하며 상당소성변형율(equivalent plastic strain), 반복주파수, 온도의 폭 등에 의해 결정된다. 열 피로 파괴시험은 Coffin-Manson의 수정식을 이용하여 추정할 수 있다.

$$N_f = C \cdot F^n(\Delta\varepsilon_p)^{-m} \cdot \exp\left(\frac{Q}{kT_{max}}\right)$$

여기서, C : 재료상수 M, n : 지수

F : 반복주파수 $\Delta\varepsilon_p$ : 소성변형율 진폭

Q : 활성화 에너지 K : 볼츠만 상수

$T_{max}$ : 사용 최고온도

ⓓ 열 피로 파괴모드

솔더 접합부위의 열 피로는 일정 온도의 기계적 피로와는 달라 재료강도의 온도 의존성이나 금속의 확산, 조직 변화 등의 영향을 받으므로 파괴 기구가 복잡해진다.

- Gull Wing Lead 타입 패키지

  Gull Wing Lead 타입 패키지 솔더 접합부의 파괴 모드는 그림 9-32에 보인 것처럼

  (1) 리드 계면과 솔더 사이에서의 파괴
  (2) 솔더와 패드 계면 사이에서의 파괴
  (3) 기판에서의 파괴
  (4) 리드 자체의 소성 변형에 의한 파괴
  (5) 솔더 자체 내에서의 파괴

  등으로 분류할 수 있다. 온도 사이클에 의한 상대 변위가 발생하

여 응력이 솔더 필렛 부위에서 최대치(그림 9-33)를 갖게 되면 (5)항목의 균열이 발생하게 된다.

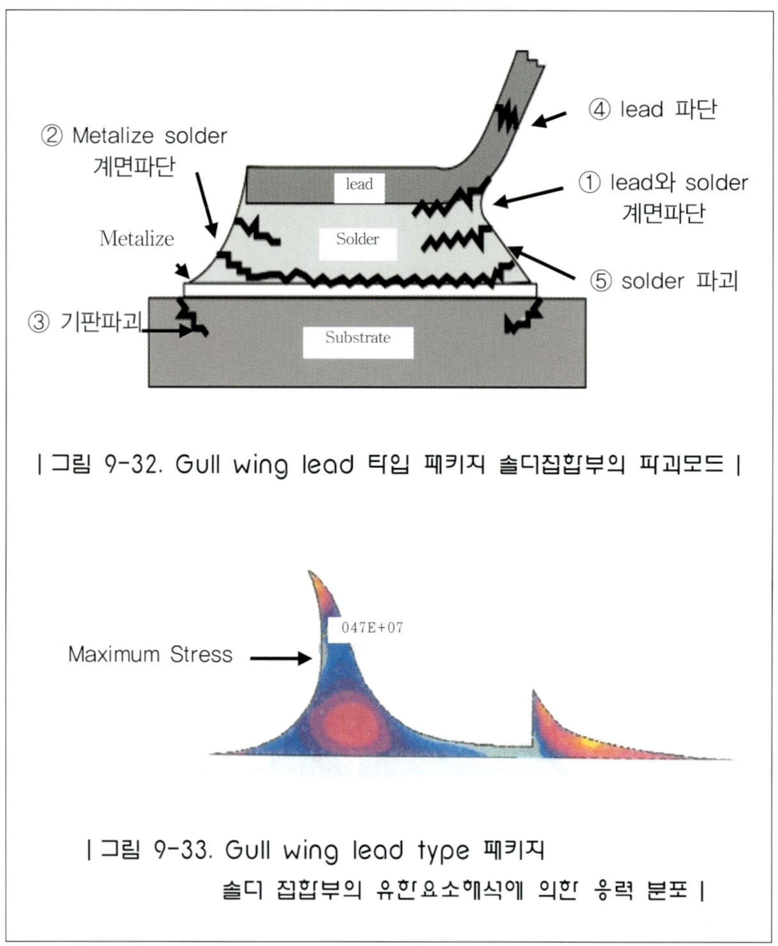


| 그림 9-32. Gull wing lead 타입 패키지 솔더접합부의 파괴모드 |



| 그림 9-33. Gull wing lead type 패키지 솔더 접합부의 유한요소해석에 의한 응력 분포 |

솔더 접합부의 첫 번째 균열은 솔더 필렛 힐 근처에서 시작한다. 솔더 필렛 토우 부분에서 두 번째 균열이 발생하여 성장하여 접합부의 중앙에서 서로 만나게 되어 파괴에 이르게 된다. 그림 9-34는 TSOP(Thin Small Outline Package)솔더 접합부의 균열 상태를 보인 것으로 온도변화에 따라 응력집중부에서 균열이 발생하여 성장한 것을 알 수 있다. 결국, 균열이 진전하여 솔더 접합부가 파단되면 전기적 단선 또는 접촉 불량을 일으키게 된다.

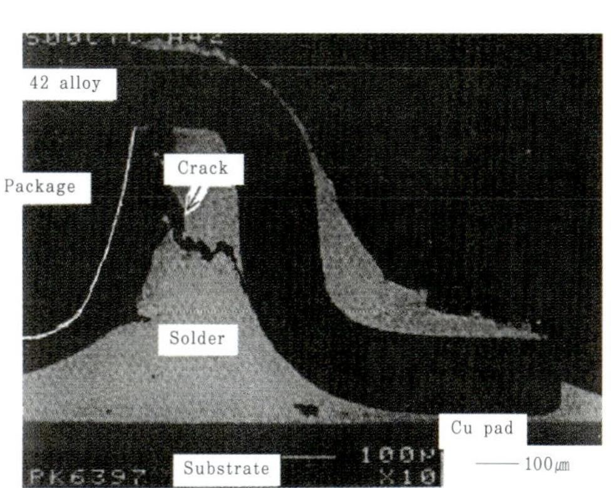


| 그림 9-34. TSOP 솔더 접합부의 500cycle(-50~150℃) 후의 단면 |

• Ball Grid Array 타입 패키지

Ball Grid Array 타입 패키지 솔더 볼 접합부의 파괴 모드는 그림 9-35에서 보인 것처럼 (1) 패키지계면과 솔더 볼 사이에서의 파괴 (2) 솔더 자체 내에서의 파괴 (3) 기판 계면과 솔더 볼 사이에서의 파괴 (4) 기판에서의 파괴 등으로 분류할 수 있다. 온도 사이클에 의한 상대 변위가 발생하여 응력이 솔더 볼의 모서리 부분에서 최대치(그림 9-35)를 갖게 되면 (1), (3)항목의 균열이 발생하게 된다.

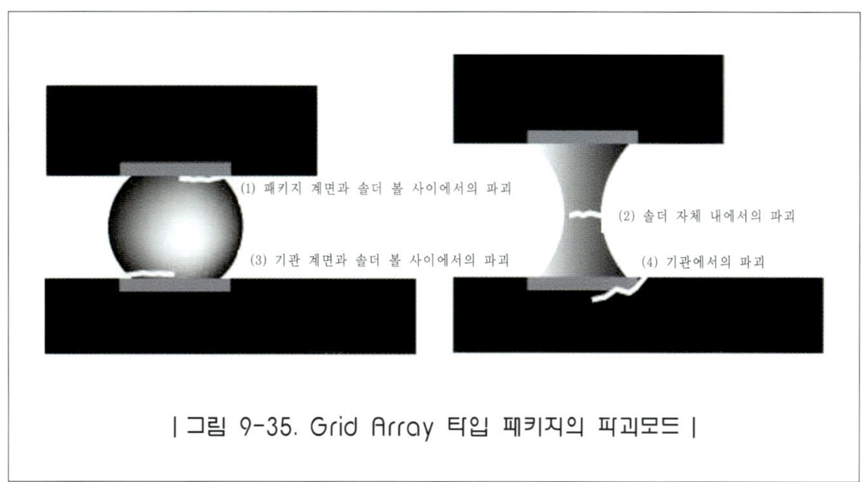


| 그림 9-35. Grid Array 타입 패키지의 파괴모드 |

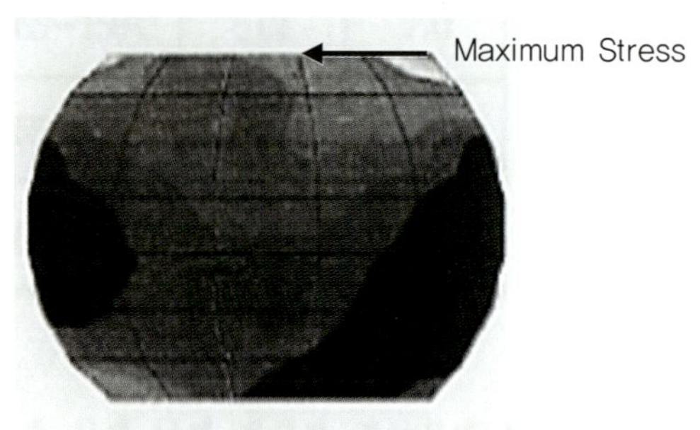


| 그림 9-36. ball Grid Array 타입 패키지 솔더 접합부의 유한요소해석에 의한 응력 분포 |

그림 9-36은 BGA(Ball Grid Array) 솔더 볼 접합부의 균열상태를 보인 것으로 온도변화에 따라 응력 집중부에서 균열이 발생하여 성장한 것을 알 수 있다. 이것 역시 균열이 진전하여 솔더 볼 접합부가 파단되면 전기적 단선 또는 접촉불량을 일으키게 된다.

| 그림 9-37. ball Grid Array 타입 패키지 솔더 접합부의 유한요소해석에 의한 응력 분포 |

㉡ 시효(Aging) 검사

표면실장 방식에 따라 솔더접합부의 면적이 미세화 됨에 따라 비교적 고온의 사용 환경에서 장기간 동안의 솔더 접합부의 신뢰성이 중요한 과제로 대두되고 있다. 솔더링 과정 혹은 사용 환경 하에서 솔더와 구리 합금 사이에서 발생하는 금속간 화합물(Intermetallic compound)층의 취성파괴와 박리는 솔더 접합부의 기계적인 강도 및 장기신뢰성 저하의 원인이 된다. 솔더와 구리 합금 사이에서 발생하는 금속간 화합물의 두께는 다음과 같은 수식으로 계산할 수 있다.

$$d=\sqrt{Dt}$$

여기서, d : 금속간 화합물 층의 두께
D : 확산계수
t : 시간

솔더와 구리 합금 사이에서 발생하는 금속간 화합물에는 상의 $Cu_3Sn$과 상의 $Cu_6Sn_5$이 있으며 그림 9-38에서 보는 바와 같이 명확히 구분이 된다.

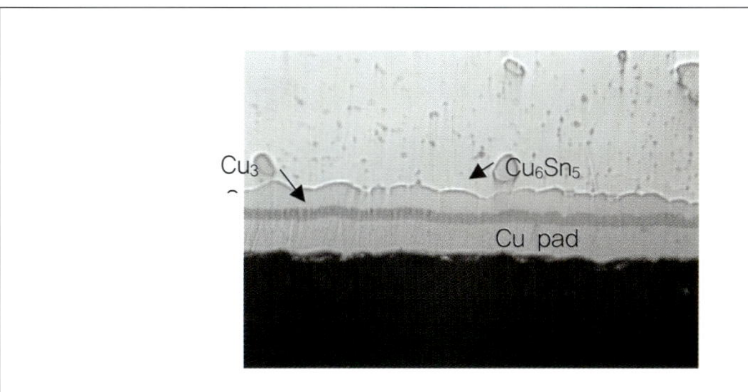


| 그림 9-38. Sn-3.5Ag-0.75Cu의 150℃ 600시간 Aging 후에 형성된 금속 간 화합물층 |

또한 아래 Arrhenius의 관계식을 이용하여 금속 간 화합물층($Cu_3Sn$, $Cu_6Sn_5$)의 활성화 에너지를 구할 수도 있다.

$$D=D_0\exp\left(-\frac{Q}{kT}\right)$$

여기서, D : 확산계수　　D₀ : 확산상수　　Q : 활성화 에너지
k : 볼츠만 상수　　T : 시효온도(K)

ⓐ 시효강도 : 시효처리를 하는 동안 솔더 조직의 조대화와 취성을 띈 조직이 발행함에 따라서 시효강도는 시간이 지날수록 강도 값이 낮아지는 경향을 보인다. 그림 9-39는 QFP(Quad Flat Package) 시편을 시효온도 100℃에서 초기접합, 500시간, 1000시간 후 필(peel) 시험방법으로 시효강도를 나타낸 그래프이다.

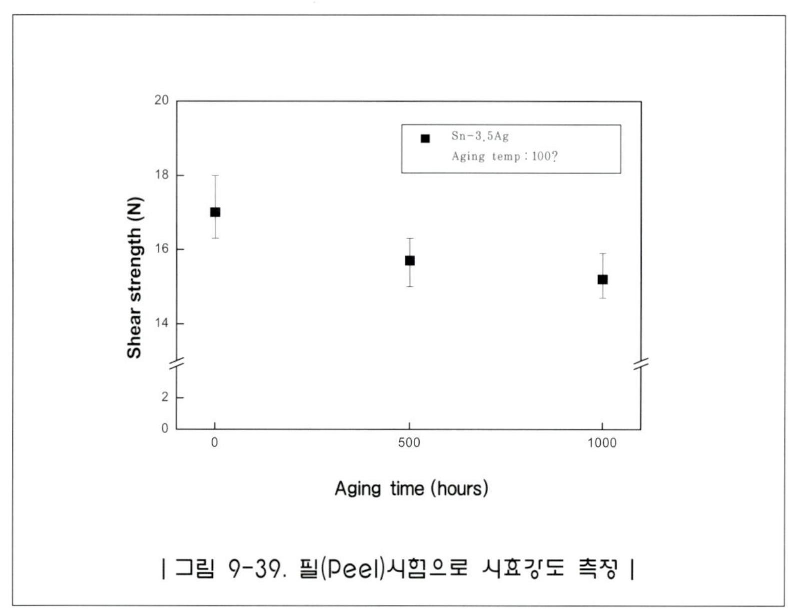


| 그림 9-39. 필(Peel)시험으로 시효강도 측정 |

ⓒ 이온 마이그레이션(Migration)

이온 마이그레이션은 경박 미세 피치화에 따른 솔더 접합부에 높은 전계 강도가 발생하여 고온 다습 하에서 생성한 금속 이온이 음극 측에서 석출하여 양극 측에 수지 모양으로 성장하여 단락하는 것을 말한다. 또한 고밀도 타입추세로 갈수록 전계강도가 커져 마이그레이션의 발생이 쉬워지고 있다.

마이그레이션에 의한 단락 수명은 다음 수식으로 표기할 수 있다.

$$N_m = CE^{-m}H^{-n}\exp(\frac{Q}{KT})$$

여기서, C : 상수　　M, n : 지수　　Q : 활성화 에너지

E : 전계 강도　　H : 습도　　T : 절대 온도

K : Boltzman 상수($8.62\times10^{-5}$eV/K)

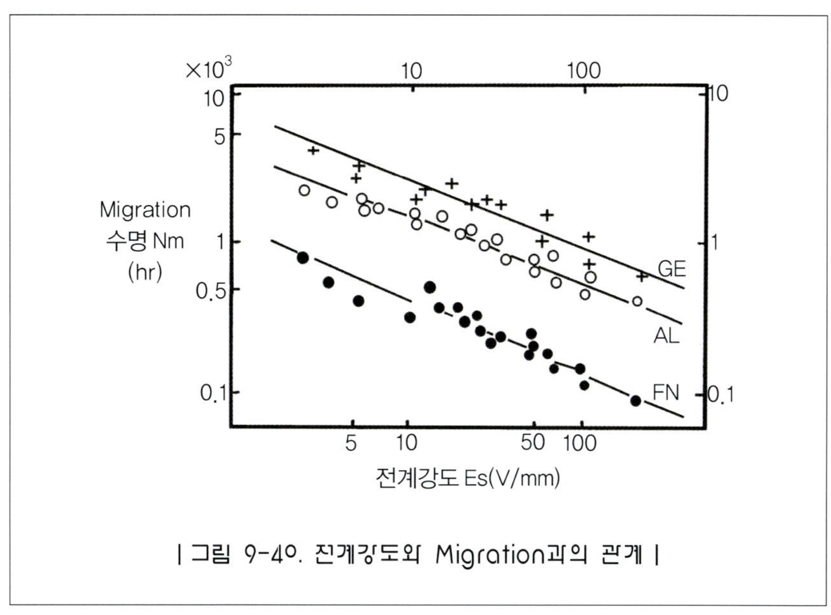


| 그림 9-40. 전계강도와 Migration과의 관계 |

그림 9-40은 각종 기판 상의 Ag 도체를 이용하여 전계 강도에 의한 마이그레이션 수명을 나타낸 것으로 70℃, 89% RH에서 약 5V/mm의 전계 강도가 인계되었을 때 그 수명은 약 500 시간에서 단락하여 치명적인 결과를 초래할 수 있음을 알 수가 있다. 이와 아울러 Sn-Pb 계열의 솔더 표면에 수분이 응착하는 경우는 수백 sec~수천 sec 정도로 간단히 단락하게 되므로 사용 환경에 따라 각별한 주의를 기울여야 한다.

㉣ 위스커(Whiskers)

전자회로를 구성하는 재료에는 내식성 및 이종금속과의 친화력이 좋은 Sn 도금막이 많이 이용되고 있다. 특히, 솔더 재료로서도 Sn-Pb, Sn-Pb계를 많이 이용하고 있어 Sn의 위스커가 성장하여 회로의 단락을 야기 시키는 경우가 있다. 더욱, 고밀도실장, 미세피치에 따른 위스커의 성장은 신뢰성측면에서도 고려하여야 한다. 이러한 위스커는 마이크로접합차원에서는 Sn 이외에 많은 금속재료가 사용되고 있어 금후 문제시되는 수 ㎛에서 수 십 ㎛차원의 위스커의 성장에 관해서는 충분한 평가가 필요할 것이다. 특히, 외력이 가해진 40~60℃ 전후의 조건하에서 발생하는 위스커의 장시간 평가가 필요할 것이다.

설비점검 카드 모형참고도

| 점검한후 표시 | 작업자의 표시 | | 반장·기술담당자표시 | |
|---|---|---|---|---|
| | ✓ | 이상 없음 | ✓ | 이상없음 |
| | △ | 이상있으나 작업중단 정도 아님 | ✓ | 현상태로 무방 |
| | | 자체수리 | ⊗ | 수리의뢰 |
| | × | 이상보고 | ▩ | 수리중 |
| | ※ | 긴급수리요구 | ⊗ | 수리완료 |
| | | | 휴 | 놀고있음 |

| 결재 | | | | |
|---|---|---|---|---|
| | | | | |

설비점검카드(　　월분)

관리 부서 :　　　　설비명 : SOLDER M/C

사용 부서 :　　　　규　격 :

| 점검개소 | 점검주기 | 1 | 2 | 3 | 4 | 5 | 6 | 7 | 8 | 9 | 10 | 11 | 12 | 13 | 14 | 15 | 16 | 17 | 18 | 19 | 20 | 21 | 22 | 23 | 24 | 25 | 26 | 27 | 28 | 29 | 30 | 31 |
|---|---|---|---|---|---|---|---|---|---|---|---|---|---|---|---|---|---|---|---|---|---|---|---|---|---|---|---|---|---|---|---|---|
| CONTROL BOX | 1일 1회 | | | | | | | | | | | | | | | | | | | | | | | | | | | | | | | |
| FINGER 상태 | 1일 1회 | | | | | | | | | | | | | | | | | | | | | | | | | | | | | | | |
| FINGER 조절상태 | 1일 1회 | | | | | | | | | | | | | | | | | | | | | | | | | | | | | | | |
| CONVEYOR SPEED | 1일 2회 | | | | | | | | | | | | | | | | | | | | | | | | | | | | | | | |
| 플럭스 발포상태 | 1일 2회 | | | | | | | | | | | | | | | | | | | | | | | | | | | | | | | |
| 플럭스 비중 | 1일 2회 | | | | | | | | | | | | | | | | | | | | | | | | | | | | | | | |
| PRE-HEATER 온도 | 1일 2회 | | | | | | | | | | | | | | | | | | | | | | | | | | | | | | | |
| 솔더 POT WAVE상태 | 1일 2회 | | | | | | | | | | | | | | | | | | | | | | | | | | | | | | | |
| 배기 DUCK | 1일 1회 | | | | | | | | | | | | | | | | | | | | | | | | | | | | | | | |
| 비상정시 S/W | 1일 2회 | | | | | | | | | | | | | | | | | | | | | | | | | | | | | | | |
| SOLDER POT온도 | 1일 2회 | | | | | | | | | | | | | | | | | | | | | | | | | | | | | | | |
| TIMER 동작상태 | 1일 1회 | | | | | | | | | | | | | | | | | | | | | | | | | | | | | | | |
| 주유 | 7일 1회 | | | | | | | | | | | | | | | | | | | | | | | | | | | | | | | |
| | | | | | | | | | | | | | | | | | | | | | | | | | | | | | | | | |

| 그림 9-41. 설비점검카드 모형참고도 |

품명 : SOLDERING M/C

| 점검부분 | 점검주기 | | | | | 점검방법 | 판정기준 | 비고 |
|---|---|---|---|---|---|---|---|---|
| | 매일 | 주 | 월 | 3월 | 6월 | | | |
| CONTROL BOX | | ○ | | | | 각부 수동 작동 | 정상적인 동작일 것 | |
| FINGER 상태 | ○ | | | | | 구동시 육안확인 | 휨 및 이형형태가 없을것 | |
| FINGER 폭 조정 상태 | ○ | | | | | HANDLE로 조정 | 원활하게 조정될 것 | |
| CONVEYOR SPEED | ○ | | | | | HANDLE로 조정 | 0~2m/min 조정될 것 | |
| 관측창 | | ○ | | | | 육안으로 확인 | 유리파손 및 손상이 없을 것 | |
| 플럭스 비중 | ○ | | | | | 비중계로 점검 | 정상적인 비중일 것 | |
| 플럭스 발포 | ○ | | | | | 육안으로 확인 | 정상적인 발포일 것 | |
| 플럭스 LEVEL | ○ | | | | | 육안으로 확인 | PCB상부에 넘치지 않을 것 | |
| PRE-HEATER 온도 | ○ | | | | | DIP TESTER | 측정방법(표준)에 의거 | |
| 납조 WAVE LEVEL조정 | | | ○ | | | HANDLE로 조정 | MAXM m/m 가능할 것 | |
| FINGER CLEANER | | ○ | | | | 동학 후 육안으로 확인 | PUMP 동작 정상일 것 | |
| 배기 DUCT | ○ | | | | | 배기상태 확인 | 정상적인 배기일 것 | |
| AIR GAUGE | ○ | | | | | 육안으로 확인 | AIR 압력 5kg/㎠ | |
| 솔더 용해 | ○ | | | | | TIMER로 확인 | 120분 이내 용해될 것 | |
| 비상정시 S/W | ○ | | | | | 수동으로 동작 확인 | 즉시 STOP할 것 | |
| 납조온도 | | | | ○ | | 납조와 온도계 편차 확인 | 온도편차 ±2℃ 이내일 것 | |
| 주유 | ○ | | ○ | | | 육안으로 확인 | 정상적인 주유일 것 | |
| 각부 BEARING | | | | ○ | | 진동 및 이상을 확인 | 진동 과열 이상음이 없을 것 | |
| 납조 온도계 교정 | | | | | ○ | 납조온도계 조정방법 | 표준에 의거 | |
| | | | | | | | | |
| | | | | | | | | |
| | | | | | | | | |

| 그림 9-42. 생산설비 점검 기준표(이어서 계속) |

품명 : SOLDERING M/C

| 구분 | | PIN HOLE | 고드름 현상 | BRID-GE 현상 | WEBBING | 냉납 | 솔더링 부위의 변색 | 기포 | DROSS의 과다생성 |
|---|---|---|---|---|---|---|---|---|---|
| SOLDERING M/C 공정중 | SOLDER 온도가 높다. | ○ | | | | ○ | ○ | ○ | ○ |
| | SOLDER 온도가 낮다. | ○ | ○ | ○ | ○ | ○ | | | |
| | SOLDER WAVE 높이가 낮다. | ○ | ○ | ○ | | | | | |
| | SOLDER WAVE가 불균형 | ○ | ○ | ○ | | | | | |
| | SOLDER의 오염 | | ○ | ○ | ○ | ○ | ○ | | ○ |
| | PRE-HEATER 온도가 높다. | | ○ | ○ | ○ | | | | |
| | PRE-HEATER 온도가 낮다. | ○ | ○ | ○ | | ○ | ○ | | ○ |
| | 플럭스의 오염 | ○ | ○ | ○ | ○ | | ○ | | |
| | 플럭스의 기능이 상실 | ○ | ○ | ○ | ○ | | | | |
| | 플럭스 접촉되지 않았다. | ○ | ○ | ○ | ○ | | | | |
| | CONVEYOR SPEED가 빠름 | ○ | ○ | ○ | ○ | ○ | ○ | | |
| | CONVEYOR 진동이 있다. | | ○ | | ○ | | | | |
| | CONVEYOR 각도가 높다. | ○ | | | | | | | |
| | CONVEYOR 각도가 낮다. | | ○ | ○ | | | | | |
| PCB 제작상 | MASK 재질의 결함 | ○ | | ○ | ○ | | | | |
| | PCB 습기 | ○ | | | | | | | |
| | HOLE PAD의 SILK가 잘못됨 | ○ | | | | | | | |
| | BOARD의 오염 | ○ | ○ | ○ | ○ | ○ | ○ | ○ | |
| | BOARD의 휨 | ○ | | | | | | | |
| | THROUGH HOLE 표면 거침 | ○ | | | | | | | |
| PCB 설계상 | SOLDER SIDE에 큰 PLANE | | ○ | ○ | | | ○ | | |
| | COMPONENT 방향 | ○ | | ○ | ○ | | | | |
| | CIRCUIT PATH의 방향 | | | ○ | | | | | |
| | | | | | | | | | |

| 그림 9-42. 생산설비 점검 기준표 |

년 월

| SOLDERING M/C 조건 점검일지 | 명 칭 | SOLDERING M/C | 점검자 | 조장 | 반장 | 담당 | 대리 | 과장 | 대리 |
|---|---|---|---|---|---|---|---|---|---|
| | 관리번호 | | | | | | | | |
| | 점 검 자 | | | | | | | | |

| 항 목 | FLUX LEVEL | | FLUX 비중 | | | | 예열온도 | | SOLDER LEVEL | | 솔더링시 온도 | | | DIP TIME | |
|---|---|---|---|---|---|---|---|---|---|---|---|---|---|---|---|
| 기 준 | | | | | | | | | | | | | | | |
| 일 자 | 1 | 2 | 1 | 2 | 3 | 4 | 1 | 2 | 1 | 2 | 1 | 2 | 3 | 1 | 2 |
| 1 | | | | | | | | | | | | | | | |
| 2 | | | | | | | | | | | | | | | |
| 3 | | | | | | | | | | | | | | | |
| 4 | | | | | | | | | | | | | | | |
| 5 | | | | | | | | | | | | | | | |
| 6 | | | | | | | | | | | | | | | |
| 7 | | | | | | | | | | | | | | | |
| 8 | | | | | | | | | | | | | | | |
| 9 | | | | | | | | | | | | | | | |
| 10 | | | | | | | | | | | | | | | |
| 11 | | | | | | | | | | | | | | | |
| 12 | | | | | | | | | | | | | | | |
| 13 | | | | | | | | | | | | | | | |
| 14 | | | | | | | | | | | | | | | |
| 15 | | | | | | | | | | | | | | | |
| 16 | | | | | | | | | | | | | | | |
| 17 | | | | | | | | | | | | | | | |
| 18 | | | | | | | | | | | | | | | |
| 19 | | | | | | | | | | | | | | | |
| 20 | | | | | | | | | | | | | | | |
| 21 | | | | | | | | | | | | | | | |
| 22 | | | | | | | | | | | | | | | |
| 23 | | | | | | | | | | | | | | | |
| 24 | | | | | | | | | | | | | | | |
| 25 | | | | | | | | | | | | | | | |
| 26 | | | | | | | | | | | | | | | |
| 27 | | | | | | | | | | | | | | | |
| 28 | | | | | | | | | | | | | | | |
| 29 | | | | | | | | | | | | | | | |
| 30 | | | | | | | | | | | | | | | |
| 31 | | | | | | | | | | | | | | | |

| 그림 9-43. SOLDERING M/C 조건점검일지 참고도 |

# MEMO

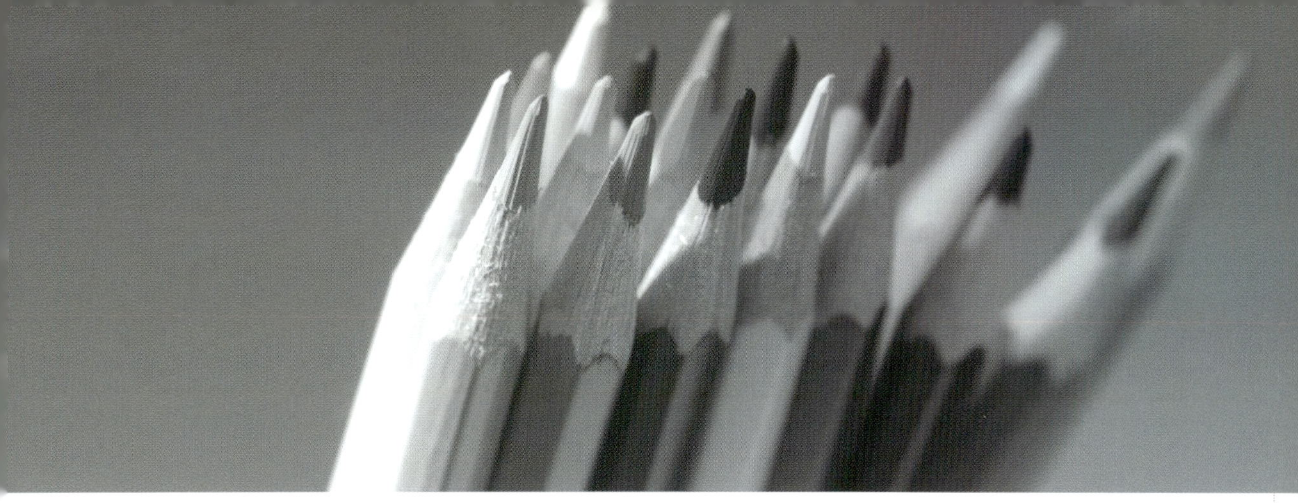

# 2부 전자기기 동향 및 실장기술

# MEMO

# 제1장

# 전자기기의 분류

※ 자료제공 : JAPAN JISSO TECHNOLOGY ROAD MAP

사이즈 소 ← → 사이즈 대

| 리스트 타입 웨어러블 기기 | 휴대용 오디오 | 휴대전화 PDA | 디지털 스틸 카메라 | 디지털 비디오 카메라 | 엔진룸용 기기 | 카엔터테인먼트 | 노트북 | 디스플레이 기기 | 디지털 TV | 대형 컴퓨터 |
|---|---|---|---|---|---|---|---|---|---|---|
| | | | | | | | | | | |

| 카테고리 | | 사용 환경 | | 사이즈 | 중량 | 방열 |
|---|---|---|---|---|---|---|
| | | 사용 상황 | 온도 범위 | | | |
| ① | 웨어러블<br>(리스트타입+$\alpha$) | 착용 | 0~40℃ | ~100cc | ~100g | – |
| ② | 휴대오디오<br>휴대비디오 | 휴대 | 0~40℃ | ~100cc | ~100g | – |

| ③ | 휴대전화, PDA | 휴대 | 0~40℃ | ~500cc | ~500g | − |
|---|---|---|---|---|---|---|
| ④ | DSC | 휴대 | 0~40℃ | ~500cc | ~500g | − |
| ⑤ | DVC | 휴대 | 0~40℃ | ~500cc | ~500g | − |
| ⑥ | 노트북 | 휴대<br>거치 | 0~40℃ | ~500cc | ~500g | 요 |
| ⑦ | 카엔터테인먼트<br>(캐빈 내장기) | 차재 | −20~70℃ | ~1000cc | ~2kg | (요) |
| ⑧ | 엔진룸용 | 차재 | −40~125℃ | ~800cc | ~600kg | 요 |
| ⑨ | 디지털TV, STB<br>(홈 서버 포함) | 거치 | 0~−40℃ | ~1000cc | ~30kg | 요 |
| ⑩ | 대형 컴퓨터<br>고성능 서버 | 거치 | 0~40℃ | ~1000cc | 30kg~ | 요 |
| ⑪ | 디스플레이 기기 | 거치 | −0~−40℃ | ~1800cc | ~3.5kg | − |

※ PDA : Personal Digital Assistants,
DSC : Digital still camara,
DVC : Digital Video Camcorder

# 제2장

# 실장공법에서의 첨단 · 주류 · 퇴보 내용

'첨단'이란 첨단적인 상품에 쓰이는 양산 기술을 '첨단'의 공법이라고 부른다. 또한, 기술의 진화로는 기술 개발이 아직 한참 필요하다.
'주류'란 다수의 제조사가 채용하고 있는 일반적인 양산에 쓰이는 기술로서 기술 개발, 보급도 급격하게 발전한다.
'퇴보'란 일반적으로 기술의 보급의 진행과 함께 기술 개발의 진화가 멈추었으며 cost oriented한 실장 공법으로 확인된 것을 '퇴보'라고 한다.

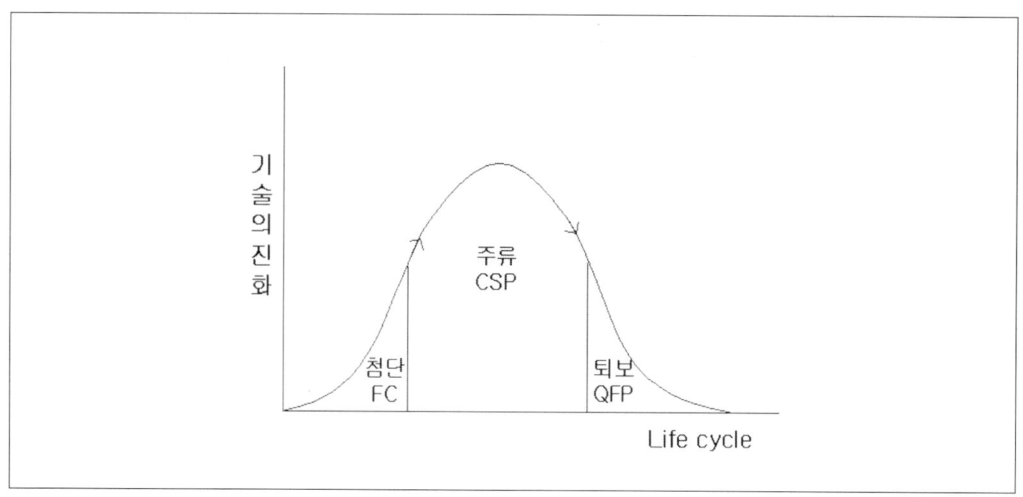

# MEMO

# 제 3 장
# 전자기기별 동향

## 리스트 TYPE WEARABLE 기기 01

### (1) 상품 사양 동향

| 항목 | 2006년 | 2012년 |
|---|---|---|
| 외형 사이즈 W×D×H(㎜) | 30×30×10 | 25×25×7 |
| 표시 디바이스 | 전자 페이퍼 | LCOS |
| 입력 디바이스 | 환경 | 생체정보 |
| 조작 방법 | 음성 | Virtual |
| 외부 접속 방법 | 휴대 | 위성 |
| 안테나 구조 | 패턴 | 케이스 내장 |
| 기록 디바이스 | CPU 내장 | CPU 내장 |
| 기억 용량(MB) | 128 | 1000 |

| CPU | DSP 내장 RISC | JAVA |
|---|---|---|
| CPU 처리 속도(MIPS) | 50 | 200 |
| 칩/기판간 전송주파수(MHz) | 25 | Chip간 무선 접속 |
| 구동 전압(V) | 0.9~4 | 0.5~3 |
| 기타 | 리튬 2차, 리튬 이온<br>소형 고용량<br>급속 충전 대응 | 솔라 2차<br>라튬 이온<br>소형 고용량<br>급속 충전 대응<br>반복 내구성 |

※ STN : Super Twisted Nematic
IrDA : Infrared Data Association
LSI : Large Scale Integrated Circuit
CPU : Central Processing Unit
CISC : Complex Instruction Set Computer
RISC : Reduced Instruction Set Computer
DSP : Digital Signal Processor
MIPS : Million Instructions Per Second
Virtual : Virtual Pen이나 Virtual Keyboard와 같이 접속하지 않고 인터페이스가 가능한 기기

## (2) 실장 PCB 구성

리스트타입이란 제품 사이즈를 고려하면 인쇄회로기판 1매가 실장 이미지가 된다. 손목시계에서는 one chip 혹은 one package가 상식처럼 되어 있지만 복합 기능을 가진 wearable 기기에서는 아직 복수의 LSI가 사용되고 있다. 따라서 전자 부품도 상당수 사용되어지는 것이다. 다만, 시계의 상품기술 연장선으로서 콘넥터의 사용은 표시나 외부 I/O 등의 최소한으로 잡아두고 있다.

앞으로는 LSI의 one package화, 부품 점수, connector 개수의 감소화가 진행되고 있다.

| 항목 | 2006 | 2012 |
|---|---|---|
| 실장도 | | |
| 탑재하는 LSI의 총수 | 2~4 | 1~2 |
| 탑재하는 전자 부품의 총수 | 10~50 | 2~30 |
| 탑재하는 connector의 총수 | 0~2 | 0~2 |

## (3) 실장공법

### ① Flow

크레이들 등 일부 관련 기기에서 Flow 공법이 실시되고 있는데 제품에는 사용하지 않고 앞으로도 채용되지 않을 것이라 예상된다.

### ② Reflow

그림 3-1에 reflow 공법의 채용 동향을 나타내었다. CSP(Chip Scale Package/Chip Size Package)등의 LSI package를 탑재할 경우에는 reflow 공법이 실장 방식의 주류가 된다. 이것은 현재의 사용 재료에는 Solder에 강한 접합 재료가 존재하지 않으므로, 앞으로 10년은 변함이 없을 것으로 판단된다.

### ③ 열 압착(AuOAu, Au-Sn 등)

그림 3-2에 열 압착 공법의 채용 동향을 나타내었다. Bare chip을 실장하는 기술로 Wire bonding과 함께 열 압착이 활용되고 있다. Flip chip bonding에는 이 공법이 주류로 사용될 것이라 예상된다.

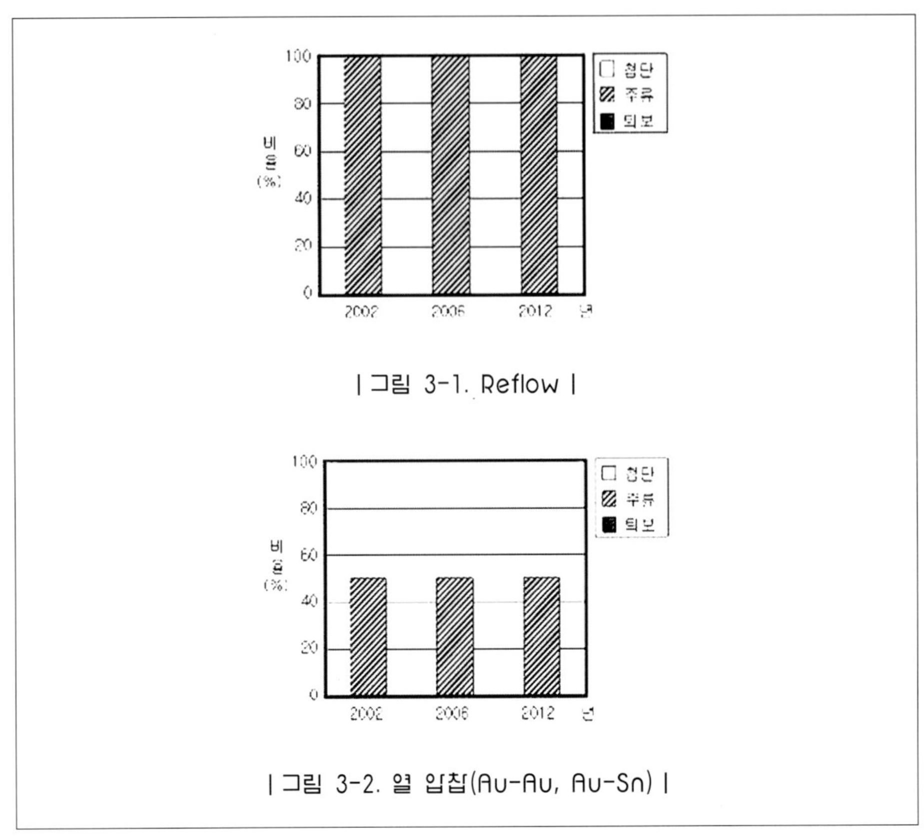


| 그림 3-1. Reflow |



| 그림 3-2. 열 압착(Au-Au, Au-Sn) |

### ④ ACF/ACP/NCP

그림 3-3의 실장 공법으로 수년전부터 ACF가 실용화 구별이 되고 있다. 단, chip을 실장하는 기술로 열 압착과 명확한지는 의문이다.

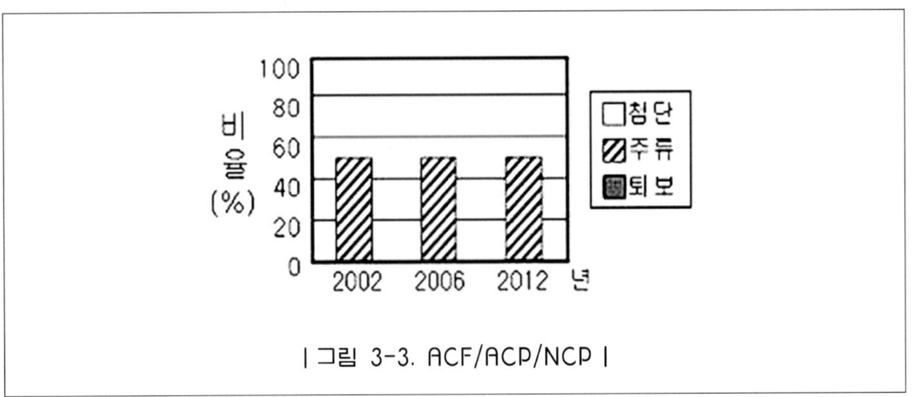


| 그림 3-3. ACF/ACP/NCP |

## ⑤ Wire bonding

그림 3-4에 Wire bonding 공법의 채용 동향을 나타내었다. Bare chip의 실장 공법으로 Wire bonding을 주류의 하나로 위치 매김하고 있다. 고부가가치의 기능을 가진 상품에서는 Flip chip bonding이 중심이 되지만 저Cost 제품이나 퇴보한 LSI chip을 실장하는 공법으로 채용될 것이라 예측된다.

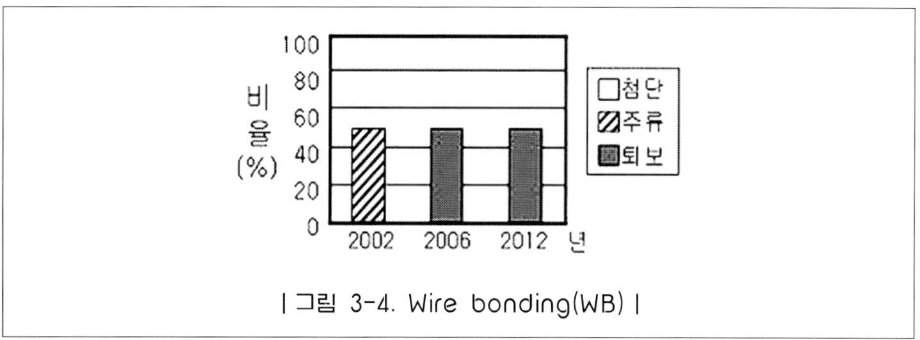


| 그림 3-4. Wire bonding(WB) |

※ WB : Wire bonding

## ⑥ Solder bump

그림 3-6에 solder bump의 채용 동향을 나타내었다. 이 공법은 본래 bare chip 공법의 하나이지만 필시 회답에는 그 뿐 아니라 소형 CSP에 사용되는 Solder ball 탑재도 포함하고 있지 않을까 예측된다.

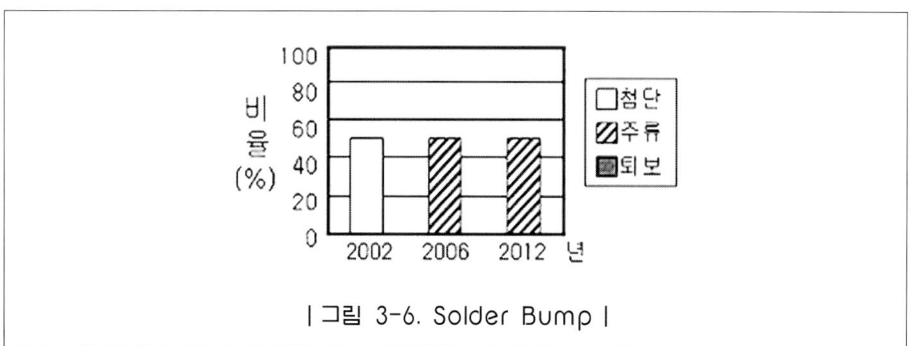


| 그림 3-6. Solder Bump |

## ⑦ 도전성 접착제

그림 3-7에 도전성 접착제의 채용 동향을 나타내었다. 도전성 접착제는 저

온접합이나 저배화 실장 등에 적당한 공법으로 주목되고 있다. 단, 현시점에서는 실용에 적합한 접착제가 시판되고 있지 않지만 최근 동향으로 근년간에 실용화 되지 않을까 기대가 높다. 전판의 로드 맵에서도 제창된 것처럼 주목 기술이므로 조기에 실용화되기를 바란다.

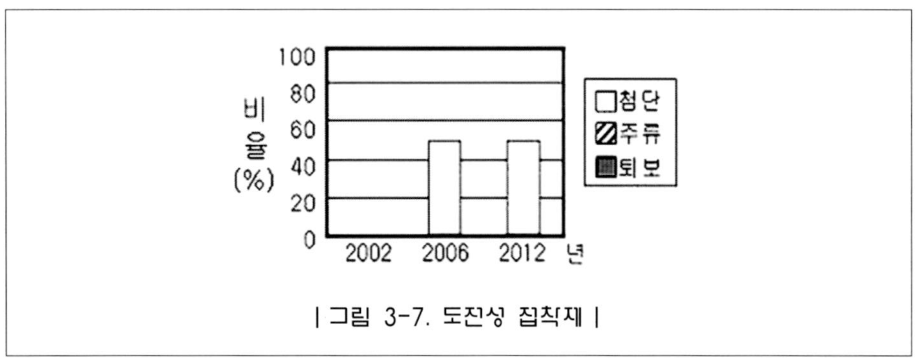


| 그림 3-7. 도전성 접착제 |

복수의 공법이 주류를 이루는 것은 로드 맵으로는 이상하게 느껴질지도 모르지만, 다품종이 제조되는 카테고리이므로 이 제품군에서는 이 공법, 저 제품군은 저 공법으로 Cost, 상황, 생산지 등에 맞춰 최적의 공법을 채용하기 위해 이러한 현상이 발생하는 것이다.

### ⑧ MCM(자사 제조를 할 경우)

MOTHER BOARD만의 실장 형태이므로 MCM과 같은 실장은 필요하지 않다. 현시점에서 Sip와 같은 것도 채용될 가능성은 있으나 앞으로 저배화 실장에 있어서는 CHIP 높이의 요구도 엄격하므로 차후에도 채용되는 일은 없으리라 예측된다.

## (4) ROAD-MAP

| 구분 | 항목 | | 2006년 | 2012년 |
|---|---|---|---|---|
| LSI Package 기술 | Package의 최소 pitch(㎜) | FBGA | 0.3 | 0.15 |
| | | FLGA | 0.3 | 0.15 |

| | | | | |
|---|---|---|---|---|
| | Package의 최대 pin 수 | FBGA | 200 | 250 |
| | | FLGA | 50 | 100 |
| | Package의 최소 장치 높이(㎜) | FBGA | 0.5 | 0.3 |
| | | FLGA | 0.4 | 0.1 |
| | Package 채용 비율(%) | FBGA | 90 | 90 |
| | | FLGA | 10 | 10 |
| | Package Cost(2002년을 100으로 했을 때 %) | | 75 | 50 |
| BARE CHIP 실장 채용 | Bare chip 실장의 채용 비율(%) | | 50 | 50 |
| | Wire bonding | | △ | △ |
| | Filp chip bonding | | ◎ | ◎ |
| | ※ ◎ : 주류, ○ : 첨단, △ : 퇴보, X : 사용하지 않음. | | | |
| PACKAGE 채용 | 양면(상하면)에 I/O가 있는 package | | × | |
| | 3차원 package(대용량 3차원 메모리, Stacked chip 등) | | ○ | ◎ |
| | 양면 LSI화(Wafer의 양면에 배선 형성한 LSI) | | × | |
| | CCD 내장 CPU(화상 처리의 1chip화) | | × | |
| | Boundary scan 전용 LSI(신뢰성 test용) | | × | |
| | 고방열 LSI용 고효율 소자 포함 LSI | | × | ○ |
| | MEMS(3차원 가속도 센서 : 2차원 자이로 등) | | ○ | ◎ |
| | Opt electronics MCM | | × | |

| | 항목 | 2002년 | 2006년 |
|---|---|---|---|
| 생산 용이성 | LSI package의 흡습 관리 free | 실장 직전에 베이킹이 필요한 package가 있음. | 베이킹 공정을 폐지하고 싶음. |
| | SoC의 사용 여부와 그 요구 | Cost, 납기에 맞는 SoC 없음. | 저Cost(개발비 포함), 단납기로 필요해진 기능이 실현된다면 소형화의 수법으로 사용하고 싶음. |
| | SiP의 사용 여부와 그 요구 | 사용 안함. | 예정 없음. |

| CHIP 부품 | 항목 | 2006년 | 2012년 |
|---|---|---|---|

<table>
<tr><td rowspan="4"></td><td rowspan="2">Chip condenser</td><td>최대사이즈 W×D(㎜)</td><td>1.6×0.8</td><td>1.0×0.5</td></tr>
<tr><td>Fillet less 실장의 채용 상황</td><td colspan="2">채용 안함</td></tr>
<tr><td rowspan="2">Chip 전해 condenser</td><td>탄탈 D×W×H(㎜)</td><td colspan="2">채용 안함</td></tr>
<tr><td>알루미늄 D×H</td><td colspan="2">채용 안함</td></tr>
<tr><td rowspan="2">CONNECTOR</td><td rowspan="2">Connector</td><td>외장 connector(인터페이스용)</td><td>100</td><td>100</td></tr>
<tr><td>내장 connector 전폐에 대한 생각</td><td colspan="2">조립 용이성이나 리사이클성을 고려하면 connector는 필요하다.</td></tr>
<tr><td rowspan="6">환경 대책</td><td colspan="2">벌크 케이스 실장의 채용율(%)</td><td>40</td><td>100</td></tr>
<tr><td colspan="2">리사이클성의 요구</td><td colspan="2">생분해형 플라스틱을 사용한 엠보스 테이프화</td></tr>
<tr><td rowspan="3">환경 대책<br>(전부품 공통)</td><td rowspan="3">포장재의 재사용 | 릴</td><td>100</td><td>100</td></tr>
<tr><td>트레이</td><td>100</td><td>100</td></tr>
<tr><td>벌크 케이스</td><td>100</td><td>100</td></tr>
<tr><td colspan="2">포장재에 대한 요구 사항</td><td colspan="2">소형부품(0.6㎜×0.3㎜ 이하의 chip 부품이나 1.0㎜×1.0㎜ 이하의 반도체 package)에 효율이 좋은 포장재(형태)의 선정</td></tr>
<tr><td rowspan="10">MOTHER BOARD</td><td colspan="2">층구성</td><td></td><td></td></tr>
<tr><td colspan="2">기판 타입</td><td>전업 빌드업</td><td>전업 빌드업</td></tr>
<tr><td colspan="2">층구성(층)</td><td>6</td><td>4</td></tr>
<tr><td colspan="2">기판 두께(㎜)</td><td>1</td><td>0</td></tr>
<tr><td colspan="2">기판 크기(㎜×㎜)</td><td>40×30</td><td>30×30</td></tr>
<tr><td colspan="2">실장시의 기판 크기(㎜×㎜)</td><td>105×95<br>(6매)~</td><td>105×95<br>(6매)~</td></tr>
<tr><td colspan="2">최소 도체폭/간격(㎛)</td><td>50/50</td><td>20/20</td></tr>
<tr><td colspan="2">최소 via land경(㎛)</td><td>100</td><td>40</td></tr>
<tr><td colspan="2">Cost 비율(2002년을 100으로 한 %)</td><td>75</td><td>70</td></tr>
</table>

| | | | |
|---|---|---|---|
| | 기판의 휨 허용 범위(㎜) | 0 | 0 |
| | 전기특성/유전율 1GHz | 3.0 | 2.0 |
| | 내열성 피크온도(℃)/시간(sec) | 250/10 | 250/10 |
| | 경량화의 추이(2002년을 100으로 한 %) | 75 | 50 |
| | 주류가 되는 표면처리 | 로진계+<br>수용<br>pre-flux<br>금 flash | 로진계+<br>수용<br>pre-flux<br>금 flash |

| 임베디드 채용 시기 | 항목 | | | 채용 시기 |
|---|---|---|---|---|
| | 부품 내장 기판 채용 시기 | 수동부품 | 콘덴서 | 2005년경 |
| | | | 능동부품 | 2007년경 |
| | | | 인덕터 | 2009년경 |
| | | | 필터 | 2007년경 |
| | | 능동부품 | 메모리 | 채용하지 않음. |
| | | | 로직 | |
| | | | 리니어 | |

| 실장 설비 요구 사항 | 항목 | 요구 사항 |
|---|---|---|
| | 전체적으로/공통적 | 소형, 다품종에 확실하게 대응하는 공간절약 라인 |
| | 인쇄기 | 소형, 공간 절약<br>각종 기재(필름이나 기판 등) 대응하는 인쇄기 |
| | 마운터 | 3차원 실장 대응 마운터<br>다종 공급 형태의 대응(박형Wafer) |
| | Reflow | $N_2$ 발생원을 가진 Reflow등<br>소형 공간절약화 |
| | 검사기 | 접합부가 확인되는 X선 검사기<br>(크랙 등이 확인 가능한 레벨인 것) |
| | Flip chip bonder | 25㎛ 정도의 박형 Wafer까지 핸들링이 가능한 것 |
| | 요구하는 접합 재료의 구체적인 사고 | 단시간, 저온 접합 재료(재료는 환경 대응 재료) |
| | 봉지재료(언더필 등) | 저Cost(현상의 1/10 목표) |

# 휴대 AV 기기 02

## (1) 상품 사양의 동향

| 항목 | | 2006년 | 2012년 |
|---|---|---|---|
| 외형 사이즈 W×D×H(㎜) | | 74×12×75 또는 보청기 정도 | 35×10×100 또는 보청기 정도 |
| 표시 디바이스 | | LCD 반투과형 | 유기EL |
| 화면사이즈 | 인치 | 2.5 | 2.0 |
| | 화소수(dot) | 320×240 | 320×240 |
| 조작 방식 | | 키 입력, 음성 | 음성 입력 |
| 외부 접속 방식 | | 케이블, Bluetooth | 케이블, Bluetooth |
| 안테나 구조 | | 어레이 | 내장 |
| 기록 디바이스 | | MD, 내부 메모리, 메모리 카드 | 내부 메모리, 메모리 카드 |
| 기억용량(MB) | | 600~1000 | 1000~2000 |
| 기록 시간(시간) | | 2~50 | 4~50 |
| 기록 방식 | | ATRAC3, MP4 | MPEG4, MP4 |
| 전지 | | 리튬 폴리머, 리튬 | 리튬 폴리머, 기타 |
| 기타 필요하다고 생각되는 것 | | 공기전지와 같은 소형 환경에 우수한 것 | – |

## (2) 실장 PCB 구성

| 항목 | 2006년 | 2012년 |
|---|---|---|
| 실장도 | 필름 배선판<br>광체실장의 시작 | 입체 배선<br>Flexible 부품의 개발 |
| 탑재하는 LSI의 총 수 | 4 | 1 |
| 탑재하는 전자 부품의 총 수 | 200~600 | 100~600 |
| 탑재하는 connector의 총 수 | 2~10 | 0~10 |

### (3) 실장 공법

① Flow

그림 3-8에 Flow 공법의 채용 동향을 나타내었다. 2002년은 모터 등 기구 부품이 사용되었으므로 Flow 공법도 사용되었으나 앞으로는 모두 반도체화되기 때문에 Flow 공법은 사라질 것으로 예측된다.

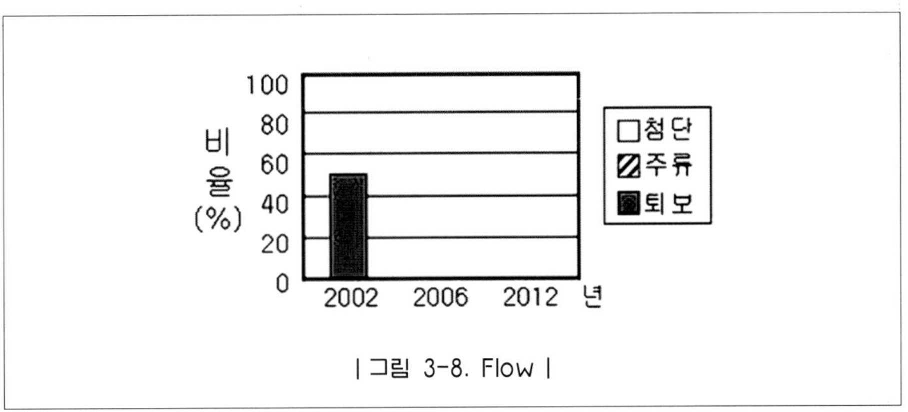


| 그림 3-8. Flow |

② Reflow

그림 3-9에 Reflow 공법의 채용 동향을 나타내었다. 2002년의 탑재 기술로 주류는 역시 reflow공법이며, 앞으로도 reflow 공법은 부품 실장에 계속 쓰일 것이다. 그러나, 그 기술에 신규 요소가 등장하리라 기대하지 않는 것인지 퇴보 기술로 예측되고 있다.

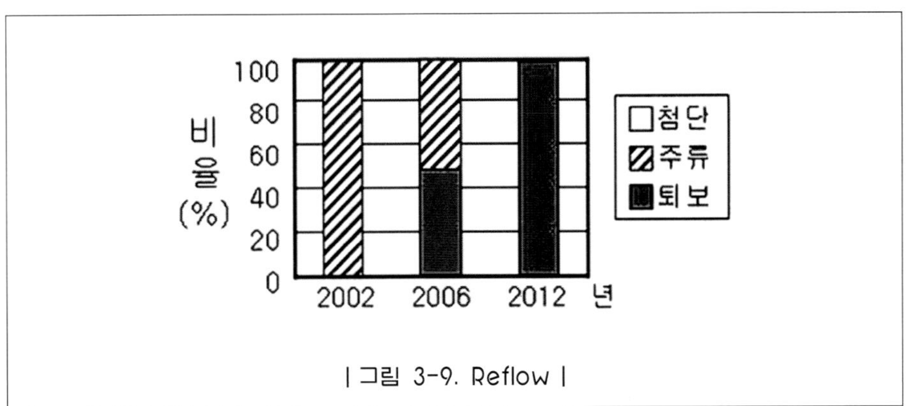


| 그림 3-9. Reflow |

③ **열 압착(Au-Au, Au-Sn 등)**

그림 3-10에 열압착 공법의 채용 동향을 나타내었다. 2002년은 열 압착을 주류로 하여 부품 실장에 사용하고 있으나 2006년 이후에는 2002년에 사용되는 기술과는 다른 열 압착 기술이 채용될 것으로 예상된다.

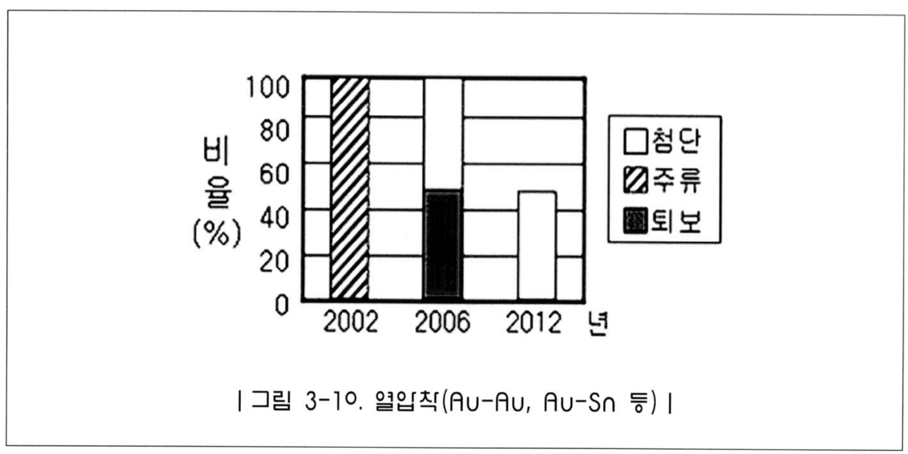


| 그림 3-10. 열압착(Au-Au, Au-Sn 등) |

④ **ACF/ACP/NCP**

그림 3-11에 ACF/ACP/NCP의 채용 동향을 나타내었다. 2002년에 첨단 기술로 채용된 ACF/ACP/NCP는 2006년 이후에 주류로 인식될 것이다. 동영상 표시요 디스플레이 디바이스가 탑재될 것이므로 이들 실장에 사용될 것이라 예측된다.

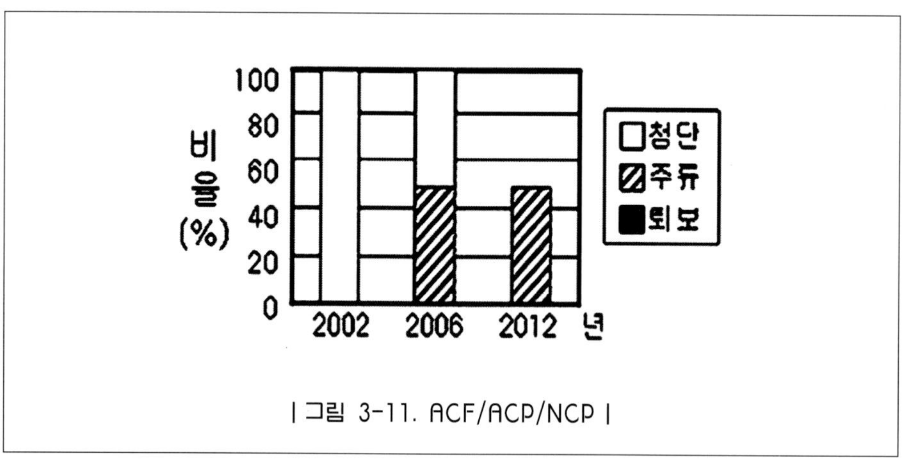


| 그림 3-11. ACF/ACP/NCP |

## ⑤ Wire bonding(WB)

그림 3-12에 Wire bonding 공법의 채용 동향을 나타내었다. 2002년에 첨단 기술로 채용된 Wire bonding이지만, 퇴보 기술로서 계속 사용되는 한편 첨단, 주류로 이행되어 갈 움직임도 있다. Wire bonding의 신기술 개발을 기대한다.

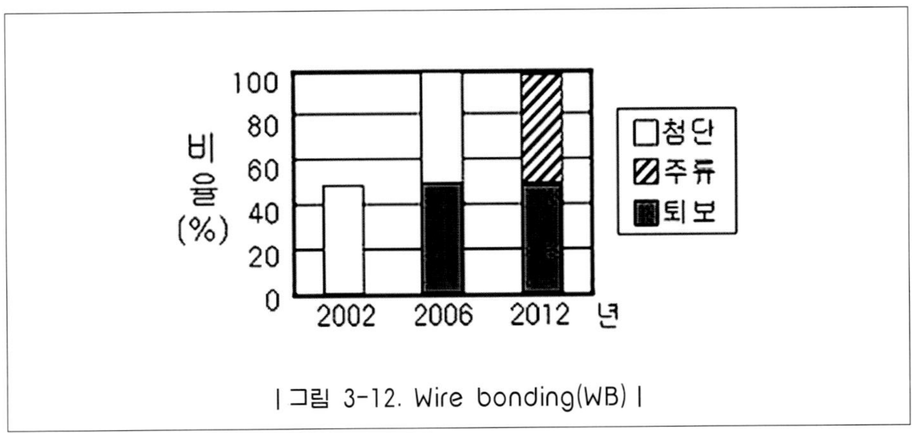


| 그림 3-12. Wire bonding(WB) |

## ⑥ Solder bump

그림 3-13에 Solder bump의 채용동향을 나타내었다. Solder bump도 Wire bonding과 마찬가지로 개발 요소가 많은 기술이다. 그러므로 퇴보와 첨단이 동거하게 되리라 예측된다. 그러나 아무래도 Solder를 사용한다는 포인트에서는 변화하지 않으리라 예측할 수 있다.

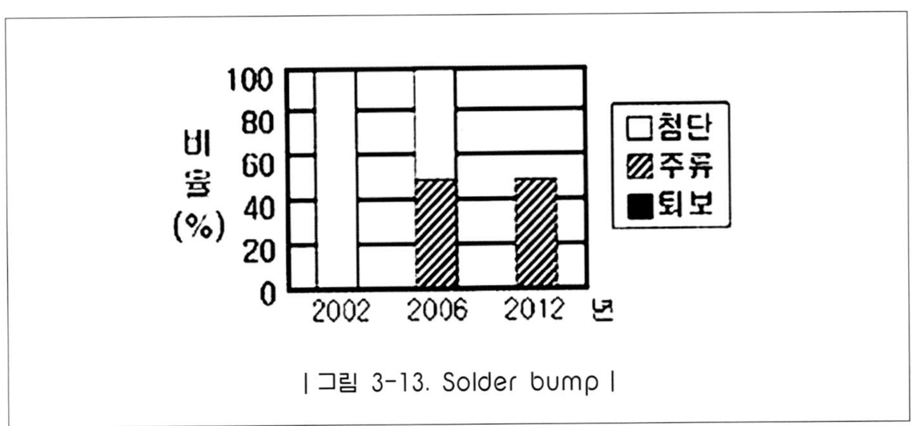


| 그림 3-13. Solder bump |

⑦ **도전성 접착제**

그림 3-14에 도전성 접착제의 채용 동향을 나타내었다. 도전성 접착제는 저온 접합의 결정판이라고 생각된다. 필름 배선판이나 광체 부품 실장이 필요해지는 2006년 이후에는 주류의 하나가 될 것이라 예측되며, 그 중요성은 강하게 인식되고 있다.

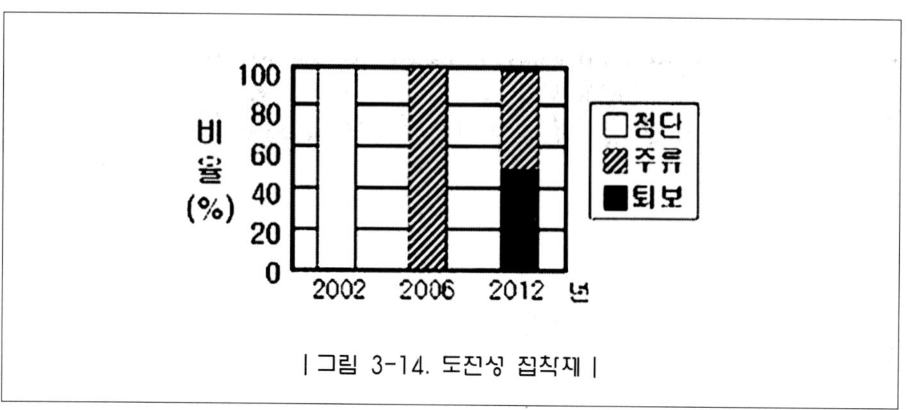


| 그림 3-14. 도전성 접착제 |

⑧ **MCM(자사 제조를 할 경우)**

그림 3-15에 MCM의 채용 동향을 나타내었다. MCM은 일부 기능을 집약시킨 기능 모듈로서 채용되리라 예측된다. 특히, 다양한 기능을 저Cost로 실현하기 위해서는 공통 부품으로 MCM이 중요한 포인트가 된다. 단, MCM을 정말로 내제하여 개발하는 것이 효과적인지 아닌지는 앞으로 모듈 제조사의 사정이 아닐까 예측할 수 있다.

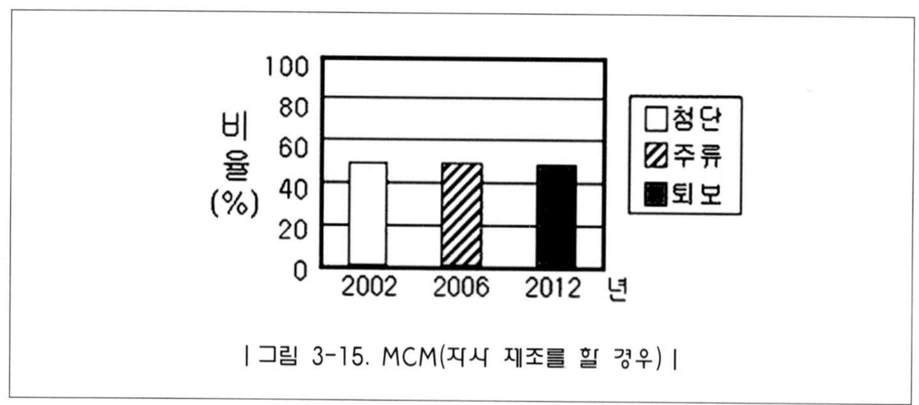


| 그림 3-15. MCM(자사 제조를 할 경우) |

## (4) ROAD-MAP

| 구분 | 항목 | | 2006년 | 2012년 |
|---|---|---|---|---|
| LSI PACKAGE 기술 | Package의 최소 Pitch(㎜) | QFP/SOP | 0.4 | 0.4 |
| | | FBGA | 0.15 | 0.1 |
| | | QFN | 0.4 | 0.4 |
| | Package의 최대 pin수 | QFP/SOP | 200 | 200 |
| | | FBGA | 200 | 300 |
| | Package의 최소 설치 높이(㎜) | QFP/SOP | 1.0 | 0.5 |
| | | FBGA | 0.5 | 0.3 |
| LSI PACKAGE Cost | 제품 Cost의 추이(2002년을 100으로 했을 때 %) | | 50~80 | 30~50 |
| | 제품 Cost에 차지하는 LSI Cost 비율(%) | | 40~50 | 50~60 |
| | Package Cost(2002년을 100으로 했을 때 %) | | 50~70 | 30~50 |
| BARE CHIP 실상 채용 | Bare chip 실장의 채용 비율(%) | | 10~50 | 30~80 |
| | Wire bonding | | △ | △ |
| | Flip chip bonding | | ◎ | △ |
| | Bare chip의 최소 pad pitch (㎛) | WB | 200 | 100 |
| | | FCB 주변 | 200 | 100 |
| | | FCB area | 200 | 100 |
| | Bare chip의 최소 chip 두께(㎛) | | 200 | 100 |
| | Bare chip 공급 형태 | | 트레이 | 테이프 |
| | ◎ : 주류, ○ : 첨단, △ : 퇴보, X : 사용하지 않음.<br>※ WB : Wire bonding, FCB : Flip Chip Bonding | | | |

<table>
<tr><td rowspan="9">PACKAGE 채용</td><td colspan="3">양면(상하면)에 I/O가 있는 package</td><td>○</td><td>◎</td></tr>
<tr><td colspan="3">3차원 package(대용량 3차원 메모리, stack chip등)</td><td>◎</td><td>△</td></tr>
<tr><td colspan="3">화면 LSI화(Wafer의 양면에 배선 형성한 LSI)</td><td>○</td><td>◎</td></tr>
<tr><td colspan="3">CCD 내장 CPU(화상 처리의 1chip화)</td><td>○</td><td>◎</td></tr>
<tr><td colspan="3">Boundary scan 전용 LSI<br>(신뢰성 test 용)</td><td>◎</td><td>△</td></tr>
<tr><td colspan="3">고방열 LSI용 고효율 소자 내장형 LSI</td><td>○</td><td>◎</td></tr>
<tr><td colspan="3">MEMS(3차원 가속도 센서 : 3차원 자이로 등)</td><td colspan="2">X</td></tr>
<tr><td colspan="3">Opt electronics MCM</td><td>○</td><td>◎</td></tr>
<tr><td colspan="5">◎ : 주류, ○ : 첨단, △ : 퇴보, X : 사용하지 않음.</td></tr>
<tr><td rowspan="5">생산 용이성</td><td colspan="3">LSI package의 흡습관리 free</td><td>LSI에 대한 정전기 대응이 가능하도록 습도 관리에도 동일한 대응이 필요</td><td>흡습관리 free가 필수</td></tr>
<tr><td colspan="3">SoC의 사용 여부와 요구</td><td colspan="2">소형화, 절전화를 위해 필수</td></tr>
<tr><td colspan="3">SiP의 사용 여부와 요구</td><td colspan="2">고집적화 하여 사용</td></tr>
<tr><td colspan="3">LSI package의 환경 대응</td><td>중요함</td><td>대응은 필수</td></tr>
<tr><td colspan="3">기타 문제나 과제라고 생각되는 점</td><td>환경이나 수리 비용을 생각하여, 장수명화(고신뢰성)를 목표로 한 생산성을 가진 반도체 제조가 중요</td><td>–</td></tr>
<tr><td rowspan="4">CHIP 부품</td><td rowspan="4">Chip 콘덴서<br>Chip 저항기<br>Chip 인덕터</td><td colspan="2">최대 사이즈 W×D(㎜)</td><td>0.6×0.3</td><td>0.3×0.15</td></tr>
<tr><td rowspan="3">Chip 전해 콘덴서 최대 사이즈</td><td>개시시기</td><td colspan="2">2003년</td></tr>
<tr><td>사이즈(㎜)</td><td>0.6×0.3</td><td>0.3×0.15</td></tr>
<tr><td>검사법</td><td>ICT</td><td>ICT</td></tr>
</table>

| | | | | | |
|---|---|---|---|---|---|
| | Chip 전해 콘덴서 최대 사이즈 | 탄탈 D×W×H(㎜) | | 2×1.6×1.5 | 2×1.6×0.8 |
| | | 알루미늄 D×H | | – | – |
| CONNECTOR | 콘넥터 | 외장 콘넥터(인터페이스용) 최소 단자간 pitch의 동향(2002년을 100을 했을 때 %) | | 50 | 50 |
| | | 내장 콘넥터 전폐에 대한 생각 | | 2012년에는 회로가 블록화 된 1개의 개체가 되어 외부와의 접속은 용착, 압착 등이 된다. | |
| 환경 대책 | 벌크케이스 실장의 채용율(%) | | | 30~50 | 50 |
| | 환경 대책 (전부품 공통) | 리사이클성의 요구 | | 반도체 제조사의 회수, 특히 트레이는 각 회사가 공용할 필요가 있다. | |
| | | 포장재의 재사용 (재사용 비율%) | 릴 | 0~70 | 0~80 |
| | | | 트레이 | 50~70 | 80~100 |
| | | | 벌크 케이스 | 50~70 | 80~100 |
| MOTHER BOARD | 층구성 | | | | |
| | 기판 타입 | | | 필름 | 입체(부품내장) |
| | 층구성(층) | | | 10 | 15 |
| | 기판 재질 | | | FR-4 | – |
| | 기판 두께(㎛) | | | 400 | – |
| | 기판 크기(㎜×㎜) | | | 60×50 | 30×50 |
| | 최소도체폭/간격(㎛) | | | 50/50 | 30/30 |
| | 최소 VIA land경(㎛) | | | – | – |
| | Cost 비율(2002년을 100으로 했을 때) | | | 80 | 60 |
| | 기판의 휨 허용범위(㎜) | | | 0.2 | 0.1 |
| | 내열성 피크온도(℃)/시간(sec) | | | 260/30 | 260/30 |
| | 경량화 추이 (2002년을 100으로 했을 때) | | | 50 | 40 |
| | 주류가 되는 표면처리 | | | 금Flash | 금Flash |

<table>
<tr><td rowspan="8">EMBEDDED<br>채용 시기</td><td colspan="3">항목</td><td colspan="2">채용 시기</td></tr>
<tr><td rowspan="7">부품<br>내장<br>기판<br>채용<br>시기</td><td rowspan="4">수동<br>부품</td><td>콘덴서</td><td colspan="2">2004년~2006년</td></tr>
<tr><td>저항기</td><td colspan="2">2005년~2006년</td></tr>
<tr><td>인덕터</td><td colspan="2">2005년~2006년</td></tr>
<tr><td>필 터</td><td colspan="2">2005년~2010년</td></tr>
<tr><td rowspan="3">능동<br>부품</td><td>메모리</td><td colspan="2">2005년~2010년</td></tr>
<tr><td>로 직</td><td colspan="2">2005년~2010년</td></tr>
<tr><td>리니어</td><td colspan="2"></td></tr>
<tr><td rowspan="3">환경</td><td colspan="3">항목</td><td>2006년</td><td>2012년</td></tr>
<tr><td colspan="3">Halogen free 기판 채용 비율(%)</td><td>100</td><td>100</td></tr>
<tr><td colspan="3">안티몬 free 기판 채용 비율(%)</td><td>20~100</td><td>100</td></tr>
<tr><td rowspan="14">MODULE<br>기판</td><td colspan="3">층구성 요구</td><td></td><td></td></tr>
<tr><td colspan="3">기판 타입</td><td>Build up</td><td>-</td></tr>
<tr><td colspan="3">층구성(층)</td><td>6(1+4+1)</td><td>-</td></tr>
<tr><td colspan="3">기판 재질</td><td>FR-4</td><td>-</td></tr>
<tr><td colspan="3">기판 두께(㎛)</td><td>0.4</td><td>-</td></tr>
<tr><td colspan="3">기판 크기(㎜×㎜)</td><td>30×20</td><td>-</td></tr>
<tr><td colspan="3">최소 도체폭/간격(㎛)</td><td>50/50</td><td>-</td></tr>
<tr><td colspan="3">Cost 비율(2002년을 100으로 했을 때)</td><td>70</td><td>-</td></tr>
<tr><td colspan="3">세라믹 기판의 채용 비율(%)</td><td>50</td><td>100</td></tr>
<tr><td colspan="3">층구성(층)</td><td>6</td><td>10</td></tr>
<tr><td colspan="3">기판 두께(㎛)</td><td>0.3</td><td>0.3</td></tr>
<tr><td colspan="3">기판 크기(㎜×㎜)</td><td>30×20</td><td>20×20</td></tr>
<tr><td colspan="3">최소도체폭/간격(㎛)</td><td>50/50</td><td>30/30</td></tr>
<tr><td colspan="3">Cost 비율(2002년을 100으로 했을 때)</td><td>50</td><td>50</td></tr>
</table>

<table>
<tr><td rowspan="10">실장 설비 요구 사항</td><th colspan="2">항목</th><th>2006년을 목표로 한 요구</th><th>2012년을 목표로 한 요구</th></tr>
<tr><td colspan="2">전체에 대한 공통적 요구</td><td>소형기판에 실장할 수 있는 설비가 필요 교체 시간의 단축 CAD로 직접 CAM 데이터의 작성이 필수</td><td>기판에 실장할 뿐 아니라 기능을 입체적으로 고정화한 기술의 설비</td></tr>
<tr><td colspan="2">인쇄기</td><td>정밀 인쇄를 위한 잉크젯 프린터의 도포 기술 카트리지 방식의 채용</td><td>광학 처리에 따른 인쇄 기술</td></tr>
<tr><td colspan="2">마운터</td><td>고정도화, 실장밀도 향상화</td><td>마운트와 동시에 접속하는 기술</td></tr>
<tr><td colspan="2">Reflow</td><td>• Spot 가열 시스템<br>(목표 공간만을 가열하는 기술)<br>• 온도 측정 피드백 시스템<br>(비접촉 온도 측정 센서)<br>• 저온 Reflow soldering 기술<br>(마이크로파 가열등, 고주파 가열등, 전자가열등)</td><td>Solder free 접속 기술</td></tr>
<tr><td colspan="2">검사기</td><td>• Function test의 고정도화<br>• 3차원 화상 검사기의 저가격화<br>• 퍼지 인식 기술</td><td>접속 가공 중에 test 하는 시스템</td></tr>
<tr><td rowspan="2">Bare LSI Bond-er</td><td>Wire bon-der</td><td>50㎛ pitch 대응 머신</td><td>–</td></tr>
<tr><td>Flip chip bond-er</td><td>Bonding 밀도의 향상</td><td>입체 bonder</td></tr>
<tr><td colspan="2">품질</td><td>• 어셈블리 불량율의 개선과 동시에 check 시스템에 의한 불량 제로화<br>• 고밀도 SMT이 경우, 동작 전압이 낮고, ICT나 Function checker 사용이 불가능한 경우가 예상되므로 직행률 100%는 중요</td><td>기능의 고체화에 의한 신뢰성과 경년 변화의 향상</td></tr>
<tr><td colspan="2">요구하는 접합</td><td>저온 Solder paste</td><td>광경화형 접합 재료</td></tr>
</table>

| | | | |
|---|---|---|---|
| | 재료의 구체적 사고 | | Solder paste의 접착제화 |
| | 봉지재료 (언더휠 등) | 리페어 가능한 언더휠 제 | – |
| | ※ CAD : Computer Aided Design<br>CAM : Computer aided Manufacturing<br>SMT : Surface Mount Technology | | |

## 휴대전화, PDA 기기 03

### (1) 상품 사양 동향

| 항목 | | | 2006년 | 2012년 |
|---|---|---|---|---|
| 외형 사이즈 W×D×H(㎜) | | 휴대전화 | 50×90×15 | 50×80×10 |
| | | P D A | 70×125×15 | 70×125×5 |
| 표시 디바이스 | | | TFT, 유기EL | TFT, 유기EL |
| 화면사이즈 | 인 치 | 휴대전화 | 2.2~3.5 | 2.2~4 |
| | | P D A | 3.5~4 | 3.5~4 |
| | 화소수 (W×H) | 휴대전화 | 240×320 | 480×640 |
| | | P D A | 480×640 | 600×800 |
| CMOS 센서 화소수 | | | 100~130만화소 | 200만화소 |

| 입 력 계 방 식 | 문자 입력 | 문자입력, 음성입력 |
|---|---|---|
| 외 부 접 속 방 식 | 무선랜, Bluetooth | 무선랜, Bluetooth, UWB |
| 안 테 나 구 조 | 호이프, 내장 | 내장 |
| 기 록 디 바 이 스 | 내부 메모리<br>메모리 카드 | 내부 메모리<br>메모리 카드 |
| 전 지 | 리튬 이온<br>리튬 폴리머 | 리튬 폴리머<br>연료전지<br>태양전지 + 캐패시터 |

## (2) 실장 PCB 구성

| 항목 | | 2006년 | 2012년 |
|---|---|---|---|
| 실장도 | | Film 배선판의 활용<br>부품 내장화 | 입체배선/1매기판<br>부품내장화 |
| 탑재하는 LSI의 총수 | 휴대전화 | 8~10 | 5~7 |
| | PDA | 6 | 4 |
| 탑재하는 전자부품의 총수 | 휴대전화 | 200~500 | 100~300 |
| | PDA | 300~800 | 100~700 |
| 탑재하는 콘넥터의 총수 | 휴대전화 | 3~4 | 2~3 |
| | PDA | 10~14 | 5~10 |

## (3) 실장 공법

### ① Flow

Flow 공법은 채용을 고려하지 않는다.

## ② Reflow

그림 3-15에 Reflow 공법의 채용 동향을 나타내었다. Pb free화 탑재 부품의 협pitch화와 함께 Reflow 조건도 크게 변하게 될 것이라 예상되나 부품 접속의 주류로 앞으로도 계속 사용될 것이며 이에 대한 기술은 발견되지 않을 것이다.

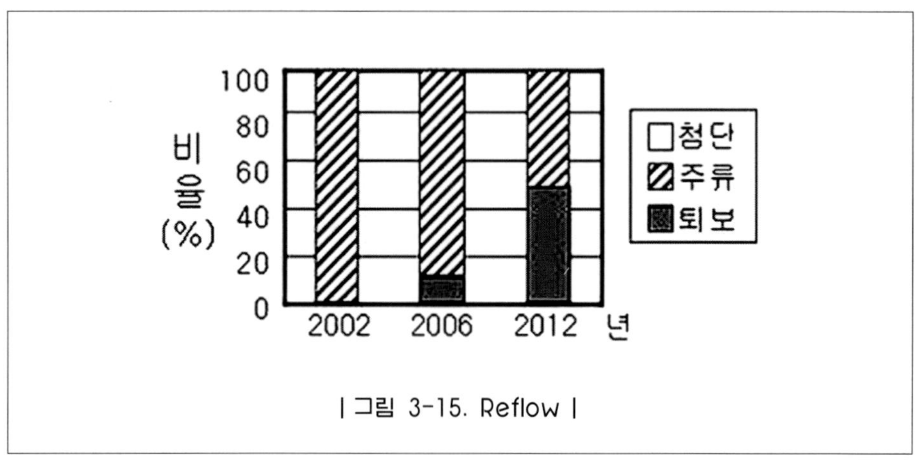


| 그림 3-15. Reflow |

## ③ 열 압착(Au-Au, Au-Sn 등)

그림 3-16에 열 압착 공법의 채용 동향을 나타내었다. COF(Chip on Flexible)로서 일반적인 접속 기술이며, 모듈화의 진전과 함께, 주류 기술로서 넓게 채용될 것으로 생각된다.

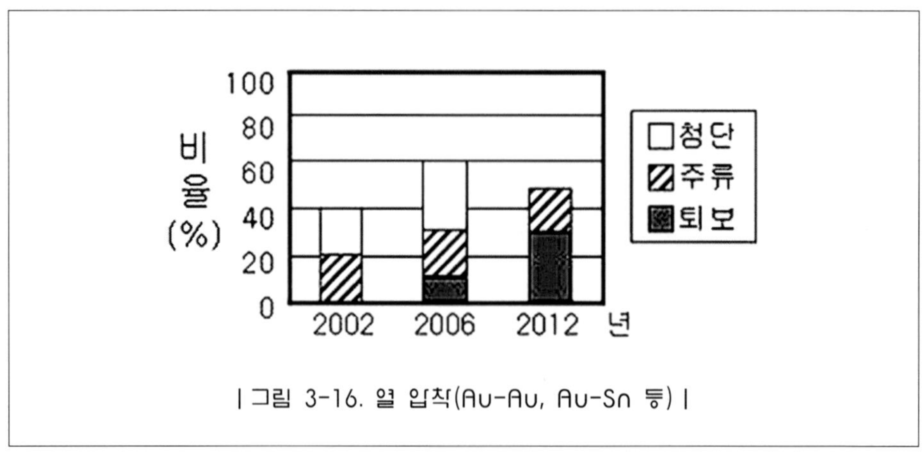


| 그림 3-16. 열 압착(Au-Au, Au-Sn 등) |

④ ACF/ACP/NCP

그림 3-17에 ACF/ACP/NCP의 채용 동향을 보여준다. 기계적인 접합 강도의 부족 때문에 널리 일반적인 접속 기술로서 채용되는 것이 아닌가 생각되지만 저온 접합 가능 등의 특징도 있고 액정의 드라이브 LSI 접속 등 한정된 영역에서는 주류의 기술로서 앞으로도 채용될 것이다.

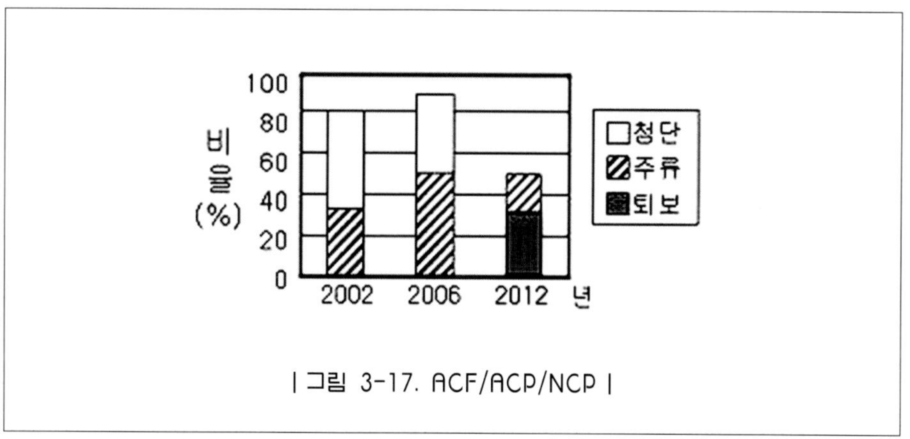


| 그림 3-17. ACF/ACP/NCP |

⑤ Wire bonding(WB)

그림 3-18에 Wire bonding 공법의 채용 동향을 보여준다. 기술적으로는 이미 퇴보한 기술로써 bare chip과 인터포저간의 접속에서 널리 쓰이고 있지만 mother board상에서는 채용되지 않는다. 모듈 기판 상에서의 접속 기술로서 앞으로 채용될 가능성은 남아 있다.

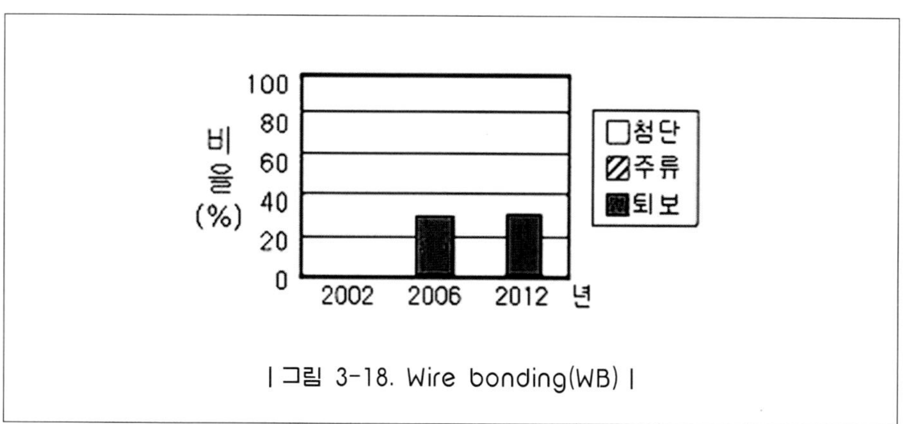


| 그림 3-18. Wire bonding(WB) |

⑥ **Solder bump**

그림 3-19에 Solder bump의 채용 동향을 나타내었다. CSP의 접속 기술고서 일반적인 접속 기술이며 Pb free solder bump, FC 접속, WL-CSP 접속등 채용 사례는 많다.

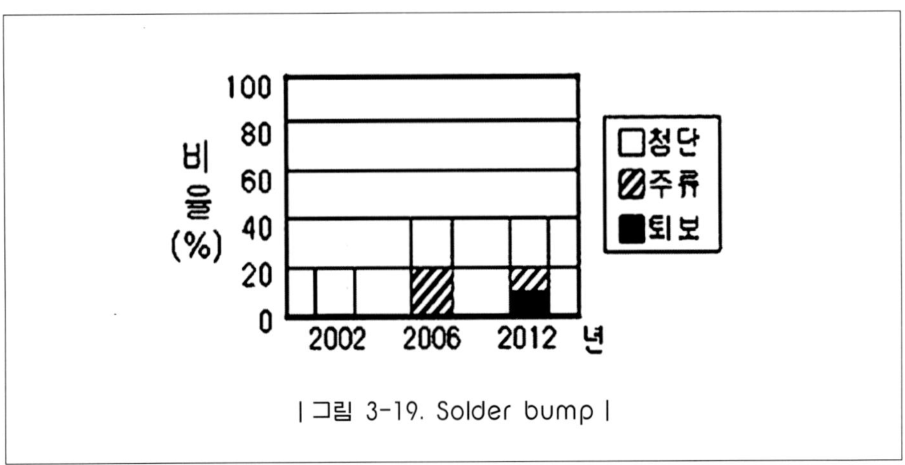


| 그림 3-19. Solder bump |

⑦ **도전성 접착제**

그림 3-20에 도전성 접착제의 채용 동향을 나타내었다. Solder와 동등하게 사용할 수 있다는 점에서 일부 모듈에서 채용되고 있으며 리페어성, 접속 신뢰성 등의 문제로 Solder 접속의 대체 기술로 기대되면서도 주류가 되기까지는 시간이 걸릴 것이라 예측되고 있다.

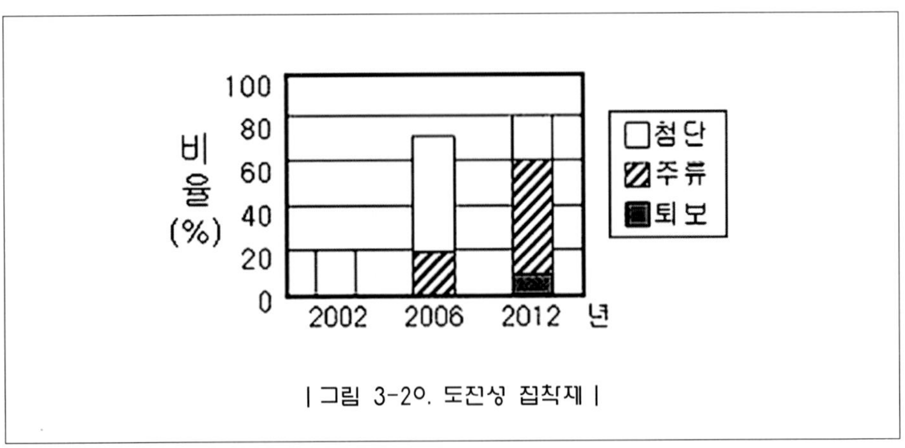


| 그림 3-20. 도전성 접착제 |

⑧ MCM(자사 제조를 할 경우)

그림 3-21에 MCM의 채용 동향을 나타내었다. 장치 설계의 콘셉트에 좌우되는 MCM 채용은 제조사에 따라 차이가 나타난다. 실제 제조에 있어서는 그 제조 노하우 Cost면으로 인해 반도체 제조사에 제조 위탁하는 예가 많을 것으로 생각된다.

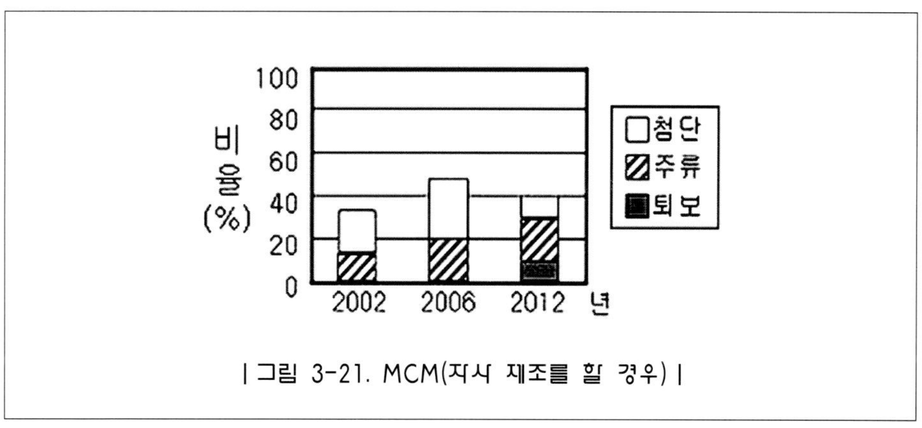

| 그림 3-21. MCM(자사 제조를 할 경우) |

## (4) ROAD-MAP

| 구분 | 항목 | | | 2006년 | 2012년 |
|---|---|---|---|---|---|
| LSI PACKAGE 기술 | Package의 채용 비율 (%) | QFP/ SOP | 휴대전화 | 5 | 3 |
| | | | FBGA | 37 | 18 |
| | | FBGA | 휴대전화 | 80 | 87 |
| | | | FLGA | 65 | 70 |
| | | FBGA | 휴대전화 | 5 | 5 |
| | | | QFN | 3 | 5 |
| | | QFN | 휴대전화 | 10 | 5 |
| | | | PDA | 5 | 7 |

| | | | | | |
|---|---|---|---|---|---|
| | Package의 최소 Pitch (㎜) | QFP/ SOP | 휴대전화 | 0.4 | 0.3~0.4 |
| | | | PDA | 0.4 | 0.3~0.4 |
| | | FBGA | 휴대전화 | 0.4~0.3 | 0.3 |
| | | | PDA | 0.4 | 0.3 |
| | | FLGA | 휴대전화 | 0.4~0.5 | 0.3~0.4 |
| | | | PDA | 0.5~0.65 | 0.3~0.4 |
| | | QFN | 휴대전화 | 0.4 | 0.4 |
| | | | PDA | 0.4 | 0.3 |
| | Package의 최대 핀 수 | QFP/ SOP | 휴대전화 | 100 | 100 |
| | | | FBGA | 120~160 | 160~200 |
| | | FBGA | 휴대전화 | 300~400 | 500 |
| | | | QFN | 256~400 | 256~550 |
| | | FLGA | 휴대전화 | 400 | 500 |
| | | | PDA | 356 | 500 |
| | | QFN | 휴대전화 | 80 | 100 |
| | | | PDA | 50~80 | 100~120 |
| | Package의 최소 설치 높이(㎜) | QFP/SOP | | 0.8 | 0.5 |
| | | FBGA | | 0.8 | 0.5 |
| | | FLGA | | 0.8 | 0.5 |
| | | QFN | | 0.8 | 0.5 |
| | ※ SOP : Small Outline Package | | | | |

<table>
<tr><td rowspan="3">LSI PACKAGE Cost</td><td colspan="2">제품 Cost의 추이(2002년을 100으로 봤을 때의 %)</td><td>75~90</td><td>60~80</td></tr>
<tr><td colspan="2">제품 Cost에 차지하는 LSI Cost 비율(%)</td><td>30~40</td><td>30</td></tr>
<tr><td colspan="2">Package Cost(2002년을 100으로 봤을 때의 %)</td><td>80~90</td><td>70~80</td></tr>
<tr><td rowspan="11">BARE CHIP 실장 채용</td><td colspan="2">Bare chip 실장의 채용 비율(%)</td><td>5~20</td><td>10~50</td></tr>
<tr><td colspan="2">Wire bonding</td><td>△</td><td>△</td></tr>
<tr><td colspan="2">Flip chip bonding</td><td>◎</td><td>△</td></tr>
<tr><td rowspan="3">Bare chip의 최소 Pad pitch</td><td>WB</td><td>50</td><td>40</td></tr>
<tr><td>FCB주변</td><td>50</td><td>10~30</td></tr>
<tr><td>FCB AREA</td><td>100~200</td><td>80~100</td></tr>
<tr><td colspan="2">Bare chip의 최소 chip 두께(㎛)</td><td>70~100</td><td>25~50</td></tr>
<tr><td colspan="2">Bare chip의 공급 형태</td><td>트레이, Wafer</td><td>Tape, Wafer</td></tr>
<tr><td rowspan="2">Cost(Package품과의 비교) (%)</td><td>KGD</td><td>80~90</td><td>50~90</td></tr>
<tr><td>비KGD</td><td>50~80</td><td>50~80</td></tr>
<tr><td colspan="4">◎ : 주류, ○ : 첨단, △ : 퇴보, X : 사용하지 않음.<br>KGD : Known Good Die</td></tr>
<tr><td rowspan="4">PACKAGE 채용</td><td colspan="2">화면(상하면)에 I/O가 있는 package</td><td>○</td><td>◎</td></tr>
<tr><td colspan="2">3차원 package(대용량 3차원 메모리, stacked chip 등)</td><td>◎</td><td>△</td></tr>
<tr><td colspan="2">화면 LSI화<br>(Wafer의 화면에 배선 형성한 LSI)</td><td>○</td><td>○</td></tr>
<tr><td colspan="2">CCD 내장 CPU(화상처리의 1chip화)</td><td>○</td><td>○</td></tr>
</table>

<table>
<tr><td rowspan="5"></td><td colspan="3">Boundary scan 전용 LSI<br>(신뢰성 테스트용)</td><td>○</td><td>◎</td></tr>
<tr><td colspan="3">고방열 LSI용 고효율 소자 조립형 LSI</td><td>X</td><td>X</td></tr>
<tr><td colspan="3">MEMS(3차원 가속도 센서 : 3차원 쟈이로 등)</td><td>○</td><td>◎</td></tr>
<tr><td colspan="3">Opt electronics MCM</td><td>X</td><td>○</td></tr>
<tr><td colspan="5">◎ : 주류, ○ : 첨단, △ : 퇴보, X : 사용하지 않음.</td></tr>
<tr><td rowspan="4">생산<br>용이성</td><td colspan="3">LSI package의흡습관리 free</td><td>개봉 후 7일 ~ 1개월의 관리 free<br>Baking 없음.</td><td>흡습관리 완전 free가 필수</td></tr>
<tr><td colspan="3">SoC의 사용 가부와 그 요구</td><td>저Cost, 단납기, 필요 기능을 만족할 수 있다면 사용</td><td>효율적인 집적화 수법으로 중요하다고 생각됨.<br>용이한 검증 수단의 제공이 필요</td></tr>
<tr><td colspan="3">SiP의 사용 가부와그 요구</td><td colspan="2">최신 디바이스를 필요로 하는 동시에 소형화를 필요로 하는 경우에 주류가 됨.<br>ASIC와 메모리의 Stack화<br>LSI 벤더는 KGD 필수</td></tr>
<tr><td colspan="3">LSI package의 환경 대응</td><td>요구되는 Pb free<br>1. 내열보증온도의 향상<br>2. 표면처리기술의 향상<br>3. 저융점 대응<br>Halogen free<br>생분해성 플라스틱</td><td>필수<br>Halogen free</td></tr>
<tr><td rowspan="4">CHIP<br>부품</td><td rowspan="4">Chip<br>콘덴서<br>Chip<br>저항기<br>Chip<br>인덕터</td><td colspan="2">최대사이즈 W×D(㎜)</td><td>2.0×1.25</td><td>1.0×0.5</td></tr>
<tr><td rowspan="3">Fillet less<br>실장<br>(부품의 하면 전극만)</td><td>개시 시기</td><td colspan="2">2004~6년</td></tr>
<tr><td>사이즈(㎜)</td><td>0.6×0.3</td><td>0.4×0.2</td></tr>
<tr><td>검사법</td><td>X선</td><td>X선</td></tr>
</table>

<table>
<tr><td rowspan="2"></td><td rowspan="2">Chip<br>전해<br>콘덴서<br>최대<br>사이즈</td><td colspan="2">탄탈 D×W×H(㎜)</td><td>6×3.2×2.5</td><td>3.2×1.6×1.6</td></tr>
<tr><td colspan="2">알루미늄 D×H(㎜)</td><td>3.5×5</td><td>3.5×5</td></tr>
<tr><td rowspan="3">CONNEC<br>-TOR</td><td colspan="3">외장 콘넥터(인터페이스용) 최소 단자간 pitch 동향(2002년을 100으로 한 %)</td><td>60~80</td><td>40~70</td></tr>
<tr><td>내장 콘넥터</td><td colspan="2">개시시기</td><td colspan="2">2003년(1개사만 회답)</td></tr>
<tr><td colspan="3">내장 콘넥터 전폐에 대한 의견</td><td colspan="2">Cost 메리트가 없으므로 채용하지 않음.<br>조립 용이성이나 리사이클성을 고려하면 콘넥터 필요</td></tr>
<tr><td rowspan="6">환경<br>대책</td><td colspan="3">벌크 케이스 실장의 채용율(%)</td><td>30~40</td><td>50~100</td></tr>
<tr><td rowspan="3">환경<br>대책<br>(전 부품<br>공통)</td><td rowspan="3">포장재의<br>재사용(리유즈 비율%)</td><td>릴</td><td>50~100</td><td>100</td></tr>
<tr><td>트레이</td><td>50~100</td><td>100</td></tr>
<tr><td>벌 크<br>케이스</td><td>50~100</td><td>100</td></tr>
<tr><td colspan="3">포장재에 대한 요구사항<br>(정전용량 대책 등)</td><td colspan="2">생분해재료의 사용<br>소형부품(0603) chip 부품이나 1㎜ 이하의 반도체 package에 효율이 좋은 포장재 선정</td></tr>
<tr><td colspan="3">낙하, 휨, 뒤틀림에 대응한 성능 요구, 품질 시험 방법의 요구(특히 불만점 등)</td><td>–</td><td>–</td></tr>
<tr><td rowspan="5">MOTHER<br>BOARD</td><td colspan="3">층구성</td><td></td><td></td></tr>
<tr><td colspan="3">기판 타입</td><td>빌드업</td><td>빌드업</td></tr>
<tr><td colspan="3">층구성(층)</td><td>8~10</td><td>8~10</td></tr>
<tr><td colspan="3">기판 재질</td><td>FR-4, FR-5<br>상당</td><td>FR-4, 신재료</td></tr>
<tr><td colspan="3">기판 두께(㎛)</td><td>0.6~0.8</td><td>0.4~0.6</td></tr>
</table>

| | | | | |
|---|---|---|---|---|
| | 기판 크기(㎜×㎜) | 휴대전화 | 40×80 | 40×70 |
| | | PDA | 70×120 | 70×110 |
| | 최소 도체폭/간격(㎛) | | 50/50~75/75 | 30/30~50/50 |
| | 최소V ia land경(㎛) | | 100 | 100 |
| | Cost 비율(2002년을 100으로 했을 때) | | 75~90 | 50~80 |
| | 기판의 휨 허용 범위(㎜) | | 0.2 | 0.1 |
| | 내열성 피크 온도(℃)/시간(sec) | | 260/20 | 260/20 |
| | 경량화의 추이<br>(2002년을 100으로 했을 때의 %) | | 80~90 | 60~80 |
| | 전기 특성 | 유전율(1GHz) | 4.5~4.7 | 4.0~4.7 |
| | | 임피던스(Ω) | 50~55±5 | 50~55±2 |
| | 부품 내장 기판 | | 채용 예정 없음 | |
| | 경량화(2002년을 100으로 했을 때의 %) | | 80~90 | 70~80 |
| | 주류가 되는 표면 처리 | | Pb free solder<br>처리<br>수용성 pre-flux<br>금 플래쉬 | Pb free solder<br>처리<br>수용성 pre-flux<br>금 플래쉬 |

| | 항목 | | | 채용 시기 |
|---|---|---|---|---|
| EMBEDD<br>-ED<br>채용<br>시기 | 부품<br>내장 기판<br>채용 시기 | 수동<br>부품 | 콘덴서 | 2004년~2010년 |
| | | | 저항기 | 2004년~2010년 |
| | | | 인덕터 | 2005년~2010년 |
| | | | 필 터 | 2005년~2010년 |
| | | 능동<br>부품 | 메모리 | 2006년~2012년 |

| | | | 로 직 | 2006년~2012년 | |
|---|---|---|---|---|---|
| | | | 리니어 | 2008년~2012년 | |
| MODULE PCB | **항목** | | | **2006년** | **2012년** |
| | 층 구성 요구 | | | | |
| | 기판 타입 | | | 빌드업, 부품 내장 | 빌드업, 부품내장 |
| | 층구성(층) | | | 6~8 | 6~10 |
| | 기판 재질 | | | FR-4, BT레진<br>Epoxy aramid | FR-4, BT레진<br>Epoxy aramid |
| | 기판 두께(㎛) | | | 400~800 | 400~600 |
| | 기판 크기(㎜×㎜) | | | 30×30 | 20×20 |
| | 최소도체폭/간격((㎛)) | | | 50/50~40/40 | 25/25~20/20 |
| | Cost 비율(2002년을 100으로 했을 때 %) | | | 80~90 | 70~80 |
| 실장 설비 요구 사항 | **항목** | | **2006년을 목표로 한 요구 사항** | | |
| | 전체에 대해/공통적 | | 소형화(미니라인, 높이 조절)<br>이동과 이동 후의 셋팅 용이성<br>소량, 타품종에 대응한 공간 절약 라인(점유면적 및 중량의 감소)<br>라인 길이의 단축(설비의 소형화), 모듈형 설비<br>Maintenance 간략화<br>고속성 추구<br>기판 휨 뒤틀림에 대한 보정기능 | | |
| | 인쇄기 | | 인쇄 정도, 어긋남 향상<br>각종 기재(필름이나 기판 등)대응의 인쇄기<br>미세 인쇄/Fine 인쇄화<br>협pitch화에 대응한 인쇄 방식<br>자기 검사 기능을 가진 인쇄기<br>메탈마스크의 플라스틱화<br>온습 관리 철저<br>Solder paste 묘획(잉크젯 방식) | | |

| | | |
|---|---|---|
| | 마운터 | 마운트 정도(부품 쏠림 등)/안정성 향상<br>3차원 실장 대응 마운터<br>다종 공급 형태에 대응(박형 Wafer 등)<br>미세chip 부품 대응<br>모듈형 설비/Flexible에 이동 가능한 설비<br>부품 검사(외형, 극성 등)의 고기능화와 고속화 |
| | Reflow | 프린트기판 온도 측정 Feed-back system<br>온도 분포 제어(부품마다 온도 측정이 가능)/국부 가열/국부 비가열 대응 설비<br>$N_2$ 발생원을 가진 Reflow등<br>저소비전력화 |
| | Flow | Point flow 장치의 고성능화 |
| | 검사기 | Teaching free 검사기<br>Solder 인쇄의 3차원 측정<br>접합부를 확인할 수 있는 X선 검사기(Crack등을 알 수 있으면 best)<br>탑재기, 인쇄기로의 feed-back 기능<br>검사 프로그램의 자기 생성 |

| 항목 | | 2006년을 목표로 한 요구 사항 | 2012년을 목표로 한 요구 사항 |
|---|---|---|---|
| Bare LSI Bonder | Wire bonder | 50㎛ pitch 대응기 First bond, Second bond 양방으로 볼을 세움. | 초고속기 |
| | Flip chip bonder | 다핀 대응<br>박형 wafer에서의 핸들링 대응(~25㎛)<br>저가격, 고속 처리 | 검사기능 겸비 |
| 품질 | | • 제조 불량 제로화(프로세스 편차)<br>• 검사기능을 구비한 실장 장치<br>• KGD를 실현하기 위한 bare chip 검사<br>• 환경의 구축 외관검사<br>• 작업의 전자동화 어셈블리<br>• 품질 보증 가능한 제조 기계 | • 검사, 리페어를 겸한 인텔리전트 머신<br>• SoC 개발에 있어서의 시뮬레이션 환경의 구축<br>• KGD를 실현하기 위한 SoC 검사 환경의 구축 |

|  |  |  |  |
|---|---|---|---|
|  | 요구하는 접합 재료의 구체적 사고 | • 저온 경화 접합 재료<br>• Pb free에 대응한 재료<br>• 도전성 접착제<br>• 단시간, 저온 접합 재료(재료는 환경 대응 재료 등)<br>• 리페어 용이한 접합 재료 접합부의 강도 up | • Solder 탈피<br>• 리페어 가능한 재료<br>• 가열 등이 필요 없는 생산 방식(압착 방식 등) |
|  | 봉지재(언더필 등) | • 저온(60~70℃), 단시간(5분 이내) 경화<br>• 리페어 가능한 언더필(열가소성 재료)<br>• 저Cost(현재의 1/10)<br>• 저흡습/실온 보존 가능한 언더필 재료)<br>• 보이드가 발생하지 않는 언더필 재료 | • 리페어 가능한 언더필<br>• 단시간 경화<br>• SoC를 몰드 광체에 내장(언더필이 필요 없는 기술) |

## DIGITAL STEEL CAMERA 04

### (1) 상품 사양 동향

| 항목 | 2006년 | 2012년 |
|---|---|---|
| 외형 사이즈 W×D×H(㎜) | 80×40×20 | 80×40×10 |
| 중량(g) | 100~110 | 50~70 |
| 소비전력(W) | 2 | 1 |
| 구동 전압(V) | 3.6~7.2 | 3.6~7.2 |

| 입력 디바이스 | CCD/CMOS | CMOS |
|---|---|---|
| 입력 디바이스 사이즈 | – | – |
| 표시 디바이스 | 유기EL | 유기 EL/반투과형 |
| 표시 디바이스 사이즈 | 1.5인치 | 1.5인치 |
| 외부 접속 방식 | 케이블, Bluetooth | 케이블, Bluetooth |
| 주기록 디바이스 | 메모리카드/기억매체 없음. | 메모리카드/기억매체 없음. |
| 부가 기능 | 휴대전화에200만 화소 DSC가 들어감. | 휴대전화에 300만 화소 DSC가 들어감. |

## (2) 실장 PCB 구성

| 항목 | 2006년 | 2012년 |
|---|---|---|
| 실장도 | | |
| 기판 매수 | 1매<br>메인 : 빌드 업 기판<br>Rigid–flexible | 1매<br>메인 : 수동부품 내장 |
| 기판 사이즈(메인기판)(㎜) | 50×50 | 30×30 |
| 기판 종류 | 빌드 업 6층/Rigid–flexible 6층 | 수동부품내장 10층 기판 MID |
| 탑재하는 전자 부품의 총수 | 300~600 | 10~400 |
| 탑재하는 LSI의 총수 | 5 | 1~3 |
| 탑재하는 콘넥터의 총수 | 3 | 2 |

※ MID : Molded Interconnect Device

## (3) 실장 공법

### ① Flow

그림 3-21에 Flow 공법의 채용 동향을 나타내었다. DSC 제품 내부의 실장 방식으로는 양면 Reflow가 현재도 주력이며, Flow 공법이 DSC 제품 내부의 실장 방식으로 사용 될 가능성은 차후에도 없다. 단, 액세서리 부분(예를 들면, 충전기 등)은 Flow 공법이 계속 채용될 가능성이 있다.

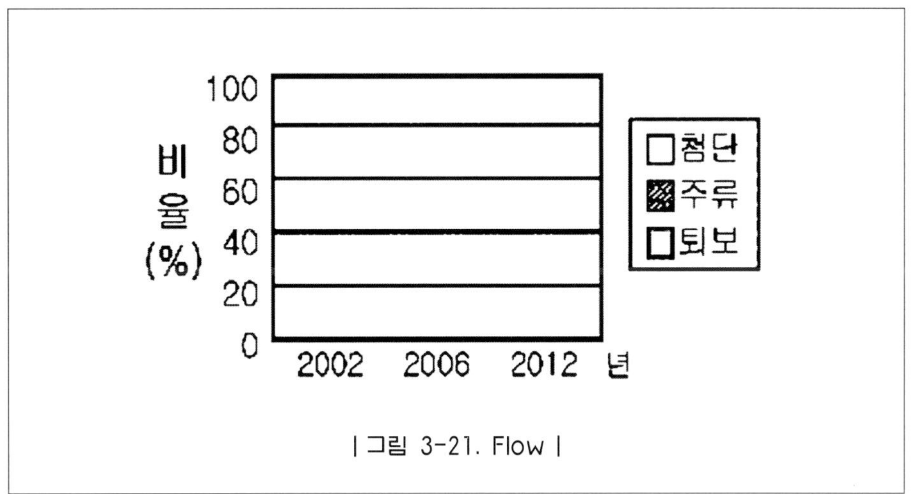


| 그림 3-21. Flow |

### ② Reflow

그림 3-22에 reflow 공법의 채용 동향을 나타내었다. Reflow 공법은 2002년에 주류 실장 형태이며 차후에도 주력 실장 형태일 것이라 예측된다.
요구 사항은 아래와 같다.

㉮ 온도 편차 폭의 감소 △T = 1℃~2℃
㉯ 부품 내열성의 향상(흡습 관리)
㉰ 기판 및 부품의 휨 방지
㉱ Fine pitch 부품의 실장 품질 향상
㉲ 저온 Pb free solder
㉳ Fine pitch 인쇄(Φ0.2 도트 인쇄)

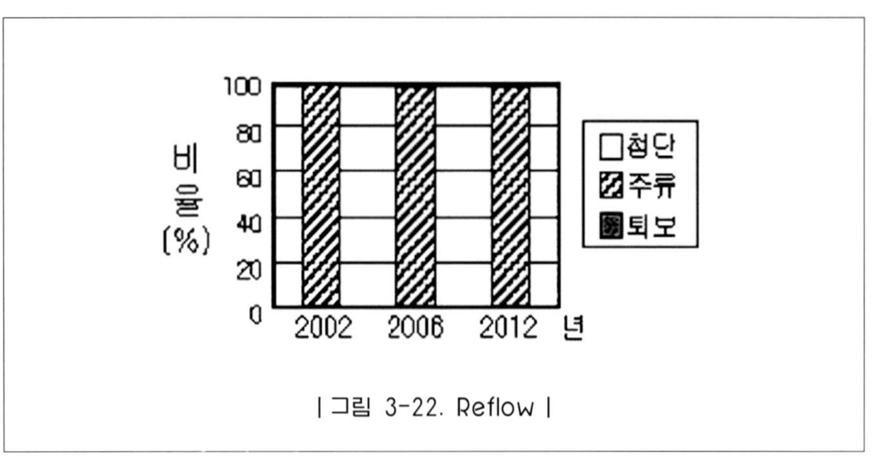


| 그림 3-22. Reflow |

③ 열 압착(Au-Au, Au-Sn 등)

그림 3-23에 열 압착 공법의 채용 동향을 나타내었다. 열 압착은 2002년에 사용하는 곳은 거의 없고 차후에도 소수의 회사가 사용하는 방향이다. 채용 예정인 회사로는 2006년 레벨에서 첨단기술로 하여 2012년에는 주류의 공법이 될 것으로 예측된다. 사용 개소로는 메인 기판보다는 MCM, 카메라모듈 등의 모듈부에 채용되지 않을까 예측할 수 있다.

요구 사항은 아래와 같다.

㉮ 택트 시간의 단축

㉯ 다핀화 일괄 대응

㉰ Bump 형성의 저Cost화

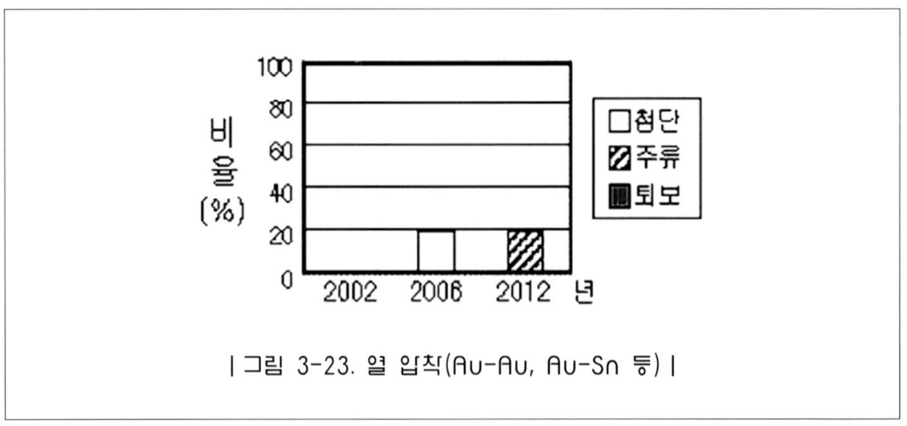


| 그림 3-23. 열 압착(Au-Au, Au-Sn 등) |

### ④ ACF/ACP/NCP

그림 3-24에 ACF/ACP/NCP의 채용 동향을 나타내었다. ACF/ACP/NCP는 열압착과는 달리 2002년에 사용하지 않지만 2006년에는 첨단 기술로 꽤 정착되어 2012년에는 첨단, 주류가 된다. 용도로는 MCM 등의 모듈부, flexible cable과의 접속부 등이 생각된다. 요구사항은 아래와 같다.

㉮ 택트 시간의 단축
㉯ 협pitch 대응
㉰ 리페어성
㉱ Reflow 내열성
㉲ 불량 메커니즘의 명확화(평가 기준, 가속 계수)

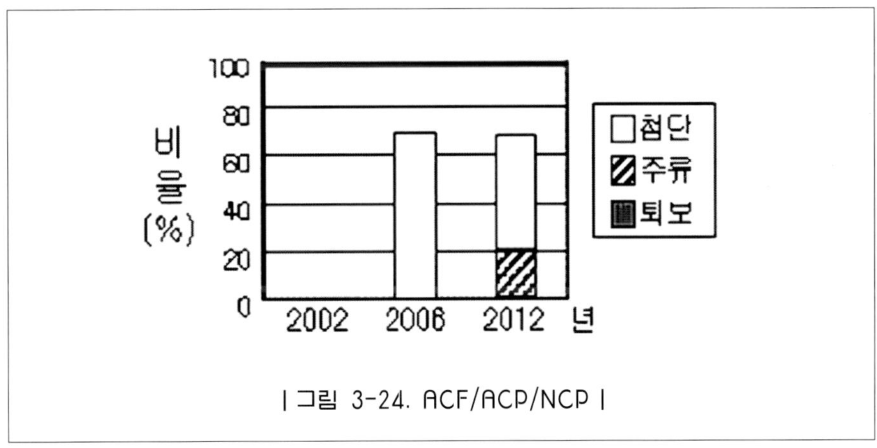

| 그림 3-24. ACF/ACP/NCP |

### ⑤ Wire bonding(WB)

그림 3-25에 Wire bonding 공법의 채용 동향을 나타내었다. WB는 현재는 사용되고 있지 않다. 한 가지는 MCM, 카메라모듈 등의 모듈부에 일부 사용될 것으로 예측된다. 2012년 시점에서는 퇴보한 기술이 되므로 앞으로 기술적인 발전은 별로 기대하지 않고 있다고 예측할 수 있다.
요구사항은 아래와 같다.

㉮ 택트 시간의 단축

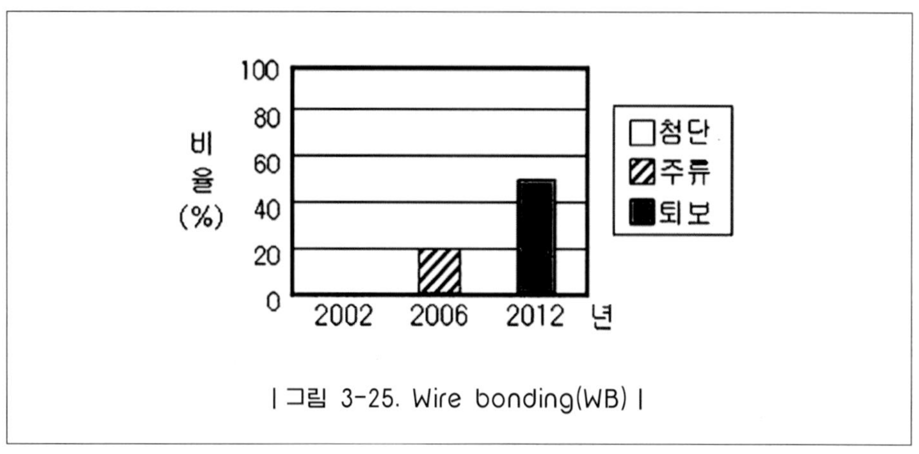


| 그림 3-25. Wire bonding(WB) |

⑥ Solder bump

그림 3-26에 Solder bump의 채용 동향을 나타내었다. Solder bump는 현재는 사용되지 않지만, 2006년에는 일부 첨단기술로 채용되기 시작하여, 2012년에는 주류 기술로 사용할 회사가 있다. 이들은 MCM, 카메라 모듈 등의 모듈에 채용될 것이라 예측되며, 소형화, one chip 모듈화를 목표로 2006년 이후에 첨단 기술로서 채용이 급속히 증가해 갈 것이라 예측된다. 요구사항은 아래와 같다.

㉮ 협pitch 대응(다핀화 대응)
㉯ 휨 대책
㉰ Bump 형성의 저Cost화

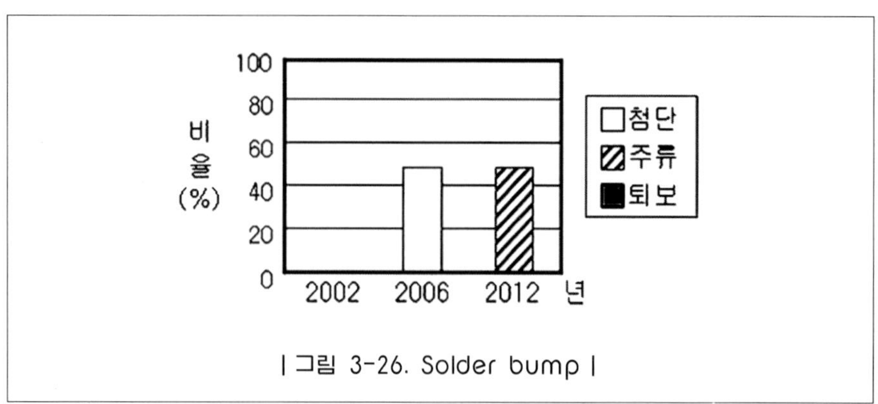


| 그림 3-26. Solder bump |

### ⑦ 도전성 접착제

그림 3-27에 도전성 접착제의 채용 동향을 나타내었다. 도전성 접착제는 2006년 이후에는 퇴보하는 기술이 됨에 따라 앞으로 채용을 향한 검토가 급속히 진행될 것이라 생각된다. 이것은 Pb-free solder 채용 때문에 reflow 농도가 고온화 되는 것에 대해 부품, 기판 등의 내열성 확보가 곤란하게 되는 상황이라 Solder의 대체품으로서 각 사에서 주목하고 있으리라 예측된다.

그러나, 메인기판상의 solder를 모두 바꾸려면 다양한 전국 재료에 대한 접속 메커니즘을 해명하고, 신뢰성을 확보해야 하므로, 2012년은 어찌 되든, 2006년에 퇴보 기술이 될지는 의문이다.

요구사항은 아래와 같다.

㉮ 접속 자항값의 저 저항화

㉯ 리페어성

㉰ 접속온도의 저온화, 단시간화

㉱ 신뢰성 메커니즘의 해명(파괴 모드와 가속율의 산출)

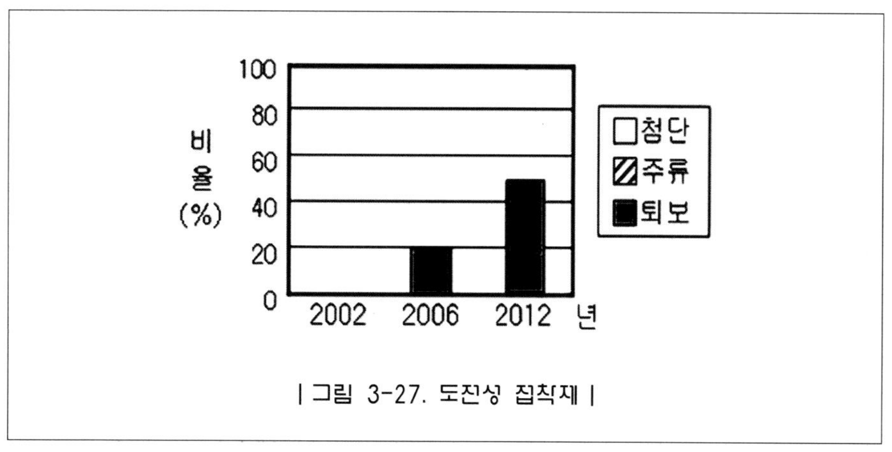


| 그림 3-27. 도전성 접착제 |

### ⑧ MCM(자사 제조를 할 경우)

그림 3-28에 MCM의 채용 동향을 나타내었다. DSC의 경우, 앞으로 메인 기판은 LSI의 집약화나 카메라 모듈로서의 CCD, CMOS등의 입력 센서와 처

리 LSI의 일체화가 더욱 진행되리라 예측되므로 제조사로서의 부가가치를 얻기 위해서 모듈화에 강하게 흥미를 가지게 될 것이다. 그러나, 2006년 이후에 첨단기술이 되므로 검토는 앞으로 진행될 것이다. 단, 아래 요구사항에 있어서 KGD와 Cost 밸런스의 과제가 해결되지 않으면 세트메이커가 MCM을 내재화하기는 어려울 것으로 예측된다. 요구사항은 아래와 같다.

㉮ Bare chip의 KGD
㉯ Chip의 저Cost화(package품보다 싸게 KGD chip을 공급)
㉰ 테스트 기술의 공개
㉱ MCM 기판 Cost의 감소

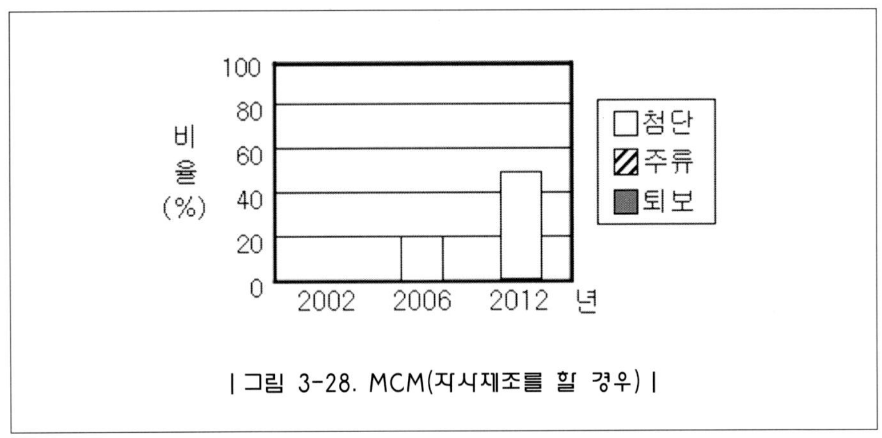


| 그림 3-28. MCM(자사제조를 할 경우) |

## (4) ROAD-MAP

| 구분 | 항목 | | 2006년 | 2012년 |
|---|---|---|---|---|
| LSI PACKAGE | Package의 채용 비율(%) | QFP/SOP | 30 | 12 |
| | | FBGA | 50 | 65 |
| | | FLGA | 10 | 13 |

| | | QFN | 10 | 10 |
|---|---|---|---|---|
| | Package의 최소 pitch(㎜) | QFP/SOP | 0.3 | 0.3 |
| | | FBGA | 0.5 | 0.3 |
| | | FLGA | 0.5 | 0.3 |
| | | QFN | 0.4 | 0.4 |
| | Package의 최대 핀 수 | QFP/SOP | 256 | 256 |
| | | FBGA | 500 | 800 |
| | | FLGA | 500 | 800 |
| | | QFN | 100 | 100 |
| | Package의 최소 높이(㎜) | QFP/SOP | 0.8 | 0.8 |
| | | FBGA | 0.8 | 0.6 |
| | | FLGA | 0.6 | 0.4 |
| | | QFN | 0.6 | 0.4 |
| LSI PACKAGE Cost | 제품 Cost의 추이(2002년을 100%로 했을 때의 %) | 75 | 58 | |
| | 제품 Cost에 차지하는 LSI Cost 비율(%) | 77 | 63 | |
| | Package Cost(2002년을 100으로 했을 때의 %) | 87 | 73 | |
| BARE CHIP 실장 채용 | Bare chip 실장의 채용 비율(%) | | 10~30 | 20~50 |
| | Wire bonding | | △ | △ |
| | Flip chip bonding | | ◎ | ◎ |

| | | | | |
|---|---|---|---|---|
| | Bare chip의 최소 pad pitch(㎛) | WB | 80 | 60 |
| | | FCB | 80 | 60 |
| | Bare chip의 최소 chip 두께(㎛) | | 100 | 50 |
| | Bare chip의 공급 형태 | | 트레이, 테이프 | 트레이, 테이프 |
| | Cost(Package품과의 비교) (%) | KGD | 60~90 | 50~80 |
| | | 비KGE | 50 | 40 |
| | ◎ : 주류, ○ : 첨단, △ : 퇴보, X : 사용하지 않음. | | | |

| 구분 | 항목 | 2006년 | 2012년 |
|---|---|---|---|
| PACKAGE 채용 | 양면(상하면)에 I/O가 있는 package | X | X |
| | 3차원 package(대용량 3차원 메모리, stacked chip 등) | ○ | ◎ |
| | 양면 LSI화(Wafer의 양면에 배선 형성한 LSI) | X | X |
| | CCD 내장 CPU(화상처리의 1chip화) | ○ | ◎ |
| | Boundary scan 전용 LSI(신뢰성 테스트용) | ○ | ◎ |
| | 고방열 LSI용 고효율 소자 조립형 LSI | X | X |
| | MEMS(3차원 가속도 센서 : 3차원 자이로 등) | X | X |
| | Opt electronics MCM | ◎ | ◎ |
| | ◎ : 주류, ○ : 첨단, △ : 퇴보, X : 사용하지 않음. | | |

<table>
<tr><td rowspan="5">생산<br>용이성</td><td colspan="3">LSI package의 흡습 관리 free</td><td>LSI에 대한 정전기 대응을 할 수 있도록 습도 관리도 같이 대응 되어야 할 필요</td><td>흡습 관리 free가 필수</td></tr>
<tr><td colspan="3">SoC의 사용 가부와 요구</td><td colspan="2">사용 예정 없음.</td></tr>
<tr><td colspan="3">SiP의 사용 가부와 요구</td><td colspan="2">사용함. 단, 저Cost, 단납기일 것</td></tr>
<tr><td colspan="3">LSI package의 환경 대응</td><td>완전 대응이 요구됨.</td><td>대응이 불가결</td></tr>
<tr><td colspan="3">기타 문제나 과제라고 생각되는 것</td><td colspan="2">• Reflow시의 package 휨 감소<br>• BGA, LGA 타입의 표면 index 표시의 규격화<br>• BGA, LGA 타입의 접속 신뢰성 데이터 평가 방법의 규격화</td></tr>
<tr><td rowspan="6">CHIP<br>부품</td><td rowspan="4">Chip 콘덴서<br>Chip 저항기<br>Chip 인덕터</td><td colspan="2">최대 사이즈<br>W×D(㎜)</td><td>1.6×0.8</td><td>1.6×0.8</td></tr>
<tr><td rowspan="3">Fless<br>실장<br>(부푸의<br>하면<br>전극만)</td><td>개 시<br>시 기</td><td colspan="2">2005년</td></tr>
<tr><td>사이즈</td><td>–</td><td>–</td></tr>
<tr><td>검사법</td><td>화상 인식</td><td>화상 인식</td></tr>
<tr><td rowspan="2">Chip<br>전해 콘덴서<br>최대 사이즈</td><td colspan="2">탄탈 D×W×H(㎜)</td><td>2.6×1.8×4.7</td><td>2.6×1.8×4.7</td></tr>
<tr><td colspan="2">알루미늄 D×H(㎜)</td><td>–</td><td>–</td></tr>
<tr><td rowspan="2">CONNEC-<br>TOR</td><td rowspan="2">콘넥터</td><td colspan="2">외장 콘넥터(인터페이스용)<br>최소 단자 간 pitch의 동향(2002년을 100%로 한 %)</td><td>50</td><td>50</td></tr>
<tr><td colspan="2">내장 콘넥터 전폐에 대한 의견</td><td colspan="2">내장 콘넥터를 없애는 것은 곤란하다.</td></tr>
</table>

<table>
<tr><td rowspan="6">환경<br>대책</td><td colspan="3">벌크 케이스 실장의 채용율(%)</td><td>0</td><td>0</td></tr>
<tr><td rowspan="5">환경대책<br>(전 부품 공통)</td><td colspan="2">리사이클성의 요구</td><td colspan="2">분해되기 쉬움.<br>구상에 없음.</td></tr>
<tr><td rowspan="4">포장재의<br>재사용<br>(재사용<br>비율 %)</td><td>릴</td><td>0~50</td><td>80</td></tr>
<tr><td>트레이</td><td>0~50</td><td>80</td></tr>
<tr><td>벌크<br>케이스</td><td>채용 예정 없음.</td><td>채용 예정 없음.</td></tr>
<tr></tr>
<tr><td rowspan="15">MOTHER<br>BOARD</td><td colspan="3">층 구성</td><td></td><td></td></tr>
<tr><td colspan="3">기판 타입</td><td>빌드 업</td><td>빌드 업</td></tr>
<tr><td colspan="3">층 구성(층)</td><td>2-2-2, 2-4-2</td><td>2-4-2, 8, Any layer</td></tr>
<tr><td colspan="3">기판 재질</td><td>FR-4</td><td>FR-4</td></tr>
<tr><td colspan="3">기판 두께(㎜)</td><td>0.7</td><td>0.6</td></tr>
<tr><td colspan="3">기판 크기(㎜×㎜)</td><td>50×50</td><td>30×30</td></tr>
<tr><td colspan="3">최소 도체 폭/간격(㎛)</td><td>50/50</td><td>20/20~50/50</td></tr>
<tr><td colspan="3">최소 via land 경(㎛)</td><td>200</td><td>100</td></tr>
<tr><td colspan="3">Cost 비율(2002년을 100으로 했을 때 %)</td><td>85</td><td>70</td></tr>
<tr><td colspan="3">기판 휨 허용 범위 (%)</td><td>0.7</td><td>0.5</td></tr>
<tr><td colspan="3">내열성 peak 온도(℃)/시간(sec)</td><td>280/30</td><td>280/30</td></tr>
<tr><td colspan="3">경량화 추이<br>(2002년을 100으로 했을 때 %)</td><td>90</td><td>80</td></tr>
<tr><td colspan="3">주류가 되는 표면처리</td><td>• 수용성 Pre-flux<br>• 유기로진<br>• 금flash<br>• Pb-free solder<br>• 처리</td><td>• 수용성 Pre-flux<br>• 유기로진<br>• 금flash<br>• Pb-free solder<br>• 처리</td></tr>
</table>

<table>
<tr><td rowspan="9">EMBEDDED<br>채용 시기</td><td colspan="3">항목</td><td colspan="2">채용 시기</td></tr>
<tr><td rowspan="8">부품<br>내장<br>기판<br>채용<br>시기</td><td rowspan="4">수동<br>부품</td><td>콘덴서</td><td colspan="2">2007년 경</td></tr>
<tr><td>저항기</td><td colspan="2">2007년 경</td></tr>
<tr><td>인덕터</td><td colspan="2">2007년 경</td></tr>
<tr><td>필터</td><td colspan="2">2007년 경</td></tr>
<tr><td rowspan="3">능동<br>부품</td><td>메모리</td><td colspan="2">2012년 이후</td></tr>
<tr><td>로직</td><td colspan="2">2012년 이후</td></tr>
<tr><td>리니어</td><td colspan="2">2012년 이후</td></tr>
<tr><td colspan="2"></td><td colspan="2"></td></tr>
<tr><td rowspan="3">환경 대응</td><td colspan="3">항목</td><td>2006년</td><td>2012년</td></tr>
<tr><td colspan="3">Halogen free 기판 채용 비율(%)</td><td>50~80</td><td>70~95</td></tr>
<tr><td colspan="3">안티몬 free 기판 채용 비율(%)</td><td>0~50</td><td>50~95</td></tr>
<tr><td rowspan="9">MODULE<br>PCB</td><td colspan="3">층 구성 요소</td><td>-</td><td>-</td></tr>
<tr><td colspan="3">기판 타입</td><td>세라믹(HTCC)</td><td>세라믹(HTCC)</td></tr>
<tr><td colspan="3">층구성 (층)</td><td>8</td><td>8</td></tr>
<tr><td colspan="3">기판 재질</td><td>세라믹</td><td>세라믹</td></tr>
<tr><td colspan="3">기판 두께(㎜)</td><td>0.6</td><td>0.6</td></tr>
<tr><td colspan="3">기판 크기(㎜×㎜)</td><td>10×10</td><td>8×8</td></tr>
<tr><td colspan="3">최소 도체폭/간격(㎛)</td><td>-</td><td>-</td></tr>
<tr><td colspan="3">Cost비율(2002년을 100으로 했을 때 %)</td><td>90</td><td>70</td></tr>
<tr><td colspan="5">※ HTCC : High Temperature Cofire Ceramic Syst</td></tr>
</table>

| 실장 설비 요구 사항 | 항목 | 2006년을 목표로 한 요구 | 2012년을 목표로 한 요구 |
|---|---|---|---|
| | 전체에 대해/공통적 | • 셀 생산 방식<br>• 기판과 부품의 편차를 흡수, 대응할 수 있는 라인<br>• 공간 절약 | • 셀 생산 방식<br>• 완전 무인 라인 |
| | 인쇄기 | • 인쇄 얼룩을 없앰<br>• 순서를 바꾼 완전 자동화<br>• 판개구 내부의 클리닝<br>• 자동 위치 맞춤(보정 기구)<br>• 검사기 데이터에 의한 자동 조건 보정 | • 온습도 변화에 대한 크린룸 solder 양의 안정화<br>• Solder 탈피 |
| | 마운터 | • 0603사이즈, 0402사이즈 chip 실장 확립(부품 탑재간 거리 단축, 연속 가동시 안정성, 흡착율 향상)<br>• 이형 마운트 고속화, 고정도화<br>• 부품 공급부 공간의 감소(장치 전장의 단축, 종형화) | |
| | Reflow | • 기판 휨에 대한 대응<br>• Pb-free 대응<br>• 기판내 온도 편차 해소<br>• 장치 전장의 단축(종형 reflow 등) | |
| | 검사기 | 화상 인식에 의한 검사 확립 | 신규 방법에 의한 화상 검사를 확립 데이터 작성 불필요, 패턴 인식과 인공지능에 의한 검사 |
| | 품질 | • 안정된 품질의 확립<br>• 신뢰성의 확립 | |
| | 요구하는 접합 재료의 구체적인 사고 | • 이방성(異方性) 도전 시트 이용<br>• 금 bump에 의한 접합을 이용 | |
| | 봉지재료(언더필 등) | • 리페어 가능한 언더필 재료<br>• 저온 경화 속건(速乾)성이 있는 언더필 | |

# DIGITAL VIDEO CAMERA(DVC) 05

## (1) 상품 사양 동향

| 항목 | 2006년 | 2012년 |
|---|---|---|
| 외형 사이즈 W×D×H(㎜) | 100×40×80 | 80×30×80 |
| 중량(g) | 400~500 | 200~450 |
| 소비전력(W) | 2~2.5 | 1.5~2 |
| 구동 전압(V) | 3.0~7.4 | 1.5~7.4 |
| 입력 디바이스 | CCD/CMOS | CCD/CMOS |
| 입력 디바이스 사이즈 | 1/6인치 | 1/6인치 |
| 표시 디바이스 | LCD 투과형 | LCD 투과형/유기EL |
| 표시 디바이스 사이즈 | 2.5인치 | 2.5인치 |
| 외부 접속 방식 | 케이블, 무선(Bluetooth, LAN) | 케이블, 무선(Bluetooth, LAN) |
| 주기록 디바이스 | Tape, DVD, 메모리 카드 | DVD, 메모리 카드, HDD |
| 부가 기능 | – | Web상에 직접 기록 |

## (2) 실장 PCB 구성

| 항목 | 2002년 | 2006년 | 2012년 |
|---|---|---|---|
| 실장도 | | | |
| 기판 매수 | 2매<br>메인 : 빌드업 기판 | 1매<br>메인 : 빌드업기판<br>Rigid–Flexible | 1매<br>메인 : 수동부품<br>내장 |
| 기판 사이즈(메인기판) (㎜) | 50×80 | 50×50 | 40×60 |
| 기판 종류 | 빌드업 8층 | 빌드업 10층 | 수동 부품 내장<br>10층 기판 MID |
| 탑재하는 전자 부품 총수 | 1000~2500 | 500~1500 | 200~1000 |
| 탑재하는 LSI의 총수 | 10~20 | 3~15 | 3~10 |
| 탑재하는 콘넥터의 총수 | 20 | 10 | 7 |

## (3) 실장 공법

### ① Flow

그림 3-29에 Flow 공법의 채용 동향을 나타내었다. DVC 제품 내부의 실장 방식으로는 양면 Reflow가 현재도 주력이며, Flow 공법이 DVC 제품 내부의 실장 방식으로 사용 될 가능성은 차후에도 없다. 단, 액세서리 부분(예를 들면, 충전기 등)은 Flow 공법이 계속 채용될 가능성이 있다.

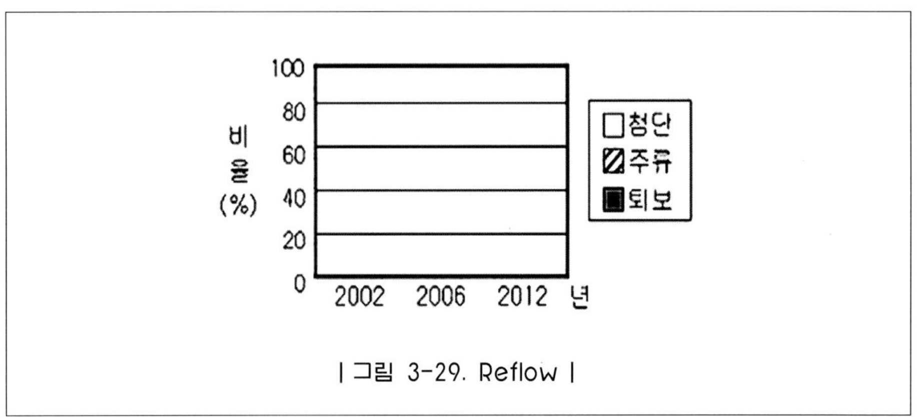


| 그림 3-29. Reflow |

### ② Reflow

그림 3-30에 reflow 공법의 채용 동향을 나타내었다. Reflow 공법은 2002년의 주류 실장 형태이며 앞으로도 주력 실장 형태이나 DVC에서는 천천히 사라질 기술이 될 것이라 예측된다. 소형, 고밀도화를 목표로 하면서 새로운 공법에 주목하는 현상이 ③이후의 항목에서 나타나고 있다. 요구 사항은 아래와 같다.

㉮ 온도 편차 폭의 감소 $\Delta T=1℃\sim2℃$
㉯ 부품 내열성의 향상(흡습 관리)
㉰ 기판 및 부품의 휨 방지
㉱ Fine pitch 부품의 실장 품질 향상
㉲ 저온 Pb free solder
㉳ Fine pitch 인쇄($\Phi$0.2 도트 인쇄)

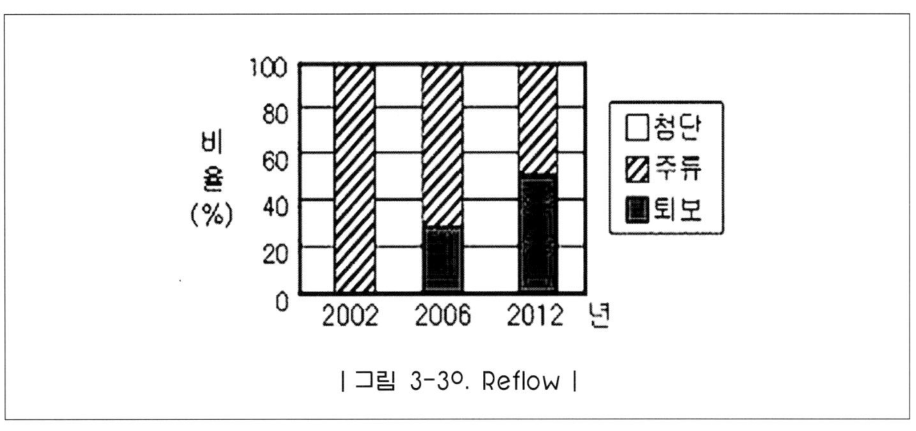


| 그림 3-3o. Reflow |

### ③ 열 압착(Au-Au, Au-Sn 등)

그림 3-31에 열 압착 공법의 채용 동향을 나타내었다. 열 압착은 앞으로 첨단 기술로서 주목받고 있으며, 주류 기술이 될 것이라고 일부 업체에서는 판단하고 있다. 채용 예정인 업체는 2002년에 첨단 기술로서, 2012년에는 주류 공법이 되리라 예상하고 있다. 사용 개소로는 메인 기판보다는 MCM, 카메라모듈 등의 모듈부에 채용되지 않을까 예측할 수 있다.
요구 사항은 아래와 같다.

㉮ 택트 시간의 단축
㉯ 다핀화 일괄 대응
㉰ Bump 형성의 저Cost화

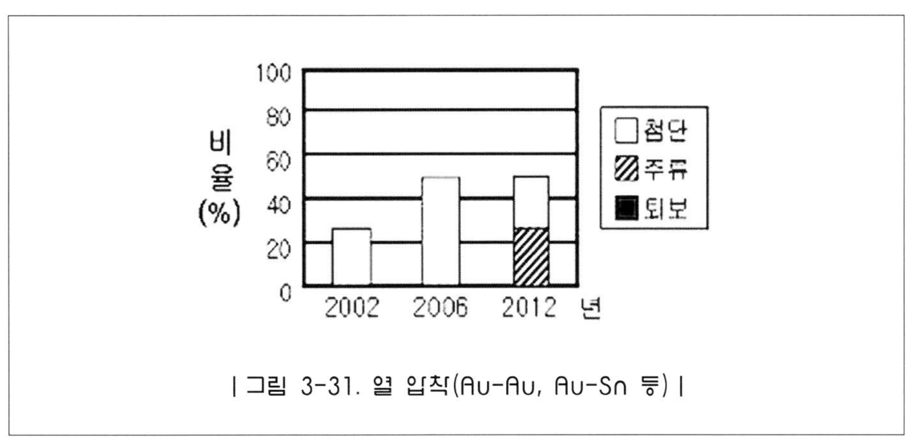


| 그림 3-31. 열 압착(Au-Au, Au-Sn 등) |

### ④ ACF/ACP/NCP

그림 3-32에 ACF/ACP/NCP의 채용 동향을 나타내었다. ACF/ACP/NCP는 열압착보다 더욱 기대되어 2006년에는 첨단 기술로서 꽤 정착되며 2012년은 첨단 주류가 된다. 용도로는 MCM 등의 모듈부, flexible cable과의 접속부 등을 생각할 수 있다. 요구사항은 아래와 같다.

㉮ 택트 시간의 단축
㉯ 협pitch 대응
㉰ 리페어성
㉱ Reflow 내열성
㉲ 불량 메커니즘의 명확화(평가 기준, 가속 계수)

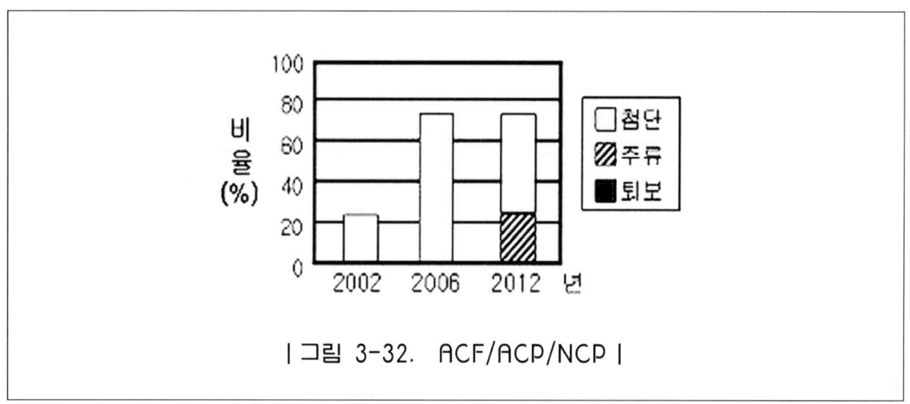


| 그림 3-32. ACF/ACP/NCP |

### ⑤ Wire bonding(WB)

그림 3-33에 Wire bonding 공법의 채용 동향을 나타내었다. WB는 현재는 사용되고 있지 않으며 앞으로도 채용 예정에 있는 업체가 없다.

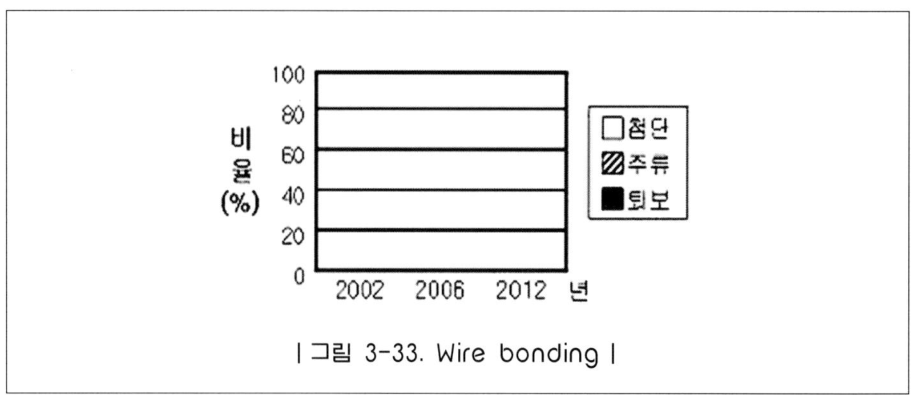


| 그림 3-33. Wire bonding |

### ⑥ Solder bump

그림 3-34에 Solder bump의 채용 동향을 나타내었다. Solder bump는 현재 첨단 기술로 검토하고 있는 업체에서는 2006년부터 일부 주류로서 채용을 시작한다. 앞으로, 검토를 개시할 업체에서는 2012년에 첨단 기술로 사용하게 될 것이라 생각하고 있다. 이들은 MCM 등의 모듈에 채용될 것이라 예측되며 2006년에 첨단 기술이 아닌 주류가 되므로 지금부터 채용이 급속히 증가하리라 생각된다. 또한, FBGA의 협pitch화가 진행됨에 따라, 종래의 Solder bump인 0.3㎜ pitch 이하의 FBGA와의 기술적인 차이가 사라질 것으로 예측된다. 요구사항은 아래와 같다.

㉮ 협pitch 대응(다핀화 대응)

㉯ 휨 대책

㉰ Bump 형성의 저Cost화

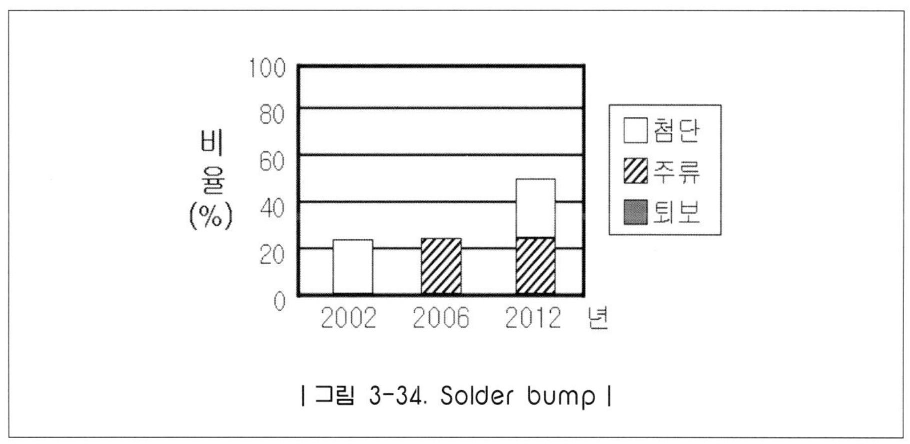


| 그림 3-34. Solder bump |

### ⑦ 도전성 접착제

그림 3-35에 도전성 접착제의 채용 동향을 나타내었다. 도전성 접착제는 2006년 이후 일부 업체에서 주류 기술이 될 것이므로 앞으로 채용에 대한 검토가 급속히 진행될 것이라 생각된다. 이것은 Pb-free solder 채용을 위해 reflow 농도가 고온화되는 것에 대해 부품, 기판등의 내열성 확보가 곤란해지는 상황이므로 Solder의 대체품으로서 업체들이 주목하고 있으리라

예측된다. 그러나, 메인기판상의 solder를 모두 바꾸려면 다양한 전국 재료에 대한 접속 메커니즘을 해명하고, 신뢰성을 확보해야 한다. 요구사항은 아래와 같다.

㉮ 접속 저항값의 저 저항화
㉯ 리페어성
㉰ 접속온도의 저온화, 단시간화
㉱ 신뢰성 메커니즘의 해명(파괴 모드와 가속율의 산출)

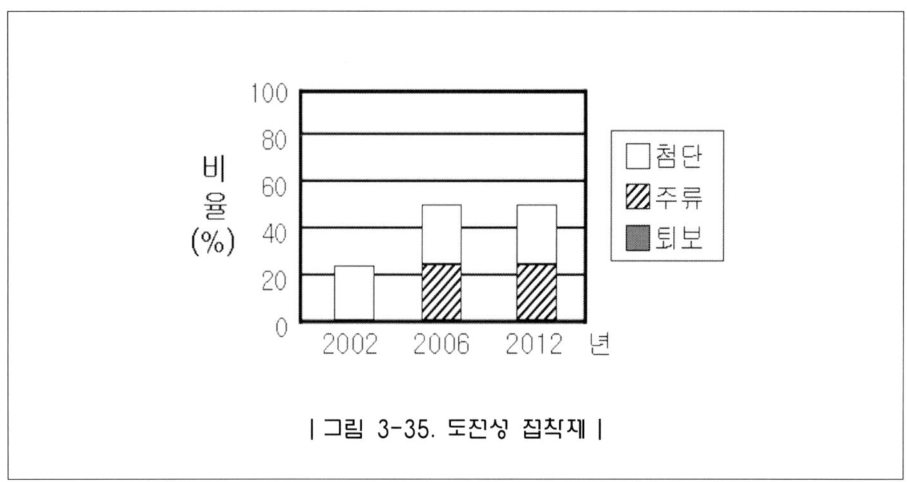


| 그림 3-35. 도전성 접착제 |

### ⑧ MCM(자사 제조를 할 경우)

그림 3-36에 MCM의 채용 동향을 나타내었다. 2006년 이후에는 첨단 기술로서, 세트메이커 중에 어느 정도 개발을 진행하고 있는 업체가 반수 정도 있다. 단, 아래 요구사항에 있어서 KGD와 Cost 밸런스의 과제가 해결되지 않으면, 세트메이커가 MCM을 내재화하기는 어려울 것으로 예측된다.
요구사항은 아래와 같다.

㉮ Bare chip의 KGD
㉯ Chip의 저Cost화(package품보다 싸게 KGD chip을 공급)
㉰ 테스트 기술의 공개
㉱ MCM 기판 Cost의 감소

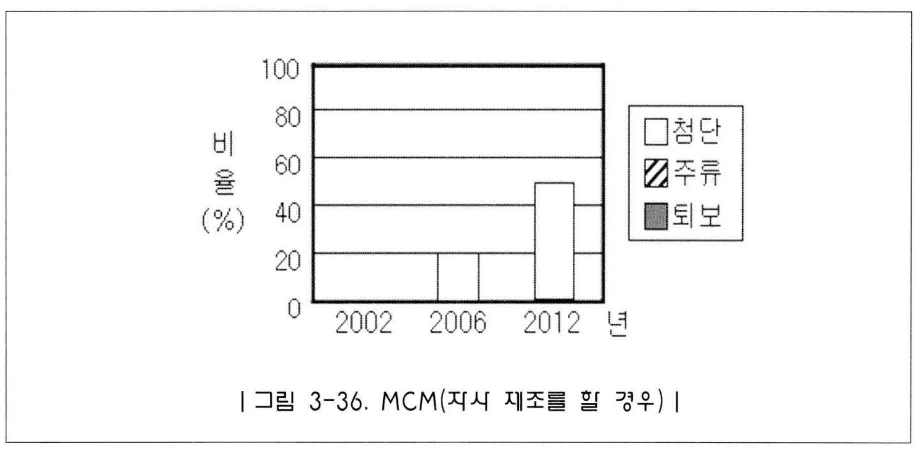


| 그림 3-36. MCM(자사 제조를 할 경우) |

## (4) ROAD-MAP

| 구분 | 항목 | | 2006년 | 2012년 |
|---|---|---|---|---|
| LSI PACKAGE | Package의 채용 비율(%) | QFP/SOP | 26 | 22 |
| | | FBGA | 55 | 55 |
| | | FLGA | 12 | 17 |
| | | QFN | 7 | 6 |
| | Package의 최소 pitch(㎜) | QFP/SOP | 0.4 | 0.4 |
| | | FBGA | 0.4 | 0.3 |
| | | FLGA | 0.5 | 0.3 |
| | | QFN | 0.4 | 0.4 |
| | Package의 최대 pin 수 | QFP/SOP | 120 | 100 |
| | | FBGA | 460 | 600 |
| | | FLGA | 400 | 500 |
| | | QFN | 160 | 160 |

| | | | | |
|---|---|---|---|---|
| | Package의 최소 설치 높이(%) | QFP/SOP | 1.0 | 0.8 |
| | | FBGA | 1.0 | 0.8 |
| | | FLGA | 0.8 | 0.8 |
| | | QFN | 0.6 | 0.4 |
| LSI PACKAGE Cost | 제품 Cost의 추이(2002년을 100으로 했을 때의 %) | | 70 | 50 |
| | 제품 Cost에 점유하는 LSI Cost 비율(%) | | 75 | 50 |
| | Package Cost(2002년을 100으로 했을 때의 %) | | 55 | 35 |
| BARE CHIP | Bare chip 실장의 채용 비율(%) | | 10 | 20 |
| | Wire bonding | | △ | △ |
| | Flip chip bonding | | ◎ | ◎ |
| | Bare chip의 최소 Pad chip(㎜) | WB | 50 | 40 |
| | | FCB | 50페리훼랄천조 200area array | 40페리훼랄천조 100area array |
| | Bare chip의 최소 PAD Pitch(㎛) | | 150 | 50 |
| | Bare chip의 공급 형태 | | Tray tape | Tray tape |
| | Cost(Package품과의 비교) (%) | KGD | 60~75 | 50 |
| | | 비KGD | 50~60 | 25~50 |
| | ◎ : 주류. ○ : 첨단, △ : 퇴보, X : 사용되지 않음. | | | |

| PACKAGE 채용 | 양면(상하면)에 I/O가 있는 package | ○ | ◎ |
|---|---|---|---|
| | 3차원 package(대용량 3차원 메모리, 스택 chip 등) | ◎ | ◎ |
| | 양면 LSI화(Wafer의 양면에 배선 형성한 LSI) | X | ○ |
| | CCD 내장 CPU(화상처리의 1chip화) | ○ | ◎ |
| | Boundary scan 전용 LSI(신뢰성 테스트용) | ○ | ◎ |
| | 고방열 LSI용 고효율 페르체 소자 조립형 LSI | X | X |
| | MEMS(3차원 가속도 센서 : 3차원 자이로 등) | ○ | ◎ |
| | Opt electronics MCM | X | ○ |
| | ◎ : 주류. ○ : 첨단, △ : 퇴보, X : 사용되지 않음. | | |
| 생산 용이성 | LSI package의 흡습관리 free | Reflow 온도 260도 보증 JEDEC 레벨 2 이상 (흡습 관리 3개월 무관리) | Reflow 온도 260도 보증 JEDEC 레벨 1 이상 (흡습 무관리 레벨) |
| | SoC의 사용 여부와 요구 | Cost가 맞을 것<br>불량 해석 tool의 충실 | |
| | SiP의 사용 여부와 요구 | Cost가 맞을 것<br>불량 해석 tool의 충실 | |
| | LSI package의 환경 대응 | Pb-free<br>Halogen free<br>안티몬 free | Pb-free<br>Halogen free<br>안티몬 free |
| | 기타 문제와 과제라고 생각되는 점 | - Reflow시 package 휨 저항<br>- BGA 타입의 바깥 면 인덱스 표시의 규격화<br>- BGA, LGA 타입의 접속 신뢰성 데이터 산 | |

<table>
<tr><td></td><td colspan="3"></td><td colspan="2">출 규격화<br>- Pb-free 대응의 회사 격차가 크다. 업계 전체의 대응을 요구</td></tr>
<tr><td rowspan="6">CHIP 부품</td><td rowspan="4">Chip condenser<br>Chip 저항기<br>Chip inductor</td><td colspan="2">최대 사이즈<br>W x D(㎜)</td><td>3.2 x 1.6</td><td>3.2 x 1.6</td></tr>
<tr><td rowspan="3">Fillet less 실장 (부품 하면 전극만)</td><td>개시 시기</td><td colspan="2">2000년</td></tr>
<tr><td>사이즈 (㎜)</td><td>1.0 x 0.5</td><td>0.6 x 0.3</td></tr>
<tr><td>검사법</td><td>없음<br>전기검사<br>화상인식</td><td>없음<br>전기검사<br>화상인식</td></tr>
<tr><td rowspan="2">Chip 전해콘덴서 최대사이즈</td><td colspan="2">탄탈<br>D x W x H(㎜)</td><td>3.2 x 2.5 x 2.2</td><td>3.2 x 2.5 x 2.2</td></tr>
<tr><td colspan="2">알루미늄<br>D x H(㎜)</td><td>-</td><td>-</td></tr>
<tr><td rowspan="2">CONNECTOR</td><td colspan="3">외장 connector(Interface용) 최소 단자 간 pitch 동향(2002년을 100으로 했을 때 %)</td><td>80</td><td>50</td></tr>
<tr><td colspan="3">내장 connector 전폐에 대한 생각</td><td colspan="2">내장 connector를 없애기는 곤란하다.</td></tr>
<tr><td rowspan="5">환경 대책</td><td rowspan="5">환경 대응 (전 부품 공통)</td><td colspan="2">벌크 케이스 실장의 채용율(%)</td><td>15~25</td><td>20~50</td></tr>
<tr><td colspan="2">리사이클성의 요구</td><td colspan="2">분해가 쉽다.</td></tr>
<tr><td rowspan="3">포장재의 재사용 (재사용 비율 %)</td><td>릴</td><td>100</td><td>100</td></tr>
<tr><td>트레이</td><td>100</td><td>100</td></tr>
<tr><td>벌크 케이스</td><td>50</td><td>100</td></tr>
</table>

| MOTHER BOARD | 층 구성 | | | | |
|---|---|---|---|---|---|
| | 기판 타입 | | | Build-up | Build-up |
| | 층구성(층) | | | 3-4-3 | 3-4-3, any layer |
| | 기판 재질 | | | FR-4(HF) | FR-4(HF) |
| | 기판 두께(㎜) | | | 0.6 | 0.6 |
| | 최소 도체폭/간격(㎛) | | | 50~70x40 | 50~70x40 |
| | 최소 Via land 경(㎛) | | | 200 | 100 |
| | Cost 비율 (2002년을 100으로 했을 때 %) | | | 75 | 50 |
| | 기판의 휨 허용범위(%) | | | 0.5 | 0.5 |
| | 내열성 피크 온도/시간 | | | 260/10 | 260/10 |
| | 경량화의 추이 (2002년을 100으로 했을 때 %) | | | 80 | 60 |
| | 주류가 되는 표면처리 | | | 수용성 fre-flux 유기로진 | 수용성 fre-flux 유기로진 |
| EMBEDDED 채용 시기 | **항목** | | | **채용 시기** | |
| | 부 품 내장 기판 채용 시기 | 수동부품 | 콘덴서 | 2005년경 | |
| | | | 저항기 | 2005년경 | |
| | | | 인덕터 | 2005년경 | |
| | | | 필 터 | 2005년경 | |
| | | 능동부품 | 메모리 | 2010년 이후 | |

<table>
<tr><td rowspan="2"></td><td rowspan="2"></td><td rowspan="2"></td><td>로 직</td><td colspan="2">2010년 이후</td></tr>
<tr><td>리니어</td><td colspan="2">2010년 이후</td></tr>
<tr><td rowspan="2">환경 대응</td><td colspan="3">Halogen free 기판 채용 비율(%)</td><td>100</td><td>100</td></tr>
<tr><td colspan="3">안티몬 free 기판 채용 비율(%)</td><td>50~80</td><td>50~95</td></tr>
<tr><td rowspan="3">실장 설비 요구 사항</td><td colspan="2">항목</td><td colspan="2">2006년을 목표로 한 요구</td><td>2012년을 목표로 한 요구</td></tr>
<tr><td colspan="2">전체적으로/공통적</td><td colspan="2">- 다품종 소량 생산에 대한 생산 설비<br>- 모듈화, 전력절감, 공간절약<br>- 기판의 dead space 없음.<br>- 교환시간 단축<br>- 부품 투입(관리)~실장공정~검사공정~출하까지의 통합관리를 수립하여(부품/정보의 일원 관리)의 구축이 필요하다고 생각됨. 따라서, 부품 업계도 함께 정보 관리를 할 수 있는 환경을 조성</td><td>- 기판 레스실장(부품간 직접 접속 방법은 불명) 가능한 설비</td></tr>
<tr><td colspan="2">인쇄기</td><td colspan="2">- Solder 인쇄의 고정밀화<br>- Solder 인쇄 후에 검사<br>- 전자동(Solder 공급, 판 맞춤, 셋팅)<br>- 인쇄 편차 감소 (Solder ±10% 이내)<br>- 연속인쇄 장시간화 10시간까지 인터넌스프리<br>- 인쇄편차를 철저히 억제함.</td><td>- 백업 불필요 무가압인쇄<br>- 인쇄 편차를 철저히 억제함.</td></tr>
</table>

| | | | |
|---|---|---|---|
| | 마운터 | - 공간절약화<br>- 고속/고정도<br>- 백업 없음. 기판의 부품장착면 높이 자동 인식/보정기능<br>- 고속/고정도화 | - 고속/고정도 |
| | Reflow | - 저온 Pb-free solder reflow<br>- 기판 온도 설정(예열/피크)으로 full auto설정/가동의 reflow조<br>- 기판면 온도 편차 ±5도 이내<br>- 조 안에서 기판이 휘지 않음.<br>- PCB 온도 측정 피드백 시스템 | - Solder는 녹이나, 반도체 package 온도는 상승하지 않음.<br>- PCB 온도 측정 피드백 시스템 |
| | 검사기 | - 양면 인식 정도 3차원 X선 Soldering 검사 (전 부품이 CSP나 C, R부품의 필렛레스화가 될 때)<br>- 검사기 Cost는 100만엔 이하의 향상<br>- 인식기술의 향상 | - 인식기술의 향상 |
| | Flip chip bonder | - 두께의 차 chip을 일괄본 가열(MCM용, NCF, NCP, Au-Sn 대응) | - |
| | 품질 | - 어셈블리 보류 100%제조에 기인한 불량율 제로화, 직행율 100%<br>- 부품 사양의 고정도화 : 부품 완료공차, 단자 코프러널리티 | 제조에 기인하는 불량의 제로화/직행율 100% |
| | 요구하는 접합 재료의 구체적 방안 | - 저Cost, 고신뢰성, 높은 작업성, 용이한 보존환경<br>- Solder 대신에 동급 이상의 접합 재료 | - |
| | 봉지재료(언더휠 등) | - 리페어 가능<br>- 실온 단시간 경화 : 25도에서 10분 이내(2액을 주입 시에 혼합) | - |

# NOTE PC 06

## (1) 상품 사양 동향

| 항목 | 2006년 | 2012년 |
| --- | --- | --- |
| 상품 이미지 | | |
| 사이즈 | A4 | 터블릿형, A4 |
| 전지 | 리튬폴리머, 연료전지 | 연료 전지 |
| 화면 | 액정 | 접는 형 새로운 디바이스 |
| 입력 | 키보드, 펜 터치 | 접속입력, 소프트키 |
| 외형 사이즈(㎜) | Min : 290×230×15<br>Max : 336×300×30 | Min : 290×230×10<br>Max : 336×300×15 |
| 중량(g) | 1000~2500 | 600~2000 |
| 체적(cc) | 2000~2300 | 1000~1500 |
| 소비전력(W) | 30~40 | 20~40 |
| 화면사이즈 | 15형<br>1280×1024도트 | 15형<br>1600×1200도트 |
| 표시 디바이스 | LCD반투과형, 유기EL | 유기EL, 차세대 디스플레이 |
| 바이오 매트릭스 디바이스 | 지문 | 지문, 음성, 아이리스 |
| 외부 접속 방식 | 무선, 무선LAN<br>케이블 | 무선(블루투스, LAN)<br>휴대전화 융합 |
| 기록 디바이스 | HDD, DVD | 반도체, HDD |
| 기억 용량(GB) | 200~300 | 1000~1500 |
| CPU | RISC | RISC |
| CPU 속도(GHz) | 10~20 | 100~500 |
| Chip/기판간 주파수(Hz) | 1G | 5G |
| CPU 구동 전압(V) | 0.8~1 | 0.5 |
| 방열 대응 | 액냉팬<br>Heat 파이프 | 액냉팬<br>고효율 페르체 소자 |
| 부가 기능 | 공간절약<br>디지털TV 수신 기능 | GPS 내장<br>디지털TV 수신기능 |

### (2) 실장 PCB 구성

| 항목 | 2006년 | 2012년 |
|---|---|---|
| 실장도 | 1매~수매 구성 | 1매 구성 |
| 탑재되는 LSI의 총 수 | 35~90 | 25~80 |
| 탑재되는 전자부품의 총 수 | 1200~2500 | 700~2000 |
| 탑재되는 콘넥터의 총 수 | 30~40 | 20~30 |

### (3) 실장 공법

① Flow

그림 3-37에 reflow 공법의 채용동향을 나타내었다. Flow 공법은 2002년에 일부 sub board 채용되었지만 이후에는 사용하지 않게 되었다.

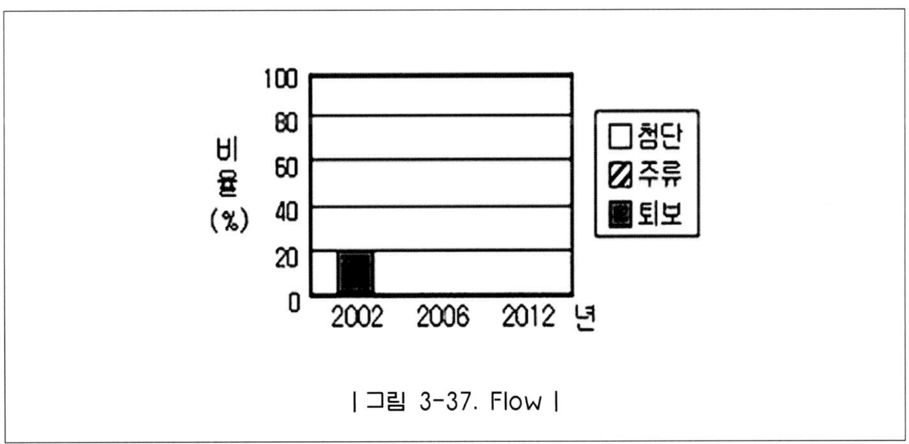


| 그림 3-37. Flow |

② Reflow

그림 3-38에 Reflow 공법의 동향을 나타내었다. Reflow 공법은 2002년 및 2006년에 들어서 주류가 되며 그 이후도 당분간은 주류라고 본다. 차후의 요구사항으로는 아래와 같다.

㉮ Reflow 온도의 저온화

㉯ Spot reflow 대응

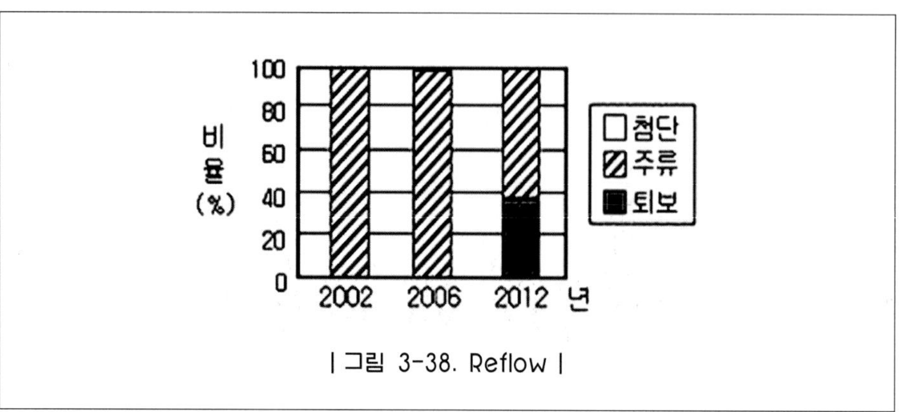


| 그림 3-38. Reflow |

### ③ 열 압착(Au-Au Au-Sn 등)

그림 3-39에 열 압착 공법의 채용동향을 나타내었다. 열 압착은 2002년에는 거의 사용되지 않았지만 일부 실장에서 2006년경 사용되리라 예상된다. 그렇지만 실장전체의 주류는 되지 않는다.

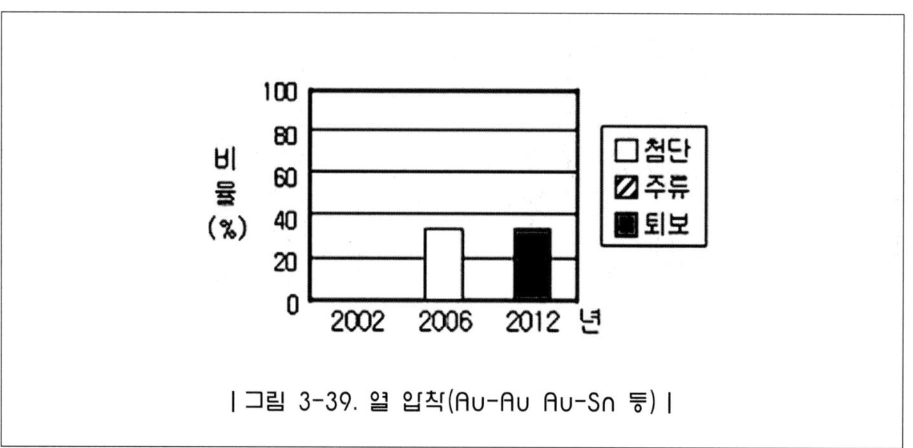


| 그림 3-39. 열 압착(Au-Au Au-Sn 등) |

### ④ ACF/ACP/NCP

그림 3-40에 ACF/ACP/NCP의 채용 동향을 나타내었다. ACF/ACP/NCP는 2002년에는 그다지 사용되지 않지만 일부 실장에 2006년경 사용되리라 예

상한다. 이는 열 압착 공법의 일부로 다루어질 것이라고 예측할 수 있다.

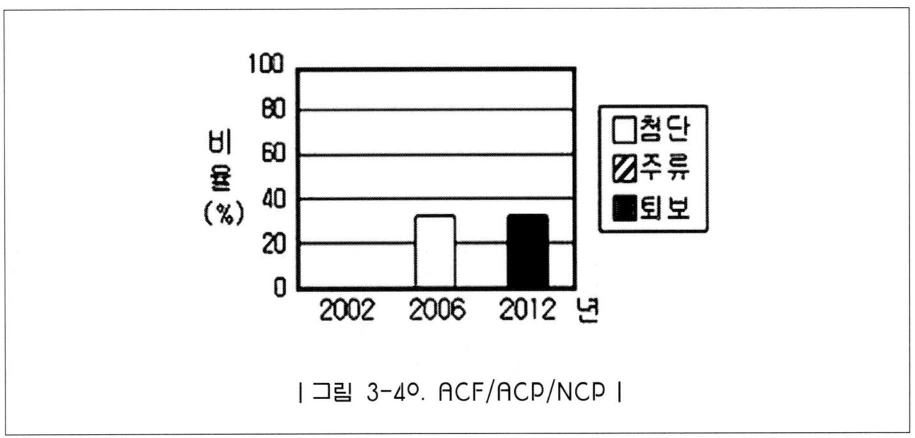


| 그림 3-40. ACF/ACP/NCP |

⑤ Wire bonding(WB)

그림 3-41에 Wire bonding공법 채용 동향을 나타내었다. Wire bonding는 2002년 및 이후에도 사용되지 않는다.

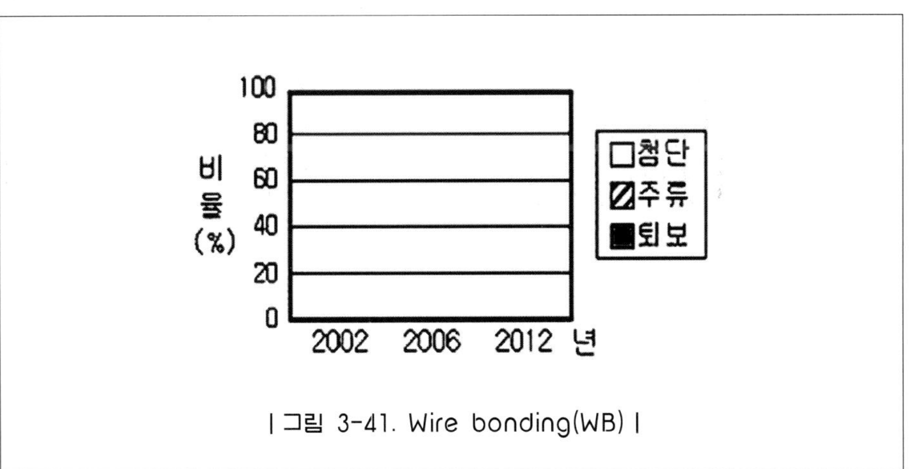


| 그림 3-41. Wire bonding(WB) |

⑥ Solder bump

그림 3-42에 Solder bump의 채용동향을 나타내었다. Solder bump 2002년은 채용되지 않지만 2006년에는 첨단기술로 채용되어 갈 것이라는 회답을 얻었다. 요구사항으로는 아래와 같다.

㉮ 일괄 reflow 대응 ㉯ 입수성

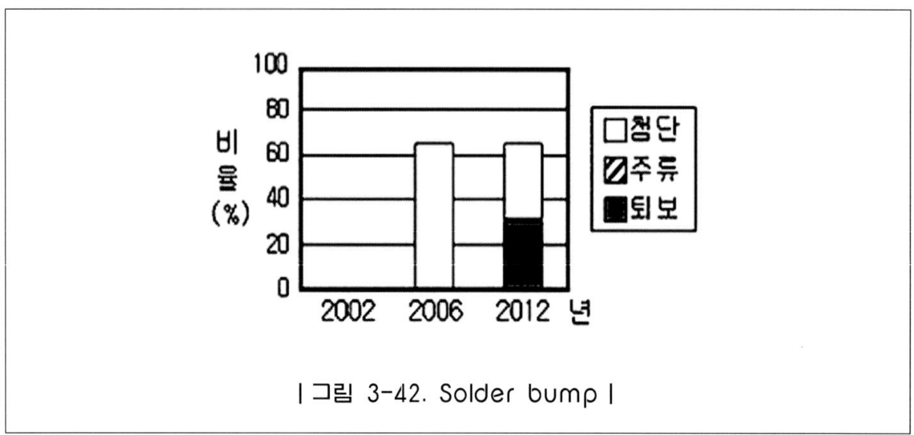


| 그림 3-42. Solder bump |

⑦ **도전성 접착제**

그림 3-43에 도전성 접착제의 채용동향을 나타내었다. 도전성접착제는 2002년은 채용되지 않았지만 2006년에 첨단기술로 채용되며, 2012년에는 모든 업체가 채용한다는 회답을 얻을 정도로 도전성접착제의 기대는 크다. 그것도 차세대의 도전성 접착제를 요구하고 있다고 예측할 수 있다.
요구사항은 아래와 같다.

㉮ Solder 접속과의 융합화 신뢰성확보 ㉯ 일괄 접속화
㉰ 단택트, 저Cost화 ㉱ 리페어 대응

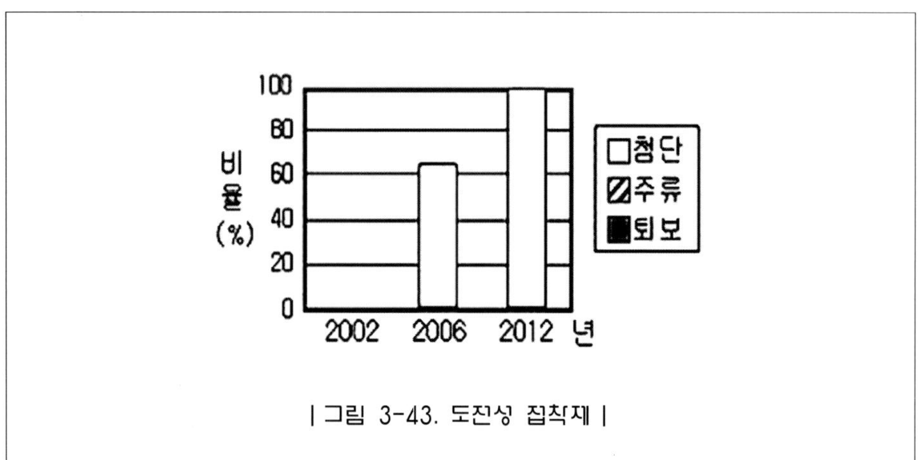


| 그림 3-43. 도전성 접착제 |

### ⑧ MCM(자사제조를 할 경우)

그림 3-44에 MCM의 채용 동향을 나타내었다. MCM은 2002년에는 채용되지 않았지만 2006년에 첨단 기술로서 채용하겠다는 회답을 얻었다. 요구사항은 아래와 같다.

㉮ Bare chip의 저Cost화

㉯ KGD의입수

㉰ 실장기술의 저Cost화

㉱ MCM의 테스트기술

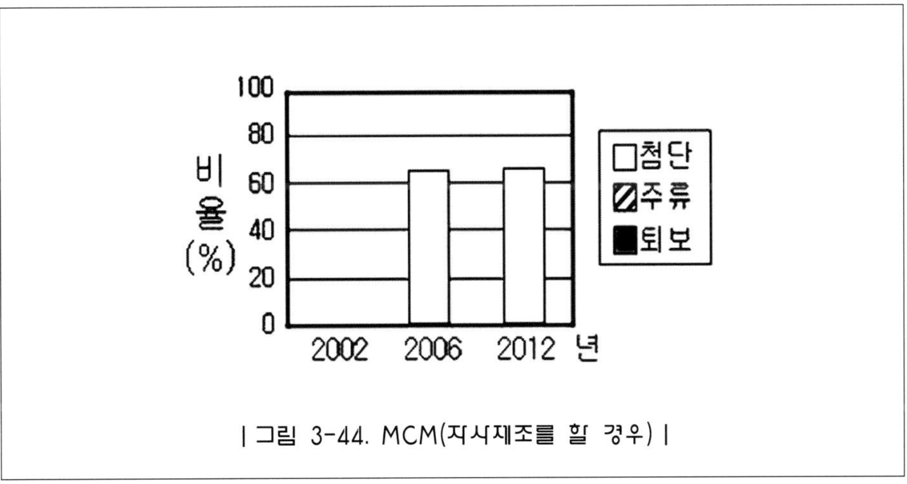


| 그림 3-44. MCM(자사제조를 할 경우) |

## (4) ROAD MAP

| 구분 | 항목 | | 2006년 | 2012년 |
|---|---|---|---|---|
| LSI PACKAGE | Package의 채용 비율(%) | QFP/SOP | 40 | 20 |
| | | BGA | 40 | 40 |
| | | FBGA | 10~20 | 20~40 |
| | | FLGA | 5 | 10 |

| | | | | |
|---|---|---|---|---|
| | | QFN | 0 | 0 |
| | Package의 최소 pitch(㎜) | QFP/SOP | 0.4 | 0.3 |
| | | BGA | 1.0 | 0.8 |
| | | FBGA | 0.4~0.5 | 0.3~0.5 |
| | | FLGA | 0.4~0.5 | 0.3 |
| | | QFN | 0.4 | 0.3 |
| | Package의 최대 pin 수 | QFP/SOP | 160~256 | 160~256 |
| | | BGA | 800~1000 | 500~1500 |
| | | FBGA | 80~800 | 160~1000 |
| | | FLGA | 80~500 | 160~500 |
| | | QFN | 80 | 120 |
| | Package의 최소 설치 높이(%) | QFP/SOP | 1.0 | 0.8 |
| | | BGA | 1.5~2.0 | 1.0~1.5 |
| | | FBGA | 0.8~1.2 | 0.6~1.0 |
| | | FLGA | 0.6~0.8 | 0.4 |
| | | QFN | 0.6 | 0.4 |
| LSI PACKAGE Cost | 제품 Cost의 추이(2002년을 100으로 했을 때의 %) | | 70~80 | 30~50 |
| | 제품 Cost에 점유하는 LSI Cost 비율(%) | | 40 | 40 |
| | Package Cost(2002년을 100으로 했을 때의 %) | | 70~80 | 30~50 |
| BARE | Bare chip 실장의 채용 비율(%) | | 5 | 10 |

| CHIP | Wire bonding | | X | X |
|---|---|---|---|---|
| | Flip chip bonding | | ○ | ○ |
| | Bare chip의 최소 Pad chip(㎜) | WB | 80 | 0.08 |
| | | FCB | – | 200 |
| | Bare chip의 최소 PAD Pitch(㎛) | | 250 | 50 |
| | Bare chip의 공급 형태 | | Tray | tape |
| | Cost(Package품과의 비교) (%) | KGD | 85 | 70 |
| | | 비KGD | 70 | 60 |
| | ◎ : 주류. ○ : 첨단, △ : 퇴보, X : 사용되지 않음. | | | |
| PACKAGE 채용 동향 | 양면(상하면)에 I/O가 있는 package | | ○ | ○ |
| | 3차원 package(대용량 3차원 메모리, 스택 chip등) | | ○ | ○~◎ |
| | 양면 LSI화(Wafer의 양면에 배선 형성한 LSI) | | ○ | ○ |
| | CCD 내장 CPU(화상처리의 1chip화) | | ○ | ○~◎ |
| | Boundary scan 전용 LSI(신뢰성 테스트용) | | ○ | X |
| | 고방열 LSI용 고효율 페르체 소자 조립형 LSI | | ○ | ○ |
| | MEMS(3차원 가속도 센서 : 3차원 자이로 등) | | ○ | ○~◎ |
| | Opt electronics MCM | | ○ | ○~◎ |
| | ◎ : 주류, ○ : 첨단, △ : 퇴보, X : 사용되지 않음. | | | |
| 생산 용이성 | LSI package의 흡습관리 free | | 개봉 후 7일 관리 free 30℃/60%RH 환경하 | 흡습관리 free가 필수 |

<table>
<tr><td rowspan="4"></td><td colspan="3">SoC의 사용 여부와 요구</td><td>사용자가 볼 때 통상의 package와 동등하게 사용할 필요 있음.</td><td>사용은 필수</td></tr>
<tr><td colspan="3">SiP의 사용 여부와 요구</td><td>사용자가 볼 때 통상의 package와 동등하게 사용할 필요 있음.</td><td>-</td></tr>
<tr><td colspan="3">LSI package의 환경 대응</td><td>Pb-free, Halogen free/안티몬free</td><td>리사이클성, 환경대응재료 채용</td></tr>
<tr><td colspan="3">기타 문제와 과제라고 생각되는 점</td><td>포장재의 리사이클, 환경 대응</td><td>-</td></tr>
<tr><td rowspan="6">CHIP<br>부품</td><td rowspan="4">Chip condenser<br>Chip 저항기<br>Chip inductor</td><td colspan="2">최대 사이즈 W x D(㎜)</td><td>4.5x3.2</td><td>4.5x3.2</td></tr>
<tr><td rowspan="3">Fillet less 실장 (부품 하면 전극만)</td><td>개시 시기</td><td colspan="2">2003~2004년</td></tr>
<tr><td>사이즈(㎜)</td><td>1.0x0.5</td><td>0.6x0.3</td></tr>
<tr><td>검 사 법</td><td>ICT, 외관</td><td>ICT, 외관</td></tr>
<tr><td rowspan="2">Chip 전해콘덴서 최대사이즈</td><td colspan="2">탄탈 D x W x H(㎜)</td><td>7.5x4.5x2.5</td><td>5.0x5.0x2.5</td></tr>
<tr><td colspan="2">알루미늄 D x H(㎜)</td><td>8.0x5.0</td><td>5.0x3.0</td></tr>
<tr><td rowspan="2">CONNECT<br>-OR</td><td rowspan="2">Connector</td><td colspan="2">외장 connector(Interface용) 최소 단자간 pitch 동향(2002년을 100으로 했을 때 %)</td><td>80</td><td>50</td></tr>
<tr><td colspan="2">내장 connector 전폐에 대한 생각</td><td colspan="2">내장connector는 폐지할 수 없다.</td></tr>
<tr><td>환경</td><td colspan="3">벌크 케이스 실장의 채용율(%)</td><td>15~25</td><td>20~50</td></tr>
</table>

| | | | | | |
|---|---|---|---|---|---|
| 대책 | 환경 대응 (전 부품 공통) | 리사이클성의 요구 | | 반도체 회사에서 수거, 특히 tray는 각 제조사가 공용화할 필요가 있다. | |
| | | 포장재의 재사용 (재사용 비율 %) | 릴 | 90~100 | 100 |
| | | | 트레이 | 50~100 | 100 |
| | | | 벌크케이스 | 80~100 | 100 |
| MOTHER BOARD | 층 구성 | | | | |
| | 기판 타입 | | | 관통~Build-up | Build-up |
| | 층구성(층) | | | 8~10 | 8~10 |
| | 기판 재질 | | | FR-4(HF) | FR-4(HF), 신grade |
| | 기판 두께(㎜) | | | 1.0 | 0.5~0.8 |
| | 기판 크기(㎜ x ㎜) | | | 310x200 | 300x200 |
| | 최소 도체폭/간격(㎛) | | | 50/50~75/75 | 25/25~50/50 |
| | 최소 Via land 경(㎛) | | | 100 | 50 |
| | 유전율(1GHz) | | | 4.5~4.7 | 4.0~4.7 |
| | Impedance(Ω) | | | 50~55±5 | 50~55±2 |
| | Cost비율(2002년을 100으로 했을 때 %) | | | 75~80 | 50~60 |
| | 기판의 휨 허용범위(%) | | | 0.8~1.0 | 0.5 |
| | 내열성 피크 온도(℃) | | | 240~250 | 240~250 |
| | 경량화의 추이(2002년을 100으로 했을 때 %) | | | 75~80 | 50 |
| | 주류가 되는 표면처리 | | | 수용성 fre-flux Pb-free HASL | 수용성 fre-flux Pb-free HASL |

<table>
<tr><td rowspan="9">ENBEDDED<br>채용 시기</td><th colspan="3">항목</th><th colspan="2">채용 시기</th></tr>
<tr><td rowspan="8">부품<br>내장 기판<br>채용 시기</td><td rowspan="4">수동부품</td><td>콘덴서</td><td colspan="2">2004년~2010년</td></tr>
<tr><td>저항기</td><td colspan="2">2004년~2010년</td></tr>
<tr><td>인덕터</td><td colspan="2">2005년~2010년</td></tr>
<tr><td>필터</td><td colspan="2">2006년~2010년</td></tr>
<tr><td rowspan="3">능동부품</td><td>메모리</td><td colspan="2">없음</td></tr>
<tr><td>로직</td><td colspan="2">없음</td></tr>
<tr><td>리니어</td><td colspan="2">없음</td></tr>
<tr style="display:none"></tr>
<tr><td rowspan="2">환경 대응</td><td colspan="3">Halogen free 기판 채용 비율(%)</td><td>100</td><td>100</td></tr>
<tr><td colspan="3">안티몬 free 기판 채용 비율(%)</td><td>100</td><td>100</td></tr>
<tr><td rowspan="3">실장 설비<br>요구</td><th colspan="2">항목</th><th colspan="2">2006년을 목표로 한 요구</th><th>2012년을 목표로 한 요구</th></tr>
<tr><td colspan="2">전체적으로/공통적</td><td colspan="2">- 소형화(미니라인, 높이 이용), 이동과 이동 후 세팅 용이<br>- 공간절약 대응 설비<br>- 전력절감<br>- Full 화상 처리<br>- 미니 라인화, 셀 생산화, 높이 방향 공간을 이용하여 설비면적을 절감<br>- 소롯트 전용 기판 수직 이동 라인</td><td>- Maintenance free<br>- 설비 간 네트워크에 의한 자동 단계, 자동 스케줄<br>- Maintenance free, 자가 체크/수리</td></tr>
<tr><td colspan="2">인쇄기</td><td colspan="2">- 인쇄편차를 철저히 억제함.<br>- 밀폐형<br>- 셀프 인쇄 외관 검사<br>- Soldering 외관검사기와 네트워크<br>- Solder paste 분사(잉크젯 식)<br>- 인쇄 편차를 철저히 억제함.</td><td>- Paste 분사, 양면 동시 인쇄<br>- 검사결과를 근거로 인쇄 조건 자동 설정</td></tr>
</table>

| | 마운터 | - 부품 쏠림의 극소화, 소형 공간 절약화<br>- 저진동<br>- 전력절감<br>- 멀티헤드화 | - 양면 동시 마운터 |
|---|---|---|---|
| | Reflow | - PCB 온도 측정 feed-back system<br>- 고열효율/단열화<br>- 가스, 흄 회수<br>- 고기밀성<br>- 저온 reflow soldering 기술 | - 비 solder 접속 기술<br>- 양면 동시 reflow |
| | Flow | - Point flow 장치(불량율 감소와 고생산성의 양립)<br>- Flexible 노즐<br>- 온도 고정도 인쇄<br>- 산화 방지 대응 | - |
| | 검사기 | - 티칭 프리 검사기(오프라인 티칭 포함)<br>- 검사성 향상<br>- 타 설비와의 네트워크<br>- 처리속도의 향상<br>- 데이터 간이 입력<br>- X선 검사장치의 저가격화 | - 100%에 가까운 검출율 |
| | Flip chip bonder | - 양면 bonding machine | - 입체 본더 |
| | 품질 | - 제조에 기인한 불량율 0화, 직행율 100%, 프로세스 편차 억제<br>- 어셈블리 품질을 보증할 수 있는 제조 기계 | - 기능의 고체화에 의한 신뢰성과 경년 변화의 향상<br>- 제조에 기인하는 불량의 제로화/직행율 100%, 프로세스 편차의 억제 |
| | 요구하는 접합 재료의 구체적 방안 | - 저온 경화 접합재료(접착제 또는 solder)<br>- 이방성 도전 paste의 활용 | - 광경화형 접합재료<br>- Solder paste의 접착제화 |
| | 봉지재료<br>(언더휠 등) | - 리페어 가능한 언더필제<br>- 실온 경화 언더필제 | - |

# CAR ENTERTAINMENT 07

## (1) 상품 사양 동향

| 항목 | | 2006년 | 2012년 |
|---|---|---|---|
| 외형 사이즈 W×D×H (㎜) | | 175×50×165 | 2006년의 절반정도 |
| 중량(g) | | 1500 | 750 |
| 체적(cc) | | | |
| 기기 전체 소비전력(W) | | | |
| 표시 디바이스 | | LCD(반사형/투과형)<br>유기EL | LCD(반사형/투과형)<br>유기EL |
| 화면사이즈 | 인치형 | 7 | 7 |
| | 화소수(x) | – | – |
| 입력 디바이스 | | 리모콘<br>지문 또는 홍채 | 리모콘<br>지문 또는 홍채 |
| 조작 방식 | | 음성 입력, 키 입력 | 음성입력, 키 입력 |
| 외부 접속 방식 | | 케이블<br>블루투스 등 무선<br>기타 | 케이블<br>블루투스 등 무선<br>기타 |
| 안테나 구조 | | 마이크로스트립<br>평면 안테나 | – |
| 기록 디바이스 | | 내부 메모리<br>메모리카드, HDD | 내부 메모리<br>메모리카드, HDD |
| 기억 용량(GB) | | 30 | 100 |
| CPU | | – | – |

| CPU 처리 속도(MHz) | 10000 | - |
|---|---|---|
| Chip/기판간 전송 주파수(MHz) | 500 | - |
| 구동 전압(V) | 3.3 | - |

## (2) 실장 PCB 구성

| 항목 | 2006년 | 2012년 |
|---|---|---|
| 실장도 | 빌드업 기판(6층~8층)/set size의 50~70% | 각 기능 블록이 1chip 혹은 소형 표준 모듈화(사용 chip은 범용 chip)부품 점수 감소 |

## (3) 실장 공법

### ① Flow

그림 3-45에 flow 공법의 채용동향을 나타내었다. 2002년에 일부 기판 실장에 사용(부분 flow공법 등)되고 있지만 차후 사용하지 않는 방향으로 나아갈 것이라 예상된다.

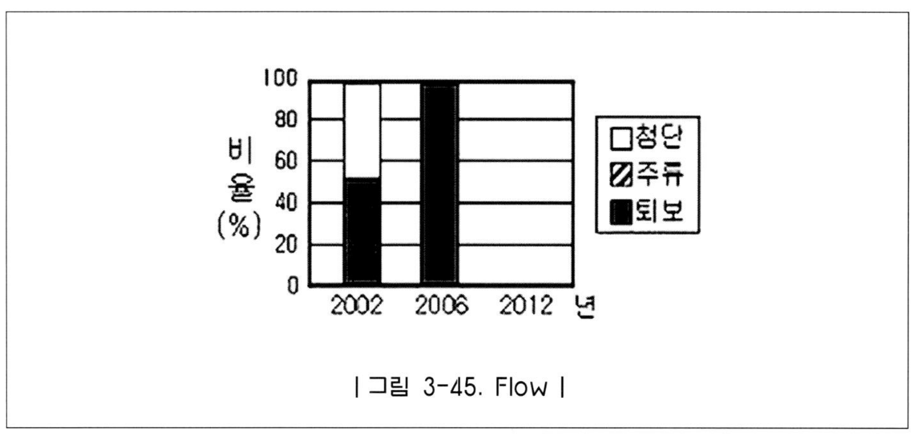


| 그림 3-45. Flow |

### ② Reflow

그림 3-46에 reflow 공법의 채용동향을 나타내었다. reflow공법은 2002년에 주류의 실장형태이며 차후에도 채용되리라 예측할 수 있다. Flow공법 채용의 감소와 아울러 생각하면, 현시점에 사용되고 있는 삽입부품이 전부 표면 실장 부품으로 변경될 것을 예측할 수 있다.

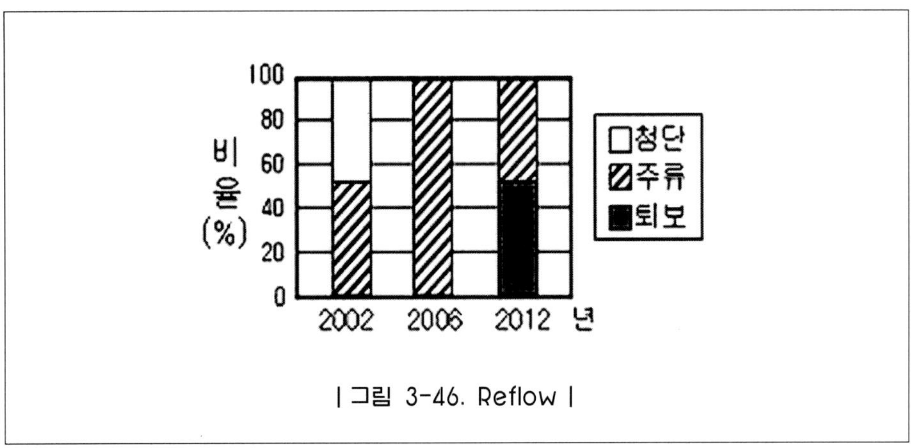


| 그림 3-46. Reflow |

### ③ 열압착(Au-Au, Au-Sn 등)

2002년 또는 앞으로도 차재용이라는 것에는, 신뢰성 관점에서 사용되지 않으리라 예측된다.

### ④ ACF/ACF/NCP

2012년까지 채용되지 않으리라 예측된다. 이것은 bare chip의 사용을 상정하지 않는 것도 있지만 그 공법이 차재에서의 사용 환경에 견딜 수 없다는 불안도 있다고 예측된다.

### ⑤ Wire bonding(WB)

그림 3-48에 Wire bonding(WB)공법의 채용 동향을 나타내었다. 2012년에 첨단으로서 사용될 것이라는 회답을 얻었다. 이것은 상품이미지에도 있는 것처럼 표시부가 본체와 분리되어 박형, 경량화를 예상할 수 있을 것으

로 생각되며, 또한 아울러, 접속 신뢰성 향상의 도모라는 전망에 의한 것도 예상된다.

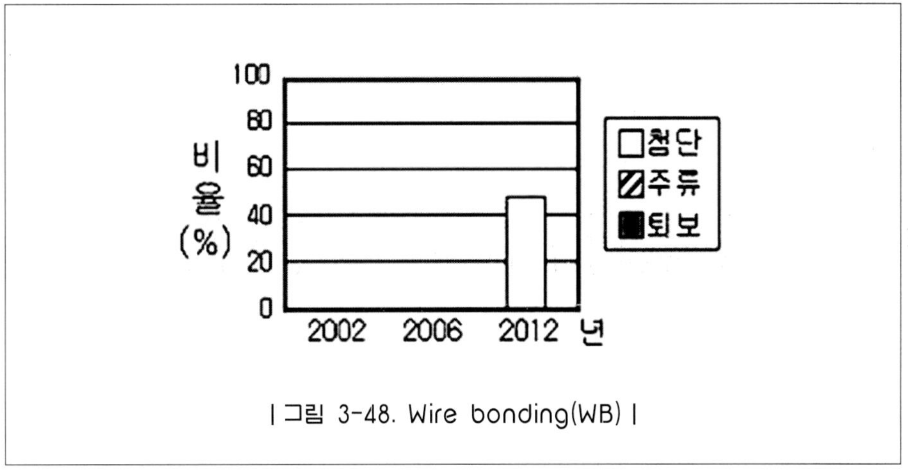


| 그림 3-48. Wire bonding(WB) |

⑥ Solder bump

그림 3-49에 Solder bump 채용동향을 나타내었다. Wire bonding(WB)과 같은 사양으로 2012년에 사용되지 않을까 전망하고 있다.

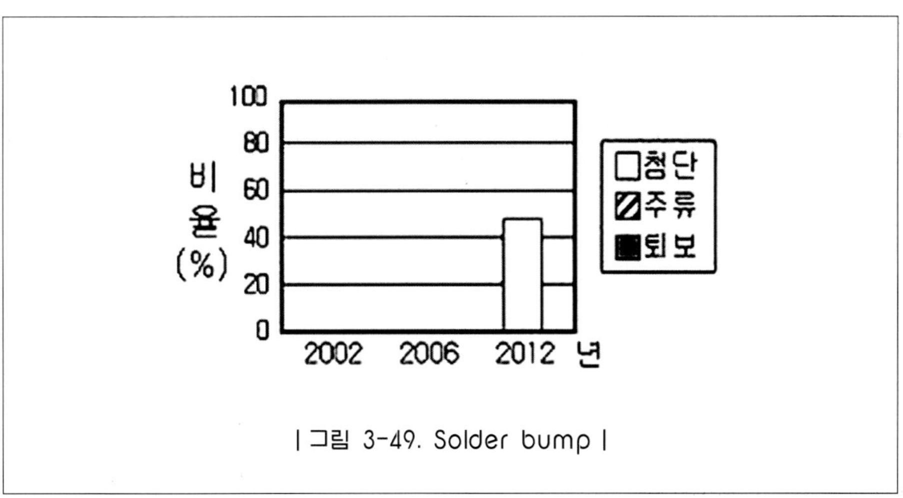


| 그림 3-49. Solder bump |

⑦ 도전성접착제

그림 3-50에 도전성접착제의 채용동향을 나타내었다. 2006년에 첨단,

2012년에 주류로 일부 회사가 예측하고 있다. 용도는 bare chip 이 아닌 수동부품을 실장하는데 사용된다고 예측할 수 있다.

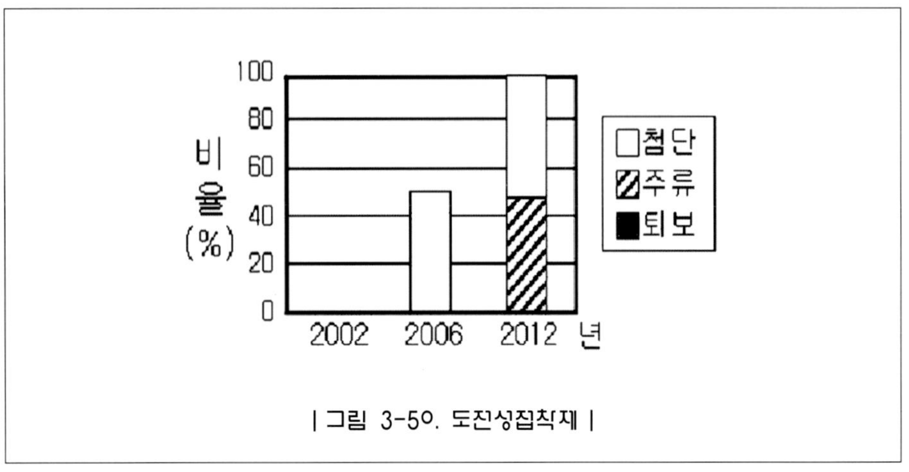


| 그림 3-50. 도진성접착제 |

⑧ **MCM(자사제조를 할 경우)**

그림 3-51에 MCM의 채용동향을 나타내었다. 특수기능을 집약한 모듈화됨에 따라 Cost down운의 수법은 다른 기기에도 사용되고 있지만, 특히 새로운 시스템 대응하기 위해 모듈에 의한 개조가 사용되리라 생각된다. 특히, 2006년 이후의 ITS의 정비에 대응하기 위해 빈번한 시스템 업그레이드가 MCM화로 기대하게 되리라 예측된다.

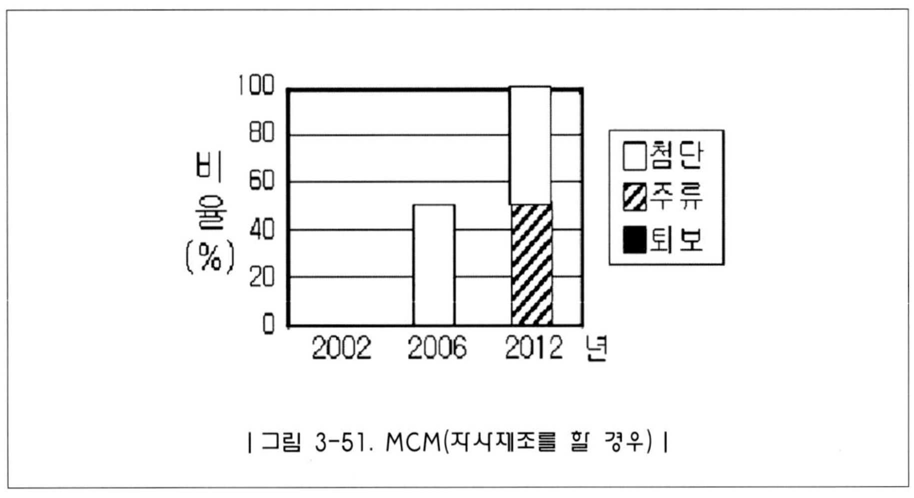


| 그림 3-51. MCM(자사제조를 할 경우) |

## (4) ROAD-MAP

| 구분 | 항목 | | 2006년 | 2012년 |
|---|---|---|---|---|
| LSI PACKAGE | Package의 채용 비율(%) | QFP/SOP | 80 | 60 |
| | | 다핀 BGA | 10 | 20 |
| | | FBGA | 10 | 20 |
| | | QFN | 조금 | 조금 |
| | Package의 최소 pitch(㎜) | QFP/SOP | 0.4 | 0.4 |
| | | 다핀 BGA | 0.4 | 0.4 |
| | | FBGA | 0.8 | 0.8 |
| | | QFN | 0.4 | 0.4 |
| | | QFP/SOP | 200 | 200 |
| | Package의 최대 pin 수 | 다핀 BGA | 400 | 400 |
| | | FBGA | 400 | 400 |
| | | QFN | 40 | 40 |
| | | QFP/SOP | 1.0 | 1.0 |
| | Package의 최소 설치 높이(%) | 다핀 BGA | 1.0 | 1.0 |
| | | FBGA | 1.0 | 1.0 |
| | | QFN | 1.0 | 1.0 |
| LSI PACKAGE Cost | 제품 Cost의 추이(2002년을 100으로 했을 때의 %) | | 80 | 60 |
| | 제품 Cost에 점유하는 LSI Cost 비율(%) | | 20 | 20 |

| | Package Cost(2002년을 100으로 했을 때의 %) | | 50~80 | 30~60 |
|---|---|---|---|---|
| BARE CHIP | Bare chip 실장의 채용 비율(%) | | 10 | 50 |
| | Wire bonding | | ○ | ○ |
| | Flip chip bonding | | ○ | ○ |
| | Bare chip의 최소 Pad chip(㎜) | WB | 120 | 100 |
| | | FCB (페리훼럴) | 100 | 100 |
| | | FCB (area array) | 300 | 300 |
| | 채용 Bare chip의 최소 chip 두께(㎛) | | 300 | 300 |
| | KGD의 필요 여부 | | 요 | 요 |
| | Bare chip의 공급 형태 | | 트레이 | 트레이, 웨이퍼 |
| | Cost(Package품과의 비교) (%) | KGD | 70 | 70 |
| | | 비KGD | 40 | 40 |
| | Bare chip 실장 장치에 대한 요망 사항 | | – | 저가격, 단택트 |
| | Package품이 필요한 이유 | | 기존 기술 테크에서 저Cost, 고품질, 고신뢰성, 납기 | |
| PACKAGE 채용 동향 | 양면(상하면)에 I/O가 있는 package | | ○ | △ |
| | 3차원 package(대용량 3차원 메모리, 스택 chip등) | | ◎ | ◎ |
| | 양면 LSI화(Wafer의 양면에 배선 형성한 LSI) | | ○ | ○ |
| | CCD 내장 CPU(화상처리의 1chip화) | | ○ | △ |

<table>
<tr><td rowspan="5"></td><td colspan="3">Boundary scan 전용 LSI(신뢰성 테스트용)</td><td>◎</td><td>△</td></tr>
<tr><td colspan="3">고방열 IC용 고효율 페르체 소자 조립형 LSI</td><td>◎</td><td>△</td></tr>
<tr><td colspan="3">MEMS(3차원 가속도 센서 : 3차원 자이로 등)</td><td>◎</td><td>△</td></tr>
<tr><td colspan="3">Opt electronics MCM</td><td>◎</td><td>△</td></tr>
<tr><td colspan="5">◎ : 주류, ○ : 첨단, △ : 퇴보, X : 사용하지 않음.</td></tr>
<tr><td rowspan="3">생산 용이성</td><td colspan="3">LSI package의 흡습관리 free</td><td>1개월 관리 free화</td><td>완전 관리 free화</td></tr>
<tr><td colspan="3">SoC/SiP의 사용 여부와 요구</td><td>주류로 사용 Area형 실장 형태의 응력원화구조(기술) 요구</td><td>주류가 됨.</td></tr>
<tr><td colspan="3">LSI package의 환경 대응</td><td>Pb-free 대응 완료<br>리사이클성 부여</td><td>리사이클성</td></tr>
<tr><td rowspan="7">CHIP 부품</td><td rowspan="4">Chip condenser<br>Chip 저항기<br>Chip inductor</td><td colspan="2">최대 사이즈<br>W x D(㎜)</td><td>2.0x1.25</td><td>1.0x0.5</td></tr>
<tr><td rowspan="3">Fillet less 실장<br>(부품 하면 전극만)</td><td>개시 시기</td><td colspan="2">2002년</td></tr>
<tr><td>사이즈(㎜)</td><td>0603</td><td>0603</td></tr>
<tr><td>검사법</td><td>카메라 외관검사<br>X선 검사</td><td>카메라 외관검사<br>X선 검사</td></tr>
<tr><td rowspan="2">Chip 전해 콘덴서 최대 사이즈</td><td colspan="2">탄탈<br>D x W x H(㎜)</td><td>6.0x3.2x2.5</td><td>3.2x1.6x1.6</td></tr>
<tr><td colspan="2">알루미늄<br>D x H(㎜)</td><td>3.5x5</td><td>3.5x5</td></tr>
<tr><td colspan="3">Interface용 connector(2002년을 100으로 했을 때의 추이 %)</td><td>80</td><td>70</td></tr>
</table>

| 환경 대책 | 벌크 케이스 실장의 채용율(%) | | | 30 | 30 |
|---|---|---|---|---|---|
| | 환 경 대 응 (전 부품 공 통) | 리사이클성의 요구 | | 해체 용이성 | 해체 용이성 |
| | | 포장 재의 재사용 (재사용 비율 %) | 릴 | 50~100 | 100 |
| | | | 트레이 | 100 | 100 |
| | | | 벌 크 케이스 | 50~100 | 100 |
| | 포장재 | | | 폐재료 없음. 제조사 회수 | 폐재료 없음. 제조사 회수 |
| | 기타 | | | 충격시험 내성의 확보 | 충격시험 내성의 확보 |
| MOTHER BOARD | 층 구성 요구(Via의 배치 등) | | | | |
| | 기판 타입 | | | Build-up | Build-up |
| | 층구성(층) | | | 8(1+6+1) | 6(1+4+1) |
| | 기판 재질 | | | FR-4 | FR-4 |
| | 기판 두께(㎜) | | | 1.0 | 0.8 |
| | 개별 제품의 기판 크기(㎜x㎜) | | | 80x120 | 40x60 |
| | 부품 실장 시 기판의 크기(㎜x㎜)와 수 | | | 160x120, 2개 | 160x120, 4개 |
| | 최소 도체 폭/간격(㎛) | | | 75/75 | 50/50 |
| | Cost비율 (2002년을 100으로 했을 때 %) | | | 80 | 60 |
| | 기판의 휨 허용범위(%) | | | 1.0 이하 | 0.8 이하 |
| | 전기특성 | 임피던스 Zo(Ω) | | 50 | 50 |
| | 내열성 피크 온도(℃)/시간(sec) | | | 260/20 | 260/20 |

| | | | | | |
|---|---|---|---|---|---|
| | 경량화의 추이(2002년을 100으로 했을 때 %) | | | 80 | 80 |
| | 주류가 되는 표면처리 | | | Cu+내열 Pre-flux | Cu+내열 Pre-flux |
| EMBEDDED 채용 시기 | **항목** | | | **채용 시기** | |
| | 부품 내장 기판 채용 시기 | 수동부품 | 콘덴서 | 2008년경 | |
| | | | 저항기 | 2008년경 | |
| | | | 인덕터 | 2010년경 | |
| | | | 필 터 | 2008년경 | |
| | | 능동부품 | 메모리 | 2010년경 | |
| | | | 로 직 | 2010년경 | |
| | | | 리니어 | 2010년경 | |
| 환경 대응 | Halogen free 기판 채용 비율(%) | | | 30 | 100 |
| | 안티몬 free 기판 채용 비율(%) | | | 30 | 100 |
| MODULE PCB | 층 구성 요구(Via의 배치 등) | | | | |
| | 기판 타입(유기수지) | | | Build-up | Build-up |
| | 층 구성(층) | | | 6(1+4+1) | 6(1+4+1) |
| | 기판 재질 | | | FR-4 | FR-4 |
| | 기판 두께(㎜) | | | 0.4 | 0.25 |
| | 기판 크기(㎜ x ㎜) | | | 35×35 | 25×25 |
| | 최소 도체 폭/간격(㎛) | | | 50/50 | 25/25 |
| | Cost비율(2002년을 100으로 했을 때 %) | | | 80 | 60 |

<table>
<tr><td rowspan="8"></td><td colspan="3">기판 타입(세라믹)</td><td>전 층 IVH</td><td>전 층 IVH</td></tr>
<tr><td colspan="3">세라믹 기판의 채용 비율(%)</td><td>10</td><td>10</td></tr>
<tr><td colspan="3">층 구성(층)</td><td>4</td><td>4</td></tr>
<tr><td colspan="3">기판 재질</td><td>아르미나</td><td>아르미나</td></tr>
<tr><td colspan="3">기판 두께(㎜)</td><td>0.4</td><td>0.25</td></tr>
<tr><td colspan="3">기판 크기(㎜ x ㎜)</td><td>30×30</td><td>20×20</td></tr>
<tr><td colspan="3">최소 도체 폭/간격(㎛)</td><td>50/50</td><td>25/25</td></tr>
<tr><td colspan="3">Cost비율(2002년을 100으로 했을 때 %)</td><td>80</td><td>60</td></tr>
<tr><td rowspan="7">MODULE PCB 요구 동향</td><td colspan="3">기판의 휨 허용범위(%)</td><td>1.0이하</td><td>0.8 이하</td></tr>
<tr><td colspan="2">전기특성</td><td>임피던스 Zo(Ω)</td><td>50</td><td>50</td></tr>
<tr><td colspan="3">내열성 피크 온도(℃)/시간(sec)</td><td>260/20</td><td>260/20</td></tr>
<tr><td colspan="3">경량화의 추이 (%)</td><td>80~100</td><td>60~80</td></tr>
<tr><td colspan="3">Pb-free 도금 기판</td><td>Gold flash</td><td>내열 pre-flux</td></tr>
<tr><td colspan="3">기타 필요하다고 생각되는 기판 기술 과제</td><td>노이즈 대책</td><td>노이즈 대책</td></tr>
<tr><td rowspan="6">MODULE PCB EMBEDDED 채용 시기</td><td colspan="3">항목</td><td colspan="2">채용 시기</td></tr>
<tr><td rowspan="5">부품 내장 기판 채용 시기</td><td rowspan="4">수동부품</td><td>콘덴서</td><td colspan="2">2008년경</td></tr>
<tr><td>저항기</td><td colspan="2">2008년경</td></tr>
<tr><td>인덕터</td><td colspan="2">2010년경</td></tr>
<tr><td>필 터</td><td colspan="2">2008년경</td></tr>
<tr><td>능동부품</td><td>메모리</td><td colspan="2">2010년경</td></tr>
</table>

| | | | 로 직 | 2010년경 |
|---|---|---|---|---|
| | | | 리니어 | 2010년경 |

| 실장 설비 요구 | 항목 | | 2006년을 목표로 한 요구 | 2012년을 목표로 한 요구 |
|---|---|---|---|---|
| | 전체적으로/공통적 | | - 라인 길이 단축<br>- 셀 생산화 | - 다기능 실장 머신 (All in one) |
| | 인쇄기 | | - Fine 인쇄화<br>- Feed-back 기능에 의한 인쇄 안정화 자동 제어<br>- 자동 교환 기능<br>- 시험 인쇄 불필요 | - Full auto화<br>- 잉크젯 방식 |
| | 마운터 | | - 일괄 마운트<br>- 소형화<br>- 자동 교환 기능 | - Z축의 입체 배선 |
| | Reflow | | - 프로필의 셀프 설정(인텔리전트 기능)<br>- 고효율 가열 국부 reflow<br>- 가열시간 단축<br>- △T 축소 | - 프린트 기판 온도 측정 feed-back system(비접촉 온도 측정 센서)<br>- 저온 reflow soldering 기술 접합하고 싶은 부분만 재료만으로 가열 가능한 기술 |
| | Flow | | - 노즐 조정의 자동화<br>- 고품질 부분 deep<br>- 온도, 액관리 자동화 | - 액 분사 모니터에서부터 full feed-back 기능 |
| | Bare IC bonder | Wire bonding | - 50㎛ pitch 대응기 | - 초고속기<br>- 30㎛ pitch 대응기 |
| | | Flip chip bonder | - Large area bonding<br>- 협pitch 접합 고정도 bonder | - 접합 정부 확인 및 retry 기능을 가진 bonder |
| | 품질 | | - 어셈블리 품질을 보증할 수 있는 제조기계<br>- 제조 프로세스, 시뮬레이션이 가능한 철저한 품질의 편차 억제 | - 제조에 기인한 불량의 제로화, 직행율 100% |

| | | | |
|---|---|---|---|
| | 요구하는 접합 재료의 구체적 방안 | - 내 heat cycle성 접합재로서의 도전성 접착제 사용 | - Solder 교체 저저항 고강도 도전성 접착제<br>- 전극 선택적 접합 도전성 접착제<br>- 언더필 불필요한 접합 재료 |
| | 봉지재료(언더휠 등) | - 초단시간 경화<br>- Solder에 대한 내heat cycle성 보완 언더필<br>- 리페어 가능한 언더필 재료<br>- 실온 경화 언더필 재료 | - 리페어 가능하고 단시간 경화되는 언더필재<br>- 언더필 불필요한 접합 재료 |

## 엔진룸용 전자기기 08

### (1) 상품 사양 동향

| 항목 | 2006년 | 2012년 |
|---|---|---|
| 외형 사이즈 W×D×H(㎜) | MIN : 50×35×1<br>MAX : 140×130×35 | MIN : 35×35×1<br>MAX : 100×100×30 |
| 중량 (g) | 300~500 | 250~300 |
| 체적(cc) | 590 | 300 |
| 소비전력 (W) | MIN:2, MAX:60 | MIN:1, MAX:100 |
| 구동 전압 (V) | 14, 42 | 42, 14 |
| 방열대응 | 힛싱크, 자연 공냉 | 수냉, 유냉 |

| 외부 접속 방식 | 전선, CAN | 전선, CAN, 광통신 |
|---|---|---|
| 내열성 고온측(℃) | 95~150 | 95~200 |
| 내열성 저온측(℃) | -40~-50 | -40~-50 |
| 내구성 보증 기간 | 15년 15만 킬로 | 20년 20만 킬로 |
| 리사이클율(%) | 80 | 100 |

## (2) 실장 PCB 구성

| 항목 | 2006년 | 2012년 |
|---|---|---|
| 실장도 | 다층 세라믹 기판<br><br>다층 세라믹 기판<br>+<br>도전성 접착제 실장 | 다층 세라믹 기판<br><br>고방열기판(FR-5등)<br><br>다층세라믹 기판<br>+<br>고방열 기판 복합 구조<br>Cu 버스바, 파워디바이스 탑재 |
| 탑재하는 전자 부품 총수 | 100~250 | 40~100 |
| 탑재하는 LSI의 총수 | 4~15 | 2~20 |
| 탑재하는 콘넥터의 총수 | 1~2 | 1 |

## (3) 실장 공법

### ① Flow

그림 3-52에 flow 공법의 채용동향을 나타내었다. Flow공법은 2002년에

일부의 보드에 사용되었지만 차후(2012년경)에는 사용되지 않는다.

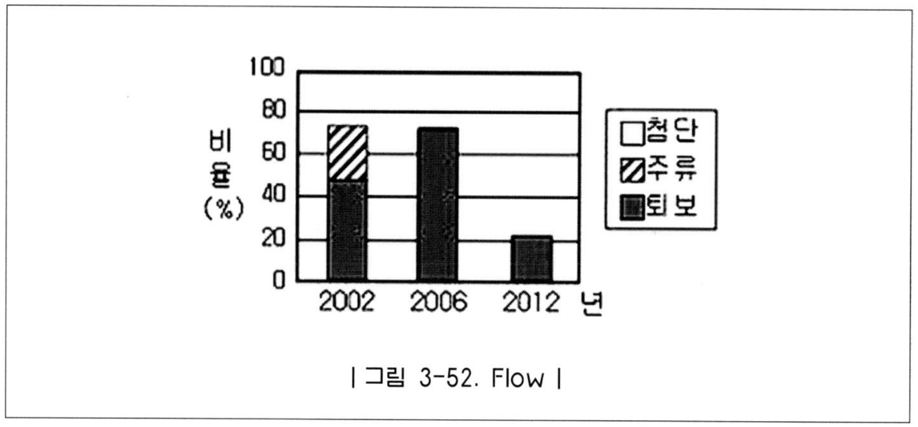


| 그림 3-52. Flow |

### ② Reflow

그림 3-53에 Reflow 공법의 채용동향을 나타내었다. Reflow공법은 2002년 이후에 가서 주류가 될 것으로 전망된다.

㉮ 단시간화

㉯ 전자부품의표준설정화

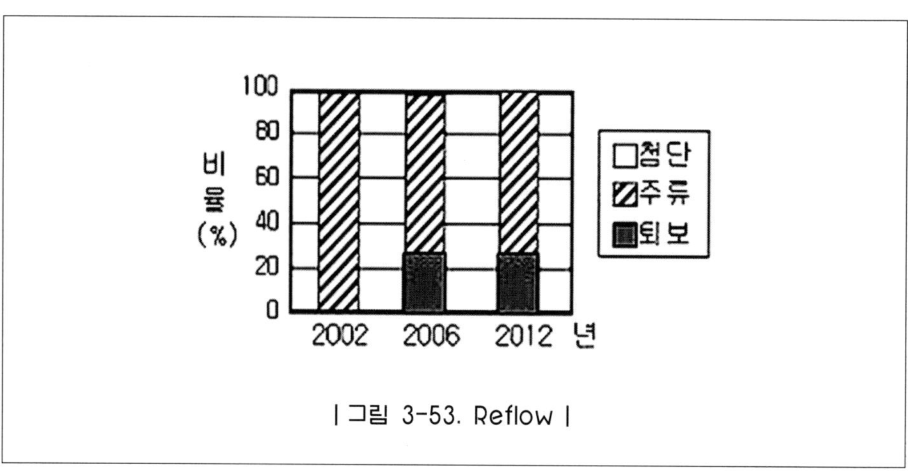


| 그림 3-53. Reflow |

### ③ 열 압착(Au-Au Au-Sn 등)

그림 3-54에 열압착 공법의 채용동향을 나타내었다. 열 압착은 첨단적으

로 채용되고 있다. 앞으로도 계속해서 첨단적인 부분에 2006년경에 사용된다. 그 후에도 채용이 확대되어 2012년에는 주류 공법이 된다.

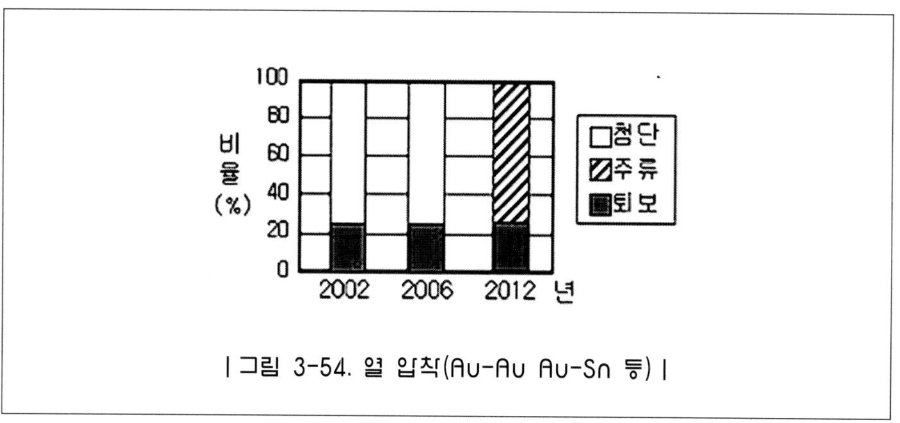


| 그림 3-54. 열 압착(Au-Au Au-Sn 등) |

### ④ ACF/ACP/NCP

그림 3-55에 ACF/ACP/NCP의 채용동향을 나타내었다. ACF/ACP/NCP는 2002년에는 그다지 채용되지 않지만 일부 실장에 2012년경 사용될 예상이 있다. 이것은 열압착 공법의 일부라는 인식이 있다.

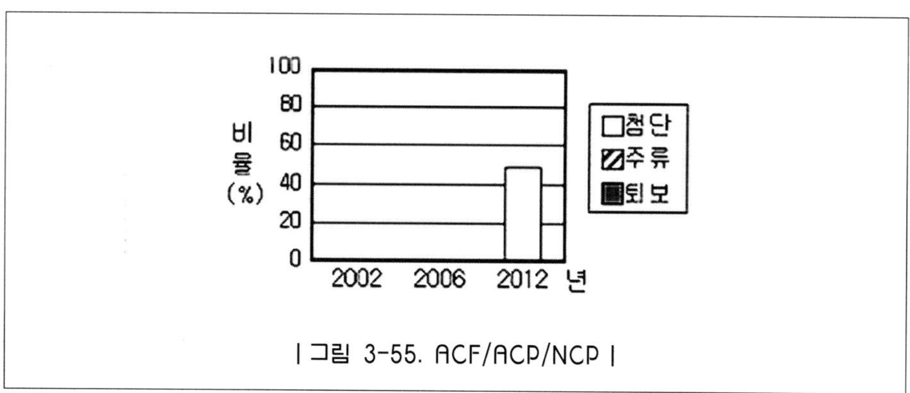


| 그림 3-55. ACF/ACP/NCP |

### ⑤ Wire bonding(WB)

그림 3-56에 Wire bonding 공법의 채용동향을 나타내었다 Wire bonding은 2002년 주류로 사용되고 있다. 앞으로 2006년경에 서서히 퇴보하는 기술로 진행되다가 2012년에는 퇴보한 기술이 될 것으로 예상된다.

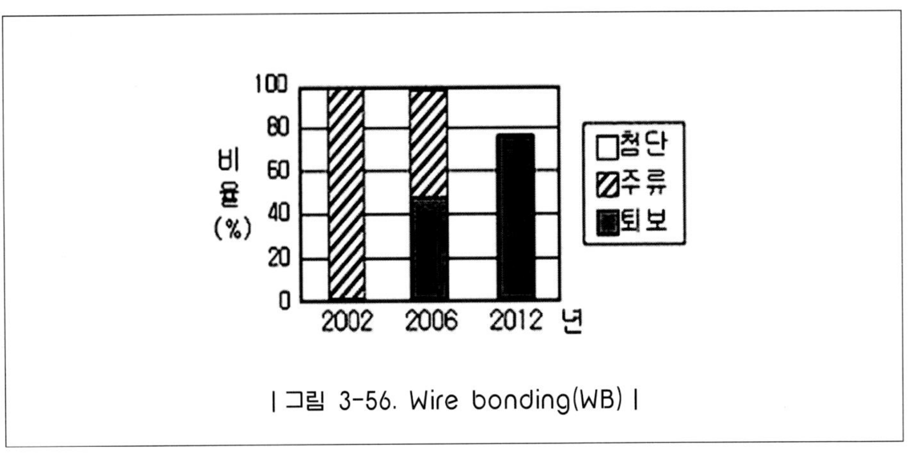


| 그림 3-56. Wire bonding(WB) |

⑥ Solder bump

그림 3-57에 solder bump의 채용동향을 나타내었다. Solder bump는 2002년 일부 첨단기술에 사용되지만 2006년에는 채용이 확대 된다. 2012년에는 모든 회사에 채용 될 것으로 회답을 얻었다. 요구사항으로는 아래와 같다.

㉮ 단시간화

㉯ 전자부품의 표준 설정화

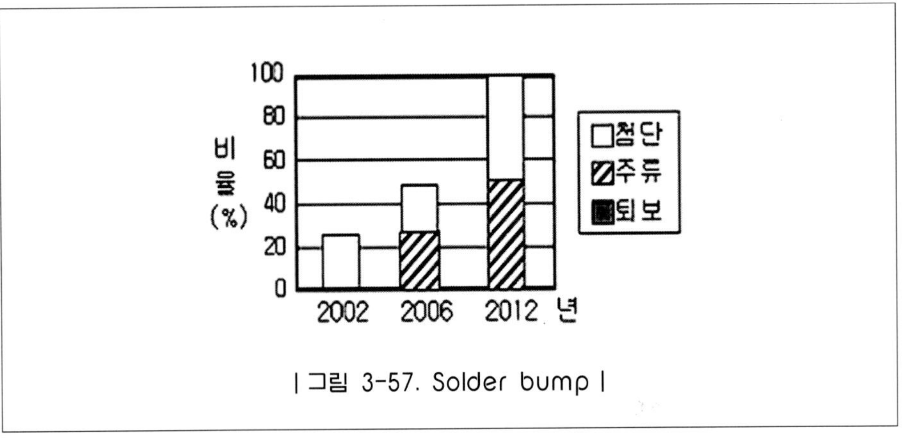


| 그림 3-57. Solder bump |

⑦ **도전성 접착제**

그림 3-58에 도전성 접착제의 채용동향을 나타내었다. 도전성 접착제는

2002년에 여러 회사의 제조 기술로서 채용되고 있다. 2006년도 2002년과 마찬가지로 채용되고, 2012년에는 다수의 회사에서 채용될 것으로 회답이 얻어졌다. 요구사항으로는 아래와 같다.

㉮ 단시간화

㉯ 공정의 간소화

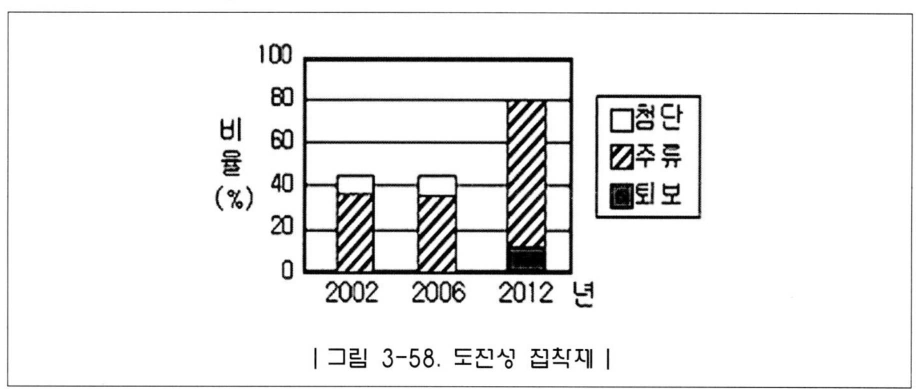


| 그림 3-58. 도진성 접착제 |

⑧ **MCM(자사제조를 할 경우)**

그림 3-59에 MCM의 채용동향을 나타내었다. MCM은 2002년에 일부에서 첨단 기술로 채용되고 있는데 2006년에 대다수 회사에 첨단기술로 채용될 것이란 회답을 얻었다. 2012년에도 첨단적으로 채용될 것이란 회답을 얻었다. Baer chip실장은 미래에 생산성 향상을 위해 새로운 실장기술(즉, 단시간에 실장을 실현 가능케 되는 열압착 공법이나 solder bump 공법 등)이 필요하다고 생각된다.

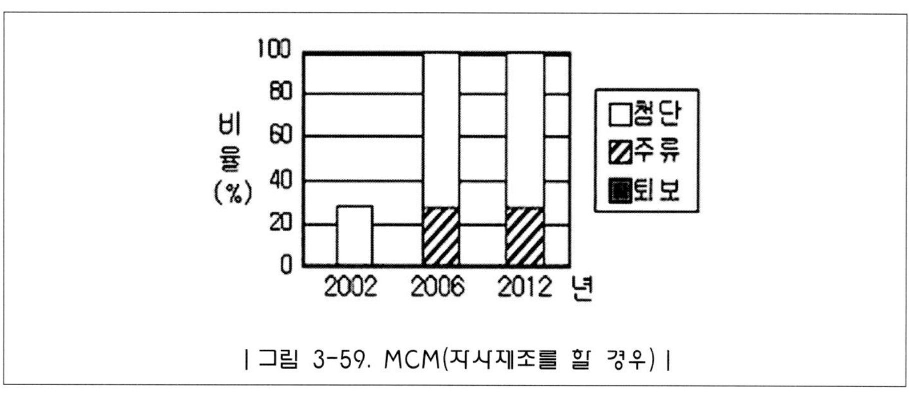


| 그림 3-59. MCM(자사제조를 할 경우) |

## (4) ROAD-MAP

| 구분 | 항목 | | 2006년 | 2012년 |
|---|---|---|---|---|
| LSI PACKAGE | Package의 채용 비율(%) | QFP/SOP | 50~60 | 10~20 |
| | | BGA | 4.~50 | 80~90 |
| | | FLGA | 0 | 0 |
| | | QFN | 0 | 0 |
| | Package의 최소 pitch(㎜) | QFP/SOP | 0.4~0.5 | 0.4~0.5 |
| | | BGA | 0.5~0.8 | 0.3~0.5 |
| | | QFN | 없음 | 없음 |
| | Package의 최대 pin 수 | QFP/SOP | 150~388 | 150~600 |
| | | FBGA | 250~388 | 350~600 |
| | Package의 최소 설치 높이(%) | QFP/SOP | 2.0~2.5 | 2.0~2.5 |
| | | FBGA | 1.2~1.5 | 0.8~1.0 |
| LSI PACKAGE Cost | 제품 Cost의 추이(2002년을 100으로 했을 때의 %) | | 50~75 | 40~60 |
| | 제품 Cost에 점유하는 LSI Cost 비율(%) | | 20~40 | 20~40 |
| | Package Cost(2002년을 100으로 했을 때의 %) | | 50 | 20~30 |
| BARE CHIP | Bare chip 실장의 채용 비율(%) | | 2~50 | 0~90 |
| | Wire bonding | | ◎~△ | △ |
| | Flip chip bonding | | ○~◎ | ◎ |

| | | | | |
|---|---|---|---|---|
| | Bare chip의 최소 Pad pitch(㎛) | W B | 60~150 | 40~150 |
| | | FCB (베리훼럴) | 80 | 60 |
| | | FCB (area array) | – | 150~300 |
| | Bare chip의 최소 chip 두께(㎛) | | 150~200 | 100~150 |
| | Bare chip의 공급 형태 | | | |
| | Cost(Package품과의 비교) (%) | KGD | 70~75 | 50 |
| | | 비KGD | 60 | 30~40 |
| PACKAGE 채용 동향 | 양면(상하면)에 I/O가 있는 package | | ○ | ○ |
| | 3차원 package(대용량 3차원 메모리, 스택 chip등) | | ○ | ○~◎ |
| | 양면 LSI화(Wafer의 양면에 배선 형성한 LSI) | | X | X |
| | CCD 내장 CPU(화상처리의 1chip화) | | X | X |
| | Boundary scan 전용 LSI(신뢰성 테스트용) | | ◎ | △ |
| | 고방열 LSI용 고효율 페르체 소자 조립형 LSI | | X | X |
| | MEMS (3차원 가속도 센서 : 3차원 자이로 등) | | X | X |
| | Opt electronics MCM | | ○ | ○ |
| | ◎ : 주류, ○ : 첨단, △ : 퇴보, X : 사용되지 않음. | | | |
| 생산 용이성 | LSI package의 흡습관리 free | | 조속한 대책의 실현을 요망 | 흡습관리 free 필요 |

<table>
<tr><td rowspan="4"></td><td colspan="3">SoC의 사용 여부와 요구</td><td>자동차용으로는 Cost가 현사에 비교해 매우 싸지면 사용될 가능성이 있다.</td><td>자동차용으로는 Cost가 현사에 비교해 매우 싸지면 사용될 가능성이 있다.</td></tr>
<tr><td colspan="3">SiP의 사용 여부와 요구</td><td>없음.</td><td>없음.</td></tr>
<tr><td colspan="3">LSI package의 환경 대응</td><td>Pb-free에 대응한 package의 개발이 필요<br>$T_a$=150~160℃ 환경에서 사용 가능할 것</td><td>-</td></tr>
<tr><td colspan="3">기타 문제와 과제라고 생각되는 점</td><td>-</td><td>-</td></tr>
<tr><td rowspan="6">CHIP 부품</td><td rowspan="4">Chip condenser<br>Chip 저항기<br>Chip inductor</td><td colspan="2">최대 사이즈<br>W x D(㎜)</td><td>5.7 x 5.0</td><td>2.1 x 2.0</td></tr>
<tr><td rowspan="3">Fillet less 실장 (부품 하면 전극만)</td><td>개시 시기</td><td colspan="2">2003~7년</td></tr>
<tr><td>사이즈(㎜)</td><td>1.6 x 0.8</td><td>1.0 x 0.5</td></tr>
<tr><td>검사법</td><td>ICT</td><td>ICT</td></tr>
<tr><td rowspan="2">Chip<br>전해 콘덴서<br>최대사이즈</td><td colspan="2">탄탈 DxWxH(㎜)</td><td>5.6 x 4.6 x 2.0</td><td>3.2 x 1.6 x 1.5</td></tr>
<tr><td colspan="2">알루미늄 DxH(㎜)</td><td>12x10</td><td>사용 안함.</td></tr>
<tr><td rowspan="2">CONNEC-<br>TOR</td><td rowspan="2">Connector</td><td colspan="2">외장 connector(Interface용)<br>최소 단자 간 pitch 동향(2002년을 100으로 했을 때 %)</td><td>75~90</td><td>75~80</td></tr>
<tr><td colspan="2">내장 connector 전폐에 대한 생각</td><td colspan="2">기본적으로 내장은 콘넥터를 사용하지 않는다.<br>자동차는 압접을 꺼려하는 경향이다.</td></tr>
<tr><td rowspan="2">환경 대책</td><td colspan="3">벌크 케이스 실장의 채용율(%)</td><td>0</td><td>0</td></tr>
<tr><td>환경 대응<br>(전 부품 공통)</td><td colspan="2">리사이클성의 요구</td><td colspan="2">재료별 구분의 용이성</td></tr>
</table>

| | | | | | |
|---|---|---|---|---|---|
| | | 포장재의 재사용 (재사용 비율 %) | 릴 | 50 | 100 |
| | | | 트레이 | 100 | 100 |
| | | | 벌 크 케이스 | 0 | 0 |
| MOTHER BOARD | 층 구성 | | | | |
| | 기판 타입 | | | IVH, Build-up | IVH, Build-up, 부품내장 |
| | 층 구성(층) | | | 4~6 | 6~8 |
| | 장시간 사용 내열성(℃) | | | 125~170 | 130~250 |
| | 기판 두께(㎜) | | | MIN : 50×35<br>MAX : 130×80 | MIN : 35×35<br>MAX : 100×45 |
| | 최소 도체 폭/간격(㎛) | | | 100/100 | 80/80 |
| | 최소 Via land 경(㎛) | | | 150~600 | 100~450 |
| | 기판의 휨 허용범위(%) | | | 0.15~0.2 | 0.05~0.1 |
| | 유전율(1GHz) | | | 3.7 | 3 |
| | Impedance (Ω) | | | 40 | 30 |
| | Reflow 내열성 피크 온도(℃)/시간(sec) | | | 280/20 | 280/30 |
| | 경량화의 추이<br>(2002년을 100으로 했을 때 %) | | | 70~80 | 50~70 |
| | 기타 요망 | | | 저Cost 기판 | 저Cost 기판 |
| | 주류가 되는 표면처리 | | | 유기로진<br>gold flash | 유기로진<br>gold flash |

<table>
<tr><td rowspan="8">EMBEDDED<br>채용 시기</td><td colspan="3">항목</td><td colspan="2">채용 시기</td></tr>
<tr><td rowspan="7">부품<br>내장 기판<br>채용 시기</td><td rowspan="4">수동<br>부품</td><td>콘덴서</td><td colspan="2">2010년경</td></tr>
<tr><td>저항기</td><td colspan="2">2006~2010년경</td></tr>
<tr><td>인덕터</td><td colspan="2">2010년경</td></tr>
<tr><td>필터</td><td colspan="2">2010년경</td></tr>
<tr><td rowspan="3">능동<br>부품</td><td>메모리</td><td colspan="2">2012년 이후</td></tr>
<tr><td>로직</td><td colspan="2">2012년 이후</td></tr>
<tr><td>리니어</td><td colspan="2">2012년 이후</td></tr>
<tr><td rowspan="2">환경<br>대응</td><td colspan="3">Halogen free 기판 채용 비율(%)</td><td>100</td><td>100</td></tr>
<tr><td colspan="3">안티몬 free 기판 채용 비율(%)</td><td>70~100</td><td>100</td></tr>
<tr><td rowspan="13">MODULE<br>PCB</td><td colspan="3">층 구성 요구</td><td></td><td></td></tr>
<tr><td colspan="3">기판 타입</td><td>Build-up</td><td>Build-up</td></tr>
<tr><td colspan="3">층구성(층)</td><td>8</td><td>10</td></tr>
<tr><td colspan="3">기판 재질</td><td>세라믹 수지</td><td>폴리이미드<br>+ 금속코어</td></tr>
<tr><td colspan="3">기판 두께(㎜)</td><td>0.8</td><td>0.6</td></tr>
<tr><td colspan="3">기판 크기(㎜×㎜)</td><td>200×200</td><td>150×150</td></tr>
<tr><td colspan="3">최소 도체 폭/간격(㎛)</td><td>100/100</td><td>50/50</td></tr>
<tr><td colspan="3">Cost비율(2002년을 100으로 했을 때 %)</td><td>70</td><td>50</td></tr>
<tr><td colspan="3">세라믹 기판의 채용 비율(%)</td><td>60</td><td>80</td></tr>
<tr><td colspan="3">층구성(층)</td><td>8</td><td>80</td></tr>
<tr><td colspan="3">기판 두께(㎜)</td><td>0.6</td><td>0.4</td></tr>
<tr><td colspan="3">기판 크기(㎜×㎜)</td><td>150×150</td><td>100×100</td></tr>
</table>

| | | | |
|---|---|---|---|
| | 최소 도체 폭/간격($\mu m$) | 100/100 | 50/50 |
| | Cost비율(2002년을 100으로 했을 때 %) | 70 | 50 |
| 실장<br>설비 | **항목** | **2006년을 목표로 한 요구** | **2012년을 목표로 한 요구** |
| | 전체적으로/공통적 | • 어셈블리 품질 자기관리 타입<br>• 미니라인화, 셀생산화, 높이방향의 공간을 이용하여 설비 면적을 감소<br>• 소롯트 전용 기판 수직 이동 라인 | • Maintenance free, 자기 check/수리<br>• 설비의 1/3사이즈화<br>• 미니라인화, 셀생산화, 높이 방향의 공간 이용 |
| | 인쇄기 | • 인쇄 편차를 철저히 억제<br>• solder paste 분사(잉크젯식) | • Paste 분사<br>• 검사결과에 기인한 인쇄조건 자동 조정<br>• (자기검사형 closed roof 인쇄기) |
| | 마운터 | • 기판을 움직이지 않고 마운트<br>• 장기정도 유지 마운트<br>• check부의 소형화와 용이성<br>• 소형화, 공간절약화 | • 소형화, 공간절약화<br>• 장기정도 유지<br>(완전 maintenance free) |
| | Reflow | • PCB 온도 측정 feed back system<br>• 기판상하면 온도차 100℃ 이상 제어 reflow<br>• 저온 reflow soldering 기술 | 접합하고 싶은 부분만 재료만으로 가열 가능한 기술 |
| | Flow | 포인트 Flow 장치 | – |
| | 검사기 | • 3차원 인식 장치<br>• 인식기술의 향상<br>• 처리속도의 향상<br>• 데이터 간이 입력<br>• X선 검사장치의 저가격화 | • CT스캔 시스템의 저가격화<br>• Flip chip 접속 검사 장치 |
| | bare LSI bonder / Wire bonder | • 30$\mu m$ pitch 대응기<br>• 사용하는 자동 검사 시스템의 내장 | 대형기판 대응(250㎜×250㎜) |

| | | | |
|---|---|---|---|
| | Flip chip bonder | Large area, 다품종화 | – |
| | 품질 | • 제조에 기인하는 불량의 제로화, 직행율 100%, 프로세스 편차의 억제<br>• 어셈블리 품질을 보증할 수 있는 제조기기 | 제조에 기인하는 불량의 제로화, 직행율 100%, 프로세스 편차의 억제 |
| | 요구하는 접합 재료의 구체적 방안 | • 확산층 형성형 도전성 접착제<br>• 이방성 도전 paste의 활용<br>• 열가소성 접합 재료 | • Solder와 도전성 접착제의 융합 재료<br>• 상온 접속용 재료 |
| | 봉지재료(언더휠 등) | • 리페어 가능한 언더필제<br>• 실온경화 언더필제<br>• 내오일성 향상 봉지재료 | – |

## DIGITAL TV, STB 09

### (1) 상품 사양 동향

| 항목 | 2006년 | 2012년 |
|---|---|---|
| 외형 사이즈 W×D×H(㎜) | MIN : 850×600×50<br>MAX : 1200×600×100 | 850×600×30 |
| 중량 (g) | 20~30 | 10 |
| 소비전력 (W) | 50~300 | 30 |
| 주요 표시 디바이스 | CRT, PDP, LCD | CRT, PDP, LCD |
| 화면 사이즈(인치) | 21~40 | 24~60 |

| 입력방식 | 문자 | 음성 |
|---|---|---|
| 외부 접속 방식 | 무선 | 무선 |
| 기록 디바이스 | HDD, DVD | HDD |
| 기록 용량(B) | 100G | 200G~100T |
| 프로세스 동작 속도(Hz) | 500M~10G | 1G~100G |
| 기판 바스라인 속도(Hz) | 120M | 250M |
| 방열(강제냉각) | 페르체 소자, 없음 | 콤프레샤, 없음 |

## (2) 실장 PCB 구성

| 항목 | 2006년 | 2012년 |
|---|---|---|
| 실장도 | • 1매 또는 2매 구성<br>• Through hole 기판<br>• Subtractive 기판<br>• Through hole<br>• (+build-up)기판 | • 1매 구성<br>• Through hole 기판<br>• Subtractive 기판<br>• Build-up 기판 |
| 탑재되는 LSI의 총수 | 4~10 | 1~7 |
| 탑재되는 전자부품의 총수 | 500~700 | 200~500 |
| 탑재되는 connector의 총수 | 2~4 | 1~3 |

## (3) 실장 공법

### ① Flow

그림 3-60에 flow 공법의 채용동향을 나타내었다. 전체적인 동향으로서는 주류에서 퇴보하는 기술로 채용이 감소해가고 있지만 일부에서는 시간을

거쳐 주류 기술로서 채용을 이어가자는 의견도 볼 수 있다. 이것은 위에서 언급했듯이 차후에 채용하는 기판이 회사마다 다른 것에 따른다.

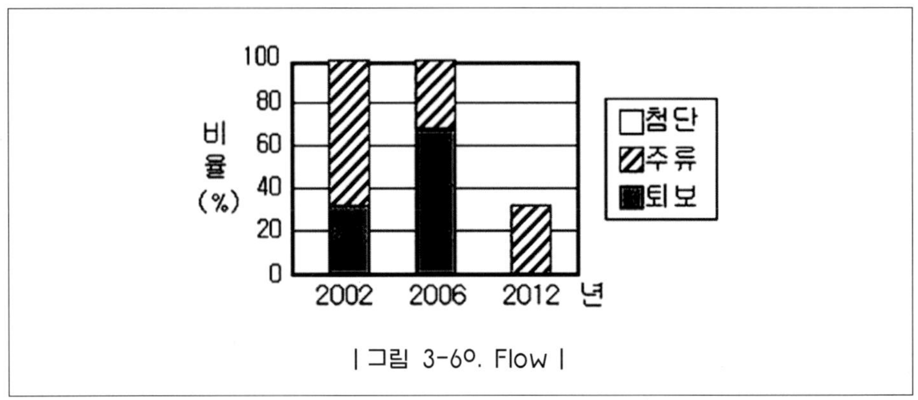


| 그림 3-6ㅇ. Flow |

② Reflow

그림 3-60에 Reflow 공법의 채용동향을 나타내었다. 본 공법은 2002년 첨단기술 혹은 주류기술로서 채용되고 있지만 시간이 흘러도 주류기술로서 채용을 이어나갈 것이다.

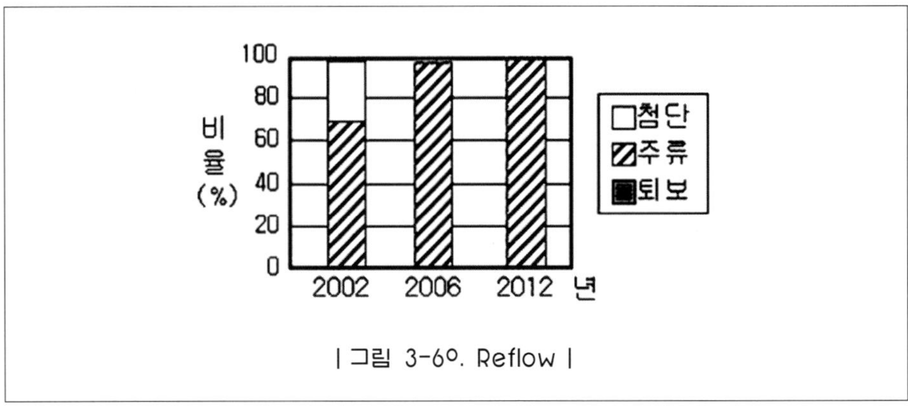


| 그림 3-6ㅇ. Reflow |

③ 열 압착(Au-Au Au-Sn 등)

그림 3-61에 열 압착 공법의 채용동향을 나타내었다. 본 공법은 2002년부터 2006년에 가서도 채용될 움직임은 없지만 2012년에는 미래기술로서 자리 잡는다. 빌드 업 기판에 대한 고밀도 실장 기술로서 자리 잡을 것이다.

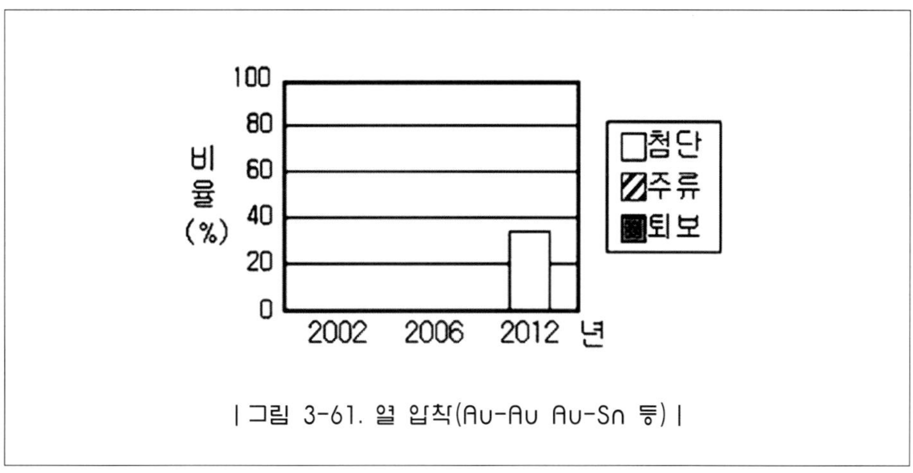


| 그림 3-61. 열 압착(Au-Au Au-Sn 등) |

④ ACF/ACP/NCP

그림 3-62에 ACF/ACP/NCP의 채용동향을 나타내었다. 본 기술도 2002년 채용되지 않았지만 2006년부터는 첨단기술로서 자리를 잡는다. 열압착공법과 같이 빌드 업 기판에서 고밀도 실장 기술로서 자리 잡을 것이다.

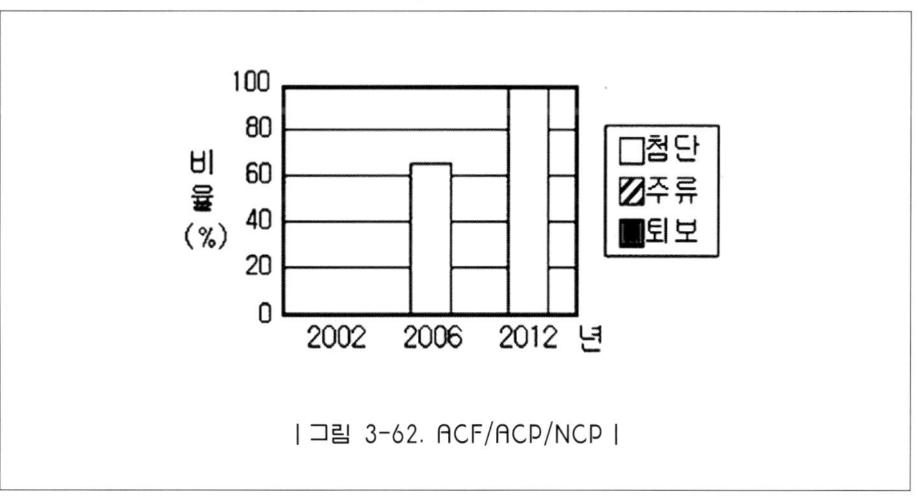


| 그림 3-62. ACF/ACP/NCP |

⑤ Wire bonding(WB)

그림 3-63에 Wire bonding 공법의 채용동향을 나타내었다. 본 공법은 모든 회사에서 채용하지 않을 것으로 생각된다.

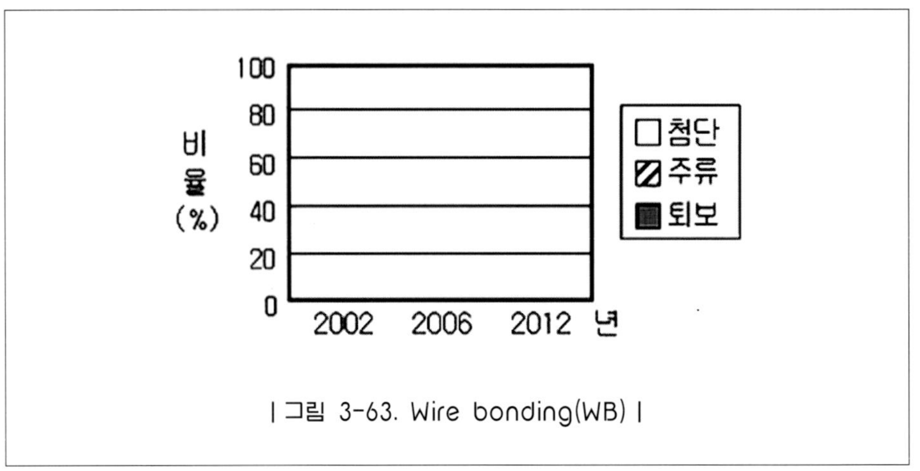


| 그림 3-63. Wire bonding(WB) |

⑥ solder bump

그림 3-64에 solder bump의 채용동향을 나타내었다. 본 공법은 모든 회사에서 채용하지 않을 것으로 생각된다.

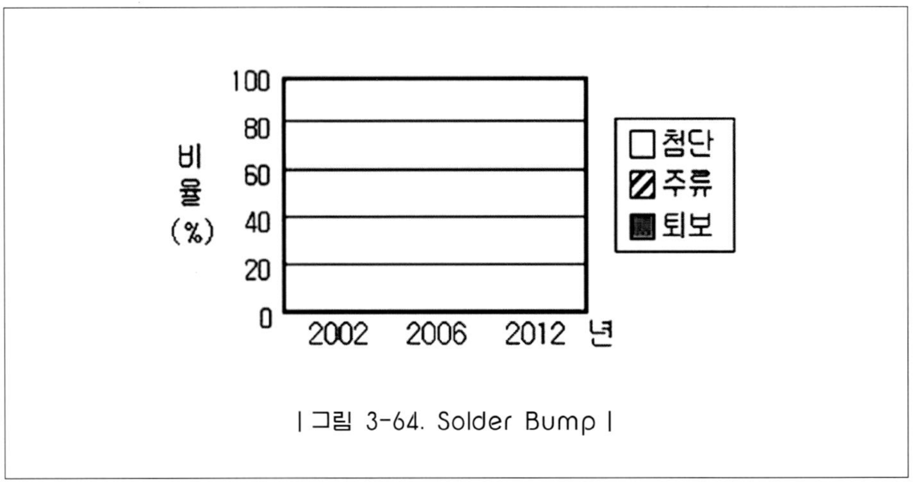


| 그림 3-64. Solder Bump |

⑦ 도전성 접착제

그림 3-65에 도전성 접착제의 채용동향을 나타내었다 본 기술도 2002년에는 채용되지 않았지만 2006년부터 첨단기술로서 자리 잡을 것이다. 본 기술도 빌드 업 기판에서 고밀도실장기술의 후보로서 자리 잡을 것이다.

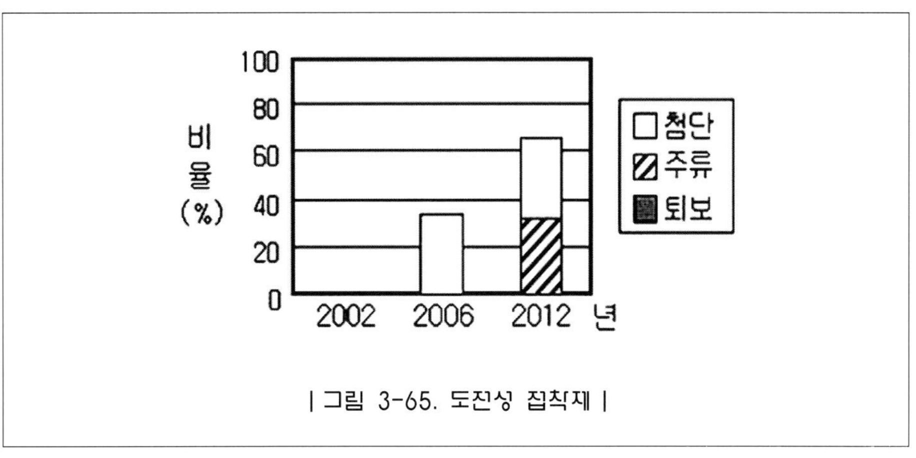


| 그림 3-65. 도전성 접착제 |

⑧ **그 외(부분 deep/spot reflow 공법)**

그림 3-66에 부분 deep/spot reflow 공법의 채용동향을 나타내었다. 이들 기술은 2002년에 일부 첨단기술로서 채용되고 있지만 미래에는 주류가 될 것으로 예측하고 있다. 이들 공법은 종래의 flow 공법이나 reflow 공법으로 바꿀 수 있는 것은 아니고 그 결점을 보완하는 기술로서 채용될 것으로 생각된다.

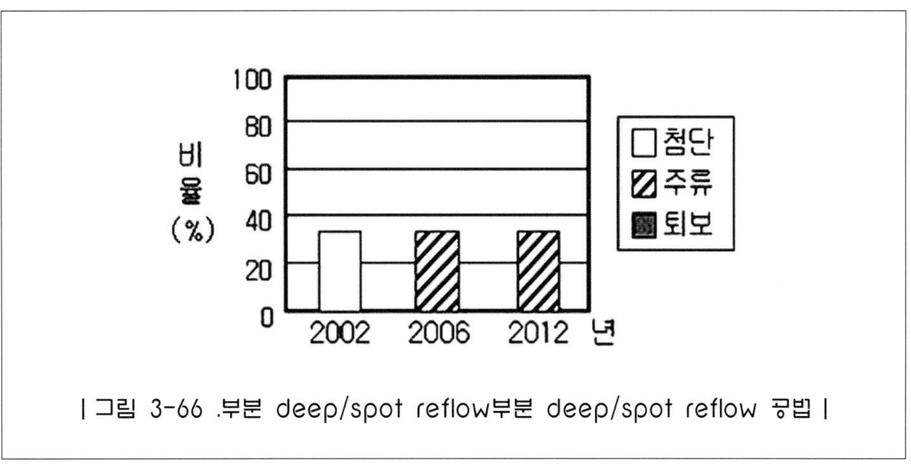


| 그림 3-66 .부분 deep/spot reflow부분 deep/spot reflow 공법 |

⑨ **MCM(자사제조를 할 경우)**

그림 3-67에 MCM의 채용동향을 나타내었다. 본 기술은 2002년에는 채용

되지 않았지만, 2006년부터는 첨단 기술로서 기대 받고 있다. 본 기술은 통신 기능 등 일부의 기능을 모듈화 함에 따라, 그 부분을 고기능화 대응함으로써, 공통부품으로서의 공통화를 꾀하는 데 도움을 주리라 생각된다.

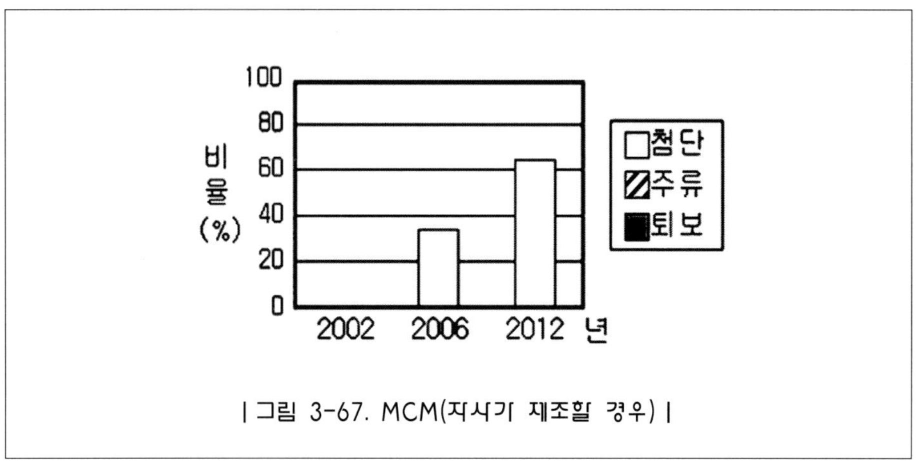


| 그림 3-67. MCM(자사가 제조할 경우) |

본 제품은 얼마나 성능사양을 만족시키는 구조를 실현하는가가 실장 구조 개정상의 포인트가 된다. 이 때문에 이번 조사에서는 이 수단으로서 실행 기술을 최대한 활용하여 이를 실현하는 어프로치와, 첨단 기술을 적극적으로 활용하여 이를 실현하는 어프로치의 2가지 수법이 미래에 공존하리라 예측된다. 어느 쪽의 어프로치가 실현의 주류가 될지, 양자가 병립할지 앞으로의 동향을 주목할 필요가 있다.

## (4) ROAD-MAP

| 구분 | 항목 | | 2006년 | 2012년 |
|---|---|---|---|---|
| LSI PACKAGE | Package의 채용 비율(%) | QFP/SOP | 30~50 | 10~30 |
| | | FBGA | 50~70 | 70~90 |
| | | FLGA | 0 | 0 |
| | | QFN | 소량 | 소량 |

| | | | | |
|---|---|---|---|---|
| | Package의 최소 pitch(㎜) | QFP/SOP | 0.3~0.5 | 0.3~0.5 |
| | | FBGA | 0.4~1.0 | 0.3~1.0 |
| | | FLGA | 0.8 | 0.8 |
| | | QFN | 0.8 | 0.8 |
| | Package의 최대 pin 수 | QFP/SOP | 240~304 | 240~304 |
| | | FBGA | 240~500 | 257~800 |
| | Package의 최소 설치 높이 (%) | QFP/SOP | 0.8~1.0 | 0.5~1.0 |
| | | FBGA | 0.8~2.0 | 0.5~2.0 |
| | | FLGA | 0.8~1.0 | 0.5~0.8 |
| | | QFN | 1.0 | 1.0 |
| LIS PACKAGE Cost | 제품 Cost의 추이 (2002년을 100으로 했을 때의 %) | | 60~90 | 35~80 |
| | 제품 Cost에 점유하는 LSI Cost 비율(%) | | 10~70 | 10~80 |
| | Package Cost (2002년을 100으로 했을 때의 %) | | 80 | 60 |
| BARE CHIP | Bare chip 실장의 채용 비율(%) | | 0~20 | 0~20 |
| | Wire bonding | | X | O |
| | Flip chip bonding | | O,◎ | O, △ |
| | Bare chip의 최소 Pad chip (㎜) | FCB (베리훼럴) | 0.12 | 0.1 |
| | | FCB (area array) | 0.2 | 0.1 |
| | Bare chip의 최소 PAD Pitch(㎛) | | 100 | 50 |
| | Bare chip의 공급 형태 | | Tray | Tray, tape |

| | | | | |
|---|---|---|---|---|
| | Cost(Package 품과의 비교)(%) | KGD | 80 | 60~100 |
| | | 비KGD | – | 50 |
| | ◎ : 주류, ○ : 첨단, △ : 퇴보, X : 사용되지 않음. | | | |
| PACKAGE 채용 동향 | 양면(상하면)에 I/O가 있는 package | | ○ | ○ |
| | 3차원 package(대용량 3차원 메모리, 스택 chip등) | | ○ | ○ |
| | 양면 LSI화<br>(Wafer의 양면에 배선 형성한 LSI) | | X | ○ |
| | CCD 내장 CPU<br>(화상처리의 1chip화) | | ○ | ○ |
| | Boundary scan 전용 LSI<br>(신뢰성 테스트용) | | ○ | ○ |
| | 고방열 LSI용 고효율 페르체 소자 조립형 LSI | | ○ | ○ |
| | MEMS(3차원 가속도 센서 : 3차원 자이로 등) | | X | ○ |
| | Opt electronics MCM | | ◎ | ◎ |
| 생산 용이성 | LSI package의 흡습관리 free | | 1개월 관리 free JEDEC레벨 3라면 지장은 없음. | 완전 관리 free JEDEC레벨 3라면 지장은 없음. |
| | SoC의 사용 여부와 요구 | | 성능과 Cost의 겸비 | 성능과 Cost의 겸비 |
| | SiP의 사용 여부와 요구 | | 가부의 양방 의견 있음.<br>가능한 조건은 단일 package와 동등하게 취급할 것 | 가부의 양방 의견 있음.<br>가능한 조건은 단일 package와 동등하게 취급할 것 |
| | LSI package의 환경 대응 | | Pb-free화 | Pb-free화 |
| | 기타 문제와 과제라고 생각되는 점 | | – | – |

| CHIP 부품 | Chip condenser Chip 저항기 Chip inductor | 최대 사이즈 W x D(㎜) | | 4.5 × 3.2 | 4.5 × 3.2 |
|---|---|---|---|---|---|
| | | Fillet less 실장 (부품 하면 전극만) | 개 시 시 기 | 2002년 | |
| | | | 사이즈 (㎜) | 0.6×0.3 | 0.6×0.3 |
| | | | 검사법 | X선 | X선 |
| | Chip 전해 콘덴서 최대 사이즈 | 탄탈 D x W x H(㎜) | | 6.0 × 3.2 × 2.5 | 3.2 × 1.6 × 1.6 |
| | | 알루미늄 D x H(㎜) | | 8 × 10 | 6 × 8 |
| | Connector | 외장 connector (Interface용) 최소 단자 간 pitch 동향(2002년을 100으로 했을 때 %) | | 80 | 40~70 |
| 환경 대책 | 벌크 케이스 실장의 채용율(%) | | | 30 | 30 |
| | 환경 대응 (전부품공통) | 리사이클성의 요구 | | 리페어가 용이할 것 재질의 표시 | |
| | | 포장 재의 재사용 (재사용 비율 %) | 릴 | 50 | 85~100 |
| | | | 트레이 | 50~100 | 85~100 |
| | | | 벌 크 케이스 | 50~100 | 85~100 |

| MOTHER BOARD | **항목** | **2002년** | **2006년** | **2012년** |
|---|---|---|---|---|
| | 층 구성 | | | |
| | 기판 타입 | Through hole기판 Subtractive 기판 | Through hole기판 전 층 Build-up 기판 | Through hole기판 전 층 Build-up 기판 |

<table>
<tr><td rowspan="12"></td><td>층 구성(층)</td><td colspan="2">6</td><td>6~8</td><td>6~10</td></tr>
<tr><td>기판 재질</td><td colspan="2">FR-4</td><td>FR-4</td><td>FR-4</td></tr>
<tr><td>기판 두께(㎜)</td><td colspan="2">1.6</td><td>1.0~1.2</td><td>0.8~1.2</td></tr>
<tr><td>기판 크기 (㎜×㎜)</td><td colspan="2">170×150~247×247</td><td>100×80~247×247</td><td>80×50~247×247</td></tr>
<tr><td>부품 실장시의 기판 크기 (㎜×㎜)</td><td colspan="2">200×190~247×247</td><td>120×100~247×247</td><td>120×100~247×247</td></tr>
<tr><td>최소 도체 폭/간격(㎛)</td><td colspan="2">100/100~150/150</td><td>50/50~150/150</td><td>20/20~150/150</td></tr>
<tr><td>최소 Via land 경(㎛)</td><td colspan="2">500</td><td>300~500</td><td>100~500</td></tr>
<tr><td>Cost 비율(2002년을 100으로 했을 때 %)</td><td colspan="2">100</td><td>80</td><td>60</td></tr>
<tr><td>기판의 휨 허용 범위(%)</td><td colspan="2">1.0</td><td>1.0</td><td>0.8</td></tr>
<tr><td>내열성 피크 온도/시간</td><td colspan="2">260/20</td><td>260/20</td><td>260/20</td></tr>
<tr><td>경량화의 추이 (2002년을 100으로 했을 때 %)</td><td colspan="2">100</td><td>90~100</td><td>80~100</td></tr>
<tr><td>주류가 되는 표면처리</td><td colspan="2">Pre-flux</td><td>Pre-flux<br>Pb-free solder</td><td>Pre-flux<br>Pb-free solder</td></tr>
<tr><td rowspan="3">EMBEDDED 채용 시기</td><td colspan="3">항목</td><td colspan="2">채용 시기</td></tr>
<tr><td rowspan="2">부품 내장 기판 채용 시기</td><td rowspan="2">수동부품</td><td>콘덴서</td><td colspan="2">2006년~2008년경</td></tr>
<tr><td>저항기</td><td colspan="2">2006년~2008년경</td></tr>
</table>

| | | | 인덕터 | 2006년~2010년경 | |
|---|---|---|---|---|---|
| | | | 필 터 | 2006년~2008년경 | |
| | | 능동부품 | 메모리 | 2006년~2010년경 | |
| | | | 로 직 | 2006년~2010년경 | |
| | | | 리니어 | 2006년~2010년경 | |

| 환경 대응 | 항목 | 2002년 | 2006년 | 2012년 |
|---|---|---|---|---|
| | Halogen free 기판 채용 비율(%) | 0~10 | 50~100 | 100 |
| | 안티몬 free 기판 채용 비율(%) | 0 | 50 | 100 |
| MODULE PCB | 층 구성 요구 | – | – | |
| | 기판 타입 | – | – | Build-up |
| | 층구성(층) | – | – | 6 |
| | 기판 재질 | – | – | FR-4, BT |
| | 기판 두께(mm) | – | – | 0.8~1.0 |
| | 기판 크기(mm×mm) | – | – | 40×40~50×50 |
| | 최소 도체 폭/간격(μm) | – | – | 20/20~75/75 |
| | Cost비율(2002년을 100으로 했을 때 %) | – | – | 100 |
| | 세라믹 기판의 채용 비율(%) | – | – | 0 |
| MODULE PCB 요구 사항 | 기판의 휨 허용범위(%) | – | – | 1.0 |
| | 내열성 피크 온도/시간 | – | – | 260 |
| | 주류가 되는 표면처리 | – | – | Gold flash |

| 구분 | 항목 | | 2006년을 목표로 한 요구 | 2012년을 목표로 한 요구 |
|---|---|---|---|---|
| 실장 설비 | 전체적으로/공통적 | | - 셀화<br>- 1인 혹은 2인으로 1장의 기판을 완성<br>- 교체 loss 절감<br>- 궁극적으로 고밀도 실장화<br>- 환경 기억 | - 다기능 실장 머신 (all in one) |
| | 인쇄기 | | - 마스크가 필요 없는 잉크젯에 의한 programmable 인쇄방식<br>- 실 전사 방식<br>- 고속고두께 solder 분사<br>- 초고정도 인쇄 | - Full auto화(Solder 공급, 순서 변경 포함) |
| | 마운터 | | - 위치 쏠림 수정의 flexible화<br>- 일괄 마운트 | - Z축 입체 배치 |
| | Reflow | | - Solder 선택 가열 방식<br>- 프로파일 자동 설정(인텔리전트기능)<br>- 저온 soldering 기술<br>- 고정도 온도 관리 | - 조의 길이 1/3화 |
| | Flow | | - 부분 flow<br>- Reflow 부품과 Flow 부품의 동시 납땜<br>- 노이즈 조정의 자동화<br>- 고정도 온도 관리 | - 액 분사 모니터에서 full feed back 기능 |
| | 검사기 | | - CAD 데이터와 링크한 검사기 데이터 자동 작성<br>- 처리속도 향상<br>- 인식기술의 향상 | - 범프 접합의 고속 전수 검사 |
| | Bare LSI bonder | Wire bonder | 50㎛pitch 대응기 | 초고속기 |
| | | Flip chip bonder | 다핀 대응기 | 검사기능 겸비 |
| | 품질 | | - 편차를 모니터링하여 자동 보정을 줄 수 있는 라인 | - 검사, 리페어 등을 겸비한 인텔리전트 머신 |

| | | 시스템<br>- 검사기능을 구비한 실장 장치<br>- 제조에 기인하는 불량율 제로화<br>- 직행율 100%<br>- 어셈블리 품질을 보증할 수 있는 제조기계<br>- 제조 프로세스, 시뮬레이션이 가능하도록 철저한 품질 편차의 억제 | |
|---|---|---|---|
| | 요구하는 접합 재료의 구체적 방안 | - 저온 고속경화 리페어 가능한 접합재료<br>- Pb-free | - Solder 탈피, 리페어 가능한 재료 |
| | 봉지재료<br>(언더휠 등) | - 저온 고속경화 리페어 가능한 접합재료<br>- 초단시간 경화 | - |

## 대형 COMPUTER, 고성능 SURVER 10

### (1) 제품 사양

| 항목 | 2006년 | 2012년 |
|---|---|---|
| 외형 사이즈 W×D×H(㎜) | 1200×1000×1600<br>표준 크랙, 미니타워 | 400×600×200<br>데스크탑, 그리드 기기 |
| 중량 (Kg) | 400 | 30 |
| 소비전력 (KW) | 5 | 1 |
| CPU 전압 (V) | 0.9 | 0.5 |
| CPU 속도(GHz) | 5 | 20 |

| 기판 내 주파수(GHz) | 1.67 | 5 |
|---|---|---|
| 주기억용량(GB) | 1024 | 2048(그리드 전체로 10000) |
| 기록 디바이스(용량 : TB) | HDD, 광디스크 | HDD, 광디스크, LSI |
| 냉각 방식 | 강제 공냉(Fan, Heat pipe) | 강제 공냉(Fan, Heat pipe)<br>액냉(마이크로채널) |
| 표시 디바이스 | CRT, LCD, 유기EL | LCD, 유기EL, PDP |

## (2) 실장 PCB 구성

| 항목 | 2006년 | 2012년 |
|---|---|---|
| 이미지 | | |
| 설명 | 메인 메모리는 대용량화를 목표로 하여 3차원 실장이 된다. | 프로세서와 네트워크 메니저 등 메모리 이외의 모든 시스템 구성 요소가 1개의 Bare chip에 수용된다(SoC). 메인 메모리는 3차원 스택 되어, 전체로는 작은 입방체에 가깝다. |

## (3) 실장 공법

### ① Flow

그림 3-68에 flow공법의 채용동향을 나타내었다.

2002년은 reflow 공법과 함께 주류를 차지하고 있지만 reflow공법의 대응영역의 확대와 더불어 점차 사용되지 않으리라 생각된다.

Flow 공법의 기술 개발 항목으로는 단시간화 국부 Flow기술을 들 수 있다.

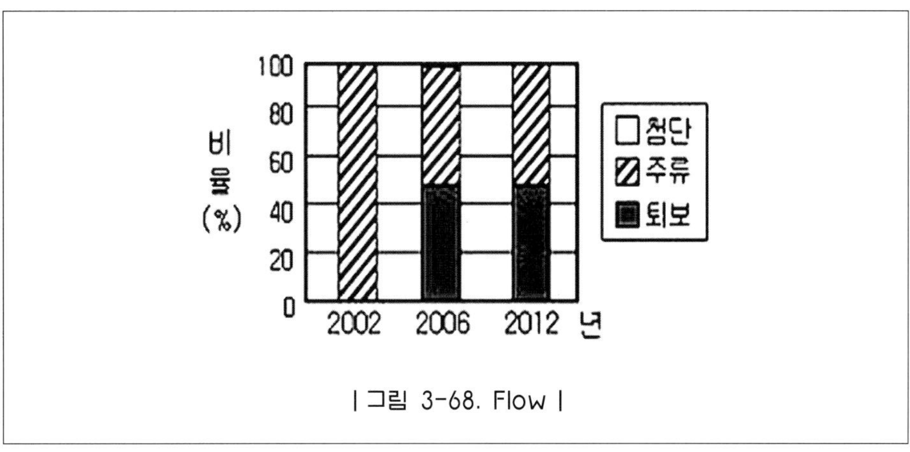

| 그림 3-68. Flow |

② Reflow

그림 3-69에 reflow 공법의 채용 동향을 나타내었다. 차후에도 주류를 차지하는 기술로 생각하고 있다. Flow 공법의 영역을 흡수하며, 확대되고 있다. 베이퍼, 적외선, 열풍과 각종 방식이 있으나, 주류는 적외선이다. 기술개발 항목으로는 단시간화와 온도 분포 균일화를 들 수 있다.

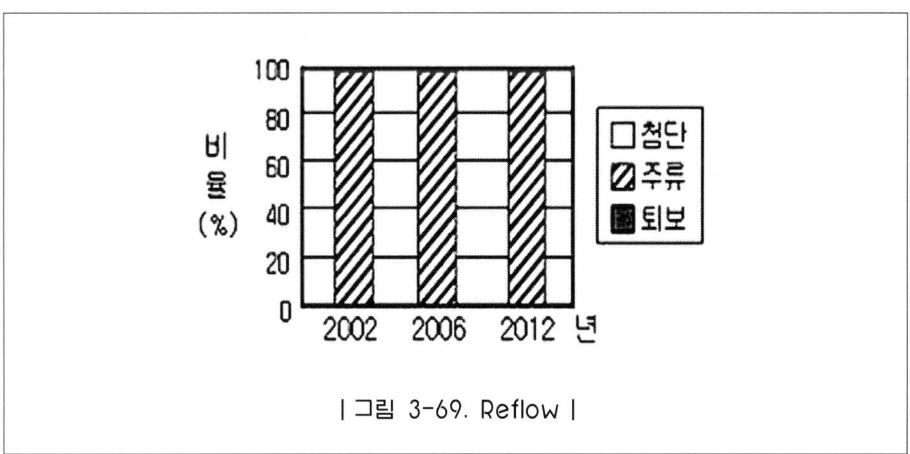

| 그림 3-69. Reflow |

③ 열 압착(Au-Au, Au-Sn 등)

그림 3-70에 열압착공법의 채용동향을 나타내었다. 열 압착은 Au-Au, Au-Sn을 불문하고 앞으로 사용될 전망은 없다.

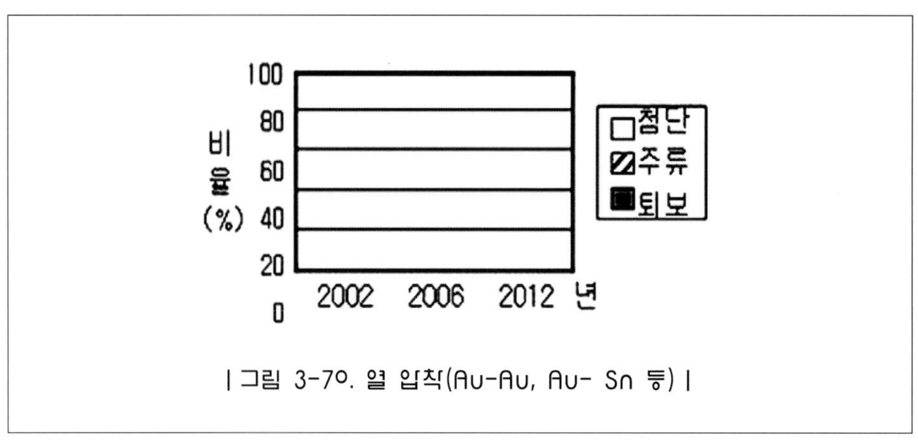


| 그림 3-7o. 열 압착(Au-Au, Au- Sn 등) |

④ ACF/ACP/NCP

그림 3-71에 ACF/ACP/NCP의 채용동향을 나타내었다 대형컴퓨터나 고성능 서버는 대형의 bare chip 을 기판에 실장 할 기회가 많다. 그러므로 종래부터 bare chip과 열팽창 계수에 가까운 세라믹 기판에 soldering 되어 왔다. 차후에는 Cost절감을 목표로 프린트기판의 비율이 증대하리라 생각되며 chip과 기판의 열팽창계수의 차를 극복하는 기술로서 ACF/ACP/NCP가 주류가 되고 있다. 과제는 대전류에 대한 대응(저저항화)과 신뢰성의 향상이다.

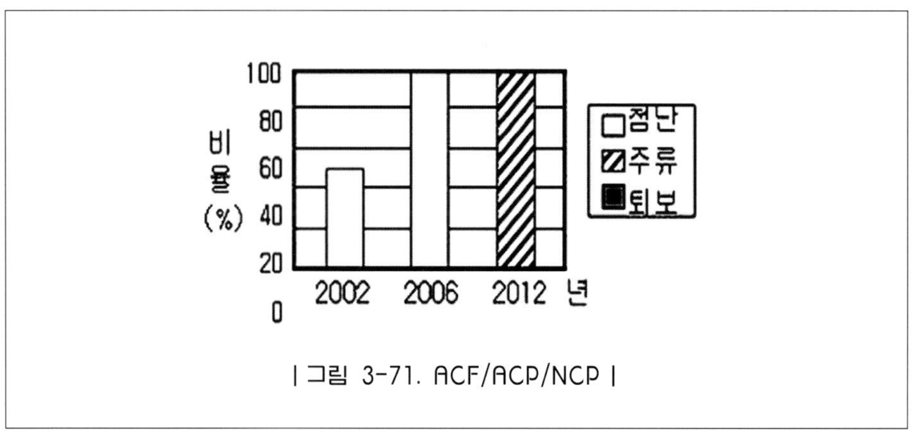


| 그림 3-71. ACF/ACP/NCP |

⑤ Wire bonding(WB)

그림 3-72에 Wire bonding공법의 채용동향을 나타내었다. 2002년에 이미

퇴보한 기술로 고주파 특성 면에서도 불리하므로 앞으로 점차 사용되지 않을 것이라 생각된다.

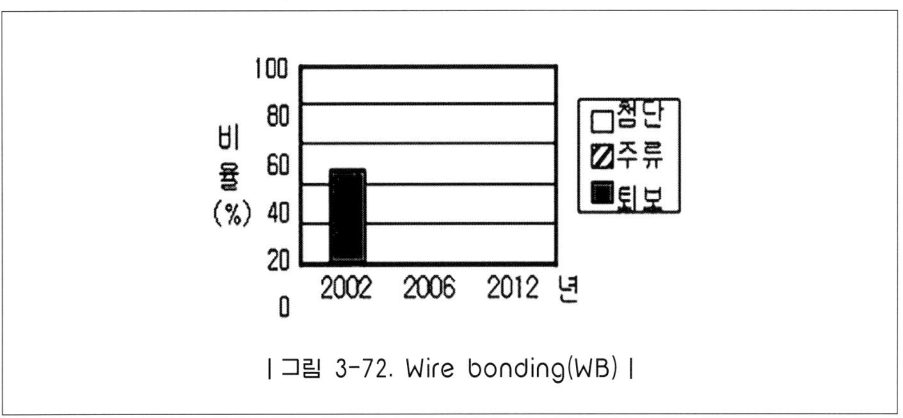


| 그림 3-72. Wire bonding(WB) |

⑥ Solder bump

그림 3-73에 solder bump의 채용동향을 나타내었다. 2002년은 첨단내지 주류의 기술로 인식되고 있다. 차후에도 주류기술로서 점유율이 높아질 것으로 생각된다. 기술개발 항목으로는 리페어 가능성의 확보와 대형chip에서 기판과의 열팽창계수 차를 흡수하는 구조의 획득을 들 수 있다.

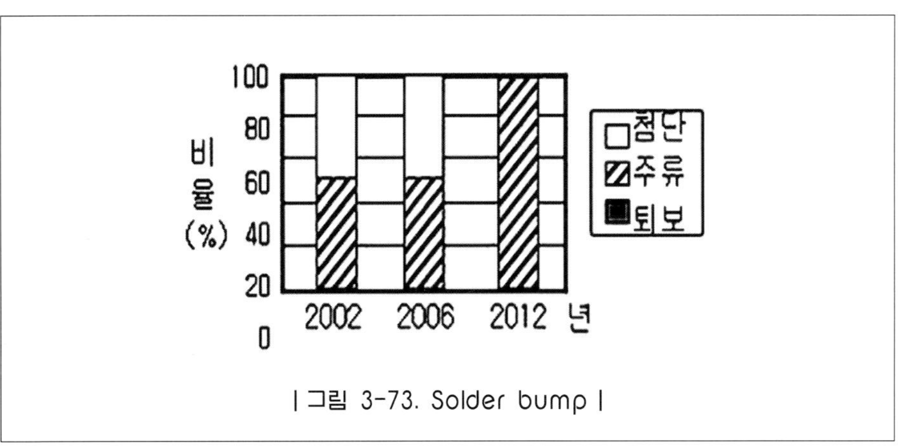


| 그림 3-73. Solder bump |

⑦ 도전성 접착제

그림 3-74에 도전성접착제의 채용동향을 나타내었다. 2002년은 사용되기

시작한 시기이며, 차후 확대가 기대되는 기술이다. 과제로는 대전류에 대응(저저항화), 신뢰성의 향상, 리페어 가능성의 획득을 들 수 있다.

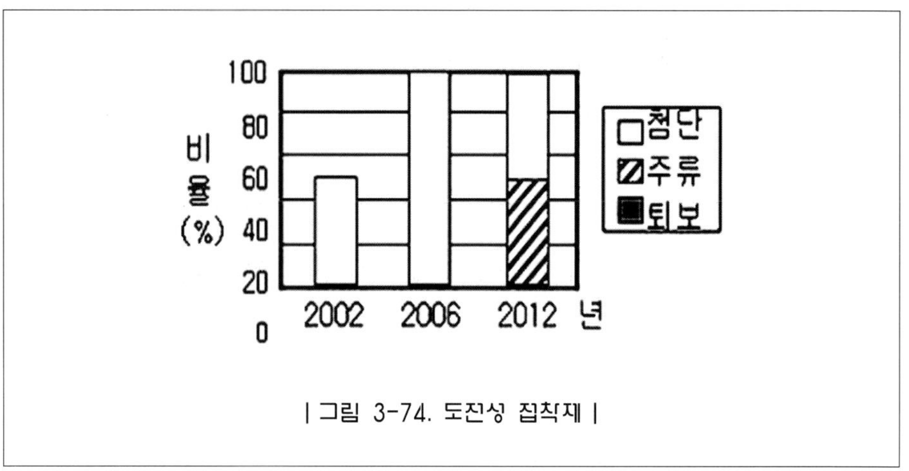


| 그림 3-74. 도전성 접착제 |

⑧ MCM(자사제조를 할 경우)

그림 3-75에 MCM의 채용동향을 나타내었다. 차후에도 특히 고속화가 요구되는 곳이나 리페어 가능성을 요구하는 기능 유니트에 한정적으로 사용되리라 생각된다.

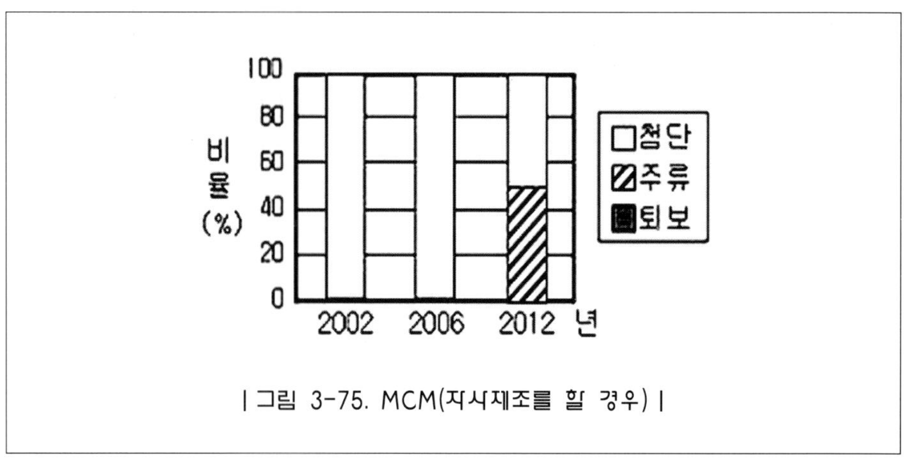


| 그림 3-75. MCM(자사제조를 할 경우) |

대형 컴퓨터, 고성능 서버의 chip 실장의 특징은 이들을 구성하는 LSI가 일반적으로 대규모인 동시에 대형이고 장기에 걸친 설계 기간을 필요로 하므로 매우 높은 접속신뢰성과 리페어 가능성을 요구하는 점이다. 이 때문에

Flow solder, Reflow solder에서는 물론이고, 도전성 접착제에도 리페어 가능성을 요구한다. ACF/ACP/NCP는 높은 리페어 가능성을 갖고 기판과 chip과의 열팽창율의 차를 흡수할 수 있는 구조이므로 기대가 높아지고 있다.

## (4) ROAD-MAP

| 구분 | 항목 | | 2006년 | 2012년 |
|---|---|---|---|---|
| LSI PACKAGE | Package의 채용 비율(%) | QFP/SOP | 60 | 30 |
| | | 다핀 BGA | 20 | 40 |
| | | FBGA | 10 | 20 |
| | | FLGA | 10 | 10 |
| | | QFN | 0 | 0 |
| | Package의 최소 pitch(㎜) | QFP/SOP | 0.4 | 0.4 |
| | | 다핀 BGA | 0.8 | 0.5 |
| | | FBGA | 0.8 | 0.5 |
| | | QFN | 사용 안함. | 사용 안함. |
| | Package의 최대 pi n수 | QFP/SOP | 400 | 500 |
| | | 다핀 BGA | 2500 | 4000 |
| | Package의 최소 설치 높이(%) | QFP/SOP | 특별히 제한 없음. | 특별히 제한 없음. |
| | | 다핀 BGA | 특별히 제한 없음. | 특별히 제한 없음. |
| LSI PACKAGE Cost | 제품 Cost의 추이(2002년을 100으로 했을 때의 %) | | 75 | 50 |
| | 제품 Cost에 점유하는 LSI Cost 비율(%) | | 50 | 50 |

<table>
<tr><td></td><td colspan="2">Package Cost(2002년을 100으로 했을 때의 %)</td><td>100</td><td>100</td></tr>
<tr><td rowspan="10">BARE CHIP 채용</td><td colspan="2">Bare chip 실장의 채용 비율(%)</td><td>2~30</td><td>5~50</td></tr>
<tr><td colspan="2">Wire bonding</td><td>X</td><td>X</td></tr>
<tr><td colspan="2">Flip chip bonding</td><td>◎</td><td>◎</td></tr>
<tr><td colspan="2">Bare chip의 최소 Pad pitch(WB)(㎜)</td><td>–</td><td>–</td></tr>
<tr><td rowspan="2">Bare chip의 최소 Pad chip(㎜)</td><td>페리훼럴</td><td>–</td><td>–</td></tr>
<tr><td>Area array</td><td>150</td><td>100</td></tr>
<tr><td colspan="2">Bare chip의 최소 chip 두께(㎛)</td><td>200~700</td><td>50~700</td></tr>
<tr><td colspan="2">Bare chip의 공급 형태</td><td>Tray</td><td>Tray, tape, 신형태</td></tr>
<tr><td rowspan="2">Cost(Package품과의 비교)(%)</td><td>KGD</td><td>90</td><td>80</td></tr>
<tr><td>비KGD</td><td>50</td><td>50</td></tr>
<tr><td></td><td colspan="4">◎ : 주류, ○ : 첨단, △ : 퇴보, X : 사용되지 않음.</td></tr>
<tr><td rowspan="6">PACKAGE 채용</td><td colspan="2">양면(상하면)에 I/O가 있는 package</td><td>○</td><td>○</td></tr>
<tr><td colspan="2">3차원 package(대용량 3차원 메모리, 스택 chip등)</td><td>○</td><td>◎</td></tr>
<tr><td colspan="2">양면 LSI화(Wafer의 양면에 배선 형성한 LSI)</td><td>X</td><td>X</td></tr>
<tr><td colspan="2">CCD 내장 CPU(화상처리의 1chip화)</td><td>X</td><td>X</td></tr>
<tr><td colspan="2">Boundary scan 전용 LSI(신뢰성 테스트용)</td><td>○</td><td>◎</td></tr>
<tr><td colspan="2">고방열 LSI용 고효율 페르체 소자 조립형 LSI</td><td>○</td><td>◎</td></tr>
</table>

<table>
<tr><td rowspan="3"></td><td colspan="3">MEMS(3차원 가속도 센서 : 3차원 자이로 등)</td><td>X</td><td>X</td></tr>
<tr><td colspan="3">Opt electronics MCM</td><td>○</td><td>○</td></tr>
<tr><td colspan="5">◎ : 주류, ○ : 첨단, △ : 퇴보, X : 사용되지 않음.</td></tr>
<tr><td rowspan="5">생산 용이성</td><td colspan="3">LSI package의 흡습관리 free</td><td>- 베이킹 불필요가 요구됨.<br>- 흡습량 센서 내장 등의 식별 관리가 차선책</td><td>- 흡습관리 free가 필수</td></tr>
<tr><td colspan="3">SoC의 사용 여부와 요구</td><td>특별한 요구는 없다.</td><td>특별한 요구는 없다.</td></tr>
<tr><td colspan="3">SiP의 사용 여부와 요구</td><td>더욱 고집적화</td><td>–</td></tr>
<tr><td colspan="3">LSI package의 환경 대응</td><td colspan="2">Pb-free대응과 더불어, Halogen free등의 유해물질을 포함하지 않고, 공정에서도 사용하지 않는 package일 것</td></tr>
<tr><td colspan="3">기타 문제와 과제라고 생각되는 점</td><td>–</td><td>–</td></tr>
<tr><td rowspan="4">CHIP</td><td rowspan="4">Chip condenser<br>Chip 저항기<br>Chip inductor</td><td colspan="2">최대 사이즈<br>W x D(mm)</td><td>4 × 3</td><td>3 × 2</td></tr>
<tr><td rowspan="3">Fillet less 실장(부품 하면 전극만)</td><td>개시 시기</td><td colspan="2">2004년</td></tr>
<tr><td>사이즈(mm)</td><td>3.5×2.8</td><td>3.5×2.8</td></tr>
<tr><td>검사법</td><td>X선 또는 무검사</td><td>X선 또는 무검사</td></tr>
<tr><td rowspan="2">CONNECTOR</td><td rowspan="2">Connector</td><td colspan="2">인터페이스용 최소 단자 간 pitch 동향 (2002년을 100으로 했을 때 %)</td><td>70~100</td><td>60~100</td></tr>
<tr><td colspan="2">내장 connector 전폐에 대한 생각</td><td colspan="2">대형 컴퓨터, 고성능 서버에서는 보수 교환 단위의 문제 등이 있어, 콘넥터 폐지는 할 수 없다.</td></tr>
</table>

| MOTHER BOARD | 층 구성 | | | |
|---|---|---|---|---|
| | 기판 타입 | | 적층, 적층 + 부분 Build-up 구조 | 적층, 적층 + 부분 Build-up 구조 |
| | 층구성(층) | | 18~52 | 18~52 |
| | 기판 재질 | | 저유전율 고내열 저유전손실재 | 저유전율 고내열 저유전손실재 |
| | 기판 두께(㎜) | | 2.6~5 | 2.6~5 |
| | 기판 크기(㎜×㎜) | | 300×450~450×550 | 300×450~450×550 |
| | 최소 도체폭/간격(㎛) | | 80/80 | 60/60(20/20) |
| | 최소 Via land 경(㎛) | | 550 | 500(200) |
| | Cost비율 (2002년을 100으로 했을 때 %) | | 90 | 80 |
| | 기판의 휨 허용범위(%) | | 0.2 | 0.2 |
| | 전기특성 | 유전율(1GHz) | 2.5~3 | 2 |
| | | 유전손실(1GHz) | 0.001~0.002 | 0.0005~0.001 |
| | | 특성임피던스(Ω) | 20,50 | 20,50 |
| | 내열성 피크 온도/시간 | | 250/10 | 250/10 |
| | 경량화의 추이 (2002년을 100으로 했을 때 %) | | 100 | 100 |
| | 주류가 되는 표면처리 | | Gold flash | Gold flash |

<table>
<tr><td rowspan="9">EMBEDDED 채용 시기</td><td colspan="3">항목</td><td colspan="2">채용 시기</td></tr>
<tr><td rowspan="8">부품 내장 기판 채용 시기</td><td rowspan="4">수동 부품</td><td>콘덴서</td><td colspan="2">2005년경</td></tr>
<tr><td>저항기</td><td colspan="2">2005년경</td></tr>
<tr><td>인덕터</td><td colspan="2">2006년~2010년경</td></tr>
<tr><td>필터</td><td colspan="2">2006년~2010년경</td></tr>
<tr><td rowspan="3">능동 부품</td><td>메모리</td><td colspan="2">2020년경</td></tr>
<tr><td>로직</td><td colspan="2">2020년경</td></tr>
<tr><td>리니어</td><td colspan="2">계획 없음.</td></tr>
<tr><td rowspan="2">환경 대응</td><td colspan="3">Halogen free 기판 채용 비율(%)</td><td>20~100</td><td>100</td></tr>
<tr><td colspan="3">안티몬 free 기판 채용 비율(%)</td><td>20~100</td><td>100</td></tr>
</table>

| 항목 | 2006년 | 2012년 |
|---|---|---|
| 층구성 요구(Via의 배치 등) | | |
| 기판 타입 | Build-up | Build-up |
| 층구성(층) | 14(5-4-5), 16(4-8-4) | 14~16, 20(6-8-6) |
| 기판 재질 | 저열팽창고내열 수지, 에폭시/PTFE | 저열팽창고내열 수지, 에폭시/PTFE |
| 기판 두께(㎜) | 1~1.6 | 1~1.8 |
| 기판 크기(㎜×㎜) | 200×200, 50×50 | 300×300, 50×50 |
| 최소 도체폭/간격(㎛) | 25/25, 10/10 | 20/20, 5/7 |
| Cost비율(2002년을 100으로 했을 때 %) | 90 | 80 |
| 세라믹 기판의 채용 비율(%) | 5~40 | 0~30 |
| 세라믹 기판의 층구성(층) | 세라믹(20층) + 폴리이미드(8층) | Glass ceramic(30층) |

| | | |
|---|---|---|
| 기판 두께(㎜) | 3~5.5 | 3 |
| 기판 크기(㎜x㎜) | 125×125, 45×45 | 50×50 |
| 최소도체폭/간격(㎛) | 25/25 | 20/20 |
| Cost 비율(2002년을 100으로 했을 때 %) | 90 | 80 |

※ PTFE : Poly Tetra Fluoro Ethylene

| 항목 | | | 2006년 | 2012년 |
|---|---|---|---|---|
| 기판의 휨 허용범위(%) | | | 0.1 | 0.1 |
| 전기특성 | 유전율 (1GHz) | | 2.5~3 | 2~3 |
| | 유전손실(1GHz) | | 0.001~0.005 | 0.0008~0.001 |
| | 특성임피던스(Ω) | | 20, 50 | 20, 50 |
| 부품 내장기판 채용 시점 | 수동부품 | 콘덴서 | 2006년경 | |
| | | 저항기 | 2006년경 | |
| | | 인덕터 | 2006년경 | |
| | | 필 터 | 2006년경 | |
| | 능동부품 | 메모리 | 계획 없음. | |
| | | 로 직 | 계획 없음. | |
| | | 리니어 | 계획 없음. | |
| 경량화의 추이 (%) | | | 90 | 80 |
| 주류가 되는 표면처리 | | | Gold flash, Pb-free HASL | Gold flash, Pb-free HASL |
| 기타 필요 사항 | | | 고속버스와 급전에 스택드 페어 배선, 표피 효과 대책 패턴 | 급전의 대전류화에 대한 대응 |

<table>
<tr><th colspan="2">항목</th><th>2006년을 목표로 한 요구</th><th>2012년을 목표로 한 요구</th></tr>
<tr><td rowspan="2">인쇄기</td><td>다품종/소로트 생산 대응</td><td colspan="2">- 설계 데이터에서 직접 solder paste pattern을 얻을 수 있는 장치(마스크 불필요한 solder 인쇄, paste 직접 분사 장치 등)<br>- 이들 장치에 사용되는 디지털 데이터 사양은 업계 표준 데이터, format이 결정될 것을 요구한다.</td></tr>
<tr><td>미세화 대응</td><td>- 스킬에 의존하지 않는 고정도화, 자동화(직접 분사장치는 소로트 대응과 함께, 스킬에 의존하지 않는 고정도화를 실현하는 장치로서도 기대되고 있다.)</td><td>- 극미세 bare chip실장에 대응(인쇄 중 기판의 휨이나 뒤틀림에 추종하는 인쇄 마스크, 직접 분사 장치)<br>- 3차원 실장 대응 마스크(COB 마스크)</td></tr>
<tr><td rowspan="2">마운터</td><td>다품종/소로트 생산 대응</td><td colspan="2">- Bare chip에서 대형 부품까지, 기판에 탑재하는 어떠한 부품에도 대응할 수 있는 고속 다품종 다기능 마운터<br>- 공간 절약형</td></tr>
<tr><td>미세화 대응</td><td>- 고정도화, 저진동화</td><td>- 3차원 실장에 대응(다단실장, Z축방향의 제어)</td></tr>
<tr><td rowspan="2">Reflow</td><td>다품종/소로트 생산 대응</td><td colspan="2">- Lot 한꺼번에 프로파일을 자동 설정<br>- 온도의 균일화와 온도 제어 정도 향상(Pb-free 대응:±10℃ 이하)<br>- 전력 감소화<br>- 공간절약화</td></tr>
<tr><td>미세화 대응</td><td>- 기재 온도 편차가 적음(ΔT : 10℃ 이하) 가열방식의 reflow 장치</td><td>- 온도 균일화 제어(기판 온도 비접촉 자동 측정, feed-back 기능)<br>- 진공 reflow<br>- 리페어 대응(접합하려는 부분만, 재료만으로 가열 할 수 있는 reflow 장치나 point flow 기능)</td></tr>
<tr><td colspan="2">검사기</td><td colspan="2">- 미세한 접합부의 기스(크랙)나 박리를 검출하는 장치(광학화상, X선, 초음파 : 미세화와 다단자화에 대응하는 고속화)<br>- (시스템 규모의 증대에 대응하는 고장개소 핀포인트 지적 기술)<br>- 전기적으로 접합부에 이상이 없을 것을 보증하는 장치<br>- (초고주파 펄스의 파형 변형도 고려하여 검사 가능한 것이 중요)<br>- 설계에 대응한 스캔 디자인(IEEE boundary scan), 기타 스캔 혼재에 대응한 검사장치<br>- 광신호나 아날로그신호에 대응</td></tr>
</table>

| Flip chip bonder | - 미세화, 협pitch화 대응의 고정도화(플렉스 전사, 범프 레벨러 기능, 가압, 가열, 높이 제어, 위치 맞춤)<br>- 기판 세정 기능의 병설 | - 위치 맞춤 정도의 향상, chip 대형화/3차원 실장에 대응<br>- 초박형 chip 대응<br>- Chip 적층 실장/표면 동시 실장<br>- 각종 접합(도전성 접착, soldering)에 동시 대응<br>- LSI chip 교환 기능 병설(떼어냄, 기판 재처리, 접합재료 공급, 재실장) |
|---|---|---|
| 요구하는 접합 재료의 구체적 방안 | - 도전성 접착제(대전류, 저저항화, 고신뢰도화, 리페어 가능)<br>- 대형 bare chip과 기판과 같이 열팽창계수(CTE)차가 큰 부품의 접합부에 사용할 수 있는 응력원화 기능(접합재료, 구조) | - 기판의 인쇄를 동반하지 않는 solder 공급 기술(직접 분사 방식 등) |
| 봉지재료(언더필 등) | - 리페어(LSI chip 교환) 가능한 언더필 재료<br>- bare chip의 대형화에 따라, chip과 기판과의 열팽창차를 흡수하는 기능 | - 언더필 재료가 chip에 미리 공급되어 있을 것 |

# DESK TOP PC용 FPD 11

## (1) 상품 사양 동향

| 항목 | 2006년 | 2012년 |
|---|---|---|
| 외형 사이즈<br>W × D × H(㎜) | 340×30×290 | 320×20×280 |
| 중량 (g) | 3000~4000 | 1000~3500 |

| 체적(cc) | 3000 | 1800 |
|---|---|---|
| 기기 전체의 소비전력(W)<br>(동작 시/대기 시) | 30/1~2 | 20~25/0~1 |
| 표시 디바이스 | TFT LCD 투과 | 유기EL, TFT LCD 투과 |
| 화면사이즈(인치) | 15 | 15 |
| 화소수(H×V) | 1024×768 | 1024×768 |
| 휘도(cd/㎡) | 300 | 250~300 |
| 외부 접속 방식 | DVI<br>스테레오 미니잭<br>Bluetooth, UWB | DVI, UWB |
| 방열 대응 | 없음 | 없음 |
| 비강제 공냉 | 힛싱크 | 힛싱크 |
| 필요기능 또는 추가기능 | CCD 카메라<br>TV 기능<br>(옵션 : +카메라) | CCD 카메라, TV<br>터치패널<br>(옵션 : +카메라) |
| 기타 필요하다고 생각되는 사항 | VESA금구 대응 | VESA금구 대응 |

※ D V I : Digital Visual Interface
VESA : Video Electronics Standards Association

## (2) 실장 PCB 구성

| 항목 | 2006년 | 2012년 |
|---|---|---|
| 실장도 | | |
| 탑재하는 전자 부품 총수 | 2 | 1 |
| 탑재하는 LSI의 총수 | 300 | 250 |
| 탑재하는 콘넥터의 총수 | 4 | 3(콘넥터간 접속선도 광섬유) |

### (3) 실장 공법

① Flow

그림 3-76에 flow 공법의 채용사항을 나타내었다. 2002년은 전원부등에서 일부 flow공법이 사용되고 있지만 주류는 reflow이며, 앞으로도 Flow 공법이 주류가 되지는 않는다. 단, 장래에도 Flow 공법을 사용할 가능성은 부정할 수 없다.

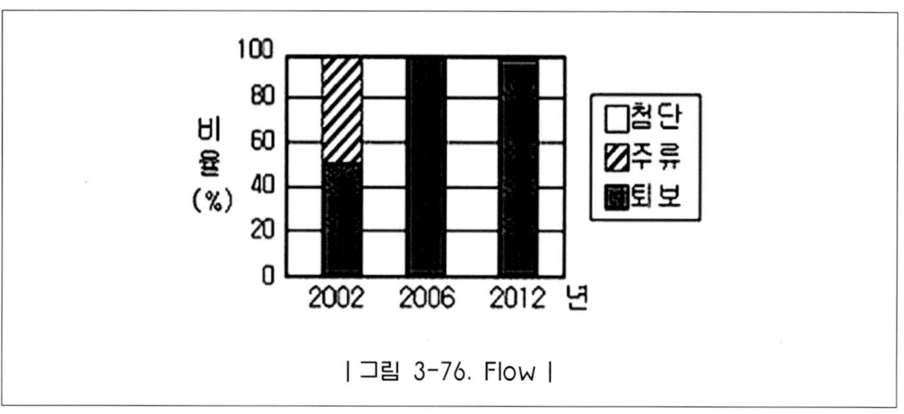


| 그림 3-76. Flow |

② Reflow

그림 3-77에 Reflow 공법의 채용 동향을 나타내었다. Reflow 공법은 2002년 주류가 된 실장방법이며, 시간이 흘러도 주력 공법에는 변함없다고 예측된다. Reflow 공법을 상회하는 공법이 차후에도 개발되지 않을 것으로 예측된다.

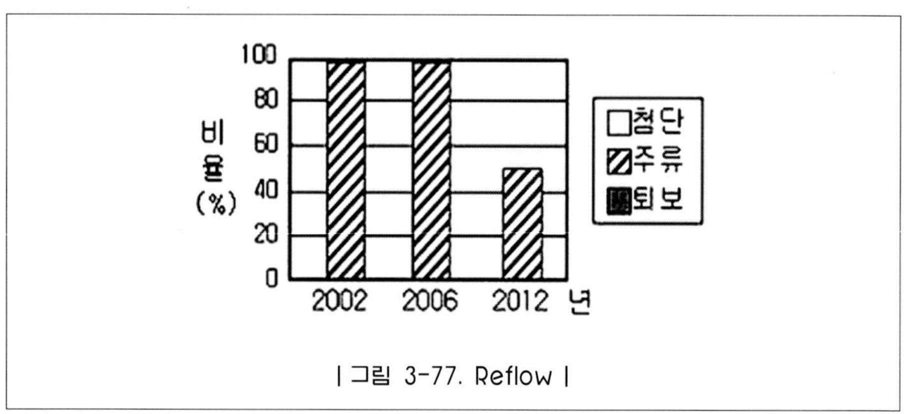


| 그림 3-77. Reflow |

### ③ 열 압착(Au-Au, Au-Sn 등)

그림 3-78에 열 압착 공법의 채용동향을 나타내었다. 열 압착은 2012년 첨단으로서 채용은 되었지만 적극적인 채용은 생각되고 있지 않다.

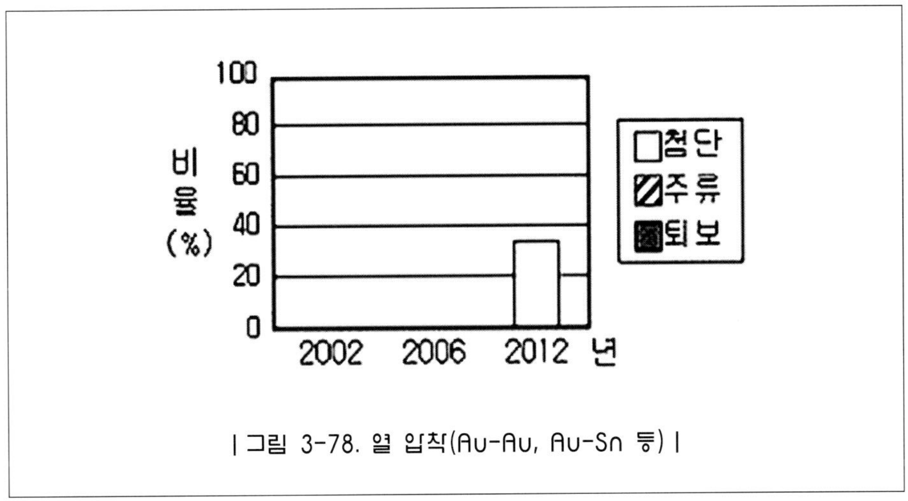


| 그림 3-78. 열 압착(Au-Au, Au-Sn 등) |

### ④ ACF/ACP/NCP

그림 3-79에 ACF/ACP/NCP의 채용동향을 나타내었다. ACF/ACP/NCP는 열압착과 마찬가지로, 2012년 첨단으로 채용 되었지만 적극적인 채용은 생각되고 있지 않다.

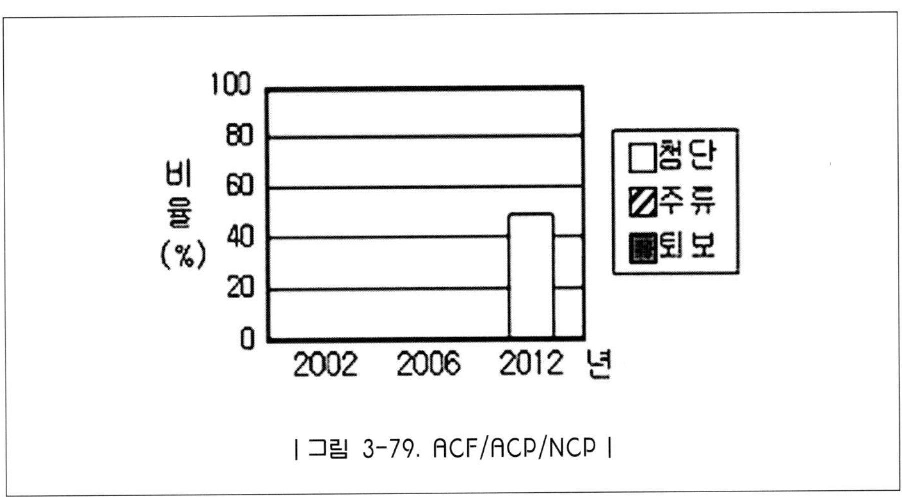


| 그림 3-79. ACF/ACP/NCP |

### ⑤ Wire bonding(WB)

그림 3-80에 Wire bonding(WB)공법의 채용동향을 나타내었다. 본 카테고리에서는 사용 계획이 없고, 2012년에는 사라질 기술이라는 회답이 있다. 채용에는 소극적일 것이라 예측할 수 있다.

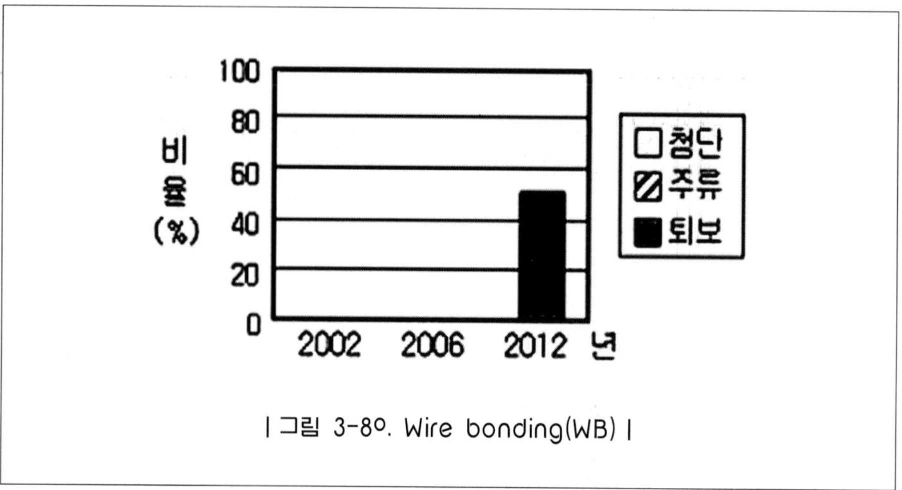


| 그림 3-8o. Wire bonding(WB) |

### ⑥ Solder bump

그림 3-81에 solder bump의 채용동향을 나타내었다. Solder bump에는 2006년 이후에 고밀도 대응부터의 채용도 고려되고 있다고 생각된다.

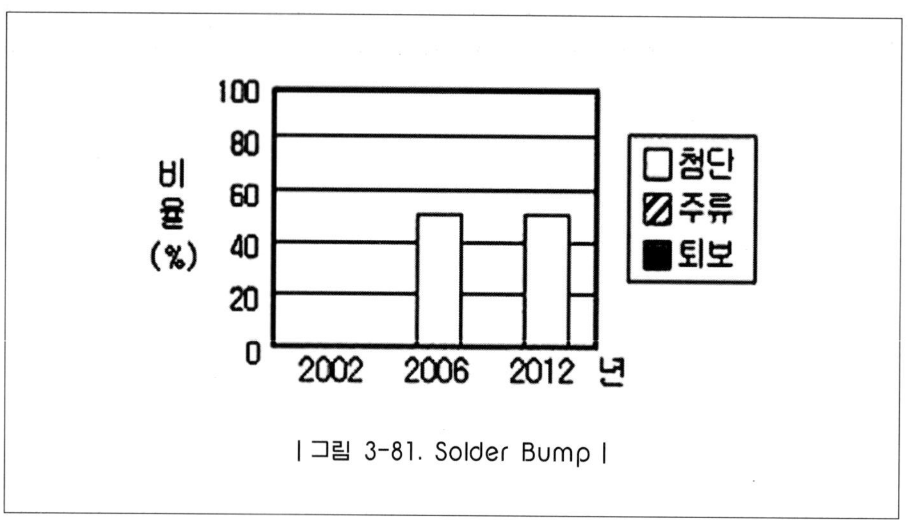


| 그림 3-81. Solder Bump |

### ⑦ 도전성 접착제

그림 3-82에 도전성 접착제의 채용동향을 나타내었다. 일부에 실용화된 상품은 있기는 하지만 Cost, 리페어성의 문제로 보급은 되지 않는다. Solder의 대체로서 실용화는 곤란하고, 첨단 기술로서의 채용이라고 예측된다.

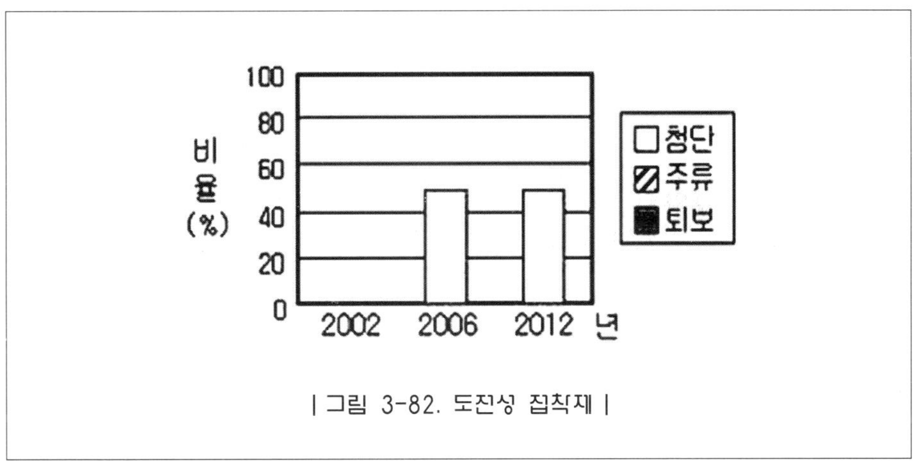


| 그림 3-82. 도전성 접착제 |

### ⑧ MCM(자사제조를 할 경우)

그림 3-83에 MCM의 채용동향을 나타내었다. 2002년은 사용되고 있지 않지만, 소형화, 고밀도화의 수법으로 가능성은 인식되고 있고, 장래에는 채용을 예측하는 회사도 있다. 단, 크스트, 품질면에서 자사 제조를 할지는 의문이다.

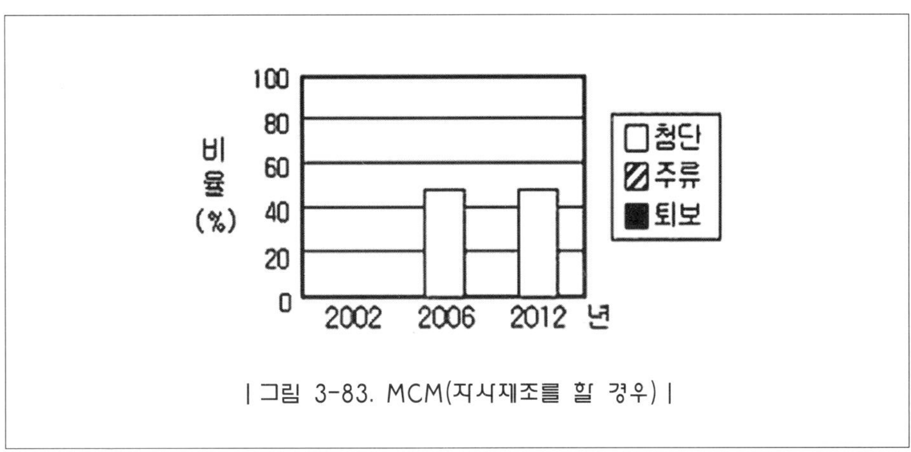


| 그림 3-83. MCM(자사제조를 할 경우) |

## (4) ROAD-MAP

| 구분 | 항목 | | 2006년 | 2012년 |
|---|---|---|---|---|
| LSI PACKAGE | Package의 최소 pitch(㎜) | QFP/SOP | 0.4 | 0.3 |
| | | FBGA | 0.5 | 0.5 |
| | | QFN | 0.65 | 0.5 |
| | Package의 최대 pin 수 | QFP/SOP | 304 | 500 |
| | | FBGA | 304 | 304 |
| LSI PACKAGE Cost | 제품 Cost의 추이 (2002년을 100으로 했을 때의 %) | | 80 | 60 |
| | Package Cost (2002년을 100으로 했을 때의 %) | | 50 | 60 |
| BARE CHIP 채용 | Bare chip 실장의 채용 비율(%) | | 0 | 0 |
| | Wire bonding | | X | △ |
| | Flip chip bonding | | X | ○ |
| | ◎ : 주류, ○ : 첨단, △ : 퇴보, X : 사용되지 않음. | | | |
| PACKAGE 채용 | 양면(상하면)에 I/O가 있는 package | | ○ | ◎ |
| | 3차원 package(대용량 3차원 메모리, 스택 chip등) | | ◎ | ◎ |
| | 양면 LSI화(Wafer의 양면에 배선 형성한 LSI) | | ○ | ○ |
| | CCD 내장 CPU(화상처리의 1chip화) | | ○ | ◎ |
| | Boundary scan 전용 LSI(신뢰성 테스트용) | | ◎ | ◎ |

<table>
<tr><td rowspan="4"></td><td colspan="3">고방열 LSI용 고효율 페르체 소자 조립형 LSI</td><td>○</td><td>◎</td></tr>
<tr><td colspan="3">MEMS(3차원 가속도 센서 : 3차원 자이로 등)</td><td>X</td><td>X</td></tr>
<tr><td colspan="3">Opt electronics MCM</td><td>○</td><td>○</td></tr>
<tr><td colspan="5">◎ : 주류, ○ : 첨단, △ : 퇴보, X : 사용되지 않음.</td></tr>
<tr><td rowspan="4">생산 용이성</td><td colspan="2">LSI package의 흡습관리 free</td><td colspan="3">소량 다품종의 생산상은 현실을 요망한다.</td></tr>
<tr><td colspan="2">SoC의 사용 여부와 요구</td><td colspan="2">사용 가능성은 충분히 있지만, 고가라는 점이나 개발 리스크가 커서 실용화는 쉽지 않다.</td><td>고부가가치 제품과 저가격 제품 등의 용도별로 크게 구별한다.</td></tr>
<tr><td colspan="2">SiP의 사용 여부와 요구</td><td colspan="2">사용 가능성은 충분히 있으나, 저Cost가 요구된다.</td><td>SiP는 주류가 된다.</td></tr>
<tr><td colspan="2">LSI package의 환경 대응</td><td colspan="3">내열성 향상</td></tr>
<tr><td rowspan="6">CHIP 부품</td><td rowspan="4">Chip condenser Chip 저항기 Chip inductor</td><td colspan="2">최대 사이즈 W x D(㎜)</td><td>1.6×0.8</td><td>1.0×0.5</td></tr>
<tr><td rowspan="3">Fillet less 실장 (부품 하면 전극만)</td><td>개시 시기</td><td></td><td></td></tr>
<tr><td>사이즈 (㎜)</td><td>0.6×0.3</td><td>0.3×0.15</td></tr>
<tr><td>검사법</td><td>ICT</td><td></td></tr>
<tr><td rowspan="2">Chip 전해콘덴서 최대사이즈</td><td colspan="2">탄탈 D x W x H(㎜)</td><td>3.2×1.6×1.2</td><td>3.2×1.6×1.2</td></tr>
<tr><td colspan="2">알루미늄 D x H(㎜)</td><td>6×4.5</td><td>4×4.5</td></tr>
</table>

| | 외장 콘넥터(인터페이스용) 최소 단자 간 pitch의 동향 (2002년을 100으로 했을 때의 %) | | | 60 | 30 |
|---|---|---|---|---|---|
| 환경 대책 | 벌크 케이스 실장의 채용율(%) | | | 5 | 10 |
| | 환경 대응 (전 부품 공통) | 리사이클성의 요구 | | 회수를 위한 인프라 정비 | |
| | | 포장 재의 재사용 (재사용 비율 %) | 릴 | 50 | 70 |
| | | | 트레이 | 50 | 90 |
| | | | 벌 크 케이스 | 100 | 100 |
| MOTHER BOARD | 층 구성 | | | | |
| | 기판 타입 | | | Build-up | Build-up |
| | 층구성(층) | | | 6(1+4+1) | 8 |
| | 기판 재질 | | | FR-4 | – |
| | 기판 두께(㎜) | | | 1.2 | 1.2 |
| | 기판 사이즈(㎜×㎜) | | | 120×140 | 100×120 |
| | 최소 도체폭/간격(㎛) | | | 80/80 | 60/60 |
| | 최소 Via land 경(㎛) | | | 500 | 300 |
| | Cost비율 (2002년을 100으로 했을 때 %) | | | 80 | 70 |
| | 기판의 휨 허용범위(%) | | | 0.2 | 0.1 |
| | 내열성 피크 온도(℃)/시간(sec) | | | 260/10 | 260/10 |
| | 경량화의 추이 (2002년을 100으로 했을 때 %) | | | 80 | 50 |

| | 주류가 되는 표면처리 | | | 유기로진 | Gold flash |
|---|---|---|---|---|---|
| EMBEDDED 채용 시기 | 항목 | | | 채용 시기 | |
| | 부 품 내장 기판 채용 시기 | 수동 부품 | 콘덴서 | 2006년경 | |
| | | | 저항기 | 2006년경 | |
| | | | 인덕터 | 2008년경 | |
| | | | 필터 | 2008년경 | |
| | | 능동 부품 | 메모리 | – | |
| | | | 로직 | – | |
| | | | 리니어 | – | |
| 환경 대응 | Halogen free 기판 채용 비율(%) | | | 100 | 100 |
| | 안티몬 free 기판 채용 비율(%) | | | 20 | 50 |
| MODULE PCB | 기판 타입 | | | 다층판 | Build-up 기판 |
| | 층구성(층) | | | 4 | 8 |
| | 기판 재질 | | | FR-4 | FR-4 |
| | 기판 두께(㎜) | | | 1.2 | 1.0 |
| | 기판 크기(㎜×㎜) | | | 40×40 | 40×40 |
| | 최소 도체폭/간격(㎛) | | | 75/75 | 50/50 |
| | Cost비율<br>(2002년을 100으로 했을 때 %) | | | 100 | 70 |
| | 세라믹 기판의 채용 비율(%) | | | – | – |

| 실장 설비 | 항목 | 2006년을 목표로 한 요구 | 2012년을 목표로 한 요구 |
|---|---|---|---|
| | 전체적으로/공통적 | 조합 자유로운 가동식 설비 (다품종 소량 대응) | 조합 자유로운 가동식 설비 (다품종 소량 대응)+기기 자체의 다품종화 대응<br>CAD date, 부품 data로 자동 생산 |
| | 인쇄기 | 인쇄후 3차원 검사 시스템 | 검사 시스템 내장과 NG일 경우 자동 수정 |
| | 마운터 | 노즐 흡착/해제의 자동 제어<br>마운트 정도의 자동 제어 | |
| | Reflow | Point reflow<br>Profile simulation system | |
| | 검사기 | 화상처리 정도/스피드 업<br>인라인식 | |
| | 품질 | 제조 단계에서 품질 보증할 수 있는 제조 기계와 그 프로세스<br>제조 프로세스, 시뮬레이션 시스템 | |
| | 요구하는 접합 재료의 구체적 방안 | 도전 paste의 저Cost화<br>소형 설비에 의한 대응 | |
| | 봉지재료 (언더 휠 등) | 리페어 가능한 언더필 | |

# 제4장

# 전자기기 SET의 DIFFICULT CHALLENGE

| 테마 | 항목 | 요구 카테고리 | 2006 | 2012 |
|---|---|---|---|---|
| 고속화 | 프로세서 동작 시 속도, 기판 버스라인 속도의 고속화 | Digital TV | | ○ |
| | 3차원 실장의 일반화 | 대형 COM | | ○ |
| LSI package | 반도체 package의 박형화, package 두께 1.0mm → 0.8mm → 0.5mm | 휴대/PDA | ○ | ○ |
| | Bare LSI chip의 박형화(50㎛ 이하) | 대형 COM | ○ | ○ |
| | LSI의 one package화 | Wearable | | ○ |
| | | 휴대 AV | | ○ |
| | | DSC | | ○ |
| | | FPD | | ○ |
| | LSI간 data 전송 속도 향상을 위한 고밀도화 : 3차원 실장의 일반화 | 대형 COM | | ○ |
| | Bare chip, WL-CSP에 의한 소형, 박형화 | Wearable | ○ | ○ |
| 수동 부품 | 시동부품의 제로화, 내장 콘넥터의 폐지 | Wearable | | ○ |
| | Fillet less 실장의 조기 실현 | 대형 COM | ○ | ○ |

| | | | | | |
|---|---|---|---|---|---|
| 프린트 기판 | | 능동 부품, 수동 부품 내장에 대한 대응 | 휴대 AV | ○ | ○ |
| | | 프린트기판의 박형화 1.2mm → 0.5mm~0.8mm | 노트북 PC | | ○ |
| | | 박판 다층기판의 실현(8층 0.6mm 이하) | DSC | ○ | ○ |
| | | 박판 다층 기판의 실현 (10층 0.6mm 이하) | DVC | ○ | ○ |
| | | 저층수 및 배선판에 따른 실장의 용이화 | Wearable | ○ | ○ |
| | | 입체구조의 배선판 | 휴대 AV | | ○ |
| 환경, 신뢰성 | | 리사이클율의 향상 50% → 100% | 차재기기 | | ○ |
| | | 환경대응 완전 Pb-free화, 환경대응 기판 | Digital TV | | ○ |
| | | 고신뢰성 10년 10만km 보증 → 20년 20만km 보증 | 차재기기 | | ○ |
| | | 고내열성 엔진룸 | 차재기기 | | ○ |
| | | 고방열성 엔진오일 내구성(유냉) | 차재기기 | | ○ |
| | | 언더필 없는 고접속 신뢰성의 달성 | DSC/DVC | | ○ |
| 센서, 신기능 디바이스 | | 신세대 디스플레이(접는형, sheet형) | 노트북 PC | | ○ |
| | | 신세대 바이오메트릭스 센서(지문, 음성, 아이리스) | 휴대/PDA | | ○ |
| | | | 노트북 PC | | ○ |
| | | 다층 다양한 센서 기능의 내장 | Wearable | ○ | ○ |
| | | | DSC/DVC | ○ | ○ |
| | | 고방열/고효율 페르체 소자 내장 LSI | 대형 COM | | ○ |
| | | 신세대 기록 디바이스(초소형, 박형, 대용량) | 노트북 PC | ○ | ○ |
| | | 중거리 전송을 광학화한 opt electronics MCM | 대형 COM | ○ | ○ |
| 전지 | | 신세대 전지(박형 경량, 고용량) | Wearable | ○ | ○ |
| | | | DSC/DVC | ○ | ○ |
| | | | 노트북 PC | ○ | ○ |
| | | Solar 충전에 의한 반영구전지 | Wearable | | ○ |
| 반도체 | Package Bare chip | Package품에서 Low cost의 KGD chip 공급 | DSC/DVC | | ○ |
| | | Bare chip(Flip chip) 실장의 일반화 | 대형 COM | | ○ |
| | | SoC, SiP의 고기능과 저코스트의 양립 | Digital TV | | ○ |

| | | | | | |
|---|---|---|---|---|---|
| | | Bare chip, WLP에 의한 소형, 박형화 | Wearable | ○ | ○ |
| | | 3차원 실장의 일반화 | 휴대/PDA | | ○ |
| | | CPU chip을 주체로 한 디지털 논리 LSI chip의 다핀화 | 대형 COM | | ○ |
| | Device | 저전압 구동 3V → 1.5V → 0.8V → 0.5V | 휴대/PDA | ○ | ○ |
| | | 신기능의 스피디한 출현(Soft IP의 충실) | 휴대/PDA | | ○ |
| | | 신세대 CPU(고속, 저소비전력, 저발열형) | 노트북 PC | | ○ |
| | | Boundary scan 전용 LSI의 실현 | 대형 COM | ○ | ○ |
| | | CCD 내장 LSI(화상처리의 one chip화) | 휴대/PDA | | ○ |
| | | 고방열/고효율 페르체 소자 조립형 LSI | 대형 COM | | ○ |
| | | 디바이스의 초저소비 전력화 | Wearable | | ○ |
| | | | 휴대/PDA | | ○ |
| | | | DSC/DVC | | ○ |
| | | | 대형 COM | | ○ |
| 제조의 용이화 | | LSI의 One package화 | Wearable | | ○ |
| | | | 휴대 AV | | ○ |
| | | | DSC | | ○ |
| | | | FPD | | ○ |
| | | Lay out free의 제조 장치 | 대형 COM | | ○ |
| | | 실장 설비의 다기능화, 인텔리전트화 | Digital TV | | ○ |
| | | 교체 로스가 발생하지 않는 제조 장치 | 대형 COM | | ○ |
| | | 저가격, 공간절약형 제조 장치 | Wearable | | ○ |
| | | DSC/DVC | | ○ | |
| | | 제조 검사 용이화를 위한 Boundary scan 전용 LSI의 실현 | 대형 COM | ○ | ○ |
| | | Virtual reality CAD에 의한 LSI, 전기, 기계, 열설계의 통합화 | 노트북 PC | | ○ |
| 접합 기술 | | • SMT로 변하는 신규 고밀도 실장 방식<br>• 저온 Reflow 기술 | DVC | | ○ |

| 제조 장치 | • ACF나 도전성 접착제를 이용한 접속 기술의 일반화<br>• 리페어 가능한 신 재료 | 노트북 PC | | ○ |
|---|---|---|---|---|
| | | 대형 COM | | ○ |
| | | Digital TV | | ○ |
| 신기능 대응 | Bluetooth, 무선 LAN 인터페이스의 대응 | 휴대/PDA | ○ | ○ |
| | e커머스/홈 네트워크의 대응 | 휴대/PDA | ○ | ○ |
| | 카메라 분해능, 액정화소의 고정밀화 | 휴대/PDA | ○ | ○ |
| | 신기능의 스피디한 출현(Sofr IP의 충실) | 휴대/PDA | ○ | ○ |
| | Wearable화 | 휴대/PDA | ○ | ○ |
| 저 코스트화 | 저코스트화 현재 100% → 2006년 70% → 2012년 50% | | | ○ |
| | 메모리 오디오에 의한 저코스트화 | | ○ | ○ |
| | SoC, SiP의 고기능과 저코스트의 양립 | | | ○ |
| | 저코스트의 다층 미세 배선판의 실현 | | | ○ |
| | Package, 배선판의 저코스트화 현행 대비 60% | | | ○ |

# 제5장

# 차세대 실장기술과 사양

| No. | 전자 기기 | 실장기술과 사양 |
|---|---|---|
| 1 | 리스트 타입<br>WEARABLE 기기 | ① LSI의 one package화<br>② 수동부품의 제로화, 내장 콘넥터의 폐지<br>③ Bare chip, WL-CSP에 의한 소형, 박형화<br>④ 다종 다양한 센서 기능의 내장<br>⑤ 전지의 소형 고용량화<br>⑥ Solar 충전에 의한 반영구적 전지<br>⑦ 디바이스의 초저 소비 전력화<br>⑧ 저층수 미세 배선판에 의한 실장의 용이화<br>⑨ 저가격 공간 절약의 제조 장치<br><br>SoC에 의한<br>① One chip화<br>② Long life화<br>③ 다기능화<br>를 Low cost로 실현하고 싶다. |
| 2 | 휴대 AV 기기 | ① LSI의 One package화<br>② 입체 구조의 배선판<br>③ 다종 다양한 형상의 대응<br>④ 능동부품, 수동부품 내장 대응이 필수<br>⑤ 메모리 오디오에 의한 low cost화<br>⑥ 소형 package의 신뢰성에 강한 염려<br><br>**[SoC/SiP에 강한 관심]**<br>자유로운 광체 내 실장이 상품 차별화의 해결책 |
| 3 | 휴대전화/PDA | **[고성능, 다기능화의 발전]**<br>① 내장 카메라/디스플레이 표시의 고정밀화<br>② Bluetooth, 무선 LAN 인터페이스의 대응<br>③ e 커머스/홈 네트워크 |

| | | |
|---|---|---|
| | | ④ 바이오 메트릭스 인증(지문, 음성 등)<br>⑤ 지상파 디지털 TV 수신<br>⑥ Wearable화<br><br>**[LSI 및 package의 요구 항목]**<br>① 저전압 구동<br>3.0V → 1.5V → 0.8V → 0.5V<br>② 저cost화<br>현재 100% → 2006년 70% → 2012년 50%<br>③ 반도체 package의 박형화<br>Package 두께 1.0mm → 0.8mm → 0.5mm<br>④ 대용량 메모리<br>Stacked chip/3차원 메모리 package<br>⑤ CCD 내장 LSI(화상 처리의 one chip화)<br>카메라의 소형화<br>⑥ 신기능의 스피디한 출현<br>기능 soft IP(Intellectual Property)화와 종류의 충실화<br><br>**[전력 절감화]**<br>① 동작시(typical) : 300mW<br>② 대기시 : 3mW<br><br>**[3대 관심사]**<br>① 저 소비전력<br>② 고집적화<br>③ 저cost화 |
| 4 | DIGTAL STEEL CAMERA | ① LSI 의 one package 화<br>② LSI package의 다핀, 협pitch화와 언더필 없는 고접속 신뢰성의 달성<br>③ Package품보다 저cost인 KGD chip의 공급<br>④ 다종 다양한 센서 기능의 내장<br>⑤ 전지의 소형 고용량화<br>⑥ 디바이스의 초저 소비 전력화<br>⑦ 저cost 다층 미세기판의 실현<br>⑧ 박형 다층 기판의 실현(8층 0.6mm 이하)<br>⑨ 저가격 공간 절약형 제조 장치<br><br>**[제품의 소형, 박형화를 저cost로 실현하고자 한다.]**<br>① 소형, 고신뢰성, 다핀, 협pitch package<br>② 다층 미세 기판 |
| 5 | DIGITAL VIDEO CAMERA | ① LSI package의 다핀, 협pitch화와 언더필 없는 고접속 신뢰성의 달성<br>② Package품보다 저cost인 KGD chip의 공급<br>③ 다종 다양한 센서 기능의 내장 |

| | | |
|---|---|---|
| | | ④ 전지의 소형 고용량화<br>⑤ 디바이스의 초저 소비 전력화<br>⑥ 저cost 다층 미세기판의 실현<br>⑦ 박형 다층 기판의 실현(10층 0.6mm 이하)<br>⑧ 저가격 공간 절약형 제조 장치<br>⑨ Solder SMT로 변하는 신규 고밀도 실장 방식<br><br>**[제품의 소형, 박형화를 저cost로 실현하고자 한다.]**<br>① 소형, 고신뢰성, 다핀, 협pitch package<br>② 다층 미세 기판<br>③ Post SMT 실장 방식 |
| 6 | NOTE BOOK PC | **[신규 키 디바이스의 실용화]**<br>① 신세대 디스플레이(접는 형, sheet형 등)<br>② 신세대 CPU(고속, 저소비전력, 저발열형)<br>③ 신세대 기록 디바이스(초소형, 박형, 대용량)<br>④ 신세대 전지(박형 경량, 고용량)<br>⑤ 신세대 바이오 메트릭스 센서(지문, 음성, 아이리스)<br><br>**[경량, 박형화 실장]**<br>① 프린트기판의 박형화(1.2mm → 0.5mm~0.8mm)<br>② 반도체 package의 박형화(1.5mm → 0.8mm) 저온 reflow 기술<br><br>**[개발 기간의 단축]**<br>통합설계 시스템(Virtual reality CAD에 의한 LSI, 전기, 기계, 열설계의 통합화)<br><br>신규 키 디바이스와 경량, 박형 실현기술에 의해 유비쿼터스 네트워크 사회의 단말을 실현 |
| 7 | 엔진 룸 | **[고내열성]**<br>① 엔진이나 모터 안의 전자 기기 : 내열성 온도 ☞ 140~150℃<br>② 엔진 주변의 전자기기 : 내열성 온도 ☞ 120℃<br>③ 엔진룸 내부의 일반적인 전자기기 : 내열성 온도 ☞ 105℃<br><br>**[고방열성]**<br>엔진 오일 내구성(유냉)<br><br>**[소형, 경량화]**<br>**[범용성]**<br>용도의 다양화<br><br>**[고신뢰성]**<br>10년에 10만km 보증 → 20년에 20만km 보증으로 |

| | | |
|---|---|---|
| | | **[리사이클 비율의 향상]**<br>50% → 100%<br><br>제품의 소형, 박형화, 고내열성, 고 신뢰성을 Low cost로 실현 |
| 8 | DIGITAL TV STB | ① 프로세서 동작 속도, 기판 버스라인 속도의 고속화<br>② 신규 구조 package, 부품 내장 프린트기판의 채용에 의한 기능, 생산성의 향상<br>③ Package, 배선판의 저cost화(현재 대비 60%)<br>④ 환경 대응(완전 Pb-free화, 환경대응 기판)<br>⑤ SoC, SiP는 고기능과 저코스트의 양립<br>⑥ 실장설비는 다기능화, 인텔리전트화<br>**※ 접합 재료는 납에서 탈피, 리페어 가능한 신재료로**<br><br>데이터 전송의 고속화와 고생산성을 환경이 우수한 기술로 고품질, 저 코스트로 실현하고자 한다. |
| 9 | 대형 COMPUTER<br>고성능 SERVER | **[LSI chip(논리 회로, 반도체 메모리)에 관련된 요구]**<br>① LSI내부 클럭의 고속화 : 5년 만에 5배(2006년 5GHz, 2012년 20GHz)<br>② CPU chip을 주체로 한 디지털 논리 LSI chip의 다핀화<br>③ 2006년 : 최대 5000핀, 2012년 최대 8000핀<br>④ Bare chip(Flip chip) 실장의 일반화(상기 LSI의 대부분은 bare chip 실장이 된다.)<br>⑤ LSI chip의 대형화에 대응 : PCB와 실리콘의 열팽창 차를 줄이는 노력<br>⑥ ACF나 도전성 접착제를 이용한 접속기술의 일반화(이들 기술의 신뢰도 향상이<br>⑦ 기판 내부 클럭의 고속화 : 5년 만에 3배(2006년 1.67GHz, 2012년 5GHz)<br>⑧ LSI간 data 전송 속도 향상을 위한 고밀도화 : 3차원 실장의 일반화<br>• 양면에 I/O가 있는 LSI package, 3차원 package, Stacked memory 등<br>• Bare LSI chip의 박형화(50㎛ 이하)<br>• 고방열/고효율 페르체소자 조립형 LSI<br>• 중거리 전송을 광학화한 opt electronics MCM<br><br>**[제조 용이화, 조립 cost 절감에 관한 요구]**<br>① 저가격, 공간절약의 제조 장치<br>② 제조 검사 용이화 : Boundary scan 전용 LSI의 실현<br><br>Bare chip(Flip chip) 실장과 3차원 실장 등을 조합한 초고밀도 실장 기술에 의해<br>① LSI간 data 전송의 고속화<br>② 고 신뢰도, 고 제조 품질 |

| 10 | DESK TOP PC용 FPD | [LSI의 One package화]<br>① Device의 전력 절감화<br>② Fillet less 실장의 조기 실현<br>③ Lay-out free의 제조 장치<br>④ 교체 로스가 발생하지 않는 제조 장치<br><br>SiP에 의해<br>① 고밀도화<br>② One package화<br>③ 다기능화<br>를 저 리스크/저 코스트로 실현하고자 한다.<br><br>환경 대응으로<br>① 벌크케이스의 고신뢰성 실장<br>② 리사이클재료의 사용/리사이클을 위한 인프라 구축의 조기 실현이 강하게 요구된다. |
|---|---|---|

# MEMO

# 제6장

# SiP/PoP build-up 기판에 대한 요구와 기술 과제

※ 자료제공 : ELECTRONIC PACKAGING, TECHNOLOGY VOL. 22 NO. 3 번역본
2006년 JPCA 세미나 자료

## 서론 01

Digital 전자 기기의 고성능화와 다기능화, 및 소형화의 큰 흐름 속에서 Time to Market(시장에 참여하는 기간)의 요구에서 System in Package(SiP), 그리고 메모리 등을 package로 하여 탑재하는 Package on Package(PoP)의 개발이 급속히 진행되고 있어 휴대전화, digital steel camera 등의 휴대 digital 기기에 점차 채용이 되어가고 있다.

최근 반도체의 고밀도화에 추종하는 형태로 SiP에 있어서도 build-up 구조의 인쇄회로 기판에 대한 요구가 높아지고 있다. 이들의 영역에 있어서는 제품 요구와 실장 요구를 만족시키기 위해서 부가가치가 높은 고밀도이면서 박형인 build-up 기판이 불가결해지고 있다. 여기서는 현재 SiP/PoP build-up 기판에 대한 다양한 요구와 기술 과제에 대해서 기판 구조, 제조 공정의 차이 등의 관점에서 검토를 하고 앞으로의 방향을 제시한다.

## 제품 분류와 용도 02

Build-up 기판은 주로 표면 실장 및 CSP 실장을 주체로 한 mother board(통상 기판과는 다른 고밀도이므로 이하 micro card)와 chip을 직접 기판위에 탑재하는 package 기판은 통상 표면에 solder ball을 탑재하는 BGA(Ball Grid Array)가 되는 것이 많은데 금도금으로 장착 connector와의 접속을 하는 LGA(Line Grid Array)도 보이고 있다. 최근에는 Digital consumer 기기의 급속한 출현과 소형화에 따라 반도체 chip을 다단으로 탑재하여 package를 보다 작게 박형으로 할 수 있는 SiP/PoP 기판이 채용되는 경우가 눈에 띄고 있다. 이들 package는 반도체를 solder 등으로 접속하는 flip chip 실장(이하 FCA)과 wire bonding 실장(이하 WB)의 혼재형이 많은데 반도체 chip의 협pitch화가 진행됨에 따라 종래의 WB 주체의 실장 형태에서 FCA의 비율이 현저히 높아져 가고 있다.

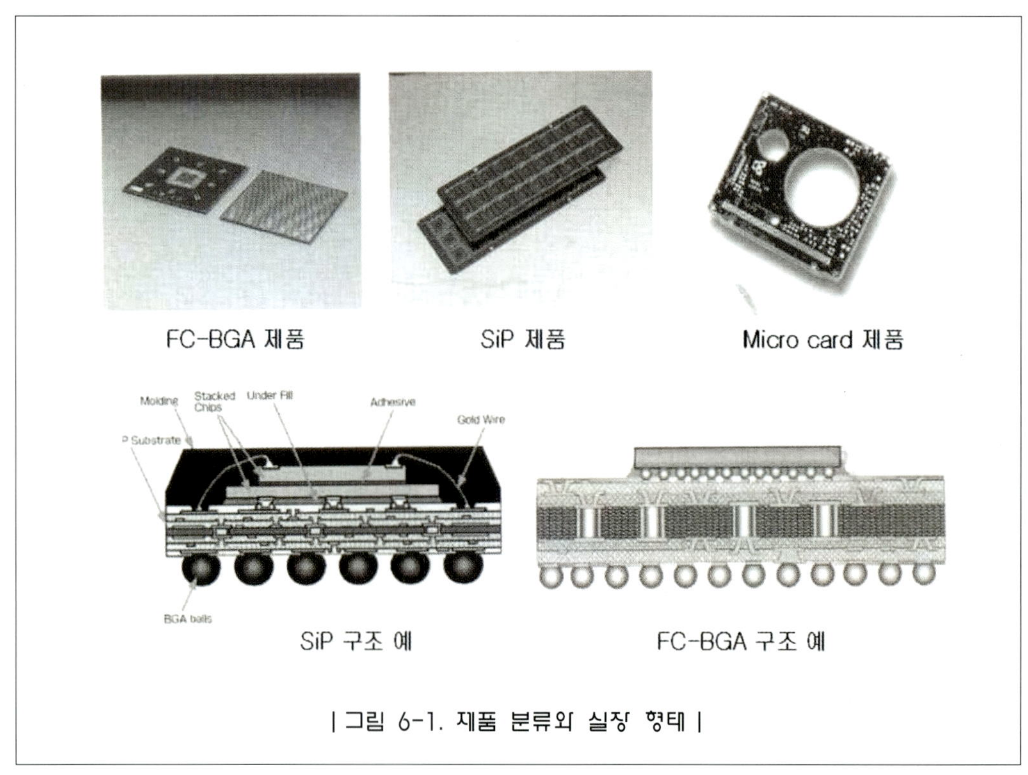


| 그림 6-1. 제품 분류와 실장 형태 |

## 기판의 구조와 제조 방법 03

Build-up 기판의 구조로는 종래형의 drill 관통 type인 기판 상에 build-up층을 쌓아 올린 구조의 기판과 전층이 build-up층으로 세라믹 기판과 유사한 구조를 가진 기판으로 크게 구별된다(그림 6-2).

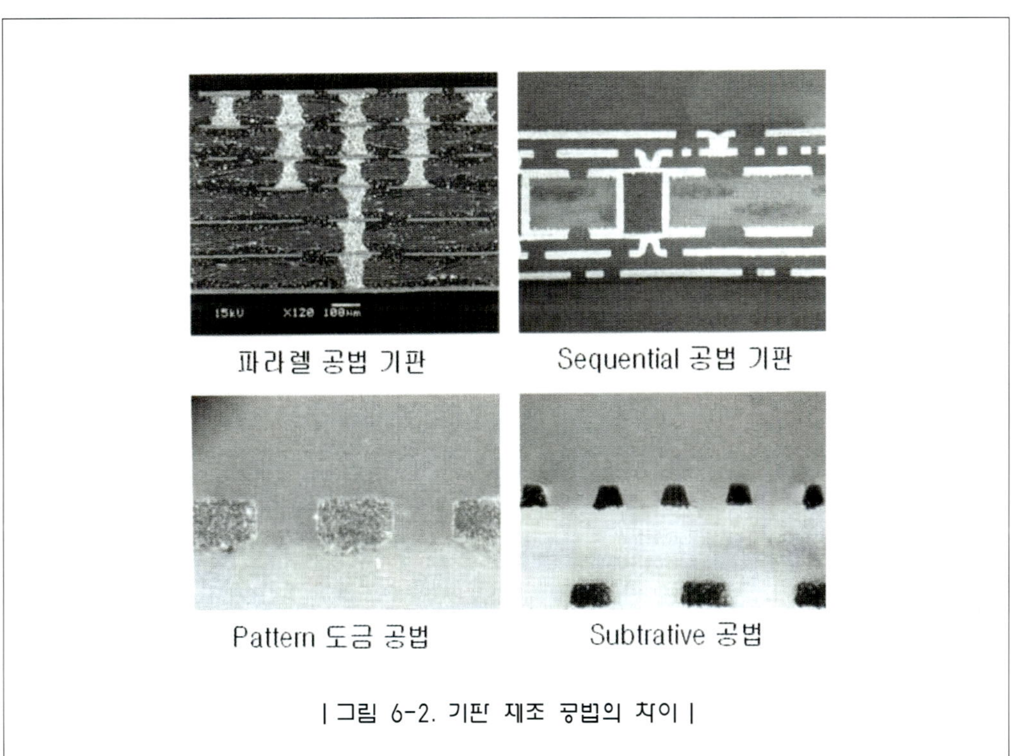


| 그림 6-2. 기판 제조 공법의 차이 |

전자는 sequential공법의 build-up 기판이고 후자는 파라렐 공법으로 제조되는 build-up 기판으로 CPCore라고 하는 상품명으로 불린다. Sequential 공법의 적층 재료로서 내층 core재에는 glass cloth와 epoxy 변성 수지에서 되는 동장적층판의 양면판 혹은 다층판을 이용하고 있고, 그 위에 형성되는 build-up층에는 glass cloth 함유 prepreg 재료 혹은 filler 함유 성형 film이 이용되고 있다. 종래에는 감광성 수지를 build-up층의 절연재로 사용하는 경우도 많았으나 lead-free의 요구에 대해 고온 reflow에 의한 실장에서의 내열성에 못 미치므로 사용되는 경우가 적어지고 있

다. 파라렐 공법을 이용한 CPCore 재료로는 열경화형 PPE가 이용되고 있고 저유전 정접이 특징인 재료이므로 고주파 영역에서 사용되는 기판에 적합하다. 또한 내층의 접속에 있어 기계 drill 및 동도금을 이용하지 않으므로 through hole pitch를 현저히 좁게 할 수 있는 동시에 극박형 build-up 기판을 제조할 수 있다는 것도 큰 메리트가 된다. 회로 형성에 있어서는 기판 전면을 동도금한 후에 감광성 film을 부착하여 노광, 현상, 에칭의 공정을 거쳐 회로 형성하는 subtractive법과 무전해 동 또는 극박 동박상에 감광성 film을 붙인 후 노광, 현상한 후 전해 동도금으로 회로부분을 형성하는 pattern 도금법이 현재 주류가 되고 있다(그림 6-2). Build-up층의 종방향의 도체 접속을 얻기 위한 via hole은 최근 laser 가공에 의한 laser via법이 주류가 되고 있다. Build-up 층 상하의 도체 접속은 같은 via hole을 과망간산 등으로 세정하여 동도금한 것에 의한 접속이다. 종래부터의 conformal via에 대해서 via 내부가 동도금으로 충진되는 filled via도 stack 구조의 via의 개발과 FCA에 필요한 pad의 평탄성 요구에 따라 급속히 비율이 증가되어 왔다. 실장에 필요한 solder resist는 일반적으로 감광성 수지가 사용되고 있는데 액상 solder resist에 더하여 FCA시에 협pitch로 회로 형성이 가능하도록 소구경 개구와 평탄한 수지면이 얻어지는 dry film type의 solder resist도 선택되는 경우가 늘어나고 있다.

## SiP/PoP build-up 기판의 설계 사양 04

SiP/PoP build-up 기판의 설계 rule은 일반적인 ASIC등의 FC-BGA와는 달라 전술한 대로 기판 층 구성에 있어서는 판 두께가 얇아진다는 특징을 갖고 있는 것 외에도 표 6-1에 나타내는 대로 설계 룰 자체도 약간 달라진다. 그 이유는 제품 size를 가능한 한 작게 하기 위해 반도체 chip이 stack 구조가 될 때가 많고 pitch가 다른 복수의 반도체 단자와 기판상의 pad를 접속하는 실장 공법(flip chip 혹은 Wire bonding)의 조합에 따라 배선 밀도가 달라지기 때문이다.

❖ 표 6-1 FC-BGA vs SiP/PoP 디자인 룰 비교

| | | | Asic용 FC-BGA | SiP/POP | |
|---|---|---|---|---|---|
| 기판 구성 | | Build-up 층수 | 2층+2층, 3층+3층 | 1층+1층, 2층+2층 | 1층+1층, 2층+2층 |
| | | Base core 층수 | 2층, 4층, 6층 | 2층, 4층 | 2층, 4층 |
| | | 총 기판 두께 | 0.8-1.2mm | 0.26-0.48mm | 0.26-0.48mm |
| 배선밀도 | Build -up층 | Line/Space | 20/20㎛ | 20/20㎛ | 20/20㎛ |
| | | Via land | 95㎛ | 110㎛ | 110㎛ |
| | Base core층 | Line/Space | 35/45㎛ | 30/45㎛ | 25/25㎛ |
| | | Via land | 95㎛ | 140㎛ | 140㎛ |
| | | Drill hole land | 250-450㎛ | 250㎛ | 250㎛ |
| 실장 밀도 | | FCA Pad pitch | 180㎛ | 40-80㎛ | |
| | | BGA pad pitch | 1.0, 1.27mm | 500-650㎛ | |
| | | W/B pad pitch | - | 120-160㎛ | |

❖ 표 6-2 단위 면적당 배선 밀도 비교

| 제품 type | 층 구성 | ㎠당 총 배선길이 | ㎠당 hole수 | 기판 두께 (mm) | 기판 면적 (sq-mm) | Chip 면적 (sq-mm) | 실장 밀도 |
|---|---|---|---|---|---|---|---|
| SiP | 1-2-1 | 824736 | 165 | 0.482 | 163.8 | 48.9 | 30% |
| | 2-2-2 | 1147575 | 198 | 0.404 | 225.0 | 89.1 | 40% |
| ASIC | 2-2-2 | 658046 | 82 | 1.062 | 625.0 | 99.5 | 16% |
| | 2-2-2 | 282557 | 93 | 1.072 | 961.0 | 167.8 | 17% |
| | 3-2-3 | 583202 | 149 | 1.160 | 1225.0 | 173.3 | 14% |
| | 3-6-3 | 729335 | 94 | 1.244 | 1406.3 | 101.2 | 7% |

또한 Package size를 반도체 chip에 조금이라도 가깝게 하기 위해 기판 크기를 최소화 하고 기판 층수도 cost 및 판 두께 제약의 관점에서 줄어가는 경향이 높으므로 보다 기판 배선이 고밀도화 한다.
따라서 표 6-2가 나타내는 것과 같이 단위면적당 배선 길이와 via 수는 통상의 ASIC계의 FC-BGA에 비해 놀랄 만큼 높은 밀도가 되고 있다.

## SiP/PoP 기판에 대한 요구와 기술 과제 05

SiP/PoP의 용도가 주로 digital 전자기기의 휴대전화, digital steel camera 등이라서 package의 소형화 및 박형화가 필수이며 보다 박형의 기판이 요구되고 있다. 극박 기판을 제조하는 것의 어려움과 함께 실장 당시에 휨의 문제 및 실장 후의 package로서의 휨을 어떻게 해결할지가 과제가 된다.
박형 기판을 실현하기 위해서는 고밀도 배선 rule을 활용하여 기판의 층수를 줄이는 것이 유효한데 예를 들면, 50㎛정도의 업계 표준 배선 폭을 25㎛의 배선으로 필요한 부분에 사용하는 것으로 6층판을 4층판으로 재설계할 수 있어 기판 두께를 대폭 줄일 수 있다. 휨에 대해서는 Build-up 기판이 glass cloth, 무기 filler를 함유하는 유기 재료 및 동배선의 복합 재료로 구성되는 것을 감안하면 휨의 문제 모두를 해결하는 것은 쉽지가 않다. 우선 사용하는 적층 재료와 build-up 재료의 탄성율, 열팽창 수축율, glass 전이점(Tg) 등의 특성을 충분히 고려하여 선택하고 기판으로서의 제조성과 실장성을 확보하는 것이 필요하다.
특히, 회로 형성후의 동 밴선의 전동률에 대해서 기판의 종과 횡 방향, 또한 상하 대칭의 밸런스를 잡아주는 것이 중요해진다. 실장에 있어서는 더욱이 반도체 chip이 탑재되는 봉지수지 등의 영향이 나타나면 실장시의 온도가 build-up 기판을 구성하는 수지의 glass 전이점 온도를 넘어 버리는 것을 고려하지 않으면 안 된다. Lead-free에서 고온 reflow를 사용 하게 됨에 따라 FCA와 WB, BGA 실장이 필요해 지는 SiP/PoP build-up 기판은 실장 공법과 실장 조건이 고객에 따라 크게 달라지므로 고객의 협력을 얻어 제품 개발 단계에서 상세한 검토를 실시하지 않고는 build-up 기판의 최적화는 곤란해진다. 여기서, build-up 기판 재료의 CTE, Tg등의 재료 특성과 실장 조건을 명확히 하고 개발 단계에서 simulation을 활용하여 해석하며 그 후에 평가 결과와 조합하는 방법이 토론되고 있다.
극박 build-up 기판에 반도체 chip을 탑재하는 단계에서의 조건에 따라서는 기판 강성이 높은 glass cloth 함유 prepreg재를 선택할 수도 있지만 via pitch 및 via 경을 줄일 수 없는 등 배선 밀도에 한계가 발생하여 제품 요구와 실장 요구를 고려한 trade off가 불필요해지는 경우도 있다. SiP/PoP build-up 기판에서는 고밀도 배선이 불가결해지는데 배선 폭이 20㎛ 이하가 된 경우의 도체 밀착 강도를 충분히 고려한 회로 설계 및 공정 설계가 필요하다. 또한, prepreg재료의 표층에 pattern 도금법으로 미세 회로를 형성하는 것도 기판 제조에 있어 공정 개발에 따라 처음으로 실현 가능해지고 있다. SiP/PoP build-up 기판에서 반도체를 FCA하기 이해서는 단자 부분에 예비 solder를 실시하는 경우가 많다. WB용으로 제조된 peripheral 반도체에서 bonding pad가 협pitch이므로 super solder법, super jar fit으로 solder bump를 형성하는 공법 또는 감광성 resist 개구를 이용한 solder bump 형성법 등의 개발도 진행되고 있다. 또한 WB는 실장용 pad에 평활한 금도금을 실시할 필요가 있고 전해금도금법과 무전해금도금법의 2종류가 있다. 전해금도금에서는 니켈 및 금도금의 품질 안정성이 높아진다는 메리트가 있는 반면 전류 공합용 배선도 필요해져 협pitch의 대응에서는 한계가 있다. 또한, Flip chip과 wire bonding이 혼재하는 경우에는 선택적으로 금도금을 실시하는 공법도 과거부터 실시되고 있으나 제조 공수가 늘어나는 것과 제품 설계에 제약이 나타나는 것을 고려하지 않으면 안 된다. 무전해 금도금법에서 이들 문제는 회피할 수 있는데 도금의 품질 안정성 및 실장성에서 어려움이 있고 금도금 조건과 실장 조건의 최적화가 필요해지는 기판 제조사뿐만 아니라 실장하는 고객과의 연계가 불가결해진다.
협pitch 실장과 package의 박형화가 진행 중에서 build-up 기판 표면의 solder resist에 대한 요구도 엄격해지고 있어 최근에는 solder resist 기구의 소구경화와 박형화, 심지어 chip 바로 아래에 봉지 수지의 흐름이 양호하도록 평활한 표면 상태도 요구되고 있다.

## SiP/PoP build-up 기판을 지원하는 요소 기술 06

지금까지 SiP/PoP의 제품 요구, 제조 공정, 설계 사양 등을 기술하였는데, 이들을 지원하는 최근 요소 기술의 주된 것에 대해서 구체적인 예를 들어보겠다.

제1요소기술로서는 base core상의 fine line화인데 전술한대로 박형화를 달성하기 위해서는 층수를 줄이는 것이 중요한 factor이다. 이를 달성하기 위해 bare chip 바로 아래의 배선 밀도를 향상시킬 필요가 있어 Base core의 최표면에서 25㎛ L/S를 실현하기 위해 pattern plating 공법을 채용하고 있다. 여기서 중요한 포인트는 기판의 상하를 도통시키기 위한 PTH형성과 회로를 동시 형성하는 점 및 PTH로의 수지 충진 방법과 그 신뢰성의 확보이다. 특히, PTH 바로 아래에 형성되는 wire bonding pad 및 flip chip용 pad의 평활성에는 충분히 주의를 할 필요가 있어 고객인 실장 회사와의 협력이 필요해진다. Flip chip상의 pattern plating에 대해서는 현재는 25㎛ L/S까지가 양산 대응 가능한 레벨이며 앞으로는 prepreg 재료 및 무전해층 제거 방법의 개발을 추진하여 fine화를 목적으로 하게 될 것으로 생각된다.

제2요소기술은 Solder resist의 평활성 및 높이 제어이다. SiP/PoP 기판은 peripheral type의 반도체 chip을 FCA하기 위한 금 bump 높이가 원인이 되는 chip과 solder resist 표면과의 gap이 봉지 수지의 흐름성 및 실장 신뢰성에 크게 영향을 끼친다는 것은 말할 필요도 없다. 최근, 반도체 bump pitch는 60→ 50 → 40㎛으로 협pitch화가 진행되고 있고 이에 따라 chip과 solder resist 표면과의 gap이 적어지고 있으므로 chip 아래의 수지 봉지가 어려워지고 있다. 이들 문제를 조금이라도 회피하는 요소 기술로서 dry film solder resist의 개발이 진행되고 있다. 이전부터 dry film solder resist는 개발되어 있었지만 crack 내성(-55℃/125℃, 1000cycle) 및 flex reflow 후의 절연 신뢰성을 필요로 하는 flip chip 대응품의 양산이 개시된 것은 2005년이다. Dry film solder resist는 그림 6-3에서 보는 바와 같이 회로 pattern의 잔동률에 영향을 미치지 않고 resist 표면의 평활성을 얻을 수 있으므로 봉지수지 주입을 위한 gap을 확보할 수 있는 실장성이 뛰어난 재료로 생각된다. 현재에는 20㎛ film까지 양산화 되고 있어 도체상의 resist 두께는 평균 12㎛정도이다.

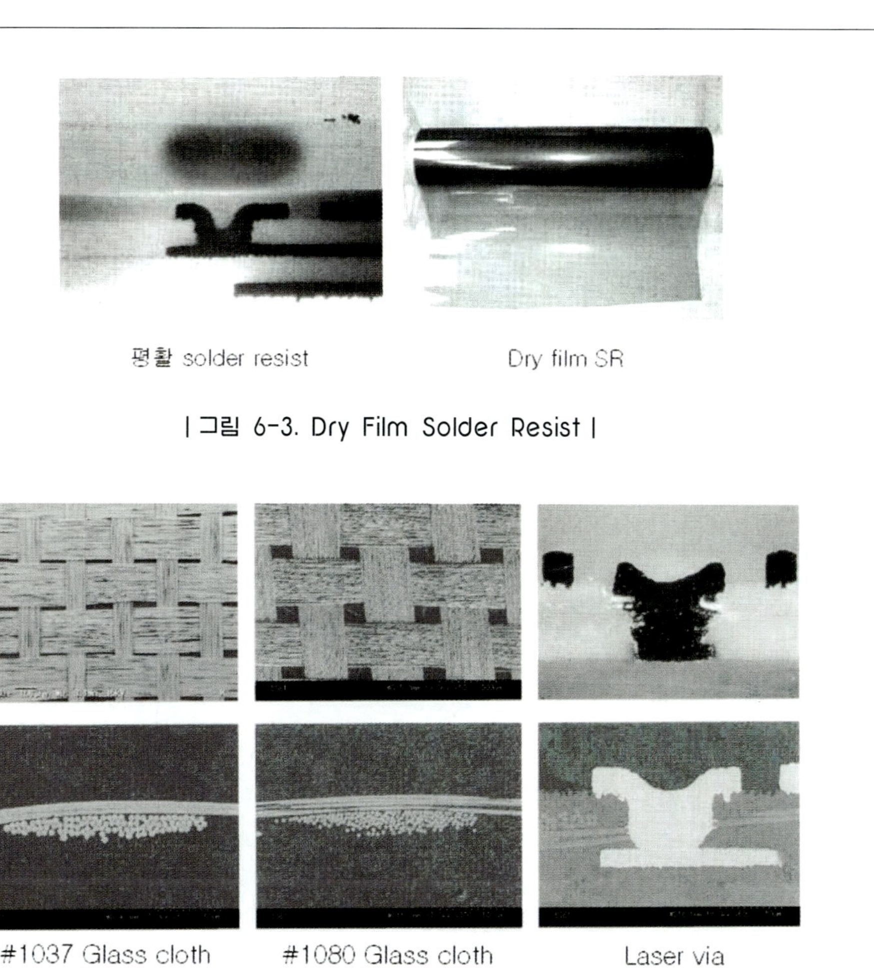


| 그림 6-3. Dry Film Solder Resist |



| 그림 6-4. Glass Cloth와 Laser Via 가공 기술 |

제2요소기술로서 prepreg laser via 가공에 대해 기술한다(그림 6-4). 최근 기판의 박형화에 따라 prepreg를 build-up층으로 사용하는 기판의 요구가 높아지고 있다. 현 시점에서 140㎛ Land에서 210㎛via pitch 및 120㎛ Land에서 190㎛ via pitch를 대응하고 있다. 회로 형성만을 생각한다면 via pitch는 현시점에서도 160㎛까지 좁힐 수 있으나 via간의 내migration성을 생각하면 재료 개발이 필요한 단계에 이르렀다고 할 수 있다.

또한 최근 glass colth는 #1078 → #1037 → #1027로 극박화 되어가고 있으므로 소구경 via의 가공도 용이해지고 있지만 동시에 수지량도 감소하고 있기 때문에 회로 pattern에의 내장을 고려한 회로 설계가 중요하다고 생각된다.
제4요소기술로서는 저열 팽창화 재료이며 앞으로 이 요구는 기판의 휨, FCA의 접속 신뢰성의 관점에서 높아질 것으로 추정된다.
현재 Base재료의 열 팽창율은 X/Y : 15ppm, Z : 15~30ppm인 것이 주류가 되고 있으나 이를 어떻게 저열 핑창화하여 기판 제조 라인에 적합한 재료로 완성하는지가 큰 과제이다.

## 앞으로의 전망 07

SiP/PoP package의 고기능화 및 소형화는 앞으로도 가속화될 것으로 예측되며 그 중에서 build-up 기판에는 보다 고밀도화와 박형화가 기대된다.
우선 package 높이는 1.4mm에서 1.1mm의 방향으로 개발이 진행되고 있으므로 bare chip과 기판의 박형화는 더욱 요구가 높아지고 있다.
또한 반도체의 peripheral type bump pitch는 더욱 좁아지고 bump 높이가 낮아지기 때문에 봉지 수지와 기판과의 연계가 더욱 중요해진다.
이들 과제를 보다 구체적인 요소 기술로 분해하여 각 분야에서의 기술 과제에 맞아 떨어지게 하기 위해서는 시뮬레이션은 유효한 수단이라고 생각된다.
앞으로 실장/기판 제조사의 협력은 더욱 중요해져 시뮬레이션 및 실장 평가에서 얻어지는 정보를 근거로 재료, 기판 구조 및 배선 rule을 최적화하기 위한 활동에 결부되기를 바란다.
앞으로는 flip chip화가 점점 가속되면서 package구조도 3차원적으로 크게 변화해 갈 것이므로 보다 휨이 적고 보다 실장면이 평탄한 기판의 요구가 나올 것으로 보여 차후 build-up 기판의 성능을 어떻게 높일까 하는 것이 앞으로의 SiP/PoP의 진화를 좌우한다고 해도 과언이 아니다.

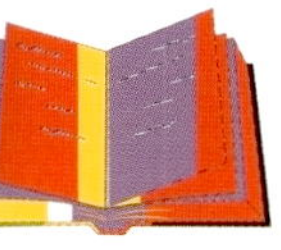

# 참고자료


1. 솔더링 기술실무 - 신영의, 임승수, 정재필 공저

2. 무연 마이크로 솔더링 - 신영의, 임승수, 정재필 공저

3. 무연 솔더 실장기술 - (사) 한국 마이크로 조이닝 연구조합 역

4. 마이크로 접합 - 강춘식, 정재필

5. PCB 핵심기술 핸드북 - 장동규, 신영의, 최명기

6. JAPAN JISSO TECHNOLOGY ROAD MAP

7. MK PCB 표면처리 기술자료

8. JPCA SHOW 세미나자료

9. 실장 기술 세미나

10. 경도산업 21 실장기술

11. TAMURA GUIDANCE PRESENTATION

12. PCB, SMT 품질관리 - 장동규, 신영의, 최명기, 신현필 공저

13. ALMIGHTY, PROSPERED , RESEARCH, ORGANIZATION

14. 표면실장기술(첨단) 자료

15. SOLDERING NEWS LETTER - (주) 티에스

16. PCB, SMT, SOLDERING, DIGITAL 용어 해설집 - 장동규, 신영의, 최명기 공저

17. ELECTRONIC PACKAGING TECHNOLOGY

# 저자약력

## 장동규

- 학력 : 명지대학교 경영학과 졸업, 숭실대학원 AMP 과정 수료
- 경력 : FAIRCHILD SEMICONDUCTOR(KOREA) → 반도체
  대우통신(주) → 통신 ┐
  대덕전자(주) ├ PCB
  (주)하이테크 전자 ┘
- 현재 : 한국 산업기술협회 PCB 분과 수석교수, (사)한국마이크로조이닝 연구 조합 부이사장
  PSP 경영기술 연구소장(PCB, SMT, PACKAGE), 수원과학대학 일렉트랙스 패키징과 강사
  성균관대학교(수원) 마이크로 시스템 페케이징 LAB 연구원
- 저서 : PCB 핵심기술 핸드북, PCB 실무공정 관리기술, PCB 디지탈 용어사전 / PCB SMT 품질관리 도서출판 골드
  Pb FREE, LEAD FREE, HALOGEN FREE 채택에 의한 GREEN PCB
  2006년 PCB 산업 총람 / 산업연구소, 2006년 이동통신 휴대폰 총람, 2007년 PCB산업 총람

## 신영의 박사

- 학력 : Nihon University 정밀기계공학석사, Osaka University 마이크로 접합 공학박사
- 경력 : 대우중공업 기술연구소 연구원, Osaka University 공학부 연구원, 삼성전자연구소 수석 연구원
- 현재 : 산업자원부, 공업진흥청, 특허청 자문위원, 대한기계학회 간사, 과학재단 마이크로접합 위원장,
  중앙대학교 기계공학부 교수(학부장), (사)한국마이크로조이닝 연구조합 이사장

## 최명기 박사

- 학력 : 성균관대학교 금속공학석사, 성균관대학교 신소재 공학박사,
- 경력 : (주)퍼시픽콘트롤즈 기술연구소 책임연구원, 국제산업정보실 기술개발실 연구소장
- 현재 : 한국산업기술협회 교수, 한국산업기술연구소 수석연구원, 중앙대학교 기계공학부 겸임교수
  (사)한국마이크로조이닝 연구조합 이사, 한국산업인력공단 수석위원, 한국플랜트정보기술협회 감사,
  산자부 기술표준원 NT 마크 심사위원, 용접기술사(Welding PE)

## 정재필 박사

- 학력 : 서울대학교 금속공학과 학사, KAIST 재료공학과 석사, 서울대학교 금속공학과 박사,
- 경력 : 한국기계연구원 용접연구부 선임연구원, 오사카대학 접합과 과학연구소 객원연구원
  서울시립대학교 재료공학과 조교수
- 현재 : 서울시립대학교 신소재공학과 부교수, 대용접학회 솔더링 분야 교육위원,
  (사)한국마이크로조이닝 연구조합 이사

## 신현필

- 학력 : 한양대학교 대학원 화공재료 석사, 서울공과대학 AIP 수료, 인하대 고분자공학 박사과정 중
- 경력 : KSIT 위촉 연구원 역임, 화공, 독극물, 위험물, 환경, 방사선 기술사의 20여 국가기술자격 소지
  한국기초금속 소재분야 워킹그룹위원, 대한체육회 경기도 바이애슬론 회장,
  표면실장기술 편집자문위원,
- 현재 : 청솔화학환경(주) 대표이사, (사)한국마이크로조이닝 연구조합 이사

## 이어화

- 학력 : 중앙대학원 공과대학 전자공학과 졸업(공학석사)
- 경력 : 삼성전자(주) 생산기술연구소 FA개발팀 입사
- 현재 : (주)에스엠티코리아 대표이사, (주) 첨단표면 실장기술 자문위원, 삼성전자, 삼성전기 SMT
  솔더링 전문가과정 기술 강사, 수원 과학대학 일렉트로닉스 패키징과 강사,
  (사)한국마이크로조이닝 연구조합 이사

## 임승수

- 학력 : 서울대 공대 최고 산업전략 과정 수료, 서울 공대 최고 경영자 과정 최우수상 수상
  과학기술처 장관 표창장 수상
- 현재 : (주)티에스 대표이사, (사)한국마이크로조이닝 연구조합 고문

## 박사옥

- 학력 : 인하대학교 경영학과 졸업, KAIST 최고 정보경영자과정 수료(AIM 13기)
  서울대 경영대학원 최고 경영자과정 수료(AMP 55기)
- 현재 : (주)희성소재 대표이사, (사)한국마이크로조이닝 연구조합 부이사장

LEAD FREE MICRO-SOLDERING
무연 마이크로 솔더 실장 입문
(개론 · 전자기기 동향 및 실장기술)

발 행 일 | 2007년 4월 9일 초판

저 자 | 한 국 산 업 기 술 협 회
(사) 한국마이크로조이닝 연구조합
장동규 · 신영의 · 최명기 · 정재필
임승수 · 박사옥 · 신현필 · 이어화
발 행 인 | 박승합
발 행 처 | 도서출판 골드
등 록 | 제3-163호(1988.1.21)
주 소 | 서울시 용산구 갈월동 11-50
전 화 | 02-754-1867, 0992
팩 스 | 02-753-1867
hompage | http://goldpub.hompee.com

55,000원

ISBN 978-89-8458-166-1-93560

*낙장이나 파본은 교환해 드립니다.